NWB-Studienbücher · Wirtschaftswissenschaften

Finanzierung

Darstellung, Kontrollfragen,
Fälle und Lösungen

Von
Prof. Dr. F.-Ulrich Jahrmann

4., wesentlich überarbeitete Auflage

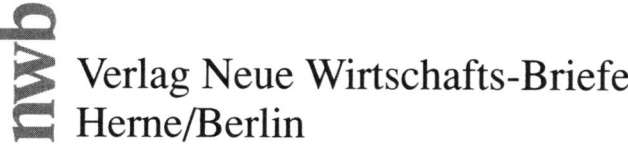

Verlag Neue Wirtschafts-Briefe
Herne/Berlin

> **Die Deutsche Bibliothek – CIP-Einheitsaufnahme**
> **Jahrmann, Fritz-Ulrich:**
> Finanzierung: Darstellung, Kontrollfragen, Fälle und Lösungen/
> von F.-Ulrich Jahrmann. – 4., wesentlich überarbeitete Aufl. – Herne; Berlin:
> Verl. Neue Wirtschafts-Briefe, 1999
>   (NWB-Studienbücher Wirtschaftswissenschaften)
>   ISBN 3-482-56754-9

ISBN 3-482-**56754**-9 – 4., wesentlich überarbeitete Auflage 1999
© Verlag Neue Wirtschafts-Briefe GmbH & Co., Herne/Berlin 1985
Alle Rechte vorbehalten.

Dieses Buch und alle in ihm enthaltenen Beiträge und Abbildungen sind urheberrechtlich geschützt. Mit Ausnahme der gesetzlich zugelassenen Fälle ist eine Verwertung ohne Einwilligung des Verlages unzulässig.

Satz und Umbruch: Satz+Layout Werkstatt Kluth GmbH, Erftstadt
Druck: Rheinische Druckwerkstätte, Alzey

Jahrmann · Finanzierung

Vorwort

Finanzierungsprobleme nehmen in vielen Bereichen des Wirtschaftslebens eine hervorgehobene Stellung ein.
Dieses Lehrbuch hat es sich zur Aufgabe gemacht, Studenten und Praktikern das umfangreiche Gebiet der Finanzierung praxisorientiert darzustellen. Dabei ist neben einer Einführung in die Finanzierung die traditionelle Gliederung in Fremdfinanzierung, Beteiligungsfinanzierung und Innenfinanzierung beibehalten worden, ergänzt durch ein Kapitel Finanzmanagement. Am Ende jedes Hauptkapitels folgen Kontrollfragen zur Selbstüberprüfung und Vertiefung. Der Hauptteil G enthält zusätzliche Übungsfälle und Lösungen.
Im Kapitel Fremdfinanzierung werden alle relevanten kurz-, mittel- und langfristigen Finanzierungsformen einbezogen und in ihrem für Betriebswirte wichtigen Wesensgehalt dargestellt. Besondere Beachtung finden dabei auch die Finanzinnovationen, die Eurokredite, Finanzierungssonderformen wie Leasing, Factoring, Forfaitierung und Projektfinanzierung sowie die Kreditsicherheiten, die jeweils mit den Kreditarten behandelt werden, in deren Zusammenhang sie meistens Anwendung finden.
Im Kapitel Beteiligungsfinanzierung wird das Schwergewicht auf die Darstellung der Finanzierung von Aktiengesellschaften gelegt, wobei auch alle wichtigen Fragen im Zusammenhang mit der Aktienfinanzierung wie Börseneinführung, Aktienanalyse und Aktienhandel sowohl an den traditionellen Präsenzbörsen als auch an den elektronischen Terminbörsen Beachtung finden.
Im Kapitel Finanzmanagement werden zunächst das Wesen, die Aufgaben und die Risiken der finanziellen Unternehmensführung behandelt und anschließend die Finanzanalyse, die Finanzplanung und die Finanzdisposition als Instrumente der finanziellen Unternehmensführung dargestellt.
Durch seinen detaillierten Aufbau, die zahlreichen Beispiele, Abbildungen und Berechnungen soll das Buch sowohl Studenten eine anwendungsbezogene Lernhilfe sein als auch Praktikern als Nachschlagewerk bei Finanzierungsfragen dienen können.
Die Einführung des EURO wurde nach Möglichkeit berücksichtigt.
Für Anregungen bin ich dankbar.

Kiel, im Juli 1999 F.-Ulrich Jahrmann

Inhaltsverzeichnis

                                                      Seite

Vorwort 5
Abbildungsverzeichnis 13

A Einführung in die Finanzierung

1 Finanzwirtschaftliche Grundbegriffe 17
2 Finanzierungsalternativen im Überblick 21
3 Finanzwirtschaftliche Entscheidungskriterien 25
4 Kapitalbedarf und Kapitaldeckung 30
    4.1 Bestimmungsfaktoren des Kapitalbedarfs 30
    4.2 Bestimmungsfaktoren der Kapitaldeckung 32
    4.3 Optimierung der Kapitalstruktur 34
    4.4 Abstimmung von Kapitalbedarf und Kapitaldeckung 38
5 Grundzüge des Finanzmarktes 41
    5.1 Struktur des Finanzmarktes 41
    5.2 Finanzmarktteilnehmer 43
    5.3 Finanzmarktveränderungen 48
6 Kontrollfragen 51

B Fremdfinanzierung

1 Wesen und Kreditarten 54
2 Allgemeine Probleme der Fremdfinanzierung 57
    2.1 Kreditfähigkeit, Kreditwürdigkeit und Kreditrating ... 57
    2.2 Kreditantrag und Kreditvertrag 61
    2.3 Überblick über die Kreditsicherheiten 64
    2.4 Kreditrisiken 69
3 Kurz- und mittelfristige Fremdfinanzierung 78
    3.1 Warenkredite 78
        3.1.1 Beschaffungskredite 78
        3.1.2 Absatzkredite 80

Seite

        3.1.2.1 Arten 80
        3.1.2.2 Sicherstellung 82
        3.1.2.3 Kostenvergleich 84

3.2 Kontokorrentkredite 87
    3.2.1 Wesen 87
    3.2.2 Zahlungsverkehrsabwicklung 88
    3.2.3 Kosten 92
    3.2.4 Sicherstellung 94

3.3 Wechselkredite 96
    3.3.1 Wesen und Rechtsgrundlagen 96
    3.3.2 Wechseldiskontkredite 100
    3.3.3 Akzeptkredite 104
    3.3.4 Wechselkredite im Außenhandel 106

3.4 Lombardkredite 110
    3.4.1 Wesen und Sicherstellung 110
    3.4.2 Arten 111

3.5 Betriebsmittelkredite 114
    3.5.1 Wesen und Sicherstellung 114
    3.5.2 Arten 116

3.6 Eurokredite 117

3.7 Konsumentenkredite 122

3.8 Avalkredite 124
    3.8.1 Wesen und Avalarten 124
    3.8.2 Erscheinungsformen 126

3.9 Akkreditive 130

4 Langfristige Fremdfinanzierung 133

    4.1 Realkredite an die gewerbliche Wirtschaft 133
        4.1.1 Wesen und Sicherstellung 133
        4.1.2 Beleihungswert und Beleihungsgrenze 139
        4.1.3 Tilgungsarten und Effektivverzinsung 144
        4.1.4 Refinanzierung von Realkrediten 150

    4.2 Realkredite zur Wohnungsbaufinanzierung 153
        4.2.1 Bankkredite 153
        4.2.2 Bausparkassenkredite 159

		Seite
	4.2.3 Versicherungskredite	162
	4.2.4 Finanzierungshilfen im Wohnungsbau	164
	4.2.5 Verbundfinanzierung	165
4.3	Realkredite an die Schiffahrt und langfristige Kredite an Gebietskörperschaften	167
	4.3.1 Schiffskredite	167
	4.3.2 Kommunalkredite	167
4.4	Langfristige Kredite von Spezial(kredit)instituten	169
	4.4.1 Kredite der Kreditanstalt für Wiederaufbau (KfW) und der Deutschen Ausgleichsbank (DtA)	169
	4.4.2 Kredite der Industriekreditbank (IKB)	172
	4.4.3 Kredite der Europäischen Investitionsbank (EIB)	173
	4.4.4 Kredite der Ausfuhrkredit-Gesellschaft mbH (AKA)	174
4.5	Finanzierung durch Schuldverschreibungen	179
	4.5.1 Wesen und Emission	179
	4.5.2 Industrieobligationen	185
	4.5.3 Wandelschuldverschreibungen	190
	4.5.4 Optionsschuldverschreibungen und Optionsscheine	195
	4.5.5 Gewinnschuldverschreibungen, Staatsanleihen und Auslandsanleihen	199
	4.5.6 Schuldverschreibungen am Eurokapitalmarkt (Euro-Bonds)	201
4.6	Schuldscheindarlehen	206
	4.6.1 Wesen und Deckungsstockfähigkeit	206
	4.6.2 Arten und Vergleich	209
5 Sonderformen der Fremdfinanzierung		214
5.1	Factoring	214
	5.1.1 Wesen und Vertragsarten	214
	5.1.2 Factoringfunktionen	216
	5.1.3 Finanzwirtschaftliche Vergleichsrechnung	219
5.2	Leasing	220
	5.2.1 Wesen	220
	5.2.2 Erscheinungsformen	221
	5.2.3 Steuerliche Behandlung	226
	5.2.4 Vergleichsrechnung Leasing/Kauf	230
5.3	Forfaitierung	234

		Seite
5.4	Projektfinanzierung	237
5.5	Finanzierungshilfen an die gewerbliche Wirtschaft	239
6	Kontrollfragen und Aufgaben	241

C Beteiligungsfinanzierung

1 Wesen, Funktionen und Probleme 252
2 Beteiligungsfinanzierung und Rechtsform 256
3 Motive der Beteiligungsfinanzierung 259
   3.1 Unternehmensgründung 260
   3.2 Unternehmenserweiterung 262
   3.3 Unternehmensumwandlung und Börseneinführung 265
   3.4 Unternehmenskauf 270
   3.5 Unternehmenssanierung 275
   3.6 Unternehmensliquidation 279
4 Beteiligungsfinanzierung der Aktiengesellschaft 281
   4.1 Aktienarten 281
        4.1.1 Nennwertaktien, Quotenaktien und Stückaktien 282
        4.1.2 Inhaberaktien und Namensaktien 284
        4.1.3 Stammaktien und Vorzugsaktien 286
        4.1.4 Sonderformen der Aktie 290
   4.2 Kapitalerhöhung 292
        4.2.1 Ordentliche Kapitalerhöhung 293
        4.2.2 Bedingte Kapitalerhöhung 297
        4.2.3 Genehmigte Kapitalerhöhung 298
        4.2.4 Kapitalerhöhung aus Gesellschaftsmitteln 299
   4.3 Börsenhandel und Börsenkurse 301
        4.3.1 Börsenwesen und Börsenverkehrsarten 301
        4.3.2 Aktienverwahrung 310
        4.3.3 Kursfeststellung und Handel am Kassamarkt 311
        4.3.4 Börsentermingeschäfte 317
              4.3.4.1 Wesen und Arten des Terminhandels 317
              4.3.4.2 Terminhandel an der Terminbörse 322
   4.4 Aktienanalyse 337
        4.4.1 Wesen und Rahmenbedingungen 337
        4.4.2 Fundamentalanalyse 339

Seite

  4.4.3 Technische Analyse 347
  4.4.4 Beurteilung der Verfahren 363
5 Kontrollfragen 364

D Innenfinanzierung

1 Wesen und Entstehung des Innenfinanzierungspotentials 369
2 Selbstfinanzierung 372
  2.1 Offene und stille Selbstfinanzierung 372
  2.2 Steuerliche Auswirkungen auf die Gewinnverwendung 377
3 Finanzierung aus Kapitalfreisetzung 382
  3.1 Arten der Kapitalfreisetzung 382
  3.2 Finanzierung aus Abschreibungsgegenwerten 384
    3.2.1 Abschreibungsarten 384
    3.2.2 Kapitalfreisetzungs- und Kapazitätserweiterungseffekt .. 386
    3.2.3 Finanzierungseffekt der Sonderabschreibungen 390
4 Finanzierung aus Rückstellungsgegenwerten 393
  4.1 Rückstellungsarten 393
  4.2 Finanzierungseffekt der Rückstellungen im allgemeinen 394
  4.3 Finanzierungseffekt der Pensionsrückstellungen im besonderen 395
    4.3.1 Ermittlung der zulässigen Pensionsrückstellungen 396
    4.3.2 Finanzierungseffekt der Pensionsrückstellungen
      in verschiedenen Phasen 399
5 Kontrollfragen 405

E Finanzielle Unternehmensführung (Finanzmanagement)

1 Finanzwirtschaftlicher Prozeß 407
2 Finanzorganisation 412
3 Finanzplanung 416
  3.1 Grundlagen der Finanzplanung 416
  3.2 Längerfristige Finanzplanung 420
    3.2.1 Zielsetzungen 420
    3.2.2 Erstellung und Gliederung 421
  3.3 Kurzfristige Finanzplanung 426
    3.3.1 Zielsetzungen 426
    3.3.2 Gliederung des kurzfristigen Finanzplanes 427

		Seite

    3.3.3 Finanzwirtschaftliche und güterwirtschaftliche
           Anpassungsmaßnahmen 434
    3.3.4 Finanzkontrolle 436
    3.3.5 Prognoseverfahren 438
  3.4 Kapitalbedarfsrechnung 444
  3.5 Integrierte Finanz- und Erfolgsplanung 451
4 Finanzdisposition 455
5 Finanzanalyse 460
  5.1 Wesen und Anwendungsbereiche 460
  5.2 Kennzahlen zur Vermögensstruktur 461
  5.3 Kennzahlen zur Kapitalstruktur 464
  5.4 Kennzahlen zur horizontalen Bilanzstruktur 466
  5.5 Beurteilungskriterien zur dynamischen Liquidität 471
    5.5.1 Cash-flow-Analyse 471
    5.5.2 Kapitalflußrechnung 474
  5.6 Kennzahlen zur Rentabilität und zum Erfolg 476
6 Kontrollfragen 479

F Lösungshinweise zu den Kontrollfragen 484

G Fälle und Lösungen 488

Literaturverzeichnis 525

Stichwortverzeichnis 533

Abbildungsverzeichnis

Abbildungsverzeichnis

Seite

Abb. 1: Der finanzwirtschaftliche Bereich der Unternehmung 20
Abb. 2: Finanzierungsalternativen 24
Abb. 3: Optimaler Verschuldungsgrad bei unvollkommenem Kapitalmarkt .. 37
Abb. 4: Kapitalbudget 39
Abb. 5: Das deutsche Bankensystem 45
Abb. 6: Individual- und Sozialversicherung 47
Abb. 7: Kreditsicherheiten 64
Abb. 8: Ablauf eines Währungs- und Zinsswaps 72
Abb. 9: Währungsswap bei internationalen Finanzgeschäften 74
Abb. 10: Ablauf eines Forward Rate Agreement 75
Abb. 11: Zahlungspflicht beim Collar 77
Abb. 12: Warenkredite 78
Abb. 13: Scheckzahlung 90
Abb. 14: Überweisung 91
Abb. 15: Kreditprovisionen 93
Abb. 16: Stille und offene Zession 95
Abb. 17: Ablauf eines Wechselgeschäfts 103
Abb. 18: Ablauf eines Akzeptkredits 105
Abb. 19: Ablauf eines direkten Rembourskredits 107
Abb. 20: Ablauf eines Negoziationskredits 109
Abb. 21: Ablauf eines Lombardkredits 112
Abb. 22: Eurogeldmarktsätze 120
Abb. 23: Ablauf eines Eurokredits zur Exportfinanzierung 121
Abb. 24: Ausfallbürgschaft/Rückbürgschaft 128
Abb. 25: Ablauf eines Dokumenten-Akkreditivs 131
Abb. 26: Abschlagsmethode 141
Abb. 27: Modifizierte Indexmethode 157
Abb. 28: Abwicklung der ERP-Zahlungen 170
Abb. 29: AKA-Kredit aus Plafond A 175
Abb. 30: AKA-Kredit aus Plafond C 176

		Seite
Abb. 31:	AKA-Kredit aus Plafond D/E	177
Abb. 32:	Gedeckte Optionsscheine	198
Abb. 33:	Leasingarten	221
Abb. 34:	Indirektes Leasing	222
Abb. 35:	Vollamortisationserlaß	227
Abb. 36:	Immobilien-Leasing-Erlaß	229
Abb. 37:	Teilamortisierungserlaß	230
Abb. 38:	Belastungsvergleich	232
Abb. 39:	Forfaitierung einer Exportforderung	235
Abb. 40:	Finanzierungshilfen an die gewerbliche Wirtschaft	240
Abb. 41:	Beteiligungsfinanzierung und Rechtsform (Personengesellschaften)	257
Abb. 42:	Beteiligungsfinanzierung und Rechtsform (Kapitalgesellschaften)	258
Abb. 43:	Wagnisfinanzierung	261
Abb. 44:	Arten der Unternehmensumwandlung	265
Abb. 45:	Bestimmungsfaktoren der Börsenreife	268
Abb. 46:	Gesamtfinanzierung von Unternehmenskäufen	270
Abb. 47:	Sanierungsmaßnahmen	274
Abb. 48:	Aktienhandel	308
Abb. 49:	Kursdiagramm	346
Abb. 50:	Dow Jones Stoxx 50 und Dow Jones Euro Stoxx 50	352/353
Abb. 51:	Kursentwicklung deutscher Aktien	354
Abb. 52:	Gleitende Durchschnitte	356
Abb. 53:	Advance-Decline-Linie	357
Abb. 54:	Branchenindizes	358
Abb. 55:	Innenfinanzierungspotential	370
Abb. 56:	Kapitalfreisetzung einer einzelnen, isoliert betrachteten Investition	386
Abb. 57:	Sonderabschreibungen	391
Abb. 58:	Rückstellungen im Zeitablauf	395
Abb. 59:	Ermittlung der jährlichen Zuführung zur Pensionsrückstellung	397
Abb. 60:	Rückstellungsfonds und Pensionsfonds bei normalem Versicherungsverlauf	398
Abb. 61:	Rückstellungsfonds und Pensionsfonds bei unvorhergesehenem Versicherungsverlauf ohne/mit Risikoabsicherung	398
Abb. 62:	Phasenmodell des Finanzierungseffekts der Rückstellungen	399
Abb. 63:	Der Finanzierungseffekt der Pensionsrückstellungen in hervorgehobenen Entscheidungssituationen	404

Abbildungsverzeichnis

		Seite
Abb. 64:	Finanzwirtschaftlicher Prozeß	408
Abb. 65:	Unternehmensziele	409
Abb. 66:	Planungseinheit	419
Abb. 67:	Gliederung der mittel- bis langfristigen Finanzplanung	423
Abb. 68:	Aufbau der längerfristigen Finanzplanung	424
Abb. 69:	Gliederungsschema einer Finanzplanung in Anlehnung an die Finanzbuchhaltung	428f
Abb. 70:	Gliederungsschema für einen kurzfristigen Finanzplan	432f
Abb. 71:	Vereinfachter Netzplan für eine Produkteinführung	450
Abb. 72:	Einordnung der Finanzplanung	451
Abb. 73:	Gliederungsschema einer kurzfristigen, integrierten Finanzplanung	452
Abb. 74:	Finanzdisposition	456
Abb. 75:	Steuerung der Finanzdisposition	459

A Einführung in die Finanzierung

1 Finanzwirtschaftliche Grundbegriffe

Die **Finanzwirtschaft** umfaßt alle finanziellen Maßnahmen zur Planung, Steuerung und Kontrolle der Zahlungsströme, die durch Vorbereitung, Durchführung und Veräußerung von Unternehmensleistungen erforderlich werden. Sie gliedert sich in die drei Teilbereiche

- **Kapitalbeschaffung** mit der Aufgabe, dem Unternehmen Kapital bereitzustellen
- **Kapitalverwendung** mit der Aufgabe, das bereitgestellte Kapital im Unternehmen zur Leistungserstellung einzusetzen, und
- **Kapitaldisposition** mit der Aufgabe der Planung, Steuerung, Kontrolle und Sicherung des Finanzverkehrs.

Es ist Aufgabe der **finanziellen Unternehmensführung** (Finanzmanagement), diese 3 Teilbereiche im Hinblick auf die Unternehmensziele zu koordinieren.

Ein **Zahlungsstrom** ist die Summe aller mit der (betrieblichen) Tätigkeit verbundenen Zahlungen, bezogen auf

- die Herstellung eines Produktes,
- die Bereitstellung einer Dienstleistung,
- die wirtschaftliche Lebensdauer eines Investitionsobjektes,
- die gesamte Lebensdauer der Unternehmung oder
- auf Rechenperioden im Rahmen der Finanzplanung.

Wesentliches Ziel der Finanzwirtschaft ist es, die Differenz zwischen Einzahlungs- und Auszahlungsstrom, also den finanzwirtschaftlichen Überschuß (Cash-flow), dauerhaft zu maximieren.

Kapital im betriebswirtschaftlichen Sinne ist die abstrakte, in Geldwerten quantifizierte Summe der Finanzierungsmittel, das Wirtschaftssubjekten, insbesondere Unternehmen, vom Eigentümer und von Kreditgebern zu Investitionszwecken gewährt wird und ihre Verfügungsmacht nach rechtlichen und zeitlichen Aspekten charakterisiert. Das Kapital stellt somit Ansprüche der Kapitalgeber an das Unternehmen dar, die noch nicht fällig sind und je nach Rechtsform durch das Unternehmensvermögen begrenzt sind. Das Kapital kann in kurzfristiges, mittelfristiges und langfristiges Kapital sowie in Eigenkapital und Fremdkapital unterschieden werden.

Eigenkapital begründet immer ein Beteiligungsverhältnis des Kapitalgebers zum Unternehmen, so daß er als (Mit-)Eigentümer mit der Kapitaleinlage oder je nach Rechtsform auch mit seinem sonstigen Vermögen für die Verbindlichkeiten des Unternehmens haftet.

Fremdkapital begründet immer ein Schuldverhältnis des Unternehmens gegenüber dem Kapitalgeber, das hinsichtlich der Leistungen des Unternehmens, vorrangig dem Kapitaldienst, bestehend aus Tilgung und Zins, vertraglich genau geregelt ist.

Das Fremdkapital unterteilt sich bilanziell in **Verbindlichkeiten**, wenn die schuldrechtliche Verpflichtung in ihrer Höhe und Laufzeit feststeht, und in **Rückstellungen**, wenn über den geschuldeten Betrag zum Zeitpunkt der Bilanzerstellung noch Ungewißheit besteht.

Der bilanzielle Eigenkapitalausweis ist von der Rechtsform abhängig. Er umfaßt das jeweilige Beteiligungskapital berichtigt oder ergänzt um den Jahresüberschuß/-fehlbetrag sowie die einbehaltenen Gewinne bzw. entstandenen Verluste früherer Perioden.

Das Kapital umfaßt alle Finanzierungsmittel für Investitionszwecke. Es steht aus bilanzieller Sicht auf der Passivseite. Das investierte Kapital (Vermögen) erscheint auf der Aktivseite und umfaßt dort alle Konten.

Aktiva	Bilanz	Passiva
Vermögen (Anlagevermögen, Umlaufvermögen)	◄——►	Kapital (Eigenkapital, Fremdkapital)
Kapitalverwendung	◄——►	Kapitalbeschaffung
Investition	◄——►	Finanzierung i. e. S.

Der Finanzierungsbegriff wird unterschiedlich weit gefaßt. **Finanzierung i. e. S.** umfaßt die Beschaffung von Eigen- und Fremdkapital auf dem Finanzmarkt in Form von Geld zum Erwerb und zur Erhaltung der betrieblichen Vermögenswerte sowie der Leistungsfähigkeit des Unternehmens. Zur Finanzierung i. e. S. zählen auch alle Maßnahmen zur Kapitalrückzahlung und Kapitalumschichtung. Bilanziell gesehen bezieht sich die Finanzierung i. e. S. auf alle Vorgänge, die die Passivseite der Bilanz berühren.

Finanzierung i. w. S. umfaßt neben der Kapitalbeschaffung auch die unmittelbare Bereitstellung von Sachwerten und Rechten an das Unternehmen sowie alle Maßnahmen der Kapitaldisposition, unabhängig davon, ob sie sich nur auf die Passivseite oder auch auf die Aktivseite der Bilanz beziehen.

Die **Interdependenz von Investition und Finanzierung** wird auch dadurch deutlich, daß der gleiche Vorgang sowohl Investition als auch Finanzierung sein kann. Ein Kredit aus der Sicht der Bank ist eine Investition, aus der Sicht

des Unternehmens Finanzierung. Forderungen aus der Sicht des Lieferanten sind Investition, aus der Sicht des Abnehmers stellen sie Verbindlichkeiten dar und dienen Finanzierungszwecken. Demnach ist eine
- Investition ein Zahlungsstrom, der mit einer Auszahlung beginnt, der dann spätere Einzahlungen folgen, und eine
- Finanzierung ein Zahlungsstrom, der mit einer Einzahlung beginnt, der dann Kapitalrückzahlungen (Auszahlungen) folgen.

Alle betrieblichen Finanzierungsmaßnahmen wirken sich auf die Bilanz aus. Sie führen entweder
(1) zu einer **Bilanzverlängerung** (z. B. bei Kreditaufnahme),
(2) zu einem **Aktivtausch** (z. B. bei Forderungseingang),
(3) zu einem **Passivtausch** (z. B. bei Umschuldung kurzfristiger in langfristige Kredite) oder
(4) zu einer **Bilanzverkürzung** (z. B. bei Kredittilgung).

Die **Kapitaldisposition** umfaßt alle Tätigkeiten
- zur Ausführung des Zahlungs- und Kreditverkehrs,
- zur Sicherung der dauerhaften Liquidität und Kreditwürdigkeit und
- zur Pflege der Finanzreserve und der Liquiditätsreserve.

Eine optimale Kapitaldisposition läßt sich nur durch eine zielkonforme **Finanzplanung** anstreben.

Die **Finanzreserve** bezieht sich auf alle bereits zugesagten, aber noch nicht beanspruchten Maßnahmen der Kapitalbeschaffung sowie auf alle zukünftigen Möglichkeiten der Kapitalbeschaffung, die aufgrund der Bonität der Unternehmung von Kapitalgebern i. d. R. kurzfristig erhältlich sind.

Die **Liquiditätsreserve** umfaßt die Kassenhaltung sowie alle kurzfristigen Möglichkeiten der Umschichtung von (geldnahen) Vermögensgegenständen in Zahlungsmittel.

Die Kapitalverwendung als **Investition** läßt sich nach der Vermögensart in
- Sachinvestitionen (z. B. Maschinen)
- Finanzinvestitionen (z. B. Beteiligungen) und
- immaterielle Investitionen (z. B. Patente, Ausbildung und Forschung)

sowie nach dem Verwendungszweck in
- **Bruttoinvestitionen** (Gesamtbeschaffung),
- **Reinvestitionen** (Ersatzbeschaffung) und
- **Nettoinvestitionen** (Neu- bzw. Erweiterungsbeschaffung)

untergliedern.

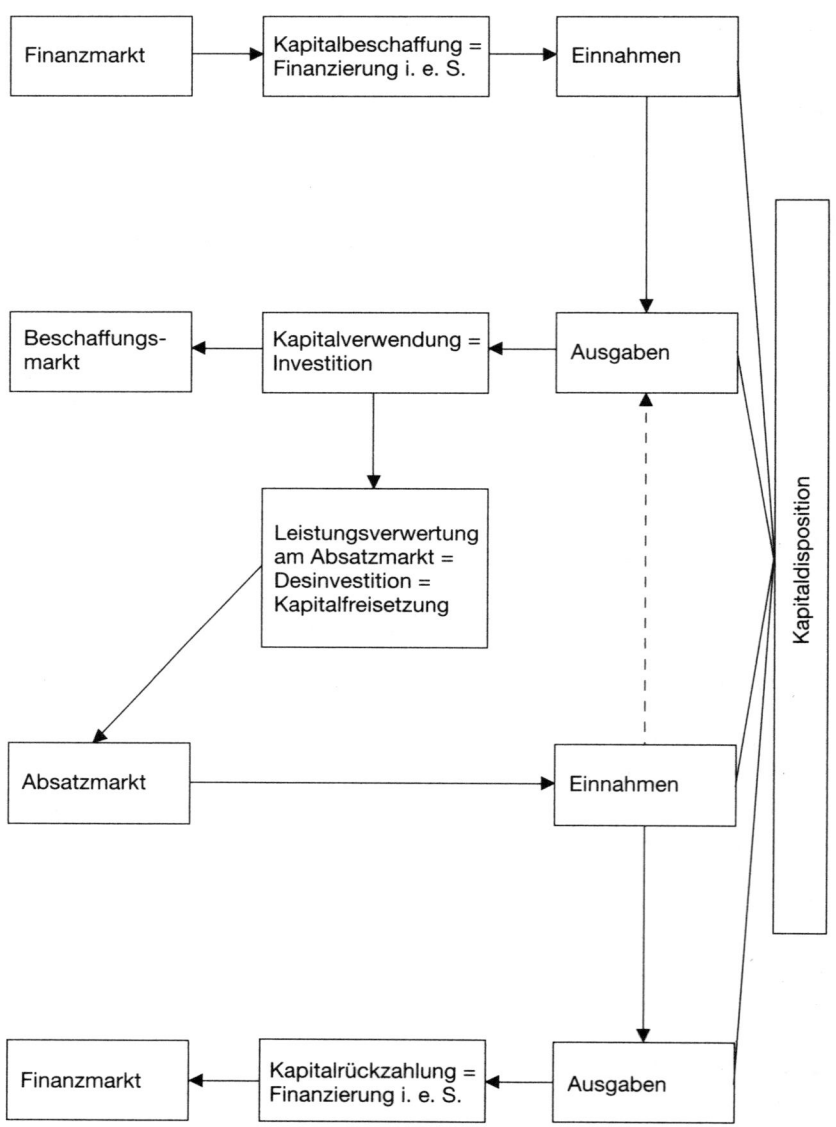

Abb. 1: Der finanzwirtschaftliche Bereich der Unternehmung

Finanzwirtschaftliche Grundbegriffe 21

Desinvestition ist gleichzusetzen mit Kapitalfreisetzung und liegt vor, wenn Investitionen früherer Perioden über den Markt durch die Umsatztätigkeit wieder als Zahlungsmittel zurückfließen. Bei der Desinvestition handelt es sich um eine Vermögensumschichtung, einen Aktivtausch, bei dem insbesondere in Betriebsleistungen gebundenes Kapital wieder freigesetzt wird und für neue Investitionen bereitsteht.

Alle finanziellen Maßnahmen berühren direkt oder indirekt den Finanzmarkt.

Der **Finanzmarkt** ist der ökonomische Treffpunkt von Angebot und Nachfrage hinsichtlich kurz-, mittel- und langfristiger Finanzrechte.
Finanzrechte sind vor allem
- Kredite,
- Beteiligungen,
- Effekten und
- Guthaben und Zahlungsmittel in in- und ausländischer Währung.

Der Finanzmarkt kann sich über diese Finanzrechte hinaus aber auch auf alle sonstigen Finanzprodukte bzw. Finanzdienstleistungen, wie insbesondere Optionen und Versicherungsleistungen, erstrecken.

In zeitlicher Hinsicht wird der Finanzmarkt in den Kapitalmarkt und in den Geldmarkt unterteilt. Während auf dem **Kapitalmarkt** mittel- und langfristige Kredite, Beteiligungen und Effekten gehandelt werden, bezieht sich der **Geldmarkt** auf kurzfristige Kredite, Geldmarktpapiere, Guthaben und Zahlungsmittel.

Der Geldmarkt i. e. S. umfaßt nur den kurzfristigen Finanzverkehr zwischen Kreditinstituten sowie die kurzfristige Refinanzierung der Kreditinstitute bei der Bundesbank.

2 Finanzierungsalternativen im Überblick

Die **Finanzierungsalternativen** lassen sich nach verschiedenen Kriterien unterteilen. Am häufigsten sind die Gliederungen nach der Kapitalart und nach der Kapitalherkunft anzutreffen.

```
              Finanzierung nach der Kapitalherkunft
        ┌─────────────────────┴─────────────────────┐
   Innenfinanzierung                          Außenfinanzierung
```

Bei der Gliederung nach der Kapitalherkunft ist entscheidend, ob die Kapitalbeschaffung unmittelbar vom Finanzmarkt (Außenfinanzierung) oder durch die Veräußerung von Unternehmensleistungen auf den Absatzmärkten erfolgt.

Innenfinanzierung liegt vor, wenn liquide Mittel (dem Unternehmen) durch den Desinvestitionsprozeß zufließen, ohne daß ihnen in der gleichen Periode auszahlungswirksame Beträge gegenüberstehen. Innenfinanzierung entsteht durch Absatzleistungen.

Führen die zufließenden Umsatzerlöse vorübergehend oder auch dauerhaft nicht zu Auszahlungen, können sie für neue Finanzierungsmaßnahmen verwendet werden. Diese Gesamtheit der aus Umsatzerlösen bereitstehenden Finanzierungsmittel wird auch als finanzwirtschaftlicher Überschuß (Cash-flow) bezeichnet und wird unterteilt in

- Finanzierung aus Rückstellungsgegenwerten,
- Finanzierung aus Kapitalfreisetzungen und
- Selbstfinanzierung.

Das Innenfinanzierungspotential bzw. der Cash-flow stellen einen häufig verwendeten Maßstab für die finanzielle Leistungsfähigkeit des Unternehmens dar.

Außenfinanzierung liegt vor, wenn dem Unternehmen Finanzierungsmittel von Fremd- oder Eigenkapitalgebern von außen zusätzlich oder erstmalig zugeführt werden. Außenfinanzierung steht in keinem Zusammenhang zu den Absatzleistungen und untergliedert sich in

- **Beteiligungsfinanzierung** und
- **Fremdfinanzierung** (Kreditfinanzierung).

Beteiligungsfinanzierung liegt vor, wenn dem Unternehmen vom Eigentümer Eigenkapital bei Gründung, zur Kapitalerhöhung oder durch Neuaufnahme von Gesellschaftern in Form von Geldeinlagen, Sacheinlagen oder Rechten von außen zugeführt wird. Form und Möglichkeiten der Beteiligungsfinanzierung werden entscheidend von der Wahl der Rechtsform der Unternehmung bestimmt.

Fremdfinanzierung liegt vor, wenn dem Unternehmen von externen Kapitalgebern oder von Miteigentümern Finanzierungsmittel auf Kreditbasis für einen vertraglich begrenzten Zeitraum zur Verfügung gestellt werden.

Zur Absicherung ihrer Ansprüche lassen sich Fremdkapitalgeber i. d. R. Kreditsicherheiten auf dem Vermögen des Unternehmens einräumen. Die Grenzen der Kreditgewährung sind deshalb meistens durch Qualität und Volumen des Sicherungspotentials bestimmt. Da eine Fremdkapitalbereitstellung immer auf Kreditbasis erfolgt, wird auch von Kreditfinanzierung gesprochen.

Bei der Gliederung nach der Kapitalart ist die Rechtsstellung des Kapitalgebers entscheidend. Übernimmt der Kapitalgeber eine Gläubigerstellung und das Unternehmen ist Schuldner, liegt eine Finanzierung mit Fremdkapital vor. Wird dagegen der Kapitalgeber (Mit-)Eigentümer, spricht man von Finanzierung mit Eigenkapital (**Eigenfinanzierung**).

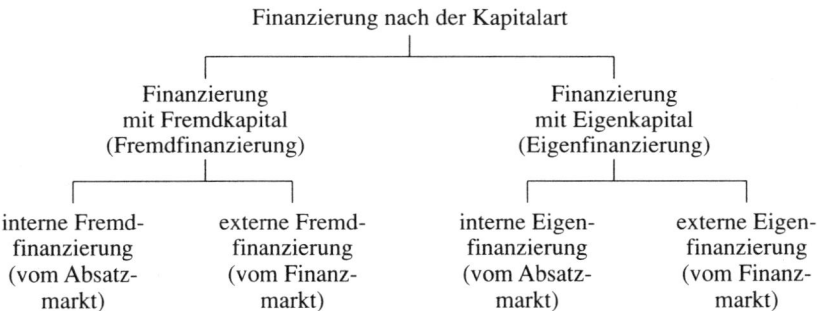

Stellt der Kapitalgeber dem Unternehmen zusätzliches Eigenkapital von außen, also vom Finanzmarkt, zur Verfügung, handelt es sich um eine externe Eigenfinanzierung, die mit der Beteiligungsfinanzierung gleichzusetzen ist.

Werden die erwirtschafteten Gewinne nicht entnommen bzw. ausgeschüttet, sondern für Finanzierungszwecke im Unternehmen belassen, wird dies als interne Eigenfinanzierung oder **Selbstfinanzierung** bezeichnet. Die Selbstfinanzierung ist wiederum ein Teil der Innenfinanzierung, da sie aus den Beziehungen des Unternehmens zum Absatzmarkt resultiert und den Teil des Zahlungsmittelzuflusses aus dem Desinvestitionsprozeß darstellt, der als bilanzieller Gewinn eigenkapitalerhöhend im Unternehmen verbleibt.

Ob interne Eigenfinanzierung oder interne Fremdfinanzierung vorliegen, ist manchmal erst, wie bei den Rückstellungen, klar erkennbar, wenn ein bestimmtes Ereignis eingetreten ist. Da als Voraussetzung für die Bildung von Rückstellungen aber in der Regel ein ungewisser Anspruch eines Dritten zu sehen ist, bezeichnet man die Finanzierung aus Rückstellungsgegenwerten auch als **interne Fremdfinanzierung**.

Wird dagegen das Fremdkapital vom Finanzmarkt und nicht durch den Desinvestitionsprozeß beschafft, liegt externe Fremdfinanzierung vor.

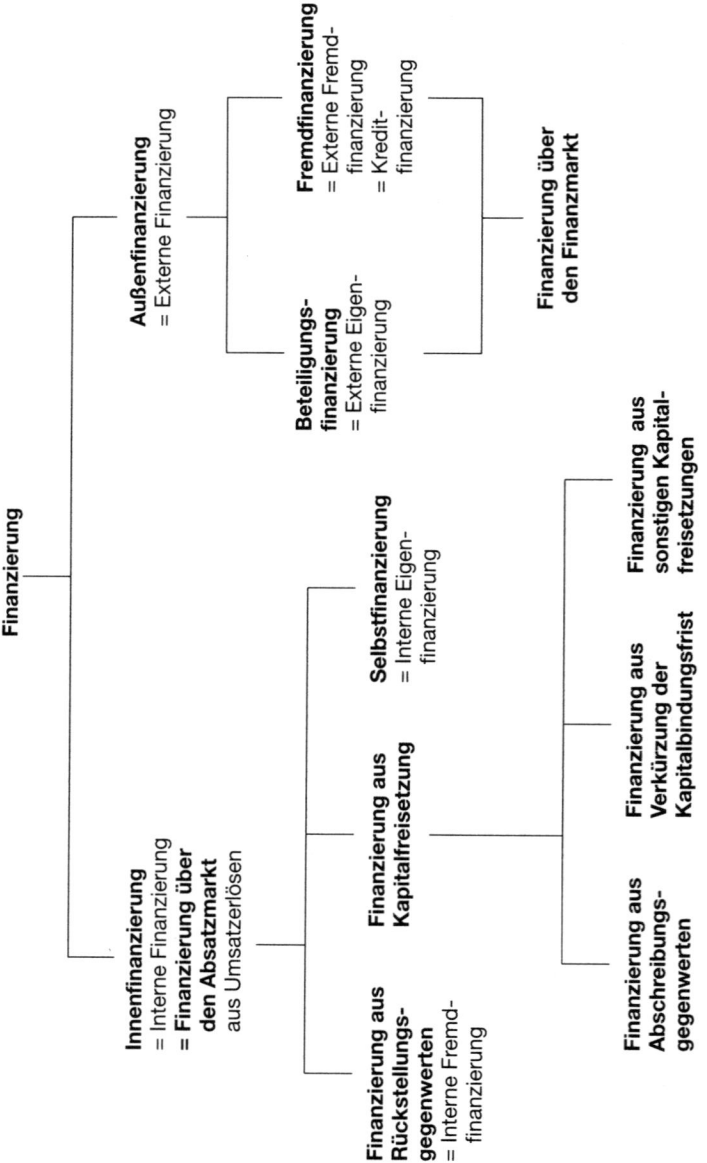

Abb. 2: Finanzierungsalternativen

3 Finanzwirtschaftliche Entscheidungskriterien

Die finanzwirtschaftlichen Entscheidungskriterien haben die Aufgabe, Maßstäbe für eine optimale Gestaltung des Finanzierungsbereichs zu liefern und damit zu einem bestmöglichen Gesamtergebnis für das Unternehmen beizutragen. Als Entscheidungskriterien werden angesehen:

- die Rentabilität
- die Liquidität
- die Sicherheit und
- die Unabhängigkeit.

Die **Rentabilität** einer Finanzierungsmaßnahme im allgemeinen ergibt sich als Verhältnis zwischen dem Überschuß aus der Kapitalnutzung und dem Kapitaleinsatz.

$$\text{Rentabilität} = \frac{\text{Überschuß aus Kapitalnutzung}}{\text{Kapitaleinsatz}} \cdot 100$$

Im besonderen kann die Rentabilitätsmessung jedoch in sehr unterschiedlicher Form erfolgen, indem sie auf bestimmte Einzelmaßnahmen, wie Investitionsobjekte oder Kreditarten, oder auf Gesamtheiten wie das Unternehmen, eine Niederlassung oder eine Projektgesellschaft bezogen wird. Im Hinblick auf die Laufzeit können die Gesamtdauer der Finanzierungsmaßnahmen als Totalperiode oder eine (willkürliche) Teilperiode wie das Jahr angesetzt werden. Uneinheitlich sind auch die Erfassung und der Umfang der Größen Kapitaleinsatz und Kapitalnutzung, so daß vor allem folgende Rentabilitätsgrößen anzutreffen sind (weitere Kennzahlen zur Rentabilität siehe Kap. E. 5.6):

$$\text{Gesamtkapitalrentabilität} = \frac{\text{Gewinn} + \text{Fremdkapitalzinsen}}{\text{Gesamtkapital}} \cdot 100$$

$$\text{Betriebskapitalrentabilität} = \frac{\text{Betriebsergebnis}}{\text{betriebsnotwendiges Kapital}} \cdot 100$$

$$\text{Eigenkapitalrentabilität} = \frac{\text{Gewinn}}{\text{Eigenkapital}} \cdot 100$$

$$\text{Projektrentabilität} = \frac{\text{(zurechenbarer) Projektgewinn}}{\text{(zurechenbarer) Kapitaleinsatz}} \cdot 100$$

Die Rentabilität stellt im wesentlichen ein Zeitraum-Kriterium dar, das feststellt, ob die Wirksamkeit eines Kapitaleinsatzes, der Kapitalnutzen, möglichst groß ist. Wann innerhalb eines Zeitraums das Ergebnis eintritt, ist nachrangig. Die Rentabilität ist somit ein Maximierungsproblem.

Die **Liquidität** bezeichnet die Fähigkeit eines Unternehmens, den laufenden Zahlungsverpflichtungen fristgerecht und betragsgenau nachkommen zu können.

Das dispositive finanzielle Gleichgewicht als **dynamische Liquidität** ist hergestellt, wenn die Zahlungsmittel bzw. die Fähigkeit des Unternehmens zur sofortigen Zahlungsmittelbeschaffung jederzeit ausreichen, um den Zahlungsmittelbedarf zu decken. Der Auszahlungsstrom darf also zu keiner Zeit größer sein als die Summe aus Einzahlungsstrom, Zahlungsmittelbestand und sofort realisierbarer Finanzreserve.

$$A_Z \leq E_Z + Z_1 + F_R$$

(Auszahlungen) (Einzahlungen) (Zahlungsmittel- (Finanzreserve)
                                 bestand)

Der Auszahlungsstrom braucht aber auch nicht kleiner zu sein, da sonst im Sinne einer **Überliquidität** mehr Zahlungsmittel im Unternehmen verfügbar sind als erforderlich. Überliquidität schränkt die Rentabilität ein, so daß die Liquidität ein Deckungsproblem und kein Maximierungsproblem darstellt.

Bei jeder wirtschaftlichen Tätigkeit muß die **Aufrechterhaltung des finanziellen Gleichgewichts** gewährleistet sein. Die Liquidität ist daher eine unabdingbare Voraussetzung für den Fortbestand des Unternehmens. Da es meistens zu spät ist, wenn erst ex post die Zahlungsunfähigkeit festgestellt wird, kommt einer ex ante Betrachtung im Sinne einer Liquiditätsprognose und Anpassung im Rahmen der Finanzplanung eine hervorgehobene Bedeutung zu.

Bei der Liquiditätsbetrachtung spielen die **Zahlungszeitpunkte** eine entscheidende Rolle. So können die Einnahmen und die Ausgaben eines Betrachtungszeitraums durchaus deckungsgleich sein, und dennoch ist entweder die Liquidität nicht gewährleistet, da bestimmte Teile der Einnahmen erst später zu Einzahlungen führen, oder es liegt Überliquidität vor, da bestimmte Ausgaben erst später zu Auszahlungen werden. Der Einnahmen- und Ausgabenstrom kennzeichnet insofern nur die **mittelbare Liquidität,** da er neben den reinen Zahlungsvorgängen auch die Forderungsbewegungen und Kreditbe-

Finanzwirtschaftliche Entscheidungskriterien

wegungen beinhaltet. Maßgeblich für den Tatbestand der Zahlungsfähigkeit sind aber nur die Auszahlungs- und die Einzahlungspositionen, die die **unmittelbare Liquidität** ergeben.

$$E_N = E_Z + F_Z + V_A$$
(Einnahmen) (Einzahlungen) (Forderungs- (Verbindlich-
zugänge) keitenabgänge)

$$A_N = A_Z + F_A + V_Z$$
(Ausgaben) (Auszahlungen) (Forderungs- (Verbindlich-
abgänge) keitenzugänge)

Forderungszugänge führen erwartungsgemäß zu späteren Einzahlungen, und Verbindlichkeitenabgänge bedeuten zukünftige Einzahlungen, die mit Verbindlichkeiten verrechnet werden. Forderungszugänge und Verbindlichkeitenabgänge zählen daher zu den **Einnahmen.**

Verbindlichkeitenzugänge bedeuten immer hinausgeschobene Auszahlungen, und Forderungsabgänge stellen zukünftige Auszahlungen dar, die mit Forderungen kompensiert werden. Verbindlichkeitenzugänge und Forderungsabgänge zählen daher zu den **Ausgaben.**

Da die finanziellen Tätigkeiten im Unternehmen einen sich ständig fortsetzenden Ablaufprozeß darstellen, können Ungleichgewichte in der mittelbaren Liquidität als Frühindikator für die unmittelbare Liquidität angesehen werden. Rechtzeitige finanzielle Anpassungsmaßnahmen können zur Beseitigung einer drohenden Zahlungsstockung oder auch Illiquidität führen. Rentabilitätsmindernde Kassenhaltung und weitere Liquiditätsreserven können aufgrund der Ungewißheit jeder Zukunftserwartung zweckdienlich sein.

Als **Unterliquidität** wird eine nur vorübergehende, kurzfristige Zahlungsstockung bezeichnet, bei der ein Ausgleich der Zahlungsströme bereits absehbar ist.

Illiquidität bedeutet dagegen Zahlungsunfähigkeit und ist rechtlich gesehen das auf dem Mangel an Zahlungsmitteln beruhende andauernde Unvermögen des Schuldners, seine sofort zu erfüllenden Geldschulden noch im wesentlichen erfüllen zu können. Illiquidität führt bei allen Rechtsformen zum Konkurs oder Vergleich. Überschuldung ist dagegen nur für Kapitalgesellschaften (AG, KGaA, GmbH, Genossenschaften) ein Konkursgrund.

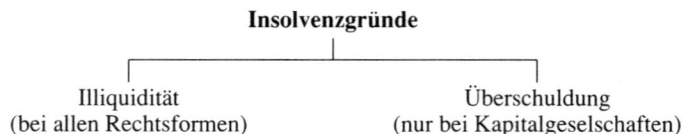

Überschuldung liegt vor, wenn aufgrund nachhaltiger Verluste, die durch das Eigenkapital nicht mehr aufgefangen werden können, das bilanzielle Vermögen nicht mehr zur Deckung des bilanziellen Fremdkapitals ausreicht. Ein Unternehmen ist überschuldet, wenn entstandene Verluste mit Fremdkapital finanziert werden müssen. Zahlungsunfähigkeit braucht bei Überschuldung nicht zwangsläufig vorzuliegen, solange Fremdkapital von Banken oder Lieferanten weiterhin bereitgestellt wird, zumal die tatsächliche Überschuldung u. U. auch aufgrund von Bewertungsmanipulationen häufig erst später bei einer Prüfung des Jahresabschlusses erkennbar wird.

Beispiel:

Bilanz vor Überschuldung		Bilanz im Grenzfall		Bilanz bei Überschuldung	
Anlagevermögen 600	Eigenkapital 300	Anlagevermögen 600	Eigenkapital 0	Anlagevermögen 600	Fremdkapital 1 200
Umlaufvermögen 400	Fremdkapital 700	Umlaufvermögen 400	Fremdkapital 1 000	Umlaufvermögen 400	
				Verlust 200	
1 000	1 000	1 000	1 000	1 200	1 200

Als Liquidität bzw. Liquidierbarkeit wird auch die Eigenschaft von Wirtschaftsgütern bezeichnet, in Geld umgewandelt werden zu können. Die **Liquidierbarkeit** bringt den Schnelligkeitsgrad zum Ausdruck, zu dem ein Unternehmen in der Lage ist, seine Vermögensgegenstände in Zahlungsmittel zu überführen. Diese Geldnähe interessiert vor allem ein in Liquidation befindliches Unternehmen. Andererseits kann die Liquidierbarkeit aber auch für »tätige« Unternehmen wichtig sein, wenn bei Liquiditätsengpässen Vermögensgegenstände in Geld zu verwandeln sind. Ein solcher Aktivtausch sollte sich nach Möglichkeit nur auf das nicht betriebsnotwendige Vermögen oder Forderungen beziehen, um die Leistungsfähigkeit nicht zu beeinträchtigen.

Unternehmen, die über Wirtschaftsgüter mit einer schnellen Liquidierbarkeit verfügen, besitzen damit auch eine geeignete **Liquiditätsreserve,** sofern ein ausreichender Veräußerungszeitraum und entsprechender Markt vorhanden ist. Der Schnelligkeitsgrad der Liquidierbarkeit ist somit auch ein Maßstab für die Bonität der Liquiditätsreserve.

Finanzwirtschaftliche Entscheidungskriterien 29

Neben der dynamischen Liquiditätsbetrachtung besteht auch eine **statische Liquiditätsbeurteilung** anhand von Bilanzrelationen. Diese vor allem bei externer Unternehmensanalyse anzutreffende Gegenüberstellung von bestimmten Teilen des Umlaufvermögens und den kurzfristigen Verbindlichkeiten ist zwangsläufig immer stichtagbezogen und vergangenheitsorientiert. Selbst bei einer exakten Fristigkeitserfassung der einbezogenen Positionen kann keine Liquiditätsentwicklung prognostiziert werden. Liquiditätskennzahlen können deshalb nur Indikatoren für die Bonität der Finanzierung und der Geschäftsführung allgemein im Rahmen der Unternehmensbeurteilung sein. Sie gewährleisten keine Zahlungsfähigkeit (zu den Liquiditätskennzahlen siehe auch Kap. E. 5.4).

$$\text{Liquidität 1. Grades} = \frac{\text{Zahlungsmittel (Geldfonds)}}{\text{kurzfristige Verbindlichkeiten}} \cdot 100$$

$$\text{Liquidität 2. Grades} = \frac{\text{Zahlungsmittel + kurzfristige Forderungen}}{\text{kurzfristige Verbindlichkeiten}} \cdot 100$$

$$\text{Liquidität 3. Grades} = \frac{\text{Umlaufvermögen}}{\text{kurzfristige Verbindlichkeiten}} \cdot 100$$

Als selbständige oder auch ergänzende Entscheidungskriterien zur Rentabilität bei finanzwirtschaftlichen Maßnahmen können die Sicherheit und die Unabhängigkeit angesehen werden.

Das Kriterium **Sicherheit** beurteilt das mit einer Finanzierungsmaßnahme verbundene (Insolvenz)risiko. Eine risikobewußte Finanzierung verlangt ein bestimmtes Mindesteigenkapital, dessen Höhe von Unternehmensart, -zweck und -rechtsform abhängt. Der Fremdkapitalgeber wird Volumen und Qualität des Eigenkapitals als Bestimmungsfaktor für seine Kreditvergabe, als Kriterium für die Kreditwürdigkeit, ansehen. Ein steigendes Risiko wird sowohl beim Fremdkapitalgeber als auch beim Eigenkapitalgeber höhere Finanzierungskosten verursachen und die Rentabilität verringern. Ist das Risiko zu hoch, wird keine Finanzierung erhältlich sein.

Da der Fremdkapitalgeber das Insolvenzrisiko grundsätzlich nicht übernehmen will, wird er Verschuldungsobergrenzen ansetzen, die letztlich von den Kreditsicherheiten determiniert sind.

Die Stellung von Kreditsicherheiten bedeutet für das Unternehmen eine Einschränkung seiner Dispositionsfreiheit und damit auch seiner **Unabhängigkeit**. Je höher die Kreditgewährung eines bestimmten Fremdkapitalgebers oder das Volumen der eingeräumten Sicherheiten ist, desto mehr nimmt die Flexibilität des Unternehmens ab. – Auch mit der Aufnahme zusätzlichen Eigenkapitals nimmt die Unabhängigkeit ab, da neue Mitspracherechte hinzukommen. Ein Verzicht auf diese Reduzierung der Unabhängigkeit kann aber auch den Verzicht auf eine wachstumskonforme Finanzierung und den Verlust der Wettbewerbsfähigkeit bedeuten.

Die **finanzielle Unternehmensführung** hat nun die Aufgabe, im Hinblick auf die genannten finanzwirtschaftlichen Entscheidungskriterien die finanzwirtschaftlichen Teilbereiche zu planen, zu steuern und zu kontrollieren. Diese Tätigkeiten werden bei kleinen und mittleren Unternehmen organisatorisch durch die Abteilung Rechnungs-, Planungs- und Finanzwesen ausgeübt, bei großen Unternehmen werden die finanzwirtschaftlichen Aufgaben meistens in Funktionsteilung vom **Controller** und vom **Treasurer** erfüllt, die unter der Leitung des Finanzvorstandes stehen.

Als wesentliche **Instrumente** der finanziellen Führung sind dabei folgende Bereiche zu sehen:
- die eher Kontrollzwecken dienende, vergangenheitsbezogene **Finanzanalyse,**
- die die zukünftige finanzielle Entwicklung prognostizierende **Finanzplanung** und
- die **Finanzdisposition** mit dem Ziel der kurzfristigen betragsgenauen, zeitpunktbezogenen, währungskonformen und kontomäßigen Finanzmittelsteuerung.

Die Investitionsrechnung ist ein Instrument zur Auswahl des wirtschaftlichsten Investitionsvorhabens und eher dem finanzwirtschaftlichen Teilbereich Investition zuzuordnen. Der erforderliche Kapitalbedarf für das angestrebte (wirtschaftlichste) Investitionsvorhaben ist dann in der Finanzplanung zu berücksichtigen, wobei sich die besondere Problematik der Abstimmung von Investition und Finanzierung, also von Kapitalbedarf und Kapitaldeckung, ergibt.

4 Kapitalbedarf und Kapitaldeckung
4.1 Bestimmungsfaktoren des Kapitalbedarfs

In der finanzwirtschaftlichen Betrachtung wird in Einzahlungsstrom und Auszahlungsstrom unterschieden. Ist der Auszahlungsstrom innerhalb eines Betrachtungszeitraums größer als der Einzahlungsstrom, entsteht ein Kapitalbedarf. Besteht ein positiver Anfangsbestand zum Beginn der Periode, wird

Kapitalbedarf und Kapitaldeckung 31

dieser dem Einzahlungsstrom zugeordnet. Die Kapitalbedarfsgleichung lautet dann:

$$KB = \sum_{t_o}^{t_n} A_Z - \sum_{t_o}^{t_n} E_Z - Z_1$$

(Kapitalbedarf) (Summe Auszahlungen im Betrachtungszeitraum) (Summe Einzahlungen im Betrachtungszeitraum) (Zahlungsmittelanfangsbestand)

Der Kapitalbedarf ist im Gründungsstadium einer Unternehmung zunächst gleich den Auszahlungen. Danach entspricht er der Differenz zwischen laufenden Zahlungsverpflichtungen und laufenden Zahlungseingängen unter Verrechnung des positiven oder negativen Bestandes zu Beginn der Periode. Der Kapitalbedarf hängt dabei jedoch nicht nur von der absoluten Höhe der Auszahlungen ab, sondern wird auch um so höher ausfallen, je größer der zeitliche Abstand zwischen Auszahlungen und Einzahlungen, die Kapitalbindungsfrist, ist. Für die Höhe des Kapitalbedarfs lassen sich folgende Bestimmungsfaktoren benennen (Gutenberg):

1. Die **Prozeßanordnung** als der organisatorisch, technische Betriebsaufbau zur Durchführung des Betriebsprozesses. Eine optimale Betriebsstruktur, gekennzeichnet durch günstigen Fertigungsablauf, neueste Produktionsverfahren, ideale Absatzwege, geordnete Lagerhaltung und vieles mehr, bedeutet geringeren Kapitalbedarf. Je größer die Abweichung von diesem Idealzustand ist, desto höher fällt der Kapitalbedarf durch unsystematischen oder ungeeigneten Betriebsablauf aus.

2. Die **Beschäftigungssituation** als die zeitliche Entwicklung von Auftragseingang und Auftragsdurchführung. Umsatzschwankungen infolge von saisonaler, konjunktureller oder branchenbedingter Beschäftigungsschwankung führen zu unterschiedlicher Kapazitätsauslastung. Als Unterbeschäftigung bezeichnet man eine niedrige Nutzung des betrieblichen Leistungsvermögens, ggf. mit der Folge von Personalabbau und Betriebsschließungen.

3. Die **Betriebsgrößenänderung**, insbesondere die Kapazitätserweiterung, die wegen der nicht beliebigen Teilbarkeit der Produktionsfaktoren zu sprungfixen Kosten führt. Ein hoher Kapitalbedarf für das Investitionsvolumen steht häufig einer anfänglichen Teilauslastung der Aggregate gegenüber. Die geringe Absatzmenge bringt zunächst noch nicht die gewünschte Höhe des Einzahlungsstroms. Da so Teile des Vermögens ungenutzt bleiben, sinkt die Kapitalumschlagshäufigkeit und damit auch die Rentabilität.

4. Die **Variabilität des Produktionsprogramms** bestimmt den Kapitalbedarf bei Veränderung von Absatzwegen, bei der Entwicklung neuer Produkte oder bei qualitativer Umstrukturierung des Verkaufsprogramms. So ist z. B. eine Produktneuentwicklung mit erheblichem Kapitalbedarf verbunden.

5. Die **Prozeßgeschwindigkeit** bestimmt, wie lange das im Unternehmen gebundene Kapital benötigt, um sich über den Desinvestitionsprozeß wieder zu verflüssigen. Je länger die Kapitalbindungsfrist, desto höher ist der Kapitalbedarf.

6. Die **Rationalisierungsmaßnahmen,** die im Ergebnis zu kostengünstigerer Produktion bei sinkendem Kapitalbedarf führen sollen. Rationalisierungsmaßnahmen führen jedoch meistens zunächst zu steigendem Kapitalbedarf und nicht zu der beabsichtigten Kapitalfreisetzung, weil sie aufgrund des hohen zusätzlich anfallenden Investitionsvolumens zunächst zu einer Erhöhung des Auszahlungsstroms führen. Erst später ergibt sich aus der Verbesserung des Produktionsablaufs eine Verkürzung der Kapitalbindungsfrist oder aus der Einsparung von Produktionsfaktoren eine Senkung des Kapitalbedarfs.

Kapitalfreisetzung durch Rationalisierungsmaßnahmen liegt erst vor, wenn die gleiche Betriebsleistung mit geringerem Kapitaleinsatz erstellt werden kann.

4.2 Bestimmungsfaktoren der Kapitaldeckung

Wichtigstes Entscheidungskriterium für die Kapitaldeckung ist zunächst der Kapitalbedarf der Periode. Zur Gewährleistung einer dauerhaften Liquidität sollte deshalb die Kapitaldeckung zu jedem Zeitpunkt mindestens dem Kapitalbedarf entsprechen. Da jedoch ein Kapitalüberhang nicht benötigte Liquidität bedeutet und die Rentabilität des Unternehmens beeinträchtigt, ist die **optimale Kapitaldeckung** bei genauer Übereinstimmung von Kapitalbedarf und Kapitaldeckung zu jedem Zeitpunkt zu sehen. Diese Zielvorstellung wird aber in der Praxis nur in Ausnahmefällen zu verwirklichen sein.

Optimale Kapitaldeckung$_{tx}$ = Kapitalbedarf$_{tx}$

Die bedarfsorientierte Kapitaldeckung ist im Hinblick auf die Finanzierungsalternativen nach folgenden **Bestimmungsfaktoren** zu strukturieren:

- unter Rentabilitätsaspekten nach den Kapitalkosten
- unter Liquiditätsaspekten nach der Kapitalfristigkeit
- und unter Sicherheitsaspekten nach dem Verlustrisiko.

Kapitalbedarf und Kapitaldeckung 33

Jede Kapitalart verursacht unterschiedliche Kapitalkosten. **Eigenkapitalkosten** sind grundsätzlich wegen des vom Eigenkapital zu tragenden existentiellen Risikos und der nicht unerheblichen Steuerbelastung höher als die **Fremdkapitalkosten,** die den zu versteuernden Gewinn mindern. Auch innerhalb des Fremdkapitals bestehen erhebliche Kostenunterschiede, so z.b. zwischen dem Lieferantenkredit und dem Bankkredit einerseits oder dem erstklassigen Wechseldiskontkredit und dem Zessionskredit andererseits.

Bei einem Kostenvergleich sind neben den zeitraumbezogenen Zinsen auch die einmaligen Geldbeschaffungskosten und Bearbeitungsprovisionen zu beachten. Weiterhin können je nach Kapitalart Nebenkosten wie Besicherungskosten oder Steuern entstehen.

Nur in bestimmten Fällen wird sich die Kapitalstruktur bei einzelnen Kapitalarten ausschließlich nach Rentabilitätsaspekten optimieren lassen. Im Regelfall treten alle Bestimmungsfaktoren gemeinsam auf, unter Umständen jedoch mit unterschiedlicher Gewichtung.

Unter Liquiditätsaspekten sollten sich die Fristigkeit der jeweiligen Kapitalart und die Dauer des Kapitalbedarfs entsprechen. Dieser **Grundsatz der Fristenkongruenz** wird auch von den einschlägigen Finanzierungsregeln vertreten. Eine Übereinstimmung ist aber nicht unbedingt von vornherein erforderlich, sondern es kann auch die Gewißheit einer termingerechten Prolongation oder Kreditsubstitution ausreichen.

Wird das Kapital befristet überlassen, muß sich das Unternehmen auf die rechtzeitige **Anschlußfinanzierung** vorbereiten, die bei zufriedenstellendem Geschäftsverlauf und normaler Kapitalmarktverfassung ohne Schwierigkeiten erhältlich sein wird. Das Fristenrisiko steigt jedoch erheblich mit ungünstigem Geschäftsverlauf und damit sinkender Kreditwürdigkeit. Jede Anschlußfinanzierung birgt grundsätzlich das Risiko höherer Kapitalkosten.

Ein besonderes **Liquiditätsrisiko** beinhaltet eine jederzeit kündbare Kapitaldeckung, da gegebenenfalls eine sofortige Anschlußfinanzierung nicht möglich ist. Allerdings kann sich das Unternehmen seinerseits bei ungünstigen Konditionen auch schnell von der Finanzierung lösen.

Eigenkapital steht zwar bei bestimmten Rechtsformen wie der Aktiengesellschaft dauerhaft zur Verfügung, doch ist bei anderen Rechtsformen wie z.B. der OHG eine Kündigung unter Einhaltung einer Frist von 6 Monaten möglich.

Der Fremdkapitalgeber trägt das Risiko der ordnungsgemäßen Leistung des Kapitaldienstes. Er versucht sein **Verlustrisiko** durch das Verlangen nach

Kreditsicherheiten und eine laufende Kreditüberwachung zu minimieren. Mit steigendem Verlustrisiko können auch steigende Kapitalkosten verbunden sein, sei es als Risikoprämie oder als Entgelt für Zusatzsicherheiten. Auch wird der direkte oder indirekte Einfluß der Kreditgeber mit wachsendem Fremdkapitalanteil zunehmen.

Der Eigenkapitalgeber trägt das Verlustrisiko für das eingesetzte Kapital und im Regelfall bei den Personengesellschaften zusätzlich das **existentielle Risiko,** verbunden mit dem Verlust des gesamten Vermögens.

4.3 Optimierung der Kapitalstruktur

Bei der Optimierung der Kapitalstruktur sind alle Bestimmungsfaktoren der Kapitaldeckung zu berücksichtigen. Dennoch gehen die kapitaltheoretischen Ansätze zunächst nur von reinen Rentabilitätsüberlegungen aus, beziehen dann aber auch Sicherheits- und Risikoaspekte mit ein. Als grundlegender Ansatz ist die Bestimmung des **optimalen Verschuldungsgrades** durch Berücksichtigung des Leverageeffects anzusehen. Bei diesen Modellen zur Kapitalstruktur geht es um das optimale Verhältnis von Eigenkapital und Fremdkapital. Es wird nicht nach der Kapitalfristigkeit gegliedert.

Ein Unternehmen wird unter Rentabilitätsaspekten die Eigenkapitalhöhe wählen, also das Mischungsverhältnis von Eigenkapital und Fremdkapital, die die **höchste Eigenkapitalrentabilität** bietet. Die Frage nach der optimalen Eigenkapitalhöhe ist also zugleich die nach dem optimalen Verschuldungsgrad.

Der Bruttogewinn einer Investition entspricht dem benötigten Gesamtkapitalbedarf für diese Investition multipliziert mit der Investitionsrendite:

$G_B = GK \cdot r_i$ 　　　G_B = Bruttogewinn

　　　　　　　　　　GK = Gesamtkapital

$G_B = (EK + FK) r_i$ 　r_i = Gesamtkapitalrentabilität bzw. Investitionsrendite

　　　　　　　　　　EK = Eigenkapital

　　　　　　　　　　FK = Fremdkapital

Der Nettogewinn setzt sich zusammen aus den auf das Eigenkapital entfallenden Gewinnanteilen zuzüglich den mit dem Fremdkapital erwirtschafteten Gewinnteilen nach Abzug der Fremdkapitalkosten.

$G_N = EK \cdot r_i + FK (r_i - k)$ 　G_N = Nettogewinn

　　　　　　　　　　　　k = Fremdkapitalkosten

Kapitalbedarf und Kapitaldeckung

Bezieht man den Nettogewinn auf das eingesetzte Eigenkapital, beträgt die Eigenkapitalrentabilität:

$$r_e = \frac{G_N}{EK} = r_i + \frac{FK}{EK}(r_i - k)$$

Die Eigenkapitalrentabilität ist also abhängig von der Gesamtkapitalrentabilität, den Fremdkapitalkosten und dem Mischungsverhältnis von Fremdkapital und Eigenkapital.

Als Fremdkapitalkostensatz ist der Effektivzins für das aufgenommene Kapital anzusetzen.

Der optimale Verschuldungsgrad ist nach diesem Modell erreicht, wenn ein Unternehmen unter Rentabilitätsaspekten durch eine Erweiterung des Fremdkapitalanteils keine Steigerung der Eigenkapitalrentabilität mehr erzielen kann. Diese steigt, solange noch eine positive Differenz zwischen der Gesamtkapitalrentabilität und den Fremdkapitalkosten besteht (**Leverage-effect**).

Beispiel:
Bei einem wachsenden Verschuldungsgrad von Null bis gegen 1 ergibt sich beispielsweise bei einem Zinssatz von 10% und einer erwarteten Gesamtkapitalrentabilität (Investitionsrendite) zwischen 5 und 20% folgende Verteilung für die Eigenkapitalrentabilität:

VG	r_i	20%	15%	10%
0	r_e	20%	15%	10%
0,25	r_e	23,33%	16,67%	10%
0,5	r_e	30%	20%	10%
0,75	r_e	50%	30%	10%
0,9	r_e	110%	60%	10%
$\to 1$	r_e	$\to \infty$	$\to \infty$	10%

$$r_e = 20\% + \frac{0,75}{0,25}(20\% - 10\%) = 50\%.$$

Daraus läßt sich feststellen:
- Liegt die Investitionsrendite über dem Zinssatz, steigt mit wachsender Verschuldung die Eigenkapitalrentabilität überproportional.
- Liegt die Investitionsrendite unter dem Zinssatz, sinkt die Eigenkapitalrentabilität mit wachsender Verschuldung überproportional in den negativen Bereich.

- Entspricht die Gesamtkapitalrentabilität den Fremdkapitalkosten, bleibt die Verschuldungshöhe ohne Einfluß auf die Eigenkapitalrentabilität.

Je größer die Differenz zwischen der Gesamtkapitalrentabilität und den Fremdkapitalkosten ist, desto größer ist auch das Streuungsintervall für die Eigenkapitalrentabilität bei steigender Verschuldung. Da das Verlustrisiko bei Erwartungsänderungen mit dem Verschuldungsgrad steigt, können **kritische Werte** ermittelt werden, um die Grenzinvestitionsrendite zu kennen, die beim jeweiligen Verschuldungsgrad gerade noch nicht zu einer negativen Eigenkapitalrentabilität führt.

Aus Rentabilitätsgründen würde ein Unternehmen einen möglichst hohen Verschuldungsgrad wählen. Aufgrund des damit steigenden Verlustrisikos bzw. der mit dem Verschuldungsgrad steigenden Fremdkapitalkosten ist die **Grenze der Verschuldung** jedoch entweder dort zu sehen, wo der untere kritische Erwartungswert für die Gesamtkapitalrentabilität zu einer Eigenkapitalrentabilität von Null führt oder die durchschnittlichen Gesamtkapitalkosten im Minimum liegen.

Bei dem bisherigen Ansatz konnte zum gegebenen Zinssatz beliebig viel Kapital beschafft werden (vollkommener Kapitalmarkt). Da das Verlustrisiko aber mit wachsender Verschuldung steigt, wird einerseits der Fremdkapitalgeber mit wachsender Verschuldung höhere Fremdkapitalkosten berechnen, andererseits aber auch der Eigenkapitalgeber eine bessere Eigenkapitalverzinsung verlangen. Dies führt dann zu einem Punkt, von dem ab die durchschnittlichen Gesamtkapitalkosten wieder steigen, nachdem sie zunächst durch Substitution von teurerem Eigenkapital durch billigeres Fremdkapital gefallen waren.

Bei einem Verschuldungsgrad von Null entsprechen die Gesamtkapitalkosten der Eigenkapitalrentabilität. Danach fallen die durchschnittlichen Gesamtkapitalkosten, bis die Risikoprämie bei wachsender Verschuldung den Substitutionsgewinn aus dem Tausch von Eigenkapital in Fremdkapital kompensiert. In diesem Minimum der durchschnittlichen Gesamtkapitalkosten befindet sich das **Vermögen der Eigenkapitalgeber im Maximum,** das Unternehmen hat seinen höchsten Marktwert.

Der optimale Verschuldungsgrad ist nach diesem verbesserten Ansatz erreicht, wenn sich die durchschnittlichen Gesamtkapitalkosten im Minimum befinden, also die Grenzeigenkapitalrentabilität gleich ist dem Grenzsubstitutionsgewinn.

$$UW = \frac{GK \cdot r_i - FK \cdot FK_k}{EK \cdot r_e} \cdot 100$$

Kapitalbedarf und Kapitaldeckung

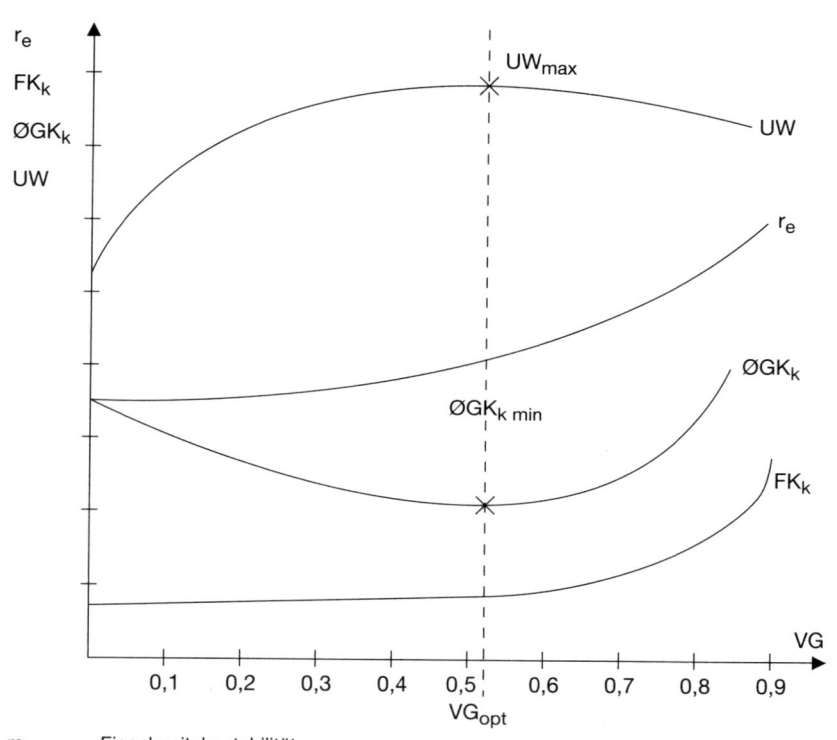

[Diagramm mit Achsen r_e, FK_k, $ØGK_k$, UW vs. VG von 0,1 bis 0,9; markiert UW_{max} und $ØGK_{k\,min}$ bei VG_{opt} = 0,5]

r_e = Eigenkapitalrentabilität
FK_k = Fremdkapitalkosten
$Ø\,GK_k$ = durchschnittliche Gesamtkapitalkosten
UW = Unternehmenswert als Marktwert für die Anteilseigner
VG = Verschuldungsgrad

Abb. 3: Optimaler Verschuldungsgrad bei unvollkommenem Kapitalmarkt

Beispiel:
Beträgt beispielsweise der Verschuldungsgrad bei einem eingesetzten Gesamtkapital von 1 Mill. EUR 60%, die Investitionsrendite 20%, die verlangte Eigenkapitalrendite 15% und der Zinssatz 9%, so errechnet sich folgender Unternehmenswert:

$$UW = \frac{1\,000\,000 \cdot 20\% - 600\,000 \cdot 9\%}{400\,000 \cdot 15\%} \cdot 100 = 243{,}33$$

Legt man dagegen bei einem Verschuldungsgrad von 80% eine dementsprechend höhere Zinsforderung von 14% bei einer erwarteten Eigenkapitalrendite von 19% zugrunde, so beläuft sich der Unternehmenswert auf 231,58. Der optimale Verschuldungsgrad ist somit bereits überschritten.

Auch bei diesem Modell wird die **alternative Kapitalanlage** nicht berücksichtigt. Eine Eigenkapitalreduzierung lohnt sich jedoch für das Unternehmen nur, solange die Gesamtrendite aus dem noch im Unternehmen arbeitenden und dem freigesetzten Eigenkapital noch steigt. Außerdem stellt sich bei neuen Investitionsvorhaben weniger die Frage nach einer Eigenkapitalverminderung als nach der erforderlichen Mindesteigenkapitalerhöhung.

Neben diesen **Modellansätzen** bestehen noch verschiedene andere, die beispielsweise in ihrer Konzeption in firmeneigene Ziele und Anteilseignerziele (Ausschüttungspolitik) unterscheiden oder Ansätze aus der Portfolio-Analyse verwenden. Eine auch für die Praxis anwendbare Grundlage können jedoch alle Ansätze zur optimalen Kapitalstruktur bisher nur begrenzt bieten.

4.4 Abstimmung von Kapitalbedarf und Kapitaldeckung

Zwischen dem Finanzierungsbereich (Kapitaldeckung) und dem Investitionsbereich (Kapitalbedarf) besteht eine enge wechselseitige Beziehung. Jedes Investitionsvorhaben hängt von seinen Finanzierungsmöglichkeiten ebenso ab wie der rentable Kapitaleinsatz von der Investitionsrendite. Diese Interdependenz legt das traditionelle Modell des **Kapitalbudgets** zugrunde.

Jedem Unternehmen stehen grundsätzlich eine Vielzahl von Investitionsmöglichkeiten offen, die es gilt, nach ihren Renditeerwartungen zu ordnen. Nachdem jedes Investitionsvorhaben einer Wirtschaftlichkeitsrechnung unterzogen worden ist, ist es nach seiner Vorteilhaftigkeit in eine Rangskala einzuordnen.

Beispiel:
$I_1 = 600\,000$ $i = 30\%$ $I_4 = 150\,000$ $i = 15\%$
$I_2 = 400\,000$ $i = 25\%$ $I_5 = 200\,000$ $i = 10\%$
$I_3 = 250\,000$ $i = 20\%$ $I_6 = 150\,000$ $i = 5\%$

Entscheidet sich beispielsweise ein Bilderleistenhersteller, Mahagoni-Rahmen zu produzieren, ergibt sich aufgrund der Daten, die die Marktforschung geliefert hat, eine Rendite aus der entsprechenden Investition von 30%. Die Anschaffung von Anlagen zur Herstellung randloser Bilderrahmen läßt eine Rendite von 25% erwarten. Bei einer Entscheidung für einfache helle Holzrahmen wird eine Investitionsrendite von 20% errechnet. Sollte das Unternehmen jedoch auch die Produktion von Diarähmchen, kleineren Porträtfotorahmen aus Kunststoff oder Fotoanhänger aufnehmen, ist lediglich mit einer Investitionsrendite von 15, 10 und 5% zu rechnen.

Kapitalbedarf und Kapitaldeckung

In gleicher Weise sind die Finanzierungsmöglichkeiten nach ihren Kosten zu ordnen:

F_1 = Kredit mit Zinsverbilligung aus dem
Mittelstandsstrukturprogramm = 350 000 $k = 5\ \%$ p.a.
F_2 = ERP-Kredit = 300 000 $k = 7\ \%$ p.a.
F_3 = langfristiger Bankkredit an
nachrangiger Stelle = 400 000 $k = 10\ \%$ p.a.
F_4 = verbürgter Bankkredit = 150 000 $k = 11{,}5\%$ p.a.
F_5 = Eigenkapital = 400 000 $k = 17\ \%$ p.a.

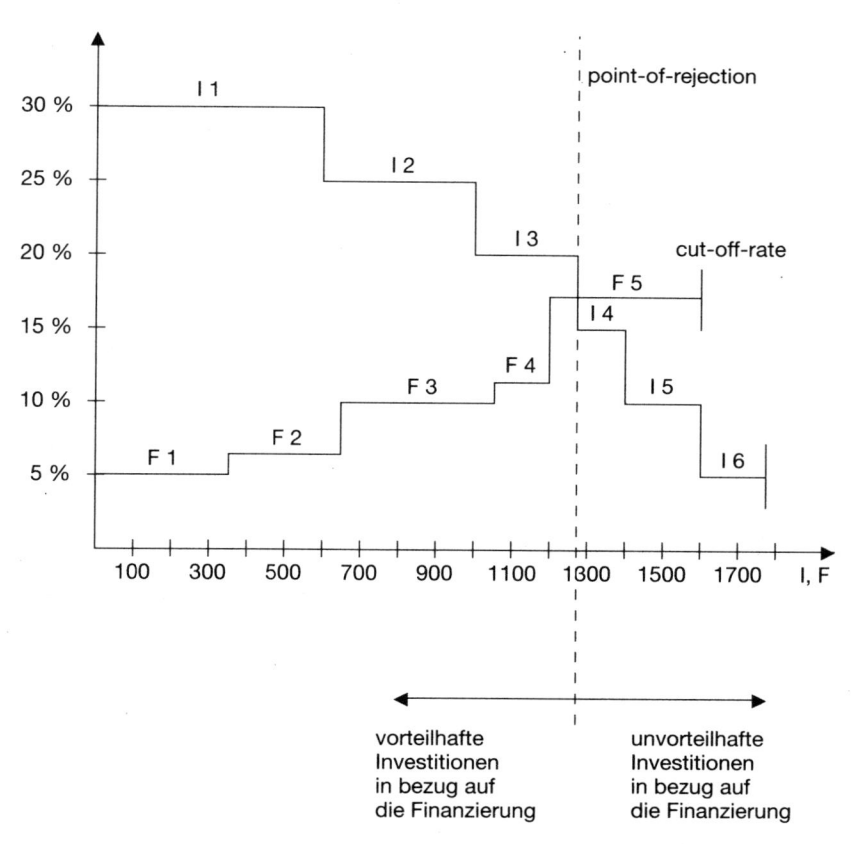

Abb. 4: Kapitalbudget

Durch Gegenüberstellung der Investitionsvorhaben und ihrer Finanzierungsmöglichkeiten ergibt sich dann die »**cut-off-rate**« als Punkt, bei dem die Finanzierungsmöglichkeiten das Investitionsvolumen begrenzen. Das Investitionsprojekt I_6 läßt sich mangels Finanzierungsmitteln nicht realisieren. Im »**point-of-rejection**« schneiden sich die Investitions- und die Finanzierungskurve; hier sind die Grenzkosten der Finanzierung gleich der Grenzinvestitionsrendite. Jede weitere Ausdehnung des Investitionsvolumens verursacht höhere Finanzierungskosten als Investitionserträge.

Bei der Auswahl der möglichen Investitionsvorhaben sind diejenigen unter Rentabilitätsaspekten zu realisieren, bei denen der höchstmögliche Periodengewinn zu erzielen ist. Dies ist nur zu erreichen, wenn jeweils zur Finanzierung der renditestärksten Investition die billigsten Finanzierungsmittel verwendet werden, und zwar so lange, bis die Grenzinvestitionsrendite gleich den Grenzfinanzierungskosten ist. Jedes weitere Investitionsvorhaben trägt nicht mehr zur Steigerung der Gesamtrentabilität bei.

Dieses Ergebnis läßt sich jedoch **nicht problemlos** auf die Praxis übertragen, da das Modell des Kapitalbudgets unterstellt,
- daß die Finanzierungsmittel nicht an bestimmte Investitionsvorhaben gebunden sind,
- daß der Kreditgeber keine Mindesteigenkapitalbeteiligung je Investition verlangt,
- die Investitionsobjekte untereinander unabhängig sind
- und keine Beschränkungen aus anderen Unternehmensbereichen auftreten.

Neben dem traditionellen Modell des optimalen Kapitalbudgets gibt es **produktionstheoretische und kapitaltheoretische Ansätze** zur Lösung des Interdependenzproblems von Investition und Finanzierung mit Hilfe der linearen Programmierung. Diese vor allem von Albach und Hax entwickelten Modelle berücksichtigen alle Investitions- und Finanzierungsmöglichkeiten innerhalb eines Planungszeitraums, die dem Liquiditätspostulat entsprechen, mit dem Ziel, die Kombination zu wählen, die den größten Vermögens- bzw. Einkommenszuwachs bietet. Auch diese Modelle gehen allerdings von einem gegebenen optimalen Produktionsprogramm aus und berücksichtigen den Absatz nur durch Obergrenzen, so daß die Einbeziehung der nicht finanziellen Teilbereiche des Unternehmens weiterhin noch nicht befriedigend gelöst ist. Eine Verbesserung, wie sie weiterführende Modelle mit immer mehr Abhängigkeiten und Variablen sowie der Einbeziehung der Unsicherheit vorschlagen, müssen aber auch nicht zwangsläufig zu einem besseren Erkenntnisstand führen, wenn der erhebliche Rechenaufwand, abgesehen von den mit

Kapitalbedarf und Kapitaldeckung 41

der Zahl der verarbeiteten Daten steigenden Prognosefehler, für einen solchen komplexen Investitions- und Finanzierungsplan nicht zu einer klaren Durchsicht der Planungsrealisierenden führt.

5 Grundzüge des Finanzmarktes

5.1 Struktur des Finanzmarktes

Die Beschaffung und die Bereitstellung von Finanzprodukten erfolgt über den Finanzmarkt, der sich in verschiedene Teilmärkte untergliedern läßt. Hierzu lassen sich folgende Segmentierungskritieren feststellen:

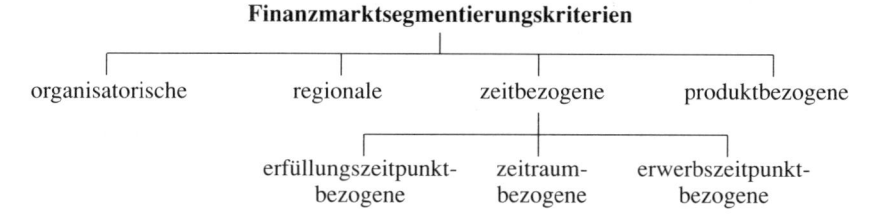

Finanzmarktsegmentierungskriterien

- organisatorische
- regionale
- zeitbezogene
  - erfüllungszeitpunktbezogene
  - zeitraumbezogene
  - erwerbszeitpunktbezogene
- produktbezogene

Hinsichtlich der Marktform können **organisierte Finanzmärkte (Börsen)** von nicht organisierten, freien Finanzmärkten unterschieden werden. Bei den Börsen handelt es sich um idealtypische Finanzmärkte, auf denen sich zu festgelegten Zeiten, an bestimmten Orten die Marktteilnehmer nach bestimmten (standardisierten) Regeln zu Geschäftsabschlüssen zusammenfinden. Zum Börsenhandel zugelassene Finanzprodukte müssen fungibel sein, so daß sich der Handel vorrangig auf Effekten, Devisen und bestimmte Waren erstreckt. Die freien Finanzmärkte unterliegen keinem besonderen Reglement; die Geschäftsabschlüsse werden oft telefonisch oder telekommunikativ getätigt.

In regionaler Hinsicht lassen sich **nationale und internationale Finanzmärkte** erkennen. Internationale Finanzmärkte bilden sich vor allem dort, wo die rechtlichen, steuerlichen, bankpolitischen und sonstigen Rahmenbedingungen für die Finanzmarktteilnehmer besonders attraktiv sind.

Zeitbezogen ist zunächst in Kassamärkte und Terminmärkte zu unterteilen. **Kassamärkte** sind dadurch gekennzeichnet, daß die Vereinbarung über die Finanzleistung und ihre Erfüllung zum selben Zeitpunkt stattfinden. Auf **Terminmärkten** erfolgt dagegen heute (nur) das Verpflichtungsgeschäft, in dem alle Vereinbarungen über die spätere Ausführung der Finanzleistung getroffen werden; das Erfüllungsgeschäft findet erst zum festgelegten Termin statt.

Zeitbezogen kann auch in **Geldmarkt und Kapitalmarkt** differenziert werden. Auf dem Kapitalmarkt haben die Finanzprodukte eine längerfristige Laufzeit, dagegen auf dem Geldmarkt eine kurzfristige. Die Zuordnung des mittelfristigen Marktsegmentes von 1 bis 4 Jahren wird nicht einheitlich gesehen, doch wird es überwiegend dem Kapitalmarkt zugerechnet.

Auch die Gliederung in **Primärmärkte und Sekundärmärkte** ist zeit-(punkt)bezogen. Werden Finanzprodukte, insbesondere Aktien und Schuldverschreibungen, erstmalig emittiert, erfolgt dies über den Primärmarkt. Der Handel mit Finanzprodukten, die sich bereits im Umlauf befinden, erfolgt auf dem Sekundärmarkt.

Produktbezogen lassen sich zahlreiche einzelne Marktsegmente feststellen, so daß folgende Produktgruppen-Teilmärkte zu benennen sind:

Finanzmarkt

Eigenkapital-markt	**Fremdkapital-markt**	**Derivate-markt**	**Währungs-markt**	**Markt sonstiger Finanzprodukte**
• verbrieftes Eigenkapital z.B. Aktien → Aktienmarkt	• verbrieftes Fremdkapital z.B. Schuldverschreibungen → Rentenmarkt	• lieferbare Finanzprodukte z.B. Aktienoptionen	• inländische Zahlungsrechte z.B. Tagesgeld → Geldhandel	z.B. Versicherungsleistungen
• unverbrieftes Eigenkapital z.B. Kommanditeinlagen → Beteiligungsmarkt	• unverbrieftes Fremdkapital z.B. Kredite → Kreditmarkt	• nicht lieferbare Finanzprodukte z.B. Indexoptionen	• ausländische Zahlungsrechte z.B. Devisen → Devisenmarkt	

Auf dem **Eigenkapitalmarkt** wird Eigenkapital in verbriefter und unverbriefter Form angeboten und nachgefragt, wobei die Rechtsform des Kapitalnehmers wesentlichen Einfluß auf das Handelsvolumen nimmt. Beurteilungsmaßstab für den Eigenkapitalgeber ist die Beteiligungswürdigkeit des Kapitalnehmers.

Auf dem **Fremdkapitalmarkt** wird Fremdkapital in verbriefter Form entweder direkt durch die Emission insbesondere von Schuldverschreibungen aufgenommen oder indirekt über **Finanzintermediäre** bereitgestellt, die als Vermittler zwischen Angebot und Nachfrage vorrangig auf weniger organisierten Märkten auftreten. Auf dem Kreditmarkt wird Fremdkapital für kurz-, mittel- und langfristige Laufzeiten in unverbriefter Form gehandelt. Entscheidungskriterium für den Fremdkapitalgeber ist die Kreditwürdigkeit des Kapitalnehmers.

Grundzüge des Finanzmarktes 43

Auf dem **Derivatemarkt** werden Ansprüche auf lieferbare und nicht lieferbare Finanzprodukte gehandelt. Während bei lieferbaren Finanzprodukten (z. B. Aktien) auch oft eine Erfüllung verlangt wird, erfolgt bei nicht lieferbaren Finanzprodukten ein Ausgleich durch Zahlung bzw. Erhalt der Wertveränderung des Finanzprodukts. Die gehandelten Ansprüche können sich unmittelbar auf ein bestimmtes Finanzprodukt beziehen oder auch nur mittelbar. Der Derivatehandel findet teilweise an den Terminbörsen als elektronischen Börseneinrichtungen und teilweise außerbörslich über Banken statt.

Der **Währungsmarkt** umfaßt den Handel in inländischen und ausländischen Zahlungsrechten. Hierbei kann es sich sowohl um gesetzliche Zahlungsmittel (Bargeld, Sorten) als auch um Buchgeld, Wechsel und Schecks handeln. Als **Devisen** werden die an ausländischen Finanzplätzen zahlbaren, unbaren Fremdwährungsbeträge bezeichnet.

Wird von der weiteren Finanzmarktdefinition ausgegangen, ist als zusätzlicher produktbezogener Teilmarkt zumindest der Markt der Versicherungsleistungen zu benennen.

5.2 Finanzmarktteilnehmer

Der Finanzmarkt dient Unternehmen vorrangig der Kapitalbeschaffung, in gewissem Umfang aber auch der Kapitalanlage und der Absicherung von Finanzrisiken. Als geeignete Marktteilnehmer können auf dem Finanzmarkt auftreten:

- Kreditinstitute
- Versicherungen
- andere Unternehmen
- staatliche Institutionen
- Privatpersonen

Staatliche Institutionen kommen als Kapitalgeber vorrangig bei förderungswürdigen Investitionsvorhaben in Frage. Sie können dann als Fremdkapitalgeber besonders zinsgünstige Kredite bereitstellen oder auch Investitionen finanzieren, für die sich andere Kreditgeber nicht finden lassen. Bestimmte Finanzierungshilfen beinhalten aber auch eine Eigenkapitalbereitstellung des Staates in Form von »verlorenen Zuschüssen« oder mit dem Recht einer späteren Rückforderung (siehe Kap. B. 5.5).

Privatpersonen werden meistens als Eigenkapitalgeber auftreten, wobei Kapitalgesellschaften einen besseren Marktzugang und höheren Attraktivitätsgrad besitzen als Personengesellschaften. Während bei Personengesellschaften häufig Probleme hinsichtlich des Mitspracherechts, der Anteilsbewertung, der Haftung, der Gewinnbeteiligung sowie beim Ausscheiden von Gesellschaftern entstehen, bietet die Eigenkapitalbereitstellung insbesondere an Aktiengesellschaften eine interessante Kapitalanlage unter verschiedenen Aspekten. Als Fremdkapitalgeber werden Privatpersonen i. d. R. nur auftreten, wenn eine besondere Beziehung zum Unternehmen besteht.

Kapitalbeschaffungsmöglichkeiten **von anderen Unternehmen** setzen entweder eine bereits bestehende oder angestrebte kapitalmäßige Verflechtung voraus oder ein besonderes Interesse an der weiteren Entwicklung des Kapitalnehmers und der (wechselseitigen) Geschäftsinteressen, so daß hier vor allem Beteiligungen, Konzernkredite und Warenkredite zu erwarten sind. Bisweilen treten aber auch (Groß-)Unternehmen als Fremdkapitalgeber am Finanzmarkt wie Kreditinstitute auf. Besonders auf internationalen Finanzplätzen nehmen die Aktivitäten von Unternehmen sowohl als Kapitalgeber als auch als Kapitalnehmer zu.

Wichtigste und umfassende Finanzmarktteilnehmer sind die **Kreditinstitute.** Sie treten jedoch nicht nur im traditionellen Bereich der Kreditgewährung auf, sondern auf verschiedenen Wegen auch als Eigenkapitalgeber (z. B. über Kapitalbeteiligungsgesellschaften), als Fremdkapitalnehmer (z. B. im Einlagengeschäft) oder im Emissionsgeschäft (z. B. Pfandbriefemission).

Das deutsche Bankensystem gliedert sich in Universalbanken und Spezialbanken. **Universalbanken** bemühen sich, möglichst alle Bankgeschäfte in ihrem Haus anzubieten, gegebenenfalls auch über Tochtergesellschaften. **Spezialbanken** bedienen dagegen nur einen bestimmten Geschäftszweig.

Rechtsgrundlage ist das **Kreditwesengesetz (KWG),** das die Ordnung im Bankwesen gewährleisten, die Funktionsfähigkeit des Bankgewerbes erhalten und die Gläubiger der Banken vor Vermögensverlusten schützen soll. Die Aufsicht über die Kreditinstitute erfolgt durch das Bundesaufsichtsamt für das Kreditwesen (BAK), ergänzt durch Überwachungsmaßnahmen der Deutschen Bundesbank. Von besonderer Bedeutung sind hier die Zulassung zum Geschäftsbetrieb, die Prüfung des angemessenen haftenden Eigenkapitals, die Einhaltung der Liquiditätsvorschriften und verschiedene Maßgaben für das Kreditgeschäft.

Das deutsche Bankensystem

Universalbanken

1. **Kreditbanken**
   1.1 Großbanken
   1.2 Regionalbanken
   1.3 Privatbankiers
   1.4 Zweigstellen ausländischer Banken
   1.5 sonstige Kreditbanken

2. **Sparkassensektor**

   Sparkassen
   ↓
   Landesbanken und Girozentralen
   ↓
   Deutsche Girozentrale
   Deutsche Kommunalbank

3. **Genossenschaftssektor**

   Gewerbliche Kreditgenossenschaften = Volksbanken

   Ländliche Kreditgenossenschaften = Raiffeisenbanken

   ↓ ↓
   Genossenschaftliche Zentralbanken
   ↓
   Deutsche Genossenschaftsbank (DG-Bank)

Spezialbanken

1. **Realkreditinstitute**
   1.1 Private Hypothekenbanken
   1.2 Öffentlich-rechtliche Grundkreditanstalten
   1.3 Schiffspfandbriefbanken

2. **Bausparkassen**
   2.1 Private Bausparkassen
   2.2 Landes-Bausparkassen

3. **Teilzahlungsbanken/ Kundenkreditbanken**

4. **Factoringinstitute**

5. **Leasinginstitute**

6. **Kassenvereine/ Wertpapiersammelbanken**
   (Deutsche Börse Clearing AG)

7. **Kapitalanlagegesellschaften**
   7.1 mit Aktienfonds
   7.2 mit Rentenfonds
   7.3 mit Immobilienfonds
   7.4 mit Geldmarktfonds

8. **Kreditgarantiegemeinschaften**
   bzw. Bürgschaftsbanken

9. **Kapitalbeteiligungsgesellschaften**
   9.1 Erwerbswirtschaftliche KBG
   9.2 Gemeinnützige KBG

10. **Postbank**

11. **Direktbanken**

12. **Kreditinstitute mit Sonderaufgaben**
    12.1 Privatrechtliche Institute
    12.1.1 Industriekreditbank AG
    12.1.2 Ausfuhrkredit-Gesellschaft mbH (AKA)
    12.1.3 Deutsche Bau- und Bodenbank AG
    12.1.4 Liquiditäts-Konsortialbank GmbH
    12.2 Öffentlich-rechtliche Institute
    12.2.1 Kreditanstalt für Wiederaufbau (KfW)
    12.2.2 Deutsche Ausgleichsbank (DtA)
    12.2.3 Landwirtschaftliche Rentenbank
    12.2.4 Europäische Investitionsbank (EIB)

13. **Deutsche Bundesbank**

14. **Europäische Zentralbank (EZB)**

Abb. 5: Das deutsche Bankensystem

Versicherungsgesellschaften sind für Unternehmen vorrangig als Fremdkapitalgeber und zur Risikoabsicherung von Bedeutung. Sie sind auf dem Finanzmarkt hinsichtlich der Kapitalbeschaffungsmöglichkeiten in sehr unterschiedlicher Intensität anzutreffen. Auch in der Versicherungswirtschaft gibt es Universalversicherungen und Spezialversicherer mit nur bestimmten Leistungen bzw. begrenzter Produktpalette.

Kapitalmarktintensive Versicherungen schließen vor allem Verträge im Hinblick auf spätere Leistungen (z. B. Lebensversicherung) ab und haben aufgrund der langfristigen Kapitalansammlung eine hohe Zukunftsorientierung. Das Prämienaufkommen kann langfristig angelegt werden und kann so Unternehmen und anderen Finanzmarktteilnehmern zur langfristigen Fremdfinanzierung dienen.

Geldmarktintensive Versicherungen arbeiten im Hinblick auf laufende Risiken ohne Kapitalansammlung. Ihre Kalkulation bezieht sich auf die jährliche Deckung des Schadensaufkommens. Die laufenden Beiträge ergeben sich alljährlich neu auf der Basis der Versicherungssumme und der Schadensentwicklung. Das Prämienaufkommen kann deshalb nur kurzfristig am Finanzmarkt zur Verfügung stehen.

Im Versicherungsbereich wird auch in Individualversicherung und in Sozialversicherung unterschieden.

Individualversicherung bedeutet Versicherungsabschluß auf freiwilliger Basis, so daß entweder generelle Versicherungsabschlußfreiheit oder zumindest freie Wahl der Versicherungsunternehmung besteht. Die Beiträge (Prämien) orientieren sich an der vereinbarten Leistung der Versicherung bei Eintritt des Versicherungsfalls.

Sozialversicherung bedeutet Zwangsversicherung für alle Bürger oder bestimmte Bevölkerungsgruppen. Es besteht Versicherungspflicht bei einer bestimmten Versicherung oder Versicherungsgruppe. Die Beiträge orientieren sich an der Leistungsfähigkeit des Versicherungsnehmers.

Sowohl Individual- als auch Sozialversicherungen können kapitalmarktintensiv/zukunftsorientiert sein oder geldmarktintensiv/schadendeckungsorientiert.

Rückversicherungen werden von Versicherungsgesellschaften sowohl als Ergänzungsgeschäft als auch als Einzelgeschäft betrieben. Sie dienen bei größeren Risiken sowie bei Schadenskumulierungsrisiken der (weltweiten) Streuung der Erstrisikos.

Individualversicherung

Personenversicherungen
1. Lebensversicherung
2. Pensionsversicherung
3. Ausbildungs- und Aussteuerversicherung
4. Sterbeversicherung
5. Krankenversicherung
6. Unfall- und Invaliditätsversicherung
7. Pflegeversicherung

Güterversicherungen
1. Versicherung von Vermögenswerten
   - Gebäudeversicherung
   - Maschinen- und Fahrzeugversicherung
   - Hausratsversicherung
   - Reise- und Gepäckversicherung
   - Transportversicherung
   - Debitorenversicherung
2. Versicherung von (Eventual-)Verbindlichkeiten
   - Haftpflichtversicherung
   - Kreditorenversicherung
   - Betriebsunterbrechungsversicherung
   - Rechtsschutzversicherung

Rückversicherungen

Sozialversicherung

Personenversicherungen
1. Rentenversicherung für Arbeiter und Angestellte
2. Arbeitslosenversicherung
3. Krankenversicherung (AOK, Ersatzkassen)
4. Gesetzliche Unfall- und Invaliditätsversicherung
5. Pflegeversicherung

Abb. 6: Individual- und Sozialversicherung

Rechtsgrundlage für das Versicherungswesen ist das **Versicherungsaufsichtsgesetz (VAG)**, dessen Einhaltung vom Bundesaufsichtsamt für das Versicherungswesen vor allem hinsichtlich der Struktur der Vermögensanlagen, der Zulassung zum Geschäftsbetrieb und der Kapitalausstattung überwacht wird.

Seit dem 01.07.1994 besteht innerhalb der Europäischen Union ein **freier Banken- und Versicherungsmarkt** (Deregulierung), der sich insbesondere auf die Niederlassungsfreiheit der Anbieter und die Dienstleistungsfreiheit bei den Angeboten bezieht. Für die aufsichtsamtliche Kontrolle ist der Sitz der Bank bzw. Versicherung unter Beachtung von Mindeststandards als EU-Harmonisierungsgrundlage maßgeblich. Finanzdienstleistungen können so in allen EU-Staaten angeboten werden, so daß unter diesen Aspekten auch die Tarifgenehmigung für Versicherungen, insbesondere in der Lebens-, Kranken- und Haftpflichtversicherung, entfallen ist.

Im Bankensektor sind EU-Harmonisierungen vor allem im Gläubigerschutzinteresse beim Eigenkapital und den Risikopositionen erforderlich geworden. So muß das **haftende Eigenkapital** einer Bank zu jedem Zeitpunkt mindestens 8% ihrer gewichteten Risikopositionen betragen. Die **Risikopositionen** setzen sich sowohl aus bilanzierter Geschäftstätigkeit (z. B. Kreditgewährung) als auch aus bilanzunwirksamen Geschäften (z. B. Bürgschaften, Akkreditiven, außerbörsliche Termingeschäfte) zusammen. Das haftende Eigenkapital umfaßt das Kernkapital, das sich auf die uneingeschränkt verfügbaren Eigenmittel der Bank bezieht, und mindestens 4% der gewichteten Risikopositionen erreichen muß, sowie das Ergänzungskapital, das der Bank nur bedingt zur Verfügung steht, und bestimmte Abzugsposten insbesondere durch Beteiligungen an anderen Finanzinstituten.

```
  Kernkapital (mindestens 4% der gewichteten Risikopositionen)
+ Ergänzungskapital (höchstens in Höhe des Kernkapitals)
− Abzugsposten
= Haftendes Eigenkapital (mindestens 8% der gewichteten Risikopositionen)
```

Auch die Kreditgewährung einer Bank wird durch ihr haftendes Eigenkapital begrenzt. So darf ein einzelner **Großkredit** nicht mehr als 25% des haftenden Eigenkapitals betragen, und alle Großkredite zusammen dürfen das Achtfache des haftenden Eigenkapitals nicht übersteigen. Ein Großkredit liegt vor, wenn er 10% des haftenden Eigenkapitals überschreitet. Seine Gewährung ist an eine einstimmige Beschlußfassung der Geschäftsführung gebunden.

Zur Erkennung von Kreditrisiken sind weiterhin **Millionenkredite,** d. h. eine tatsächliche Verschuldung des Kreditnehmers von 3 Millionen DM oder mehr, meldepflichtig.

Im Hinblick auf Interessenkollisionen sind auch **Organkredite** zu melden. Darunter fallen ab bestimmten Mindestbeträgen Kredite an Geschäftsleiter, Prokuristen, Gesellschafter und Aufsichtsorgane der Bank und deren Familienangehörige sowie an nahestehende Unternehmen.

5.3 Finanzmarktveränderungen

Die Struktur des Finanzmarktes wurde in letzter Zeit vor allem auch durch den Trend zum Allfinanzsystem geprägt. Unter **Allfinanz** ist ein breitgefächertes Angebot unterschiedlicher Finanzdienstleistungen durch ein Verbundsystem verschiedener Finanzanbieter zu verstehen. Die Angebotspalette umfaßt im wesentlichen:

- das Einlagegeschäft
- das gesamte Kreditgeschäft

- das Effekten- und Depotgeschäft
- das Investmentgeschäft
- den Zahlungsverkehr und das Kreditkartengeschäft
- das Bürgschafts- und Garantiegeschäft
- das Immobiliengeschäft
- die Personenversicherung
- die Versicherung von Vermögenswerten
- die Haftpflichtversicherung
- das Bauspargeschäft
- das Leasinggeschäft

Weitere Angebote können hinzukommen. Auch besitzen eine sachgerechte Kombination der Finanzdienstleistungen, die Vermittlung von systemnahen Zusatzleistungen und die Beratung und kontinuierliche Betreuung einen hohen Stellenwert.

Institutionell sind die Konzernstrategie und die Kooperationsstrategie zu unterscheiden. Bei der **Konzernstrategie** werden alle Finanzdienstleistungen in einem Konzern unter zentraler Führung oft über zahlreiche (neue) Tochtergesellschaften durch Eigengründung oder Übernahme mit möglichst einheitlichem Produktimage angeboten. Bei der **Kooperationsstrategie** schließen sich mehrere Anbieter zu einem Verbund zusammen, um sich ergänzend alle Finanzprodukte dem Kunden in Vertriebskooperation bereitstellen zu können.

Für die Entwicklung von Allfinanzkonzepten war in Deutschland nicht vorrangig der Kundenwunsch maßgeblich, sondern es stand die Frage nach einem kostengünstigen Vertrieb von vorhandenen Finanzprodukten bei einer großen Zielgruppe auch im Hinblick auf die Möglichkeiten und Risiken des EU-Marktes im Vordergrund. Auch hat die aufkommende Konkurrenz von Branchenfremden wie Industrie- und Handelsunternehmen, die in das Kreditgeschäft vorstoßen, Finanzberatern, die verstärkt bevorzugte Kapitalanleger umwerben, oder auch Kreditkartenorganisationen, die den gesamten Zahlungsverkehr übernehmen, zu dieser Entwicklung beigetragen.

Als problematisch haben sich bei vielen Allfinanzsystemen bisher gezeigt:
- die Fachkompetenz des Kundenberaters in allen Finanzdienstleistungen,
- die Realisierung von Synergieeffekten,
- die Übereinstimmung in der Unternehmenskultur (insbesondere bei Banken, Versicherern und Maklern),

- die Abstimmung der Führungs- und Informationssysteme und
- das zunehmende Selbstbewußtsein der Kunden bei der Auswahl der Finanzprodukte (abnehmende Bankenloyalität).

Das Allfinanzsystem richtete sich ursprünglich bevorzugt an private Finanzmarktteilnehmer. Doch zeigte sich im Unternehmensbereich sehr bald eine ähnliche Entwicklung. Auch hier wird, allerdings vornehmlich unter der Bezeichnung »**Corporate Finance**« oder »**Financial Engineering**«, von einem oder mehreren Anbietern von unterschiedlichen Finanzdienstleistungen eine auf die individuellen Bedürfnisse des Unternehmens zugeschnittene Finanzierungslösung bereitgestellt, die sowohl eine umfassende Sachkenntnis seitens des Anbieters voraussetzt, als auch eine intensive Beratung und Betreuung von der Planungsphase an über die Durchführungsphase bis hin zur späteren Weiterentwicklung beinhaltet. Dadurch sollen Unternehmen stärker an »ihre« Finanzgruppe gebunden werden und der bei Konzernunternehmen zunehmend zu beobachtenden Entwicklung begegnet werden, bestimmte Bankleistungen wie Liquiditätsausgleich oder Devisengeschäfte selbst zu übernehmen.

Als **typische Tätigkeitsfelder** des Financial Engineering bzw. Corporate Finance sind zu nennen:

- Erstellung und Beurteilung von Finanzierungskonzepten
- Bereitstellung und/oder Vermittlung einer Gesamtfinanzierung (bestehend aus kapitalbedarfskonformem Fremdkapital und Eigenkapital)
- Vorbereitung und Durchführung einer Börseneinführung (Going public)
- Prüfung, Beratung und Finanzierung von Unternehmenskäufen und Unternehmensfusionen
- Betreuung und Finanzierung von Unternehmenssanierungen
- Vermittlung von Risikokapital (Wagnisfinanzierung) und befristete Übernahme von Unternehmensbeteiligungen
- Bereitstellung oder Vermittlung ergänzender Finanzdienstleistungen wie z. B. Versicherungen oder Finanzierungshilfen

Bedingt durch die Zielgruppe läßt sich feststellen, daß das Allfinanzsystem vorrangig Finanzmarktaktivitäten in bezug auf Kapitalanlage, Vermögenssicherung, Zahlungsverkehr und Wohnimmobilien begründet.

Das Corporate-Finance-System zielt dagegen vorrangig auf eine maßgeschneiderte Unternehmensgesamtfinanzierung ab und ist deshalb vor allem durch eine intensive und umfassende Nachfrageaktivität auf den Eigenkapital- und Fremdkapitalmärkten gekennzeichnet.

6 Kontrollfragen*)

1. Welche finanziellen Maßnahmen umfaßt der Begriff Finanzwirtschaft?
2. Wie wird heute überwiegend der Finanzierungsbegriff in der engeren und in der weiteren Fassung definiert?
3. Was ist ein Zahlungsstrom, und worauf kann er sich beziehen?
4. Nennen Sie die wesentlichen Merkmale des betriebswirtschaftlichen Kapitalbegriffs!
5. Wie können sich Finanzierungsmaßnahmen bilanziell auswirken?
6. Was versteht man unter Kapitaldisposition?
7. Verdeutlichen Sie die Interdependenz von Investition und Finanzierung am Beispiel einer Kreditgewährung!
8. Stellen Sie Investition und Finanzierung als Zahlungsstrom dar.
9. Auf welche finanziellen Maßnahmen kann ein Unternehmen im Rahmen der Finanzreserve und der Liquiditätsreserve zurückgreifen?
10. Welche Investitionsarten lassen sich unterscheiden?
11. Erläutern Sie den betrieblichen Vorgang der Desinvestition!
12. Definieren Sie die Begriffe Geldmarkt und Kapitalmarkt.
13. Was sind Finanzrechte?
14. Wie unterscheiden sich Außen- und Innenfinanzierung?
15. Erläutern Sie die Gliederung der Finanzierung nach der Kapitalart!
16. Grenzen Sie voneinander ab: Beteiligungsfinanzierung, Innenfinanzierung und Selbstfinanzierung!
17. Erläutern Sie die Problematik der internen Fremdfinanzierung!
18. Nennen Sie die 4 finanzwirtschaftlichen Entscheidungskriterien!
19. Was ist Rentabilität im allgemeinen?
20. Nennen Sie unterschiedliche Ansätze für die Rentabilitätsmessung!
21. Definieren Sie den Begriff Liquidität!
22. Wann befindet sich ein Unternehmen im finanziellen Gleichgewicht?

---

*) Lösungshinweise siehe Seite 484

23. Welche Wechselwirkungen bestehen zwischen Liquidität und Rentabilität?
24. Aus welchen Bestandteilen setzen sich Einnahmen und Ausgaben zusammmen?
25. Welche Insolvenzgründe gibt es? Gelten sie für alle Unternehmen?
26. Erklären Sie anhand einer Bilanz den Eintritt der Überschuldung! Kann man ihn verzögern?
27. Muß ein überschuldetes Unternehmen illiquide sein?
28. Erläutern Sie den Unterschied zwischen Liquidität und Liquidierbarkeit!
29. Was ist Gegenstand der statischen Liquiditätsbetrachtung, und wie ist sie zu beurteilen?
30. Erläutern Sie die finanzwirtschaftlichen Entscheidungskriterien »Sicherheit« und »Unabhängigkeit«!
31. Welche Bestimmungsfaktoren sind für die Höhe des Kapitalbedarfs maßgeblich?
32. Wann führen Rationalisierungsmaßnahmen zur Senkung des Kapitalbedarfs?
33. Wann spricht man von optimaler Kapitaldeckung?
34. Wann ist unter Rentabilitätsaspekten der optimale Verschuldungsgrad erreicht?
35. Auf welche Weise versucht das Modell des Kapitalbudgets die Interdependenz von Investition und Finanzierung zu lösen?
36. Welche Investitionsvorhaben sind nach dem Modell des Kapitalbudgets zu verwirklichen?
37. Geben Sie eine kritische Beurteilung zum Modell des Kapitalbudgets ab!
38. Geben Sie eine kritische Beurteilung der Grundaussage des Leverageeffects!
39. Wie ändert sich das Modell zum optimalen Verschuldungsgrad bei Annahme eines unvollkommenen Kapitalmarktes?
40. Wann ist bei unvollkommenem Kapitalmarkt das Vermögen der Eigenkapitalgeber im Maximum?

Kontrollfragen 53

41. Nennen Sie wichtige Finanzmarktsegmentierungskriterien, und geben Sie ein Einteilungsbeispiel!
42. Welches sind die wichtigsten Finanzmarktteilnehmer?
43. Wie ist das deutsche Banksystem gegliedert?
44. Wie unterscheiden sich Individual- und Sozialversicherung?
45. Welche Versicherungen sind kapitalmarktintensiv, welche schadensdeckungsorientiert?
46. Nennen Sie wichtige Veränderungen auf dem Finanzmarkt durch die Europäische Union!
47. Was umfaßt das haftende Eigenkapital einer Bank?
48. Was sind Millionenkredite im Sinne des KWG?
49. Was sind Organkredite im Sinne des KWG?
50. Was versteht man unter dem Allfinanzsystem?
51. Was ist mit Financial Engineering bzw. Corporate Finance gemeint?

B Fremdfinanzierung

1 Wesen und Kreditarten

Fremdfinanzierung liegt vor, wenn (dem Unternehmen) von externen Kapitalgebern oder von Miteigentümern Finanzierungsmittel auf Kreditbasis für einen vertraglich begrenzten Zeitraum oder Sachleistungen, die erst später zu bezahlen sind, zur Verfügung gestellt werden.

Als wesentliche **Merkmale** der Fremdfinanzierung sind zu nennen:

1. Rechtsgrundlage § 607 ff. BGB; **Vertragsfreiheit** bei Ausgestaltung der Kreditverträge.
   Zu beachten sind auch die gesetzlichen Rahmenbedingungen des bankbetrieblichen Kreditgebers im Kreditwesengesetz (KWG).

2. Verpflichtung zur **Offenlegung der wirtschaftlichen Verhältnisse** des Kreditnehmers gemäß § 18 KWG; Überprüfung von Kreditfähigkeit und Kreditwürdigkeit.

3. Vertraglich vereinbarter **Kapitaldienst** als Summe aus Tilgung und Zinsen, der sich auf Liquidität und Preisuntergrenze auswirkt.

4. Eine **Kündigungsmöglichkeit** ergibt sich aus der Sicht des Kreditgebers nur bei nicht ordnungsgemäßer vertraglicher Erfüllung; aus der Sicht des Kreditnehmers kann das Kündigungsrecht aufgrund der Refinanzierung des Kreditgebers auf bestimmte Zeitpunkte begrenzt sein.

5. Im Regelfall werden **Kreditsicherheiten** verlangt, um das Verlustrisiko des Kreditgebers zu mindern.

6. Die **Kreditkosten** sind als Betriebsausgabe **steuerlich absetzbar.**

7. Die **Machtverhältnisse** und die Geschäftsführung bleiben i. d. R. unverändert, abgesehen von indirekter Einflußnahme des Kreditgebers bei hohem Kreditvolumen oder Zahlungsschwierigkeiten.

8. Für den Kreditgeber besteht häufig ein **Befriedigungsvorrecht** im Konkurs.

9. I. d. R. bietet das Fremdkapital eine leichtere **Anpassungsfähigkeit an wechselnden Kapitalbedarf.**

10. Die Rückzahlung erfolgt zum **Nominalwert,** was bei Inflation als vorteilhaft aus der Sicht des Schuldners empfunden wird, andererseits aber eine Entwertung des »realen« Gläubigeranspruchs bedeutet.

Wesen und Kreditarten 55

11. Durch Aufnahme von Fremdkapital ist eine **Steigerung der Eigenkapitalrentabilität** möglich, solange die Kreditkosten unter den Renditeerwartungen des Investitionsobjektes liegen (Leverage-effect!).
12. Keine Übernahme von **unternehmerischen Risiken**.

Einteilungsmöglichkeiten der Fremdfinanzierung mit Beispielen:

1. nach der Laufzeit
- kurzfristige Kredite: i. d. R. bis zu einem Jahr (Bundesbank), manchmal aber auch weniger
- mittelfristige Kredite: 1 Jahr bis unter 4 Jahren; manchmal auch bis zu 5 Jahren
- langfristige Kredite: 4 Jahre bzw. 5 Jahre und darüber

Bilanziell ist bei mittel- und langfristigen Krediten die Restlaufzeit maßgeblich, so daß nach § 268 und § 285 HGB Restlaufzeiten von unter 1, bis zu 5 und über 5 Jahren zu unterscheiden sind.

2. nach der Verwendung
- Konsumkredite (Konsumentenkredite)
- Produktionskredite (Betriebsmittelkredite)
- Investitionskredite } **sachbezogen**
- Effektenkredite
- Außenhandelskredite
- Saisonkredite
- Überbrückungskredite } **zeitbezogen**
- Zwischenkredite
- Vorfinanzierungskredite

3. nach dem Kreditgeber
- Bankkredite
- Lieferantenkredite
- Versicherungskredite
- öffentliche Kredite
- Kundenvorauszahlungen
- Konzernkredite
- private Kredite

4. nach dem Kreditnehmer
- Gewerbliche Kredite
- Kommunalkredite
- Schiffskredite
- Wohnungsbaukredite
- Agrarkredite
- Privatkredite

5. nach der Zahl der Kreditgeber
- Einzelkredite
- Konsortialkredite
- Metakredite (i. d. R. 2 gleichberechtigte Partner mit gleichen Kreditteilen)

6. nach der Sicherstellung
- Blankokredite
- dinglich gesicherte Kredite
- schuldrechtlich gesicherte Kredite

7. nach der Kreditart

Warenkredite:
Bereitstellung von Zahlungsmitteln, Sachleistungen oder Zahlungszielen unter geschäftspolitischen Motiven im Zusammenhang mit Warenlieferungen; vorrangiges Entscheidungskriterium ist die Geschäftspolitik.
- Beschaffungskredit
- Absatzgeldkredit
- Absatzgüterkredit

Geldkredite:
Bereitstellung von Zahlungsmitteln an den Kreditnehmer mit festgelegter Rückzahlungsvereinbarung für kurz-, mittel- und langfristige Investitionen; vorrangige Entscheidungskriterien sind die Kreditwürdigkeit des Kreditnehmers und die Rentabilität des Kapitaleinsatzes.
- Kontokorrentkredit
- Wechseldiskontkredit
- Lombardkredit
- Betriebsmittelkredit
- Konsumentenkredit

Wesen und Kreditarten

- Realkredit
- Schuldscheindarlehen
- durch Schuldverschreibungen verbriefte Kredite
- Euro-Kredite

Kreditleihe:
Bereitstellung der Kreditwürdigkeit des Kreditgebers zur Verbesserung der Geschäftsabwicklung des Kreditnehmers; vorrangige Entscheidungskriterien sind die Branchengewohnheiten, das Geschäftsinteresse des Kreditnehmers und seine Kreditwürdigkeit.

- Avalkredit
- Akzeptkredit
- Akkreditiv
- Rembourskredit

Sonderformen:
- Leasing
- Factoring
- Franchising
- Forfaitierung
- Projektfinanzierung
- Finanzierungshilfen

Als **Fremdkapitalgeber** treten vor allem Kreditinstitute und Versicherungen, aber auch Unternehmen, Privatpersonen und staatliche Institutionen auf.

2 Allgemeine Probleme der Fremdfinanzierung

2.1 Kreditfähigkeit, Kreditwürdigkeit und Kreditrating

Jede Kreditgewährung setzt die Kreditfähigkeit und die Kreditwürdigkeit des Kreditnehmers voraus. Die **Kreditfähigkeit** stellt die rechtliche Voraussetzung für eine Kreditgewährung dar. Sie ist abhängig von

- der **Rechtsfähigkeit** (bei natürlichen Personen die Geburt; bei Unternehmen die Eintragung ins Handelsregister, Vereinsregister oder Genossenschaftsregister),
- der **Vertretungsberechtigung** des Antragstellers,
- der **Geschäftsfähigkeit** des Antragstellers und

- den **Eigentumsverhältnissen** im Hinblick auf die Sicherstellung des Kredites (z. B. Güterrechtsregister; Mehrheitsverhältnisse bei Unternehmen).

Die **Kreditwürdigkeit** eines Unternehmens ist gegeben, wenn die Wahrscheinlichkeit besteht, daß der Kapitaldienst zu den vereinbarten Rückzahlungsterminen ohne Beeinträchtigung der Leistungskraft der Unternehmung aus dem Leistungsprozeß erbracht werden kann. Die Kreditwürdigkeit kann immer nur eine Aussage über ein bestimmtes Kreditvolumen für einen bestimmten Verwendungszweck sein und hängt ab von der Bonität des Kreditnehmers, also von der Liquidität, der Rentabilität und der Vertrauenswürdigkeit des Unternehmens.

Die Kreditwürdigkeit ist ein quantitatives, relatives Urteil über die Bonität eines Unternehmens.

Die Kreditwürdigkeit wird im einzelnen an **personellen Faktoren** wie Referenzen, Auskünfte, persönlicher Eindruck, Zuverlässigkeit, Ausbildung, Erfahrung und bisherige Tätigkeit sowie an **materiellen Faktoren** wie Bilanz- und Erfolgsanalyse, Bonität der Kreditsicherheiten, Rentabilität des Investitionsvorhabens und Marktstellung gemessen. Diese Faktoren sollen insgesamt ein Urteil über die Unternehmenssituation und die mit der Kreditgewährung verbundenen Risiken ermöglichen.

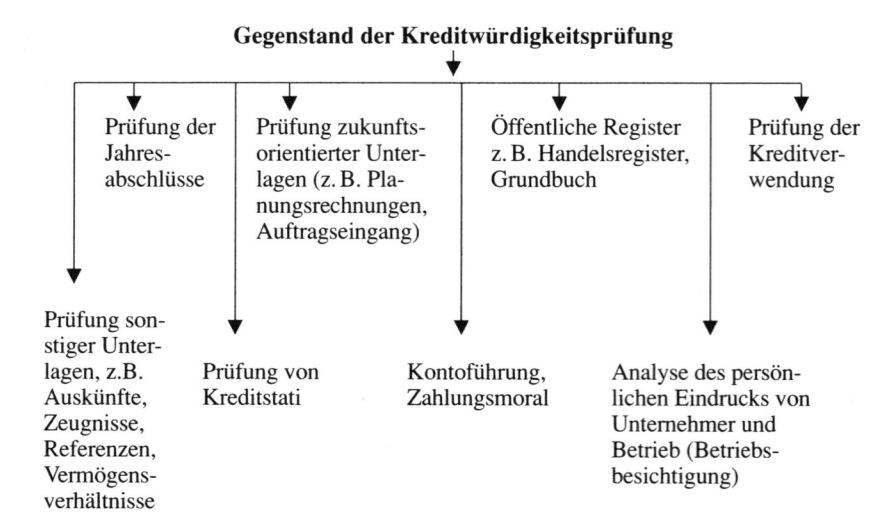

Gegenstand der Kreditwürdigkeitsprüfung

Prüfung der Jahresabschlüsse	Prüfung zukunftsorientierter Unterlagen (z. B. Planungsrechnungen, Auftragseingang)	Öffentliche Register z. B. Handelsregister, Grundbuch	Prüfung der Kreditverwendung
Prüfung sonstiger Unterlagen, z.B. Auskünfte, Zeugnisse, Referenzen, Vermögensverhältnisse	Prüfung von Kreditstati	Kontoführung, Zahlungsmoral	Analyse des persönlichen Eindrucks von Unternehmer und Betrieb (Betriebsbesichtigung)

Die Kreditwürdigkeit des Kreditnehmers wird während der gesamten Kreditlaufzeit überwacht. Gegenstand der **Kreditüberwachung** sind vor allem:

- die wirtschaftlichen Verhältnisse
- die Sicherheiten
- das Gesamtengagement
- die Zweckbindung der Kredite und
- die Veränderungen der personellen Faktoren.

Zur laufenden Kontrolle werden auch Kreditprüfer vor Ort tätig.

Nach § 18 KWG sind i.d.R. Kreditinstitute verpflichtet, sich bei Krediten die wirtschaftlichen Verhältnisse des Kreditnehmers offenlegen zu lassen.

Ein wesentliches **Problem von Kreditwürdigkeitsprüfungen** ist immer, wie weit vergangenheitsbezogene Zahlen herangezogen werden sollen (z. B. Bilanzanalyse) und wie weit auf zukunftsorientiertes Zahlenmaterial (z. B. Finanzplan, Prognoserechnungen) zurückgegriffen werden kann.

Auch hat sich im Rahmen der Insolvenzursachenforschung gezeigt, daß eine einseitige Ausrichtung der Kreditwürdigkeitsprüfung an quantitativen Faktoren keine ausreichende Risikobeurteilung zuläßt. Die Einbeziehung von qualitativen Entscheidungskriterien kann oftmals zuverlässigere Prognosen erlauben, doch liegt der Schwachpunkt einer qualitativen Unternehmensanalyse vor allem in ihrer Subjektivität.

Durch Einsatz eines Kreditrating im Rahmen der Kreditwürdigkeitsprüfung können sowohl quantitative als auch qualitative Faktoren ggf. durch entsprechende Gewichtung berücksichtigt werden. Unter **Kreditrating** wird die bewertende Klassifizierung eines Kreditnehmers im Hinblick auf seine Bonität als Grundlage für Kreditentscheidungen verstanden. Durch kontinuierliche Zuordnung jedes Kreditengagements in ein Risikoklassensystem wird eine umfassende Risikobeurteilung und Risikopolitik möglich.

In einem Ratingbogen können die maßgeblichen quantitativen und qualitativen Bestimmungsfaktoren zusammengestellt und mit Risikopunkten (z. B. von 1 bis 5) bewertet werden. Anschließend ist die (gewichtete) Gesamtpunktzahl Bonitätsklassen zuzuordnen. Aus dem Ergebnis lassen sich auch Strategien im Hinblick auf die zukünftige Intensität der Geschäftsbeziehung ableiten.

Kreditrating für...

Qualitativer Bereich	Risikopunkte 1996 1997 1998	Quantitativer Bereich	Risikopunkte 1996 1997 1998
1. Management • technische/kaufmännische Qualifikation • persönliche Eigenschaften • Erscheinungsbild • Mitarbeiterführung • körperliche Leistungsfähigkeit • Vermögenssituation…		**1. Kennzahlen zur Investitionsanalyse** • Anlagenintensität • Abschreibungsquote • Lagerumschlagsdauer • Debitorenlaufzeit…	
2. Organisation/Personal • Organisationssystem • Betriebsklima • Altersstruktur • Fluktuation • Lohnniveau…		**2. Kennzahlen zur Finanzierungsanalyse** • Eigenkapitalquote • Verschuldungsgrad • Kreditorenlaufzeit…	
3. Rechnungs-, Planungs- und Berichtswesen • Aktualität des Rechnungswesens • Qualität der Planungsunterlagen • Aufbau des Berichtswesens…		**3. Kennzahlen zur Liquiditätsanalyse** • langfristige Deckungsgrade • kurzfristige Deckungsgrade • Cash-flow • dynamischer Verschuldungsgrad…	
4. Standort/Umwelt • Umweltrisiken • Standortwahl • rechtliche Rahmenbedingungen…		**4. Kennzahlen zur Ergebnisanalyse** • Materialintensität • Personalintensität • Abschreibungsintensität…	
5. Marktstellung • Marktanteil • Marktdynamik • Käuferstruktur • Außenhandelsabhängigkeit • Distributionswege…		**5. Kennzahlen zur Rentabilitätsanalyse** • Eigenkapitalrentabilität • Umsatzrentabilität • Gesamtkapitalrentabilität • ROI…	
6. Leistungserstellung • Materialfluß • Qualität der Produktionsanlagen • Zuliefererabhängigkeit • technologischer Stand…			
7. finanzielles Verhalten • Kontoführung • Zahlungsgewohnheiten			

Summe Risikopunkte:

Ergebnis:

Risikoklasse	1996	1997	1998	1999
	…	…	…	…

Allgemeine Probleme der Fremdfinanzierung 61

Um einen eindeutigen Mittelwert zu bekommen, ist es zweckmäßig, 5 Risikoklassen zu bilden.

		Risikopunkte
Bonitätsklasse 1	Unternehmen mit unzweifelhafter Bonität → Geschäftsbeziehung aktiv ausbauen → intensive Kontaktpflege → auch Blankoanteile gerechtfertigt	0 – 50
Bonitätsklasse 2	gute Unternehmen → Geschäftsbeziehung pflegen → angemessene Betreuung und Serviceleistungen anbieten → Sicherheiten nicht überbetonen	51 – 100
Bonitätsklasse 3	durchschnittliches Unternehmen → Geschäftsbeziehung halten → Risikopotentiale regelmäßig überwachen → Beratung empfehlen bei Neukredit → auf gute Kreditabsicherung achten	101 – 150
Bonitätsklasse 4	schwaches Unternehmen mit erhöhtem Risiko → intensive Kreditüberwachung → Unternehmensberatung → Neukredite nur in Ausnahmefällen mit ausreichender Sicherstellung	151 – 200
Bonitätsklasse 5	insolvenzbedrohtes Unternehmen → keine Neukredite → Geschäftsbeziehung abbauen → Sanierungsberatung	über 200

2.2 Kreditantrag und Kreditvertrag

Ein Kreditantrag kann mündlich, schriftlich oder auch auf standardisierten Vordrucken gestellt werden. Mit dem **Kreditantrag** sind in der Regel folgende Unterlagen einzureichen:

- Jahresabschlüsse der letzten 3 Geschäftsjahre möglichst als Steuerbilanz mit dem Testat eines Wirtschaftsprüfers oder Steuerberaters einschließlich Prüfungsbericht
- Kreditstatus zum zeitnahen Stichtag vor Antragstellung
- Zahlenmaterial zur zukünftigen Unternehmensentwicklung wie Auftragsbestand, Umsatzprognosen
- Verzeichnis der Kreditsicherheiten

- Rechtliche Unterlagen im Hinblick auf die Kreditfähigkeit wie Handelsregisterauszug, Güterrechtsregisterauszug, Vollmacht
- Zeugnisse, Referenzen

Bei kurzfristigen Krediten werden oft zusätzlich verlangt:
- Entwicklung von Einnahmen und Ausgaben anhand eines Finanzplans
- Kontoverbindungen (bei anderen Banken)
- Darlegung des Verwendungszwecks (z. B. Finanzierung der Debitorenumschlagsdauer, des Vorratslagers)
- Zahlungsgewohnheiten/Kundenkreis

Bei langfristigen Krediten werden i. d. R. zusätzlich verlangt:
- Darstellung des Investitionsvorhabens
- Absatzerwartungen bei Kapazitätserweiterung
- Grundstückserwerb (Kaufvertrag), Baugenehmigung
- Grundbuchauszug
- Vermögensverzeichnis mit Zeitwerten (Verkehrswert)
- Katasterauszug (Flurkarte)

Bankintern sind Grenzen gesteckt, bis zu denen bestimmte Personen **Kreditbeschlüsse** fassen dürfen. Dabei sind Kreditneugewährungen meist an höhere Kompetenzen gebunden als Überziehungen oder Prolongationen.

Da Kreditinstitute Kundengelder zur Kreditgewährung heranziehen, sind bei der Beschlußfassung bestimmte **gesetzliche** und **satzungsmäßige Auflagen** zu beachten, die die bankpolitischen Ziele Rentabilität, Liquidität und Sicherheit gewährleisten sollen:
- Normativbestimmungen des KWG, insbesondere § 13 (Großkredite), § 14 (Millionenkredite), §§ 15 bis 17 (Organkredite)
- Grundsätze über das Eigenkapital und die Liquidität (sie begrenzen das Kreditvolumen und bestimmen die Kapitalverwendung in Abhängigkeit vom haftenden Eigenkapital und vom Passivgeschäft der Banken).

Wird die Kreditwürdigkeit festgestellt und dem Kreditantrag entsprochen, sendet der Kreditgeber den Kreditvertrag bzw. das Kreditzusageschreiben an den Kreditnehmer. Der Kreditvertrag wird rechtswirksam, wenn der Kreditnehmer innerhalb der vorgegebenen Annahmefrist sein Einverständnis schriftlich erklärt. Die Kreditauszahlungsvoraussetzungen werden im Kreditvertrag genau benannt.

Allgemeine Probleme der Fremdfinanzierung 63

Im **Kreditvertrag** sind folgende Bestandteile von besonderer Bedeutung:
- **Kreditart:** z. B. Kontokorrentkredit, Investitionskredit, Avalkredit
- **Kredithöhe:** fester Kreditbetrag oder wechselnde Inanspruchnahme
- **Laufzeit:** feste Befristung (z. B. bis 31.12.); umsatzabhängige Befristung (z. B. bis zum Verkauf des Warenlagers, längstens bis zum 31.8.); unbefristete Laufzeit (»b. a. w.«, mit dem Risiko der jederzeitigen Kündigungsmöglichkeit)
- **Tilgung:** Festdarlehen, Ratendarlehen, Annuitätendarlehen
- **Zinssatz:** Festzinssatz (z. B. 8% p. a.); variabler Zinssatz mit oder ohne Bindung an einen Referenzzinssatz (z. B. EURIBOR + 0,5% p.a. oder 6,25% p.a. b. a. w.)
- **Provisionen:**
  Bereitstellungsprovision: bei längerfristigen Krediten nach Zusage für den nicht in Anspruch genommenen Teil; bei Kontokorrentkrediten als Teil des Gesamtzinses für den nicht ausgeschöpften Teil des Limits
  Kreditprovision: als Zuschlag zum Nominalzins oder auch auf ein Limit
  Umsatzprovision: als Entgelt für die Kontoführung
  Überziehungsprovision: bei Limit- oder Fristüberschreitung
- **Bearbeitungsgebühr:** häufig als einmaliger Zuschlag auf den Kreditbetrag
- **Auszahlungskurs:** Disagio als prozentualer Abschlag auf den Kreditbetrag (Geldbeschaffungskosten). Das Disagio ist faktisch ein Vorwegzins, der aber nicht nur den Nominalzins, sondern auch den verfügbaren Kredit verringert.
  Da bei Privatpersonen ein Disagio während der Bauzeit steuerlich abzugsfähig ist, wird von diesen ein hohes Disagio bevorzugt.
  Handelsrechtlich besteht ein Aktivierungswahlrecht bei Kreditnebenkosten (§ 250 Abs. 3 HGB), steuerrechtlich eine Aktivierungspflicht (Abschn. 37 Abs. 3 EStR) mit Abschreibung während der Laufzeit des Darlehens.
- **Auszahlungstermin:** Er ist abhängig von der Sicherheitenbestellung und dem Investitionsfortschritt. Manche Institute sind bei langfristigen Krediten zur Auszahlung erst nach Abschluß des Investitionsvorhabens bereit (z. B. Hypothekenbanken, Versicherungen).
- **Kündigungsmöglichkeiten:** seitens des Kreditgebers nur bei nicht ordnungsgemäßer Vertragserfüllung; seitens des Kreditnehmers unter Einhaltung einer Kündigungsfrist; bei langfristigen Krediten oft keine Kündigungsmöglichkeit während der Zinsbindung. Die Kündigungsmöglichkeiten sind im § 609a BGB geregelt.

- **Allgemeine Geschäftsbedingungen (AGB):** Auch die AGB verleihen dem Kreditgeber in vielen Bereichen eine stärkere Stellung als dem Kreditnehmer. So hat er ein jederzeitiges **Prüfungs- und Besichtigungsrecht** sowie ein Befriedigungsrecht aus allen sich in der Verfügungsgewalt der Bank befindlichen Gegenständen und Rechten, wenn der Kreditnehmer den Vertrag nicht ordnungsgemäß erfüllt.
- **Annahmefrist:** Sie ist insbesondere bei langfristigen Krediten von der Kapitalmarktlage abhängig.

2.3 Überblick über die Kreditsicherheiten

Mit jeder Kreditgewährung übernimmt der Kreditgeber ein **Ausfallrisiko** hinsichtlich Tilgungsleistungen und Zinszahlung. Die Stellung von Kreditsicherheiten soll dem Kreditgeber eine Gewährleistung der Kreditrückzahlung bieten, wenn das Unternehmen den Kapitaldienst nicht mehr aus dem Leistungsprozeß erbringen kann. Sie sollen der Kreditart, dem Kreditvolumen und der Kreditlaufzeit entsprechen. Je längerfristig die Kreditgewährung ist, desto wichtiger wird die Sicherstellung.

Meistens erfolgt die Besicherung durch einen gesonderten Formularvertrag.

Die Kreditsicherheiten lassen sich einerseits in dingliche bzw. Realsicherheiten und schuldrechtliche bzw. Personalsicherheiten sowie andererseits in akzessorische und fiduziarische Kreditsicherheiten unterteilen.

Die **Personalsicherheiten** beziehen sich auf besondere zusätzliche Zahlungsversprechen gegenüber dem Kreditgeber, so daß eine dritte Person neben dem Kreditnehmer für den Kredit haftet. Die **Realsicherheiten** beziehen sich auf bewegliche und unbewegliche Sachwerte sowie auf sachwertorientierte Rechte, die dem Kreditgeber als dingliche Haftung für die Kreditgewährung zur Verfügung gestellt werden.

Kreditsicherheiten

Realsicherheiten	**Personalsicherheiten**
Hypothek	Bürgschaft
Grundschuld	Garantie
Rentenschuld	Schuldbeitritt
Pfandrecht	Sonderformen
Sicherungsübereignung	
Eigentumsvorbehalt	
Zession	

Abb. 7: Kreditsicherheiten

Die **Bürgschaft** ist ein einseitig verpflichtender Vertrag, durch den sich der Bürge dem Gläubiger eines Dritten gegenüber verpflichtet, für die Verbindlichkeiten des Dritten einzustehen, wenn dieser nicht leistet.

Die **Garantie** ist auch ein einseitig verpflichtender Vertrag, in dem jedoch unabhängig vom Bestehen einer Zahlungsverpflichtung der Garant für einen bestimmten zukünftigen Erfolg bzw. ein Verhalten einsteht und/oder das Risiko aus einem zukünftigen Schaden trägt.

Bürgschaften und Garantien finden vor allem auch im Rahmen von Avalkrediten Verwendung (siehe Kap. B. 3.8).

Ein **Schuldbeitritt** kommt einer Schuldmitübernahme gleich und hat somit einen höheren Verpflichtungsgrad als eine Bürgschaft. Bei einem Schuldbeitritt liegt eine gesamtschuldnerische Haftung vor, so daß sich der Kreditgeber im Außenverhältnis den Schuldner aussuchen kann.

Als Sonderformen der Personalsicherheiten können die Negativerklärung und die Patronatserklärung angesehen werden. Bei einer **Negativerklärung** verpflichtet sich der Kreditnehmer, während der Kreditlaufzeit ohne Einwilligung des Kreditgebers keine wesentlichen Vermögensgegenstände zu veräußern oder zugunsten Dritter zu belasten, um sein Sicherheitspotential nicht zuungunsten des Kreditgebers zu verändern. Die Negativerklärung findet Verwendung bei Blankokrediten und Schuldverschreibungen der Industrie.

Die Negativerklärung setzt ein gutes Vertrauensverhältnis voraus, da eine erklärungswidrige Sicherstellung zugunsten eines Dritten i. d. R. wirksam ist und dem Kreditgeber nur die Kreditkündigung und ggf. ein Schadensersatzanspruch bleiben.

Patronatserklärungen werden von beherrschenden Unternehmen zugunsten des Kreditnehmers abgegeben, wenn dieser nicht über ausreichende Sicherheiten verfügt oder aufgrund von Gewinnabführungsverträgen der Kapitaldienst sonst nicht gewährleistet erscheint. So kann sich eine Muttergesellschaft verpflichten, während der Kreditlaufzeit ihre Beteiligung an diesem Unternehmen nicht zu ermäßigen oder die Zahlungsfähigkeit der Tochtergesellschaft während der Kreditlaufzeit zur ordnungsgemäßen Abwicklung des Krediftes zu gewährleisten.

Grundpfandrechte sind Sicherungsrechte an unbeweglichem Vermögen. Der Wert der Immobilie haftet für den Kapitaldienst. Für die Rechtswirksamkeit der Grundpfandrechte ist ihre Eintragung im Grundbuch erforderlich. Sie finden vorrangig Verwendung bei der Gewährung von langfristigen Krediten (siehe Kap. B. 4.1.1), werden aufgrund ihres hohen Sicherheitswertes aber auch für andere Kreditverhältnisse herangezogen.

Zu den Grundpfandrechten zählen die Grundschuld (§ 1191 ff. BGB), die Hypothek (§ 1113 ff. BGB) und die Rentenschuld (§ 1199 BGB).

Grundschulden und **Hypotheken** können in gleicher Weise zur dinglichen Absicherung von Fremdkapital verwendet werden, doch ergeben sich aufgrund der andersartigen rechtlichen Ausgestaltung gewisse Unterschiede. Während Grundschulden und Hypotheken im bankmäßigen Kreditgeschäft eine hohe Bedeutung haben, sind Rentenschulden für die Kreditsicherung nahezu bedeutungslos. **Rentenschulden** können ins Grundbuch eingetragen werden, um einen in regelmäßigen Abständen zu leistenden Geldbetrag (z. B. ein verrenteter Kaufpreis oder eine Leibrente) dinglich abzusichern.

Das **Pfandrecht** (§ 1204 ff. BGB) ist eine zur Kreditsicherheit dienende Belastung einer beweglichen Sache oder eines Rechts. Höhe und Rechtsbestand des Pfandrechtes sind untrennbar verbunden mit der zu sichernden Forderung. Das Pfandrecht entsteht durch Übergabe des Pfandgegenstandes bzw. bei Rechten durch Mitteilung an den Schuldner der Leistung. Das Pfandrecht dient vor allem zur Absicherung von Lombardkrediten (siehe Kap. B. 3.4); die Verwendung ist auf die Fälle beschränkt, bei denen die Pfandübergabe an den Kreditgeber keine wirtschaftliche Beeinträchtigung darstellt.

Bei der **Sicherungsübereignung** hat der Kreditnehmer weiterhin die Möglichkeit der betrieblichen Nutzung des Vermögensgegenstandes. Dies wird durch ein Besitzmittlungsverhältnis gemäß § 930 BGB erreicht, bei dem der Kreditnehmer unmittelbarer Besitzer der Sache wird bzw. bleibt. Der Kreditgeber ist (nur) mittelbarer Besitzer und hat als Eigentümer einen Herausgabeanspruch. Da dadurch sowohl der Kreditnehmer die Sache benutzen kann als auch für den Kreditgeber die Verwahrung entfällt, eignet sich die Sicherungsübereignung als Kreditsicherheit bei der Finanzierung vieler beweglicher Vermögensgegenstände. Sie wird vorrangig bei Betriebsmittelkrediten zur Finanzierung von Maschinen, Kraftfahrzeugen, Vorratslägern und Inventar verwendet (siehe Kap. B. 3.5).

Beim **Eigentumsvorbehalt** bleibt der Verkäufer einer Ware Eigentümer bis zur vollständigen Bezahlung des Kaufpreises; der Käufer wird zunächst nur Besitzer der Ware. Bei Zahlungsverzug hat der Verkäufer einen Herausgabeanspruch, und im Konkursfall kann er Aussonderung beantragen. Der Eigentumsvorbehalt ist das übliche Kreditsicherungsinstrument bei Lieferantenkrediten (siehe Kap. B. 3.1.2). Er tritt nicht selten in Kollision mit anderen Kreditsicherheiten und mindert das Sicherungspotential des Käufers gegenüber anderen Kreditgebern.

Allgemeine Probleme der Fremdfinanzierung 67

Bei der **Zession** bzw. **Sicherungsabtretung** tritt der Kreditnehmer seine Forderungen an Dritte an den Kreditgeber als Kreditsicherheit ab. Die Zession ist i. d. R. erfüllungshalber, so daß das Kreditverhältnis erst mit dem Zahlungseingang beim Kreditgeber erlischt. Wird die Zession an Erfüllungs Statt vereinbart, gilt das Kreditverhältnis bereits mit der Abtretung als erfüllt (§ 364 BGB). Forderungsabtretungen erfolgen oft zur Absicherung von Kontokorrentkrediten (siehe Kap. B. 3.2.4).

Alle erwähnten Kreditsicherheiten lassen sich als akzessorische oder fiduziarische Sicherheiten bezeichnen.

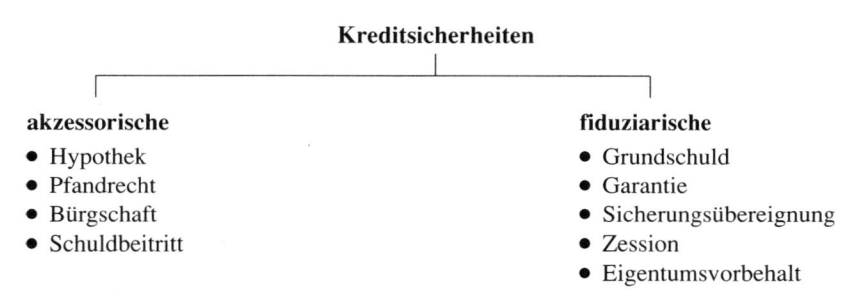

Kreditsicherheiten

akzessorische	fiduziarische
• Hypothek	• Grundschuld
• Pfandrecht	• Garantie
• Bürgschaft	• Sicherungsübereignung
• Schuldbeitritt	• Zession
	• Eigentumsvorbehalt

Akzessorische Kreditsicherheiten haben eine **vollkommene Abhängigkeit vom Rechtsbestand der gesicherten Forderung** des Kreditgebers. Die Sicherheit steht und fällt mit der Gültigkeit und dem Umfang der Forderung. Es ist deshalb auch nur die gemeinsame **Übertragung von Sicherheit und Forderung** möglich. Sinkt während der Laufzeit die Forderung, hat der Kreditgeber auch nur Anspruch auf die Sicherheit in Höhe der Forderung. Die Geltendmachung der Sicherheit Dritten gegenüber ist daher immer vom Nachweis der Forderungshöhe abhängig.

Für den Kreditnehmer besteht ein Vorteil darin, daß er zur Sicherheitsleistung immer nur für ein bestimmtes Kreditverhältnis herangezogen werden kann, für das die Sicherheit eingeräumt wurde. Akzessorische Kreditsicherheiten leben nicht wieder auf. Eine Mithaftung für alle anderen Verbindlichkeiten aus der Geschäftsverbindung ist nicht möglich.

Fiduziarische Kreditsicherheiten gewähren dem Kreditgeber im Außenverhältnis Dritten gegenüber eine **isolierte Rechtsstellung** unabhängig von der Forderung. Fiduziarische Kreditsicherheiten bestehen rechtlich auch dann, wenn die Forderung, für die sie eingeräumt wurden, gar nicht entsteht, nicht mehr besteht oder nicht mehr in voller Höhe besteht. Dritten gegenüber kann der Kreditgeber stets auf die volle Verwertung der Kreditsicherheiten zurückgreifen, ohne daß dem Kreditnehmer ein Einspruchsrecht dem Dritten gegenüber zusteht.

Im **Innenverhältnis** hat der Kreditgeber jedoch eine treuhänderische (fiduziarische) Funktion, die ihm eine Verwendung über den Sicherungszweck hinaus verbietet. Er muß daher den Mehrerlös aus der Verwertung der Kreditsicherheit dem Kreditnehmer auszahlen. Da dem Kreditgeber eine Rechtsstellung eingeräumt wird, die über den Sicherungszweck hinausgeht, hat er nach Treu und Glauben für eine das Interesse des Kreditnehmers wahrende Abwicklung zu sorgen und hat eine Rückübertragungspflicht der Kreditsicherheit, wenn eine Forderung nicht mehr besteht.

Für den Kreditgeber bestehen wesentliche Vorteile in der starken Stellung im Außenverhältnis und in dem hohen Sicherungswert, so daß die fiduziarischen Kreditsicherheiten in der Bankpraxis bevorzugt werden. Die Kreditsicherheit kann für alle Verbindlichkeiten aus der Geschäftsverbindung herangezogen werden. Sie findet auch häufig Verwendung bei Konsortialkrediten, da Gläubiger von Forderung und Sicherheit nicht identisch sein müssen. **Für den Kreditnehmer** liegen **Vorteile** darin, daß die Kreditsicherheit stets in voller Höhe besteht, so daß Kredite aufgestockt oder neu eingeräumt werden können, ohne daß es einer Grundbuch- und/oder Sicherheitenänderung bedarf. Gerade beim Grundbuch ist dies auch eine Kostenfrage. Es kann also der Kreditnehmer eine Sicherheitsleistung über viele Jahre weiterbenutzen.

Beim Eigentumsvorbehalt ist die rechtliche Zuordnung nicht eindeutig und vielfach abhängig vom Vertragstext.

Als **geborene Kreditsicherheiten** werden die vom Gesetz als solche ausdrücklich vorgesehenen Kreditsicherheiten bezeichnet, nämlich die akzessorischen Kreditsicherheiten. Die fiduziarischen Kreditsicherheiten sind dagegen als **gekorene Kreditsicherheiten** zu bezeichnen, da sie stark vom Wirtschaftsleben und der Rechtsprechung geprägt sind. Ihre Bedeutung hat jedoch im Laufe der Zeit erheblich zugenommen, so daß sie in manchen Bereichen die geborenen Kreditsicherheiten verdrängt haben, nicht zuletzt, weil sich den akzessorischen Kreditsicherheiten jeweils eine fiduziarische Sicherheit zuordnen läßt:

Hypothek	Grundschuld
Bürgschaft	Garantie
Pfandrecht an beweglichen Sachen	Sicherungsübereignung
Pfandrecht an Rechten	Zession (Sicherungsabtretung)

Allgemeine Probleme der Fremdfinanzierung

Die wesentlichen unterschiedlichen Merkmale von akzessorischen und fiduziarischen Sicherheiten lassen sich wie folgt zusammenfassen:

akzessorische Kreditsicherheiten	fiduziarische Kreditsicherheiten
1. Sicherheit in Förderungshöhe	1. Sicherheit in Höhe der Grundbucheintragung
2. Geltendmachung nur mit Nachweis der Forderungshöhe	2. Vollstreckbarkeit ohne Nachweis der Forderungshöhe, aber Auskehrungspflicht im Innenverhältnis
3. Nur gemeinsame Übertragung von Kreditsicherheit und Forderung	3. getrennte Übertragung ist möglich
4. Keine Wiederauflebung	4. Wiederverwendung freie Sicherheitenteile
5. Keine Mithaftung für andere Verbindlichkeiten des Kreditnehmers	5. Mithaftung für alle Verbindlichkeiten des Kreditnehmers

2.4 Kreditrisiken

Risiko allgemein ist die infolge zukünftiger Ungewißheit mit jeder wirtschaftlichen Tätigkeit verbundene Verlustgefahr, die das eingesetzte Kapital bzw. die erwarteten Gewinne bedroht. Manche Risiken beinhalten aber auch neben der Verlustgefahr eine zusätzliche Gewinnchance.

Es ist Aufgabe der **Risikopolitik** (riskmanagement), die Risiken zu erkennen, ihre Wahrscheinlichkeit zu beurteilen und Maßnahmen zur Vermeidung, Minderung oder Abwälzung zu ergreifen sowie deren Wirksamkeit zu überprüfen und gegebenenfalls anzupassen.

Speziell die **Kreditrisiken** umfassen alle Gefahren und ggf. Chancen, die im Zusammenhang mit einer Kreditgewährung auftreten können, so daß jede Fremdfinanzierung Kreditrisiken sowohl für den Kreditnehmer als auch für den Kreditgeber beinhaltet.

Kreditrisiken

für den Kreditgeber	**für den Kreditnehmer**
• Bonitätsrisiko	• Liquiditätsrisiko
• Sicherheitenrisiko	• Zinsänderungsrisiko
• Länderrisiko	• Währungsrisiko
• Refinanzierungsrisiko	

Der Kreditgeber hat zunächst ein **Bonitätsrisiko**. Dieses Risiko beinhaltet die Gefahr, daß der Kreditnehmer objektiv aufgrund seiner schlechten wirtschaftlichen Situation zahlungsunfähig wird oder in Zahlungsverzug gerät oder subjektiv zahlungsunwillig ist. Das Bonitätsrisiko ist somit ein Kreditausfallrisiko und wird auch als **Kreditrisiko i. e. S.** bezeichnet.

Dem Kreditausfallrisiko können gewerbliche Kreditgeber insbesondere durch eine Kreditversicherung oder durch einen Forderungsverkauf entgegentreten. Kreditinstitute lassen sich zur Risikominderung dingliche oder schuldrechtliche Kreditsicherheiten einräumen, wobei dann hier ein selbständiges Risiko hinsichtlich der Nachhaltigkeit des Wertes der gestellten Sicherheiten, das **Sicherheitenrisiko,** entsteht.

Länderrisiken beziehen sich auf die mit der Kreditgewährung verbundenen Verlustgefahren, die sich aus der besonderen Situation und den Aktivitäten des Schuldnerlandes ergeben. Die Länderrisiken umfassen das politische Risiko, wie insbesondere Krieg, Boykott und Unruhen, das Zahlungsverbots- und Moratoriumsrisiko und das Transfer- und Konvertierungsrisiko. Zur Beurteilung von Länderrisiken erstellen Ratingagenturen ein **Länderrating,** in dem die ökonomischen, rechtlichen, sozialen und politischen Rahmenbedingungen in den einzelnen Ländern bewertet und klassifiziert werden. Dem Länderrisiko kann beispielsweise durch eine Zahlungsgarantie begegnet werden.

Letztlich sind bei Kreditgewährungen aus der Sicht des Kreditgebers die **Refinanzierungsrisiken** zu nennen, zu denen in gleicher Weise wie aus der Sicht des Kreditnehmers das Zinsänderungsrisiko und das Währungsrisiko zählen, zu denen aber auch das Inflationsrisiko und das Konsortialrisiko gehören können.

Für den Kreditnehmer ergibt sich zunächst ein **Liquiditätsrisiko** durch die Verpflichtung zur termingerechten und betragsgenauen Leistung des Kapitaldienstes an den Kreditgeber. Verschlechterungen in der Ertragslage oder Verschiebungen bei den Zahlungsströmen können die Zahlungsfähigkeit des Unternehmens erheblich belasten. Eine Vermeidung oder Abwälzung dieses Risikos wird jedoch kaum möglich sein, doch tragen ein gutes Finanzmanagement und eine gute Unternehmenspolitik wesentlich zur Minderung bei.

Der Kreditnehmer geht **Währungsrisiken** ein, wenn er Kredite in Fremdwährung aufnimmt. Das Währungs- bzw. Kursrisiko bezieht sich dann auf mögliche Veränderungen in den Austauschrelationen zwischen den Währungen im Zeitraum zwischen der Kreditaufnahme und der Kreditrückzahlung. Da Wechselkurse steigen und fallen können, beinhaltet das Kursrisiko auch immer die Chance auf Kursgewinne. Je nach Kursentwicklung muß der Kreditnehmer zum Rückzahlungstermin mehr oder weniger an Inlandswährung für die Tilgung aufbringen.

Allgemeine Probleme der Fremdfinanzierung

Zur Risikoabsicherung sind beim Währungsrisiko vorrangig feste und bedingte Devisentermingeschäfte, Währungsswaps und die Koppelung des Rückzahlungsbetrages an einen Fremdwährungseingang zu nennen.

Das **Zinsrisiko** kennzeichnet für den Kreditnehmer bei einer Kreditaufnahme die Gefahr von Zinssteigerungen, im Falle von Geldanlagen im Rahmen der Finanzdisposition auch die Gefahr von Zinssenkungen. Zinsänderungsrisiken bestehen einerseits bei variablen Zinssätzen während der Laufzeit des Kredites bzw. der Geldanlage, andererseits aber sowohl bei variablen als auch bei festen Zinsvereinbarungen am Ende der Laufzeit im Hinblick auf die Anschlußfinanzierung. Um dem Zinsänderungsrisiko begegnen zu können, haben sich vor allem als besonders geeignet erwiesen:

- Finanzterminkontrakte an einer Terminbörse (siehe Kap. C. 4.3.4.2)
- Zinsswaps, ggf. in Verbindung mit Währungsswaps
- Forward Rate Agreements (FRA)

Zinsswaps und Währungsswaps stehen für den Kreditnehmer entweder im Zusammenhang mit seinen Kapitalbeschaffungsmöglichkeiten oder dienen der Absicherung von Zinsänderungs- und Währungsrisiken.

Haben Marktteilnehmer in bezug auf bestimmte Währungen oder Zinskonditionen eine relative Stärke, benötigen aber zur Deckung ihres Kapitalbedarfs eine andere Währung bzw. andere Zinskonditionen, können sie ihre jeweiligen Positionen direkt oder über Vermittler austauschen. Ein Swap in diesem Sinne ist dann der **Austausch von Zahlungsverpflichtungen** mit dem Ziel, einen relativen Vorteil am Markt zur eigenen Rentabilitätssteigerung einzusetzen. Eine relative Stärke können Marktteilnehmer auf bestimmten nationalen oder internationalen Finanzmärkten vor allem aufgrund der unterschiedlichen Marktbedingungen sowie ihrer eigenen Bonität und Marktstellung besitzen.

Bei einem **reinen Währungsswap** tauschen 2 Marktteilnehmer ihre Finanzierungsmittel mit gleicher Laufzeit und festen Zinsvereinbarungen, aber unterschiedlichen Währungen.

Bei einem **reinen Zinsswap** werden die jeweiligen Zinsverpflichtungen aus gleichen Währungsbeträgen mit gleicher Laufzeit ausgetauscht, wobei es sich meistens um einen Swap zwischen variablen kurzfristigen und festen langfristigen Zinssätzen handelt. Die Kapitalbeträge bleiben davon liquiditätsmäßig unberührt.

Der **Zins- und Währungsswap** ist eine Kombination beider Swaparten im Hinblick auf eine feste Laufzeit. Am Sekundärmarkt können Zins- und/oder

Währungsswaps i. d. R. über Vermittler auch während ihrer Laufzeit gehandelt werden, so daß der ausscheidende Marktteilnehmer auf seine Ausgangsposition zurückkehrt.

Hat z. B. ein Marktteilnehmer eine relative Stärke in langfristigen EUR-Schuldverschreibungen zu Festzinssätzen und ein anderer Marktteilnehmer in US-$-Floating-Rate-Bonds, können sie ihren relativen Vorteil arbitrieren. A kauft dann von B in einem Kassageschäft die EUR-Beträge gegen Überlassung der US-$ und kauft gleichzeitig per Termin die US-$-Beträge gegen EUR zurück. Während sich die Kassakurse aus den Marktverhältnissen bei Vertragsabschluß ergeben, kann der Rückzahlungskurs, der als Terminkurs das zukünftige Wechselkursrisiko ausdrückt, unterschiedlich vereinbart werden. Oftmals wird für den Rückkauf im Gegensatz zu normalen Devisentermingeschäften auch der Kassakurs bei Vertragsabschluß vereinbart.

Ablauf eines Währungs- und Zinsswaps

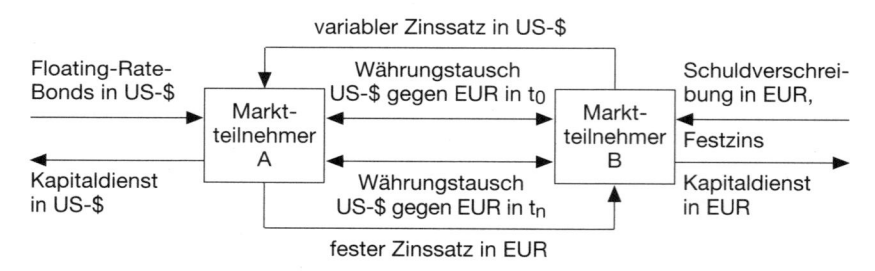

```
                          variabler Zinssatz in US-$
                                    ↓
Floating-Rate-          Währungstausch              Schuldverschrei-
Bonds in US-$           US-$ gegen EUR in t₀        bung in EUR,
              ┌──────────┐              ┌──────────┐
              │  Markt-  │              │  Markt-  │
              │teilnehmer│              │teilnehmer│ Festzins
              │    A     │              │    B     │
Kapitaldienst └──────────┘              └──────────┘ Kapitaldienst
in US-$                 Währungstausch              in EUR
                        US-$ gegen EUR in tₙ
                                    ↑
                          fester Zinssatz in EUR
```

Abb. 8: Ablauf eines Währungs- und Zinsswaps

Bei einem Zinsswap realisieren beide Marktteilnehmer jeweils Zinsvorteile, die für einen oder auch beide um so größer ausfallen, je höher die Unterschiede in der relativen Stärke bei der Kapitalbeschaffung sind.

Ob die Zinsvorteile für beide Marktteilnehmer gleich groß sind, hängt jedoch auch sehr von den Marktverhältnissen ab.

Beispiel: Zinsswap

	A			B	
Floating-Rate-Bonds	LIBOR + 0,5%	Kredit-möglichkeiten	Floating-Rate-Bonds	LIBOR + 1,25%	
Straight Bonds	9,75%		Straight Bonds	8,5% p. a.	

A hat eine relative Stärke in Floating-Rate-Bonds, B in Straight Bonds.

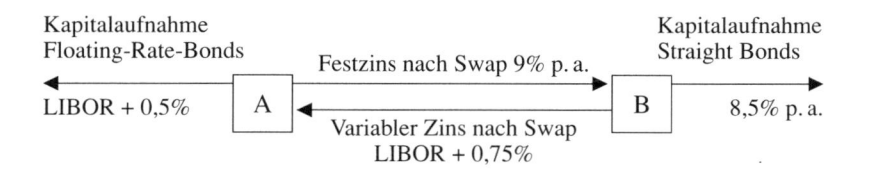

Allgemeine Probleme der Fremdfinanzierung 73

```
Kapitalaufnahme                                    Kapitalaufnahme
Floating-Rate-Bonds    Festzins nach Swap 9% p. a.  Straight Bonds
◄─────────────────┐ ┌───┐ ──────────────────────► ┌───┐ ─────────────────►
LIBOR + 0,5%      │ │ A │ ◄─────────────────────  │ B │   8,5% p. a.
                  └───┘    Variabler Zins nach Swap └───┘
                              LIBOR + 0,75%
```

Zinszahlungen A **Zinszahlungen B**
Einzahlung LIBOR + 0,75% Einzahlung 9% p. a. Festzins
Auszahlung Festzins 9% Auszahlung 8,5% p. a. Festzins
Auszahlung LIBOR + 0,5% Auszahlung LIBOR + 0,75%
Saldo 8,75% p. a. Saldo LIBOR + 0,25
Zinsvorteil gegenüber eigener Zinsvorteil gegenüber eigener
Kapitalaufnahme Straight Kapitalaufnahme Floating-Rate-
Bonds 1% p. a. Bonds 1% p. a.

Zins- und Währungsswaps können auch zur Reduzierung von Zinsrisiken und Währungsrisiken eingesetzt werden. Resultieren die Risiken aus Forderungen, handelt es sich um **Aktivswaps,** werden Zins- oder Währungsverpflichtungen im Hinblick auf Verbindlichkeiten getauscht, liegen **Passivswaps** vor.

Erwartet z. B. ein Marktteilnehmer A, der einen Kredit mit variablen kurzfristigen Zinsen aufgenommen hat, Zinssteigerungen, kann er die variable Zinsverpflichtung in eine feste Zinsverpflichtung durch ein Swapgeschäft umwandeln und sich damit eine feste Kalkulationsgrundlage schaffen. Umgekehrt kann er Festzinsvereinbarungen bei erwarteter Zinssenkung in variable Zinsverpflichtungen tauschen und zahlt dann während der Laufzeit den sinkenden variablen Zins anstelle des höheren Festzinssatzes.

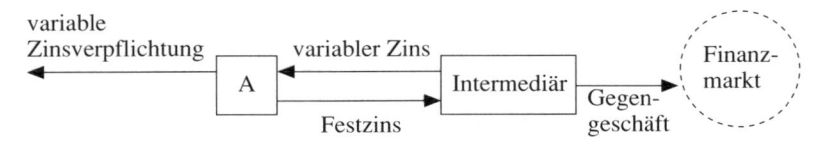

```
  variable
  Zinsverpflichtung    variabler Zins                          ╱‾‾‾‾‾╲
◄──────────────────┐ ┌───┐ ◄─────────────── ┌────────────┐    ╱ Finanz- ╲
                   │ │ A │                  │ Intermediär│───┤  markt    │
                   └───┘ ───────────────►   └────────────┘    ╲         ╱
                          Festzins              Gegen-         ╲_____╱
                                               geschäft
```

Passivzinsswap variabel/fest

Als Marktteilnehmer treten vor allem Banken auf, die selbst die Gegenposition übernehmen oder als **Intermediäre** unter Abzug einer Provision die Abrechnung mit den beiden Marktteilnehmern vornehmen. Durch die Einbeziehung von Intermediären müssen die Ausgestaltung der Basiswerte und die Swaplaufzeiten nicht übereinstimmen. Der Intermediär übernimmt die offene Restposition und bringt sie erneut am Markt unter. Durch die Übernahme des Erfüllungsrisikos durch die Intermediäre besitzt der Swapmarkt eine hohe Liquidität.

Bei **internationalen Finanzgeschäften** können auch Währungsrisiken durch Währungsswaps reduziert werden. Hat so z. B. eine Holdinggesellschaft einen Liquiditätsüberschuß in EUR und eine Konzerngesellschaft einen Kreditbedarf in US-$, können diese Positionen mit einem Intermediär ohne Währungsrisiko getauscht und der Konzerngesellschaft die benötigten US-$ bereitgestellt werden.

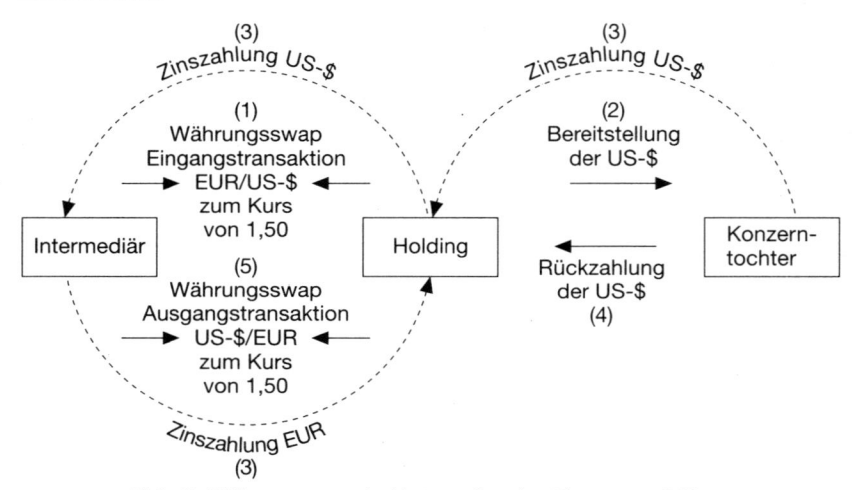

Abb. 9: Währungsswap bei internationalen Finanzgeschäften

Forward Rate Agreements erlauben eine Minderung des Zinsänderungsrisikos ohne Bereitstellung von Kapitalbeträgen. Sie stellen Zinsausgleichsvereinbarungen zwischen 2 Marktteilnehmern dar, die sich verpflichten, den Zinsunterschied in bezug auf bestimmte Kapitalbeträge während eines zukünftigen Zeitraumes durch Geldzahlung miteinander zu verrechnen. Da keine Kapitalbewegungen stattfinden, sind diese Maßnahmen bilanzunwirksam, und das Risiko dieser Geschäfte bleibt auf die Ausgleichszahlung beschränkt.

Forward Rate Agreements können in mehreren Währungen auf dem **Interbankenmarkt** auch zu individuellen Bedingungen abgeschlossen werden und erfordern keine Sicherheitsleistung wie die Finanzterminkontrakte an der Terminbörse.

Allgemeine Probleme der Fremdfinanzierung 75

Erwartet ein Kreditnehmer steigende Zinsen, vereinbart er heute für eine zukünftige Periode eine Käuferposition; rechnet er mit fallenden Zinsen, geht er eine Verkäuferposition ein. Vor Beginn der Kontraktperiode vergleichen die Marktteilnehmer dann den vereinbarten Kontraktzins (FRA-Satz) mit dem aktuellen Marktzins bzw. dem vereinbarten Referenzzinssatz (z.B. LIBOR). Liegt der Marktzins bzw. der Referenzzins über dem Kontraktzins, erhält der Käufer die Zinsdifferenz bezogen auf den individuellen oder fiktiven Kapitalbetrag ausbezahlt und kann daraus den Zinsmehraufwand für die kommende Kreditlaufzeit kompensieren. Ist der Marktzins bzw. der Referenzzinssatz niedriger als der FRA-Satz, bekommt die Ausgleichszahlung der Verkäufer, so daß er seinen geringeren Zinsertrag der Zukunftsperiode auffüllen kann.

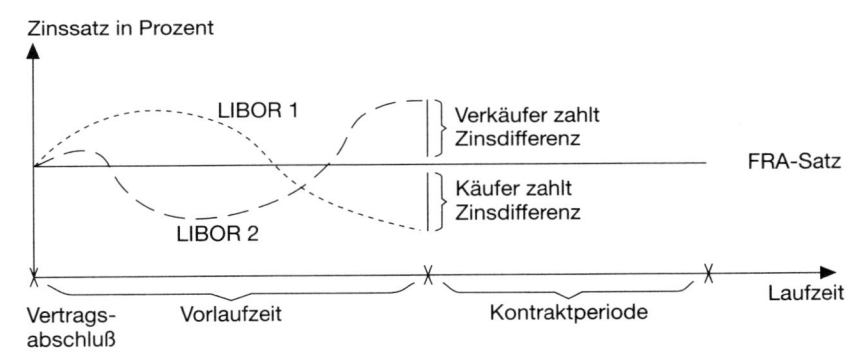

Abb. 10: Ablauf eines Forward Rate Agreement

Da die Ausgleichszahlung zu Beginn der Kontraktperiode fällig ist, sind die Zinszahlungen zu diskontieren.

Beispiel:
Ein Kreditnehmer erwartet Ende März steigende US-$-Zinsen und möchte deshalb seinen zukünftigen Kapitalbedarf für den Zeitraum von September bis Februar zinsmäßig absichern.
Kauf eines FRA am 01.04. in bezug auf 5 Mill. US-$

Vereinbarter FRA-Satz:	8% p.a.
Referenzzinssatz:	6 Monats-LIBOR
Zinsvergleichstermin:	2 Banktage vor Beginn der Kontraktperiode
Kontraktperiode:	6 Monate
LIBOR zum Vergleichstermin:	8,75% p.a.

$$\text{Ausgleichszahlung} = \frac{\dfrac{\text{Kapitalbetrag} \cdot (\text{Referenzzinssatz} - \text{FRA-Satz}) \cdot \text{Laufzeit}}{100 \cdot 360}}{1 + \dfrac{\text{Referenzzinssatz} \cdot \text{Laufzeit}}{100 \cdot 360}}$$

$$17\,964{,}07 \text{ US-\$} = \frac{\dfrac{5 \text{ Mill. US-\$} \cdot (8{,}75 - 8) \cdot 180}{100 \cdot 360}}{1 + \dfrac{8{,}75 \cdot 180}{100 \cdot 360}}$$

Der Kreditnehmer erhält zu Beginn der Kontraktperiode 17 964,07 US-$ von der Bank als Ausgleichszahlung und kann damit seine gestiegenen Finanzierungskosten für den Kapitalbedarf von 5 Mill. US-$ kompensieren.

Wäre der Referenzzinssatz unter den FRA-Satz gefallen, hätte der Kreditnehmer dann zwar den Ausgleichsbetrag zahlen müssen, könnte aber auch seinen Kapitalbedarf im September wider Erwarten billiger finanzieren.

Der Kreditnehmer hat somit durch das FRA kein Zinsänderungsrisiko und eine klare und feste Kalkulationsgrundlage.

Caps, Floors und Collars sind weitere am Interbankenmarkt auftretende Zinsinstrumente zur Verminderung des Zinsänderungsrisikos.

Bedingte Zinsinstrumente

Caps	**Collars**	**Floors**
Festlegung von Zinsobergrenzen	Festlegung von Bandbreiten	Festlegung von Zinsuntergrenzen

Im Gegensatz zu den Forward Rate Agreements besitzt hier die Käuferposition ein **Wahlrecht auf Erfüllung** und zahlt dafür an den Verkäufer eine Prämie. Die Verkaufsposition muß Ausgleichszahlungen in der Höhe leisten, in der der Referenzzinssatz bei Caps die Zinsobergrenze übersteigt und bei Floors die Zinsuntergrenze unterschreitet. Die Ausgleichsbeträge werden nachträglich am Ende der Kontraktlaufzeit gezahlt oder bei längeren Laufzeiten zu bestimmten Stichtagen, sofern zu diesen Terminen die Zinsgrenzen durchbrochen worden sind.

Bei Caps liegt die Prämie um so höher, je niedriger die Zinsobergrenze festgelegt wird; beim Floor sinkt die Prämie mit fallender Zinsuntergrenze.

Allgemeine Probleme der Fremdfinanzierung 77

Beispiel:
Ein Kreditnehmer will sein Zinssteigerungsrisiko für einen variabel verzinslichen Kredit über 6 Mill. EUR mit einer Laufzeit von 4 Jahren auf 8,5% p. a. begrenzen.
Kauf eines Caps
Zinsobergrenze: 8,5% p. a.
Referenzzinssatz: LIBOR − 3 Monate
Stichtage: 01.03., 01.06., 01.09. und 01.12.
Prämie: 0,75% vom Kreditbetrag einmalig zu Beginn der Laufzeit
Liegt der LIBOR am 01.06. bei 9% p. a. erhält der Kreditnehmer eine Ausgleichszahlung vom Verkäufer in Höhe von 7 500 EUR für den abgelaufenen Bezugszeitraum. Für diesen Anspruch über die gesamte Laufzeit von 4 Jahren zahlt er eine Prämie von 45 000 EUR an den Verkäufer des Caps.

$$\text{Ausgleichszahlung} = \frac{\text{Kapitalbetrag} \cdot (\text{Referenzzinssatz} - \text{Zinsobergrenze}) \cdot \text{Laufzeit}}{100 \cdot 360}$$

$$7\,500 \text{ EUR} = \frac{6 \text{ Mill. EUR} \cdot (9 - 8,5) \cdot 90}{100 \cdot 360}$$

Beim **Collar** werden feste Bandbreiten durch Zinsober- und -untergrenzen festgelegt, indem der Käufer eines Collar gleichzeitig Käufer eines Caps und Verkäufer eines Floors ist; der Verkäufer eines Collars ist sowohl Verkäufer eines Caps und Käufer eines Floors. Dadurch kann der Käufer eines Collars sein Zinsänderungsrisiko nach oben durch eine Zinsobergrenze festschreiben und erhält gleichzeitig eine Prämie für seine Verpflichtung als Verkäufer eines Floors, Zinssenkungen unter die Zinsuntergrenze auszugleichen. Ein derartiger Marktteilnehmer befürchtet eher stark steigende Zinsen und kaum fallende.

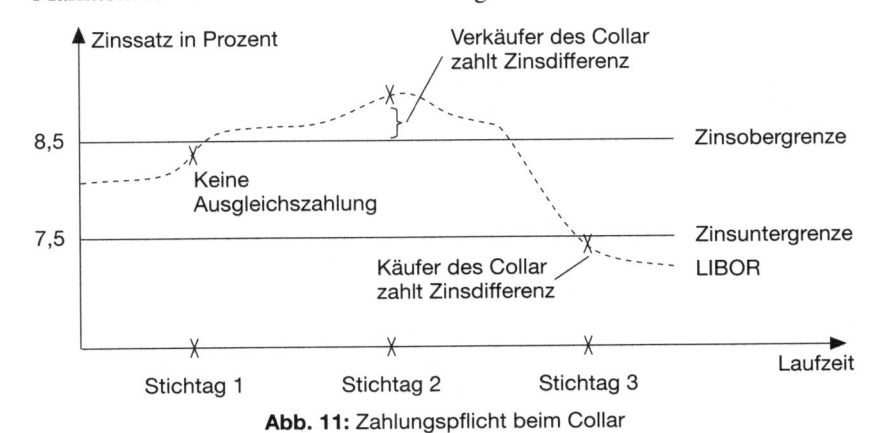

Abb. 11: Zahlungspflicht beim Collar

Der Verkäufer eines Collar wird seine Geldanlage zinsmäßig nach unten begrenzen und geht gleichzeitig als Verkäufer eines Caps die Verpflichtung ein, bei Überschreiten der Zinsobergrenze den Differenzbetrag zu zahlen. Dieser Marktteilnehmer will sich vor sinkenden Zinsen schützen und erwartet kaum Zinssteigerungen, so daß er mit einer Inanspruchnahme aus der Caps-Verkaufsposition nicht rechnet.

3 Kurz- und mittelfristige Fremdfinanzierung

3.1 Warenkredite

Warenkredite stehen immer im Zusammenhang mit einer Warenlieferung oder auch Dienstleistung, so daß entweder der Lieferant oder der Kunde Kreditnehmer ist. Beim Absatzgeldkredit stellt der Lieferant Zahlungsmittel oder Sachleistungen zur Verfügung, beim Absatzgüterkredit gewährt er ein Zahlungsziel an Kunden. Die Gewährung von Warenkrediten ist meistens branchenbedingt oder geschäftspolitisch motiviert.

Warenkredite

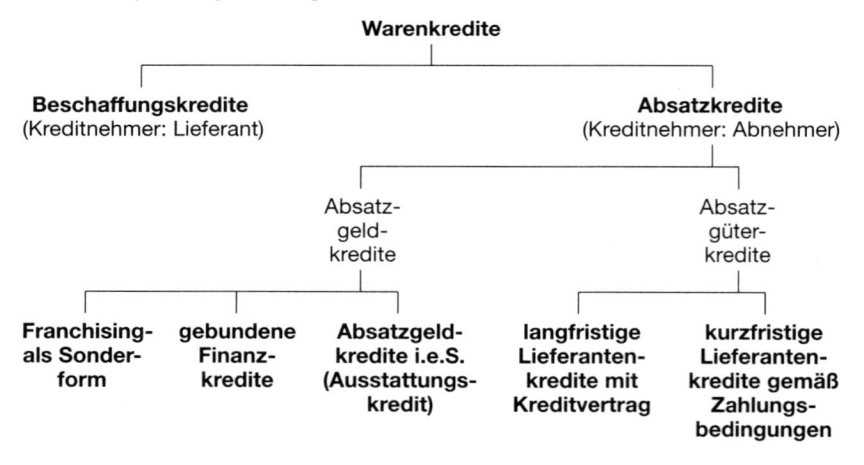

- **Beschaffungskredite** (Kreditnehmer: Lieferant)
  - Franchising als Sonderform
  - gebundene Finanzkredite
- **Absatzkredite** (Kreditnehmer: Abnehmer)
  - Absatzgeldkredite
    - Absatzgeldkredite i.e.S. (Ausstattungskredit)
  - Absatzgüterkredite
    - langfristige Lieferantenkredite mit Kreditvertrag
    - kurzfristige Lieferantenkredite gemäß Zahlungsbedingungen

Abb. 12: Warenkredite

3.1.1 Beschaffungskredite

Beschaffungskredite (auch Kundenkredite genannt) werden i.d.R. auf vertraglicher Basis dem Lieferanten vom Kunden vor Fertigstellung des Vertragsobjektes in voller Höhe des Kaufpreises (Vorauszahlungen) oder in Teilbeträgen (Anzahlungen) bereitgestellt. Beschaffungskredite an den Lieferanten werden häufig bei **individuellen Leistungen** in der Auftragsproduktion gefordert, besonders dann, wenn sie einen **hohen Kapitalbedarf** oder eine **lange Kapitalbindungsfrist** bis zur Fertigstellung verursachen. Vorauszahlungen und Anzahlungen dienen zur Mitfinanzierung der Herstellungskosten sowie zur **Sicherung der Abnahme** durch den Besteller. Höhe und Terminierung der Beschaffungskredite hängen wesentlich von der Marktstellung des Abnehmers und der Auftragslage des Lieferanten ab.

In bestimmten Branchen geht die Verpflichtung zur Gewährung von Beschaffungskrediten so weit, daß ganze Bauabschnitte bereits vor Ablieferung der Gesamtleistung voll bezahlt werden müssen und bei Lieferung dann lediglich ein Restbetrag noch offen ist. Das ist vor allem im Hoch- und Tiefbau, bei Industrieanlagen, im Schiffbau und im Groß- bzw. Spezialmaschinenbau der Fall.

Beispiel:
Schiffbau
1. Rate bei Vertragsabschluß
2. Rate bei Kiellegung
3. Rate bei Stapellauf
4. Rate nach Ausbauten
5. Rate bei Ablieferung

Beispiel:
Hochbau
 5% bei Vertragsabschluß
10% nach Baubeginn
15% nach Fertigstellung des Erdgeschosses
10% nach Fertigstellung des 1. Obergeschosses
10% nach Fertigstellung des 2. Obergeschosses
10% nach Richtfest
15% nach Abschluß der Putzarbeiten
10% nach Fertigstellung der Haustechnik
10% nach Bauabnahme
 5% nach Ablauf der Gewährleistungsfrist

Aus der Sicht des Kreditgebers verringern Beschaffungskredite den Gesamtpreis, da sonst der Zinsaufwand des Herstellers während der Bauzeit auf den Preis abgewälzt würde. Der Kunde trägt damit die **Kreditkosten** unmittelbar.

Ob die Gewährung eines Beschaffungskredites vorteilhafter ist als die Zahlung erst bei Lieferung, hängt von den Kapital- und Nebenkosten des Käufers für den Zeitraum bis zur Lieferung ab. Zur Absicherung der geleisteten Anzahlungen/Vorauszahlungen kann seitens des Abnehmers eine **Zahlungsgarantie** einer Bank verlangt werden, deren Kosten im Vergleich zu berücksichtigen sind.

$$P_N = P_O \cdot AuF$$

$$P_R = \tau \cdot EWF$$
$$r = P_O \cdot KWF$$

Der Beschaffungskredit ist vorteilhaft, wenn

$P_O + Z < P_N$ bzw. $P_R + Z < P_N$

P_O = Vorauszahlungspreis (bei Vertragsabschluß)
P_N = Lieferpreis (bei Ablieferung)
P_R = Ratenpreis (bei ratenweiser Zahlung bis zur Ablieferung)
Z = eigene Kapitalkosten
τ = Ratenzahlungen bzw. Kapitaldienst

AuF = Aufzinsungsfaktor $(1 + i)^n$

EWF = Endwertfaktor $\dfrac{(1 + i)^n - 1}{i}$

KWF = Kapitalwiedergewinnungsfaktor $\dfrac{i(1 + i)^n}{(1 + i)^n - 1}$

Beispiel:
Eine Maschinenanlage hat eine Lieferzeit/Bauzeit von 36 Monaten. Ist die Gewährung eines Beschaffungskredites vorteilhaft, wenn der Vorauszahlungspreis 4 000 000 EUR, der Lieferpreis 5 130 000 EUR und der Ratenpreis 3 Jahresraten von je 1 570 000 EUR beträgt? Der Abnehmer rechnet mit einem eigenen Kapitalkostensatz von 8% p. a.

P_{N_L} = Lieferpreis aus der Sicht des Lieferanten
P_{N_A} = Lieferpreis aus der Sicht des Abnehmers
$P_{N_A} = P_O (1 + i)^n = 4\,000\,000 (1 + 0{,}08)^3 = 5\,038\,848$ EUR
$P_{N_A} < P_{N_L}$ bzw. $P_O + Z < P_N$
$P_{N_A} = r \cdot EWF = 1\,570\,000 \cdot 3{,}2464 = 5\,096\,848$ EUR
$P_{N_A} < P_{N_L}$ bzw. $P_R + Z < P_N$

3.1.2 Absatzkredite

3.1.2.1 Arten

Absatzkredite sind in den meisten Fällen unter absatzpolitischen Motiven zu sehen und stellen insofern ein Marketinginstrument im Rahmen der Preis- und Konditionenpolitik dar. Absatzkredite können als Absatzgeldkredit und Absatzgüterkredit gewährt werden.

Beim **Absatzgeldkredit** (auch Ausstattungskredit genannt) gewährt der Hersteller oder Händler unter **absatzpolitischen Motiven** dem Abnehmer seiner Betriebsleistungen Geldkredit mit der mehr oder weniger strengen Auflage, diesen Kredit **zum Erwerb der Grundausstattung** seines Unternehmens **oder von bestimmten Produkten** wie Kühltruhen, Mobiliar oder Maschinen

Kurz- und mittelfristige Fremdfinanzierung 81

zu verwenden. Kreditbedingung ist meist die verstärkte oder ausschließliche Abnahme der Produkte des Kreditgebers. Der Kredit kann durch Geld oder einen Preisaufschlag auf die Produkte getilgt werden, kann aber auch bei Überschreitung bestimmter Mindestabnahmemengen oder bei langfristigen Abnahmeverträgen zins- und tilgungsfrei sein. Der Absatzgeldkredit findet Verwendung z. B. bei Brauereien, Ölgesellschaften, Unternehmen der Tiefkühlbranche und im Gaststätten- und Hotelgewerbe.

Ein Absatzgeldkredit mit der Auflage, nur Produkte des Kreditgebers oder eines bestimmten Lieferanten hiervon zu bezahlen, ist bereits eine Grenzform zum Absatzgüterkredit und wird auch als **gebundener Finanzkredit** bezeichnet.

Bei Investitionsgüterlieferungen werden gebundene Finanzkredite auch von Kreditinstituten in Zusammenarbeit mit dem Lieferanten dem Besteller gewährt, wobei die Kreditauszahlung an den Lieferanten zur Begleichung des Kaufpreises erfolgt. Den Kapitaldienst leistet der Besteller unmittelbar an die Bank. Derartige Kredite haben jedoch eher mittel- bis langfristige Laufzeiten und finden vor allem im Außenhandel Verwendung als sog. Bestellerkredite.

Als Sonderform des Absatzgeldkredites, bei dem die vertragliche und finanzielle Bindung des Abnehmers an den Lieferanten besonders ausgeprägt ist, kann das **Franchise-System** gesehen werden. Ein Franchise-Nehmer führt sein Unternehmen nach den Weisungen und unter der Kontrolle des Franchise-Gebers und verkauft nach der Marketingstrategie und mit dem Warenzeichen des Franchise-Gebers innerhalb regionaler Grenzen bestimmte Warengruppen. Die Geschäftsausstattung stellt der Franchise-Geber bereit und unterstützt die Unternehmensfinanzierung.

Beide Partner bleiben jedoch rechtlich und »wirtschaftlich« selbständig.

Das Franchise-System ist an keine bestimmte Branche gebunden und ist in manchen Ländern wie den USA sehr häufig vertreten. Als Beispiele für Firmen mit Franchise-System seien genannt: Nordsee, Photo-Porst, Rodier, Rosenthal, Salamander, Tchibo, WMF, Mac Donald's, Eismann, Foto Quelle, Quick Schuh, Ihr Platz, Cosy wash, Musikschule Fröhlich und Portas.

Beim **Absatzgüterkredit** gewährt der Hersteller oder Händler dem Abnehmer seiner Betriebsleistungen ein je nach Charakter des Rechtsgeschäfts und/oder nach Branchenusancen **befristetes Zahlungsziel,** das den Abnehmer befähigt, die Ware mitunter erst nach Weiterverkauf oder Verarbeitung zu bezahlen. Die Kreditgewährung kann vertraglich vereinbart werden, wie es bei langfristigen Absatzgüterkrediten üblich ist; kurzfristig erfolgt jedoch i. d. R. die Kreditgewährung gemäß den allgemeinen Liefer- und Zahlungsbedingungen.

Der Absatzgüterkredit wird auch Lieferantenkredit, Handelskredit, Lieferkredit, Fakturenkredit oder Warenkredit i. e. S. genannt. Der Lieferantenkredit ist in sehr vielen Branchen üblich. Die Verweigerung eines Zahlungszieles ist eher die Ausnahme, wobei der Grund in der geringen Bonität des Abnehmers, im Desinteresse am Kunden wegen zu kleiner Aufträge oder aber auch in der angespannten Geldmarktlage gesehen werden kann.

Besonders im **Exportgeschäft** ist die Gewährung von längerfristigen Zahlungszielen oft Voraussetzung für die Erteilung des Auftrages. Im Hinblick auf die Refinanzierung ist hier meistens eine Zusammenarbeit mit Kreditinstituten erforderlich, so daß für derartige Lieferantenkredite immer ein Kreditvertrag abgeschlossen wird.

Merkmale des typischen kurzfristigen Lieferantenkredits sind:
- branchenübliche oder geschäftstypische **Zahlungsstundung**
- **Kreditkosten** sind im Preis inbegriffen und können durch Skontoabzug vermieden werden (manchmal Staffelung nach Laufzeit)
- **Abhängigkeit der Kredithöhe vom Wareneinkauf**
- **Instrument der Absatzpolitik** zur Steigerung von Umsatz bzw. Rentabilität (Probleme: optimaler Einsatz des Lieferantenkredits und optimale Refinanzierung des dadurch entstehenden Kapitalbedarfs)
- Laufzeit des Kredites entspricht häufig der **Umschlagsdauer** im Unternehmen bis zum Weiterverkauf
- **individuelle Vereinbarungen** sind leichter möglich, da das Hauptinteresse des Kreditgebers nicht in der Kreditgewährung sondern im Absatz der Betriebsleistung liegt (z. B. Verlängerung des Zahlungszieles bei Umsatzstockung; Einräumung von Saisonkrediten; Mitfinanzierung junger Unternehmen)
- **keine** oder nur geringe **Kreditwürdigkeitsprüfung;** eine Klassifizierung der Kunden im Hinblick auf die Zahlungsgewohnheiten und das Kreditlimit sowie eine laufende Kreditüberwachung sind jedoch zu empfehlen.
- übliche **Kreditsicherheiten** sind der Eigentumsvorbehalt und der Wechsel.

3.1.2.2 Sicherstellung

Als Kreditsicherheiten finden beim Lieferantenkredit i. d. R. das **Wechselakzept** oder der Eigentumsvorbehalt Verwendung. Der Wechsel hat für den Lieferanten den Vorteil einer leichten Refinanzierung seines Kredites und einer strengen wechselrechtlichen Verpflichtung des Abnehmers (siehe hierzu auch Kap. B. 3.3.1).

Gemäß § 455 BGB hat der Verkäufer einen Herausgabeanspruch in bezug auf die Ware bis zur vollständigen Bezahlung des Kaufpreises. Der **Eigentumsvorbehalt** schiebt also den Eigentumsübergang auf den unmittelbaren Besitzer auf und erlischt erst mit der Zahlung; so lange hat der Käufer nur ein Eigentumsanwartschaftsrecht, das jedoch übertragbar ist. Der Eigentumsvorbehalt muß spätestens bei Übergabe der Ware vereinbart sein, da der Käufer sonst ein Widerspruchsrecht hat.

Einfacher Eigentumsvorbehalt

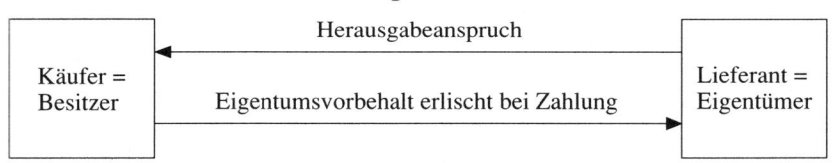

Käufer = Besitzer	← Herausgabeanspruch — Eigentumsvorbehalt erlischt bei Zahlung	Lieferant = Eigentümer

Grundsätzlich darf der Käufer die Ware nur nutzen, aber nicht über sie verfügen. Dies wird bei Weiterverarbeitung problematisch, da dann nach § 950 BGB der Verarbeiter Eigentümer wird.

Wird jedoch ein Eigentumsvorbehalt mit Verarbeitungsklausel dergestalt vereinbart, daß die Verarbeitung für Rechnung des Lieferanten erfolgt, wird dieser Eigentumsvorbehalt als erweiterter Eigentumsvorbehalt bezeichnet.

Erweiterter Eigentumsvorbehalt

Käufer = Besitzer = Verarbeiter	← Herausgabeanspruch — Verarbeitung für Rechnung des Lieferanten → ← Ersatz der Verarbeitungskosten bei Geltendmachung des Herausgabeanspruchs	Lieferant = Eigentümer

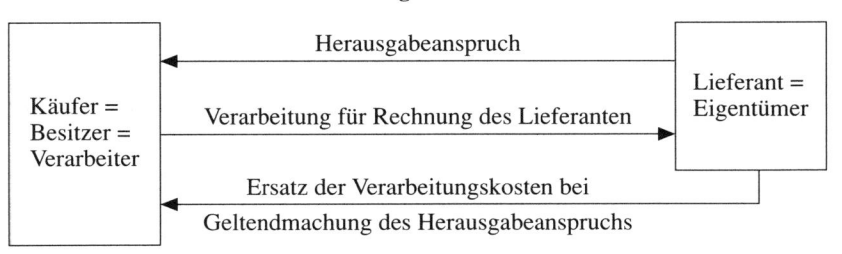

Soll keine Verarbeitung erfolgen, ist aber mit einem Weiterverkauf auf dem Distributionsweg zu rechnen, ist der verlängerte Eigentumsvorbehalt vorzuziehen.

Ein verlängerter Eigentumsvorbehalt liegt vor, wenn der Lieferant seinen Abnehmer verpflichtet, dem Zweitabnehmer ebenfalls nur unter Eigentumsvorbehalt zu liefern. Der Herausgabeanspruch des Lieferanten gegenüber dem 2. Käufer erlischt dann bei Zahlung des 1. Käufers.

Verlängerter Eigentumsvorbehalt

```
┌─────────────┐  Lieferung unter        Lieferung unter  ┌─────────────┐
│             │◄─Eigentumsvorbehalt─┬─────────┬─Eigentumsvorbehalt─│             │
│ 2. Käufer = │   Herausgabe-       │1. Käufer│                    │ Lieferant = │
│ Besitzer    │◄──anspruch──────────┤         │                    │ Eigentümer  │
│             │                     └─────────┘                    │             │
│             │◄──Herausgabeanspruch                                │             │
│             │   (erlischt bei Zahlung des 1. Käufers)             │             │
└─────────────┘                                                     └─────────────┘
```

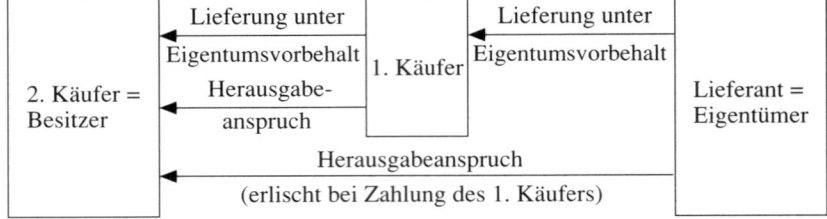

Ist die Durchführung des Herausgabeanspruchs ökonomisch nicht sinnvoll, kann der Verkäufer bei einem Eigentumsvorbehalt mit oder ohne Verarbeitungsklausel die Forderung seines Abnehmers an dessen Kunden abtreten lassen (Eigentumsvorbehalt mit Vorausabtretung bzw. Anschlußzession).

Eigentumsvorbehalt und Vorausabtretung

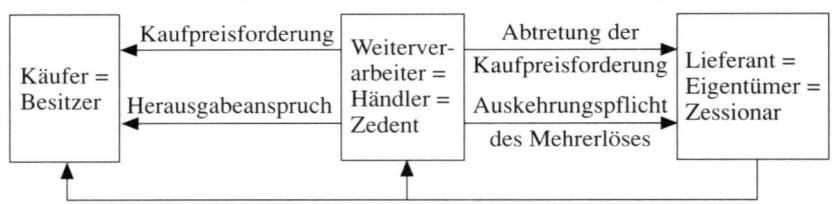

```
┌──────────┐  Kaufpreisforderung    ┌──────────┐  Abtretung der       ┌──────────────┐
│          │◄───────────────────────│Weiterver-│  Kaufpreisforderung  │ Lieferant =  │
│ Käufer = │                        │arbeiter =│─────────────────────►│ Eigentümer = │
│ Besitzer │   Herausgabeanspruch   │Händler = │  Auskehrungspflicht  │ Zessionar    │
│          │◄───────────────────────│Zedent    │  des Mehrerlöses     │              │
└──────────┘                        └──────────┘                      └──────────────┘
     ▲                                   ▲
     └──── Herausgabeanspruch und Zession erlöschen bei Zahlung des Händlers
```

Der Eigentumsvorbehalt muß nicht nur auf eine bestimmte Sache bezogen sein, sondern kann sich auch auf andere Forderungen des Lieferanten beziehen. Besteht z. B. ein Kontokorrent-Verhältnis, wird häufig vereinbart, daß der Eigentumsvorbehalt bis zur Abdeckung aller Verbindlichkeiten aus diesem Verhältnis gilt (Kontokorrentvorbehalt).

Problematisch kann der Eigentumsvorbehalt bei Konkurrenz mit Sicherheiten an eine Bank insbesondere der Sicherungsübereignung und der Zession werden.

3.1.2.3 Kostenvergleich

Die Kosten des Lieferantenkredites drücken sich im Skontosatz aus. Der **Skontosatz** ist ein prozentualer Preisabzug, der dem Käufer gewährt wird, wenn er innerhalb der Skontofrist die Ware bezahlt. Skonto stellt daher die Kosten der Kreditgewährung einschließlich der Übernahme des Kreditrisikos dar, die bei Nichtinanspruchnahme auch nicht zu bezahlen sind. Skonto ist daher nie ein Preisnachlaß im Gegensatz zum Rabatt und bedeutet keine Verbilligung der Ware.

```
  Warenwert
+ Kreditkosten (= Skonto)
= Kaufpreis mit Zielgewährung
+ Mehrwertsteuer
= Gesamtpreis (brutto)
```

Bei Skontoabzug wird die Mehrwertsteuer auf den Warenwert berechnet und ist somit geringer.

Skonto ist für den Käufer Finanzaufwand, stellt also Kreditkosten dar, die zu vermeiden sind, wenn auf den Lieferantenkredit verzichtet wird.

Skonto ist für den Verkäufer Finanzertrag und keine Erlösschmälerung, da er selbst bei Nichtinanspruchnahme durch den Käufer auch keine Refinanzierungskosten zu tragen hat.

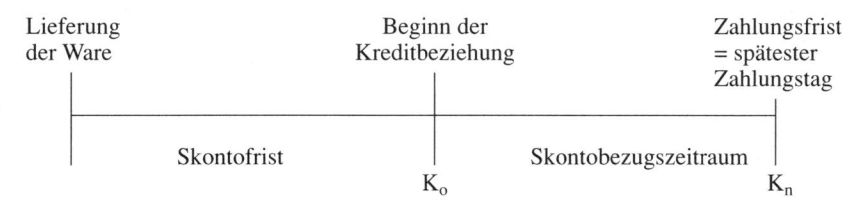

```
Lieferung              Beginn der              Zahlungsfrist
der Ware              Kreditbeziehung           = spätester
                                                Zahlungstag
|----------------------|------------------------|
        Skontofrist           Skontobezugszeitraum
                       K_o                      K_n
```

Um die Kosten des Lieferantenkredits vergleichbar zu machen, muß der warenbezogene Skontosatz in einen Zinssatz auf Jahresbasis umgeformt werden. Dies kann mittels einer Näherungsformel oder eines finanzmathematischen Ansatzes erfolgen.

Näherungsformel

$$p = \frac{S}{z-f} \cdot 360$$

p = Zinssatz p. a.
S = Skontosatz
z = Zahlungsziel
f = Skontofrist
z – f = Skontobezugszeitraum

finanzmathematischer Ansatz

$$K_o = K_n \cdot \frac{1}{(1+i)^n}$$

$$i = \left(\frac{K_n}{K_o}\right)^{\frac{1}{n}} - 1 \quad \text{bzw. } i = \sqrt[n]{\frac{K_n}{K_o}} - 1$$

K_o = Preis unter Skontoabzug (Barpreis)
K_n = Zielverkaufspreis
n = Laufzeit
i = Zinssatz = $\frac{p}{100}$

Beispiel:
Ein Kunde kauft Waren im Wert von 20 000 EUR.
In den Liefer- und Zahlungsbedingungen des Lieferanten ist vereinbart:
»Zahlung mit 2% Skonto innerhalb von 10 Tagen oder nach 30 Tagen netto Kasse«
Der Käufer kann nun innerhalb von 10 Tagen 19 600 EUR zahlen oder nach 30 Tagen 20 000 EUR. Für 20 Tage Kredit (Skontobezugszeitraum) betragen die Kosten 400 EUR bzw. 36% p. a. (43,86% p. a.).

$$p = \frac{2}{30-10} \cdot 360 = 36\% \text{ p. a.}$$

$$i = \left(\frac{20\,000}{19\,600}\right)^{\frac{360}{20}} - 1 = 0{,}438569 \quad p = 43{,}86\% \text{ p. a.}$$

Beträgt der Skontosatz 3%, erhöht sich der Jahreszins auf 54% p. a.
Berücksichtigt man zusätzlich die **Unterjährigkeit,** weil die Kosten des Lieferantenkredits jeweils bei Rechnungsbegleichung fällig werden und nicht erst am Jahresende, so beläuft sich die Skontoverzinsung bei entsprechender Annahme von 18 Fälligkeiten im Jahr bzw. 20 Tagen Laufzeit auf 42,82% p. a.:

$$r_{eff} = \left[\left(1 + \frac{i}{m}\right)^m - 1\right] \cdot 100$$

$$r_{eff} = \left[\left(1 + \frac{0{,}36}{18}\right)^{18} - 1\right] \cdot 100 = 42{,}82\% \text{ p. a.}$$

r_{eff} = Zinssatz effektiv p. a.
m = Anzahl der unterjährigen Perioden

Abschließend läßt sich feststellen, daß den oft genannten **Vorteilen des Lieferantenkredits** wie
- Schnelligkeit der Kreditgewährung
- Formlosigkeit der Kreditgewährung
- Kreditgewährung in Höhe des Kapitalbedarfs für den Wareneinkauf
- Unabhängigkeit von Kreditinstituten und
- keine bankmäßigen Kreditsicherheiten

ein ganz erheblicher **Nachteil** gegenübersteht, der nur in wenigen Fällen nachrangig sein sollte,
- die Höhe der Lieferantenkreditkosten.

3.2 Kontokorrentkredite

3.2.1 Wesen

Der Kontokorrentkredit ist ein Kredit in laufender Rechnung, der in in- oder ausländischer Währung in einer bestimmten Höhe (Kontokorrentlinie) eingeräumt wird und je nach Bedarf bis zum vereinbarten Limit in Anspruch genommen werden kann.

Kontokorrentkredite ergeben sich allgemein aus der wechselseitigen Verrechnung von Lieferungen und Leistungen zwischen 2 Vertragspartnern, wobei jeweils der eine den Geschäftsvorfall unter den Debitoren, der andere unter den Kreditoren verbucht.

Oft wird unter einem Kontokorrentkredit jedoch einengend die kurzfristige Kreditbeziehung zwischen einer Bank und ihrem Kunden insbesondere zur Abwicklung des bankmäßigen bargeldlosen Zahlungsverkehrs verstanden. Im Geschäftsverkehr mit privaten Bankkunden spricht man auch von Dispositionskrediten.

Merkmale des Kontokorrentkredites
- Rechtsgrundlagen gemäß § 355 ff. HGB
- mindestens 1 Partner muß die **Kaufmannseigenschaft** besitzen
- **Verrechnung** der beiderseitigen Ansprüche und rechtliche Maßgeblichkeit des Saldos, der in regelmäßigen Abständen festzustellen ist (Saldenanerkenntnis). Einzelforderungen können danach nicht mehr selbständig eingeklagt, verpfändet oder abgetreten werden.
- Abrechnung mindestens einmal jährlich, danach **Zinseszinsberechnung;** bei Bankkrediten Abrechnung i. d. R. vierteljährlich

- Laufzeit fest oder unbefristet (b. a. w.), so daß ein unbefristeter, kurzfristiger Kredit **faktisch langfristig** gewährt wird.
- **vielseitige Verwendung,** doch überwiegend zur Deckung des Kapitalbedarfs im Umlaufvermögen, z. B. zur Refinanzierung der Forderungen, zur Bezahlung von Rohstoffen und Löhnen, als Saisonkredit, zur Vorfinanzierung von Bauvorhaben oder als Export-/Importkreditrahmen in Fremdwährung
- **Kreditkosten** können insgesamt oder einzeln für die Kreditgewährung, die Zahlungsbereitschaft, die Kontoführung und die Limitüberziehung berechnet werden.
- flexible **kurzfristige Finanzreserve** zur Sicherung der Liquidität.

Der Kontokorrentkredit sollte sich ständig aus dem Desinvestitionsprozeß revolvieren und nicht in wesentlichen Teilen einen **eingefrorenen Kredit** darstellen.

Ein eingefrorener Kredit liegt vor, wenn die Umschlagsdauer des Kontokorrentkredits länger ist als die Umschlagsdauer der mit dem Kontokorrentkredit zu finanzierenden Teile des Umlaufvermögens, da dann der Kontokorrentkredit zweckentfremdet meistens zur Mitfinanzierung des Anlagevermögens dient. Manchmal verlängern sich Umschlagsdauer von Kontokorrentkredit und Umlaufvermögen auch kongruent zur Vergleichsperiode, weil sich Teile des Umlaufvermögens nicht verflüssigen lassen, wie z. B. unbezahlte Rechnungen oder Ladenhüter.

Die Gewährung eines Kontokorrentkredites eröffnet dem Kreditinstitut einen guten Einblick in die **Zahlungsgewohnheiten des Kreditnehmers** und allgemein über die wirtschaftliche Bonität. Unterhält ein Kreditnehmer jedoch mehrere Kontokorrentkredite bei verschiedenen Banken, sinkt die Aussagefähigkeit der Kontoführung erheblich, so daß manchmal eine Ausschließlichkeitserklärung verlangt wird, die den Kreditnehmer auf eine Bank beschränkt.

3.2.2 Zahlungsverkehrsabwicklung

Der Kontokorrentkredit ist heute in den meisten Fällen die Grundlage für die Abwicklung des bankmäßigen Zahlungsverkehrs. Konten auf Guthabenbasis werden oft auch als Girokonten bezeichnet. Bei der Kontoeröffnung lassen sich verschiedene **Kontenarten** unterscheiden.

Über das Konto können einzelne und Personengesamtheiten verfügen. Als »**Und-Konten**« bzw. »**Oder-Konten**« werden Kontokorrentkredite bezeichnet, die von mehreren Verfügungsberechtigten entweder nur gemeinsam oder alternativ genutzt werden können.

Beispiel:

Prokurist A nur gemeinsam mit Prokurist B	»Und-Konto«
Prokurist A allein oder Bevollmächtigte A und B gemeinsam	»Oder-Konto«
Geschäftsführer allein	»Einzel-Konto«

Anderkonten werden von Treuhändern wie Notaren, Wirtschaftsprüfern, Steuerberatern oder Rechtsanwälten eingerichtet. Sie sollen ermöglichen, Geld von Mandanten getrennt vom eigenen Vermögen zu verwahren, bis der Rechtsgrund der Verwahrung entfällt (z. B. Grundbucheintragung).

Die Grundformen des **bankmäßigen bargeldlosen Zahlungsverkehrs** sind:
- die Scheckzahlung und
- die Überweisung.

Der Scheck ist eine Anweisung an ein Kreditinstitut, zu Lasten des Kontos des Ausstellers einen bestimmten Betrag an den berechtigten Scheckeinreicher zu zahlen. Rechtsgrundlage ist das Scheckgesetz.

Bei einem **Barscheck** kann der Einreicher zwischen Barauszahlung und Gutschrift auf seinem Konto wählen.

Ein **Verrechnungsscheck** kann nur zur Gutschrift auf ein Konto eingereicht werden. Die Streichung des Verrechnungsvermerks gilt als nicht erfolgt.

Ein **Inhaberscheck** ist jeder Scheck mit Überbringerklausel. Er kann von jedem Inhaber zum Inkasso vorgelegt werden (z. B. »Zahlen Sie gegen diesen Scheck aus meinem Guthaben 10 000 EUR an Fa. Schulz oder Überbringer«). In der Bankpraxis gilt auch die Streichung der Überbringerklausel als nicht erfolgt.

Fehlt die Überbringerklausel oder steht hinter dem Berechtigten »nicht an Order«, liegt ein **Rektascheck** vor.

Anstelle der Überbringerklausel kann auch eine **Orderklausel** stehen, wie sie häufig im Auslandszahlungsverkehr und bei Reiseschecks anzutreffen ist. Die Übertragung erfolgt dann durch Indossament.

Jeder Scheck ist grundsätzlich bei Sicht zahlbar, doch ist die gesetzliche **Vorlegungsfrist** auf 8 Tage ab Ausstellungsdatum begrenzt. Kreditinstitute lösen zwar Schecks auch danach ein, doch steht dem Aussteller nach Ablauf der Vorlegungsfrist ein Scheckwiderrufsrecht zu.

Zum **Scheckinkasso** einer Bank vorgelegte Schecks können entweder sofort »Eingang vorbehalten« dem Einreicher gutgeschrieben werden oder erst bei tatsächlichem Zahlungseingang.

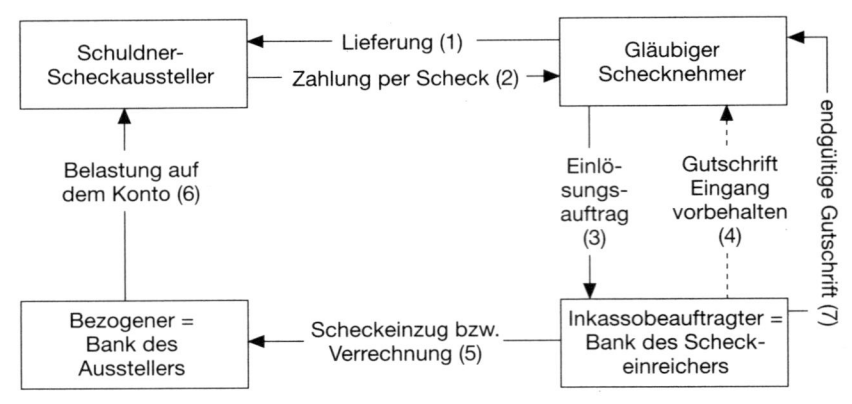

```
┌─────────────────┐    Lieferung (1)      ┌─────────────────┐
│  Schuldner-     │ ◄─────────────────    │   Gläubiger     │◄─┐
│ Scheckaussteller│    Zahlung per Scheck(2) ►│ Schecknehmer │  │
└─────────────────┘                       └─────────────────┘  │
        ▲                                                      │ e
        │                           Einlö-      Gutschrift     │ n
   Belastung auf                   sungs-       Eingang        │ d
   dem Konto (6)                   auftrag      vorbehalten    │ g
        │                           (3)          (4)           │ ü
        │                            │            ┊            │ l
        │                            ▼            ▼            │ t
┌─────────────────┐ Scheckeinzug bzw.  ┌─────────────────────┐ │ G
│  Bezogener =    │◄──────────────────│ Inkassobeauftragter= │ │ u
│  Bank des       │   Verrechnung (5)  │ Bank des Scheck-    │─┘ (7)
│  Ausstellers    │                    │ einreichers         │
└─────────────────┘                    └─────────────────────┘
```

Abb. 13: Scheckzahlung

Die Scheckzahlung hat folgende Vorteile:
- jederzeitige Zahlungsfähigkeit an jedem Ort,
- erst spätere Belastung auf dem Konto und
- Einlösungsgarantie der bezogenen Bank bis zu 200 EUR bei Verwendung von Euro-Schecks.

Die **Überweisung** ist ein **Geschäftsbesorgungsauftrag** des Zahlungspflichtigen an seine kontoführende Bank, zu Lasten seines Kontos einen bestimmten Betrag einem Dritten bei einer benannten Bank gutschreiben zu lassen. Die Überweisung erfolgt als bargeldlose Zahlung an Erfüllungs Statt und wird i. d. R. schriftlich auf den üblichen Vordrucken ausgeführt, kann aber auch mündlich, fernschriftlich oder telekommunikativ erteilt werden.

Hat der Zahlungsempfänger kein Konto bei der eigenen Bank, nimmt der **Zahlungsweg** besonders beim Wechsel der Gironetze mehrere Tage in Anspruch. Durch Streichen der Fakultativklausel wird die Empfängerbank unabänderlich benannt, ansonsten steht die Wahl der kontoführenden Empfängerbank dem ausführenden Institut frei.

Es bestehen in der Kreditwirtschaft verschiedene **Gironetze:**
- die Gironetze der überregionalen Großbanken,
- das Spargironetz der Landesbanken und Sparkassen,
- der Genossenschaftsring der Genossenschaftsbanken,
- das Gironetz der Postbank und
- kleinere Gironetze überwiegend regional tätiger Banken.

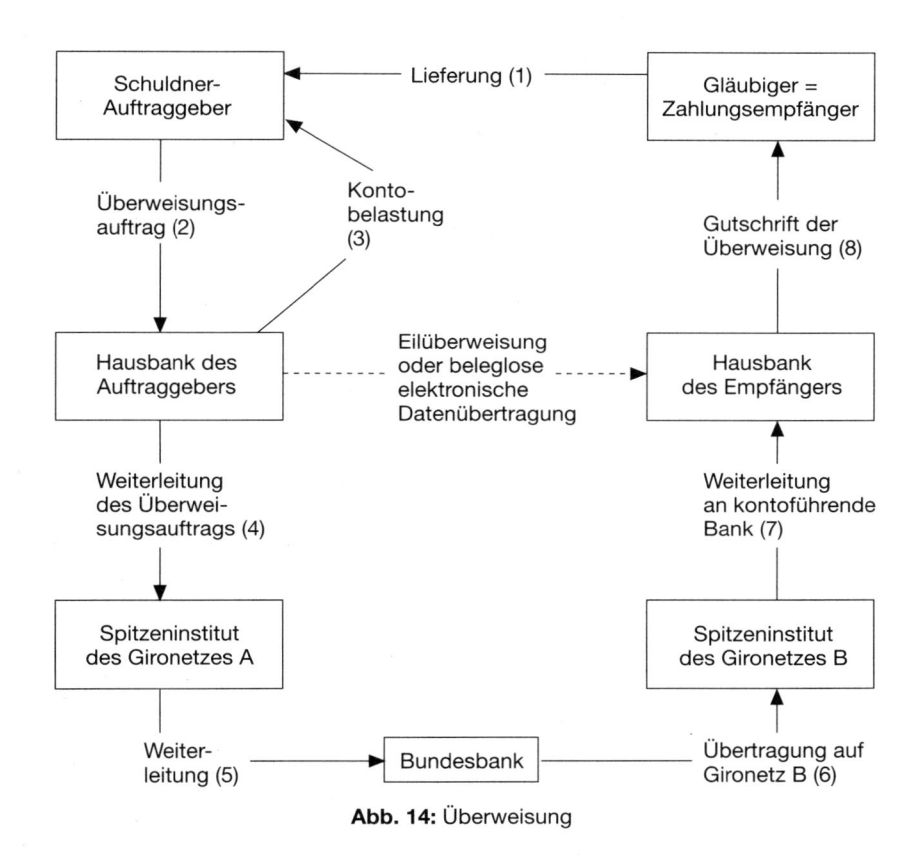

Kurz- und mittelfristige Fremdfinanzierung 91

Abb. 14: Überweisung

Als Clearingstellen arbeiten die jeweiligen Spitzeninstitute, wobei jede Institutsgruppe versucht, die Zahlungen aus Rentabilitäts- und Liquiditätsgründen möglichst lange im eigenen Netz zu halten.

Unter **Clearing** versteht man den bargeldlosen Ausgleich von Forderungen und Verbindlichkeiten zwischen den Mitgliedern eines begrenzten Teilnehmerkreises zur Erleichterung und Vereinfachung des Zahlungsverkehrs.

Als zentrale Klammer für den bankmäßigen Überweisungsverkehr dient der Abrechnungsverkehr der Deutschen Bundesbank, die nach § 3 Bundesbankgesetz für eine ordnungsgemäße Abwicklung des Zahlungsverkehrs zu sorgen hat. Das **Bundesbank-Clearing** wird vor allem beim Wechsel zwischen den Gironetzen der Banken benötigt.

Die Vorteile des **Überweisungsauftrags liegen**
- in der vollständigen Übertragung des bargeldlosen Zahlungsverkehrs auf die Bank
- bei eigener Wahl des Zahlungstermins und
- des Empfängerkontos.

Sonderformen der Überweisung sind:
- der **Dauerauftrag** und
- der **Lastschriftverkehr** (Einzugsermächtigung und Abbuchungsauftrag).

Beim **Dauerauftrag** erteilt der Zahlungspflichtige seiner Bank bis auf Widerruf den Auftrag, regelmäßige Zahlungen zu Lasten seines Kontos auszuführen.

Beim **Lastschriftverkehr** ermächtigt der Zahlungspflichtige seinen Gläubiger, bei wiederkehrenden Beträgen bis auf Widerruf die jeweiligen Zahlungen über seine Hausbank von seinem Konto einzuziehen (**Einzugsermächtigung**). Erteilt der Zahlungspflichtige dagegen seiner Bank den Auftrag, Lastschriften bestimmter Gläubiger von seinem Konto abzubuchen, liegt ein **Abbuchungsauftrag** vor.

Beim Lastschriftverkehr handelt es sich um eine Übertragung der Verfügungsberechtigung über das eigene Konto in Höhe regelmäßiger Zahlungen auf den Zahlungsempfänger mit dem Vorteil der vollständigen Abwälzung der Zahlungsdurchführung und Termineinhaltung auf den Gläubiger bzw. auf das Kreditinstitut.

Der Zahlungspflichtige hat innerhalb von sechs Wochen ein **Widerspruchsrecht,** doch können ungerechtfertigte Lastschriften auch noch später zurückgegeben werden. Weist das Konto des Zahlungspflichtigen keine ausreichende Deckung auf, gibt die Bank die Lastschrift zurück.

3.2.3 Kosten

Die Kosten des Kontokorrentkredits setzen sich aus folgenden Teilen zusammen:

Sollzinssatz	= Entgelt für Kreditgewährung
+ Kreditprovision	= Entgelt für Zahlungsbereitschaft
+ Umsatzprovision	= Entgelt für Kontoführung
+ Überziehungsprovision	= Entgelt für Überziehung des Limits
+ Auslagen (z. B. für Porto, Spesen oder Gebühren)	
= Gesamtkosten des Kontokorrentkredits	

Der **Sollzins** kann als geldmarktabhängiger Satz (z. B. 9% p. a. b. a. w.) jederzeit von der Bank bei Änderung der Marktlage angepaßt werden. Wird vorzugsweise bei Fremdwährungskrediten ein referenzzinsabhängiger Satz (z. B. LIBOR +4% p. a.) vereinbart, erfolgt die Anpassung zum Ende der vereinbarten Laufzeit.

Die **Umsatzprovision** dient als Entgelt für die Kontoführung durch die Bank und wird entweder auf den Umsatz der größeren Kontoseite ($1/4$ bis 1% p. a.) oder als Postenentgelt je Buchung (z. B. 0,4 EUR) berechnet. Manchmal ist das Postenentgelt auch pauschal gestaffelt, oder es werden wie bei privaten Dispositionskrediten nur die Buchungen berechnet, die über eine bestimmte Menge hinausgehen.

Die **Überziehungsprovision** fällt an, wenn der Kreditnehmer sein Kreditlimit vom Betrag her oder zeitlich überschritten hat. Bei einer betragsmäßigen Überziehung beschränkt sich die Provisionsberechnung (i.d.R. 3% p.a.) auf die erhöhte Inanspruchnahme; bei zeitlicher Überziehung wird die gesamte Inanspruchnahme zum Überziehungssatz abgerechnet.

Die **Kreditprovision** ist in 3 Varianten anzutreffen:
a) Kreditprovision auf das eingeräumte Limit
b) Kreditprovision auf die höchste Inanspruchnahme
c) Kreditprovision auf die nicht ausgenutzten Teile des Limits.

Die Kreditprovision ist i. d. R. eine Bereitstellungsprovision als Entgelt für die jederzeitige Inanspruchnahmemöglichkeit bis zum Kreditlimit. Je nach tatsächlicher Ausnutzung des Kontokorrentkredits wird die eine oder andere Berechnungsalternative vorteilhafter sein. Abrechnungsperiode ist meistens das Quartal.

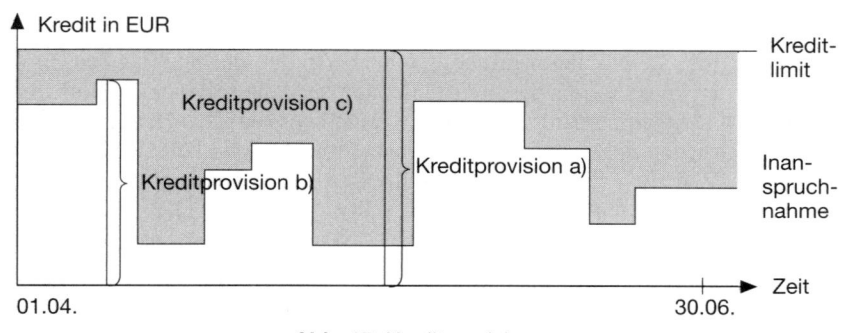

Abb. 15: Kreditprovisionen

3.2.4 Sicherstellung

Zur Sicherstellung eines Kontokorrentkredites eignen sich alle **fiduziarischen Kreditsicherheiten**. Je nach Verwendungszweck und Bonität des Kreditnehmers wird jedoch einer bestimmten Sicherheit der Vorzug gegeben werden. Da der Kontokorrentkredit vor allem zur Finanzierung der Außenstände und Vorräte dient, bieten sich besonders die Zession und die Sicherungsübereignung an.

Die **Zession** ist eine fiduziarische Kreditsicherheit, bei der der Gläubiger einer Forderung (Zedent) diese sicherheitshalber an einen Dritten (Zessionar) überträgt. Rechtsbestand von Forderung und Zessionskredit sind unabhängig voneinander. Rechtsgrundlage sind die §§ 398 ff. BGB.

Forderungen sind grundsätzlich immer abtretbar, doch kann eine Zession durch den Schuldner vertraglich ausgeschlossen werden, wie es beispielsweise seitens der öffentlichen Hand erfolgt. In gewissen Ausnahmen ist die Abtretung gesetzlich verboten (z. B. bei Pfändungsverbot).

Es gibt verschiedene Formen der Zession:

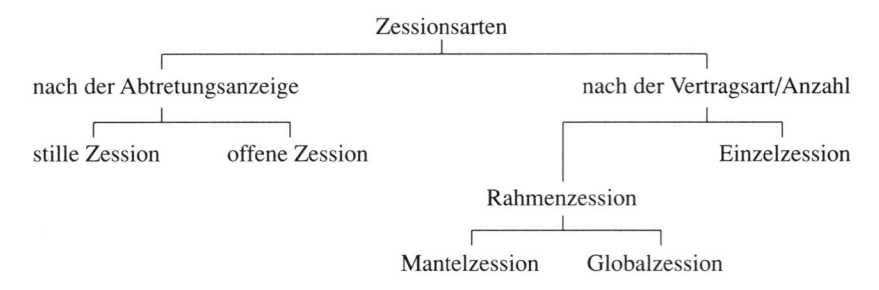

```
                        Zessionsarten
         ┌──────────────────┴──────────────────┐
nach der Abtretungsanzeige          nach der Vertragsart/Anzahl
    ┌────┴────┐                          ┌────┴────┐
stille Zession  offene Zession                      Einzelzession
                                    Rahmenzession
                                    ┌────┴────┐
                              Mantelzession  Globalzession
```

Bei der **offenen Zession** teilt der Zessionar die Forderungsabtretung dem Schuldner mit, so daß dieser mit befreiender Wirkung nur noch an den Zessionar leisten kann. Wegen dieser Offenlegung wird die (offene) Zession von manchen Kreditnehmern abgelehnt. Der Kreditgeber kann jedoch auch auf die Benachrichtigung des Schuldners zunächst verzichten und läßt sich zur Vorsicht vom Zedenten Blankoabtretungsanzeigen unterschreiben, die er dann bei Bedarf ergänzen und absenden kann.

Bei der **stillen Zession** erfolgt keine Mitteilung an den Schuldner, so daß dieser weiter befreiend an seinen Lieferanten (Zedenten) zahlen kann. Diese Abtretungsart wird vom Kreditnehmer bevorzugt, doch hat sie für den Kreditgeber folgende Nachteile:

- Die Forderung könnte bereits abgetreten sein, so daß der Kreditgeber kein Sicherungsrecht erhält, da es keinen gutgläubigen Erwerb von Forderungen gibt.
- Der Kreditnehmer kehrt die Forderung nicht an den Zessionar aus. Dies kann vermieden werden, wenn die Bank alleinige Kontoführerin ist.
- Der Zessionar hat keine Kenntnis eines möglichen Abtretungsverbots seitens des Schuldners.

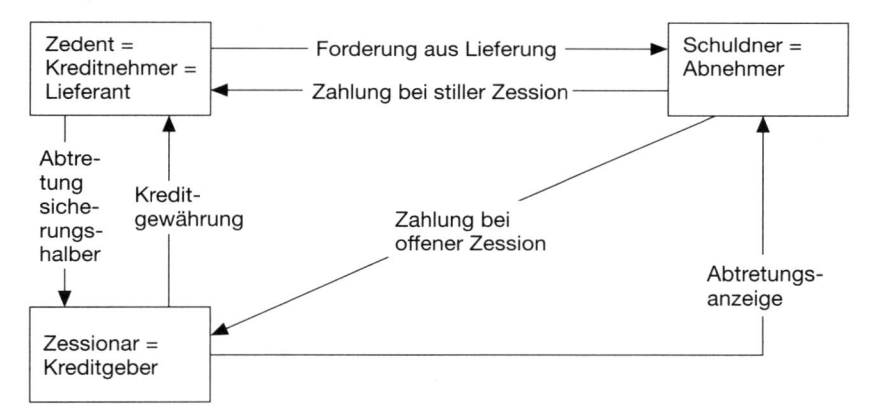

Abb. 16: Stille und offene Zession

Nach der Vertragsart bzw. Forderungsanzahl lassen sich die Einzelzession und die Rahmenzession unterscheiden. Die Abtretung einer einzelnen Forderung ist nur bei entsprechender Höhe und Laufzeit sinnvoll, da beides das Kreditvolumen begrenzt. Die **Beleihungsgrenze,** die je nach Bonität von Zedent und Schuldner zwischen 50 und 70% beträgt, bestimmt die Kredithöhe, die Restlaufzeit der Forderung bei Abtretung determiniert die Kreditlaufzeit.

Zur Sicherstellung eines Kontokorrentkredites wird im Regelfall eine Mantel- oder Globalzession dienen. Durch den ständigen Forderungsaustausch ist der Kredit kontinuierlich gesichert.

Bei der **Mantelzession** verpflichtet sich der Zedent, laufend Forderungen mit einem Gesamtbetrag von etwa 130 bis 150% des Kredites an den Zessionar abzutreten. Die Abtretung wird erst durch die Einreichung von Debitorenlisten oder Rechnungskopien wirksam.

Vorteile für den Zedenten:
- Anpassung des abzutretenden Forderungsbetrages an die gewünschte Kredithöhe
- Auswahlmöglichkeit der Forderungen
- häufig stille Zession, aber ggf. mit Blankoabtretungsanzeige

Nachteile für den Zessionar:
- hoher Verwaltungsaufwand wegen ständiger Überprüfung des Forderungsbestandes
- ohne Abtretungsnachweis keine Sicherheit
- dubiose Forderungen können relativ hoch vertreten sein, daher ggf. zusätzliche Schwundmarge.

Bei der **Globalzession** gelten alle bereits bestehenden und zukünftig entstehenden Forderungen des Zedenten in einem fest umrissenen Umfang schon im Zeitpunkt ihrer Entstehung als abgetreten. Die Bestimmbarkeit erfolgt meistens regional, durch Anfangsbuchstaben oder nach Produktgruppen.

Vorteile für den Zessionar:
- weniger Verwaltungsaufwand, da Abtretungsnachweis nur deklaratorischen Charakter hat
- meistens offene Zession
- Forderungsabtretung zum frühestmöglichen Zeitpunkt, also bei Forderungsentstehung

Nachteile für den Zedenten:
- i. d. R. keine Auswahlmöglichkeit der Forderungen
- meistens offene Zession
- Problematik der Übersicherung.

3.3 Wechselkredite

3.3.1 Wesen und Rechtsgrundlagen

Der Wechselkredit ist ein i. d. R. kurzfristiger Kredit im Hinblick auf eine Warenlieferung oder Leistung, bei dem die spätere Zahlung durch die besondere rechtliche Ausgestaltung der Forderungsverbriefung gesichert wird, und der so vielfältige Anwendungsmöglichkeiten im nationalen und internationalen Wirtschaftsverkehr sowie eine gute Übertragung der Forderung erlaubt.

Kurz- und mittelfristige Fremdfinanzierung

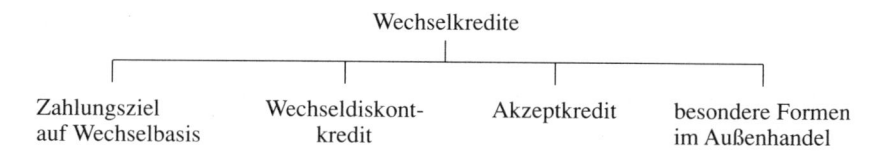

```
                        Wechselkredite
   ┌──────────────┬──────────────┬──────────────┐
Zahlungsziel   Wechseldiskont-  Akzeptkredit   besondere Formen
auf Wechselbasis   kredit                      im Außenhandel
```

Wechselkredite können als reine Lieferantenkredite vorkommen, bei denen die Forderung des Lieferanten wechselrechtlich abgesichert werden soll. Oft wird jedoch der Lieferant eine Refinanzierung seines Zahlungsziels durch einen Wechseldiskont bei einer Bank anstreben.

Soll im Anschluß an ein Bargeschäft nachträglich eine Finanzierung erreicht werden, ist die Bonität des Abnehmers nicht bekannt oder verlangen Handelsbräuche bestimmte Finanzierungsformen wie im Außenhandel, können Akzeptkredite, Rembourskredite, Negoziationskredite oder Privatdiskonten verwendet werden.

Alle Wechselkredite besitzen als besondere rechtliche Grundlage das **Wechselgesetz**. Der **gezogene Wechsel** ist danach ein geborenes Orderpapier, das die unbedingte Anweisung des Ausstellers an den Bezogenen enthält, eine bestimmte Geldsumme an die im Wechsel genannte Person oder an deren Order zu zahlen. Er ist ein **abstraktes Forderungspapier**, so daß die Wechselsumme unabhängig von der Forderung geltend gemacht werden kann.

Der **Solawechsel** (oder eigene Wechsel) verbrieft das unbedingte Versprechen des Ausstellers auf Zahlung zu einem bestimmten Zeitpunkt an die im Ordervermerk genannte Person (Art. 75 WG). Der Solawechsel findet vor allem im Außenhandel Verwendung.

Jeder gezogene Wechsel muß folgende **Bestandteile** aufweisen:
- die Bezeichnung als Wechsel im Text der Urkunde
- die unbedingte Zahlungsanweisung
- die Benennung des Zahlungspflichtigen (Trassat)
- die Angabe der Verfallzeit
- die Angabe des Zahlungsortes (Domizilvermerk)
- den Wechselnehmer (Aussteller oder Dritter)
- Ort und Tag der Ausstellung
- Unterschrift des Ausstellers (Trassant)

Bis zur Akzeptleistung durch den Bezogenen haftet der Aussteller (und ggf. Indossanten) für die Annahme und Zahlung. Solange wird der Wechsel als **Tratte** bezeichnet.

Nach der Verfallzeit sind zu unterscheiden: (Art. 33 ff. WG)
1. **Sichtwechsel**: Fälligkeit des Wechsels bei Vorlage.
2. **Nach-Sicht-Wechsel**: Fälligkeit des Wechsels nach einer bestimmten Frist (z. B. 90 Tage) nach Sicht, i. d. R. nach Annahmeerklärung
3. **Tag-Wechsel**: Fälligkeit des Wechsels an einem bestimmten Tag; z. B. 07.08.1999
4. **Datowechsel**: Die Wechsellaufzeit bezieht sich auf eine bestimmte Frist nach Ausstellung; z. B. 3 Monate dato.

Wechsel besitzen eine leichte Mobilisierung durch Indossament. Das auf der Wechselrückseite zu vermerkende **Indossament** ermöglicht die vereinfachte Übertragung des Wechsels als geborenes Orderpapier. Das Indossament begründet

- die Legitimierung des rechtmäßigen Wechselinhabers durch geschlossene Indossamentenkette (**Legitimationsfunktion** nach Art. 16 WG)
- die Haftung des Indossanten für die Zahlung (**Garantiefunktion** nach Art. 15 WG) und
- den Übergang des Zahlungsanspruchs auf den Indossatar (**Übergangsfunktion** nach Art. 14 WG).

Ein **Vollindossament** hat folgenden Wortlaut:

Für uns an die Order

der Fa. Niebuhr GmbH,
Rendsburg

Kiel, den 18.10.1999

Fa. Windschall & Co

Unterschriften

Bei einem **Blankoindossament** wird der Indossatar noch nicht namentlich benannt, so daß sich jeder Wechselinhaber als Begünstigter nachträglich einsetzen kann. Damit wird der Wechsel faktisch zu einem Inhaberpapier. Ein blankoindossierter Wechsel ermöglicht den Ausschluß der wechselrechtlichen Haftung.

Durch ein **Rektaindossament** beschränkt der Indossant seine Haftung durch den Vermerk »nicht an Order« auf den Indossatar.

Die sog. **Angstklausel** »**ohne Obligo**« soll die wechselrechtliche Haftung des Indossanten ganz vermeiden.

Kreditinstitute verwenden häufig ein **Inkassoindossament,** das lediglich zum Einzug der Wechselsumme berechtigt, ohne selbst eine Wechselverpflichtung einzugehen. Der entsprechende Vermerk lautet dann »zum Inkasso« oder »Wert zur Einziehung«.

In Deutschland ist die Wechselsteuerpflicht aufgehoben worden, doch ist sie in manchen anderen Ländern nach wie vor erforderlich.

Aus dem Wechsel haften mehrere Personen: der Aussteller, der Bezogene, die Indossanten und der Wechselbürge. Letzterer bürgt ohne Angabe des Begünstigten für den Aussteller (Art. 30 ff. WG). Zahlt der Bezogene nicht, kann sich der Wechselinhaber wahlweise im **Sprungregreß oder Reihenregreß** erholen. Letztlich muß dann immer der Aussteller zahlen.

Bei Kreditinstituten befinden sich **Protestlisten** im Umlauf, aus denen alle erforderlichen Informationen über nicht eingelöste Wechsel enthalten sind. Der **Protest** ist die öffentliche Beurkundung der Nichteinlösung durch Gerichtsvollzieher, Notare und bei kleineren Beträgen auch durch Postbeamte. Wird der Protest nicht innerhalb von zwei Werktagen nach Fälligkeit erhoben, verliert der Wechselinhaber seine Ansprüche an die anderen Wechselverpflichteten (Art. 44,3 WG).

Trägt ein Wechsel den vom Aussteller geschriebenen Vermerk »**ohne Kosten**« oder »**ohne Protest**«, so kann ohne Protest Rückgriff auf die Wechselverpflichteten genommen werden. Von **Wandprotest** spricht man, wenn die Geschäftsräume des Zahlungspflichtigen geschlossen sind, von **Windprotest,** wenn sie nicht auffindbar sind.

Über den Protest hat der Wechselinhaber innerhalb von 4 Werktagen den Aussteller und den letzten Indossanten zu informieren (Notifikation), jeder Indossant seinen Vormann innerhalb von 2 Werktagen (Art. 45 WG).

Alle Wechselverpflichteten haften dem Wechselinhaber gesamtschuldnerisch. Wird auf den jeweiligen Vormann zurückgegriffen, spricht man vom Reihenregreß, werden einzelne Indossanten übersprungen, liegt ein Sprungregreß vor.

Die **Regreßansprüche** setzen sich zusammen aus
- der Wechselsumme
- den Zinsen ab Verfalltag mit mindestens 6% p. a.
- den Kosten für Protest und Notifikation

- den Auslagen und
- einer Vergütung von max. $^1/_3$% der Wechselsumme.

In einem **Wechselprozeß** kann der Wechselinhaber einen vollstreckbaren Titel gegen den Beklagten erreichen. Die Frist zwischen Klagezustellung und Verhandlungstermin (Einlassungsfrist) ist sehr kurz und beträgt je nach Sitz bzw. Wohnort 24 Stunden bis 7 Tage. Im Wechselprozeß sind nur begrenzte Beweismittel zulässig, und die Einredemöglichkeiten sind auf den Wechsel selbst beschränkt.

Wechselansprüche verjähren
- nach 3 Jahren gegen den Bezogenen ab Verfalltag
- nach 1 Jahr seitens des letzten Inhabers gegen den Aussteller und die Indossanten und
- nach 6 Monaten ab Einlösung durch einen Indossanten gegen seine Vormänner.

3.3.2 Wechseldiskontkredite

Der Wechseldiskontkredit ist ein kurzfristiger Kredit von Kreditinstituten, der dem Wechselinhaber durch Ankauf von Wechseln vor Fälligkeit bis zum vereinbarten Obligo gewährt wird. Der Ankaufssatz ergibt sich durch einen prozentualen Abschlag (Diskont) auf die Wechselsumme, bezogen auf die Restlaufzeit. Der Wechseldiskontkredit dient Unternehmen vor allem zur Refinanzierung des von ihnen gewährten Lieferantenkredites auf Wechselbasis.

Meistens erfolgt die Einräumung eines **Wechseldiskontrahmens,** bis zu dessen Höhe die Bank bereit ist, Wechsel von ihrem Kreditnehmer als Wechseleinreicher zu diskontieren.

Die Rückzahlung des Wechseldiskontkredits erfolgt nicht durch den Kreditnehmer, sondern durch den Bezogenen. Für die Festsetzung des **Diskontsatzes** ist deshalb sowohl die Kreditwürdigkeit des Bezogenen als auch des Einreichers entscheidend. Weiterhin sind die Restlaufzeit, die Wechselsumme, die Wechselart, die Währung und die Rediskontfähigkeit am Geldmarkt maßgeblich.

Bei **Handelswechseln** besteht die Pflicht zur Auskunftserteilung über die Geschäftsgrundlagen. Bezieht sich der Wechsel nicht auf ein Handelsgeschäft, liegt ein **Finanzwechsel** vor. Die Zinsspanne zwischen 1. Adressen und Normalwechseln liegt etwa zwischen 1,5 und 3% p. a., so daß sich je nach Marktlage folgendes Spektrum ergibt:

Kurz- und mittelfristige Fremdfinanzierung 101

Diskontsatz für Finanzwechsel über 7,5 % p.a.
Diskontsatz für (normale) Handelswechsel 5,5 – 7,5 % p.a.
Diskontsatz für 1. Adressen ca. 4,5 % p.a.
Diskontsatz für Bankakzepte 3,5 – 3,75% p.a.
Rediskontsatz der Bundesbank (eingestellt seit 1.1.1999)
Kontokorrentkredit (zum Vergleich) ca. 9 % p.a.

Die Berechnung des **auszuzahlenden Wechseldiskontkredits** läßt sich nach folgender banküblicher Formel ermitteln:

$$K_o = K_n \left(1 - \frac{p}{100} n\right)$$

K_o = diskontierter Wechselbetrag
K_n = Wechselsumme
p = Diskontsatz in % p. a.
n = Laufzeit in Jahren

Beispiel:

$$K_o = 100\,000 \left(1 - \frac{5}{100} \cdot \frac{90}{360}\right) = 98\,750$$

Zum Diskont können noch weitere Kosten und Inkassospesen hinzukommen (z. B. 150 EUR), so daß sich der verfügbare Nettobetrag auf 98 600 EUR beläuft. Für einen Kostenvergleich mit dem Kontokorrentkredit sind die Kreditkosten auf diesen verfügbaren Betrag (98 600 EUR) zu beziehen, so daß die r_{eff} ohne Berücksichtigung des zinsmäßigen Vorausabzugs beträgt:

$$r_{eff} = \frac{(\text{Diskontbetrag} + \text{sonstige Kosten} + \text{Inkassospesen}) \cdot 100}{\text{verfügbarer Wechselbetrag} \cdot \text{Restlaufzeit}}$$

$$r_{eff_1} = \frac{(1\,250 + 150) \cdot 100 \cdot 360}{98\,600 \cdot 90} = 5{,}68\% \text{ p. a.}$$

Bei Berücksichtigung der Unterjährigkeit verändert sich die Effektivverzinsung auf

$$r_{eff_2} = \left[\left(1 + \frac{0{,}0568}{4}\right)^4 - 1\right] \cdot 100 = 5{,}80\% \text{ p. a.}$$

Zur Refinanzierung konnte der Wechseldiskontkreditgeber den Wechsel bis zum 1.1.1999 bei der Bundesbank rediskontieren.*⁾

Bei der **Rediskontfähigkeit** bestanden neben **formellen Anforderungen** an den Wechsel, wie Wechselvordruck nach DIN 5004, keine Änderung der Bestandteile nach Art. 1 WG, Wechselsumme oder Datum in Buchstaben, folgende **materielle Anforderungen** gemäß § 19 Bundesbankgesetz:

- guter Handelswechsel
- Restlaufzeit von max. 3 Monaten am Rediskonttag
- Haftung durch mindestens 3 zahlungsfähige Personen auf dem Wechsel
- 2 Unterschriften bei ausreichender Sicherheit (z. B. Bankakzept)
- Zahlbarstellung an einem Bankplatz.

Als Sonderform des bankmäßigen Wechselgeschäfts sind die **Debitorenziehungen** (Depotwechsel) anzusehen. Hier zieht das Kreditinstitut auf einen Kreditnehmer einen Wechsel, den dieser akzeptiert, um aufgrund der Wechselstrenge und der Schnelligkeit des Wechselprozesses eine gute, forderungsunabhängige Sicherheit für einen kurzfristigen Kredit zu haben. Diese Wechsel werden grundsätzlich nicht rediskontiert, sondern liegen im Depot der Bank **(Sicherheitswechsel).**

Beim **Mobilisierungswechsel** zieht die Bank auch einen Wechsel auf den Kreditnehmer, doch hier zum Zwecke der Geldbeschaffung bei Liquiditätsanspannung der Bank. Die Bank verkauft den Wechsel dann an liquide Geldgeber (z. B. im Ausland) zu oft niedrigeren Refinanzierungskosten als für den Kontokorrentkredit.

Der **Umkehrwechsel** bezieht sich auf eine Kombination von Wechsel und Scheck im gegenseitigen Tausch. Der Kunde zahlt unter Skontoabzug mit einem Scheck. Gleichzeitig akzeptiert er einen guten Handelswechsel, den er bei einer Bank kostengünstig diskontieren lassen kann. Der Kunde kann aber auch den Diskonterlös unmittelbar zur Barzahlung an den Lieferanten benutzen.

---

*⁾ Mit dem Übergang der Geldpolitik auf die Europäische Zentralbank (EZB) ist das Instrument der Rediskontpolitik in Deutschland jedoch eingestellt worden, so daß eine Refinanzierung von Wechselgeschäften nur noch über den Geldmarkt möglich ist.

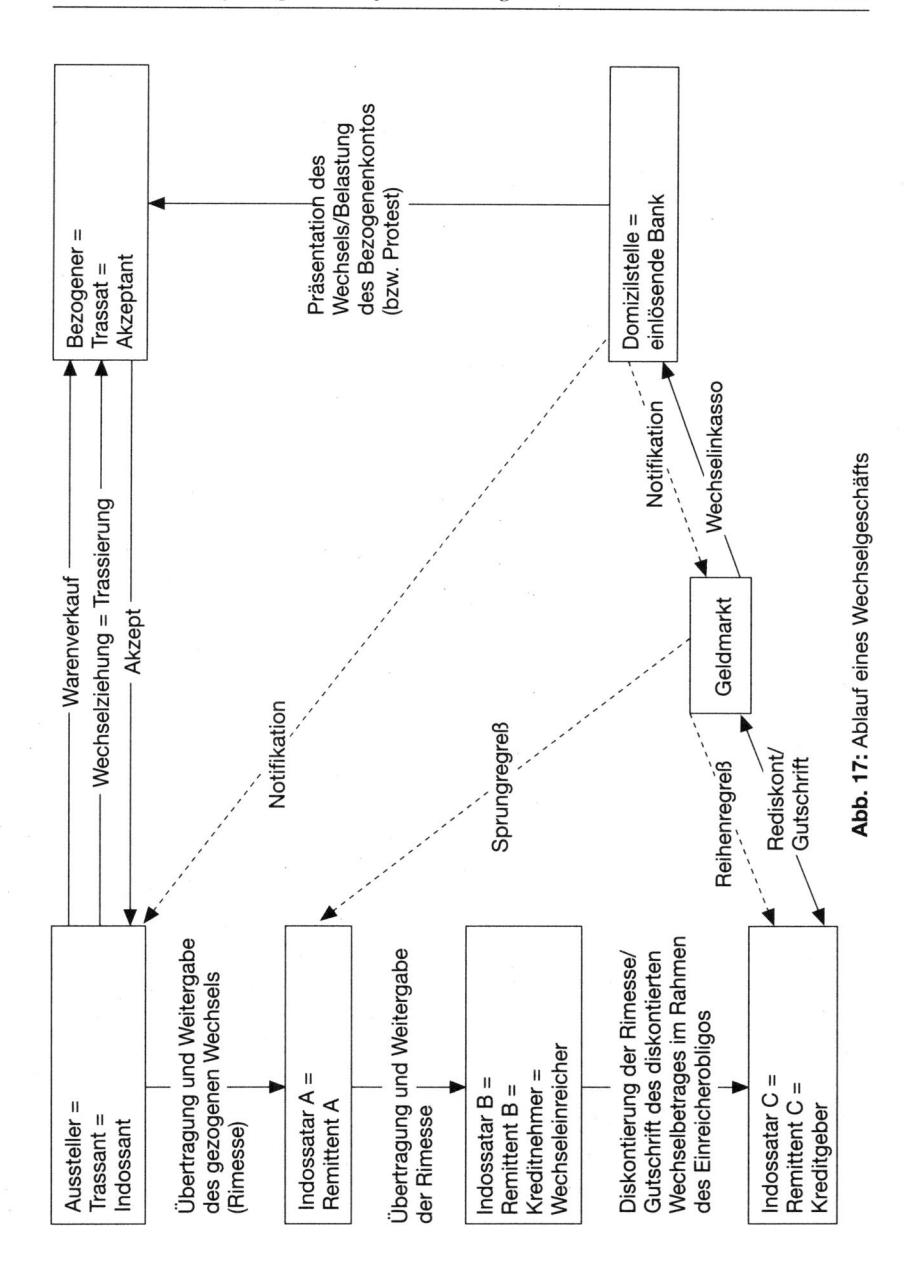

Kurz- und mittelfristige Fremdfinanzierung 103

Abb. 17: Ablauf eines Wechselgeschäfts

3.3.3 Akzeptkredite

Der Akzeptkredit ist ein kurzfristiger Kredit von Kreditinstituten, der dem Kreditnehmer durch Akzeptierung von auf das Kreditinstitut gezogenen Wechseln unter der Bedingung gewährt wird, daß der Gegenwert des Akzeptkredites vor Fälligkeit (i. d. R. 2 Tage) dem Kreditgeber zur Verfügung steht. Da der Kreditnehmer rechtzeitig vor Wechselfälligkeit Kontodeckung erlangen muß, und weil die Bank zur besseren Geschäftsabwicklung für den Kreditnehmer die eigene Kreditwürdigkeit und den eigenen Bekanntheitsgrad bereitstellt, liegt eine **Kreditleihe** vor, die als Eventualverbindlichkeit in der Bankbilanz auszuweisen ist.

Liegt dem Akzeptkredit ein Handelsgeschäft des Kreditnehmers zugrunde, spricht man von einem Handels- oder Kreditakzept, sonst von einem Finanzakzept.

Akzeptkredite werden vor allem eingeräumt, wenn
- der Lieferant kein Zahlungsziel einräumen will und der Abnehmer nachträglich zur Kaufpreisfinanzierung einen Kredit benötigt,
- die Lieferantenkreditkosten zu hoch sind und der Abnehmer ein Bargeschäft vorzieht,
- der Name des Abnehmers am Ort oder im Land des Lieferanten unbekannt ist,
- der Lieferant ein Bankakzept kostengünstig diskontieren kann,
- durch die Trennung von Handels- und Kreditgeschäft jeweils Vorteile aushandelbar sind,
- es sich um eine kurzfristige Finanzierung von Außenhandelsgeschäften handelt.

Da sich Bankakzepte leicht diskontieren lassen, zeichnen sie sich durch eine **hohe Fungibilität** aus. Viele Kreditinstitute diskontieren ihre Akzepte deshalb auch gleich selbst, da sie jederzeit am Geldmarkt bei Liquiditätsengpässen verkauft werden können und somit eine gute **Liquiditätsreserve** bilden.

Die **Akzeptprovision** beträgt je nach Handelsgeschäft und Bonität des Kreditnehmers $1/2$ bis 2% p. a. Der Diskont von Bankakzepten liegt etwa $1/2$ bis $3/4$% p. a. über dem jeweiligen Refinanzierungssatz am Geldmarkt, so daß die Kreditkosten für den Kreditnehmer auch insgesamt unter Einschluß der Akzeptprovision meistens niedriger sind als beim Handelswechsel.

Eine besondere Form der Akzeptkredite sind die Rembourskredite in der kurzfristigen Außenhandelsfinanzierung.

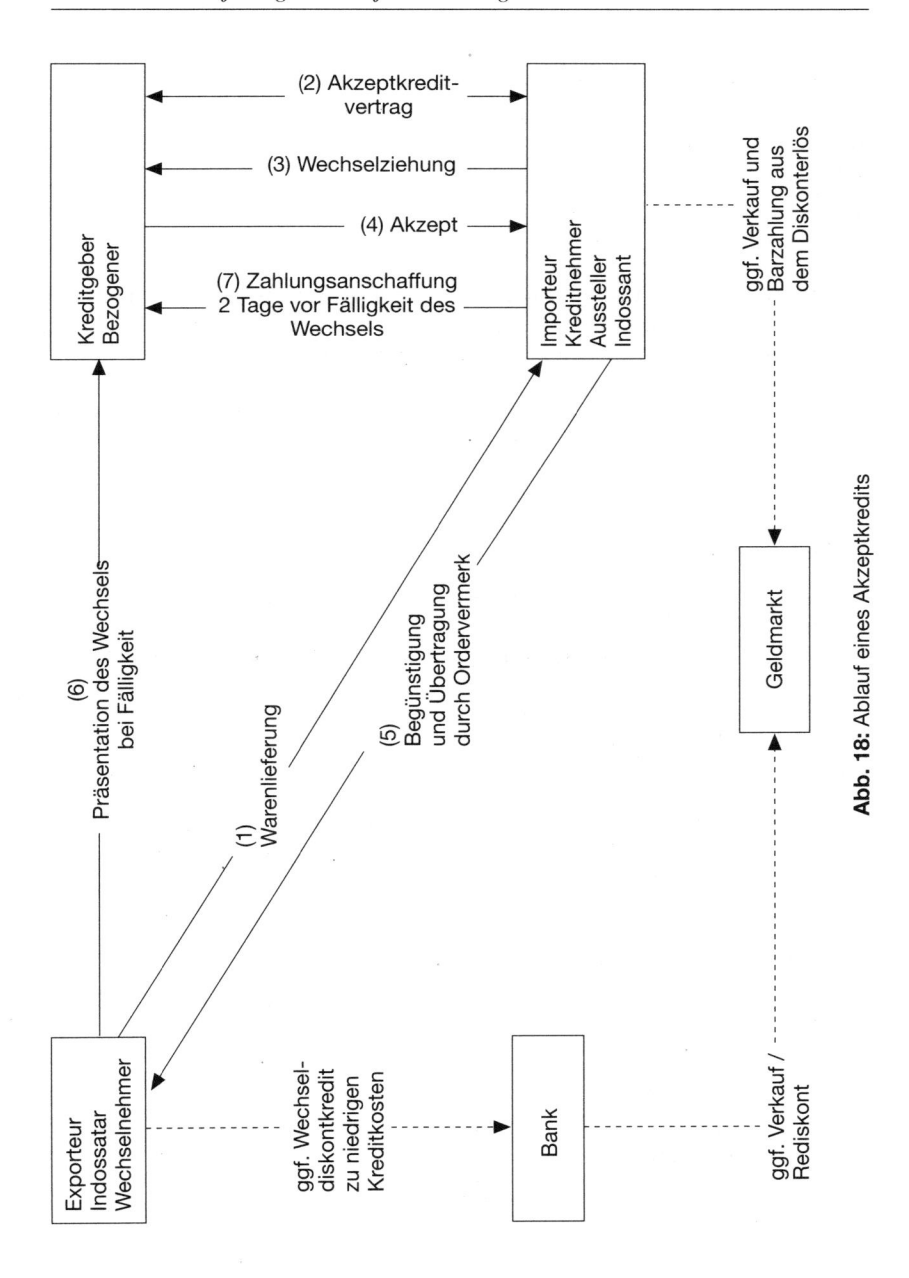

Kurz- und mittelfristige Fremdfinanzierung 105

Abb. 18: Ablauf eines Akzeptkredits

3.3.4 Wechselkredite im Außenhandel

Wechselfinanzierungen zählen zur traditionellen kurzfristigen Außenhandelsfinanzierung und treten meist auf in der Form von
- Rembourskrediten
- Negoziationskrediten und
- Privatdiskonten.

Der **Rembourskredit** ist ein **kurzfristiger Akzeptkredit auf Dokumentenbasis** im Außenhandel, den ein Kreditinstitut im Rahmen eines Akkreditivs dem Importeur unter eigenem Obligo oder dem einer dritten Bank (Remboursbank) gegen Übergabe akkreditivkonformer Dokumente gewährt mit der Bereitschaft, dem Exporteur unter Diskontierung dieses Wechsels den Gegenwert auszuzahlen. Der Rembourskredit ist somit eine Kombination aus
- Akkreditiv
- Akzeptkredit und
- Wechseldiskontkredit.

Er ist als **direkter Rembourskredit** mit 4 Beteiligten und als **indirekter Rembourskredit** mit 5 oder 6 Beteiligten anzutreffen. Eine 5. Beteiligte, oft als Remboursbank in einem Drittland, wird benötigt, wenn zwischen den Hausbanken von Exporteur und Importeur keine Geschäftsverbindungen bestehen oder die Bank des Importeurs im Exportland unbekannt, nicht ausreichend kreditwürdig oder durch politische Risiken nicht unbedingt zahlungsfähig ist.

Durch Einschaltung einer 6. Beteiligten als Diskontbank (in einem Drittland) können dort herrschende niedrige Zinsverhältnisse in Anspruch genommen werden. Der indirekte Rembourskredit findet auch dann häufiger Verwendung, wenn in Drittwährung fakturiert wird.

Als **Vorteile** eines Rembourskredits sind zu nennen:
- Für den Importeur Wahrscheinlichkeit ordnungsgemäßer Lieferung durch dokumentären Beweis seiner in der Akkreditiveröffnung formulierten Bedingungen.
- Lieferantenkreditbereitstellung an den Importeur.
- Keine Bindung liquider Mittel des Exporteurs für die Transportdauer und die Zielgewährung.
- Durch Akkreditivstellung kein Zahlungs- und Annahmerisiko für den Exporteur.

Kurz- und mittelfristige Fremdfinanzierung

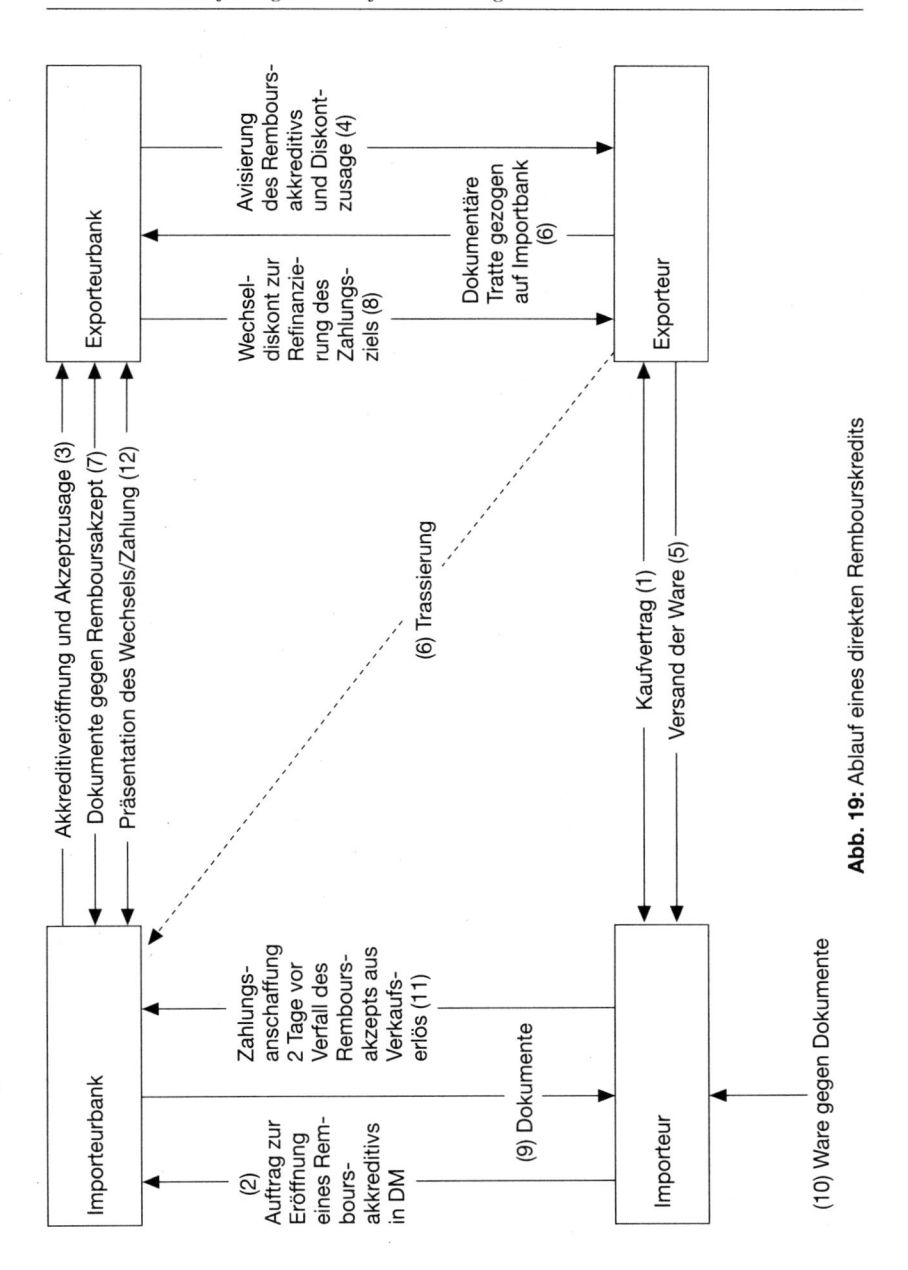

Abb. 19: Ablauf eines direkten Rembourskredits

- Kein Kreditrisiko des Exporteurs trotz der wechselrechtlichen Verpflichtung als Aussteller, da das Remboursakzept einer Bank auch bei Zahlungsunfähigkeit des Importeurs endgültige Zahlung bedeutet.
- Die Diskontierung kann währungskonform und kostengünstig durchgeführt werden.

Der **Negoziationskredit** ist ein **kurzfristiger Trattenkaufskredit** einer Bank, die sich aufgrund der von der Importbank im Auftrag des Importeurs gegebenen Ermächtigung zur Wechselziehung (auf sie) bzw. Verpflichtung zur Akzepteinholung vom Importeur bereit erklärt, vom Exporteur ausgestellte Tratten mit den entsprechenden Dokumenten zu negoziieren (anzukaufen). Die Exportbank gewährt diesen Kredit aufgrund der Verpflichtungserklärung der Importbank, die Tratten von jedem gutgläubigen Inhaber zu honorieren.

Der Negoziationskredit bringt dem Exporteur den Vorteil, sofort nach Warenversand ohne Akzept die dokumentäre Tratte verkaufen zu können unter Abzug einer **Negoziierungsprovision** für die Bank.

In manchen Fällen gleicht sich die banktechnische Abwicklung von Negoziationskredit und Rembourskredit immer mehr an. Zunehmend sind Banken auch im Rahmen eines Rembourskredits bereit, die Tratte vor Akzeptleistung der Remboursbank anzukaufen. Andererseits verliert der Negoziationskredit durch seine Bestätigung bei einer Bank im Land des Exporteurs in der Regel seine freie Negoziierbarkeit bei einer beliebigen Bank.

Heute kann sich ganz allgemein ein Negoziationskredit auf den **Ankauf von Außenhandelsdokumenten mit oder ohne Tratte** und **unabhängig von der Zahlungsbedingung** beziehen. So kann ein Kreditinstitut bei einem Dokumenteninkasso ebenso bereit sein zur Negoziierung der Dokumente wie bei einem Wechselakkreditiv. Die Negoziierung im weiteren Sinne ist zu einem relativ unabhängigen Exportkredit geworden ohne erforderlichen Bezug zur Einlösungszusage der Importbank (siehe Abb. 20).

Privatdiskonten waren Bankakzepte, die von Industrie- oder Handelsunternehmen aufgrund eines Außenhandelsgeschäfts in DM ausgestellt und der Privatdiskont AG bis 1992 zum Ankauf angeboten werden konnten. Privatdiskonten hatten den Vorteil niedriger Kosten meistens unter dem Bundesbank-Rediskont, der Nichtanrechnung auf die Rediskontkontingente der Banken bei einer Restlaufzeit zum Zeitpunkt des Rediskonts von unter 30 Tagen und des Bezugs auf ein Handelsgeschäft. Die maximale Restlaufzeit für den Ankauf von Privatdiskonten betrug 90 Tage.

Kurz- und mittelfristige Fremdfinanzierung 109

a) neuere Form

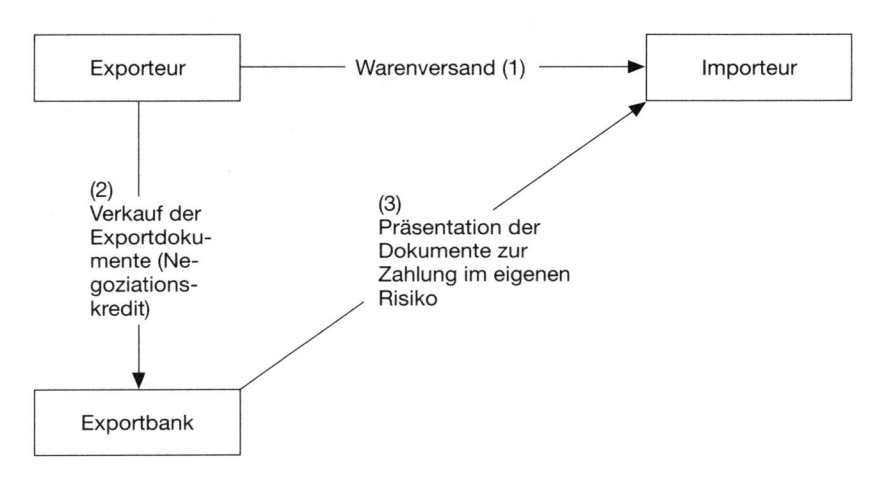

```
┌───────────┐    Warenversand (1)    ┌───────────┐
│ Exporteur │ ─────────────────────▶ │ Importeur │
└─────┬─────┘                        └───────────┘
      │                                    ▲
      │ (2)                                │
      │ Verkauf der          (3)           │
      │ Exportdoku-          Präsentation der
      │ mente (Ne-           Dokumente zur
      │ goziations-          Zahlung im eigenen
      │ kredit)              Risiko
      ▼                    ╱
┌───────────┐            ╱
│ Exportbank│ ──────────
└───────────┘
```

b) traditionelle Form

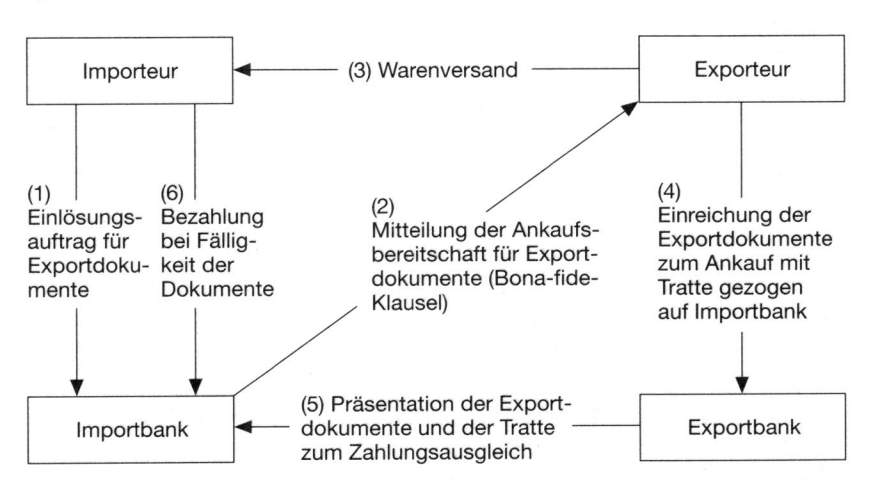

```
┌───────────┐    (3) Warenversand    ┌───────────┐
│ Importeur │ ◀───────────────────── │ Exporteur │
└─────┬─────┘                        └───────────┘
   (1)│  (6)                              ▲  │(4)
Einlösungs- Bezahlung    (2)              │  │Einreichung der
auftrag für bei Fällig-  Mitteilung der Ankaufs- Exportdokumente
Exportdoku- keit der     bereitschaft für Export- zum Ankauf mit
mente       Dokumente    dokumente (Bona-fide-    Tratte gezogen
                         Klausel)                 auf Importbank
      ▼                                           ▼
┌───────────┐   (5) Präsentation der Export-  ┌───────────┐
│ Importbank│ ◀ dokumente und der Tratte ──── │ Exportbank│
└───────────┘   zum Zahlungsausgleich         └───────────┘
```

Abb. 20: Ablauf eines Negoziationskredits

Die wirtschaftliche Bedeutung der Privatdiskontfinanzierung lag:
- in der **billigen kurzfristigen Refinanzierungsmöglichkeit** von Außenhandelsgeschäften außerhalb der Bundesbank im Selbsthilfesystem,
- in der Möglichkeit, auch bereits abgewickelte Bargeschäfte nachträglich durch die **Trennung von Handels- und Kreditgeschäft** refinanzieren zu können und
- in der schnellen An- und Verkaufsmöglichkeit je nach Liquiditätssituation, so daß viele Geldmarktteilnehmer in den Privatdiskonten ein gutes Instrument der **jederzeit realisierbaren Liquiditätsdisposition** sehen.

Da es sich bei dieser Finanzierungsform um eine nationale Exportförderung handelte, ist sie aufgrund der Harmonisierungsbestrebungen der EG vor Beginn des EG-Binnenmarktes aufgehoben worden. Seit der Einstellung der Rediskontlinie der Bundesbank für Privatdiskonten ist die Privatdiskont AG ohne aktive Geschäftstätigkeit.

3.4 Lombardkredite

3.4.1 Wesen und Sicherstellung

Der Lombardkredit ist ein kurzfristiger, auf einen festen Betrag lautender Kredit, der durch Verpfändung von marktgängigen, beweglichen Sachen oder durch Verpfändung von Rechten gesichert wird.

Lombardkredite werden als kurzfristige **Buchkredite** für eine feste Kreditlaufzeit ohne Prolongation eingeräumt. Sie erlauben keine wechselnde Inanspruchnahme und werden als Festkredit am Ende der Laufzeit in einer Summe getilgt. Der **Beleihungswert** des Pfandgegenstandes bestimmt die Kredithöhe.

Wesentliches Merkmal der Lombardkredite ist die Form der Sicherstellung, die letztlich auch die Verwendbarkeit begrenzt (Faustpfandprinzip).

Grundsätzlich bedarf es für die Entstehung des **Pfandrechts** aufgrund der Akzessorietät des Rechtsbestands der Forderung der Einigung über die Einräumung des Pfandrechts (Kreditvertrag) und der unmittelbaren Besitzübergabe. Der Kreditnehmer bleibt Eigentümer der Sache.

Voraussetzung für die **Verwertung** sind die Fälligkeit der Forderung (Pfandreife) und die Androhung des Verkaufs mit Nennung der offenen Forderungshöhe (§ 1234). I. d. R. darf der Verkauf dann frühestens 1 Monat nach Androhung erfolgen.

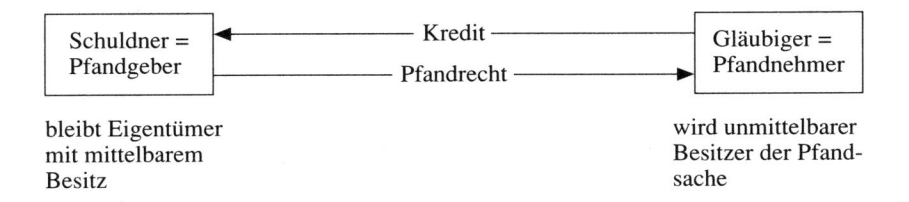

```
Schuldner =     ←——— Kredit ———        Gläubiger =
Pfandgeber      ——— Pfandrecht →       Pfandnehmer

bleibt Eigentümer                      wird unmittelbarer
mit mittelbarem                        Besitzer der Pfand-
Besitz                                 sache
```

Bei börsengängigen Rohstoffen und Waren ist die Befriedigung des Gläubigers besonders leicht, da hier gemäß § 1221 BGB auch ein freihändiger Verkauf im Gegensatz zur sonst nur möglichen öffentlichen Versteigerung zulässig ist.

Lombardkredite finden Verwendung, wenn das **Handelsgeschäft in sich abgeschlossen** ist und die Rückzahlung des Kredites zu einem klar erkennbaren Zeitpunkt erfolgen wird. Der Lombardkredit ist somit eine Alternative zum Kontokorrentkredit, ist aber weniger flexibel. Er kann der Mitfinanzierung der Umsatztätigkeit dienen und findet heute vor allem noch Verwendung als Überziehungskredit, Saisonkredit, Import- oder Exportkredit, Effektenkredit, Refinanzierungskredit der Banken und als Privatkredit.

3.4.2 Arten

Hinsichtlich der Verwendung lassen sich 5 Formen des Lombardkredits unterscheiden:

1. Effektenlombard
2. Warenlombard
3. Edelmetallombard
4. Wechsellombard
5. Forderungslombard

Beim **Effektenlombard** dienen fungible Wertpapiere als Kreditsicherheit. Der Effektenlombard bietet sich an, wenn der Kapitalbedarf nur vorübergehend ist (Überziehungskredit) und ein Verkauf nicht beabsichtigt oder aufgrund der niedrigen Kurse unzweckmäßig ist.

Der **Beleihungswert** der Effekten bestimmt dabei die Kredithöhe. So werden i. d. R. festverzinsliche börsengängige Effekten zwischen 80% und 90% beliehen, Aktien dagegen nur zwischen 50% und 70% ihres Börsenwertes. Durch die Verwahrung im Bankdepot ist das Faustpfandprinzip leicht zu verwirklichen.

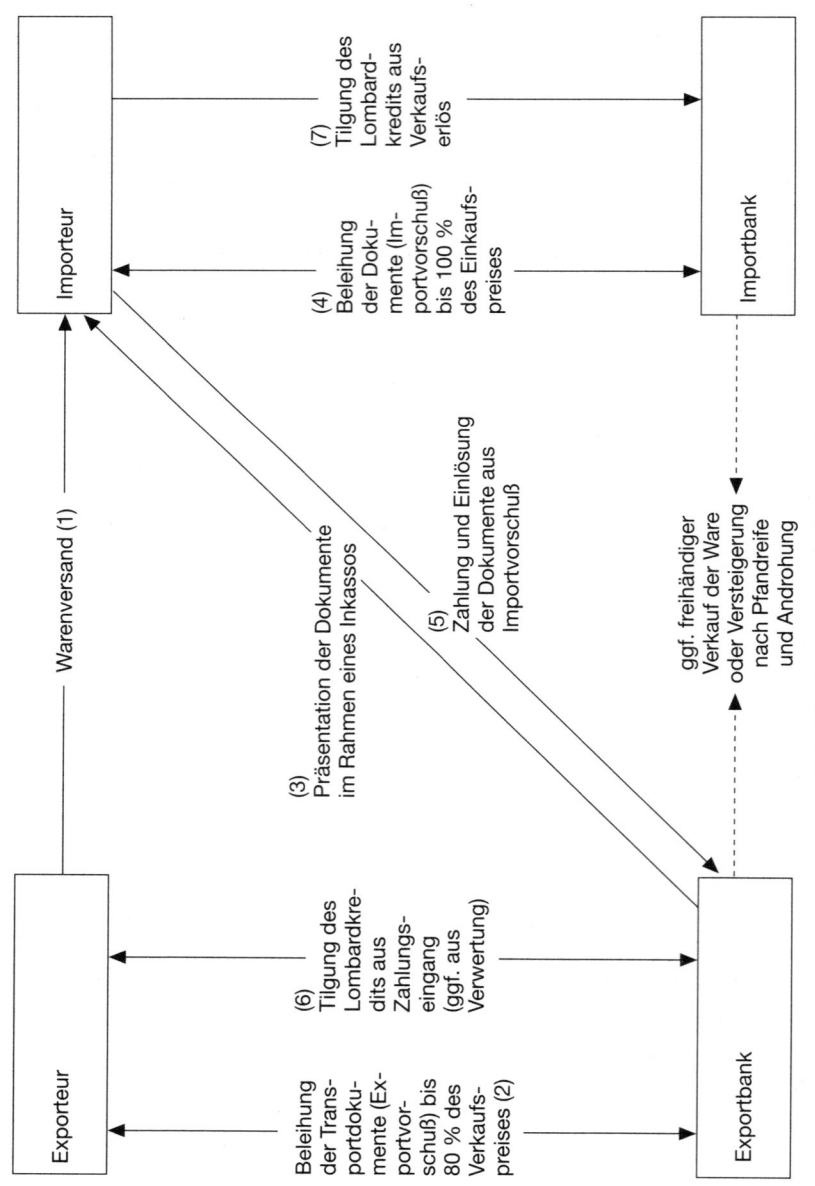

Abb. 21: Ablauf eines Lombardkredits

Der Effektenlombard findet auch Verwendung beim Kauf von Effekten, so daß der Kreditnehmer nur den über den Beleihungswert hinausgehenden Betrag zu zahlen braucht. Problematisch können solche Engagements bei langanhaltender Baisse werden, wenn die Banken Sicherheiten nachfordern.

Im Effektenlombard mit der Bundesbank sind nur Banken tätig (§ 19 BBankG). Die Lombardierung von Schuldverschreibungen erfolgt längstens für 3 Monate, wobei sich der Lombardsatz nach der Geldpolitik und Marktlage richtet.

Beim **Warenlombard** besteht das Hauptproblem in der Verwirklichung des Faustpfandprinzips. Da sich keine Bank mit der Einlagerung von Waren beschäftigen kann, ist dieser Bereich vom Betriebsmittelkredit als Festkredit mit Sicherungsübereignung weitgehend abgelöst worden. Dennoch spielt der Warenlombard in den Bereichen noch eine beachtliche Rolle, in denen die Besitzübergabe durch die Übertragung von **handelsrechtlichen Orderpapieren** ersetzt werden kann (z. B. Lagerscheine, Konnossemente). Durch ein Pfandindossament oder Blankoindossament auf dem Orderpapier zugunsten des Gläubigers wird die körperliche Besitzverschaffung vermieden.

Transportdauer, Einlagerung und Umschlagsdauer bis Forderungseingang können so vor allem auch bei Außenhandelsgeschäften zwecksentsprechend finanziert werden.

Gegenstand des **Edelmetallombards** ist die Verpfändung von Edelmetallen, Schmuck und Münzen. Dieser Bereich spielt für die kurzfristige Fremdfinanzierung von Unternehmen i. d. R. keine Rolle. Kreditinstitute begrenzen ihre Tätigkeit meistens auf Gold, Silber und Münzen, bei denen ein Kurs notiert wird. Angrenzend ist hier das Pfandleihgewerbe tätig, das unterschiedlichste Schmuckgegenstände mit einem allerdings häufig sehr niedrigen Beleihungswert entgegennimmt. Pfandleiher sind keine Kreditinstitute im Sinne des KWG.

Beim **Wechsellombard** erfolgt eine Beleihung der Wechselforderung, so daß weiterhin Schuldner aus dem Kreditverhältnis der Pfandgeber ist.

Da der Wechsellombard wesentlich teurer als der Wechseldiskont ist, sollten Unternehmen darauf nur bei sehr kurzfristiger, vorübergehender Kapitalbeschaffung zurückgreifen.

Kreditinstitute verwendeten bis 1999 diese Kreditart bei Ausschöpfung ihrer Rediskontkontingente. Die Bundesbank lombardierte rediskontfähige Wechsel bis zu 90% der Wechselsumme.

Beim **Forderungslombard** werden Rechte als Kreditsicherheit beliehen. Zur Entstehung des Pfandrechts ist die Mitteilung über die Verpfändung an den Schuldner der Forderung erforderlich (§ 1280 BGB). Verwendung findet der Forderungslombard insbesondere bei Lebensversicherungsverträgen, die in Höhe des Rückkaufswertes beliehen werden können, bei Patenten oder Gesellschaftsanteilen. Ansonsten wird dem Forderungslombard die Zession vorgezogen, da hier eine Mitteilung an den Schuldner der Forderung nicht erfolgen muß (stille Zession), das Pfandrecht akzessorisch und die Verwertungsmöglichkeit schwächer ist als die Gläubigerstellung bei der Zession. Gerade Gehaltsempfänger möchten auch die Mitteilung an ihren Arbeitgeber vermeiden.

3.5 Betriebsmittelkredite

3.5.1 Wesen und Sicherstellung

Der Betriebsmittelkredit ist ein i. d. R. mittelfristiger Fest- oder Tilgungskredit zur Mitfinanzierung von beweglichem Inventar und Maschinen sowie des Vorratslagers. Die Sicherstellung erfolgt durch Sicherungsübereignung der finanzierten Vermögensgegenstände.

Betriebsmittelkredite erfüllen zunächst die Finanzierungszwecke, die Lombardkredite nicht abdecken können, weil ein Pfandrecht an genutztem Unternehmensvermögen nicht möglich ist.

Darüber hinaus bieten sich jedoch aufgrund der Ausgestaltungsmöglichkeiten der Sicherungsübereignung verschiedene Einsatzbereiche an, die sich auch auf den langfristigen Zeitraum erstrecken können.

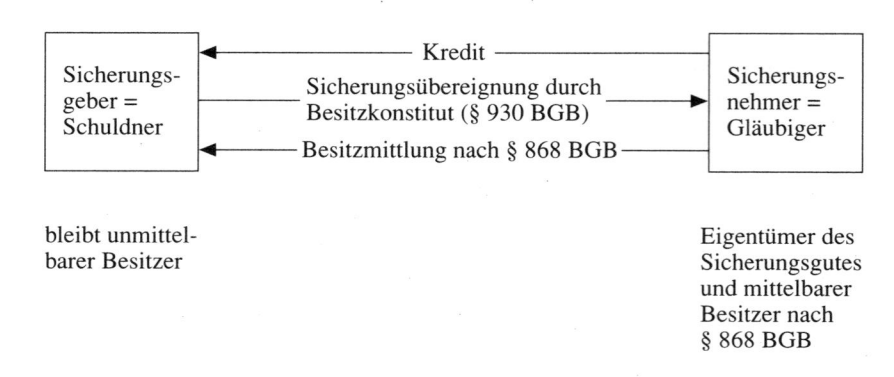

Sicherungs-geber = Schuldner	← Kredit → Sicherungsübereignung durch Besitzkonstitut (§ 930 BGB) ← Besitzmittlung nach § 868 BGB	Sicherungs-nehmer = Gläubiger
bleibt unmittelbarer Besitzer		Eigentümer des Sicherungsgutes und mittelbarer Besitzer nach § 868 BGB

Die **Sicherungsübereignung** ist fiduziarisch und weitgehend von Rechtsprechung und Wirtschaftspraxis geprägt. Bei der Sicherungsübereignung überträgt der Kreditnehmer dem Kreditinstitut das Eigentum an den Sicherungsgegenständen, und die Bank überläßt diese gleichzeitig dem Kreditnehmer als unmittelbarem Besitzer zur Nutzung. Da es sich um Sicherungseigentum handelt, bilanziert weiterhin der Kreditnehmer und nicht der Eigentümer.

Vorteile der Sicherungsübereignung gegenüber dem Pfandrecht:
- keine dingliche Übergabe
- keine Verwahrung durch Kreditgeber
- kein Verzicht auf Nutzung durch Kreditnehmer
- Änderungen der Kredithöhe sind unerheblich
- Wiederverwendungsmöglichkeit für Neukredite
- gute Anpassungsmöglichkeit an die Unternehmensgegebenheiten
- fiduziarische Kreditsicherheit

Als wichtige **Rechte und Pflichten für den Kreditnehmer** sind zu nennen:
- vertragsmäßige Übereignung des Sicherungsgutes an den Sicherungsnehmer
- Recht zum Besitz des Sicherungsgutes
- Pflicht zu sorgfältiger Verwahrung und pfleglicher Behandlung
- Pflicht zur Versicherung des Sicherungsgutes
- Pflicht zur Anzeige bei eventueller Beschädigung, Zerstörung oder sonstigen Wertverlusten des Sicherungsgutes.

Die wichtigsten **Pflichten des Kreditgebers** sind:
- Rückübereignung des Sicherungsgutes nach Tilgung der Kreditforderung durch den Kreditgeber
- aufgrund der Treuhänderstellung nichts zu unternehmen, was den Wert des Sicherungsgutes schmälern könnte
- die Eigentümerstellung nur zum Zwecke der Sicherung zu nutzen.

Die **Verwertungsmöglichkeit** des Sicherungseigentümers ist häufig begrenzt, da er nicht im unmittelbaren Besitz des Gegenstandes ist. Verkauft der Kreditnehmer an einen gutgläubigen Dritten nach § 933 BGB, hat der Kreditgeber keinen Herausgabeanspruch mehr. Unter Umständen kann sich der Gläubiger jedoch durch Kennzeichnung der Ware oder Maschine davor schützen.

Ein weiteres Problem ist die **Kollision mit dem Eigentumsvorbehalt.** Wird unter Eigentumsvorbehalt gelieferte Ware in den Sicherungsraum eingebracht, kann die Bank verlangen, daß diese Ware sofort aus dem Kredit bezahlt wird oder ihr die Anwartschaftsrechte zustehen.

3.5.2 Arten

In der Praxis haben sich bei Betriebsmittelkrediten mit Sicherungsübereignung folgende Vertragstypen herausgebildet:

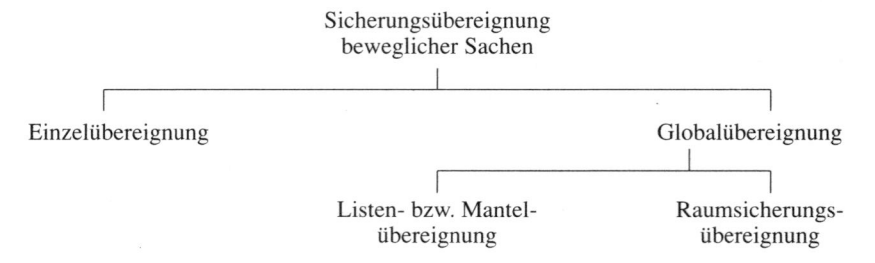

```
                    Sicherungsübereignung
                    beweglicher Sachen
            ┌──────────────┴──────────────┐
    Einzelübereignung              Globalübereignung
                            ┌──────────────┴──────────────┐
                    Listen- bzw. Mantel-          Raumsicherungs-
                        übereignung                  übereignung
```

Bei **Einzelübereignung** liegt eine einmalige Übereignung ohne Veräußerungs- und Verarbeitungsrecht für den Kreditnehmer vor. Die Einzelübereignung findet vor allem Verwendung bei Anlagegütern wie Maschinen und Einrichtungen, bei Kraftfahrzeugen und EDV-Anlagen. Um eine klare Bestimmbarkeit zu gewährleisten, müssen die übereigneten Gegenstände durch Schilder, Aufschriften oder ähnliches markiert werden. Dies ist vor allem erforderlich bei beweglichen Maschinen und Baufahrzeugen. Bei Kraftfahrzeugen erhält die Bank den Kfz-Brief für die Dauer der Kreditgewährung unter Mitteilung der Sicherungsübereignung an die Zulassungsstelle. Eingetragener Eigentümer im Brief bleibt der Kreditnehmer.

Bei der **Globalübereignung** werden Sachgesamtheiten, wie Büroinventar, Fabrikanlagen oder Warenlager übereignet. Handelt es sich um konkretisierbare Vermögensgegenstände wie Maschinen oder Inventar, die aber einem häufigen Austausch unterliegen, wird die **Listen- oder Mantelübereignung** gewählt. Im Mantelvertrag verpflichtet sich der Kreditnehmer zur Sicherungsübereignung von Sachgesamtheiten in einem bestimmten Volumen für die Dauer der Kreditgewährung. In einer gesonderten Aufstellung (Liste) deklariert der Kreditnehmer dann die konkreten übereigneten Gegenstände. Werden diese ausgewechselt, ist für die Übereignung der neuen Gegenstände dann kein neuer Vertrag erforderlich, sondern der Kreditnehmer reicht nur eine überarbeitete Liste der ausgetauschten Gegenstände ein.

Bei im einzelnen nicht konkretisierbaren Vermögensgegenständen ist der **Raumsicherungsvertrag** anzutreffen, der meistens eine Kreditsicherung bei Warenlägern mit wechselndem Bestand ist. Es wird im Vertrag vereinbart, daß alle in diesem genau mit Lageplan gekennzeichneten Lagerraum, Gebäude oder auf diesem Platz befindlichen Waren der Bank sicherungsübereignet sind. Jede Ware, die an diesen Ort gebracht wird, geht in das Sicherungseigentum der Bank über. Eine laufende Bestandsmeldung soll dem Kreditgeber den ordnungsgemäßen Bestand gewährleisten, was Kreditprüfer in Zeitabständen überwachen.

Sollen die Gegenstände im Warenlager verarbeitet und/oder verkauft werden, enthält der Sicherungsübereignungsvertrag häufig eine Vorausabtretung der Kaufpreisforderung (sogenannte **verlängerte Sicherungsübereignung**).

Erhält der Kreditnehmer Lieferungen unter Eigentumsvorbehalt für den Sicherungsraum, ist der Bank das Anwartschaftsrecht auf Sicherungseigentum zu übertragen.

Aufgrund des häufigen Warenwechsels und des Risikos der Einhaltung der Deckungsgrenzen für den Betriebsmittelkredit liegt die Beleihungsgrenze zwischen 50 und 70%.

3.6 Eurokredite

Eurokredite sind kurz- und mittelfristige Kredite auf dem Eurogeldmarkt auf der Basis von Währungsguthaben, die außerhalb des Währungsursprungslandes gehandelt werden. Diese Kredite können unabhängig von der Politik der nationalen Notenbanken auf der Grundlage eines eigenen Zinsgefüges von Kreditinstituten gewährt werden, wenn ihnen die Verfügungsgewalt über entsprechende Devisenguthaben als Refinanzierungsquelle abgetreten worden ist. Werden diese Guthaben mehrmals übertragen, wird von einer **Eurokreditkette** gesprochen, die erst endet, wenn das Guthaben zu Zahlungszwecken abgerufen wird oder die Beträge in das Währungsursprungsland zurückfließen. Da es sich bei diesen Transaktionen um reine Buchungsvorgänge handelt, wird der Eurogeldmarkt auch als **Kontenmarkt** bezeichnet.

Beispiel:
Ausgangsbasis ist eine Lieferung eines deutschen Exporteurs an einen amerikanischen Importeur auf Dollarbasis. Die erhaltenen Devisen als Forderung an eine amerikanische Bank tauscht der deutsche Exporteur bei einer deutschen Bank in DM bzw. EUR. Dadurch erhält die deutsche Bank die Dollarforderung an die amerikanische Bank. Die deutsche Bank legt nun ihre auf Dollar lautende Forderung

an die Bank in New York als Termineinlage bei einer französischen Bank an, die wiederum einen Teil des Dollarbetrages einer Schweizer Bank überträgt. Die Schweizer Bank gibt schließlich die Dollarforderung an einen Schweizer Importeur weiter, der damit seine Verbindlichkeiten aus Warengeschäften mit einem amerikanischen Unternehmen begleicht.

Kennzeichnend ist dabei, daß die Dollar die USA nie tatsächlich verlassen haben, sondern daß lediglich Buchforderungen abgetreten worden sind.

Endsituation:

Guthaben des deutschen Exporteurs (bei der deutschen Bank)	100
Verbindlichkeiten der US-Bank (mehrfacher Gläubigerwechsel)	100
Dollarforderung der französischen Bank	40
Verbindlichkeiten der französischen Bank aus Termineinlage der deutschen Bank	40
Kreditaufnahme des Schweizer Importeurs	60
Dollar-Guthaben des US-Exporteurs	60

Die Dollarguthaben der französischen Bank und des US-Exporteurs entsprechen der Dollar-Verbindlichkeit der US-Bank.
Verfügbare Eurodollar hat nur noch die französische Bank in Höhe von 40.

Verbindlichkeiten des Importeurs		Forderung des deutschen Exporteurs	
Bezahlung der Rechnung 100 (2)	Verbindlichkeiten gegenüber dem deutschen Exporteur 100 (1)	Forderung an US-Importeuer 100 (1)	Begleichung der Forderung des US-Importeuers 100 (3)
		Forderung an US-Bank 100 (3)	Abtretung der US-Dollar-Forderung an eine deutsche Bank 100 (4)
		Forderung an deutsche Bank 100 (4) ggf. konvertiert	

US-Bank		deutsche Bank	
	Guthaben des deutschen Exporteurs 100 (2)	Dollar-Forderung an US-Bank 100 (5)	Guthaben des deutschen Exporteurs 100 (5)
		Terminforderung an französische Bank, ggf. konvertiert 100 (6)	Übertragung der Dollar-Forderung an französische Bank 100 (6)

Kurz- und mittelfristige Fremdfinanzierung 119

französische Bank		schweizer Bank	
Dollar-Forderung an US-Bank 100 (7)	Termineinlage der deutschen Bank 100 (7)	Dollar-Forderung an US-Bank 60 (9)	Termineinlage der französischen Bank 60 (9)
Terminforderung an schweizer Bank 60 (8)	Übertragung der Dollar-Forderung an schweizer Bank 60 (8)	Kredit an schweizer Importeur 60 (10)	Übertragung der Dollar-Forderung an schweizer Importeur 60 (10)

schweizer Importeur		US-Importeur	
Dollar-Forderung an US-Bank 60 (11)	Verbindlichkeiten an schweizer Bank ggf. konvertiert 60 (11)	Dollar-Forderung an schweizer Importeur 60 (12)	Rechnungs- eingang vom schweizer Importeur 60 (14)
Bezahlung der Rechnung 60 (13)	Dollar- Verbindlichkeiten an US-Exporteur 60 (12)	Dollar-Guthaben bei US-Bank 60 (14)	
	Übertragung der US-Dollar- Forderung an US-Exporteur 60 (13)		

Eurokredite werden ohne **Sicherheiten** und formlos abgewickelt. Reichen die Bonität und das Standing eines Kreditnehmers nicht aus, übernehmen Banken eine Garantie (Avalkredit).

Bei Unternehmen sind aber auch Negativerklärungen oder bei Tochtergesellschaften von multinationalen Unternehmen Patronatserklärungen anzutreffen.

Kurzfristige Kreditmöglichkeiten sind:

- **Tagesgeld:** Kreditlaufzeit i.d.R. nur 1 Tag von 12 Uhr mittags bis 12 Uhr mittags
- **Festgeld:** Kreditlaufzeit festgelegt für einen Zeitraum von üblicherweise bis zu 2 Jahren, unter Umständen aber auch länger; häufig Vereinbarung von Standardlaufzeiten von 1, 2, 3, 6, 12 oder 18 Monaten
- **Kündigungsgeld:** unbefristete Kreditlaufzeit mit unter Umständen individuellen Kündigungsfristen

Grundlage für die Zinsberechnung sind die Angebotssätze unter Banken auf den internationalen Finanzplätzen wie z. B. die »**London Interbank Offered**

Rate (LIBOR)«, zu der die Bankenmarge je nach Bonität des Kreditnehmers aufgeschlagen wird. Die Zinsunterschiede zwischen den Währungen sind oft groß. Seit dem 1.1.1999 gibt es anstelle der Frankfurter **FIBOR-Notierung** die **EURIBOR-Notierung,** die die nationalen Referenzzinssätze der Währungsunionsteilnehmer ablöst. Darüber hinaus bestehen vergleichbare Notierungen an anderen internationalen Finanzplätzen (z. B. TIBOR, SIBOR usw.).

EURO-GELDMARKT						
21.05.	Tagesgeld	1 Woche	1 Monat	3 Monate	6 Monate	1 Jahr
DM	2,50-2,55	2,52-2,55	2,52-262	2,47-2,60	2,52-2,58	2,63-2,73
Dollar	4,62-4,75	4,78-4,90	4,81-4,93	4,93-5,06	5,06-5,18	5,36-5,48
Euro	2,50-2,55	2,52-2,55	2,52-2,62	2,47-2,60	2,52-2,58	2,63-2,73
FF	2,50-2,55	2,52-2,55	2,52-2,62	2,47-2,60	2,52-2,58	2,63-2,73
Lire	2,50-2,55	2,52-2,55	2,52-2,62	2,47-2,60	2,52-2,58	2,63-2,73
Pfund	5,18-5,33	5,31-5,50	5,31-5,43	5,31-5,43	5,28-5,40	5,34-5,46
sfr	0,61-0,86	0,84-0,96	0,92-1,00	0,95-1,03	1,00-1,08	1,21-1,33
Yen	0,03-0,06	0,03-0,06	0,03-0,06	0,03-0,06	0,06-0,09	0,09-0,15

EURIBOR			LIBOR		
21.05.	Last	Vortag	21.05.	Last	Vortag
1-Woche-Euribor	2,57500	2,59700	1-Monats-Euro-Libor	2,57175	2,57838
1-Monats-Euribor	2,57400	2,57700	2-Monats-Euro-Libor	2,57463	2,57988
2-Monats-Euribor	2,57700	2,57700	3-Monats-Euro-Libor	2,57913	2,58338
3-Monats-Euribor	2,58100	2,58400	6-Monats-Euro-Libor	2,59675	2,59825
6-Monats-Euribor	2,59700	2,59800	1-Jahres-Euro-Libor	2,68563	2,68850
10-Monats-Euribor	2,67200	2,67300	1-Monats-Pfund-Libor	5,37688	5,38063
1-Jahres-Euribor	2,68600	2,68800	1-Monats-US-$-Libor	4,92250	4,92500

Abb. 22: Eurogeldmarktsätze

Verwendung finden Eurokredite vor allem
- bei Außenhandelsgeschäften
- als Fremdwährungskredite zur Ausnutzung von Zinsunterschieden
- bei Kreditinstituten und international tätigen Unternehmen.

Hat beispielsweise ein deutscher Exporteur seinem amerikanischen Importeur einen Lieferantenkredit auf Dollarbasis eingeräumt, kann er diesen mit einem Eurodollarkredit refinanzieren. Durch die Konvertierung des Kreditbetrages in DM bzw. EUR vermeidet der Exporteur zusätzlich das Kursrisiko. Der Zahlungseingang vom Importeur dient später der Tilgung des Eurokredits. Da der eigene Bekanntheitsgrad am Eurogeldmarkt i. d. R. nicht ausreicht, übernimmt eine Bank zur Kreditsicherung eine Garantie gegenüber dem Kreditgeber.

Kurz- und mittelfristige Fremdfinanzierung

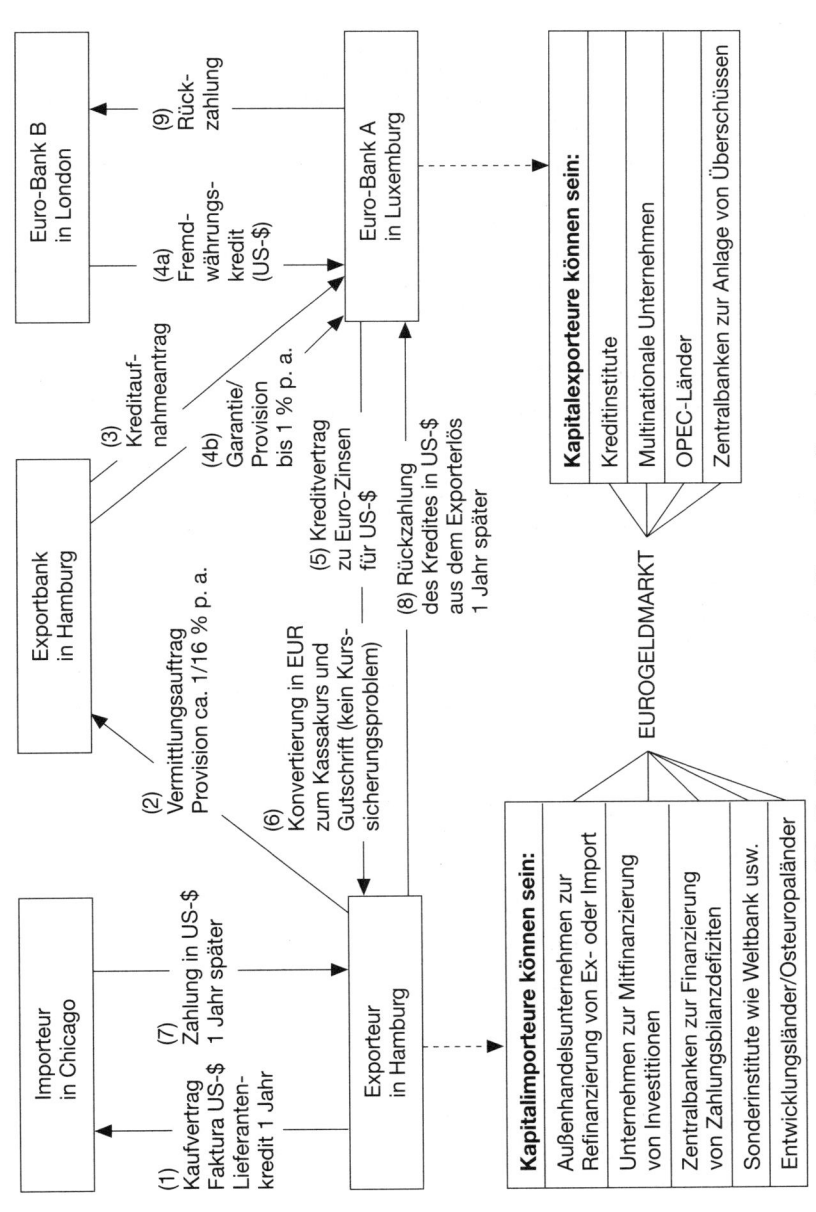

Abb. 23: Ablauf eines Eurokredits zur Exportfinanzierung

Importeur in Chicago
(1) Kaufvertrag Faktura US-$ Lieferantenkredit 1 Jahr
(7) Zahlung in US-$ 1 Jahr später

Exportbank in Hamburg
(2) Vermittlungsauftrag Provision ca. 1/16 % p. a.
(3) Kreditaufnahmeantrag
(4b) Garantie/Provision bis 1 % p. a.

Euro-Bank B in London
(4a) Fremdwährungskredit (US-$)
(9) Rückzahlung

Euro-Bank A in Luxemburg
(5) Kreditvertrag zu Euro-Zinsen für US-$
(8) Rückzahlung des Kredites in US-$ aus dem Exporterlös 1 Jahr später

Exporteur in Hamburg
(6) Konvertierung in EUR zum Kassakurs und Gutschrift (kein Kurssicherungsproblem)

Kapitalimporteure können sein:
- Außenhandelsunternehmen zur Refinanzierung von Ex- oder Import
- Unternehmen zur Mitfinanzierung von Investitionen
- Zentralbanken zur Finanzierung von Zahlungsbilanzdefiziten
- Sonderinstitute wie Weltbank usw.
- Entwicklungsländer/Osteuropaländer

EUROGELDMARKT

Kapitalexporteure können sein:
- Kreditinstitute
- Multinationale Unternehmen
- OPEC-Länder
- Zentralbanken zur Anlage von Überschüssen

Neben den kurzfristigen Finanzierungsformen gibt es am Eurogeldmarkt eine Reihe von **mittelfristigen Kreditmöglichkeiten,** die im Einzelfall jedoch auch kurzfristiger oder langfristiger Natur sein können. Hierbei handelt es sich vor allem um folgende Formen:

- **Roll-over-Kredite:** Bei diesen Krediten wird mit dem Kreditnehmer eine feste Laufzeit von i. d. R. bis zu 4 Jahren vereinbart, die aus kurzfristigen Einlagen refinanziert wird. Das Kreditrisiko trägt die Bank, sie muß für eine rechtzeitige Anschlußfinanzierung sorgen. Das Zinsrisiko trägt der Kreditnehmer, er muß den Marktzins bei Ablauf der Teilzeit akzeptieren. Festzinsverträge sind wegen des hohen Risikos der Prolongationsfinanzierung selten.
- mittelfristige **Konsortialkredite** von Euro-Banken bei größeren Krediten.
- **Certificates of Deposits** (CD) zur Kapitalanlage: überwiegend in London emittierte mittelfristige fungible Zertifikate von Banken mit meistens kurzfristiger Zinsanpassung über Mindestbeträge von 1 Mill. US-$.
- **Euro-Notes-Facilities:** nicht börsengängige, kurzfristige Geldmarktpapiere, die von Banken für staatliche Schuldner und Großunternehmen revolvierend emittiert werden und so faktisch eine mittel- bis langfristige Laufzeit haben können. Das Plazierungsrisiko der Anschlußfinanzierung kann vom Emissionskonsortium übernommen werden. Die Verzinsung basiert auf LIBOR und wird mit jeder Anschlußemission angepaßt.

Die **Refinanzierung** der auf dem **Eurogeldmarkt** gewährten Kredite erfolgt fast ausnahmslos kurzfristig, so daß bei mittelfristigen Krediten das Zinsrisiko zu den Anpassungsterminen beim Kreditnehmer liegt. Auf dem **Eurokapitalmarkt** werden dagegen die Kredite i. d. R. laufzeitkongruent durch Emission von Finanztiteln refinanziert. Mitunter wird der Eurogeldmarkt auch in ein kurzfristiges Marktsegment mit Laufzeiten bis zu 1 Jahr (Eurogeldmarkt i. e. S.) und in den mittelfristigen Eurokreditmarkt unterteilt.

3.7 Konsumentenkredite

Zu den Konsumentenkrediten zählen:

- Teilzahlungskredite
- Kleinkredite und
- Anschaffungsdarlehen.

Bei **Teilzahlungskrediten** tritt der Verkäufer meist in Zusammenarbeit mit einer Teilzahlungsbank als Kreditgeber auf. Waren- und Kreditgeschäft stehen in enger Verbindung zueinander.

Gesetzliche Grundlage für Teilzahlungsverkäufe von Nichtkaufleuten ist das **Abzahlungsgesetz.** Wichtige Bestandteile des Vertrags sind:
- schriftlicher Vertrag
- Barzahlungspreis
- Teilzahlungspreis
- Betrag, Zahl und Fälligkeit der Raten
- effektiver Jahreszins
- Widerrufsrecht binnen 1 Woche nach Erhalt des Vertrages

Kleinkredite und Anschaffungsdarlehen sind vom Warengeschäft unabhängige Bankkredite zur Finanzierung persönlicher, längerlebiger Gebrauchsgegenstände, deren Rückzahlung in festen Tilgungsraten meistens bei mittelfristigen Laufzeiten von 2 bis 3 Jahren erfolgt. Die Kredithöhe wächst ständig mit den Ansprüchen der Kreditnehmer.

Die Zinsen werden bei diesen Kreditarten i.d.R. auf den aufgenommenen Kreditbetrag und nicht auf die Restschuld berechnet und werden häufig in Monatssätzen angegeben. Die Tilgung erfolgt meistens in konstanten Monatsraten.

Zur Berechnung der **Effektivverzinsung im kurz- und mittelfristigen Zeitraum** kann folgende Formel verwendet werden, die jedoch nicht auf der Zinseszinsrechnung basiert:

$$r_{eff} = \frac{24\,(p_m \cdot t + B)}{t + 1} = \text{Jahreseffektivzins}$$

p_m = monatlicher Nominalzins
t = Laufzeit in Monaten
B = Bearbeitungsgebühr, Vermittlungskosten u. ä.

Beispiel:
Kredit: 3000 EUR   Laufzeit: 15 Monate
Zinssatz: 0,35% p. M.   Vermittlungsgebühr: 3%
Bearbeitungsgebühr: 2%

$$r_{eff} = \frac{24\,(0{,}35 \cdot 15 + 2 + 3)}{15 + 1} = \underline{\underline{15{,}38\%\ \text{p.a.}}}$$

3.8 Avalkredite

3.8.1 Wesen und Avalarten

Der Avalkredit ist ein kurz- oder mittelfristiger Kredit von Kreditinstituten, bei dem diese im Auftrag des Kreditnehmers eine Bürgschaft oder Garantie zugunsten eines Gläubigers des Kreditnehmers abgeben.

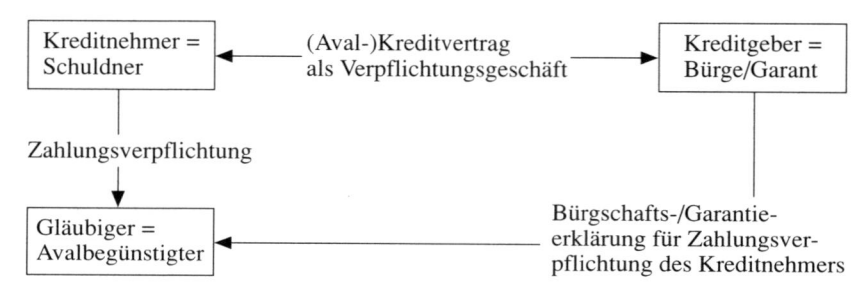

```
┌─────────────────┐   (Aval-)Kreditvertrag    ┌─────────────────┐
│ Kreditnehmer =  │ ◄──────────────────────► │ Kreditgeber =   │
│ Schuldner       │   als Verpflichtungsgeschäft │ Bürge/Garant    │
└─────────────────┘                           └─────────────────┘
         │                                             │
Zahlungsverpflichtung                                  │
         ▼                                  Bürgschafts-/Garantie-
┌─────────────────┐                         erklärung für Zahlungsver-
│ Gläubiger =     │ ◄────────────────────── pflichtung des Kreditnehmers
│ Avalbegünstigter│
└─────────────────┘
```

Merkmale des Avalkredits:

- Haftung des Kreditinstituts für die Verbindlichkeiten des Kreditnehmers
- Eventualverbindlichkeiten für den Avalgeber, da er nur bei Nichterfüllung des Schuldners leisten muß
- keine Bonitätsprüfung des Schuldners durch den Gläubiger
- Erleichterung des Geschäftsverkehrs des Kreditnehmers durch Zahlungsaufschub, Zahlungssammlung oder Zahlungsgewährleistung
- Kreditkosten als Provision je nach Art des Avals und Bonität des Kreditnehmers zwischen 0,25 und 3% p. a.

Je nach Art des zu sichernden Geschäfts zwischen Gläubiger und Schuldner wird der Avalgeber eine Bürgschaft oder Garantie abgeben.

Die **Bürgschaft** (§ 767 ff. BGB; § 349 ff. HGB) ist ein einseitig verpflichtender Vertrag, durch den sich der Bürge dem Gläubiger eines Dritten gegenüber verpflichtet, für die Verbindlichkeiten des Dritten einzustehen, wenn dieser nicht leistet.

Der Gläubiger kann die Zahlung vom Bürgen nur verlangen, wenn der Schuldner nicht leistet. Dabei hat er jedoch folgende **Einredemöglichkeiten**:

1. Gleiche Einreden wie Hauptschuldner aus Verjährung, Minderung, Fälligkeit gem. § 768 BGB
2. Solange der Schuldner ein Anfechtungsrecht hat (§ 770 mit § 119), braucht der Bürge nicht zu zahlen. Er selbst hat kein Anfechtungsrecht.

3. Kann der Gläubiger mit dem Schuldner aufrechnen, braucht der Bürge nicht zu leisten.
4. Vertragsänderungen zwischen Gläubiger und Schuldner nach Bürgschaft brauchen nicht akzeptiert zu werden.
5. Einrede der Vorausklage (§ 771 ff.), d. h., solange der Gläubiger nicht die Zwangsvollstreckung betrieben hat, kann der Bürge die Zahlung verweigern. Eine Ausnahme ist jedoch die selbstschuldnerische Bürgschaft § 773. Die Bürgschaft eines Kaufmanns im Handelsgeschäft § 349 HGB ist immer selbstschuldnerisch, jedoch können auch Kaufleute sich die Einrede der Vorausklage vertraglich vorbehalten.

Bürgschaften sind **akzessorisch,** d. h., ihr Rechtsbestand ist abhängig von der Forderung. Die Bürgschaft kann deshalb nur für eine klar bestimmbare Forderung übernommen werden, wobei als Grenzfall die Höchstbetragsbürgschaft für einen Kontokorrentkredit anzusehen ist.

Wird der Bürge in Anspruch genommen, tilgt er die Bürgschaftsschuld, aber nicht die Hauptschuld. Diese geht kraft Gesetzes dann auf den Bürgen einschließlich weiterer Sicherheiten über.

Die gesetzliche **Laufzeit** beträgt maximal 30 Jahre. In der Praxis wird die Laufzeit jedoch meistens befristet.

Nur Bürgschaften unter Nichtkaufleuten bedürfen der Schriftform.

Die **Garantie** ist ein einseitiger Vertrag, in dem sich der Garant verpflichtet, unabhängig vom Bestehen einer Zahlungsverpflichtung für einen bestimmten zukünftigen Erfolg bzw. ein Verhalten einzustehen und/oder das Risiko eines zukünftigen Schadens zu tragen.

Die Garantie ist nicht gesetzlich geregelt, sondern von der **Wirtschaftspraxis** und **Rechtsprechung** geformt worden. Die Vorschriften über die Bürgschaft dürfen nicht analog angewendet werden. Geht aus der Urkunde nicht eindeutig hervor, daß eine Garantie vorliegt, ist eine Bürgschaft anzunehmen. Dazu genügt nicht allein das Wort Garantie.

Der Avalbegünstigte kann die **Zahlung** aus der Garantie verlangen, **wenn der Umstand eingetreten ist, für den sie abgegeben ist** (z. B. Schadensersatz, Fristüberschreitung). Da hier keine bestimmte Forderung zu sichern ist, entfallen i. d. R. alle Einredemöglichkeiten. Die Garantie wird grundsätzlich **selbstschuldnerisch** gegeben und stellt eine selbständige, unabhängige Verpflichtung des Garanten dar. Der Rechtsbestand irgendeiner Forderung hat keinen Einfluß auf sie. Sie ist deshalb **fiduziarisch.**

Hat z. B. ein ausländischer Importeur zwar in seiner Währung bezahlt (Bürgschaft erlischt), die Zahlung wird aber aufgrund staatlicher Beschränkungen (z. B. Transferverbot) nicht weitergeleitet, bleibt die Garantie bestehen, auch wenn die Zahlungspflicht des Importeurs erfüllt wurde. Im Außenhandel werden deshalb grundsätzlich Garantien verwendet.

Durch die Garantieleistung erwirbt der **Garant keine Hauptforderung** an den Schuldner, sofern keine spezielle vertragliche Regelung vorliegt.

Auch wird der Garant nur zu einer Geldzahlung verpflichtet, so daß bei Mängellieferungen der Garant den **Schadenersatz** oder die Nachbesserungskosten trägt, aber keine neue Maschine liefert. Dennoch kann das Risiko aus einer Garantie erheblich größer sein, da die Höhe der Zahlungsverpflichtung ungewiß ist. Banken versuchen deshalb meistens, eine **Zahlungsobergrenze** zu vereinbaren.

Obwohl die Garantie an keine Form gebunden ist, sollte aus Beweisgründen immer die **Schriftform** gewählt werden.

Auch telegrafische und telekommunikative Garantien erlangen i. d. R. Gültigkeit.

3.8.2 Erscheinungsformen

Avalkredite finden vor allem Verwendung:

auf Bürgschaftsbasis für	auf Garantiebasis für
Zoll- und Steuerstundungen	Lieferungen und Leistungen
Frachtzahlungen	Gewährleistungen
Wechselverbindlichkeiten	Bietungsverfahren
Prozeßverpflichtungen	Anzahlungen
Kreditgewährungen	(Rest-)Kaufpreiszahlungen
	Konnossemente

Zoll- und Steuerstundungsbürgschaften werden von Zoll- bzw. Finanzämtern verlangt, wenn Einfuhrabgaben bzw. Steuerzahlungen gestundet werden sollen oder ein Rechtsstreit darüber vorliegt. Besonders bei Importgeschäften (z. B. Zollager in wechselndem Bestand) sind häufig Zollbürgschaften erforderlich.

Frachtstundungsbürgschaften ermöglichen dem Aval-Kreditnehmer eine Zusammenfassung mehrerer Bahntransporte für einen bestimmten Zeitraum. Frachtavale sind gegenüber der Deutschen Verkehrskreditbank abzugeben.

Zur Verbesserung der Umlauffähigkeit von Wechseln bzw. zur Zahlungssicherung können **Wechselbürgschaften** eingegangen werden. Wechselavale gelten nach dem Wechselgesetz immer zugunsten des Ausstellers, wenn kein anderer Begünstigter genannt wird (Art. 31,4 WG).

Prozeßbürgschaften sind i. d. R. unbefristet und gelten mindestens für die Dauer des Prozesses.

Ist das Urteil einer Instanz gegen Sicherheitsleistung vollstreckbar, muß der Gewinner eine Bankbürgschaft vor Vollstreckung vorlegen, um die Rückzahlung zu gewährleisten, falls er in 2. Instanz verliert.

Soll die Vollstreckung zunächst bis zur Entscheidung der nächsten Instanz vermieden werden, muß der Verlierer der 1. Instanz eine Bankbürgschaft stellen.

Auch eine Zwangsvollstreckung in das Vermögen (z. B. aufgrund einer vollstreckbaren Grundschuldbestellungsurkunde) kann durch Bankbürgschaft vermieden werden.

Bei Erwirkung eines Arrests kann die Freilassungskaution durch Bankbürgschaft ersetzt werden.

Bei nicht ausreichender Kreditwürdigkeit, bei Überschreitung der Beleihungsgrenzen, bei fehlenden Sicherheiten, bei Existenzgründungen und anderen **Kreditgewährungen** sind Bürgschaften von Kreditinstituten oder der öffentlichen Hand anzutreffen, die oft als **(modifizierte) Ausfallbürgschaften** gewählt werden. Häufig hat der Kreditgeber einen 20%igen Selbstbehalt zu tragen.

Der Bürge verzichtet bei dieser Form auf die Einrede der Vorausklage, doch wird vertraglich genau festgelegt, wann der Bürgschaftsfall als eingetreten gilt. Der Ausfallbürge bürgt jedoch nur für den Ausfall, der nicht durch andere Sicherheiten oder Maßnahmen gedeckt werden konnte. Oft gilt der Ausfall als eingetreten, wenn innerhalb einer bestimmten Frist vor Inanspruchnahme aus der Bürgschaft eine Zwangsvollstreckung nicht zur vollen Befriedigung führte.

Die Laufzeit der Bürgschaft entspricht der Kreditlaufzeit; die Avalprovision beträgt ca. 1% p. a. auf die Bürgschaftssumme.

Kreditgarantiegemeinschaften, auch Bürgschaftsgemeinschaften genannt, haben sich die Aufgabe gestellt, durch Abgabe einer Bürgschaft zugunsten des Kreditnehmers eine nachrangige Kreditgewährung über die üblichen bankmäßigen Beleihungsgrenzen hinaus für kleinere Unternehmen zu ermöglichen.

Es bestehen in Deutschland etwa 40 Kreditgarantiegemeinschaften, die speziell für bestimmte Bereiche wie Handwerk, Handel, Industrie, Gaststättengewerbe und Gartenbau in der Rechtsform der GmbH regional tätig sind. Ihre i. d. R. 80%igen Ausfallbürgschaften sind bundes- und landesrückverbürgt.

Ausfallbürgschaften von Banken oder Bürgschaftsgemeinschaften können durch **Rückbürgschaften** ergänzt werden.

Rückbürgschaften sind i. d. R. **100%ige Ausfallbürgschaften des Staates**, bei denen sich dieser aus wirtschaftspolitischen Gründen verpflichtet, die **nicht gedeckten Ansprüche des Hauptbürgen** gegenüber dem Schuldner zu befriedigen. Die Rückbürgschaft dient der 100%igen Absicherung des Hauptbürgen. Der Kreditgeber kann nur den Hauptbürgen in Anspruch nehmen.

Da der Rückbürge erst vom Hauptbürgen nach Ausschöpfung anderer Maßnahmen aufgefordert wird, erwirbt der Rückbürge den faktisch wertlosen Teil der Hauptforderung.

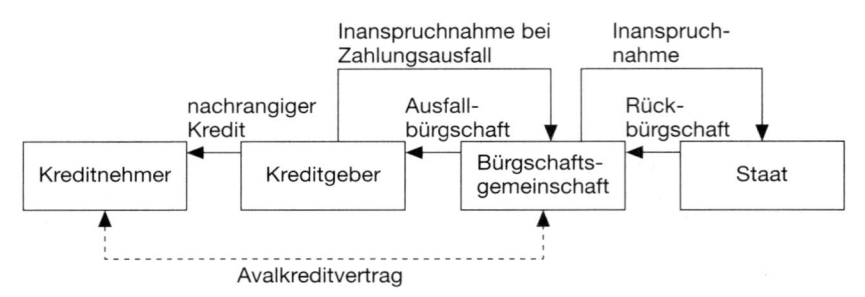

Abb. 24: Ausfallbürgschaft/Rückbürgschaft

Ebenfalls im Zusammenhang mit Kreditgewährungen steht der **Kreditauftrag**. Er ist ein dem Kreditgeber erteilter und von diesem angenommener Auftrag, dem Kreditnehmer im eigenen Namen und für eigene Rechnung Kredit zu gewähren. Führt der Kreditgeber diesen Auftrag durch, so haftet der Auftraggeber wie ein Bürge (§ 778 BGB).

Gründe für die Verwendung:
- keine Refinanzierungsmöglichkeit des Auftraggebers (z. B. bei staatlichen Institutionen zur Wirtschaftsförderung, meistens verbunden mit Zinsverbilligungsmaßnahmen)
- Liquiditätsprobleme des Auftraggebers
- Auftraggeber vermeidet die Kreditabwicklung.

Bei der **Lieferungs- und Leistungsgarantie** übernimmt der Garant die Verpflichtung, die termingerechte und vertragsmäßige Ablieferung der Ware zu gewährleisten. Er hat Schadenersatz zu leisten bei Nichterfüllung, Schlechterfüllung oder verspäteter Erfüllung. Die Laufzeit endet mit der vertragsgerechten Ablieferung. Banken versuchen, die Garantiesumme auf 20% des Auftragswertes vertraglich zu begrenzen. Doch ist dies sowohl eine Frage der Garantieprovision als auch des Risikos.

Die Lieferungsgarantie findet häufig Verwendung im Außenhandel, da sie erheblich stärker ist als eine Vertragsstrafe, bei der Zahlungspflichtiger wieder der Lieferant ist. Gerade bei Nichterfüllung wegen schlechter Geschäftslage (evtl. Konkurs) bleibt die Garantie bestehen.

Deckt die Lieferungs- und Leistungsgarantie die gesamte Vertragserfüllung insbesondere einschließlich der Übernahme der Gewährleistungsrisiken ab, spricht man von (Vertrags-) Erfüllungsgarantien.

Bei der **Gewährleistungsgarantie** gewährleistet die Bank eine technisch einwandfreie Ware und die Funktionstüchtigkeit während der vereinbarten Gewährleistungsfrist auf der Grundlage des Kaufvertrages, da Mängel oft noch nicht bei Lieferung, sondern erst mit Gebrauch festgestellt werden können. Die Garantiezeit beginnt i. d. R. mit der Betriebsbereitschaft und endet unter Umständen erst nach mehreren Jahren. Die Bank leistet in den meisten Fällen bis zu 20% des Warenwertes Schadenersatz, wenn die Mängel nicht ordnungsgemäß beseitigt werden. Im Baugewerbe betragen Gewährleistungsgarantien nach VOB nur 5% des Auftragswertes. Gewährleistungsgarantien können entweder vom Lieferanten gestellt werden, wenn er die volle Zahlung bei Lieferung bereits erhalten hat, oder vom Käufer, wenn er einen Teil des Kaufpreises so lange noch zurückbehält.

Bei einer **Bietungsgarantie** verpflichtet sich der Garant, Schadenersatz bis zu einer bestimmten Summe zu leisten, falls der Teilnehmer an einer öffentlichen Ausschreibung, der den Zuschlag zur Erstellung des Objektes erhalten hat, die Ausschreibungsbedingungen nicht einhält, die Ausführbarkeit unwahrscheinlich erscheinen läßt (aufgrund seiner wirtschaftlichen Leistungsfähigkeit) oder von einem Angebot zurücktritt.

Die Bank gibt also eine Garantie für die **Ausführbarkeit des Auftrages** ab und verpflichtet sich, eine »Konventionalstrafe« für nicht eingehaltene Angebote zu zahlen. Die Garantieleistung soll die Kosten einer Neuausschreibung bzw. den Schadenersatz decken und beläuft sich in der Regel auf 2 bis 5% des Auftragswertes. Durch die Stellung einer Garantie soll auch die Ausführwilligkeit des Bietenden dokumentiert werden.

Unabhängig vom Verfalldatum erlöschen alle Bietungsgarantien der Mitbietenden bei Erteilung des Zuschlags.

Bei der **Ausbietungsgarantie** übernimmt der Garant die Verpflichtung, dafür einzustehen, daß der Gläubiger einer Forderung im Falle der Zwangsversteigerung des Vermögensgegenstandes ohne Verlust bleibt. Der Garant bietet also solange mit, bis die Forderung des Avalbegünstigten aus dem Versteigerungserlös gedeckt ist. Damit erlischt dann die Garantie.

Bei der **Anzahlungsgarantie** verpflichtet sich der Garant, die geleisteten Anzahlungen zurückzuzahlen, wenn der Lieferant nicht vertragsgemäß liefert bzw. herstellt.

Anzahlungsgarantien werden vor allem im Außenhandel bei langen Liefer- oder Herstellungsfristen bzw. bei hohem Auftragswert oder Spezialanfertigungen verlangt.

Auch die **Zahlungsgarantie** findet meistens im Außenhandel Verwendung und wird zugunsten des Exporteurs im Auftrag des Importeurs abgegeben. Sie soll die Zahlung des (Rest-) Kaufpreises gewährleisten, falls der Importeur nicht (mehr) zahlungsfähig oder zahlungswillig ist.

Konnossementsgarantien sollen den Anspruchsberechtigten vor einer mißbräuchlichen Verwendung der Konnossemente schützen.

3.9 Akkreditive

Das Akkreditiv ist eine spezielle Form der kurzfristigen Außenhandelsfinanzierung. Es dient insbesondere dem **Exporteur zur Absicherung der Zahlungsverpflichtung** des Importeurs aus dem Kaufvertrag und dem **Importeur zur Minderung seines Lieferrisikos**.

Bei der Eröffnung eines Akkreditivs erklärt sich ein Kreditinstitut (Akkreditivbank) im Auftrag und für Rechnung des Importeurs bereit, dem begünstigten Exporteur bei einem anderen Kreditinstitut (Akkreditivstelle) einen bestimmten Betrag zu avisieren und bei Erfüllung der festgelegten Bedingungen auszuzahlen.

Da das Kreditinstitut mit seinem Namen und seiner Kreditwürdigkeit das Zahlungsversprechen anstelle des Importeurs abgibt, wird das Akkreditiv zur **Kreditleihe** und stellt aufgrund der abstrakten Zahlungszusicherung eine ausgezeichnete Kreditsicherheit für den Exporteur dar. Er erhält den Verkaufserlös bei Einreichung der Versanddokumente. Andererseits hat der Importeur die Gewißheit, durch die Formulierung der Akkreditivbedingungen eine vertragsgerechte Leistung zu erhalten.

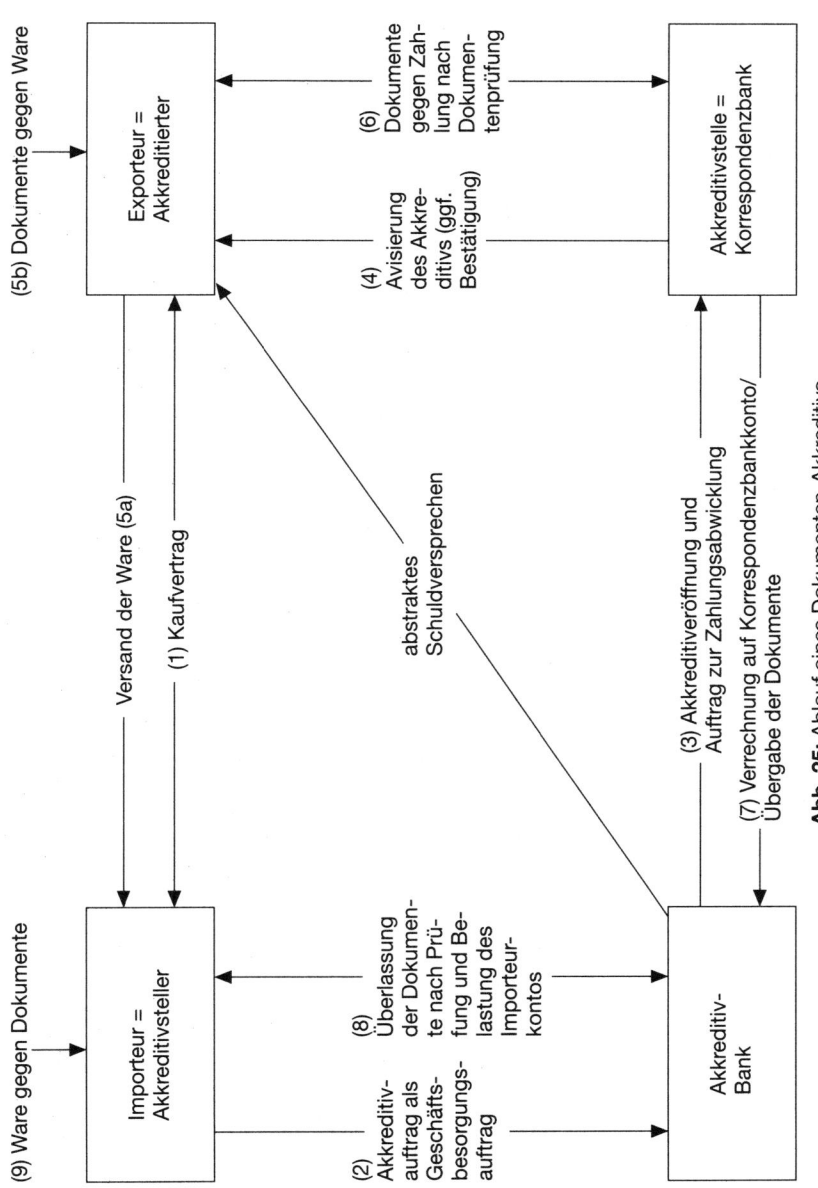

Abb. 25: Ablauf eines Dokumenten-Akkreditivs

Akkreditive können je nach Art des Außenhandelsgeschäfts und der Zahlungsbedingungen in unterschiedlichen Formen und Laufzeiten auftreten. Die von den meisten im Außenhandel tätigen Banken angewendeten »Einheitlichen Richtlinien und Gebräuche für Dokumentenakkreditive (ERA)« erlauben eine **weltweit konforme Abwicklung.**

Die gebräuchlichsten **Akkreditivarten** sind:

Widerrufliches Akkreditiv:	jederzeit widerrufbares abstraktes Schuldversprechen einer Bank
Unwiderrufliches Akkreditiv:	nicht widerrufbares abstraktes Schuldversprechen einer Bank während der Laufzeit
Bestätigtes Akkreditiv:	Abgabe eines 2. unwiderruflichen abstrakten Schuldversprechens durch die Akkreditivstelle
Vorschußakkreditiv:	gesicherter oder ungesicherter Barvorschuß für den Exporteur aus einem Akkreditiv zum Wareneinkauf
Sichtakkreditiv:	sofortige Zahlung an den Exporteur bei Vorlage der Dokumente
Nachsichtakkreditiv:	Zahlung erst nach Ablauf einer bestimmten Frist nach Vorlage der Dokumente
Deferred Payment-Akkreditiv:	wechselfreies Zahlungsziel nach Eingang der Dokumente, i. d. R. begrenzt auf die Transportdauer
Remboursakkreditiv:	Zahlungszielgewährung des Exporteurs nach Vorlage der Dokumente bei Wechselziehung auf eine Bank (ohne Refinanzierung des Exporteurs)
Negoziationsakkreditiv:	Zahlungszielgewährung des Exporteurs nach Vorlage der Dokumente bei Wechselziehung auf den Importeur mit Einlösungszusage einer bestimmten Bank (ohne Refinanzierung des Exporteurs)
Übertragenes Akkreditiv:	teilweise Übertragung von Akkreditivansprüchen auf einen Zulieferer des Exporteurs zur Sicherstellung dessen Lieferung
Gegenakkreditiv:	Verbindung eines rechtlich selbständigen Einkaufsakkreditivs mit einem Verkaufsakkreditiv
Revolvierendes Akkreditiv:	in Teilbeträgen kumulativ oder nicht kumulativ ausnutzbares Gesamtakkreditiv bei Dauergeschäften und Folgelieferungen
Commercial Letter of Credit (CLC):	übertragbare Verpflichtungserklärung einer Bank an Order bei Vorlage der Dokumente zu leisten

4 Langfristige Fremdfinanzierung

Die langfristige Fremdfinanzierung dient vor allem der Mitfinanzierung langlebiger Wirtschaftsgüter und erstreckt sich im wesentlichen auf folgende Formen:

Langfristige Fremdfinanzierung

Realkredite von Banken	Kredite durch die Emission von Schuldverschreibungen	Schuldscheindarlehen von Versicherungen	Langfristige Kredite von Privatpersonen und Unternehmen
1. an die gewerbliche Wirtschaft (Industriekredite i.w.S.) 2. an den Wohnungsbau (Wohnungsbaukredite) 3. an die Schiffahrt (Schiffskredite) 4. an die Gebietskörperschaften (Kommunalkredite)	1. Industrieobligationen 2. Wandelschuldverschreibungen 3. Optionsschuldverschreibungen 4. Euro-Bonds 5. Sonstige	**Langfristige Kredite von Spezial(kredit)instituten** 1. Kreditanstalt für Wiederaufbau (KfW) 2. Deutsche Ausgleichsbank (DtA) 3. Industriekreditbank (IKB) 4. Europäische Investitionsbank (EIB) 5. Ausfuhrkredit-Gesellschaft mbH (AkA) 6. Sonstige	

4.1 Realkredite an die gewerbliche Wirtschaft

4.1.1 Wesen und Sicherstellung

Realkredite sind langfristige Kredite zur Finanzierung von Immobilien und Investitionsgütern mit einer Mindestlaufzeit von 4 Jahren, deren Sicherstellung durch Grundpfandrechte auf dem Eigentum des Kreditnehmers oder eines Dritten erfolgt.

Gesetzliche Grundlage sind die Vorschriften über das Darlehen (§ 607 ff. BGB), die von den Allgemeinen Geschäftsbedingungen der Kreditinstitute ergänzt werden. Als Kreditgeber treten im wesentlichen auch nur Kreditinstitute auf, wobei der Sparkassensektor mit den Landesbanken sowie die Hypothekenbanken eine überragende Stellung einnehmen, die in ihrem **Refinanzierungspotential** begründet ist (insbesondere Spareinlagen und Pfandbriefe). Genossenschaftsbanken und Kreditbanken refinanzieren sich dagegen überwiegend durch kurz- und mittelfristige Kundeneinlagen und können deshalb aufgrund der Liquiditätsgrundsätze im Kreditwesengesetz nur eine beschränkte langfristige Kreditvergabe übernehmen. Durch das Allfinanzsystem ist jedoch heute i. d. R. jede Bank in der Lage, direkt oder indirekt die erforderlichen langfristigen Finanzierungsmittel bereitzustellen (siehe Kap. A. 5.3).

Wesentliche **Merkmale des Realkredits** sind:
- Grundpfandrechtliche Sicherstellung
- Mindestlaufzeit bei Kreditgewährung von 4 Jahren
- langfristige Investitionsfinanzierung vorrangig von Immobilien
- keine Verbriefung der Forderung des Kreditgebers
- Tilgung je nach Verwendungszweck als Festdarlehen oder Ratendarlehen
- Auszahlung je nach Baufortschritt oder erst nach Schlußabnahme und Verwendungsnachweis
- Kündigungsrecht des Schuldners häufig nur zum Ablauf einer Zinsbindungsfrist
- Kündigungsrecht des Gläubigers nur bei nicht vertragsgemäßem Verhalten
- Zinsanpassung während der Laufzeit.

Während früher bei Realkrediten auch sehr lange Laufzeiten mit bis zu 40 Jahren mit festen Zinssätzen möglich waren, erfolgt heute im Regelfall eine **Zinsanpassung** bereits nach wenigen Jahren. Häufige Fristen sind 2, 3, 5, 8, 10 und manchmal auch noch 12 und 15 Jahre, wobei die Effektivverzinsung bei den einzelnen Laufzeiten je nach Kapitalmarktlage sehr unterschiedlich sein kann. Während in Niedrigzinsphasen die Nachfrage nach langen Laufzeiten zunimmt, steigt dagegen in Hochzinsphasen das Angebot langer Laufzeiten.

Der Ablauf eines Realkredits wird vor allem durch seine **grundpfandrechtliche Sicherstellung** bestimmt. Wichtigste Voraussetzung der Kreditgewährung ist deshalb auch zunächst die Eintragung im Grundbuch.

Das **Grundbuch** wird vom Grundbuchamt, einer Abteilung des Amtsgerichts, als öffentliches Register geführt und enthält alle erforderlichen Angaben über die Grundstücke des Amtsgerichtsbezirks. Das Grundbuch genießt öffentlichen Glauben und kann von jedem, der ein berechtigtes Interesse nachweisen kann, eingesehen werden (z. B. Kaufvertragsabsicht bei Zustimmung des Eigentümers). Jedes einzelne Grundbuchblatt gliedert sich folgendermaßen:

Aufschrift
Benennung des Grundbuchbezirks, des Grundbuchbandes und des Grundbuchblattes

Bestandsverzeichnis
Bezeichnung von Lage, Art und Größe des Grundstücks gemäß dem Katasterverzeichnis, das in seinen vielzähligen Flurkarten die Grenzen der einzelnen Flurstücke und die Bebauung wiedergibt. Dabei kann ein Grundstück aus mehreren Flurstücken bestehen. Aufführung der mit dem Grundstück verbundenen Rechte (an anderen Grundstücken), die dem Eigentümer zustehen.

Abteilung I
Benennung von Eigentümer sowie Rechtsgrund und Zeitpunkt des Grundstückserwerbs.

Abteilung II
Aufführung aller Lasten und Beschränkungen zugunsten Dritter an dem Grundstück
- **Nutzungsrechte** wie Grunddienstbarkeiten und persönliche Dienstbarkeiten (z. B. Wegerecht), Nießbrauch (z. B. Obsternte), Wohnrecht (Zimmernutzung für eine bestimmte Person), Dauernutzungsrecht (veräußerliches und vererbbares Nutzungsrecht für bestimmte Räume), Erbbaurecht (vererbbares Recht, auf dem Grundstück gegen Erbbauzins Gebäude zu errichten), Reallasten (wiederkehrende Leistungen: z. B. Erntehilfe)
- **Vorkaufsrecht:** Berechtigung, in einen mit einem Dritten geschlossenen Kaufvertrag über das Grundstück zu denselben Bedingungen eintreten zu können
- **Verfügungsbeschränkungen** wie Zwangsversteigerungsvermerk oder Auflassungsvormerkung

Abteilung III
Eintragung der Grundpfandrechte Grundschuld, Hypothek und Rentenschuld sowie alle damit in Verbindung stehenden Veränderungen (z. B. Löschungsbewilligung oder Rangvorbehalt)

In der **Grundschuld-** oder **Hypotheken-Bestellungsurkunde** wird ein Notar beauftragt, die Eintragung des Grundpfandrechts beim Grundbuchamt zu veranlassen. Die Kosten sind wertabhängig von der Kredithöhe (§ 794 ZPO). Durch eine Bestellungsurkunde mit **Unterwerfungsklausel,** wie sie für ein Erstengagement üblicherweise verlangt wird, erhält das Kreditinstitut einen dinglichen Titel, der die sofortige Zwangsvollstreckung in das Objekt erlaubt (Zwangsverwaltung oder Zwangsversteigerung). Bei einer Grundschuld werden die Bestellungsformulare getrennt vom Kreditvertrag verfaßt. Wegen des akzessorischen Charakters der Hypothek ist hier beides in einem Vordruck verbunden.

Die Auszahlung kann i. d. R. erst nach Eintragung des Grundpfandrechts im Grundbuch erfolgen. Gegebenenfalls sind Banken aber auch bereit, schon bei Vorlage der Bestellungsurkunde Kreditbeträge zu valutieren, wenn z. B. bei neuen Gewerbegebieten Vermessungs- und Übertragungsprobleme eine Verzögerung der Eintragung erwarten lassen.

Sollen später weitere Kredite (anderer Kreditgeber) ausgezahlt werden, so daß weitere grundbuchliche Belastungen erforderlich werden, die aber der ersten Eintragung im Rang vorgehen müssen (z. B. bei Versicherungen), kann die spätere **Vorrangeinräumung** (§ 880 BGB) durch einen **Rangvorbehalt** (§ 881 BGB) bei der Ersteintragung vermieden werden.

Weiterhin geht mit jeder nachrangigen Eintragung eine **Löschungsvormerkung** einher, mit der sich nachrangige Rechte das Aufrückungsrecht sichern wollen, wenn das vorgehende erlischt.

Ist der Kreditnehmer nicht selbst Grundstückseigentümer, muß letzterer eine **Zweckerklärung** abgeben, mit der er die sicherungsmäßige, dingliche Haftung des Grundstücks übernimmt (§ 1113 BGB). Der Kreditnehmer hat dann nur die schuldrechtliche Zahlungsverpflichtung aus dem Kreditvertrag.

Die **Eintragung** der Grundpfandrechte erfolgt **mit einer Verzinsung,** die i. d. R. über dem Nominalzins des Kredites liegt (z. B. 1 Mill. EUR zuzüglich 10% jährliche Zinsen vom Tage der Eintragung ab). Diese Zinsen sollen Zinsrückstände, außergerichtliche Kosten und ähnliches decken. Bei der Zwangsverwaltung wird aus den Zinsen des Grundpfandrechts der Kreditzinsdienst bezahlt. Muß z. B. nach 5 Jahren die Zwangsversteigerung anberaumt werden, hat der Kreditgeber ein maximales Sicherheitspotential von 1,5 Mill. EUR, das er bei einer Grundschuld für alle Verbindlichkeiten heranziehen kann. Das nachfolgende Recht beginnt dann tatsächlich erst spätestens bei 1,5 Mill. EUR.

Beispiel:
```
    1 000 000 EUR Kredit am 15.04.1999
−      50 000 EUR Tilgung
      950 000 EUR Valuta am 15.04.2004
+     160 000 EUR Zinsrückstände
+      30 000 EUR Kosten u. ä.
+     240 000 EUR andere Forderungen aus Kreditgewährung
=   1 380 000 EUR Gesamtforderung des Kreditgebers
              = Sicherungsbeginn des 2. Kreditgebers
```

Langfristige Fremdfinanzierung

Hat ein Unternehmen z. B. sein Betriebsgebäude nacheinander mit 4 Grundschulden belastet, und eine Zwangsversteigerung bringt nur einen Erlös von 930 000 EUR, so erhält der Gläubiger des Rechts an 4. Stelle nur 20 000 EUR. Aufgrund der Zugriffsmöglichkeit auf die eingetragenen Zinsen würde bei einer Versteigerung nach 2 Jahren unter Umständen nicht nur der Gläubiger des letztrangigen Rechts unbefriedigt bleiben sondern auch zum größten Teil der Gläubiger an 3. Stelle.

1. Stelle Grundschuld 400 000	Versteigerungserlös 930 000 bei Bezugsfertigkeit	**1. Stelle** Grundschuld 400 000 nebst 10% Zinsen ab dem Tage der Eintragung	Versteigerungserlös nach 2 Jahren 980 000	geschätzter Verkehrswert 1 400 000
		Zinsen 80 000		
2. Stelle Grundschuld 400 000		**2. Stelle** Grundschuld 400 000 nebst 10% Zinsen ab dem Tage der Eintragung		
		Zinsen 80 000		
3. Stelle Grundschuld 110 000		**3. Stelle** Grundschuld 110 000 nebst 10% Zinsen	unbefriedigte Rechte, falls die vorrangigen Rechte voll benötigt werden 220 000	
		Zinsen 22 000		
4. Stelle Grundschuld 90 000	unbefriedigtes Recht 70 000	**4. Stelle** Grundschuld 90 000 nebst 10% Zinsen		
		Zinsen 18 000		
Sicherheitenauslauf bei 1 Mill.		Sicherheitenauslauf faktisch bei 1 200 000		

Ist die Eintragung der Grundschuld erfolgt, steht sie voll dem Kreditgeber zu. Die Hypothek ist jedoch **bis zur Valutierung** aufgrund der Akzessorietät noch eine **Eigentümerhypothek** (§ 1163 BGB), wobei der eingetragenen Bank zunächst nur ein **Sicherheitsanwartschaftsrecht** zusteht. Manche bezeichnen die Eigentümerhypothek auch als vorläufige Eigentümergrundschuld. Eine endgültige Eigentümergrundschuld entsteht jedoch erst mit fortschreitender Tilgung in Höhe der Tilgungsbeträge (§ 1177 BGB).

Mit Tilgungsfortschritt kann bereits eine **Teillöschungsbewilligung** erteilt werden, die jedoch eine Grundbuchänderung zur Folge hat. Nach vollständiger Rückzahlung gibt der Kreditgeber dem Kreditnehmer eine **Löschungsbewilligung,** so daß der Kreditnehmer beim Grundbuchamt einen **Löschungsantrag** durch einen Notar stellen lassen kann. Nach der Löschung rücken die nachrangigen Rechte auf.

Sollte der Wert eines Grundstücks als Kreditsicherheit nicht ausreichen, kann eine **Gesamtgrundschuld** eingetragen werden, die auf mehreren Grundstücken lastet (§ 1132 BGB). Mehr- bzw. Minderlöse auf einzelnen Grundstücken können bei einer Verwertung ausgeglichen werden. Dies ist jedoch nicht bei Hypotheken möglich, da sie akzessorisch sind und Mehrerlöse an die Kreditnehmer gehen müssen.

Höchstbetragshypotheken erweisen sich für den Kreditgeber oft als unzweckmäßig, da die Verzinsung bereits im Höchstbetrag enthalten ist, nur eine Buchhypothek als Sicherungshypothek gem. § 1185 BGB möglich ist und keine Unterwerfungsklausel eingetragen werden kann, da die Höhe der Forderung bei Sicherheitenbestellung noch ungewiß ist.

Es lassen sich grundsätzlich Buchhypotheken bzw. Buchgrundschulden sowie Briefhypotheken bzw. Briefgrundschulden unterscheiden. Bei **Buchgrundpfandrechten** erhält der Gläubiger keine Urkunde über die Eintragung (Grundschuldbrief bzw. Hypothekenbrief), so daß eine Abtretung nur durch Umschreibung im Grundbuch erfolgen kann. Bei **Briefgrundpfandrechten** kann die Abtretung ohne Grundbuchänderung vorgenommen werden.

Eine Sonderform der Grundschuld ist die **Eigentümergrundschuld.** Sie kann der Grundstückseigentümer zu seinen Gunsten eintragen lassen. Eine Eigentümergrundschuld ist eine vollwertige Grundschuld und hat folgende **Vorteile:**

- der tatsächliche Gläubiger ist nicht aus dem Grundbuch ersichtlich
- keine Neueintragung bei Gläubigerwechsel; Übertragung durch schriftliche Zession (§ 1154 BGB) mit dem Zusatz des Einverständnisses der Eintragung

im Grundbuch. Eine notarielle Form ist nicht erforderlich, solange die Grundschuld nicht geltend gemacht werden soll.
- Rangsicherung durch den Eigentümer
- Sicherheitsbevorratung

4.1.2 Beleihungswert und Beleihungsgrenze

Realkredite sind untrennbar mit der dinglichen Sicherstellung verbunden. Bonität und Volumen des Sicherungspotentials bestimmen deshalb auch entscheidend die Kredithöhe. Ausgangsbasis für die Ermittlungen des Kreditgebers ist der aus Banksicht **risikogeminderte Dauerwert** einer Immobilie (Beleihungswert), von dem unter Abzug eines gesetzlichen oder banksatzungsmäßigen Prozentsatzes die Beleihungsgrenze als Obergrenze für die Kreditgewährung festgelegt wird.

Der **Verkehrswert** wird dagegen als im gewöhnlichen Geschäftsverkehr erzielbarer, stichtagsbezogener Wert ohne Berücksichtigung individueller Verhältnisse gesehen, so daß er i. d. R. über dem Beleihungswert liegen wird.

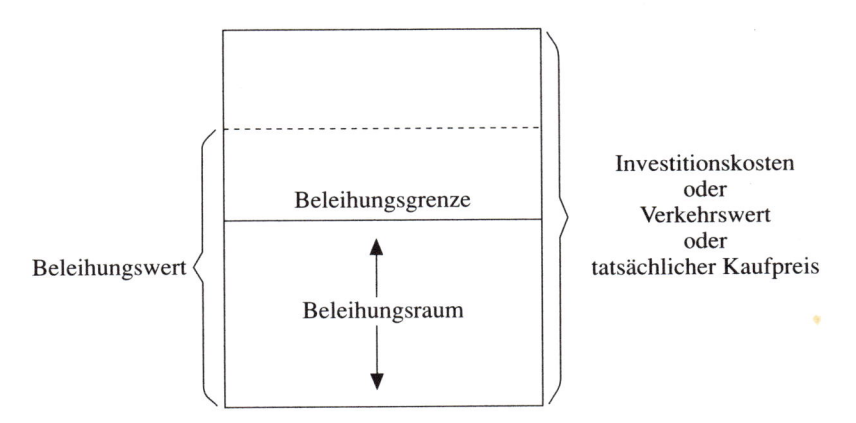

```
                    ┌─────────────────┐
                    │                 │
                    │-----------------│        Investitionskosten
                    │                 │              oder
        Beleihungs- │ Beleihungsgrenze│         Verkehrswert
Beleihungswert      │        ↑        │              oder
                    │  Beleihungsraum │       tatsächlicher Kaufpreis
                    │        ↓        │
                    └─────────────────┘
```

Der **Beleihungsraum** kann durch die Grundpfandrechte erstrangig, zweitrangig oder nachrangig ausgefüllt werden, wobei ebenfalls rechtliche Rahmenbedingungen einen bestimmten Rang erfordern können.

Bei der Ermittlung des Beleihungswertes können verschiedene Abschläge vorgenommen werden. Je nach dem **Grad der gewerblichen Nutzung** bzw. des gewerblichen Risikos werden Gewerbeabschläge bis zu 30% vorgenommen. Eine ausschließlich gewerbliche Nutzung liegt bei über 80% der Gesamtfläche vor, eine überwiegend gewerbliche Nutzung bei 50 – 80%, eine gemischte Nutzung bei 20 – 50% und eine wohnungswirtschaftliche Nutzung bei unter 20%.

Um auch das Risiko eines sinkenden Verkehrswertes bzw. ein erhöhtes Kreditrisiko zu berücksichtigen, wird ein **Preisrisikoabschlag** gefordert (Abschlagsmethode). Alternativ kann auch die Berechnung auf der Basis der Gebäudewerte von 1914 erfolgen, wobei dann mit einem niedrigeren als dem derzeitigen Baupreisindex (→ Bankenindex) multipliziert wird, um das Preisrisiko zu kompensieren. Dieses Verfahren wird als Indexmethode überwiegend von Versicherungen und bei wohnungswirtschaftlicher Objektnutzung verwendet.

Bei der Feststellung des Beleihungswertes werden sowohl der Sachwert als auch der Ertragswert der Immobilie berücksichtigt.

Der **Sachwert** setzt sich aus dem Bodenwert und dem Bauwert zusammen. Handelt es sich um Altbauten sind entsprechende Wertminderungen vorzunehmen.

Die Ertragswertermittlung geht vom Mietrohertrag als nachhaltiger Dauermiete dieser oder einer vergleichbaren Immobilie am Ort aus und berücksichtigt die anfallenden Bewirtschaftungskosten konkret oder pauschal sowie einen Gewerberisikoabschlag wie bei der Sachwertermittlung. Je nach Einschätzung des Kreditrisikos wird mit einem Kalkulationszinsfuß von 6 bis 10% gerechnet.

Bei der Ertragswertermittlung ist jedoch entscheidend, ob eine unbegrenzte Lebensdauer unterstellt wird, oder für das Gebäude eine befristete Zeitrente anzusetzen ist. Beim **einfachen Ertragswertverfahren** wird angenommen, daß das gesamte Objekt (Boden und Gebäude) »ewig« ist, so daß sich der Diskontierungssummenfaktor (DSF) zu 1: i reduziert. Der Ertragswert ergibt sich dann durch die Kapitalisierung des gesamten (berichtigten) Mietreinertrages des Objektes pro Jahr.

$$\text{Ertragswert bei unbegrenzter Lebensdauer} = \frac{\text{berichtigter Mietreinertrag pro Jahr}}{\text{Kapitalisierungszinsfuß}} \cdot 100$$

Beim **gespaltenen Ertragswertverfahren** wird eine bestimmte Restnutzungsdauer für das Gebäude zugrundegelegt und nur der Boden als »ewig« angesehen. Der Bodenertragsanteil ist deshalb vom Mietertrag abzuziehen und nur der Gebäudereinertrag zu kapitalisieren. Der Ertragswert ergibt sich dann aus der Addition von Gebäudeertragswert und Bodenwert.

Langfristige Fremdfinanzierung 141

Der **Beleihungswert** wird nicht einheitlich festgestellt. Ist der Ertragswert größer als der Sachwert, wird als Beleihungswert i. d. R. der Mittelwert gebildet; ist der Ertragswert kleiner, so ist meistens der Ertragswert der Beleihungswert.

Abschlagsmethode

   Herstellungskosten inkl. Nebenkosten und Außenanlagen
− Wertminderung bei Altobjekten (z. B. Abschreib.)
= Gebäudezeitwert
− Preisrisikoabschlag
= risikoangepaßter Gebäudezeitwert
− Gewerbeabschlag
= Bauwert
± Zuschläge/Abschläge wegen besonderer Umstände wie Lage, Ausstattung, Nutzungsbegrenzung oder Marktlage
+ Bodenwert
= **Sachwert**

   Mietrohertrag pro Jahr
− Bewirtschaftungskosten
   (Verwaltungs- Betriebs- Instandhaltungskosten, Mietausfallwagnis)
= Mietreinertrag pro Jahr
− Gewerbeabschlag
= berichtigter Mietreinertrag
− Bodenwertverzinsung (Bodenertragsanteil)
= Gebäudereinertrag pro Jahr
   Kapitalisiert mit Kalkulationszinsfuß bezogen auf die Restnutzungsdauer
= Gebäudeertragswert
± Zuschläge/Abschläge wegen besonderer Umstände
+ Bodenwert
= **Ertragswert**

Beleihungswert = Ertragswert, wenn Ertragswert < Sachwert

Beleihungswert = $\dfrac{\text{Ertragswert} + \text{Sachwert}}{2}$, wenn Ertragswert > Sachwert

Abb. 26: Abschlagsmethode (Berechnungsschema für Sachwert und Ertragswert)

Die Kapitalisierung erfolgt mit dem Diskontierungssummenfaktor in bezug auf die Restnutzungsdauer. Der DSF wird dabei auch als Vervielfältiger bezeichnet. Der **Diskontierungssummenfaktor** zinst die jährlichen Einzahlungen bzw. Auszahlungen zum gewählten Zinssatz auf den Bezugszeitpunkt t_0 ab und addiert die jeweiligen Barwerte:

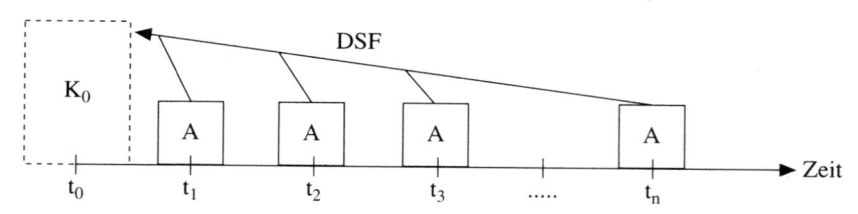

K_0 = Barwert der gesamten jährlichen Zahlungen
A = Jahreszahlungen

Die **Beleihungsgrenze** beträgt bei den meisten Banken 60% des Beleihungswertes, bei Versicherungen i. d. R. 40%. Der Differenzbetrag zwischen Beleihungsgrenze und Investitionskosten muß durch Innenfinanzierung, Beteiligungsfinanzierung oder Finanzierungshilfen gedeckt werden. Höhere Kreditbeträge können nur durch Zusatzsicherheiten wie Bürgschaften oder noch unbelastete Vermögensgegenstände erzielt werden.

Beispiel:
Ermittlung der Beleihungsgrenze bei gewerblicher Objektnutzung (mehrgeschossiger, mittelständischer Industriebetrieb in einem Gewerbegebiet nahe einer Kreisstadt)

Herstellungskosten 320 DM ortsüblich/cbm für 45 000 cbm	14 400 000 DM
+ 20% für Nebenkosten/Außenanlagen	2 880 000 DM
	17 280 000 DM
− Wertminderung gemäß Ross'scher Abschreibungstabelle für 11 Jahre bei 60 Jahren Nutzungsdauer (10,8%)	1 866 240 DM
= Gebäudezeitwert	15 413 760 DM
− Preisrisikoabschlag von 25%	3 853 440 DM
= risikoangepaßter Gebäudezeitwert	11 560 320 DM
− Sicherheitsabschlag von 20% wegen des gewerblichen Risikos	2 312 064 DM
= Bauwert	9 248 256 DM

Langfristige Fremdfinanzierung

+ Zuschlag wegen besonders verkehrsgünstiger Lage und guter Ausstattung	701 744 DM
+ Bodenwert (Grundstückskosten 40 DM für 15 000 qm Erschließungskosten 30 DM für 15 000 qm)	1 050 000 DM
= Sachwert	11 000 000 DM
Mietrohertrag 12 DM/p. M. auf einer Nutzungsfläche von 8 500 qm	1 224 000 DM
− Bewirtschaftungskosten pauschal 30%	367 200 DM
= Mietreinertrag pro Jahr	856 800 DM
− Gewerbeabschlag 20%	171 360 DM
= berichtigter Mietreinertrag pro Jahr	685 440 DM
− Bodenverzinsung 7% auf 1 050 000 DM	73 500 DM
= Gebäudereinertrag pro Jahr	611 940 DM

Gebäudeertragswert = Gebäudereinertrag · DSF

$$\text{Diskontierungssummenfaktor (DSF)} = \frac{(1 + i)^n - 1}{i(1 + i)^n}$$

Bei einer Restnutzungsdauer von 49 Jahren und einem Zinssatz von 7% p. a. beträgt der DSF 13,77.

Gebäudeertragswert = 611 940 · 13,77 = 8 426 413,80 DM.

Ertragswert = Gebäudeertragswert + Bodenwert = 9 476 413,80 DM

Beleihungswert ist hier der Ertragswert, da der Ertragswert kleiner ist als der Sachwert.

Die Beleihungsgrenze (60%) liegt bei 5 685 848,20 DM.

Die Beleihungswertermittlung der Banken wird des öfteren kritisiert, wobei vor allem folgende Aspekte genannt werden:
- Unterschiedliche Berücksichtigung der Determinanten wie Nebenkosten, Bewirtschaftungskosten, Kapitalisierungszins, Sicherheitsabschlag,
- Verschiedene Ermittlungsmethoden (Abschlags- oder Indexmethode),
- Teilweise überhöhtes Sicherheitsbedürfnis der Banken,
- Scheu vor gewerblichen Risiken,
- Benachteiligung von Unternehmen, die kein ausreichendes Sicherheitspotential haben.

Sollen neben der vermögensorientierten Beleihungsgrenze auch Aspekte der Leistungsfähigkeit des Kreditnehmers berücksichtigt werden, so kann die Kapitaldienstgrenze für die Gesamtbeurteilung mit einbezogen werden.

Die **Kapitaldienstgrenze** bezeichnet den Betrag, der durch die erwartete dauerhafte Leistungsfähigkeit eines Unternehmens oder durch die erwarteten dauerhaften Einkünfte einer Person zur Verfügung steht. Wird die Kapitaldienstgrenze auf das Objekt bezogen (z. B. Leistungsfähigkeit des Miethauses), entspricht sie dem Mietreinertrag im Jahr. Wird die Leistungsfähigkeit des Unternehmens zugrunde gelegt, ist der Cash-flow maßgeblich.

Beide Grenzen beeinflussen einander; so kann eine hohe Kapitaldienstgrenze eine hohe Ausnutzung des Beleihungswertes erlauben, eine niedrige Kapitaldienstgrenze dagegen nicht einmal die übliche Beleihung zulassen.

4.1.3 Tilgungsarten und Effektivverzinsung

Da langfristige Kredite der langfristigen Investitionsfinanzierung dienen, sollte sich auch der **Tilgungsverlauf dem langfristigen Amortisationsverlauf des Wirtschaftsgutes anpassen,** damit eine ordnungsgemäße Kapitalrückzahlung vorrangig aus den Abschreibungsgegenwerten erfolgen kann. Da die Kapitalfreisetzung aber häufig erst nach einer gewissen Anlaufphase beginnt, können tilgungsfreie Jahre zu Beginn der Laufzeit einen konformen Kapitaldienst ermöglichen. Übliche Tilgungsart bei Realkrediten an Unternehmen ist deshalb auch die Ratentilgung. In bestimmten Fällen (z. B. Kreditsubstitution) und bei einigen Kreditgebern (z. B. Versicherungen) sind auch Festdarlehen erhältlich.

Ein **Ratendarlehen** ist ein i. d. R. langfristiger Kredit, der meist nach Freijahren in gleichhohen Tilgungsbeträgen während der Laufzeit zurückgezahlt wird.

Ein **Festdarlehen** ist ein i. d. R. langfristiger Kredit, der am Ende der Laufzeit in einer Summe zurückzuzahlen ist, so daß während der Laufzeit nur Zinszahlungen anfallen.

Diese Tilgungsart stellt bei Schuldverschreibungen die Regeltilgungsart dar.

Ist der Kapitaldienst während der Laufzeit konstant, liegt eine Annuitätentilgung vor, die vor allem in der Wohnungsbaufinanzierung auftritt. Ein **Annuitätendarlehen** ist ein i. d. R. langfristiger Kredit, der in gleichmäßigen Jahresbeträgen für den Kapitaldienst bei steigendem Tilgungsanteil und fallendem Zinsanteil zurückgezahlt wird.

Langfristige Fremdfinanzierung 145

Tilgungsart und Effektivverzinsung sind eng miteinander verbunden. Die **Effektivverzinsung** stellt die objektive, durchschnittliche Gesamtverzinsung eines Kredits dar, bezogen auf das Jahr als Periode.

Sie ist abhängig von:
1. Nominalzins
2. Auszahlungskurs
3. Rückzahlungskurs
4. Zahl der Frei-/Tilgungsjahre
5. Tilgungsart
6. Zinszahlungsterminen

Nebenkosten, die sich auf den Kreditbetrag beziehen, wie Bearbeitungsgebühren oder Erwerbskosten bei Schuldverschreibungen, können im Auszahlungskurs berücksichtigt werden, laufende gleichmäßige Kosten durch entsprechende Erhöhung des Nominalzinssatzes (z. B. Bürgschaftsprovisionen). – Gemäß der Preisangabenverordnung sind Kreditinstitute verpflichtet, den Effektivzinssatz bei Kreditangeboten auszuweisen.

Die Ermittlung der Effektivverzinsung kann durch **Näherungsverfahren** oder auf **finanzmathematischer Basis** erfolgen.

Näherungsverfahren

$$r_{eff} = \frac{p + \frac{RK - AK}{n}}{AK} \cdot 100$$

p = Zinssatz in % p. a. Ak = Auszahlungskurs
Rk = Rückzahlungskurs   n = Laufzeit in Jahren

Finanzmathematisch kann die Effektivverzinsung unter Anwendung des Restwertverteilungsfaktors (RVF) oder der Regula falsi errechnet werden.

$$r_{eff} = \frac{p + (Rk - Ak) \cdot RVF}{Ak} \cdot 100$$

$$RVF = \frac{i}{(1 + i)^n - 1}$$

Der **Restwertverteilungsfaktor** transformiert eine in der Zukunft am Ende der Laufzeit liegende Zahlung (Disagio) zum Nominalzins in eine Zahlungsreihe:

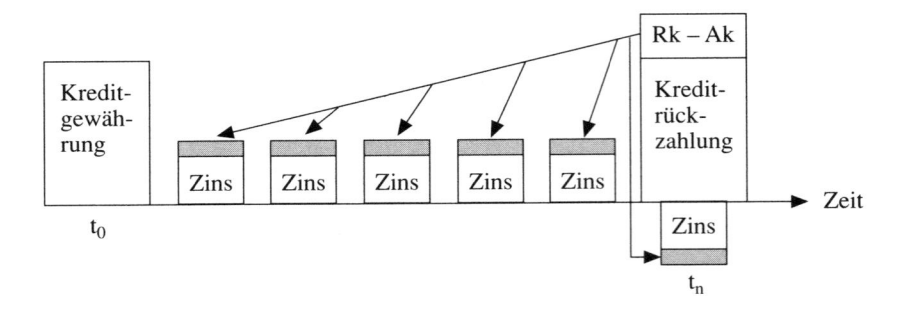

Regula Falsi

$$r_{eff} = i_1 - C_{0,1} \cdot \frac{i_2 - i_1}{C_{0,2} - C_{0,1}}$$

i_1 = unterer Versuchszinssatz
i_2 = oberer Versuchszinssatz
$C_{0,1}$ = Kapitalwert bei unterem Versuchszinssatz
$C_{0,2}$ = Kapitalwert bei oberem Versuchszinssatz

Beispiel:

Festdarlehen
Kredit: 100 000 EUR
Auszahlungskurs 96%   Rückzahlungskurs 100%
Tilgung: Am Ende der Laufzeit von 10 Jahren
Bearbeitungsgebühr: 1% vom Nennwert
Nominalzins: 8% p. a. jährlich nachträglich

finanzmathematisch:

$$r_{eff} = \frac{8 + (100 - 95) \cdot 0{,}0690295}{95} \cdot 100 = 8{,}7844 \text{ \% p. a.}$$

Näherungsverfahren:

$$r_{eff} = \frac{8 + \dfrac{100 - 95}{10}}{95} \cdot 100 = 8{,}9474\% \text{ p. a.}$$

Langfristige Fremdfinanzierung

Tilgungsplan für ein Festdarlehen *(Bundesobligation, Pfandbrief)*

Jahr	Kredit	Zinsen	Tilgung	Kapitaldienst	Restschuld
t_1	100 000	8 000	–	8 000	100 000
t_2	100 000	8 000	–	8 000	100 000
t_3	100 000	8 000	–	8 000	100 000
⋮	⋮	⋮	⋮	⋮	⋮
t_{10}	100 000	8 000	100 000	108 000	–
Summe		80 000	100 000	180 000	

Wird das Festdarlehen vorzeitig zurückgezahlt, so steigt die Effektivverzinsung, da sich das Disagio als Vorwegzins auf eine kürzere Laufzeit verteilt. Sind die Zinszahlungstermine unterjährig, z. B. halbjährlich, steigt die Effektivverzinsung ebenfalls, da die Zinsen früher zu bezahlen sind.

$$r_{eff} = \left[\left(1 + \frac{i}{m}\right)^m - 1\right] \cdot 100$$

$$r_{eff} = \left[\left(1 + \frac{0{,}087844}{2}\right)^2 - 1\right] \cdot 100 = 8{,}9773\ \%\ \text{p. a.}$$

$$i = \frac{p}{100}$$

m = Anzahl unterjähriger Perioden

Da beim **Ratendarlehen** bereits während der Laufzeit getilgt wird, kann hier nicht die gesamte Laufzeit n, sondern wegen der kürzeren durchschnittlichen Kapitalbindungsfrist nur die **mittlere Laufzeit** m angesetzt werden.

Die mittlere Laufzeit ist die Laufzeit, während der bei Ratentilgung gedanklich das volle Darlehen zur Verfügung steht. Zerlegt man das Darlehen in Teilbeträge mit fester Laufzeit (Tilgungsrate T1 steht nur für ein Jahr, Tilgungsrate T2 steht nur für 2 Jahre, Tilgungsrate T3 nur für 3 Jahre usw. zur Verfügung), so ergibt sich die mittlere Laufzeit als arithmetisches Mittel aus der kürzesten (T1) und der längsten Laufzeit (T5).

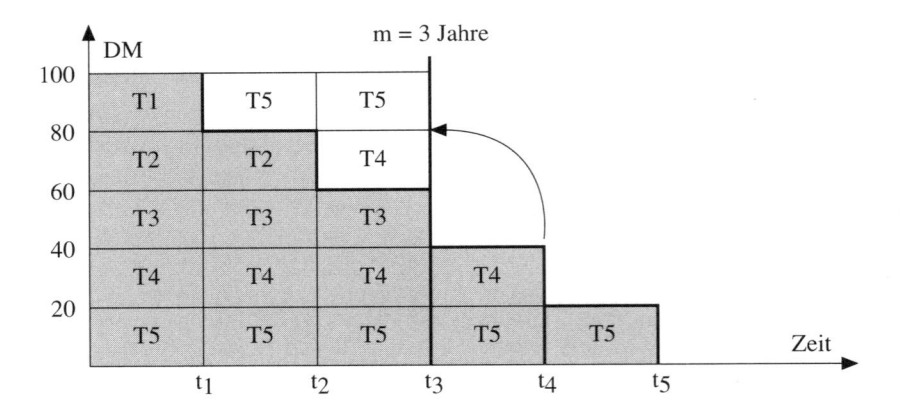

$$m = \frac{\text{Zahl des 1. Tilgungsjahres} + \text{Zahl des letzten Tilgungsjahres}}{2}$$

oder:

$$m = \text{Freijahre} + \frac{\text{Tilgungsjahre} + 1}{2}$$

Beispiel:
Setzt man unter Annahme der Bedingungen für das vorangegangene Beispiel »Festdarlehen« die mittlere Laufzeit ein, so ergibt sich als Effektivverzinsung für das Ratendarlehen bei 2 Freijahren und 8 Tilgungsjahren:

$$m = \frac{3 + 10}{2} = 6{,}5 \text{ Jahre}$$

$$m = 2 + \frac{(8 + 1)}{2} = 6{,}5 \text{ Jahre}$$

finanzmathematisch: $\quad r_{eff} = \dfrac{8 + (100 - 95) \cdot 0{,}1232422}{95} \cdot 100 = 9{,}0697\%$ p. a.

Näherungsverfahren: $\quad r_{eff} = \dfrac{8 + \dfrac{100 - 95}{6{,}5}}{95} \cdot 100 = 9{,}2308\%$ p. a.

Langfristige Fremdfinanzierung 149

Tilgungsplan bei Ratentilgung

Jahr	Kredit	Zinsen	Tilgung	Kapitaldienst	Restschuld
t_1	100 000	8 000	–	8 000	100 000
t_2	100 000	8 000	–	8 000	100 000
t_3	100 000	8 000	12 500	20 500	87 500
t_4	87 500	7 000	12 500	19 500	75 000
t_5	75 000	6 000	12 500	18 500	62 500
t_6	62 500	5 000	12 500	17 500	50 000
t_7	50 000	4 000	12 500	16 500	37 500
t_8	37 500	3 000	12 500	15 500	25 000
t_9	25 000	2 000	12 500	14 500	12 500
t_{10}	12 500	1 000	12 500	13 500	0
Summe		52 000	100 000	152 000	

Die Effektivverzinsung ist beim Ratendarlehen höher als beim Festdarlehen, da beim Ratendarlehen die **durchschnittliche Kapitalbindung** infolge der Tilgung während der Laufzeit erheblich **geringer** ausfällt, was sich im kürzeren Bezugszeitraum (Laufzeit m) für das Disagio ausdrückt. Die **Effektivverzinsung steigt also bei sinkender Kapitalbindungsfrist.**

Je weniger Freijahre vereinbart werden, je kürzer also die Kapitalbindungsfrist ist, desto höher fällt die Effektivverzinsung aus.

Beispiel:
Festdarlehen 10 Jahre: 8,7844% p. a. (m = 10)
Ratendarlehen mit 8 Fj.: 8,8118% p. a. (m = 9,5)
Ratendarlehen mit 5 Fj.: 8,9159% p. a. (m = 8)
Ratendarlehen mit 2 Fj.: 9,0697% p. a. (m = 6,5)
Ratendarlehen ohne Freijahre: 9,2201% p. a. (m = 5,5)

Trotz höherer Effektivverzinsung sind beim Ratendarlehen die **absoluten Kreditkosten** erheblich niedriger, da das Kapital bereits während der Laufzeit freigesetzt wird und der Zins nur auf die Restschuld berechnet wird. Während beim Ratendarlehen die Zinsbeträge während der Laufzeit sinken, bleiben sie beim Festdarlehen konstant. Können die freigesetzten Tilgungsbeträge wieder zum Nominalzins angelegt werden, sind die absoluten Kreditkosten insgesamt unabhängig von der Tilgungsart gleich hoch.

Vergleich Ratendarlehen/Festdarlehen:
1. **Rentabilitätsmäßiger Vorteil** beim Ratendarlehen, weil sich das Disagio auf eine kürzere mittlere Laufzeit bezieht. Darum besteht für den Gläubiger eine höhere Effektivverzinsung.

2. **Liquiditätsmäßiger Vorteil** für Ratendarlehen aus der Sicht des Gläubigers, da die durchschnittliche Kapitalbindungsdauer wegen der Tilgung während der Laufzeit niedriger ist. Darum besteht eine schnellere Rückzahlung des Kredites an Gläubiger.
3. **Sicherheitsmäßiger Vorteil** beim Ratendarlehen, weil das Kreditrisiko durch den abnehmenden Kapitaleinsatz während der Kreditlaufzeit sinkt.

4.1.4 Refinanzierung von Realkrediten

Zur Refinanzierung von Realkrediten können folgende Finanzierungsalternativen dienen:

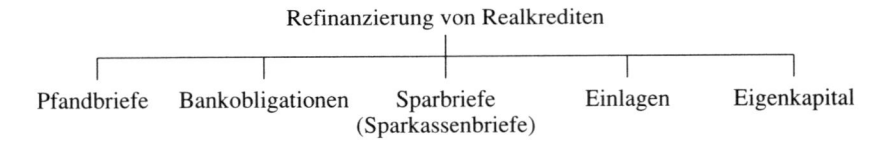

```
                    Refinanzierung von Realkrediten
    ┌───────────┬──────────────┬──────────────┬──────────┬────────────┐
Pfandbriefe  Bankobligationen  Sparbriefe              Einlagen    Eigenkapital
                            (Sparkassenbriefe)
```

Eigenkapital ist als Refinanzierungsquelle unbeschränkt einsatzfähig.

Einlagen können jeweils nur bis zu einer bestimmten Höhe in Abhängigkeit von ihrem Überlassungszeitraum gemäß dem Grundsatz II der **Grundsätze über das Eigenkapital und die Liquidität** in Ausführung von § 11 Kreditwesengesetz verwendet werden:

- Einlagen mit einer Laufzeit von mehr als 4 Jahren zu 100%
- Spareinlagen bis zu 60%
- Sichteinlagen bis zu 10%
- befristete Einlagen mit Laufzeit oder Kündigungsfrist von weniger als 4 Jahren bis zu 10%.

Je umfangreicher das Spargeschäft eines Kreditinstitutes ist, desto größer kann auch das langfristige Kreditvolumen sein. Die **Fristenkongruenz von Kapitalbeschaffung und Kapitalverwendung** (hier: Aktiv- und Passivgeschäft einer Bank) ist in diesen Regelungen wiederzufinden.

Vollständige Fristenkongruenz ist bei den Pfandbriefen anzutreffen. Sie bilden ein umfangreiches Refinanzierungskontingent für die langfristige Kreditvergabe an Unternehmen, aber auch an andere Bereiche der Wirtschaft (z.B. Wohnungsbau).

Langfristige Fremdfinanzierung 151

Pfandbriefe sind langfristige Schuldverschreibungen, die aufgrund spezieller gesetzlicher Vorschriften nur von Realkreditinstituten und Landesbanken emittiert werden dürfen und als besonders sichere Kapitalanlage gelten:
- Hypothekenbankgesetz für private Hypothekenbanken (Urkunde: Hypothekenpfandbrief)
- Gesetz über die Pfandbriefe und verwandten Schuldverschreibungen öffentlich-rechtlicher Kreditanstalten (Urkunde: Pfandbrief)

Pfandbriefe gibt es schon seit dem 18. Jahrhundert; ihre Laufzeit war früher sehr lang (30 – 50 Jahre); heute werden überwiegend Kurzläufer emittiert mit Laufzeiten von 5 bis 15 Jahren. Bei Pfandbriefen besteht eine enge Kopplung von Aktiv- und Passivgeschäft, so daß sich der jeweilige Kreditzins aus dem kapitalmarktabhängigen Pfandbriefzins zuzüglich ca. 1% p. a. Bankenmarge ergibt. **Die Zinsbindung im Kreditgeschäft entspricht der Laufzeit der Pfandbriefe.** Ein Kündigungsrecht des Kreditnehmers während der Zinsbindungsfrist ist deshalb ausgeschlossen.

Pfandbriefe sind stets **börsengängig** und werden bis auf wenige Ausnahmen als Inhaber-Schuldverschreibung emittiert. Sie besitzen die Mündelsicherheit und die Deckungsstockfähigkeit.

Die **Mündelsicherheit** ist gem. § 1807 BGB das Kennzeichen für eine besonders risikoarme Kapitalanlage und ist deshalb vorrangig für die Anlage von Mündelgeld und Treuhandvermögen geeignet.

Die **Deckungsstockfähigkeit** liegt vor, wenn die Vermögensanlage von Versicherungsgesellschaften aufgrund des Schutzbedürfnisses der Versicherungsnehmer (insbesondere bei Lebensversicherungen) den Anforderungen des Bundesaufsichtsamtes für das Versicherungswesen entspricht.

Ihre besondere **Sicherheit** beziehen Pfandbriefe aus einer Reihe von Sonderbestimmungen, von denen folgende hervorgehoben werden sollen:
1. Schuldrechtliche Forderung gegen das emittierende Kreditinstitut
2. Befriedigungsvorrecht im Konkurs
3. Die Deckungsmasse steht nur den Pfandbriefgläubigern zu und darf sich nur beziehen auf:
   - inländische Grundstücke (u. U. Ausnahmen möglich)
   - Beleihungsgrenze 60% an rangerster Stelle
   - Ersatzdeckung max. 10% durch mündelsichere Schuldverschreibungen, Bundesbank-Guthaben, Schuldbuchforderungen oder ähnliches

4. Höchstgrenze des Pfandbriefumlaufs abhängig vom Eigenkapital des Kreditinstituts (einschließlich Kommunalschuldverschreibungen 60faches des haftenden Eigenkapitals).
5. Die Deckungswerte sind in einem Deckungsregister zu verzeichnen und von einem Treuhänder zu kontrollieren.

Sparbriefe oder Sparkassenbriefe sind kaufmännische Verpflichtungsscheine gem. § 363 HGB, die von Banken und Sparkassen auch ohne Emissionsrecht und ohne staatliche Genehmigung zur Refinanzierung ihres Kreditvolumens emittiert werden. Ihre **besonderen Merkmale** sind:

- i. d. R. Rektapapier; selten mit Orderklausel
- nicht börsengängig
- keine Rückkaufsverpflichtung durch die Bank vor Kapitalfälligkeit
- Sicherheit: Bonität des Kreditinstituts oder des Gewährträgers; keine Deckungsmasse wie bei Pfandbriefen
- nur Briefschulden; keine Depot- und Handelsspesen bei »eigenen Sparbriefen«
- Mündelsicherheit zumindest bei Sparkassenbriefen
- Laufzeit als Sparbrief i. d. R. 4 – 5 Jahre
  als Sparobligation i. d. R. 6 – 8 Jahre
  als Kassenobligation i. d. R. 3 Jahre
- Sparbriefe und -obligationen sind als Aufzinsungs- oder Abzinsungspapier erhältlich.

Beim **Aufzinsungspapier** erfolgt die Zinszahlung viertel-, halb- oder ganzjährlich nachträglich. Steuerlich sind diese Einkünfte auch im selben Jahr zu berücksichtigen.

Beim **Abzinsungspapier** werden die während der Laufzeit anfallenden Zinsen auf den Erwerbszeitpunkt zum Nominalzins diskontiert. So sind z. B. bei einer Laufzeit vom 25.09.91 bis 01.10.95 (4-Jahres-Sparbrief) für 10 000,00 DM bei 7% Zins 7621,53 DM zu zahlen als Barwert. Am Ende der Laufzeit werden dann die DM 10 000,00 als Endwert zurückgezahlt.

Steuerlich werden die Zinsen erst im Jahr der Rückzahlung berücksichtigt, wenn die Einkünfte zum Privatvermögen zählen.

Gehört der Sparbrief zum Betriebsvermögen, muß der jeweilige Zeitwert am Jahresende (Depotauszug) zugrunde gelegt werden. Die Zinsen fließen dann steuerlich fiktiv jährlich zu.

Langfristige Fremdfinanzierung

Der besondere Vorteil der Sparbriefe liegt in ihrer **freien Verwendbarkeit** zur Refinanzierung von Realkrediten, aber auch zur Refinanzierung grundsätzlich jedes Bankgeschäfts. Damit besitzen auch die Kreditinstitute ohne Emissionsrecht, vor allem die Sparkassen und Großbanken, einen guten Zugang zum Kapitalmarkt.

Bankobligationen zählen zu den börsengängigen Schuldverschreibungen, erfordern aber nicht die erhöhten Sicherheitsbestimmungen wie Pfandbriefe. Bankobligationen können von den Spitzeninstituten der Bankgruppen (z. B. Deutsche Genossenschaftsbank) und von einer Reihe von Spezialkreditinstituten (z. B. Industriekreditbank oder Landwirtschaftliche Rentenbank) emittiert werden. Sie besitzen u. U. keine Mündelsicherheit. Bei mittelfristigen Laufzeiten unter 4 Jahren werden sie auch **Kassenobligationen** genannt.

4.2 Realkredite zur Wohnungsbaufinanzierung

In den Wohnungsbau fließt ein erheblicher Teil des verfügbaren langfristigen Kapitals, das von verschiedenen Instituten gewährt wird. Zur Wohnungsbaufinanzierung zählen:
- Bankkredite, vor allem von privaten und öffentlich-rechtlichen Hypothekenbanken, Landesbanken und Sparkassen
- Bausparkredite von öffentlich-rechtlichen und privaten Bausparkassen
- Versicherungskredite, vor allem von Lebensversicherungsgesellschaften
- Baudarlehen und Aufwendungsdarlehen von staatlichen Stellen

Um eine optimale Kombination der verschiedenen Kreditarten anzustreben, bieten viele Institute heute sog. Verbundfinanzierungen oder Gesamtbaufinanzierungen an.

4.2.1 Bankkredite

Wohnungsbaukredite von Banken sind langfristige Realkredite, die durch Grundschulden oder Hypotheken auf Wohnzwecken dienenden Gebäuden des Kreditnehmers sichergestellt und in Form eines Annuitätendarlehens gewährt werden.

Das **Annuitätendarlehen** ist ein langfristiger Kredit, der in gleichmäßigen Jahresbeträgen für den Kapitaldienst bei steigendem Tilgungsanteil und fallendem Zinsanteil zurückgezahlt wird.

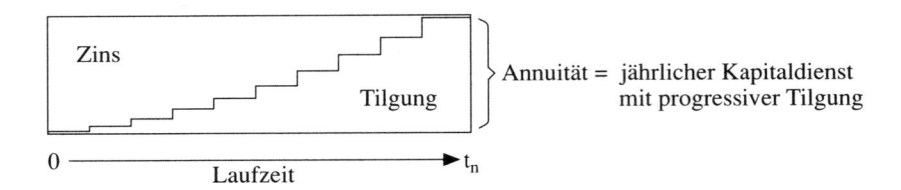

Das Annuitätendarlehen findet außer im Wohnungsbau auch bei Anschaffungsdarlehen Verwendung, da viele Privatpersonen eine gleichmäßige Belastung für die Kreditlaufzeit vorziehen.

Die Annuität ist der Betrag, der n Jahre lang anfallen muß, damit der Wert dieses Zahlungsstroms zum vereinbarten Zinssatz dem zu tilgenden Kredit a_0 entspricht. Sie wird berechnet durch Multiplikation des Kredites mit dem **Kapitalwiedergewinnungsfaktor (KWF)**.

Kapitalwiedergewinnungsfaktor

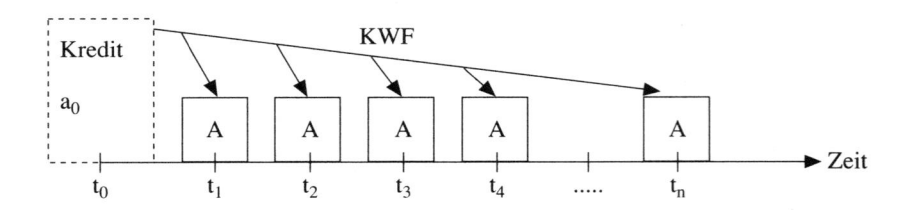

Berechnung der Annuität:

$$A = a_0 \cdot \frac{i(1+i)^n}{(1+i)^n - 1}$$

Beispiel:

$A = 100\,000 \cdot \text{KWF} \, ^{8\,\text{Jahre}}_{8\%\,\text{p.a.}}$

$A = 100\,000 \cdot 0{,}17401476 = 17401{,}47$ EUR

Bei einem Kredit in Höhe von 100 000 EUR, einem Nominalzins von 8% p. a. und einer Gesamtlaufzeit von 10 Jahren einschließlich 2 tilgungsfreien Jahren ergibt sich folgender Tilgungsplan:

Langfristige Fremdfinanzierung

Tilgungsplan bei Annuitätentilgung

Jahr	Kredit	Zinsen	Tilgung	Annuität	Restschuld
t_1	100 000,00	8 000,00	–	8 000,00	100 000,00
t_2	100 000,00	8 000,00	–	8 000,00	100 000,00
t_3	100 000,00	8 000,00	9 401,47	17 401,47	90 598,53
t_4	90 598,53	7 247,88	10 153,59	17 401,47	80 444,94
t_5	80 444,94	6 435,50	10 965,88	17 401,47	69 479,06
t_6	69 479,06	5 558,32	11 843,15	17 401,47	57 635,91
t_7	57 635,91	4 610,87	12 790,60	17 401,47	44 845,31
t_8	44 845,31	3 587,62	13 813,85	17 401,47	31 031,46
t_9	31 031,46	2 482,52	14 928,95	17 401,47	16 112,51
t_{10}	16 112,51	1 289,00	16 112,51	17 401,51	0
Summe		**55 211,80**	**100 000,00**	**155 211,80**	

Die **Effektivverzinsung** berechnet sich wie beim Ratendarlehen (siehe Kap. B.4.1.3). Sie liegt beim Annuitätendarlehen aber etwas unter der Effektivverzinsung des Ratendarlehens und über der des Festdarlehens, weil die anfängliche Tilgung geringer ist als beim Ratendarlehen und sich somit dem Tilgungsverlauf des Festdarlehens annähert. Dadurch muß die mittlere Laufzeit beim Annuitätendarlehen wegen der langsameren Tilgung höher sein als beim Ratendarlehen, was eine langsamere Kapitalfreisetzung bedeutet. Noch in t_9 ist die Restschuld beim Annuitätendarlehen höher als beim Ratendarlehen. Das Disagio verteilt sich also beim Annuitätendarlehen auf eine längere mittlere Laufzeit als beim Ratendarlehen, so daß auch die Effektivverzinsung beim Annuitätendarlehen niedriger sein muß.

Bei den verwendeten Formeln kann diese **innere Tilgungsverschiebung** als Charakteristikum des Annuitätendarlehens nicht zum Ausdruck gebracht werden.

In der Praxis erfolgt die Laufzeitangabe bei Annuitätendarlehen durch den **Tilgungssatz zuzüglich ersparter Zinsen**, z. B. Tilgung 1% + ersparter Zinsen. Die kontinuierliche Annuität ergibt sich aus der Addition von Anfangstilgungssatz und Nominalzins.

Dies würde bei verschiedenen Zinssätzen zu folgenden Laufzeiten führen:

Beispiel:

Tilgungssatz in Prozent	Zinssatz in Prozent p. a.	Laufzeit in Jahren	Annuität je 100 000 EUR Kredit
1	7	30,741	8 000
1	9	26,728	10 000
3	7	17,800	10 000
3	9	16,090	12 000
6	7	11,436	13 000
6	9	10,643	15 000
7	5	11,048	12 000
7,5	5	10,476	12 500
10	7	7,847	17 000
10	9	7,459	19 000

Eine Festzinsvereinbarung für die gesamte Kreditlaufzeit ist heute nur bei hohen Anfangstilgungssätzen noch möglich. Bei Regellaufzeiten zwischen 28 und 33 Jahren, je nach Zinssatz, ist jedoch mit mehreren Zinsanpassungen zu rechnen. Die üblichen **Zinsbindungsfristen** sind 3, 5, 8 und 10 Jahre. Kommt es zu keiner neuen Zinsvereinbarung, wird das Restkapital zur Rückzahlung fällig. Die Tilgungsbeiträge während der Zinsbindungsfrist basieren auf der fiktiven Gesamtlaufzeit. Der Auszahlungskurs bei Zinsanpassung ist i. d. R. 100%.

Bei **Kreditauszahlung** liegt es im Interesse der meisten privaten Bauherren, bei Senkung des Nominalzinssatzes für die erste Zinsbindungsfrist ein möglichst **hohes Disagio** zu erlangen, das bei Kreditvalutierung vor Bezugsfertigstellung des Gebäudes in voller Höhe neben anderen Baunebenkosten, wie Bauzeitzinsen, Bearbeitungsgebühren, Notarkosten und Kosten der Besicherung, als Werbungskosten steuerlich abzugsfähig ist.

Gehört das Gebäude zum Betriebsvermögen, ist das Disagio in der Steuerbilanz zu aktivieren und kann während der Kreditlaufzeit in gleich hohen Beträgen abgeschrieben werden.

Da ein hohes Disagio zu einem nicht unwesentlichen Liquiditätsverlust führt, bieten Banken ein **Disagiozusatzdarlehen bzw. Tilgungsstreckungsdarlehen** an, das den entstandenen Kapitalbedarf dann zumindest anteilmäßig wieder deckt. Das Disagiozusatzdarlehen ist grundsätzlich vor Tilgung des Hauptkredites zurückzuzahlen und verlängert dadurch die Gesamtlaufzeit um mehrere Jahre.

Langfristige Fremdfinanzierung 157

Modifizierte Indexmethode

   tatsächliche heutige Herstellungskosten einschließlich Nebenkosten und Außenanlagen
: amtlicher Baupreisindex

= Neubauwert 1914
− Wertminderung
x Bewertungsindex

= risikoangepaßter Gebäudezeitwert
− Gewerbeabschlag

= Bauwert
± Zuschläge/Abschläge wegen besonderer Umstände
   wie Lage, Ausstattung, Nutzungsbegrenzung, Marktlage
+ Bodenwert

= **Sachwert**

   Mietrohertrag pro Jahr
− Bewirtschaftungskosten

   Mietreinertrag pro Jahr
− Gewerbeabschlag

= berichtigter Mietreinertrag pro Jahr
− Bodenwertverzinsung (Bodenertragsanteil)

= Gebäudereinertrag pro Jahr
   Kapitalisiert mit Kalkulationszinsfuß bezogen auf die Restnutzungsdauer

= Gebäudeertragswert
± Zuschläge/Abschläge wegen besonderer Umstände
+ Bodenwert

= **Ertragswert**

Beleihungswert = Ertragswert, wenn Ertragswert < Sachwert

Beleihungswert = $\dfrac{\text{Ertragswert} + \text{Sachwert}}{2}$, wenn Ertragswert > Sachwert

Abb. 27: Modifizierte Indexmethode

Die **Kredithöhe** ergibt sich wie bei den Realkrediten bei gewerblicher Objektnutzung auf der Basis von **Beleihungswert und Beleihungsgrenze.** Üblicherweise wird hier jedoch die Indexmethode verwendet, die auf Gebäudewerten von 1914 beruht. Da die Baupreise für bestimmte moderne Materialien und Bautypen für 1914 nur geschätzt werden könnten, wird gerne die **modifizierte Indexmethode** benutzt, bei der von heutigen Werten ausgegangen wird, die mit dem amtlichen Baupreisindex dann zurückgerechnet werden. Zur Berücksichtigung des Preisrisikos wird dann der Basiswert 1914 mit einem festgesetzten »Bewertungsindex« hochgerechnet, der etwa 25% unter dem amtlichen Baupreisindex liegt.

Auch bei der Indexmethode kann in gleicher Weise das einfache und das gespaltene Ertragswertverfahren verwendet werden wie bei der Abschlagsmethode, die bei gewerblichen Immobilien meistens benutzt wird. (vgl. Kap. B. 4.1.2)

Der Ertragswert wird bei wohnungswirtschaftlicher Nutzung normalerweise mit einem Kalkulationszinsfuß von 5% ermittelt. Ist der Ertragswert größer als der Sachwert, wird als Beleihungswert der Mittelwert festgelegt, im umgekehrten Fall ist der Ertragswert der Beleihungswert. Bei selbstgenutzten Wohnhäusern ist oftmals der Sachwert der Beleihungswert, weil keine Mieteinnahmen vorliegen.

Beispiel:
Ermittlung der Beleihungsgrenze bei wohnungswirtschaftlicher Objektnutzung. (Mietshausneubau mit 22 Wohnungen, Innenstadtrandlage einer Kreisstadt, gute Ausstattung)

13000 cbm umbauter Raum zu 29 DM Herstellungskosten	377 000 DM
+ max. 30% für Nebenkosten und Außenanlagen (Architekt, Notar, Disagio, Bauzeitzinsen, Garten, Wege, Einfriedung usw.)	113 100 DM
= Neubauwert 1914	490 100 DM
x Bewertungsindex von 1200	
= Bauwert	5 881 200 DM
+ Bodenwert 3000 qm zu 350 DM	1 050 000 DM
= **Sachwert**	**6 931 200 DM**
Mietrohertrag pro Jahr bei 2400 qm Wohnfläche zu 14 DM/pro Monat	403 200 DM
– Bewirtschaftungskosten pauschal 20%	80 640 DM
= Mietreinertrag pro Jahr	322 560 DM
– Bodenwertverzinsung (6% von 1 050 000 DM)	63 000 DM
Gebäudereinertrag pro Jahr	259 560 DM

Gebäudeertragswert = Gebäudereinertrag · Vervielfältiger (DSF)

$$DSF = \frac{(1 + i)^n - 1}{i (1 + i)^n}$$

Bei einer Restnutzungsdauer von 100 Jahren und einem Zinssatz von 5% p.a. beträgt der DSF 19,84791.

Gebäudeertragswert = 259 560 · 19,84791 = 5 151 723,50 DM

Ertragswert = Gebäudeertragswert + Bodenwert = **6 201 723, 50 DM**

Da der Ertragswert kleiner ist als der Sachwert, ist der Ertragswert der Beleihungswert.

Dinglich auf dem Wohngebäude abgesicherte Kredite können erstrangig bis zu einer **Beleihungsgrenze von 60%** des Beleihungswertes gewährt werden, nachrangige Kredite i.d.R. bis 80%. Diese Grenzen belaufen sich hier auf 3 721 034 DM bzw. 4 961 378 DM. Können Zusatzsicherheiten gestellt werden, ist eine Finanzierung bis zu 110% des Beleihungswertes möglich. Als **Zusatzsicherheiten** können vor allem angeboten werden:
- Wertpapiere
- Gesamtgrundschulden
- Kapital/Lebensversicherungen
- Risikolebensversicherungen
- Bürgschaften
- nachhaltig gesichertes hohes Einkommen

4.2.2 Bausparkassenkredite

Bausparkassen sind Kreditinstitute, die Bauspareinlagen entgegennehmen, und aus diesen angesammelten Beträgen dem Kollektiv der Bausparer bei Erfüllung bestimmter vertraglich vereinbarter Vorleistungen Kredite für wohnungswirtschaftliche Verwendungszwecke gewähren. Das Bauspargeschäft darf nur von Bausparkassen betrieben werden. Durch die Mitgliedschaft im Kollektiv der Bausparer erwirbt jeder einzelne einen Rechtsanspruch auf Auszahlung eines Bausparkassenkredits.

Als **Vorteile des Bausparwesens** werden genannt:
- zinsgünstige Darlehen unter Kapitalmarktniveau
- Festzins für die gesamte Laufzeit

- nachrangige Sicherstellung
- staatliche Förderung durch Prämien und Sonderausgabenabzug
- Rechtsanspruch auf ein Darlehen bei Erfüllung der vertraglichen Voraussetzungen.

Grundlage für einen späteren Bausparkassenkredit ist der Bausparvertrag, der über eine bestimmte **Bausparsumme** abgeschlossen wird, die das anzusammelnde Bauspargutaben und als Differenzbetrag das zukünftige Bauspardarlehen beinhaltet. Ein Bausparvertrag ist zwar jederzeit vom Bausparer kündbar, so daß das angesparte Guthaben und die Zinsen zur Auszahlung fällig werden, doch stehen diesem Grundsatz steuer- und prämienrechtliche Vorschriften entgegen.

Der vertragliche **Regelsparbeitrag** von ca. 4‰ soll die Erreichung des Bausparziels in einer Gesamtlaufzeit des Vertrages von etwa 17 bis 18 Jahren gewährleisten.

Voraussetzungen für die **Zuteilung** eines Bauspardarlehens sind:
- vertragliche Mindestlaufzeit von meistens 18 Monaten (Zeitelement)
- Bauspargutaben von mindestens 40% der Bausparsumme (Geldelement)
- Erreichen einer je nach Bausparkasse unterschiedlich determinierten Bewertungszahl (Zeit-Geld-Element).

Die **Zuteilungsanwartschaft** tritt bei Vorlage der ersten beiden Voraussetzungen ein und eröffnet die Möglichkeit einer Zwischenfinanzierung.

Meistens sind 2 Stichtage im Jahr für die Ermittlung der **Bewertungszahlen** festgelegt. Zugeteilt werden die Bausparverträge mit den höchsten Bewertungszahlen. Die Auszahlung erfolgt dann i.d.R. innerhalb des nächsten Kalenderhalbjahres in gleicher Reihenfolge aus der Zuteilungsmasse, die sich aus den Sparleistungen, den Zinsen, den Prämien und den Tilgungsbeiträgen zusammensetzt.

Bei **Zuteilung** kann sich der Bausparer das Bauspargutaben zur freien Verwendung auszahlen lassen, wenn die **Bindungsfrist** von zur Zeit 10 Jahren abgelaufen ist. Ansonsten ist die wohnungswirtschaftliche Verwendung nachzuweisen, die meistens recht extensiv ausgelegt wird und sich im wesentlichen bezieht auf:
- die Errichtung, den Kauf, den Ausbau, den Umbau und die Reparatur von überwiegend zu Wohnzwecken bestimmten Gebäuden
- den Erwerb von Bauland und Erbbaurechten
- die Ablösung von Verbindlichkeiten, die auf dem Wohngrundstück lasten

Langfristige Fremdfinanzierung 161

- die Modernisierung von eigenem Grundbesitz und Mietwohnungen
- die Auszahlung von Miterben
- und die Bezahlung von Anliegerbeiträgen.

Die Kreditgewährung erfolgt als **Annuitätendarlehen.** Der Kapitaldienst beträgt meistens 6‰ pro Monat bezogen auf die Bausparsumme oder auch 1% pro Monat vom Darlehensbetrag zuzüglich ersparter Zinsen, so daß die Laufzeit des Darlehens etwa 10 bis 11 Jahre beträgt. Ein Tilgungssatz von 1% p. M. entspricht etwa einer Annuität von 12%, die sich dann aus 7,5% Anfangstilgung und 4,5% p. a. Zinsen auf die Restschuld zusammensetzen kann.

Benötigt der Bausparer die Bausparsumme vor der Zuteilung, kann er
- eine Zwischenfinanzierung oder
- eine Vorfinanzierung

seines Bausparvertrages beantragen. Eine **Zwischenfinanzierung** ist erst bei Vorliegen der Zuteilungsanwartschaft möglich. Die Zinskosten liegen je nach Marktsituation nicht unerheblich über dem Darlehenszins. Der Zwischenkredit lautet über die volle Bausparsumme und wird nach der Zuteilung aus dem Bausparguthaben, das solange rechtlich selbständig bleibt und verzinst wird, und dem Bausparkredit abgelöst.

Bei einer **Vorfinanzierung** sind die Zuteilungsvoraussetzungen noch nicht erreicht. Die Vorfinanzierung bzw. Sofortfinanzierung steht in keinem rechtlichen Zusammenhang mit dem Bausparvertrag und kann auch von anderen Kreditinstituten gewährt werden.

Die **Sicherstellung** von Bausparkassenkrediten kann **nachrangig bis zu 80% des Beleihungswertes** eingetragen werden. I. d. R. werden Grundschulden verlangt, wobei häufig bei Gemeinschaftsfinanzierungen nur der Kreditgeber als Gläubiger im Grundbuch erscheint, der treuhänderisch den Sicherheitenanteil der anderen Kreditgeber mithält. Verschiebungen innerhalb der Gesamtfinanzierung, wie sie durch Tilgung oder Kreditablösungen entstehen, können so formlos unter den Kreditgebern berücksichtigt werden.

Können Zusatzsicherheiten gestellt werden, beispielsweise in Form von Bürgschaften, Versicherungen, Wertpapieren, aber unter Umständen auch nachhaltig hohen Einkommen, ist eine Ausweitung der Beleihungsgrenze auf 100 bis 110% des Beleihungswertes möglich. Eine solche Finanzierung wird oft als **»100%ige Baufinanzierung«** bezeichnet.

Die privaten Bausparkassen verlangen in den meisten Fällen den Abschluß einer **Risikolebensversicherung.** Die öffentlich-rechtlichen Bausparkassen empfehlen einen solchen Versicherungsschutz nur. Die Risikolebensversicherung deckt im Todesfalle des Versicherungsnehmers den gewährten (Rest-)Kredit aus der Versicherungssumme. Da es sich bei dieser Versicherungsart um eine reine Todesfallversicherung handelt, also weder Gewinn- noch Kapitalausschüttungen erfolgen, sind die Prämiensätze relativ niedrig.

Bausparverträge werden nicht nur von Bauinteressenten, sondern auch aufgrund der **staatlichen Bausparförderung** als Geldanlage abgeschlossen. Die Einzahlungen dieses Personenkreises erhöhen die Zuteilungsmasse und verkürzen die Wartezeit. Eine Einschränkung der Förderungsmaßnahmen würde sich deshalb negativ auf das Neugeschäft und das Zuteilungsvolumen auswirken. Die Maßnahmen der Bausparförderung unterlagen bisher häufigen Veränderungen und sind abhängig bzw. beziehen sich vor allem auf

- die Einkommensgrenzen
- die begünstigte Sparleistung
- den Prämiensatz
- die Sperrfrist für eine wohnungswirtschaftliche Verwendung
- die Berücksichtigung der Sparleistungen als Sonderausgaben
- die Übertragungsmöglichkeit von Bausparverträgen und
- die Einbeziehung von vermögenswirksamen Leistungen

Insgesamt sind die Angebote der Bausparkassen in den letzten Jahren einerseits recht umfassend und andererseits sehr differenziert und individuell modifizierbar geworden. Sie unterlagen laufenden Veränderungen und Anpassungen. Das **Konzept des Bausparwesens** scheint jedoch nach wie vor auf große Zustimmung zu stoßen.

4.2.3 Versicherungskredite

Versicherungskredite stellen in der Wohnungsbaufinanzierung eine **Kombination aus einem langfristigen, auf einem Wohngebäude erstrangig abgesicherten Realkredit mit einer Lebensversicherung** dar, der am Ende der Laufzeit oder beim Tod des Versicherungsnehmers aus der fälligen Versicherungssumme getilgt wird.

Versicherungskredite sind immer **Festdarlehen,** die häufig einen etwas günstigeren Zinssatz aufweisen als bankmäßige Realkredite, da sich die Versicherungsgesellschaften aus dem Prämienaufkommen refinanzieren können.

Wird die Lebensversicherung über die Kredithöhe abgeschlossen, kann der Versicherungsnehmer am Ende der Laufzeit zusätzlich eine **Gewinnaus-**

Langfristige Fremdfinanzierung

schüttung erwarten, die je nach Versicherungsgesellschaft und Laufzeit zwischen 70 und 130% der Versicherungssumme beträgt. Zur Belastungsreduzierung können jedoch auch Versicherungsformen gewählt werden, bei denen die Versicherungssumme unter dem Kreditbetrag liegt oder bei denen durch eine bestimmte **Systematik der Prämiengestaltung** und Gewinnzuführung die anfangs niedrigen Prämiensätze progressiv steigen, um den Liquiditätsengpaß in den ersten Jahren nach Baufertigstellung zu reduzieren. Der Ideenreichtum der Versicherungen ist auf diesem Gebiet groß; als Beispiele seien folgende **Tarifarten** genannt:

- Versicherungssumme = Kreditbetrag
  bei Todesfall innerhalb der ersten drei Jahre: Kredittilgung **und** Vollauszahlung der Versicherungssumme
- Versicherungssumme = 75% des Kreditbetrages
  niedrigster Prämiensatz, aber 25% des Krediteszahler sind risikomäßig nicht gedeckt
- Versicherungssumme = Kreditbetrag
  niedriger Anfangsprämiensatz, der mit einem konstanten Prozentsatz während der Laufzeit steigt
- Versicherungssumme = 50 bis 60% des Kreditbetrages
  keine Gewinnausschüttung, aber Volltilgung des Kredits am Ende der Laufzeit durch kontinuierliche Gewinnverrechnung
- Einschluß einer Unfallversicherung führt bei Unfalltod bei relativ geringer Zusatzprämie zur Auszahlung der doppelten Versicherungssumme
- Versicherung auf zwei verbundene Leben führt zur Fälligkeit der Versicherungssumme beim Tod eines Ehepartners; Eintrittsalter ist das mittlere Alter der Eheleute.

Die Versicherungsgesellschaften sind bereit, Kredite **bis zu 80% des Beleihungswertes** zu gewähren. Im Bereich von 40 bis 80% ist jedoch eine Bürgschaft häufig von Geschäftsbanken oder den Wohnungsbaukreditanstalten erforderlich. Die Avalprovision kann entweder in den Zinssatz einbezogen werden oder als einmalige Zahlung erbracht werden.

Versicherungskredite werden grundsätzlich erst nach Baufertigstellung ausgezahlt, so daß eine Zwischenfinanzierung über ein Kreditinstitut benötigt wird.

Besitzt ein Bauherr bereits eine Lebensversicherung, kann er auch unter Abtretung des **Auszahlungsanspruchs** auf die Versicherungssumme ein Festdarlehen eines Kreditinstituts beantragen.

Für Versicherungskredite lassen sich folgende Vor- und Nachteile nennen:

Vorteile der Versicherungskredite
- Versicherungsschutz für Familienangehörige
- steuerfreie Teilnahme an der Gewinnausschüttung der Versicherungsgesellschaft
- Tilgung erst am Ende der Laufzeit
- etwas niedrigere Konditionen als für bankmäßige Realkredite
- steuerliche Abzugsmöglichkeit der Versicherungsprämien im Rahmen der Höchstgrenzen für die Sonderausgaben
- niedrigerer Kapitalwert der Gesamtbelastung während der Kreditlaufzeit im Vergleich zum Bankkredit.

Nachteile der Versicherungskredite
- Absicherung nur an rangerster Stelle im Grundbuch
- keine Auszahlung nach Baufortschritt
- während der Laufzeit höhere Gesamtbelastung durch die Kapitallebensversicherung; teilweise kompensiert bei Abschluß einer Risikolebensversicherung für Bankkredite
- Beleihungsgrenze 40% des Beleihungswertes; ansonsten mit Zusatzsicherheit (Bürgschaft) bis 80%

4.2.4 Finanzierungshilfen im Wohnungsbau

Finanzierungshilfen für den Wohnungsbau werden aus sozial-, wohnungs- und wirtschaftspolitischen Aspekten gewährt.

Die gesetzlichen Grundlagen der staatlichen Wohnungsbauförderung sind im **II. Wohnungsbaugesetz** verankert.

Die **Förderung** kann erfolgen durch:
- Gewährung von Baudarlehen
- Gewährung von Aufwendungsdarlehen zur Reduzierung der laufenden Belastung
- Übernahme von Bürgschaften
- Gewährung von Wohngeld
- Gewährung von Wohnungsbauprämien
- Bereitstellung von Bauland

- Steuervergünstigungen, insbes. gemäß Eigenheimzulagengesetz
- Baukindergeld und
- Gebührenvergünstigungen

Als **wichtige Kriterien** sind je nach Art der Finanzierungshilfen zu beachten:
- die Einkommensgrenzen (relativ niedrig im 1. Förderweg, höhere im 2. Förderweg)
- die förderungsfähigen Wohnflächengrenzen
- die Kinderzahl
- die Selbstnutzung
- die Baukosten

4.2.5 Verbundfinanzierung

Eine Verbundfinanzierung ist eine gemeinsame Wohnungsbaufinanzierung verschiedener Kreditgeber und beinhaltet auf der Basis eines Kreditantrages und einer Kreditsicherheitsleistung die nach individuellen Belangen des Kreditnehmers ausgerichtete **Kombination mehrerer Finanzierungsalternativen** bei bestmöglicher Ausschöpfung von Beleihungswert und Kapitaldienstgrenze.

Folgende **Kombinationsmöglichkeiten** stehen vor allem zur Verfügung:
- Versicherungskredite
- erstrangig gesicherte Bankkredite
- nachrangig gesicherte Bankkredite
- Bausparkassenkredite
- Arbeitgeberdarlehen
- Annuitätenzuschußdarlehen
- Disagiozusatzdarlehen (bzw. Tilgungsstreckungsdarlehen)
- Zwischenkredite
- Vorfinanzierungskredite (bzw. Bankvorausdarlehen)
- Öffentliche Baudarlehen
- Aufwendungsdarlehen
- Mieterdarlehen

Vorteile der Verbundfinanzierung:
- Kreditverhandlungen nur mit einem Vertragspartner
- Beleihungsunterlagen sind nur einmal erforderlich
- ein einheitlicher Beleihungswert
- keine mehrfachen Gebühren und Kosten z. B. für Schätzungen
- Eintragung einer Grundschuld zugunsten des als Treuhänder handelnden Kreditgebers
- Optimale Auslastung des Beleihungsraumes durch formlosen Sicherheitentausch der Kreditgeber untereinander
- bei Bedarf konstanter Kapitaldienst für die gesamte Kreditlaufzeit
- Zahlungsabwicklung mit einer Inkassostelle
- optimale Kombination der Finanzierungsalternativen für den individuellen Fall
- schnellere Zusage für die Gesamtfinanzierung

Das **Annuitätenzuschußdarlehen** nimmt im Rahmen der Verbundfinanzierung eine besondere Stellung ein, da es sowohl zur Senkung der Anfangsbelastung als auch zur Nivellierung der laufenden Belastung über die gesamte Laufzeit dienen kann. So kann beispielsweise aus dem Annuitätenzuschußdarlehen ein Zuschuß von bis zu 25% des jährlichen Kapitaldienstes gewährt werden, um **bei Verlängerung der Laufzeit eine geringere Anfangsbelastung** zu erreichen. Nach Tilgung des Bausparkassenkredits wird dann das Annuitätenzuschußdarlehen in Höhe der bisherigen Bausparkassenannuität zurückgezahlt.

In vielen Fällen ist es ein vorrangiges Ziel der Verbundfinanzierung, eine gleichmäßige Belastung für die gesamte Laufzeit zu erreichen. Die **Steuerung des Tilgungsablaufs** wird dann **über ein Sonderkonto** bei der Hausbank vollzogen, auf dem der monatliche konstante Kapitaldienst des Kreditnehmers eingeht. Auch werden alle anderen Zahlungseingänge für das Bauobjekt, wie z.B. Raten aus dem Aufwendungsdarlehen, auf diesem Konto verbucht. Die Bank zahlt zu den jeweiligen Terminen den tatsächlichen Kapitaldienst für die einzelnen Kreditgeber zu Lasten dieses Kontos und gleicht den Fehlbetrag durch Valutierung aus dem Annuitätenzuschußdarlehen aus. Überschüsse auf dem Sonderkonto werden dann in späteren Jahren zur Tilgung des Annuitätenzuschußdarlehens verwendet.

Bankvorausdarlehen dienen oft der Vorfinanzierung von gerade erst abgeschlossenen Bausparverträgen oder der Tilgungsstreckung bei mehreren nacheinander geschalteten Bausparverträgen.

4.3 Realkredite an die Schiffahrt und langfristige Kredite an Gebietskörperschaften

4.3.1 Schiffskredite

Schiffskredite sind langfristige Realkredite zur Mitfinanzierung von Schiffsneubauten, Schiffsumbauten und Großreparaturen, die durch Eintrag einer Schiffshypothek gesichert werden.

Im wesentlichen entsprechen Schiffskredite den Realkrediten an Unternehmen. Als **besondere Merkmale** seien jedoch hervorgehoben:
- dingliche Absicherung nur durch Eintragung einer Buchhypothek im Schiffsregister
- Laufzeit i. d. R. 10 bis 12 Jahre
- Kreditgeber sind vor allem die Schiffsbanken in Kiel, Berlin, Hamburg, Duisburg und Bremen sowie einige Landesbanken
- Refinanzierung durch Emission von Schiffspfandbriefen gemäß dem Gesetz über die Schiffspfandbriefbanken
- Zinssatz je nach Kapitalmarktlage etwa 1% p. a. über dem Einstandssatz aus der Begebung der Schiffspfandbriefe
- Tilgung als Ratendarlehen
- gesetzliche Eintragung einer Höchstbetragsschiffahrtshypothek im gleichen Rang wie die Schiffshypothek zur Deckung von möglichen Nebenkosten (z. B. Kaskoversicherung), die der Kreditgeber für den Werterhalt des Beleihungsobjektes erbringt.

Die **gesetzlichen Schiffsgläubigerrechte** gehen grundsätzlich den zugunsten des Kreditgebers eingetragenen Hypotheken vor. Diese besonders bei einer Zwangsversteigerung des Schiffes entstehende vorrangige Befriedigung der Gläubiger, die vom Schiff auf der Reise für bestimmte Leistungen in Anspruch genommen worden sind (z. B. Lieferung von Proviant, Treibstoff oder Durchführung von Reparaturen), kann für den Kreditgeber gegebenenfalls zur nicht vollständigen Befriedigung seiner hypothekarisch gesicherten Forderung führen.

4.3.2 Kommunalkredite

Kommunalkredite sind langfristige Kredite an juristische Personen des öffentlichen Rechts zur Mitfinanzierung kommunaler Investitionen, deren Sicherstellung durch das erwartete Steueraufkommen erfolgt.

Es werden grundsätzlich 2 Arten unterschieden:

- Kommunalkredite für **ertragbringende Investitionen** (z. B. Verkehrsbetriebe) und
- Kommunalkredite für **nicht-ertragbringende Investitionen** (z. B. Parkanlagen).

Die Laufzeit von Kommunalkrediten ist i. d. R. länger als 10 Jahre, um eine angemessene Anpassung an die Lebensdauer des Investitionsobjektes bei begrenzter Belastung des jährlichen Haushaltes aus dem Kapitaldienst zu erreichen.

Eine **grundpfandrechtliche Sicherstellung ist nicht zulässig.** Die Investitionen werden jedoch auch nur in einer der Beleihungsgrenze vergleichbaren Höhe finanziert.

Kommunalkredite bedürfen der Genehmigung der jeweiligen Aufsichtsbehörde (meistens Innenministerium des Landes) im Hinblick auf die spezielle Kreditaufnahme und den Gesamtkreditbedarf der Haushaltsperiode. Rechtsgrundlagen sind der Art. 28 GG und die Gemeindeordnung.

Kommunalkredite können direkt seitens der Gebietskörperschaften durch **Emission von Kommunalschuldverschreibungen** (auch Kommunalanleihen genannt) aufgenommen werden oder bei einigen Kreditinstituten (vor allem Realkreditinstitute und Landesbanken), die sich dann ihrerseits durch die **Emission von Kommunalobligationen** refinanzieren.

Direkte Kommunalanleihen deutscher Gebietskörperschaften sind selten geworden, da sie einen größeren augenblicklichen Kapitalbedarf verlangen, mit erheblichen Nebenkosten verbunden sind und neben der aufsichtsbehördlichen Genehmigung der Emittent einen hohen Bekanntheitsgrad besitzen muß. So haben bekannte **ausländische Großstädte** den deutschen Kapitalmarkt mehr genutzt als inländische.

Kommunalobligationen als **Schuldverschreibungen privater und öffentlicher Realkreditinstitute und Landesbanken** zur Refinanzierung ihrer an Kreise, Gemeinden, Städte und Versorgungs- und Verkehrsbetriebe gewährten Kredite sind heute die gängige Form der Kommunalkredite. Sie haben für die verschiedenartigen Schuldner den Vorteil, bankmäßige Kommunalkredite in jeder Größenordnung und je nach Kapitalbedarf ohne besonderen Bekanntheitsgrad aufnehmen zu können. Die Kreditinstitute treten dann durch fortlaufende Selbstemission als unmittelbarer Schuldner am Kapitalmarkt auf. Die Sicherheit für den Gläubiger bei Erwerb der Kommunalobligationen besteht in der direkten Forderung gegenüber dem Kreditinstitut und im Steueraufkommen des Kommunalkreditnehmers.

Kommunalanleihen und Kommunalobligationen sind mündelsicher.

Langfristige Fremdfinanzierung

4.4 Langfristige Kredite von Spezial(kredit)instituten

4.4.1 Kredite der Kreditanstalt für Wiederaufbau (KfW) und der Deutschen Ausgleichsbank (DtA)

Die KfW wurde am 05.01.1948 zur Förderung des deutschen Wiederaufbaus, insbesondere zur Durchleitung der ERP-Kredite, gegründet. Ihr Kapital als öffentlich-rechtliche Körperschaft beträgt heute 1 Mrd. DM und wird vom Bund und den Ländern getragen. Zur Refinanzierung werden auch Schuldverschreibungen emittiert.

Die Kredite aus dem **Europäischen Wiederaufbauprogramm (ERP)** gehen auf die amerikanischen Hilfsleistungen der Jahre 1948–1952 zurück. Damals erhielt Deutschland (West) rd. 1,4 Mrd. US-Dollar zum Wiederaufbau seiner Wirtschaft.

Durch das Prinzip der Anteilsfinanzierung, Verzinsungs- und Rückzahlungspflicht stehen auch heute diese Mittel noch zur Verfügung, einschließlich der angesammelten Zinsen, und können jährlich für neue Kreditgewährungen herangezogen werden.

Bei der **Kreditvergabe** gelten folgende **Grundsätze:**
- kein Rechtsanspruch auf den Kredit
- Antragstellung vor Investitionsbeginn
- Bonitätsprüfung durch Hausbank
- Förderungswürdigkeitsprüfung durch Hauptleihinstitut
- Laufzeit i. d. R. 10 Jahre unter Einschluß von 2 tilgungsfreien Jahren
- Vorzeitige Rückzahlung ist möglich
- Anteilsfinanzierung (i. d. R. $1/3$ ERP; $1/3$ Bank; $1/3$ Eigenkapital)
- Verwendungsnachweis nach Abschluß des Investitionsvorhabens
- Endzinsssatz als Festzinssatz für die gesamte Laufzeit unter Einschluß der Bankenmarge

Bei der **Antragstellung** sind einzureichen:
- Unternehmensbeschreibung
- letzte Jahresabschlüsse
- Beschreibung des Investitionsvorhabens
- Kosten- und Finanzierungsplan
- Künftige Erfolgserwartung
- Besicherungsvorschlag
- Nachweis der fachlichen Eignung

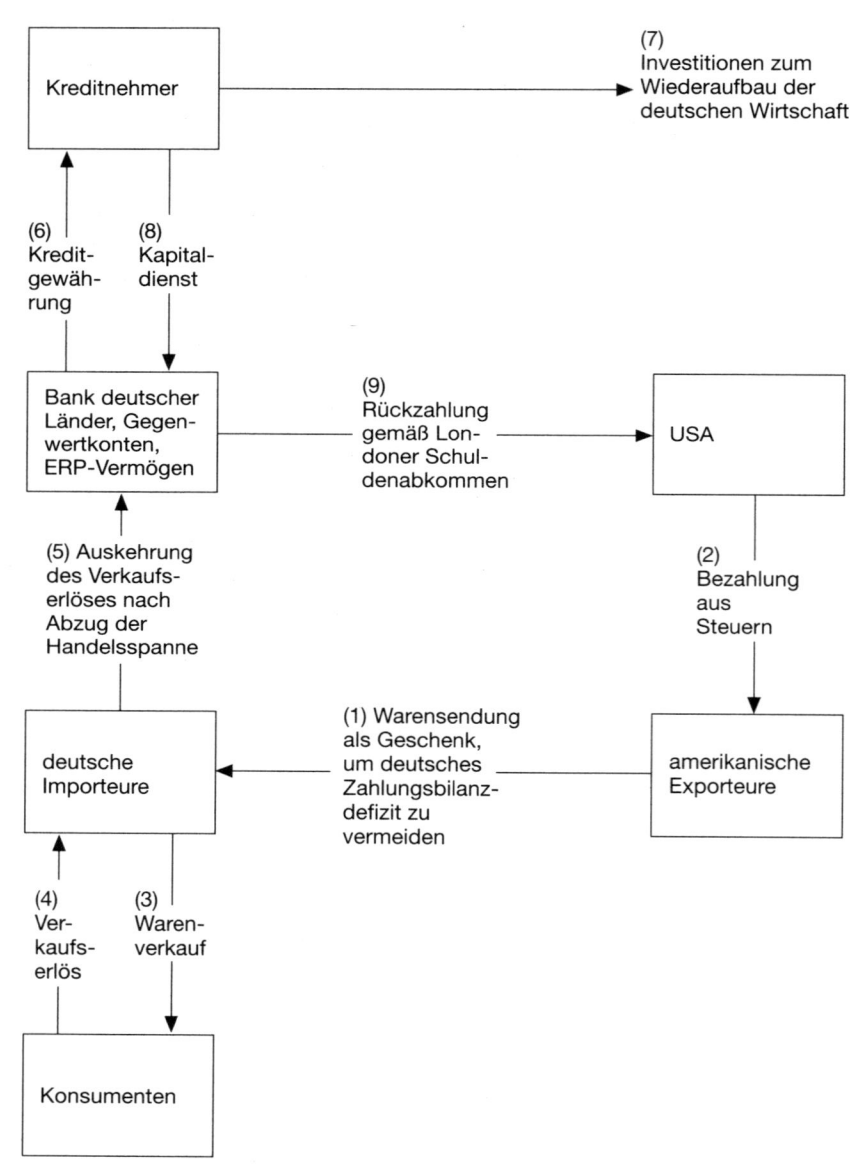

Abb. 28: Abwicklung der ERP-Zahlungen

Langfristige Fremdfinanzierung 171

Gemäß § 5 des ERP-Verwaltungsgesetzes darf die Weiterleitung von ERP-Krediten nur über die **Hauptleihinstitute** KfW und DtA erfolgen, wobei jedem Institut vom jährlichen ERP-Wirtschaftsplangesetz ein bestimmter Programmteil und Kreditbetrag zugeteilt wird:

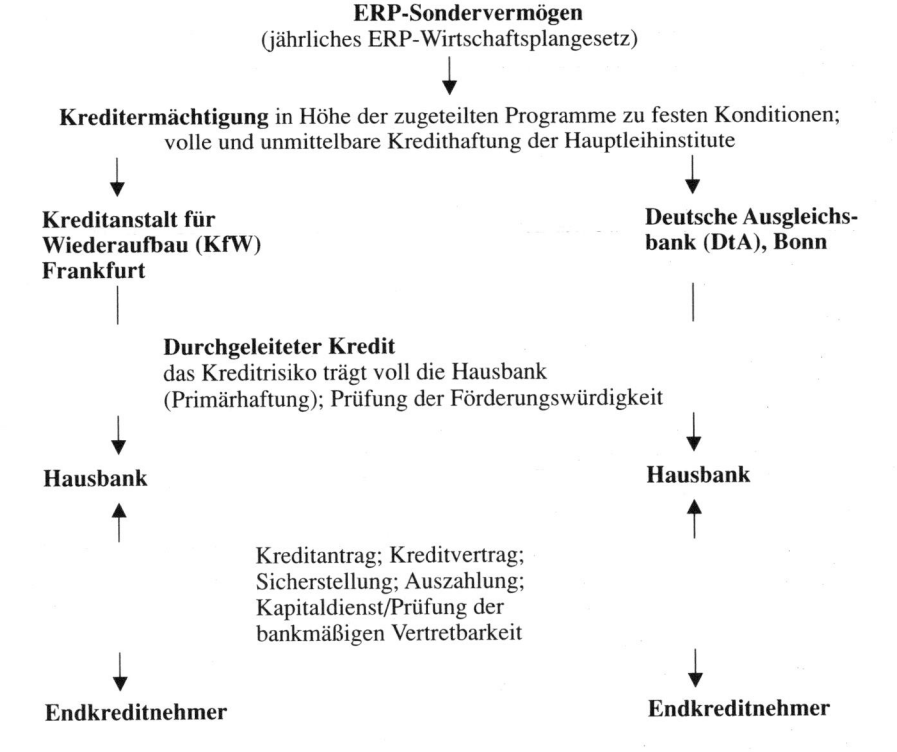

ERP-Sondervermögen
(jährliches ERP-Wirtschaftsplangesetz)

↓

Kreditermächtigung in Höhe der zugeteilten Programme zu festen Konditionen; volle und unmittelbare Kredithaftung der Hauptleihinstitute

↓   ↓

Kreditanstalt für   **Deutsche Ausgleichs-**
Wiederaufbau (KfW)   **bank (DtA), Bonn**
Frankfurt

| |
| **Durchgeleiteter Kredit** |
| das Kreditrisiko trägt voll die Hausbank |
| (Primärhaftung); Prüfung der Förderungswürdigkeit |

↓   ↓

Hausbank   **Hausbank**

↑   Kreditantrag; Kreditvertrag;   ↑
                Sicherstellung; Auszahlung;
                Kapitaldienst/Prüfung der
                bankmäßigen Vertretbarkeit

↓   ↓

Endkreditnehmer   **Endkreditnehmer**

Bei den **Kreditprogrammen** haben sich nach der deutschen Einheit erhebliche Umschichtungen und Ergänzungen ergeben. Während zuvor zur Förderung der deutschen Wirtschaft verschiedene Programme für kleine und mittlere Unternehmen (z. B. Mittelstandsprogramm) für Struktur- und Anpassungshilfen (z. B. Gemeindeprogramm), für Umweltschutzmaßnahmen (z. B. Abwasserreinhaltungsprogramm), für die Berlinförderung, zur langfristigen Exportfinanzierung und für Gewährleistungen (Bürgschaftsprogramme) aufgelegt wurden, treten nun spezielle Programme für die ostdeutschen Bundesländer hinzu bzw. werden die alten Programme ausgedehnt.

Da die ERP-Mittel begrenzt sind, werden von der KfW auch **hauseigene Mittel als Ergänzungsfinanzierung** für ERP-Kredite oder auch im Rahmen selbständiger Programme für mittelständische, nicht emissionsfähige Unternehmen zur Stärkung der Wettbewerbsfähigkeit für folgende Verwendungszwecke eingesetzt:

- Aufnahme neuer Erzeugnisse
- Einführung kostengünstigerer Verfahren zur Rationalisierung
- entwicklungs-/anwendungstechnische Forschung
- Verlagerung infolge von Stadtsanierungen
- Kapazitätserweiterung
- Existenzgründung
- Kauf von Unternehmen, wenn dadurch gefährdete Arbeitsplätze gesichert werden.

Neben der Durchleitung der ERP-Kredite und der Bereitstellung hauseigener Kreditprogramme ist noch als 3. Aufgabenbereich der KfW die Vergabe von Krediten und Zuschüssen im Auftrag des Bundes im Rahmen der finanziellen Zusammenarbeit mit Entwicklungsländern (z. B. Projektfinanzierungen) zu nennen. Die **Deutsche Ausgleichsbank (DtA)** in Bonn, bis 1984 Lastenausgleichsbank (LAB), hatte vor allem die Aufgabe, den Lastenausgleich für die nach dem 2. Weltkrieg aus den Ostgebieten Vertriebenen abzuwickeln. Da die ursprünglichen Aufgaben der LAB bald abgeschlossen sein werden, ist die Bank heute vor allem auf folgenden Gebieten (oft im Zusammenhang mit ERP-Finanzierungen) tätig:

- Existenzgründung in gewerblichen und freien Berufen
- Ausgleich wirtschaftlich und sozial unausgewogener Entwicklungen
- Bürgschaftsübernahme
- Umweltschutz
- Kreditrating für mittelständische Unternehmen

Auch die Deutsche Ausgleichsbank hat ein eigenes Emissionsrecht.

4.4.2 Kredite der Industriekreditbank (IKB)

Die Industriekreditbank entstand 1949 als Nachfolgeinstitut der 1924 gegründeten »Deutschen Industriebank«. Sie firmiert seit der Fusion 1974 mit der Berliner Industriebank als Industriekreditbank AG – Deutsche Industriebank mit Doppelsitz in Düsseldorf und Berlin. Zweigstellen bestehen in Hamburg, Frankfurt, Stuttgart und München.

Das **Aktienkapital** befindet sich bei deutschen Versicherungen (ca. 30%), Banken (ca. 20%) und privaten Anlegern und ist **börsennotiert**.
Zielsetzung der IKB-Kredite ist die privatwirtschaftliche **Finanzierung der nicht emissionsfähigen gewerblichen Unternehmen** durch folgende Angebote
- Langfristige Baufinanzierung von Gewerbebetrieben
- Langfristige Maschinenfinanzierung
- Konsolidierung kurzfristiger Verbindlichkeiten
- Abfindung von ausscheidenden Gesellschaftern
- Beteiligungserwerb
- Abwicklung von EIB-Globalkrediten

Wichtige Bedingungen sind dabei:
Laufzeit: i. d. R. 10 Jahre, maximal 15 Jahre
Tilgung: als Ratendarlehen nach Freijahren
Regelkredithöhe: 100 000 bis 3 Mill. DM; jedoch keine generelle Obergrenze
Kreditwürdigkeitsprüfung: ertragsorientiert, weniger sachorientiert
Refinanzierung: Emission von Schuldverschreibungen, Kreditaufnahme bei Versicherungen und Banken
Zinssatz: Festzinssatz, kapitalmarktorientiert

4.4.3 Kredite der Europäischen Investitionsbank (EIB)

Die Europäische Investitionsbank wurde 1958 mit eigener Rechtspersönlichkeit gegründet. Ihr Sitz ist seit 1968 Luxemburg. Träger sind die Mitgliedsländer der EU, die ein Eigenkapital von z. Z. 62 Mrd. EUR mit unterschiedlichen Quoten gezeichnet haben.

Die **Geschäftstätigkeit** bezieht sich auf:
1. Langfristige Kredite an Mitgliedsländer und Körperschaften sowie Unternehmen insbesondere zur Finanzierung von Investitionsvorhaben
   - zur Erschließung weniger entwickelter Regionen
   - zur Modernisierung und Umstellung von Unternehmen
   - zur Schaffung neuer Arbeitsplätze (Neuansiedlung und Erweiterung)
   - von besonderem EU-Interesse,
   - für/in neuen Industriegebieten durch Globaldarlehen an Spitzeninstitute (z. B. Landesbanken) oder an die IKB

2. Langfristige Kredite für Projekte in assoziierten Entwicklungsländern (maximal 20% der Gesamtkredite)

Grundsätze der Kreditgewährung:
- **Spitzenfinanzierung:** es werden nachrangige Kredite bis zu 50% der Investitionskosten gewährt (i. d. R. im Anschluß an die Beleihungsgrenze der Banken)
- **Kreditmindestbetrag** i. d. R. 1 Mill. EUR
- **Kredithöchstbetrag** 50 Mill. EUR
- **Auszahlung:** in verschiedenen Währungen der EU-Staaten bzw. in EURO
- **Kapitaldienst:** in den Währungen der Auszahlung
- **Kursrisiko:** vom Kreditnehmer zu tragen, kann aber kurzfristig durch Devisentermingeschäfte und langfristig über die Hermes-Kreditversicherung abgewälzt werden.
- **Zinssatz:** Festzinssatz für die Laufzeit, abhängig vom Kapitalmarkt (bzw. Euro-Kapitalmarkt) und Standort der Investition
- **Laufzeit:** i. d. R. 8 bis 12 Jahre, aber auch bis 20 Jahre; Tilgung meistens nach 2 bis 4 Freijahren als Ratendarlehen
- **Auszahlungskurs:** 100%
- **Sicherheiten:** Bürgschaft eines Mitgliedslandes (auch Bundeslandes) oder bankmäßige Sicherheiten
- **Antragsweg:** direkt bei EIB, Landesregierung oder EU
Der Antrag erfolgt formlos mit Informationen über das Unternehmen, das Investitionsprojekt und den Markt.

4.4.4 Kredite der Ausfuhrkredit-Gesellschaft mbH (AKA)

Die AKA wurde am 28.03.1952 auf Initiative der Bank deutscher Länder von am Export besonders interessierten Banken zur Bereitstellung langfristiger Exportkredite gegründet. Sie hat zur Zeit 39 Gesellschafter.

Die AKA bietet **4 Kreditlinien zur Finanzierung von Exportgeschäften** an: Der **Plafond A dient der Herstellerfinanzierung.** Er wird dem Exporteur zur Refinanzierung seines dem Importeur eingeräumten langfristigen Zahlungsziels gewährt, wobei eine Mitfinanzierung der Produktionszeit möglich ist. Kredite aus dem Plafond A werden nur dem Exporteur gewährt.

Neben dem Plafond A bot früher die AKA als weiteres Instrument der Herstellerfinanzierung noch dem **Plafond B** an. Dieser Plafond war eine Rediskontlinie der Bundesbank und stellte den staatlich geförderten Bereich der Exportfinanzierung dar, der sich aus Kostengründen einer großen Beliebtheit erfreute. Seit Mitte 1996 räumt die Bundesbank jedoch keine Neukredite mehr ein, sondern wickelt nur noch bestehende Kreditzusagen ab.

Langfristige Fremdfinanzierung 175

Die **Plafonds C, D und E sind Bestellerfinanzierungen** und werden dem Importeur gewährt. Wünscht der Importeur ein langfristiges Zahlungsziel, kann er durch Vermittlung des Exporteurs einen langfristigen AKA-Kredit in Anspruch nehmen, bei dem die Kreditauszahlung nach Lieferung an den Exporteur erfolgt, der Kapitaldienst aber vom Importeur zu leisten ist. Dadurch wird das Exportgeschäft für den Exporteur zum Bargeschäft. Die Plafonds C, D und E unterscheiden sich vor allem hinsichtlich ihrer Refinanzierung und Zinsgestaltung.

Die Sicherstellung der AKA-Kredite erfolgt grundsätzlich durch **Hermesdeckungen.** Die Hermes-Kreditversicherungs-AG übernimmt im Auftrag des Bundes die Absicherung des wirtschaftlichen und politischen Risikos bei Exportgeschäften. Ausfuhrdeckungen können als Garantien bei Lieferungen an ausländische, privatwirtschaftliche Besteller und als Bürgschaften bei Lieferungen an staatliche Stellen gegeben werden, wobei sich diese Unterteilung nicht auf rechtliche Aspekte bezieht.

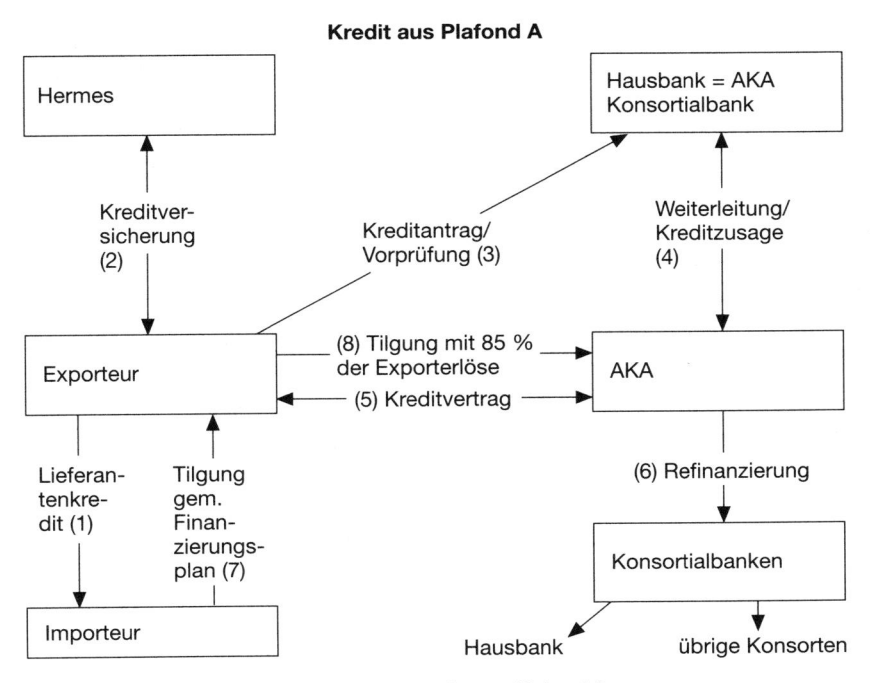

Abb. 29: AKA-Kredit aus Plafond A

Kredit aus Plafond C

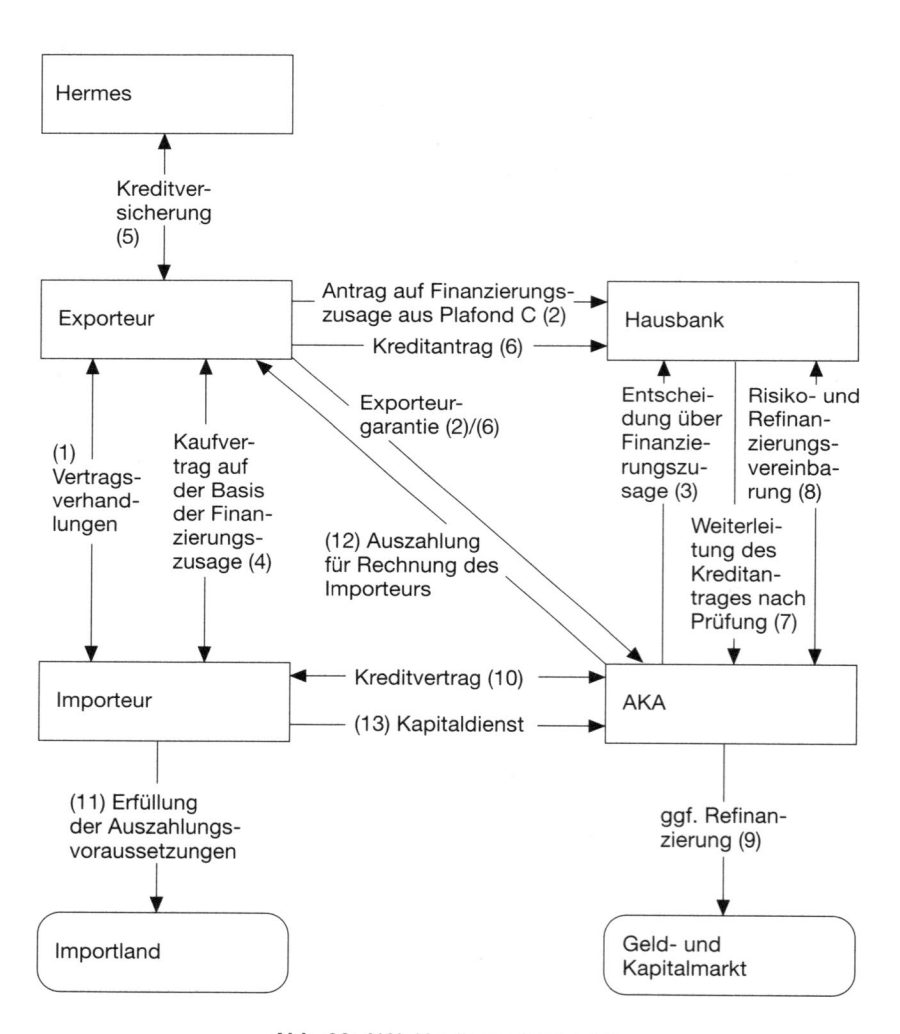

Abb. 30: AKA-Kredit aus Plafond C

Langfristige Fremdfinanzierung 177

Kredit aus Plafond D/E

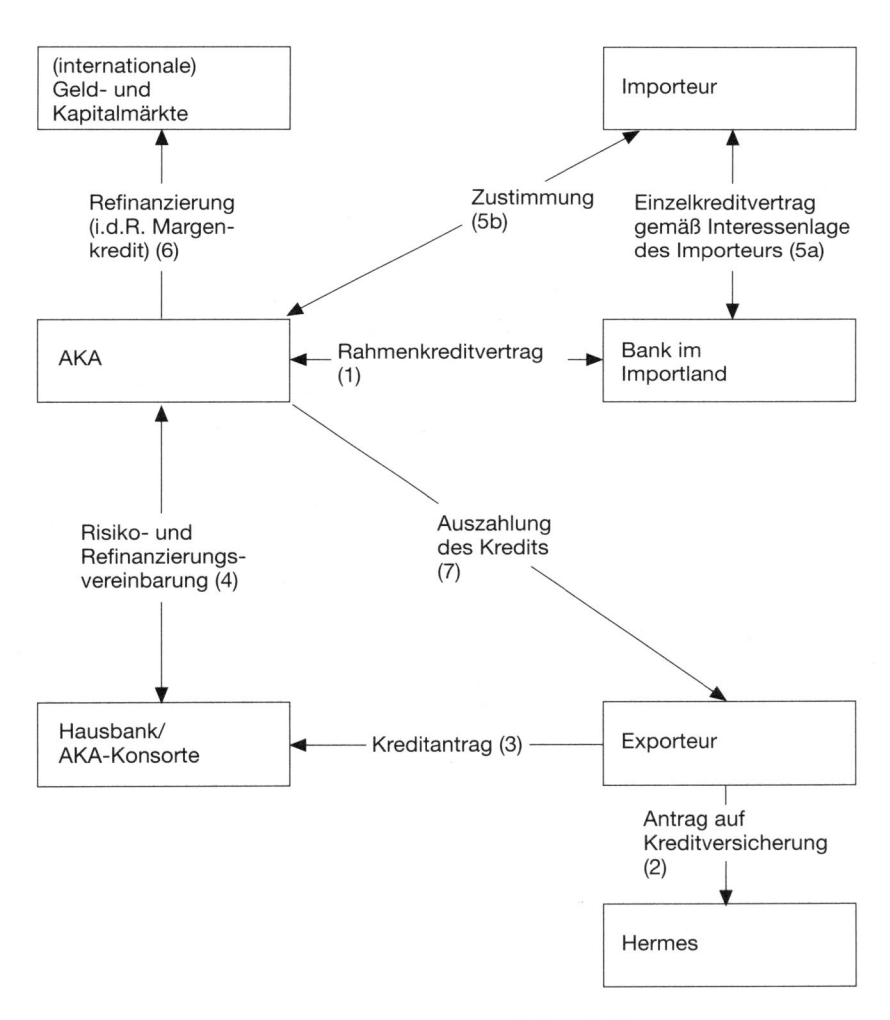

```
(internationale)                         Importeur
Geld- und
Kapitalmärkte
     ▲                                    ▲    ▲
     │              Zustimmung            │    │
  Refinanzierung      (5b)         Einzelkreditvertrag
  (i.d.R. Margen-                  gemäß Interessenlage
  kredit) (6)                      des Importeurs (5a)
                                          │
     │                                    ▼
  ┌──────┐   Rahmenkreditvertrag   ┌──────────────┐
  │ AKA  │◄─────── (1) ──────────►│ Bank im      │
  └──────┘                         │ Importland   │
                                   └──────────────┘
     ▲
     │            Auszahlung
  Risiko- und    des Kredits
  Refinanzierungs-   (7)
  vereinbarung (4)
     │
     ▼
  ┌──────────┐                      ┌──────────┐
  │ Hausbank/│◄── Kreditantrag (3)──│ Exporteur│
  │ AKA-     │                      └──────────┘
  │ Konsorte │                            │
  └──────────┘                      Antrag auf
                                    Kreditversicherung
                                         (2)
                                          │
                                          ▼
                                    ┌──────────┐
                                    │ Hermes   │
                                    └──────────┘
```

Abb. 31: AKA-Kredit aus Plafond D/E

Übersicht über die 4 Plafonds der AKA

Plafond A	Plafond C	Plafond D/E
• eigene Kreditlinie der AKA	• eigene Kreditlinie der AKA	• eigene Kreditlinie der AKA
• Laufzeit max. 10 Jahre	• Laufzeit 10 Jahre und darüber	• Endkreditnehmer Importeur
• Kredithöhe je nach Hermesdeckung	• Mindestkredithöhe nach Möglichkeit 5 Mill. DM	• häufig Rahmenkreditverträge mit Banken im Ausland
• Selbstbeteiligung des Exporteurs von ca. 15%	• Kreditobergrenze gemäß Hermesdeckung	• auch Ankauf von Exportforderungen
• Buchkredit	• nur risikomäßige Selbstbeteiligung des Exporteuers, u. U. auch Übernahme durch Hausbank	• u.U. direkte Abwicklung mit Bank im Importland
• Refinanzierung durch AKA-Konsorten mit Hausbankquote von 75%	• Buchkredit an Importeur	• hohe Flexibilität seitens der AKA
• Kosten abhängig vom Finanzmarkt (feste und variable Zinssätze)	• häufig Zahlungsgarantie zugunsten des Importeurs notwendig	• i.d.R. Margenkredite auf Referenzzinsbasis
• für diverse kleinere Exportgeschäfte als Globalkredit mit Laufzeit von 1 bis 5 Jahren	• Refinanzierung durch AKA-Konsorten mit 75% Hausbankenquote oder Finanzmarkt	• DM/EUR-Kredite oder Fremdwährungskredite
• Exportfinanzierung in alle Länder	• Zinssätze fest und variabel je nach Marktlage	• Berücksichtigung des Länderrisikos
	• Exportfinanzierung in alle Länder	• Hermesdeckung, Zahlungsgarantie oder gleichwertige Sicherheit

Langfristige Fremdfinanzierung

4.5 Finanzierung durch Schuldverschreibungen

4.5.1 Wesen und Emission

Emissionsfähige Kreditnehmer haben die Möglichkeit, als traditionelle Form der langfristigen Fremdfinanzierung zur Deckung eines hohen Kapitalbedarfs Schuldverschreibungen zu emittieren.

Schuldverschreibungen stellen die wertpapiermäßige Verbriefung einer langfristigen Kapitalaufnahme des Schuldners am Kapitalmarkt dar.

Die Begriffe Schuldverschreibung, Anleihe und Obligation werden oft synonym verwendet.

Die Schuldverschreibung (§ 794 BGB) verbrieft eine Zahlungsverpflichtung an den jeweiligen Inhaber der Urkunde (**Inhaberschuldverschreibung**) oder an eine bestimmte in der Urkunde genannte Person (**Namensschuldverschreibung**) oder an die im Ordervermerk benannte Person (**Orderschuldverschreibung**). Sie verbrieft ein einseitiges Schuldversprechen, das nicht der formellen Annahme des Gläubigers bedarf. Die einzelnen Stücke einer Schuldverschreibungsemission lauten als **Teilschuldverschreibungen** meistens auf 100, aber auch auf 500, 1000, 5000 oder 10 000 DM Nennwert.

Schuldverschreibungen können emittiert werden von:

1. Unternehmen einwandfreier Bonität (z. B. Industrieobligationen)
2. Kreditinstituten (z. B. Pfandbriefe)
3. Spezialinstituten (z. B. als Bankobligationen von IKB oder KfW)
4. Bund und Ländern (z. B. Staatsanleihen)
5. Sondervermögen (z. B. ERP)
6. sonstigen Körperschaften des öffentlichen Rechts (z. B. Kommunalanleihen)
7. ausländischen Institutionen (z. B. Auslandsanleihen)

Voraussetzung für die Finanzierung durch Schuldverschreibungen ist die **Emissionsfähigkeit** des Schuldners. Sie ist bei Bund und Ländern sowie den Sondervermögen gesetzlich gegeben, bedurfte aber früher bei den anderen Emittenten der staatlichen Genehmigung. Nach der Aufhebung dieser Vorschriften übernehmen nun das Emissionskonsortium und die Börsenzulassungsstellen die Prüfung der Emissionsfähigkeit und die Feststellung der Eignung für den börsennotierten Handel.

Maßgeblich ist die Bonität des Schuldners bzw. die der zu erwartenden Schuldverschreibung. Grundsätzlich ist jede einzelne Emission zu prüfen, einerseits wegen der laufenden Überwachung der Bonität, andererseits aber auch im Hinblick auf die Funktions- und Aufnahmefähigkeit des Kapitalmarkts. Der zentrale **Kapitalmarktausschuß** als freiwilliges, beratendes und empfehlendes Gremium der emittierenden Schuldner übernimmt hier eine Vorregulierung, um den Kapitalmarkt nicht zu überlasten.

Namensschuldverschreibungen, die häufig von Großanlegern wie Versicherungen und Fonds gewünscht werden, sind Rektapapiere und bedürfen keines besonderen Gläubigerschutzes. Eine Börseneinführung ist in der Regel nicht vorgesehen. Die Bonitätsprüfung übernehmen deshalb meistens die Gläubiger selbst.

Um den Kapitalgebern die Bonitätsprüfung und risikomäßige Zuordnung der Schuldverschreibungsemission zu erleichtern, nehmen Ratingagenturen ein **Emissionsrating** vor. Derartige systematische Klassifizierungen sind in den USA schon längere Zeit üblich (z. B. von Standard & Poor's Corp., New York und von Moody's Investors Service, New York), in Deutschland aber noch relativ selten.

Ein Ratingauftrag kann vom Emittenten selbst erteilt werden, so daß er dann auch die Möglichkeit hat, nicht veröffentlichte Informationen zu ergänzen und in die Bewertung einfließen zu lassen. Ein Emissionsrating kann aber auch eigenverantwortlich von einer Ratingagentur durchgeführt werden.

Beim Emissionsrating wird ähnlich wie beim Kreditrating (siehe Kap. B. 2.1) eine Bewertung relevanter Bestimmungsfaktoren vorgenommen und das Ergebnis in ein **Risikoklassensystem** eingeordnet. Wichtige **Kriterien** beim Emissionsrating sind:

- die Ertragskraft des Schuldners
- die Kapitalausstattung des Schuldners
- der Verwendungszweck der Kapitalaufnahme
- das Sicherheitspotential des Schuldners
- die Ausstattungsmerkmale der Schuldverschreibung
- das Länderrisiko im Hinblick auf Kapitalverwendung, Emissionsort und Sitz des Schuldners
- die Informationspolitik des Schuldners

Die Klassifizierung wird nach unterschiedlichen Symbolen vorgenommen. Bei Standard & Poor's beispielsweise reicht die Ratingskala von der besten Einstufung AAA bis D als schlechtester. Die umfangreichen **Ratingdefinitionen** können stark verkürzt wie folgt benannt werden:

AAA: Schuldverschreibung höchster Bonität; es ist unwahrscheinlich, daß der Kapitaldienst in irgendeiner Weise beeinträchtigt wird.

AA: Schuldverschreibung hoher Bonität; es bestehen relativ geringe Unsicherheitsrisiken

A: Schuldverschreibung guter Qualität; negative zukünftige Veränderungen bei den wirtschaftlichen Daten und Rahmenbedingungen sind nicht ganz ausgeschlossen

BBB: Schuldverschreibung zufriedenstellender Bonität; angemessene derzeitige und zukünftige Leistungsfähigkeit des Schuldners

BB: Problematische Schuldverschreibung mit spekulativem Charakter; eine langfristige Kapitaldienstleistung ist fraglich

B: Hochspekulative Schuldverschreibung; kaum geschützt im Hinblick auf Veränderungen im ökonomischen und außerökonomischen Bereich

CCC: bestimmte Kriterien weisen bereits heute auf das voraussichtliche Unvermögen des Schuldners hin, den Kapitaldienst erfüllen zu können

CC: die Einstellung des Kapitaldienstes während der Laufzeit erscheint sehr wahrscheinlich

C: Die Einstellung des Kapitaldienstes steht unmittelbar bevor

D: Extrem spekulativ; Zahlungen wurden bereits ausgesetzt; Bewertung nur im Hinblick auf Liquidationserlös oder Übernahmepreis sinnvoll

Die Emission von Effekten kann durch
- Selbstemission oder
- Fremdemission erfolgen.

Bei der **Selbstemission** übernimmt der Emittent die Unterbringung der Emission durch seinen Verwaltungsapparat selbst. Da es hierzu eines guten und breiten Kontakts auf dem Kapitalmarkt bedarf, findet man heute Selbstemissionen nur noch bei Banken insbesondere Landesbanken, Hypothekenbanken und Spitzeninstituten.

Bei der **Fremdemission** beauftragt der Emittent ein Emissionskonsortium mit der Unterbringung der Emission am Kapitalmarkt. Hier ist insbesondere das Bundesanleihekonsortium zu nennen, das bei allen Staatsschuldverschreibungen unter Führung der Bundesbank die Emission durchführt. Andere Emissionen werden von wechselnden Konsortien diverser Banken untergebracht.

Emissionskonsortien sind Gesellschaften bürgerlichen Rechts, die sich nur für diesen bestimmten Zweck bilden.

Unter den einzelnen Konsorten wird ein **Konsortialvertrag** mit folgendem Inhalt geschlossen (Innenverhältnis):
- Namen der Konsorten
- Konsortialquoten
- Konsortialführerin
- Zweck und Dauer der Konsortialbildung
- Pflichten und Rechte der Konsorten

Zwischen dem Konsortium und dem Emittenten wird im Außenverhältnis ein **Emissionsvertrag** ausgehandelt über:
- Art des Konsortiums
- Umfang des Konsortiums
- Benennung des Konsortialführers
- Ausstattung der Emission
- Konsortialvergütung
- Börsenzulassung
- Kurspflege
- Verkaufsprospekt
- Emissionstermin (nach Abstimmung mit dem zentralen Kapitalmarktausschuß)

Häufigste Form der Emission von Schuldverschreibungen ist in Deutschland das **Übernahme- und Begebungskonsortium.** Hierbei übernimmt das Konsortium die gesamte Emission von Schuldverschreibungen en bloc zu einem festen Übernahmekurs mit der Verpflichtung, die Effekten zur Zeichnung am Kapitalmarkt anzubieten. Die Emission ist mit der Übernahme vollzogen; findet sie auf dem Kapitalmarkt keine vollständige Aufnahme, trägt allein das Konsortium dieses Risiko.

Beide Konsortialformen können aber auch getrennt vorkommen. Beim **Übernahmekonsortium** besteht dann keinerlei Verpflichtung zum Angebot auf dem Kapitalmarkt, sondern eher ein Rücknahmerecht des Emittenten.

Beim **Begebungskonsortium** bietet das Konsortium die Emission für Rechnung des Emittenten im Rahmen eines Geschäftsbesorgungsauftrags an und stellt seinen Verkaufsapparat bereit. Nicht gezeichnete Stücke gehen zu Lasten des Emittenten. Diese Form wird gewählt, wenn die Unterbringung am Markt zweifelhaft ist.

Langfristige Fremdfinanzierung

Der **Konsortialnutzen** für das Konsortium ist die Differenz von Emissionskurs und Begebungskurs nach Abzug der Führungsprovision:

Emissionskurs	→ Übernahmekurs durch Konsortium	97 %
Begebungskurs	→ Kaufpreis der Gläubiger	98,5%
= Konsortialertrag		1,5%
− Führungsprovision		0,4%
= Konsortialnutzen, bezogen auf die jeweilige Quote des Konsorten		1,1%

Bei Schuldverschreibungen sind **3 Begebungsarten** möglich:
- Auflegung zur öffentlichen Zeichnung (Subskription)
- freihändiger Verkauf
- Plazierung über die Börse

Die **Subskription** ist heute die häufigste Plazierungsart. Sie hat folgenden Ablauf:

- **Veröffentlichung eines Verkaufsprospektes** in Tageszeitungen, Fachzeitschriften und durch Bankrundschreiben mit allen erforderlichen Informationen über Emittent und Emission
- **Aufruf zur Zeichnung** innerhalb einer bestimmten Frist; die Bezugsfrist beträgt häufig etwa 14 Tage
- **Abrechnung durch die Verkaufsstellen** nach Ablauf der Frist. Liegt eine **Überzeichnung** vor, muß repartiert werden, so daß die Effekten im Verhältnis der erteilten Zeichnungen auf die Nachfrager verteilt werden. Hierbei ist das Konsortium an keine Bedingungen gebunden, sondern vollzieht die Zuteilung im eigenen Ermessen nach den Kriterien Streuung, Dauerhaftigkeit der Anlage und Spekulationsverhinderung.

Der **Begebungskurs** kann vom Emissionskonsortium festgeschrieben sein oder sich im Rahmen eines Tenderverfahrens aus der Nachfrageintensität ergeben. Das **Tenderverfahren** ist ein Bietungsverfahren, bei dem die Kaufinteressenten unter Beachtung eines Mindestgebotes ihre Gebote hinsichtlich Preis und Menge schriftlich abgeben. Die Plazierung erfolgt dann ausgehend vom Höchstgebot bis das Emissionsvolumen erreicht ist. Der Begebungskurs kann dann der jeweilige Preis sein, den der Bietende genannt hat (sog. amerikanische Methode), oder der Begebungskurs ist einheitlich für alle Gebote der Preis des niedrigsten, noch berücksichtigungsfähigen Gebots (sog. holländische Methode).

Beispiel:
Emissionsvolumen 1000   Mindestbegebungskurs 96

Gebote	Kurs	Begebungskurs nach amerikanischer Methode	Begebungskurs nach holländischer Methode
100	97,25	97,25	⎫
500	97	97	⎬ 96,75
400	96,75	96,75	⎭
600	96,50	–	
200	96,25	–	
100	96	–	

Gewisse Verwendung als Begebungsart findet auch der **freihändige Verkauf**. Vor allem Selbstemittenten, die eine kontinuierliche Refinanzierung ihres Kreditgeschäfts benötigen, greifen auf diese Plazierungsart zurück. Sie geben dann in ihrem Verkaufsprospekt keinen bestimmten Kurs oder eine begrenzte Zeichnungsfrist an, sondern nur »freibleibend«, so daß je nach Marktlage der Begebungskurs angepaßt werden kann. Es werden aber auch kleinere Emissionen und Restbestände durch freihändigen Verkauf plaziert. Letztlich ist diese Plazierungsart auch bei Großabnehmern wie Versicherungen und Investmentfonds üblich, wobei u. U. sogar die Börseneinführung dieser Emission unterbleiben kann.

Früher war die direkte **Plazierung an der Börse** die häufigste Begebungsform. Heute werden in Deutschland über die Börse unmittelbar nur noch kleinere Tranchen plaziert. Bei Aktien hat jedoch in letzter Zeit die unmittelbare Einführung von Neuemissionen (Going public) wieder große Bedeutung erlangt (siehe hierzu Kap. C.3.3).

Da die Stücke bei Begebung meistens noch nicht gedruckt sind, erhalten die Subskribenten bis zur Lieferung (häufig nicht übertragbare) **Interimsscheine** (Kassenquittungen).

Nach erfolgreicher Plazierung kann vom Emittenten eine **Börseneinführung** gewünscht werden. Hierfür ist ein Zulassungsantrag unter Beachtung der einschlägigen Bestimmungen der Börsenzulassungsverordnung vom Konsortium an den jeweils gewünschten Börsen zu stellen. Börseneinführungskonsorten sind oft die jeweils am Börsenplatz vertretenen Konsorten. Mit dem Zulassungsantrag ist ein Börseneinführungsprospekt einzureichen, der alle notwendigen Angaben über Emission und Emittenten enthalten soll, die zur Beurteilung der Kreditwürdigkeit benötigt werden. Dieser Prospekt ist im Bundesanzeiger bzw. in den Börsenpflichtblättern zu veröffentlichen. Für die Richtigkeit des Inhalts übernehmen Emittent und Konsortum die volle Haftung (**Prospekthaftung** gemäß § 45 Börsengesetz).

Kraft Gesetzes sind nur die Schuldverschreibungen von Bund und Ländern sowie u. U. die von ihnen verbürgten Schuldverschreibungen zum Börsenhandel ohne Zulassungsantrag zugelassen.

Während der Emissionslaufzeit besteht eine **regelmäßige Informationspflicht** auf der Grundlage des Publizitätsgesetzes:

- als **Registerpublizität** im Hinblick auf sämtliche Veränderungen im Handelsregister,
- als **Rechnungslegungspublizität** im Hinblick auf die Jahresabschlüsse, vor allem gegenüber den Aufsichtsämtern, der Bundesbank und den Aktionären, sowie eine Veröffentlichungspflicht im Bundesanzeiger und Gesellschaftsblättern
- als **freiwillige Publizität** im Hinblick auf Zwischenberichte, Presseinformationen oder Aktionärsbriefe.

Das Börseneinführungskonsortium kann auf Wunsch des Emittenten auch die **Kurspflege** übernehmen. Kursregulierungen gegen den allgemeinen Börsentrend sind jedoch nicht unproblematisch.

4.5.2 Industrieobligationen

Industrieobligationen sind Schuldverschreibungen von Industrie-, Handels- oder Versorgungsunternehmen hoher Bonität zur Finanzierung langfristiger Investitionen. Diese Finanzierungsquelle steht grundsätzlich allen Rechtsformen offen, doch beschränkt sie sich in der Praxis auf **(größere) Unternehmen in der Rechtsform der AG.**

Ein wesentlicher Vorzug der Industrieobligation liegt in der Erschließung hoher Kreditbeträge am Kapitalmarkt, die durch breit gestreute kleine Teilbeträge aufgebracht werden können. Die allgemeine Bereitschaft zur Kreditgewährung ist vor allem durch die Stückelung in kleine Teilbeträge und die jederzeitige Veräußerbarkeit an der Börse (Fungibilität) begründet. Maßgeblich im Besonderen für die Kapitalanlageentscheidung des Kreditgebers ist die Ausstattung der Schuldverschreibung.

Die **Ausstattung** bezeichnet die Bedingungen, zu denen die Kapitalaufnahme und die Verbriefung erfolgen sollen. Hierzu zählen im wesentlichen:

- das Volumen der Anleihe
- die Währung
- die Stückelung
- die Nominalverzinsung

- der Ausgabekurs und der Rückzahlungskurs
- die Laufzeit
- die Rückzahlungsmöglichkeiten
- die Sicherstellung und
- die Kündigungsmöglichkeiten

Diese Ausstattungsmerkmale können in vielfältiger Weise verändert werden, wovon besonders stark auf dem Eurokapitalmarkt Gebrauch gemacht worden ist (Finanzinnovationen).

Eine Industrieobligation wie auch die anderen Schuldverschreibungen besteht i. d. R. aus drei Teilen, dem **Mantel,** der das Forderungsrecht gegenüber dem Emittenten verbrieft, dem **Bogen,** der die einzelnen Zinsscheine für die jeweiligen Zinszahlungstermine beinhaltet, und dem **Talon** (Zinserneuerungsschein) als Berechtigungsschein für die Anforderung eines neuen Bogens.

Der auf dem Mantel verzeichnete Nominalzins gilt für die gesamte Laufzeit und wird meistens viertel- oder halbjährlich nachträglich zu den festgelegten **Zinsterminen** gezahlt.

In manchen Fällen behält sich der Emittent das Recht auf eine Zinsanpassung während der Laufzeit **(Zinskonversion)** vor. Während eine Anhebung des Zinssatzes im Ermessen des Schuldners steht, bedarf eine Zinsanpassung an ein voraussichtlich andauerndes, wesentlich niedrigeres Kapitalmarktniveau des Vorbehalts der Kündigungsmöglichkeit seitens des Schuldners. Der Gläubiger hat dann das Wahlrecht, gegen neue, niedriger verzinsliche Stücke zu tauschen oder Rückzahlung zu verlangen.

Erfolgt eine **unterjährige Verzinsung,** verbessert dies für den Gläubiger die Effektivverzinsung der Obligation und läßt sich wie folgt ermitteln:

$$r_{eff} = \left[\left(1 + \frac{i}{m}\right)^m - 1\right] \cdot 100$$

i = Nominalzinssatz p. a.
m = Anzahl der unterjährigen Perioden

Beispiel:
Werden halbjährlich nachträglich am 01.04. und 01.10. 8% p. a. Zinsen gezahlt, erhöht dies die Effektivverzinsung auf

$$r_{eff} = \left[\left(1 + \frac{0{,}8}{2}\right)^2 - 1\right] \cdot 100 = \underline{\underline{8{,}16\% \text{ p.a.}}}$$

Langfristige Fremdfinanzierung 187

Verkauft der Gläubiger die Obligation während der Laufzeit, werden ihm vom Käufer die anteiligen **Stückzinsen**, die sich seit dem letzten Zinszahlungstermin ergeben, vergütet. Die Zinszahlungen erfolgen immer für den gesamten Zinszeitraum an den Berechtigten zum Fälligkeitstag.

Die Emission von Industrieobligationen wird nur sehr selten **zu pari (zum Nennwert)** durchgeführt. Meistens liegt der Auszahlungskurs unter pari (z.B. 96% vom Nennwert), was aber nicht eine Verteuerung für das Unternehmen bedeuten muß, obwohl am Ende der Laufzeit zum Nennwert oder gegebenenfalls sogar zu einem Rückzahlungskurs über pari getilgt werden muß. **Auszahlungs- und Rückzahlungskurs** dienen häufig nur als Regulativ für die nur in Abständen von i.d.R. $1/4\%$ p.a. steigende Nominalverzinsung. Liegt beispielsweise das gegenwärtige Kapitalmarktniveau bei 8,86% p.a., kann die Emission einer Obligation zum Nominalzins von 8,5% p.a. nur unter Berücksichtigung eines Disagios geschehen. Diesen Vorwegzins kann das Unternehmen aktivieren und auf die Laufzeit verteilt abschreiben.

Auch während der Laufzeit paßt sich der Nominalzins der veränderten Kapitalmarktsituation durch die Börsennotierung an. Fällt (steigt) der Kapitalmarktzins, wird die Obligation zu einem Wert über (unter) pari an der Börse gehandelt. Der Kursgewinn ist dann steuerfrei, sofern die Spekulationsfrist gemäß § 23 EStG nicht unterschritten wird.

Wie groß die Veränderung des Kurses in Abhängigkeit von bestimmten Variablen wie Marktzins oder Restlaufzeit ist **(Volatilität)**, läßt sich mit der Duration, als durchschnittlicher gewichteter Fälligkeit eines zukünftigen Zahlungsstroms, ermitteln. Die **Duration** entspricht der durchschnittlichen Kapitalbindungsfrist einer Kapitalanlage.

$$\text{Volatilität in \%} = \frac{\text{Duration}}{(1+i)}$$

$$\text{Duration} = \frac{\sum_{t=1}^{n} \frac{t \cdot Z_t}{(1+i)^t} + \frac{n \cdot Rk}{(1+i)^n}}{\text{Barwert der Schuldverschreibung zum Marktzins}}$$

Z_t = Zinszahlungen zu den Zinsterminen
Rk = Rückzahlungskurs der Schuldverschreibung
i = Marktzins

Beispiel:

t	Kapitaldienst	Barwert bei i = 0,10	Anteilswert	Anteilswert · Zeit = Duration
1	90	81,81	0,08449	0,08449
2	90	74,38	0,07682	0,15364
3	90	67,62	0,06983	0,20949
4	1090	744,48	0,76886	3,07544
		968,29	1,00000	3,52306

$$\text{Volatilität} = \frac{3,52306}{1,10} = 3,202782\%$$

Duration = 3,52306 Jahre

Bei einer Schuldverschreibung mit einer Restlaufzeit von 4 Jahren, einem Nominalzins von 9% p. a., beträgt die Duration 3,52306 Jahre, was einer Volatilität von 3,202782% entspricht. Steigt der Marktpreis um 1% p. a., fällt der Marktwert der Schuldverschreibung rechnerisch von 968,29 EUR auf 937,28 EUR. Schuldverschreibungen mit unterschiedlichen Bedingungen können so bei einem bestimmten Zinsniveau hinsichtlich ihrer Empfindlichkeit auf Zinsänderungen verglichen werden.

Die Volatilität wird auch bei Aktien berechnet, um die Schwankungsbreite der Kurse zu ermitteln. So wird die historische Volatilität z. B. von der Frankfurter Börse für Zeiträume von 30 und 250 Börsentagen berechnet.

Bei Industrieobligationen werden meistens **Laufzeiten zwischen 5 und 15 Jahren** angeboten, wobei Aufnahmefähigkeit des Kapitalmarktes und Bestreben nach fristenkongruenter Finanzierung für Unternehmen nicht immer in Einklang zu bringen sind.

Es bestehen vier **Rückzahlungsmöglichkeiten** für das Unternehmen:

- Tilgung am Ende der Laufzeit oder Ratentilgung
- Auslosung von Teilbeträgen
- freihändiger Rückkauf insbesondere über die Börse und
- Kündigung nach Ablauf einer Frist.

Tilgt das Unternehmen **am Ende der Laufzeit,** ist die Kapitalbindung wesentlich höher als bei Ratentilgung. Andererseits entspricht die Kapitalbindung beim Ratendarlehen eher dem Amortisationsverlauf. Ratentilgungen sind jedoch unüblich, da sie eine kontinuierliche Veränderung des Nominalwertes bedeuten würden. Soll während der Laufzeit getilgt werden, ist deshalb eine Auslosung vorzuziehen, bei der einige Teilschuldverschreibungen insgesamt vorzeitig zum Nominalwert zurückgezahlt werden.

Langfristige Fremdfinanzierung 189

Die **Auslosung von Teilbeträgen** erfolgt zu den festgelegten Zinsterminen unter Rechtsaufsicht nach Ankündigung. Es werden dann entweder einzelne Stücke nach Nummern oder ganze Serien und Reihen zur vorzeitigen Rückzahlung ausgelost. An den beiden Börsentagen vor der Auslosung erfolgt dann keine amtliche Kursfeststellung. Am Auslosungstag gilt die Notierung dann nur noch für die nicht ausgelosten Stücke.

Ein **freihändiger Rückkauf** über die Börse ist vorteilhaft, wenn die Obligation unter pari gehandelt wird. Außerdem kommen solche Rückkäufe Stützungskäufen zur Kurspflege gleich und führen zu Kurssteigerungen.

Für den Gläubiger ist i. d. R. ein **Kündigungsrecht** ausgeschlossen. Der Schuldner kann dagegen für sich in den Anleihebedingungen ein Kündigungsrecht vorbehalten, das allerdings erst nach einer gewissen Unkündbarkeitsfrist ausgesprochen werden kann. Von seinem Kündigungsrecht wird der Emittent am ehesten Gebrauch machen, wenn der Kapitalmarktzins wesentlich gesunken ist und er eine günstigere Anschlußfinanzierung anstrebt. Gegebenenfalls kann die Ausnutzung des Kündigungsrechts mit einem erhöhten Rückzahlungskurs als Entschädigung verbunden sein.

Als **Sicherheit** können bei Industrieobligationen Verwendung finden:
- Grundpfandrechte auf dem Unternehmensvermögen
- Bürgschaften der öffentlichen Hand
- Negativklauseln

Wegen des relativ hohen Verwertungsrisikos können Grundpfandrechte nur **bis zu 40% des Beleihungswertes** eingetragen werden. Die Eintragung im Grundbuch erfolgt meist treuhänderisch zugunsten des Konsortialführers des Emissionskonsortiums.

Bürgschaften werden bisweilen bei Industrieansiedlungen übernommen, wenn ein besonderes öffentliches Interesse besteht.

Bei Verwendung einer **Negativklausel** wird auf eine Grundbucheintragung verzichtet. Der Schuldner verpflichtet sich jedoch, während der Laufzeit der Obligation ohne Einwilligung des Konsortialführers keine wesentlichen Vermögensteile zu veräußern oder zugunsten Dritter zu belasten und dadurch eine Schlechterstellung der Gläubiger herbeizuführen.

Industrieobligationen besitzen nicht die Mündelsicherheit gem. § 1806 BGB.

Die **Gesamtkosten einer Industrieobligation** können höher sein als die eines Bankkredits, weil eine Vielzahl von einmaligen und laufenden Kosten zu berücksichtigen ist, die sich neben den Zinsen insgesamt auf etwa 4 bis 6%

des Nennwertes beziffern. Die Kosten unterteilen sich in einmalige Kosten vor allem für die Emissionsvorbereitung und Börsenzulassung und in laufende Kosten vor allem für die Abwicklung, Publizität und Kurspflege. Bei einer Obligation mit einer Laufzeit von 10 Jahren erhöhen diese Kosten den Zins um etwa 1 bis 1,5% p. a.

Zu den **Emissionskosten** zählen:
- Genehmigungsgebühr je nach Emissionsort
- Emissionsprovision für das Emissionskonsortium
- Besicherungskosten
- Verkaufsprospekte, Börsenzulassungsprospekt
- Druck der Stücke
- Börseneinführungsprovision
- Publizitätsmaßnahmen
- Treuhändergebühr für Sicherheitsverwaltung
- Kuponeinlösungsprovision
- Kosten der Auslosung
- Veröffentlichung der Rückzahlung
- Kurspflege zur Erhaltung des Emissionsstandings
- interne Bearbeitungskosten

4.5.3 Wandelschuldverschreibungen

Wandelschuldverschreibungen räumen nach Ablauf einer bestimmten Frist das Recht auf **Umtausch** dieser Urkunde **in eine Aktie** des emittierenden Unternehmens ein.

Als Wertpapiermischform gewann die Wandelschuldverschreibung immer dann eine größere Bedeutung, wenn **besondere Kapitalmarkt- und Unternehmenssituationen** auftraten:
- hohes Zinsniveau für Schuldverschreibungen bei gleichzeitig niedrigem oder sinkendem Kursniveau der Aktien, so daß bevorzugt Schuldverschreibungen gekauft wurden
- Kapitalbedarf des Unternehmens bei vorübergehend schlechteren Ertragserwartungen, so daß eine Kapitalerhöhung zu diesem Zeitpunkt schwierig war

Wandelschuldverschreibungen können sowohl für den Emittenten als auch für den Kapitalanleger verschiedene Vorteile je nach Markt- und Unternehmenssituation aufweisen:

Langfristige Fremdfinanzierung 191

Vorteile für das Unternehmen:
- Deckung des erforderlichen Kapitalbedarfs auch in ungünstigen Zeiten
- niedrigere Verzinsung als für Industrieobligationen
- zunächst keine Dividendenverpflichtung
- steuerliche Absetzbarkeit der Fremdkapitalkosten
- Festlegung der Bedingungen für die spätere Kapitalerhöhung

Vorteile für den Gläubiger:
- zunächst kein Eigenkapitalrisiko
- fester Mindestanlageertrag durch Verzinsung
- zusätzliche Teilnahme an späteren Kurssteigerungen
- Substanzerhaltung durch Wandlung in Sachwerte
- keine Wandlungsverpflichtung.

Etwa seit Mitte der 80er Jahre ist nach längerer Vernachlässigung dieser Finanzierungsalternative wieder eine erhebliche Zunahme zu verzeichnen. Dies bezieht sich sowohl auf deutsche als auch ausländische Unternehmen, insbesondere bei Emissionen auf dem Eurokapitalmarkt.

Werden die Wandlungsbedingungen bei der Emission der Wandelschuldverschreibung als günstig eingestuft, wird auch ein niedrigerer Zins als für normale Schuldverschreibungen hingenommen.

Die **besondere Ausstattung** der Wandelschuldverschreibung bezieht sich im Vergleich zur Industrieobligation vor allem auf folgende zusätzliche Merkmale:
- das Bezugsrecht für die Wandelschuldverschreibung
- das Wandlungsverhältnis in Aktien
- die Vereinbarung von Zuzahlungen und
- die Kapitalverwässerungsschutzklausel.

Voraussetzungen für die Emission von Wandelschuldverschreibungen sind unter Umständen eine Genehmigung als Schuldverschreibung und die Zustimmung auf der Hauptversammlung mit einer Dreiviertel-Mehrheit des vertretenen Kapitals für eine **bedingte Kapitalerhöhung**. I. d. R. wird den Altaktionären ein Bezugsrecht auf den Erwerb der Wandelschuldverschreibung eingeräumt. Der Nennwert der Emission darf höchstens 50% des Grundkapitals betragen.

$$\text{Bezugsverhältnis} = \frac{\text{Grundkapital}}{\text{Nennwert des Wandelschuldverschreibung}}$$

Die Emission der Wandelschuldverschreibungen muß nicht zu pari erfolgen. Liegt der Begebungskurs über pari, senkt dies die Effektivverzinsung (Vorteil für den Schuldner), liegt der Begebungskurs unter pari, nimmt die Attraktivität der Kapitalanlage zu.

Beispiel:
Hat eine Aktiengesellschaft ein Grundkapital von 840 Mill. EUR und will eine Wandelschuldverschreibung über einen Nennwert von 70 Mill. EUR emittieren, so beträgt das Bezugsverhältnis 12 : 1.

$$\text{Bezugsverhältnis} = \frac{840 \text{ Mill.}}{70 \text{ Mill.}} = \frac{12}{1} \rightarrow \frac{1200 \text{ Nennwert der Aktien}}{100 \text{ Nennwert der Wandelschuldverschreibung}}$$

Verfügt der Altaktionär über Aktien im Gesamtnennwert von 1200 EUR, das sind bei einem Nennwert von 5 EUR 240 Stück, so kann er darauf eine Wandelschuldverschreibung zum Nennwert von 100 EUR beziehen. Besitzt er dagegen nur 200 Aktien, kann er die fehlenden Bezugsrechte innerhalb einer bestimmten Frist an der Börse erwerben.

Verkäufer der Bezugsrechte könnte ein Aktionär sein, der 280 Aktien hat.

Das **Wandlungsverhältnis** gibt an, wieviel Aktien der Inhaber einer Wandelschuldverschreibung erwerben kann. Strebt das Unternehmen nicht nur eine Ausschöpfung der bedingten Kapitalerhöhung, sondern auch eine Zuführung zu den Rücklagen an, kann dies durch eine entsprechende Wahl des Wandlungsverhältnisses gesteuert werden.

$$\text{Wandlungsverhältnis} = \frac{\text{Nennwert der Wandelschuldverschreibung}}{\text{bedingte Kapitalerhöhung}}$$

Beispiel:
Hat die Hauptversammlung eine bedingte Kapitalerhöhung von 35 Mill. EUR beschlossen, so fließen die restlichen 35 Mill. EUR bei einem Wandlungsverhältnis von 2 : 1 den Rücklagen zu.

$$\text{Wandlungsverhältnis} = \frac{70 \text{ Mill.}}{35 \text{ Mill.}} = \frac{2}{1} \rightarrow \frac{200 \text{ Nennwert der Wandelschuldverschreibung}}{100 \text{ Nennwert der Aktien}}$$

Besitzt ein Gläubiger zwei Wandelschuldverschreibungen im Nennwert von jeweils 100 EUR, kann er diese in 20 Aktien zu einem Gesamtnennwert von 100 EUR wandeln. Durch eine solche Über-pari-Emission verringert sich die jährliche Dividendenverpflichtung für das Unternehmen.

Entsprechen der Nennwert der Wandelschuldverschreibung und die Höhe der bedingten Kapitalerhöhung einander, kann eine Zuführung zu den Rücklagen aber auch durch Vereinbarung eines Ausgabekurses über pari für die neuen Aktien (**Wandlungspreis**) erreicht werden.

Langfristige Fremdfinanzierung 193

Beispiel:
Die Hauptversammlung beschließt eine bedingte Kapitalerhöhung in Höhe des Nennwertes der Wandelschuldverschreibung von 70 Mill. EUR und legt einen Wandlungspreis von 200% fest. Im Gegensatz zur bedingten Kapitalerhöhung von 35 Mill. EUR fließen dem Unternehmen dann nochmals 70 Mill. EUR an liquiden Mitteln zu, die nicht dividendenberechtigt sind.

$$\text{Wandlungsverhältnis} = \frac{70 \text{ Mill.}}{70 \text{ Mill.}} = \frac{1}{1} \rightarrow \frac{100 \text{ Nennwert der Wandelschuldverschreibung}}{100 \text{ Nennwert der Aktien}}$$

Ein bestimmter Gläubiger kann zwar so 20 Aktien im Nennwert von 5 EUR durch Umtausch einer Wandelschuldverschreibung erhalten, doch kostet ihn jede Aktie 10 EUR, wovon er bei Wandlung noch 5 EUR bezahlen muß.

Emission der Wandelschuldverschreibung		Wandlungsverhältnis 2:1 Wandlungspreis 100%		Wandlungsverhältnis 1:1 Wandlungspreis 200%	
Bank 70	Fremd-kapital 70	Bank 0	Grundkapital 35 Rücklagen 35 Fremdkapital 70	Bank 70	Grundkapital 70 Rücklagen 70 Fremdkapital 70

Da sich das Recht auf Umtausch in Aktien über mehrere Jahre erstreckt, kann es im Interesse des Unternehmens liegen, den Wandlungszeitpunkt durch eine **Zuzahlung** zu beeinflussen.

Eine **steigende Zuzahlung** kann den Gläubiger zu einer frühzeitigen Wandlung veranlassen, eine sinkende dagegen die Wandlung hinausschieben, was für das Unternehmen den Vorzug einer längeren Abzugsfähigkeit der Fremdkapitalkosten hat. **Konstante Zuzahlungen** haben die gleiche Wirkung wie ein Ausgabekurs für die Aktien über pari.

Wird während der Laufzeit der Wandelschuldverschreibung eine ordentliche Kapitalerhöhung durchgeführt, so müssen die Wandlungsbedingungen bei einem Emissionskurs unter dem Börsenkurs angepaßt werden. Als **Kapitalverwässerungsschutzklausel** kann deshalb vereinbart werden:

- Wandlungspreis oder Zuzahlung werden um den börsenmäßigen Wert des Bezugsrechts verringert
- Wandlungspreis oder Zuzahlung werden um den rechnerischen Wert des Bezugsrechts ermäßigt

- den Inhabern von Wandelschuldverschreibungen wird ein entsprechendes Bezugsrecht eingeräumt wie den Aktionären
- oder die Inhaber von Wandelschuldverschreibungen haben ein außerordentliches vorzeitiges Wandlungsrecht.

Aus dem Wesen der Wandelschuldverschreibungen ergibt sich, daß ihre **Kursentwicklung sowohl vom Rentenmarkt als auch vom Aktienmarkt geprägt** wird. So kann sich der Kurs entweder bei fallendem Kapitalmarktzins oder bei steigendem Aktienkurs nach oben bewegen. Andererseits besteht aber auch eine Preisuntergrenze, die durch den Zinssatz vergleichbarer Schuldverschreibungen, die Wandlungsbedingungen und den Aktienkurs determiniert wird.

Da ein Kapitalanleger die Möglichkeit hat, entweder die Aktien des Unternehmers direkt an der Börse zu handeln oder zunächst eine Wandelschuldverschreibung zu erwerben, gemäß den Bedingungen zu wandeln und dann diese Aktien an der Börse zu verkaufen, würden **Arbitragegeschäfte** solange auftreten, bis der Wertunterschied zwischen Aktie und Wandelschuldverschreibung ausgeglichen ist.

$$\text{Kurs der Wandelschuldverschreibung} = \frac{\text{Aktienkurs} - \text{Zuzahlung}}{\text{Wandlungsverhältnis}}$$

Beispiel:

Steigt z.B. der Aktienkurs von 247 auf 263 bei einer erforderlichen Zuzahlung von insgesamt 50 EUR, einem Wandlungsverhältnis von 2 : 1 und einem Nennwert für die Schuldverschreibung von 100 EUR bzw. für die Aktie von 5 EUR, so steigt der Kurs ohne Veränderungen auf dem Rentenmarkt für die Wandelschuldverschreibung von 98,5% auf 106,5%. Kauft ein Kapitalanleger zwei Wandelschuldverschreibungen zum Kurs von 98,5% an der Börse, so bezahlt er einschließlich Zuzahlung 247 EUR:

$$\frac{247-50}{\frac{2}{1}} = 98,5\% \qquad \frac{263-50}{\frac{2}{1}} = 106,5\%$$

Beschließt die Hauptversammlung eine **Kapitalerhöhung aus Gesellschaftsmitteln,** so hat sich das bedingte Kapital gemäß § 218 AktG im gleichen Verhältnis wie das Grundkapital zu erhöhen, um Vermögensnachteile der Wandelschuldverschreibungsinhaber zu vermeiden.

Beispiel:
Erfolgt eine Kapitalerhöhung um 140 Mill. EUR auf 980 Mill. EUR, so ändert sich das bisherige Wandlungsverhältnis von 2 : 1 wie folgt:

$$\text{neues Wandlungsverhältnis} = \frac{\text{Nennwert der Wandelschuldverschreibung}}{\text{alte bedingte Kapitalerhöhung} + \frac{\text{Kapitalerhöhung aus Gesellschaftsmitteln}}{\text{Grundkapital}}}$$

$$\text{neues Wandlungsverhältnis} = \frac{70 \text{ Mill. EUR}}{35 \text{ Mill. EUR} + \frac{140 \text{ Mill. EUR}}{840 \text{ Mill. EUR}}} = \frac{2}{1 + \frac{1}{6}} = \frac{12}{7}$$

Durch das neue Wandlungsverhältnis von 12 : 7 bleibt der Vermögensanspruch aus der Wandelschuldverschreibung erhalten.

4.5.4 Optionsschuldverschreibungen und Optionsscheine

Die Optionsschuldverschreibung ist eine **Schuldverschreibung mit einem trennbaren Anwartschaftsrecht,** dem Optionsschein, dessen Inhaber während einer festgelegten Frist zum Bezug von Aktien des Unternehmens berechtigt ist.

Der Inhaber der Optionsschuldverschreibung bleibt Fremdkapitalgeber bis zur Kapitalfälligkeit, doch kann er zusätzlich Eigenkapitalgeber werden. Es kann dadurch auch größerer Kapitalbedarf langfristig durch **Eigenkapital und Fremdkapital** gedeckt werden.

Ein Bezugsrecht bei Kapitalerhöhungen wird häufig ausgeschlossen.

Die Optionsschuldverschreibung besteht aus 2 Teilen, der Schuldverschreibung und dem Optionsschein, der während der Laufzeit an der Börse gehandelt wird. Es gibt 3 **Notierungen:**
- nur für die Schuldverschreibung,
- nur für den Optionsschein und
- für die Optionsschuldverschreibung insgesamt.

Da die Optionsschuldverschreibung im Aktiengesetz im Prinzip mit der Wandelschuldverschreibung gleichgesetzt wird (§ 221 AktG), gelten die allgemeinen rechtlichen Bedingungen für Wandelschuldverschreibungen hinsichtlich Kapitalerhöhung, Emission, Zuzahlung und Erwerbspreis für die Aktien entsprechend, wie auch die wirtschaftlichen Gründe für ihre Verwendung.

Die **Bedeutung** der Optionsschuldverschreibung und der **Handel** in Optionsscheinen sind an den angelsächsischen Börsen wesentlich größer als in Deutschland. Auch auf dem Eurokapitalmarkt werden Optionsschuldverschreibungen in hoher Zahl und in verschiedenen Varianten gehandelt, von denen vor allem zu nennen sind:

- Schuldverschreibungen mit Optionsrechten auf zukünftige Schuldverschreibungen mit bereits heute vereinbarten Bedingungen (**Bond Warrents**)
- Schuldverschreibungen mit Optionsrechten auf bestimmte Zinsänderungen (**Interest Warrents**)
- Schuldverschreibungen mit Optionsrechten auf Rückzahlung in bestimmten Währungen (**Currency Warrents**)
- Schuldverschreibungen mit Optionsrechten auf Aktienerwerb (**Stock Warrents**)
- Schuldverschreibungen mit Optionsrechten auf vorzeitige Rückzahlung oder auf Laufzeitverlängerung (**Time Warrents**)

Von herausragender Bedeutung bei Optionsschuldverschreibungen ist die Frage nach dem Optionspreis bzw. dem Wert des Optionsscheines.

Da der Bezugspreis für die Aktien im voraus festgelegt wird, besitzt der Optionsschein im Hinblick auf die Renditeerwartungen und den relativ niedrigen Kapitaleinsatz eine **Hebelwirkung.** Seine Rendite verändert sich prozentual bei Kursschwankungen wesentlich stärker als die der Aktien, so daß der Erwerber eines Optionsscheines auch bereit ist, diese Gewinnchance mit einem zusätzlichen **Aufgeld** zu honorieren. Der Preis des Optionsscheines setzt sich deshalb immer aus seinem Substanzwert und einem Entgelt für die im Optionsschein steckenden Chancen zusammen.

Optionspreis = Substanzwert + Aufgeld
bzw.
Optionspreis = innerer Wert + Zeitwert

Der Erwerber eines Optionsscheins muß zwar augenblicklich einen höheren Preis zahlen als bei direktem Aktienerwerb, doch sichert ihm der Optionsschein bei niedrigem Kapitaleinsatz für längere Zeit einen festen, in seiner Erwartung günstigen Einstandspreis für die Aktie. An der Börse werden i. d. R. die Optionsscheine mit längeren Restlaufzeiten auch zu einem höheren Aufgeld gehandelt. Abgesehen von den Handelsspesen muß der Aktienkurs mindestens um den Betrag des Aufgeldes steigen, damit der Kapitaleinsatz gewinnbringend wird.

Langfristige Fremdfinanzierung

Untergrenze des **Wertes für den Optionsschein** ist normalerweise sein Substanzwert, da ein weiterer Kursrückgang zur Arbitrage führen würde. Andererseits können hohe Kursverluste der Aktie auch zu einem Optionsscheinwert von Null führen.

Wird das Aufgeld in Prozent des jeweiligen Aktienkurses ausgedrückt, bezeichnet man dies als Prämie:

$$\text{Prämie} = \frac{\text{Bezugspreis} + \frac{\text{Kurs des Optionsscheins}}{\text{Bezugsverhältnis}} - \text{jeweiliger Aktienkurs}}{\text{jeweiliger Aktienkurs}} \cdot 100$$

Der rechnerische Kurs des Optionsscheines in Abhängigkeit von Substanzwert und Aufgeld läßt sich folgendermaßen ermitteln:

$$\text{Kurs des Optionsscheins} = \left[\left(1 + \frac{\text{Prämie}}{100}\right) \cdot \text{Aktienkurs} - \text{Bezugspreis}\right] \cdot \text{Bezugsverhältnis}$$

Beispiel:

	Erwartungen in			
	t_0 (gut)	t_1 (weiter gut)	t_2 (ungewiß)	t_3 (schlecht)
derzeitiger Aktienkurs	200	250	200	60
– festgelegter Bezugspreis	150	150	150	150
= Substanzwert des Optionsscheins	50	100	50	–
+ Aufgeld	20	40	–	–
= Börsenwert des Optionsscheins	70	140	50	–
Kursveränderung des Optionsscheins gegenüber t_0		+ 100%	– 29%	(Maximalverlust 70 EUR)
Kursverändrung der Aktie gegenüber t_0		+ 25%	0%	– 70% (140 EUR)

$$\text{Prämie} = \frac{150 + \frac{70}{1} - 200}{200} \cdot 100 = 10\%$$

$$\text{Kurs des Optionsscheins} = \left[\left(1 + \frac{10}{100}\right) \cdot 200 - 150\right] \cdot \frac{1}{1} = 70$$

Optionsscheine werden auch als selbständige Wertpapiere emittiert und haben dann keinen Bezug zu Schuldverschreibungen. Diese Optionsscheine werden meistens von Kreditinstituten mit mittelfristigen Laufzeiten ausgegeben und besitzen ein Optionsrecht auf den Bezug von Aktien oder anderen Finanzrechten Dritter zu einem festen Bezugspreis. Der Emittent des Optionsscheines unterhält als sogenannter Stillhalter für die Optionslaufzeit einen Deckungsbestand in den erwerbbaren Finanzrechten, so daß diese Optionsscheine als **gedeckte Optionsscheine (Covered Warrents)** bezeichnet werden. Da sich der Deckungsbestand aus im Umlauf befindlichen Finanzrechten am Sekundärmarkt (insbesondere Aktien) zusammensetzt, sind mit dem Erwerb und der Ausübung der Optionsrechte im Gegensatz zu Optionsschuldverschreibungen keine Eigenkapitalveränderungen bei der Aktiengesellschaft verbunden.

Der Emittent von Optionsscheinen muß nicht mit dem Inhaber des Deckungsbestandes identisch sein. So können z.B. auch Investmentfonds oder Versicherungen als Stillhalter auftreten, und das Kreditinstitut als Emittent der Optionsscheine zahlt an den Stillhalter eine Prämie. Der Stillhalter kann die Aktien auf dem Sekundärmarkt erworben haben oder bei der Emission gezeichnet haben.

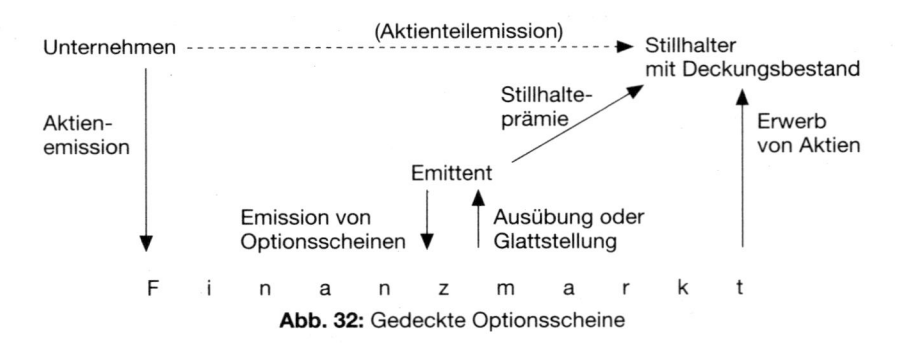

Abb. 32: Gedeckte Optionsscheine

Optionsscheine werden überwiegend im Freiverkehr gehandelt und können in zahlreichen Varianten auftreten wie beispielsweise als

- **Zinsoptionsscheine** mit dem Recht auf Erwerb oder Lieferung einer Schuldverschreibung zu einem festen Bezugskurs vom oder an den Emittenten des Optionsscheines
- **Aktienoptionsscheine** mit Bezugs- oder Lieferungsrecht von Aktien vom oder an den Emittenten des Optionsscheines

Langfristige Fremdfinanzierung 199

- **Korb-Optionsscheine** mit Bezugs- oder Lieferungsrecht auf ein bestimmtes Aktien- oder Schuldverschreibungsportefeuille
- **Indexoptionsscheine** mit dem Recht auf Auszahlung des Differenzbetrages zwischen einem Basisindex und dem aktuellen Index
- **Währungsoptionsscheine** mit Bezugs- oder Lieferungsrecht im Hinblick auf Fremdwährungen
- **Optionsscheinoptionsscheine** mit dem Recht auf Erwerb von anderen Optionsscheinen

Optionsschuldverschreibungen und gedeckte Optionsscheine in bezug auf Aktien lassen sich von den an Terminbörsen gehandelten Optionsrechten auf Aktien (siehe Kap. C.4.3.4.) auch folgende Merkmale voneinander abgrenzen:

Unterscheidungs- kriterien	Optionsschuld- verschreibungen	gedeckte Optionsscheine	Optionshandel
Emittent	Aktiengesellschaften als Kapitalnehmer	Kreditinstitute	(Terminbörse)
Laufzeit	langfristig	mittelfristig	kurzfristig
Gegenstand des Optionsrechtes	Aktienerwerb des Emittenten	Aktienerwerb von Dritten	Erwerb oder Lieferung der zum Handel zugelassenen Aktien
Verbriefung	Schuldverschreibung mit Optionsschein	nur Optionsschein	keine Verbriefung
Börsenhandel	am Kassamarkt	meistens im Freiverkehr	am Terminmarkt

4.5.5 Gewinnschuldverschreibungen, Staatsanleihen und Auslandsanleihen

Eine weitere Form der Finanzierung durch Schuldverschreibungen ist die **Gewinnschuldverschreibung**, die mit dem Sonderrecht einer Gewinnbeteiligung ausgestattet ist. So können Gewinnschuldverschreibungen dem Gläubiger entweder eine relativ hohe, aber gewinnabhängige Verzinsung verbriefen oder den Anspruch auf eine niedrigere Festverzinsung zuzüglich einer an die Dividendenhöhe gekoppelten Ergänzungsverzinsung.

In Deutschland ist die Gewinnschuldverschreibung weitgehend von den Vorzugsaktien verdrängt worden.

Eine besondere Form der Gewinnschuldverschreibung sind **Prämien- oder Losschuldverschreibungen,** die neben der ordnungsgemäßen Kapitalrückzahlung eine kleinere Verzinsung neben dem Anspruch bieten, zu bestimmten Terminen an der Verlosung der Restverzinsung teilzunehmen.

Staatsanleihen sind kurz-, mittel- und langfristige Kredite von Privatpersonen und juristischen Personen des privaten und öffentlichen Rechts an den Bund, die Länder oder die Sondervermögen, die durch Emission von Wertpapieren verbrieft werden.

Die Verbriefung kann durch eine Eintragung in das Bundesschuldbuch in Bad Homburg oder ein Landesschuldbuch ersetzt werden.

Je nach gewünschter Laufzeit und Fungibilität sind folgende Formen anzutreffen:

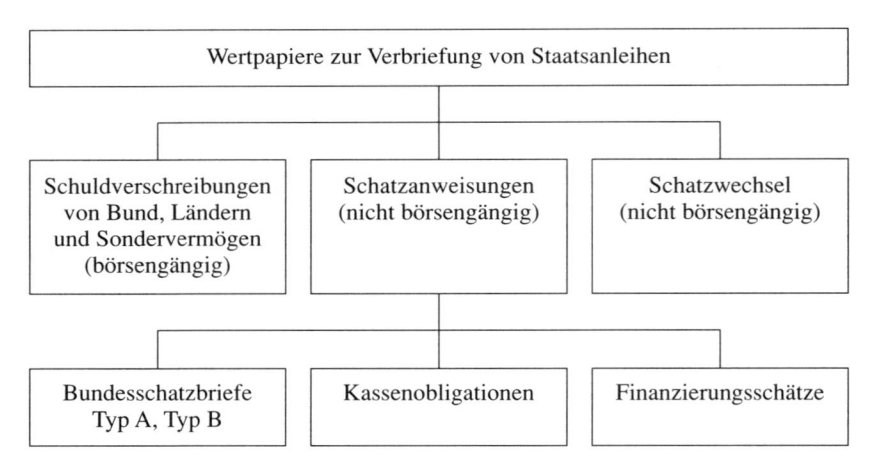

```
                    Wertpapiere zur Verbriefung von Staatsanleihen
                                      │
        ┌─────────────────────────────┼─────────────────────────────┐
  Schuldverschreibungen         Schatzanweisungen              Schatzwechsel
  von Bund, Ländern             (nicht börsengängig)           (nicht börsengängig)
  und Sondervermögen
  (börsengängig)
        │
        ┌─────────────────┬─────────────────┐
  Bundesschatzbriefe   Kassenobligationen   Finanzierungsschätze
  Typ A, Typ B
```

Auslandsanleihen sind durch Schuldverschreibungen verbriefte **Kreditaufnahmen ausländischer Emittenten** hoher Bonität **am Kapitalmarkt** ausschließlich in inländischer Währung. Sie müssen i. d. R. an mindestens einer inländischen Börse zugelassen und notiert werden. Der Konsortialführer des Emissionskonsortiums hat den Kreditnehmer, das Kreditvolumen und die Konditionen der Bundesbank bzw. EZB zu melden.

Diese Finanzierungsalternative wird in nicht unbeträchtlichem Umfang auch von namhaften ausländischen Unternehmen genutzt. Wesentliche Entscheidungskriterien für die Wahl des inländischen Kapitalmarktes können seine Ergiebigkeit, seine relative Freizügigkeit oder das jeweilige Zinsniveau sein.

4.5.6 Schuldverschreibungen am Eurokapitalmarkt (Euro-Bonds)

Euro-Bonds sind Schuldverschreibungen von Emittenten hoher Bonität über ein internationales Emissionskonsortium auf verschiedenen Finanzplätzen des Eurokapitalmarktes. **Gründe für eine Emission am Eurokapitalmarkt** können sein:

- größeres Kapitalvolumen
- günstigere Zinskonditionen
- keine nationalen Beschränkungen
- steuerliche Aspekte für Gläubiger oder Schuldner
- Möglichkeit zur Emission in einer oder mehreren Fremdwährungen
- Möglichkeit auch sehr langer Laufzeiten
- Devisenkursgewinne
- bei der Emission von Wertpapiermischformen als Alternative zum Aktienerwerb
- günstigere Emissionsbedingungen an den internationalen Finanzplätzen
- je nach Bedarf große Zahl von »Finanzinnovationen«

Als **Finanzinnovationen** im Bereich der Effekten sind Emissionen von Schuldverschreibungen zu bezeichnen, die durch **produktpolitische Änderungen oder Kombinationen der Grundkomponenten** der traditionellen Schuldverschreibungsformen gekennzeichnet sind, um sowohl auf neue Bedürfnisse des Marktes zu reagieren als auch neues Marktvolumen zu schaffen. Zu den inzwischen schon als traditionell zu bezeichnenden Finanzinnovationen, die sich als Typ zwar mit unterschiedlicher Intensität am Markt durchgesetzt haben, sind weitere (oft kleine) Varianten hinzugekommen, die jedoch teilweise auf geringe oder nur zeitweilige Resonanz gestoßen sind. Insgesamt zeigt sich der Markt jedoch als recht ideenreich und unterliegt ständigen Veränderungen.

1. Straight Bonds

Dies sind »normale« Schuldverschreibungen mit regelmäßiger Zinszahlung, festgelegter Laufzeit und Rückzahlung in einheitlicher Währung.

2. Convertible Bonds

Bei Convertible Bonds erhält der Gläubiger entweder ein Wandlungsrecht in Anteilsscheine des emittierenden Unternehmens (Wandelschuldverschreibungen) oder zusätzlich zur Schuldverschreibung Anwartschaftsrechte auf den Erwerb von Anteilsscheinen (Optionsschuldverschreibungen), was das Interesse des Schuldners an späterer Eigenkapitalbereitstellung kennzeichnet.

Wandel- oder Optionsschuldverschreibungen werden zunehmend von deutschen Unternehmen bzw. im Hinblick auf ausländische Gläubiger auch unter steuerlichen Aspekten als Alternative zum Aktienerwerb angeboten.

Optionsschuldverschreibungen können auf dem Eurokapitalmarkt in zahlreichen Varianten auftreten. Dabei lassen sich grundsätzlich 2 Gruppen unterscheiden. Emissionen, bei denen die Optionsscheine den Anspruch auf zusätzliche Rechte wie z. B. weitere Schuldverschreibungen oder Aktien verbriefen, und solche mit Änderungsansprüchen im Hinblick auf die Schuldverschreibung selbst wie z. B. Laufzeitverlängerung oder Währungsänderung. Bei der letzten Gruppe ist ein getrennter Handel der Optionsscheine nicht möglich.

3. Zero-Bonds (Null-Kupon-Anleihen)

Zero-Bonds sind Schuldverschreibungen **ohne laufende Zinszahlung.** Sie sind jedoch nicht zinslos, sondern die Verzinsung erfolgt entweder insgesamt am Ende der Laufzeit mit der Kapitalrückzahlung (Aufzinsungspapier), oder die Zinsen werden diskontiert (Abzinsungspapier), so daß der Auszahlungskurs (Erwerbspreis) wesentlich unter pari liegt. Wegen der einmaligen Leistung des gesamten Kapitaldienstes am Ende der Laufzeit werden höhere Anforderungen an die Bonität des Emittenten gestellt.

Für den Gläubiger entfällt die Wiederanlage der Zinsen zum jeweiligen Marktzins, so daß **Marktzinsveränderungen** zu einer größeren Volatilität führen. Sinkt der Marktzins, erfahren Zero-Bonds eine größere Kurssteigerung, steigt der Marktzins, fällt der Kurs stärker als bei normalen Schuldverschreibungen. Somit trägt der Gläubiger das Marktwertänderungsrisiko, der Schuldner dagegen das Zinsänderungsrisiko, da die Rendite der auflaufenden Zinsen mindestens dem Nominalzins entsprechen muß. Durch diese Konstruktion lassen sich auch längere Laufzeiten durchsetzen.

Sind **Zero-Bonds von Unternehmen** zu bilanzieren, sind sowohl die Zinsen als auch die Kursgewinne Einkünfte, die jährlich zu versteuern sind. Da dem Unternehmen jedoch tatsächlich keine Zahlungen zufließen, entsteht durch die Steuerzahlungen eine Liquiditätsbelastung und Renditeminderung.

Gehören die **Zero-Bonds Privatpersonen,** sind nur die Zinsen, aber nicht die Kursgewinne (sofern kein Spekulationsgeschäft vorliegt) im Jahr der Fälligkeit bzw. des Verkaufs zu versteuern. Durch diese Verschiebung tritt ein Steuerstundungseffekt ein, der zusätzlich zu Steuereinsparungen führen kann, wenn der anzuwendende Steuersatz im Veranlagungsjahr niedriger ist als der bei laufender Zinszahlung und jährlicher Versteuerung.

Beim **Emittenten** sind Zero-Bonds mit dem Auszahlungskurs als Verbindlichkeit zu passivieren unter jährlicher Zuschreibung des Zinsaufwandes.

Langfristige Fremdfinanzierung

Die anteiligen Zinsen sind gemäß einer Anweisung des Bundesfinanzministeriums wie folgt zu berechnen:

Beispiel:

Emissionszeitpunkt	01.06.90	Erwerbszeitpunkt	07.08.92
Rückzahlung	31.05.02	Erwerbskurs	45%
Nominalzins	8,25% p. a.	Verkaufszeitpunkt	18.10.94
Ausgabekurs	40%	Verkaufskurs	59%
Rückzahlungskurs	100%	Bruttoertrag bei 10 000 US-$ Nominalwert	1 400 US-$

$$\text{rechnerischer Kurs} = \left(\frac{\text{Nominalzins} \cdot \text{Tage}}{100 \cdot 360} + 1\right) \cdot \text{Ausgabekurs} \, (1 + i)^n$$

$$\text{rechnerischer Kaufkurs} = \left(\frac{8{,}25 \cdot 66}{100 \cdot 360} + 1\right) \cdot 40 \, (1 + 0{,}0825)^2 = 47{,}58\%$$

$$\text{rechnerischer Verkaufskurs} = \left(\frac{8{,}25 \cdot 137}{100 \cdot 360} + 1\right) \cdot 40 \, (1 + 0{,}0825)^4 = 56{,}65\%$$

(rechnerischer Verkaufskurs − rechnerischer Kaufkurs) · Nominalwert = Einkünfte

(56,65% − 47,60%) · 10000 US-$ = 905 US-$

Obwohl der Bruttoertrag 1 400 US-$ beträgt, liegen zu versteuernde Einkünfte nur in Höhe von 905 US-$ vor.

Aus den Zero-Bonds haben sich weitere Finanzinnovationen entwickelt. So wird eine Schuldverschreibung als **Stripped Bond** bezeichnet, wenn bei einem bereits emittierten Straight Bond Mantel und Bogen voneinander getrennt und in meistens 2 Zero-Bonds transformiert werden. Über einen Treuhänder, bei dem die ursprüngliche Schuldverschreibung hinterlegt wird, wird dann ein Zero-Bond im Hinblick auf den Mantel (ggf. einschließlich eines Teils der Zinsscheine) und ein anderer in bezug auf die (restlichen) Zinsscheine gebildet. Beide Zero-Bonds werden hinsichtlich der zu erwartenden Zahlungsströme auf ihren Ausgabezeitpunkt diskontiert (z. B. Cats = Certificates of Accrual on Treasury Securities oder TIGRS = Treasury Investment Growth Receipts). Da es sich bei diesen und ähnlichen Formen um rechtlich selbständige Emissionen infolge von Transformationen der ursprünglichen Bedingungen von bereits im Umlauf befindlichen Schuldverschreibungen handelt, werden sie als **synthetische Bonds** bzw. auch als **Sekundärmarktemissionen** bezeichnet.

4. Floating-Rate-Bonds

Diese Schuldverschreibungen haben anstelle eines festen Zinssatzes für die gesamte Laufzeit nur eine **kurzfristige Zinsbindung auf der Basis eines Referenzzinssatzes** mit dem Vorteil einer fristkongruenten langfristigen Finanzierung zu jeweils marktkonformen Zinssätzen.

Die Zinshöhe ergibt sich aus dem jeweiligen Referenzzinssatz (z. B. LIBOR oder EURIBOR) zuzüglich eines Zinszuschlags je nach Bonität des Emittenten. Der LIBOR-Satz wird aus den durchschnittlichen Geldmarktsätzen von namhaften Kreditinstituten auf dem Finanzplatz London börsentäglich ermittelt.

Aufgrund der laufenden Zinsanpassung liegt der Kurs der Floating-Rate-Bonds immer etwa bei 100% des Nominalwertes, so daß für den Gläubiger **kein Kursrisiko** mit evtl. Wertberichtigungen besteht. Als Schuldner treten vor allem Banken auf, die in dieser Form eine zinsentsprechende Refinanzierung ihrer Roll-Over-Kredite sehen.

Auch bei Floating-Rate-Bonds treten verschiedene Abwandlungen (Innovationen) auf. So können **Zinsobergrenzen** bei etwas höherem Basiszins vereinbart werden **(Cap-Floater)**. Steigt der Marktzins über die Obergrenze, zahlt der Schuldner diesen Höchstsatz, bis der Marktzins wieder darunterliegt. Bei normaler Zinsstruktur hat der Gläubiger den Vorteil eines über dem Marktniveau liegenden Basiszinses. Ist die Schuldverschreibung auch mit Zinsuntergrenzen ausgestattet, wird vom **Mini-Max-Floater** gesprochen.

Als Eigenkapitalersatz gelten die **Perpetual (bzw. Undated) Floating-Rate-Bonds,** da ihre Laufzeit mangels Benennung eines Rückzahlungstermins unbefristet ist. Allerdings kann dem Gläubiger in manchen Fällen ein Optionsrecht auf Rückzahlung oder Umtausch in eine Schuldverschreibung mit fester Laufzeit eingeräumt werden.

Bei **Convertible Floating-Rate-Bonds** besitzt der Anleger immer ein Umtauschrecht in eine festverzinsliche Schuldverschreibung mit fester Laufzeit. Auch können diese Floating-Rate-Bonds getrennte Optionsrechte auf den Bezug von anderen Schuldverschreibungen oder Aktien aufweisen.

Bei einem **Flip-Flop-Floater** kann eine längerfristige Schuldverschreibung zu bestimmten Terminen in eine Schuldverschreibung mit kurzfristiger Laufzeit und entsprechend unterschiedlichen Zinssätzen getauscht (Flip) bzw. zurückgetauscht (Flop) werden.

5. Currency-Bonds

Dies sind Schuldverschreibungen, bei denen Kapitalaufnahme und Kapitalrückzahlung sowie die Verzinsung **in verschiedenen Währungen** erfolgen können, die entweder ab Laufzeitbeginn festgelegt oder später durch Option wählbar sind.

Oft werden **Doppelwährungsanleihen** aufgenommen, bei denen der Wechselkurs, zu dem die Tilgung in der anderen Währung erfolgt, bereits zum Emissionszeitpunkt festgelegt wird. Üblicherweise werden die Zinsen dann in der Emissionswährung gezahlt. Der Zinssatz liegt zwischen dem jeweiligen Zinsniveau in den Ländern der Anleihewährungen; der Kurs hängt sowohl von Veränderungen dieser Zinsniveaus als auch der Wechselkurse zwischen den beiden Währungen ab.

Currency-Bonds können mit einem Kündigungsrecht für beide Seiten ausgestattet werden, um das **Wechselkursrisiko** zu begrenzen. Sollen Währungsanleihen vor allem in Fremdwährungsgebieten aufgenommen werden, besteht auch die Möglichkeit, das Wechselkursrisiko auf die Zinszahlungen zu beschränken, indem das Kapital zum Wechselkurs des Emissionszeitpunktes zurückgezahlt wird.

Interesse finden auch Schuldverschreibungen, bei denen der Rückzahlungskurs von einer bestimmten (u. U. formelmäßigen) Wechselkursrelation am Ende der Laufzeit abhängig ist. Der Rückzahlungskurs steigt/fällt mit zunehmender Wechselkursveränderung.

6. Aktienindex-Anleihen

Das Ausstattungsmerkmal »Rückzahlungskurs« ist weiterhin innovativ verändert worden durch seine Kopplung an einen bestimmten Aktienindex. Bei Aktienindex-Anleihen werden 2 Tranchen, die als **Bull-Bond** bzw. **Bear-Bond** bezeichnet werden, aufgelegt, um das Risiko des Emittenten wechselseitig auszugleichen. Beim Bull-Bond wird der Rückzahlungskurs an einen steigenden Aktienindex gekoppelt, beim Bear-Bond an einen sinkenden. Steigt der Aktienindex, so fällt dementsprechend der Rückzahlungskurs des Bear-Bonds bzw. erhöht sich der des Bull-Bonds. Fällt der Index, sinkt auch der Kurs des Bull-Bonds bzw. steigt der des Bear-Bonds.

Um den Emittenten bei extremen Indexveränderungen zum Rückzahlungstermin vor Nachzahlungen zu schützen, werden **Ober- und Untergrenzen** für den Index festgelegt. Derartige Grenzwerte gewährleisten dem Kapitalgeber aber auch einen Mindestrückzahlungsbetrag.

Unabhängig von der Feststellung des Rückzahlungskurses ist der jeweilige **Börsenkurs** zu sehen. So kann der Börsenkurs eines Bull-Bonds nicht unerheblich über dem derzeitigen rechnerischen Rückzahlungskurs liegen, wenn mit weiterer Indexsteigerung gerechnet wird. Die Restlaufzeit sowie die erwartete Marktentwicklung bestimmen dabei die Höhe des Aufgeldes, das jedoch nicht dem Abgeld des Bear-Bonds entsprechen muß.

Bei Emission müssen Bull- und Bear-Bonds zunächst in gleichem Umfang gezeichnet werden, doch wird sich der Gläubiger später je nach der erwarteten Kursentwicklung als Baissier von den Bull-Bonds und als Haussiers von den Bear-Bonds trennen.

Beispiel:
Bei einer Aktienindex-Anleihe wird folgende Emissionsregelung bzw. Rückzahlungsvereinbarung getroffen:

Veränderung des DAX um 10 Punkte = 0,5% Änderung des Rückzahlungskurses
Veränderungsmaximum 1000 Punkte

	Index (DAX)	Kurs des Bull-Bond	Kurs des Bear-Bond
Emissionszeitpunkt	5 000	100	100
Rückzahlungszeitpunkt	5 600	130	70
	4 600	80	120
	6 200	150	50
Zeitpunkt während der Laufzeit bei positiver Markttendenz	5 200	120	75

4.6 Schuldscheindarlehen

4.6.1 Wesen und Deckungsstockfähigkeit

Schuldscheindarlehen werden von Kapitalsammelstellen im Rahmen ihrer Kapitalanlage unmittelbar oder über einen Makler, jedoch ohne Zwischenschaltung der Börse, Unternehmen, Kreditinstituten und der öffentlichen Hand als langfristiger Kredit unter Ausstellung eines Schuldscheins bzw. Schuldscheindarlehensvertrages gewährt.

Langfristige Fremdfinanzierung

Als **Kapitalsammelstellen** werden vor allem die Versicherungen, Pensionskassen und die Sozialversicherungsträger bezeichnet. Mitunter werden aber auch andere Institute, die durch hohes freiwilliges oder zwangsweises Sparen Kapital ansammeln wie Bausparkassen, Investmentfonds und Sparkassen dazugezählt.

Die Kapitalmarktintensität der Kapitalsammelstellen ist hoch. So betrugen die Kapitalanlagen nur der deutschen Versicherungsgesellschaften 1992 rd. 690 Mrd. DM, wovon 46% auf Schuldscheindarlehen entfielen.

Schuldscheine sind Beweisurkunden, die im Gegensatz zum Wertpapier weder vom Gläubiger vorzulegen noch vom Schuldner unbedingt einzulösen sind. Sie sollen jedoch die Beweisführung erleichtern bzw. die Beweislast auf den Schuldner verlagern.

Die Verwendung eines Schuldscheins ist nicht konstituierend; der Begriff hat sich jedoch aus der ursprünglichen Verwendung historisch ergeben.

Schuldscheindarlehen sollen deckungsstockfähig sein. Der **Deckungsstock** (Prämienreservefonds) ist das vom übrigen Vermögen zu trennende Sondervermögen der Versicherungen, das die Versicherungsansprüche der Versicherten kennzeichnet und dem Zugriff anderer Gläubiger entzogen ist. Über die Vermögenswerte ist ein Deckungsstockverzeichnis zu führen, das treuhänderisch überwacht wird.

Der Deckungsstock ist je nach Versicherungsart unterschiedlich hoch. Bei Lebensversicherungen beträgt er etwa 70% der Bilanzsumme, bei Kranken-, Schaden- oder Unfallversicherungen ist er mit ca. 10% relativ niedrig. Dem Deckungsstock entspricht im wesentlichen auf der Passivseite der Bilanz die Deckungsrückstellung.

Versicherungsmathematisch ist die Deckungsrückstellung die **Summe der Barwerte aller zukünftigen Versicherungsleistungen abzüglich der Summe der Barwerte der zukünftig noch eingehenden Prämien.** Sie entspricht dem angesammelten Sparkapital der Versicherten, das die Versicherung anlegen will bzw. das bereits vorhanden ist.

$$\sum \text{Barwert } A_Z - \sum \text{Barwert } E_Z = DR$$

Die **Deckungsstockfähigkeit** wird vom Bundesaufsichtsamt für das Versicherungswesen nach dem Versicherungsaufsichtsgesetz (VAG) überwacht. Sie kann bei einigen Kreditnehmern gesetzlich bereits vorliegen (staatliche

Institutionen), bei anderen ist sie aufgrund der Bonität im Einzelfall festzustellen. Die Deckungsstockfähigkeit als sicherheitsbezogenes Kriterium der Kapitalanlage von Versicherungen dient dem **Schutz des Versicherungsguthabens** der Versicherten und ist ein Merkmal für das geringe Risiko einer Kapitalanlage, das durch strenge gesetzliche Vorschriften gewährleistet ist. Im Hinblick auf die Vermögenswerte, die nicht zum Deckungsstock zählen, ist die Versicherung nur an die allgemeinen Anlagevorschriften des Bundesaufsichtsamtes gebunden.

Grundsätzlich muß bei allen Kapitalanlagen der Anlagezweck im Vordergrund stehen und nicht die Kreditgewährung (wie bei Banken). Folglich müssen die Kapitalanlagen eine ausreichende Risikostreuung, eine nachhaltige marktgerechte Rentabilität und eine dem Versicherungsgeschäft entsprechende Zahlungsbereitschaft gewährleisten.

Zum traditionellen **Anlagekatalog des VAG** gehören:
- Grundstücke
- Hypothekarkredite
- Schuldscheindarlehen
- börsengängige Schuldverschreibungen sowie Aktien und Investmentzertifikate innerhalb bestimmter Höchstgrenzen
- Beteiligungen (nur außerhalb des Deckungsstocks)
- Festgeld
- Schuldbuchforderungen und sonstiges

Seit einiger Zeit sind zusätzlich auch risikoreichere Anlagen zugelassen:
- nicht börsennotierte Aktien
- Anteile an KG, GmbH und stiller Gesellschaft
- Genußscheine
- Anteile an Beteiligungssonderformen
  (z. B. Kapitalbeteiligungsgesellschaften)

Die Kreditgewährung der Versicherungen setzt zwar einerseits strenge Anforderungen an die Sicherheiten und die Bonität des Kreditnehmers wie erstrangige Grundbucheintragung, Beleihungsgrenze von maximal 60% und Kapitaldienst aus dem Beleihungsobjekt, ist andererseits jedoch aufgrund der Kapitalquelle »Versicherungsprämien« hinsichtlich der Konditionen sehr flexibel.

4.6.2 Arten und Vergleich

Schuldscheindarlehen können in unterschiedlicher Weise gewährt werden. Die **direkte Kreditvergabe** ist vor allem bei Versicherungen mit größerem Industrieversicherungsgeschäft anzutreffen. Werden Finanzmakler oder Banken zwischengeschaltet, die auch die Kreditwürdigkeitsprüfung bei Unternehmen durchführen, liegen **indirekte Schuldscheindarlehen** vor. Während Finanzmakler nur eine Vermittlungstätigkeit ausüben, nutzen Kreditinstitute Schuldscheindarlehen auch als eigene langfristige Refinanzierungsquelle, indem sie gegenüber der Versicherungsgesellschaft als Kreditnehmer auftreten und die Kreditvereinbarungen zwischen Bank und Unternehmen von der Refinanzierung in vielen Fällen unberührt bleiben. Da Banken im langfristigen Kreditgeschäft mit einer Marge von etwa 1% p. a. rechnen, sind die direkten Schuldscheindarlehen meistens zinsgünstiger für das Unternehmen.

Schuldscheindarlehen müssen nicht laufzeitkonform refinanziert werden. So hatte bereits 1957 der Finanzmakler Münemann das System 7 M angeboten, das jedoch seit 1961 als Bankgeschäft im Sinne des § 1 KWG nur noch von Banken durchgeführt werden darf. Es handelt sich hier um ein **indirekt revolvierendes Schuldscheindarlehen** mit langfristiger Kreditzusage an das Unternehmen, aber nur kurzfristiger Refinanzierung (Fristentransformation), bei dem die Bank das Prolongations- und Zinsänderungsrisiko zu tragen hat. Das Interesse der Versicherungen an dieser Anlagemöglichkeit für kurzfristiges Kapital ist groß; es wird jedoch von Banken bevorzugt mit **Zinsänderungsklausel** herausgelegt, so daß der Kreditnehmer mit mehreren Zinsanpassungen während der Laufzeit zu rechnen hat.

Direktes Schuldscheindarlehen

```
┌─────────────────┐      Schuldschein-        ┌─────────────────┐
│ Versicherungs-  │ ◄──  darlehensvertrag ──► │ Kreditnehmer    │
│ gesellschaft    │                           │ z.B. Unternehmen│
└─────────────────┘                           └─────────────────┘
                              ▲
                              │
                      Überwachung von
                      Kreditvergabe und
                      Deckungsstockfähigkeit
                              │
                    ┌─────────────────┐
                    │ Bundesaufsichts-│
                    │ amt für das Ver-│
                    │ sicherungswesen │
                    └─────────────────┘
```

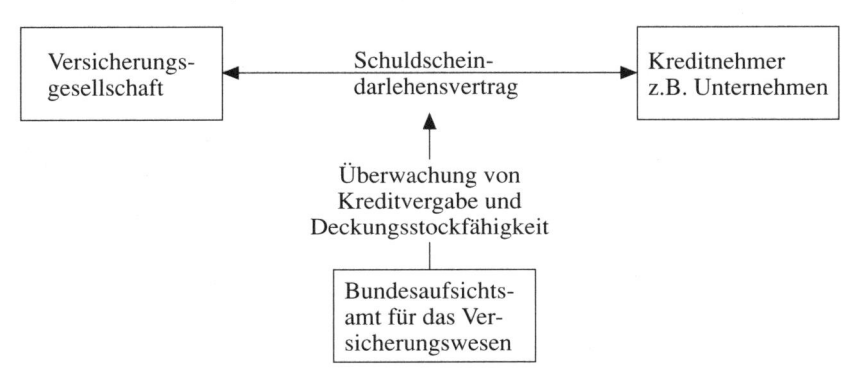

Indirektes Schuldscheindarlehen

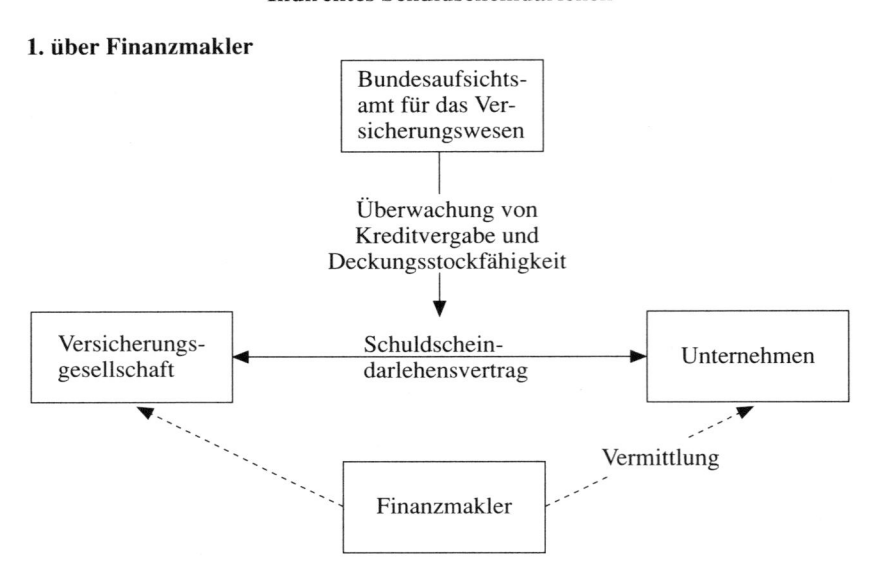

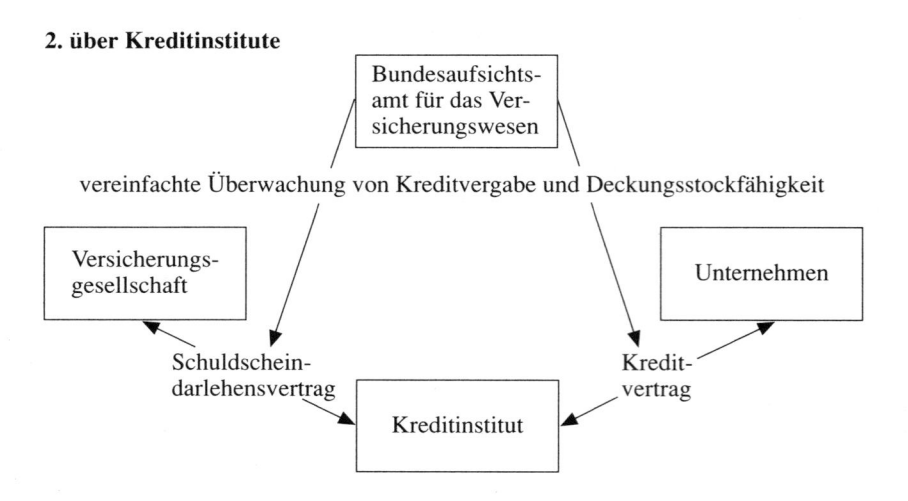

1. über Finanzmakler

```
                    ┌─────────────────┐
                    │ Bundesaufsichts-│
                    │ amt für das Ver-│
                    │ sicherungswesen │
                    └─────────────────┘
                            │
                    Überwachung von
                    Kreditvergabe und
                    Deckungsstockfähigkeit

┌──────────────┐   Schuldschein-      ┌──────────────┐
│ Versicherungs│◄──darlehensvertrag──►│  Unternehmen │
│ gesellschaft │                      │              │
└──────────────┘                      └──────────────┘
         ╲                              ╱
          ╲                 Vermittlung╱
           ╲      ┌──────────────┐   ╱
            ╲────►│  Finanzmakler│◄──
                  └──────────────┘
```

2. über Kreditinstitute

```
                    ┌─────────────────┐
                    │ Bundesaufsichts-│
                    │ amt für das Ver-│
                    │ sicherungswesen │
                    └─────────────────┘
        vereinfachte Überwachung von Kreditvergabe und Deckungsstockfähigkeit

┌──────────────┐                           ┌──────────────┐
│ Versicherungs│                           │  Unternehmen │
│ gesellschaft │                           │              │
└──────────────┘                           └──────────────┘
       │                                          │
  Schuldschein-                               Kredit-
  darlehensvertrag                            vertrag
       ▼            ┌──────────────┐            ▼
                    │ Kreditinstitut│
                    └──────────────┘
```

Langfristige Fremdfinanzierung 211

Indirekt revolvierendes Schuldscheindarlehen

Unternehmen	← langfristiger Kreditvertrag mit Zinsanpassung je Anschlußfinanzierung →	Kreditinstitut	← Schulddarlehensvertrag kurzfristig →	Versicherung A
			← Anschlußfinanzierung 1 kurzfristig →	Versicherung B
			← Anschlußfinanzierung 2 kurzfristig →	Versicherung C
Bundesaufsichtsamt für das Versicherungswesen	— vereinfachte Überwachung der Kreditvergabe und Deckungsstockfähigkeit →		← Anschlußfinanzierung 3 kurzfristig →	Versicherung D

In Einzelfällen ist auch das **direkte revolvierende Schuldscheindarlehen** anzutreffen, bei dem das Unternehmen selbst das Risiko einer rechtzeitigen Anschlußfinanzierung für seine langfristigen Investitionen übernimmt. Gegebenenfalls ist die Versicherungsgesellschaft auch zu einer Prolongation des Schuldscheindarlehens bereit.

Revolvierende Schuldscheindarlehen können sich durch ihre Zinsanpassung bei erwartetem Sinken des Kapitalmarktzinses als vorteilhafter erweisen als die mit einem Festzins ausgestatteten fristenkongruenten Schuldscheindarlehen.

Die **Zinssätze** für Schuldscheindarlehen sind zwar höher als die für Industrieobligationen oder andere Schuldverschreibungen, jedoch niedriger als der Zinssatz für langfristige Industriekredite oder die Gesamtkosten für Industrieobligationen einschließlich ihrer Nebenkosten. Für die Versicherungsgesellschaften bietet die Gewährung von Schuldscheindarlehen an Unternehmen den Vorteil einer besseren Rendite als bei einer Kapitalanlage in Schuldverschreibungen oder bei einer Kreditvergabe an Kreditinstitute zu deren Refinanzierung.

Beispiel:
langfristige Zinssätze im Vergleich

	für Versicherungen	für Unternehmen
Kapitalanlage in Staatsanleihen	7,5 % p. a.	
Kapitalanlage in Industrieobligationen	7,75% p. a.	
Schuldscheindarlehen an Banken	8 % p. a.	
Schuldscheindarlehen an Unternehmen	8,5 % p. a.	
Industrieobligationen einschließlich Nebenkosten		9,25% p. a.
langfristiger Realkredit von Banken		9 % p. a.
Schuldscheindarlehen über Banken		9 % p. a.
Schuldscheindarlehen unmittelbar von Versicherungen		8,5 % p. a.

Zusammenfassender Vergleich Schuldscheindarlehen und Industrieobligation

	Industrieobligation	Schuldscheindarlehen
1. staatliche Genehmigung:	keine, jedoch Prüfung durch Börsenzulassungsstelle; Kapitalmarktausschußzustimmung	keine, jedoch Vorlage der Deckungsstockfähigkeit
2. Schulder:	nur emissionsfähige Unternehmen 1. Bonität i. d. R. nur AG	alle Rechtsformen soweit gute Geschäftslage und gewisse Bedeutung in der Branche
3. Gläubiger:	Institutionelle und private Zeichner	Kapitalsammelstellen, insbesondere Lebensversicherer
4. Urkunde:	Wertpapier als Inhaber-, Order- oder Namensschuldverschreibung	Schuldschein als Beweisurkunde bzw. Schuldscheindarlehensvertrag
5. Fungibilität:	Bei Börseneinführung gute Veräußerungsmöglichkeit seitens des Gläubigers	keine Börsengängigkeit; Daueranlage, aber Abtretungsmöglichkeit mit Zustimmung des Unternehmens

Langfristige Fremdfinanzierung 213

	Industrieobligation	**Schuldscheindarlehen**
6. Tilgung:	Festdarlehen, ggf. freihändiger Rückkauf oder Auslosung	i. d. R. Ratendarlehen mit Anpassung an die Kapitalfreisetzung im Unternehmen
7. Auszahlung:	in einer Summe bei Emission	in Tranchen je nach Kapitalbedarf und Baufortschritt (Flexibilität)
8. Sicherheiten:	Grundpfandrechte ohne Unterwerfungsklausel, oft Negativerklärung	Grundpfandrechte mit Unterwerfungsklausel, selten Negativerklärung oder Bürgschaft
9. Publizität:	regelmäßige Publizitätspflicht	keine Publizitätspflicht
10. Kreditanbahnung:	Emissionskonsortium	Finanzmakler, Hausbank, Kreditnehmer selbst
11. Kredithöhe:	Mindestbetrag wegen der Nebenkosten etwa 10 Mill. EUR, Höchstbetrag je nach Kapitalmarktlage auch über 1 Mrd. EUR	Mindestbetrag 100 000 EUR oft auch 1 Mill. EUR, Höchstbetrag wegen Risikostreuung etwa 50 bis 100 Mill. EUR
12. Stückelung:	Nennwert überwiegend 100 EUR, aber auch 500, 1 000 und 10 000 DM bzw. EUR	keine Stückelung, aber bei größerem Volumen Konsortialbildung
13. Laufzeit:	abhängig vom Kapitalmarkt, überwiegend 5 bis 12 Jahre	Laufzeit bis 15 Jahre, je nach Investition und Bonität
14. Kosten:	Nominalzins je nach Marktlage zuzüglich Nebenkosten rd. 1 bis 1,5% p.a.	Nominalzins je nach Kreditnehmer, aber Gesamtkosten niedriger als bei Industrieobligationen, da nur geringe Nebenkosten

5 Sonderformen der Fremdfinanzierung

5.1 Factoring

5.1.1 Wesen und Vertragsarten

Factoring ist auf der Basis eines längerfristigen Vertrages der regelmäßige Ankauf von kurzfristigen Buchforderungen aus Warenlieferungen und Dienstleistungen in Form einer Globalzession. Factoring ist somit eine **Refinanzierungsmöglichkeit des Lieferantenkredits durch Forderungsverkauf,** bei dem bilanztechnisch ein Aktivtausch von Forderungen in Bankguthaben erfolgt.

Ursprünglich wurde das Factoring von Import-Export-Niederlassungen in den Kolonialgebieten, den Faktoreien, als Waren-Factoring betrieben und wandelte sich vor etwa 100 Jahren in Nordamerika zum Finanzierungs-Factoring. Heute ist Factoring dort eine weit verbreitete Finanzierungsalternative, die jedoch auch in Deutschland zunehmend Interesse findet. Die deutschen Factoring-Institute sind überwiegend Einzel- oder Gemeinschaftsgründungen von Kreditinstituten.

Das Factoring ist jedoch kein Bankgeschäft im Sinne des § 1 KWG. Der Factor kann eine Handelsgesellschaft oder eine Bank sein. Betreibt eine Bank das Factoring, so ist es wie ein Kreditgeschäft zu behandeln und unterliegt dann der Kontrolle durch das Bundesaufsichtsamt für das Kreditwesen.

Zwar beinhaltet jeder Factoring-Vertrag eine globale Abtretung der angekauften Forderungen, doch kann im einzelnen die jeweilige **Form der Abtretungsanzeige** vereinbart werden.

Beim **offenen oder notifizierten Factoring** kann der Zahlungspflichtige entweder in der Rechnung auf die Abtretung hingewiesen werden, oder der Factor teilt aus Vereinfachungsgründen den betreffenden Kunden mit, daß für einen bestimmten Zeitraum alle Forderungen des Lieferanten aus Finanzierungsgründen an ihn abgetreten sind und nur an ihn mit befreiender Wirkung gezahlt werden kann. Die Mahnung erfolgt dann auch unmittelbar an den Kunden. Eine solche formelle Abtretungsanzeige sollte kein Bonitätsverlust für den Zedenten sein, da für den Kunden eine gute fristgerechte Zielgewährung durch den Lieferanten wichtiger ist als der Name des Kreditgebers.

Aus der Sicht des Lieferanten wird der Forderungsverkauf an die Factoring-Gesellschaft dazu beitragen, daß das offene Zahlungsziel nicht überschritten wird, da der Factor auf eine pünktliche Zahlung drängen wird, wie sie auch bei Wechselgeschäften selbstverständlich ist.

Nimmt der Lieferant bei bestimmten Kunden Zielüberschreitungen aus Geschäftsinteresse hin und möchte deshalb das Mahnwesen steuern, kann **stilles oder nicht-notifiziertes Factoring** vereinbart werden. Da bei dieser Form keine formelle Abtretungsanzeige versandt wird, geht der Schriftwechsel über den Zedenten, so daß er bestimmte Mahnschreiben zurückhalten kann. Die Zahlung erfolgt allerdings mit befreiender Wirkung immer nur an den Lieferanten.

Beim **halboffenen Factoring** wird der Kunde von der Factoring-Geschäftsverbindung in Kenntnis gesetzt, ohne daß ihm aber eine formelle Abtretung angezeigt wird. Es bleibt dem Zahlungspflichtigen dann freigestellt, an wen er zahlen will. Dies wird ihm jedoch u. U. gar nicht bewußt, wenn die Factoring-Gesellschaft auf den **Rechnungsformularen des Lieferanten** fakturiert und als alleinige Kontoverbindung ihre Konto-Nr. bei einem Kreditinstitut angibt.

Die **Globalzession** ist für den reibungslosen Forderungsankauf erforderlich, da bei ihr **alle bereits bestehenden und zukünftig noch entstehenden Forderungen** des Zedenten in einem fest umrissenen Umfang bereits im Zeitpunkt ihrer Entstehung als abgetreten gelten. Die Bestimmbarkeit kann durch regionale Abgrenzung, nach Produktgruppen oder auch nach Anfangsbuchstaben erfolgen. Für die Rechtswirksamkeit der Zession ist dann die **Einreichung der Debitorenliste nicht mehr konstitutiv.**

Mitunter kann beim Factoring eine **Sicherheitenkollision** zwischen dem verlängerten Eigentumsvorbehalt eines Zulieferers des Klienten und der Globalzession zwischen Klient und Factor auftreten. Um Rechtsstreitigkeiten zu vermeiden, wird die sofortige Begleichung der offenen Forderungen unter verlängertem Eigentumsvorbehalt aus dem Factoringerlös empfohlen.

Ein weiteres Rechtsproblem kann ein **Abtretungsverbot** sein, das vor allem größere Unternehmen und die öffentliche Hand ihrer Auftragserteilung zugrunde legen, um sich von einer möglichen Doppelinanspruchnahme bei (irrtümlicher) Zahlung an den Zendenten zu schützen.

Trotz ihrer oft sehr ähnlichen betrieblichen Verwendung sind Factoring und Zessionskredit durch folgende Merkmale deutlich zu unterscheiden:

Factoring	**Zessionskredit**
1. kein bilanzieller Forderungsausweis	1. bilanzieller Forderungsausweis
2. Forderungsverkauf	2. anteilige Beleihung sicherheitshalber
3. hoher Finanzierungsgrad mit ca. 90%	3. Beleihungsgrenze bei ca. 60%

Factoring	Zessionskredit
4. Übernahme von Dienstleistungen	4. keine Dienstleistungen
5. keine Regreßpflicht	5. Regreßpflicht des Zedenten
6. Globalzession	6. Mantelzession
7. keine Selbstbeteiligung bei Forderungsausfall	7. bei Abschluß einer Warenkreditversicherung ca. 30% Selbstbeteiligung
8. lfd. Bonitätsüberwachung der Abnehmer durch den Factor	8. keine Bonitätsüberwachung durch Kreditgeber

Im Normalfall übernimmt der Factor drei Leistungen komplett (echtes Factoring).

- die **Dienstleistungsfunktion** (Verwaltungsfunktion)
- die **Delkrederefunktion** (Kreditversicherungsfunktion)
- und die **Finanzierungsfunktion**

Wird die Delkrederefunktion nicht wahrgenommen, spricht man von unechtem Factoring.

Sonderformen des Factoring sind das Exportfactoring und das Honorarfactoring. Während das **Exportfactoring** von Exporteuren gewählt wird, die bei Dauergeschäftsverbindungen mit regelmäßigen Lieferungen gegen offenes Zahlungsziel eine regreßlose Refinanzierung wünschen, gewinnt das **Honorarfactoring** bei Freiberuflern (z. B. Ärzten) an Bedeutung.

5.1.2 Factoringfunktionen

Die **Dienstleistungsfunktion** umfaßt

- die Führung der Debitorenbuchhaltung
- das Mahnwesen
- das Inkassowesen
- die markt- und branchenmäßige Beratung
- individuelle Sonderleistungen.

Eine kostengünstige **Übernahme der Debitorenbuchhaltung** durch den Factor durch den rationellen Einsatz seiner standardisierten EDV-Programme und Anschluß an ein Rechenzentrum ist vor allem für kleinere und mittlere Unternehmen zu erwarten. Dadurch kann das Unternehmen auch eine Vielzahl von regelmäßigen betrieblichen Informationen erhalten wie:

- Soll- und Haben-Journal
- Kontoauszüge jedes Kunden mit Skonto und anderen Rechnungsabzügen

Sonderformen der Fremdfinanzierung

- Mehrwertsteuerberechnungen
- Vertreterprovisionsabrechnungen
- Liste der ausstehenden Posten mit Fälligkeit
- durchschnittliche tatsächliche Lieferantenkreditgewährung
- Umsatzstatistiken

Mit der Übernahme der Dienstleistungsfunktion entsteht jedoch neben den Vorteilen für den Lieferanten auch eine **gewisse Abhängigkeit vom Factor**. Bei Unzufriedenheit und Vertragsbeendigung können organisatorische und personelle Anpassungsschwierigkeiten bei der Wiedereingliederung der vom Factor übernommenen betrieblichen Tätigkeiten entstehen.

Das **Entgelt** für die **Dienstleistungsfunktion** beläuft sich auf 0,5 bis 2,5% des Forderungsankaufs und ist abhängig von folgenden Faktoren:

- Höhe des Forderungsankaufs
- vereinbarte Laufzeit der Forderungen
- durchschnittlicher Rechnungsbetrag
- Zahl der Debitoren
- Anzahl der Rechnungen
- Verhältnis von Dauerkunden zu Einzelgeschäften
- Ausmaß der Beanstandungen
- Einbeziehung von Sonderleistungen

Gegebenenfalls übernimmt der Factor auch die **Verwaltung von nicht angekauften Forderungen** oder die Führung der Lagerbuchhaltung. Nicht angekauft werden häufig Forderungen mit einer Laufzeit von mehr als 180 Tagen sowie solche aus Bauleistungen oder an Endverbraucher. Die **Mindestankaufsquote** liegt bei etwa 1 Mill. EUR. Bei einem Umsatz von mehr als 100 Mill. EUR wird die Ausgliederung dieser betrieblichen Tätigkeiten nach Angaben der Factoringgesellschaften unwirtschaftlich.

Mit der **Delkrederefunktion** übernimmt die Factoring-Gesellschaft das **Risiko der Zahlungsunfähigkeit** der Käufer. Der Delkrederefall gilt als eingetreten, wenn der Käufer innerhalb einer gewissen Nachfrist je nach Zahlungszieldauer nicht bezahlt (Nichtzahlungstatbestand). Im Gegensatz zur Warenkreditversicherung leistet der Factor ohne einen speziellen Nachweis, wie Konkurs oder Zwangsvollstreckung, und es entstehen auch keine Kosten der Rechtsverfolgung für den Lieferanten. Die Zahlung des Factors erfolgt immer **ohne Selbstbeteiligungsquote.**

Grundsätzlich kauft der Factor nur alle Forderungen oder zumindest Teilgruppen an, um sein Risiko zu streuen und zu verhindern, daß ihm nur dubiose

Forderungen angedient werden. Vor Übernahme und auch später unterzieht der Factor die Abnehmer einer **bonitätsmäßigen Überprüfung.** Dabei ist ihm seine besondere Branchenkenntnis von Nutzen.

Zum Ausgleich von Rechnungsabzügen durch den Abnehmer behält der Factor einen **Sperrbetrag** bei Forderungsankauf ein. Bei Abzügen aus dem Zahlungsgeschäft, wie z. B. Preisnachlässe oder Skonti, werden diese mit dem Sperrbetrag verrechnet. Bei **Einreden aus dem Handelsgeschäft** im Hinblick auf die vertragsmäßige Leistung des Lieferanten oder Rücksendungen sind diese zwar grundsätzlich zwischen den Vertragspartnern zu klären, doch wird der Sperrbetrag auch im Hinblick auf die nicht übernommenen Gewährleistungsrisiken herangezogen. Bei Nichtbedarf wird der Sperrbetrag am Ende der Forderungslaufzeit gutgeschrieben oder mit den Factoringkosten verrechnet.

Die Delkrederefunktion bringt dem Lieferanten folgende **Vorteile:**
- endgültiger Forderungsverkauf
- sinkender Kapitalbedarf im Umlaufvermögen
- keine Rückstellungen für dubiose Forderungen
- keine Eventualverbindlichkeit gegenüber dem Factor
- laufende Bonitätsüberwachung der Abnehmer

Die **Delkrederegebühr** beläuft sich auf 0,3 bis 1% des Forderungsankaufs und ist abhängig von folgenden Faktoren:
- Laufzeit der Forderungen
- Bonität der Schuldner
- Branche
- Risikostreuung
- Art der Produkte und Weiterveräußerungsmöglichkeit

Durch die Übernahme der **Finanzierungsfunktion** erhält der Zedent eine Refinanzierung der Lieferantenkreditgewährung. Zwei Varianten stehen hier zur Wahl.
- Die **Auszahlung** des Gegenwertes erfolgt **wenige Tage** (Prüfung) **nach Forderungseinreichung** unter Abzug des Sperrbetrages von etwa 10%. Für die Kreditlaufzeit werden Kontokorrentkreditzinsen in banküblicher Höhe berechnet.
- Die **Auszahlung** des Forderungsgegenwertes erfolgt **zum durchschnittlichen Fälligkeitstermin** der eingereichten Forderungen. Diese »unechte Finanzierungsfunktion« wählen Unternehmen, die Factoring vor allem wegen der ersten beiden Funktionen abschließen und über ausreichende Liquidität verfügen.

Sonderformen der Fremdfinanzierung

Beispiel:

Inkasso-klasse	Rechnungs-betrag	⌀ Zahlung nach Tagen	Gewichtung	Fälligkeitstag
1	600 000	60	36 000 000	
2	200 000	40	8 000 000	
3	100 000	30	3 000 000	
4	100 000	20	2 000 000	
5	400 000	10 (Skontozahler)	4 000 000	
Summe	1 400 000		53 000 000	38

Bei der angenommenen Streuung des erwarteten Zahlungseingangs ist der durchschnittliche Fälligkeitstermin nach 38 Tagen.

Die Finanzierungsfunktion hat für den Lieferanten den Vorteil, daß sie sich ohne besondere Formalitäten den jeweiligen Umsatzänderungen anpaßt. Im Gegensatz zu einem bankmäßigen Zessionskredit erreichen so besonders junge oder expandierende Unternehmen eine kapitalbedarfsorientierte Refinanzierung ihres Lieferantenkredits.

5.1.3 Finanzwirtschaftliche Vergleichsrechnung

Die **Vorteilhaftigkeit** des Factoring läßt sich **nur individuell für jedes Unternehmen** feststellen, so daß immer eine finanzwirtschaftliche Vergleichsrechnung zunächst aufzustellen ist, in der die verschiedenen Gebühren des Factors den Einsparungen durch die Verkürzung der Kapitalbindungsfrist, die Ausgliederung von Unternehmensfunktionen oder den Fortfall des Delkredererisikos gegenüberzustellen sind.

Für manches Unternehmen wird sich Factoring als vorteilhaft erweisen, weil unabhängig von den nicht quantifizierbaren Größen die Factoring-Kosten unter den Einsparungen liegen. Hierzu trägt nicht unwesentlich die Vermeidung des teuren Lieferantenkredits bei.

Beim Factoring führen aber gegebenenfalls nicht nur Kostensenkungen zur Erhöhung des Gewinns und zur Verbesserung der Umsatzrendite, sondern es ermöglicht auch die Kapitalfreisetzung eine höhere Kapitalumschlagshäufigkeit. Durch die Verbesserung beider Faktoren erhöht sich die Gesamtrentabilität ROI erheblich.

Im allgemeinen kann **Factoring in folgenden Situationen empfohlen werden:**
- bei branchenüblich längeren Zahlungszielen
- bei regelmäßiger Zahlungszielüberschreitung seitens der Abnehmer
- bei Skontoabzugsmöglichkeit auf der Beschaffungsseite
- bei hoher Materialintensität
- bei Personalknappheit
- bei Rabatten und sonstigen Preisvorteilen bei Barzahlung
- bei Schwierigkeiten in der Beschaffung kurzfristiger Bankkredite wegen Sicherheitenmangel
- bei jungen und expandierenden Unternehmen zur kapitalbedarfsorientierten Refinanzierung
- bei Nichtvorhandensein eigener EDV-Anlagen und Programme
- bei erhöhtem Forderungsrisiko

5.2 Leasing

5.2.1 Wesen

Leasing ist die Überlassung von Realkapital und stellt in seinen verschiedenen Erscheinungsformen eine besondere Kreditart dar, bei der der Kapitaldienst durch Zahlung von regelmäßigen Leasingraten und durch die für einen späteren Zeitpunkt vertraglich vereinbarte Rückgabe des Leasingobjektes geleistet wird.

Leasing-Gesellschaften gibt es in Deutschland seit 1962 meistens als Tochtergesellschaften von Kreditinstituten; seit 1985 zählt das Leasing zu den Krediten im Sinne des § 19 KWG.

Das **Leasing-Volumen** ist in den letzten 2 Jahrzehnten ständig gestiegen. Leasing stellt heute eine interessante Finanzierungsalternative dar, die im Prinzip für jedes Wirtschaftsgut einsetzbar ist, vorrangig jedoch für Kraftfahrzeuge, Immobilien, Produktionsanlagen und Büromaschinen genutzt wird.

Leasing-Verträge haben eine eigene Rechtsnatur und weisen mit unterschiedlicher Dominanz Elemente von Miet-, Pacht-, Darlehens- und Kaufverträgen mit Ratenzahlung auf.

Wesentliche **Merkmale des Leasing** sind:
1. 100%ige Fremdfinanzierung, also kein Eigenkapitalbedarf
2. steuerliche Berücksichtigung der Leasingraten als Aufwand

Sonderformen der Fremdfinanzierung 221

3. i. d. R. keine Bilanzierung von Leasingobjekt und Leasingfinanzierung
4. kein Eigentum
5. häufig Einbeziehung von Dienstleistungen
6. vielfältige Erscheinungsformen mit unterschiedlicher Vertragsgestaltung
7. Die Vorteilhaftigkeit des Leasing läßt sich nur individuell ermitteln, da sie von einer Mehrzahl von Einflußfaktoren abhängt, die für jedes Unternehmen unterschiedlich sein können.

5.2.2 Erscheinungsformen

Aufgrund seiner Vielfältigkeit sind folgende Erscheinungsformen des Leasing anzutreffen:

Einteilungskriterien

funktionsbezogen	direktes Leasing (Herstellerleasing)		
	indirektes Leasing		
objektbezogen	Investitionsgüterleasing	Immobilienleasing	
	Konsumgüterleasing	Mobilienleasing	Kfz-Leasing
			sonstiges Mobilienleasing
regionsbezogen	Inlandsleasing		Sonderformen (z. B. Austauschleasing, Second-Hand-Leasing)
	Export-/Importleasing		
anzahlbezogen	Equipmentleasing		
	Plantleasing		
vertragsgestaltungsbezogen	Operating Leasing (Gebrauchsleasing)		
	Financial Leasing (Finanzierungsleasing)	mit Dienstleistungen	
		ohne Dienstleistungen	
	Sale-lease-back		
amortisationsbezogen	Vollamortisationsleasing		
	Teilamortisationsleasing		

Abb. 33: Leasingarten

Beim **direkten Leasing** (**Hersteller-Leasing**) wird der Leasing-Vertrag unmittelbar zwischen dem Hersteller und dem Abnehmer geschlossen, wobei vor allem absatzpolitische Gründe und Service-Leistungen im Vordergrund stehen. Das direkte Leasing wird vor allem bei Gegenständen, bei denen ein besonders enger Kontakt zum Hersteller von Nutzen ist, verwendet.

Als direktes Leasing kann auch das **Kfz-Leasing** bezeichnet werden, sofern es als produktgebundenes (direktes) Leasing von Tochtergesellschaften der Autokonzerne angeboten wird. Daneben bestehen aber auch freie Leasing-Gesellschaften ohne Produktbindung, die dem indirekten Leasing zuzurechnen sind.

Typisch für das Kfz-Leasing ist das wahlweise hohe **Dienstleistungsvolumen**, das gestaffelt zum reinen Finanzierungs-Leasing angeboten wird und Dienstleistungen wie Schadensabwicklung, Wartung, Reifenersatz, Wagenpflege, Reparaturkosten, Rechtsschutz oder Versicherung umfaßt.

Gebrauchtwagen können als »Anzahlung« zur Senkung der Leasingraten einbezogen werden. Gebrauchtwagen werden aber auch zum Leasing angeboten, wobei das Alter hier i. d. R. zwischen 2 und 4 Jahren bei einer Fahrleistung von nicht mehr als 60 000 km liegt (**Second-hand-Leasing**).

Beim **indirekten Leasing** ist eine Leasing-Gesellschaft zwischengeschaltet, die grundsätzlich jedes Wirtschaftsgut von jedem Hersteller jedem Abnehmer mit Leasing-Finanzierung anbietet. Die deutschen Leasing-Gesellschaften sind überwiegend Kreditinstituten nahestehende Unternehmen, die sich auch bei diesen refinanzieren.

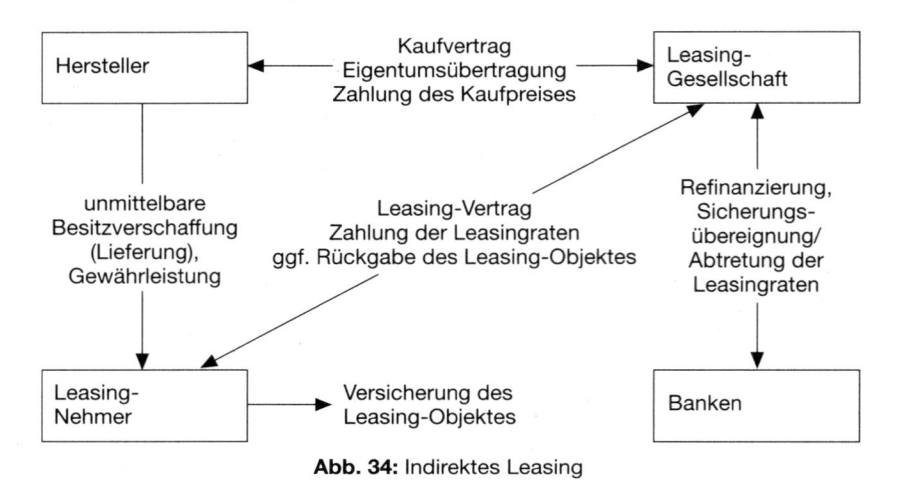

Abb. 34: Indirektes Leasing

Sonderformen der Fremdfinanzierung 223

Während der Vorteil des indirekten Leasing in der Bezugsmöglichkeit grundsätzlich aller Investititonsgüter mit 100%iger Fremdfinanzierung aber meistens ohne Dienstleistungen liegt, ist der Vorteil des direkten Leasing im engen Kontakt zum Hersteller unter Einbeziehung diverser Dienstleistungen bei Beschränkung auf seine Produkte zu sehen.

Nach der Objektbezogenheit wird in Investititonsgüter- und Konsumgüterleasing unterteilt.

In den USA ist das **Konsumgüter-Leasing** weitverbreitet. In Deutschland findet man statt dessen den **Mietkauf,** der jedoch grundsätzlich nicht als Leasing einzustufen ist. Mietkauf liegt immer dann vor, wenn der Übernahmepreis bei Kaufoption so niedrig bemessen ist, daß er ohne Berücksichtigung der Mietraten in der relativ kurzen Mietzeit als Kaufpreis wirtschaftlich nicht verständlich wäre. Mietkaufverträge stellen also auf den Erwerb des Gutes und nicht auf die Nutzungsüberlassung ab. Die Rückgabe bedeutet deshalb immer einen nicht unerheblichen Verlust, wodurch ein gewisser Kaufzwang ausgeübt wird.

Wesensmerkmale des Mietkaufs

1. i. d. R. nur Konsumgüter
2. Mietzeit 5 – 10% der Nutzungsdauer
3. in der Mietzeit werden rd. 25% der Investitionskosten gedeckt
4. formal Kaufoption, wirtschaftlich Kaufzwang
5. Mietraten werden auf den Übernahmepreis angerechnet ohne Berücksichtigung des Zeitwerts
6. Rechtsvorschriften während der Mietzeit:
§ 535 ff. BGB; beim Kauf § 433 ff. BGB
7. Ziel: Kauf/Eigentum nach Probezeit

Beispiel: Fernseher-Mietkauf
(Mietkauf-)Verkaufspreis 1 200 EUR (inkl. Zinsen für $^1/_2$ Jahr)
Monatsmiete 6 · 50 EUR = 300 EUR während der Mietzeit
Übernahmepreis 900 EUR

Übt der Mieter seine Kaufoption nicht aus, muß er das einwandfreie Gerät nach spätestens $^1/_2$ Jahr zurückgeben. Während dieser Zeit hat er jedoch bereits 25% der Gesamtkosten bezahlt (300 EUR). Das ist erheblich mehr als der übliche Verschleiß bei einer Nutzungsdauer von 6 bis 8 Jahren.

Das **Investitionsgüterleasing** unterteilt sich in das Mobilien- und Immobilien-Leasing. Das **Mobilien-Leasing** bezieht sich im wesentlichen auf die Bereiche Produktionsanlagen, Büromaschinen und Kraftfahrzeuge.

Beim **Equipment-Leasing** werden nur einzelne Wirtschaftsgüter von der Leasing-Gesellschaft bereitgestellt; beim **Plant-Leasing** umfaßt der Leasing-Vertrag ganze Anlagen oder zumindest größere Gruppen von Leasingobjekten.

In bestimmten Bereichen (Kfz, EDV) spielt das **Austausch-Leasing** (Revolving-Leasing) eine gewisse Rolle, um dem Leasing-Nehmer immer die neueste Technik zu gewährleisten. Kommt während der Laufzeit des Leasing-Vertrages eine technische Verbesserung auf den Markt, wird das alte Modell automatisch ausgetauscht. Ist der Leasing-Vertrag langfristig, ist er unter Umständen nicht teurer als ein »normaler«, wenn der Markt ein **Second-Hand-Leasing** oder einen Weiterverkauf zuläßt.

Beim Mobilien-Leasing können Teilamortisations- oder Vollamortisationsverträge abgeschlossen werden. Bei **Teilamortisationsverträgen** wird während der vertraglichen Nutzungsdauer nur ein Teil des Objektwertes, der etwa der Wertminderung entspricht, über die Leasingrate verrechnet; bei **Vollamortisationsverträgen** ist in der sogenannten Grundmietzeit der Gesamtwert des Leasingobjektes in die Leasingraten einzukalkulieren. Teilamortisationsverträge bedingen einen guten Gebrauchtgütermarkt und beziehen sich deshalb vor allem auf Kraftfahrzeuge.

Das **Immobilien-Leasing** erstreckt sich vorrangig auf Produktionsstätten, Lagerhallen und Verwaltungsgebäude.

Eine Sonderstellung nimmt hier das **Sale-Lease-Back** ein. Bei diesem Verfahren verkauft ein Unternehmen Immobilien, die es bereits besitzt oder gerade herstellt, an eine Leasing-Gesellschaft und least sie zur weiteren Nutzung gleichzeitig wieder zurück.

Durch den Kaufpreis kann das Unternehmen **Kapital freisetzen** einschließlich der stillen Reserven. Dies führt insbesondere bei Sanierungen zu Liquiditätsspritzen, ohne die Nutzung des Objektes zu verlieren. Drückende Verbindlichkeiten können abgelöst werden.

Nachteilig kann sich dabei die **lfd. Liquiditätsbelastung** durch Zahlung der Leasingraten auswirken. Immobilien-Leasingverträge haben jedoch eine Laufzeit von 10 bis 40 Jahren, so daß sich die Zahlungen auf einen größeren Zeitraum verteilen können.

Das Unternehmen ist **nicht mehr Eigentümer** und nimmt infolgedessen an den Wertsteigerungen der Immobilie nicht mehr teil.

Sonderformen der Fremdfinanzierung

Die Leasing-Gesellschaften bevorzugen die Leasing-Finanzierung von fertigen Objekten, um nicht die Risiken der Herstellung und Baupreiserhöhungen tragen zu müssen. Sie geben dann eine Ablösungszusage, die eine 100%ige Zwischenfinanzierung erlaubt.

Investitionsgüter-Leasingverträge können sowohl bei Inlandsgeschäften als auch im Außenhandel abgeschlossen werden. Beim **Cross-Boarder-Leasing** finanziert ein Leasinggeber dann Investititonsgüter entweder für den Importeur oder für den Exporteur.

Nach dem Verpflichtungscharakter des Leasingvertrages lassen sich Operating Leasing und Financial Leasing unterscheiden, wobei das **Operating Leasing** eher ein untypisches Leasing ist, das eigentlich der Miete weitgehend ähnlich ist. Auf das Operating Leasing finden die speziellen steuerlichen Vorschriften keine Anwendung. Diese Verträge werden dennoch zum Leasing gezählt, da sie in vielen Fällen neben der »Miete« noch eine Reihe von vertraglichen mietuntypischen Dienstleistungen beinhalten.

Merkmale des Operating Leasing:
- Jederzeitiges Kündigungsrecht unter Einhaltung einer vereinbarten Kündigungsfrist
- keine Konventionalstrafe bei Kündigung
- Investitionsrisiko liegt bei der Leasing-Gesellschaft, so daß nur solche Güter angeboten werden, für die ein größerer Interessentenkreis besteht, wie z. B. bei saisonbedingter oder einmaliger Nutzung und bei leichter Veräußerbarkeit
- Übernahme umfangreicher Dienstleistungen wie Personal, Betriebskosten oder Wartung, die typischerweise nicht von einem Verkäufer oder Vermieter übernommen werden.

Beim **Financial Leasing (Finanzierungs-Leasing)** als typischem Leasing überwälzt der Leasing-Geber das Investitionsrisiko auf den Leasing-Nehmer und trägt selbst nur das Kreditrisiko und evtl. vereinbarte Dienstleistungen. Wesentliches Kriterium ist die Grundmietzeit, innerhalb derer eine Kündigung durch den Leasing-Nehmer ausgeschlossen ist, damit sämtliche Aufwendungen des Leasing-Gebers abgedeckt werden können. Die Dauer der Grundmietzeit richtet sich im wesentlichen nach steuerlichen Gesichtspunkten. Dem Leasing-Nehmer kann das Recht auf Kaufoption oder Mietverlängerungsoption nach Ablauf der Grundmietzeit eingeräumt werden.

Folgende **Merkmale** unterscheiden das **Finanzierungs-Leasing** vom Gebrauchs-Leasing:
- feste Grundmietzeit, die kürzer ist als die betriebsgewöhnliche Nutzungsdauer. In dieser Zeit besteht für den Leasing-Nehmer kein Kündigungsrecht.
- das Investitionsrisiko trägt der Leasing-Nehmer, da entweder alle Kosten aus dem Leasingobjekt bereits während der Grundmietzeit abzudecken sind (Vollamortisation) oder bei Vorlage eines funktionstüchtigen Gebrauchtgütermarktes zumindest die anteilige Wertminderung und das Verwertungsrisiko vom Leasing-Nehmer zu tragen ist (Teilamortisation).
- Es können im Prinzip alle Güter angeboten werden.
- Kapitalbeschaffung und Kreditrisiko trägt der Leasing-Geber.
- nach Ablauf der Grundmietzeit je nach Vertragsart entweder Rückgabe der Leasing-Objekte, Kaufoption oder Vertragsverlängerungsoption.
- Maßnahmen zum Werterhalt des Leasingobjektes (z. B. Versicherung, Wartung) übernimmt der Leasingnehmer.
- Übernahme von Nebenkosten insbesondere für Überführung, Rückführung und Montage
- spezielle steuerliche Vorschriften (Leasing-Erlasse)
- längste Laufzeit 30 Jahre für Grundmietzeit, danach Kündigungsrecht für beide Seiten gem. § 567 BGB

5.2.3 Steuerliche Behandlung

Leasing eröffnete in den ersten Jahren seiner Verwendung in Deutschland für Unternehmen **erhebliche Steuerstundungen,** die dadurch entstanden, daß ein Investitionsobjekt trotz langfristiger betriebsgewöhnlicher Nutzungsdauer über Mietaufwand in einem Jahr »voll abgeschrieben« werden konnte. In der 1jährigen Mietzeit wurden alle Investitionskosten als Leasingrate bezahlt; der Leasing-Geber verlangte danach nur eine Anerkennungsgebühr als Kaufpreis.

Aus nicht direktem Anlaß (Investitionszulage nach § 21 Berlinhilfegesetz) erging dann ein BGH-Urteil vom 26.01.70 (IV R 144/66), das jedoch erst durch den **Leasing-Erlaß vom 19.04.71** eine brauchbare Grundlage bildete. 1972 und 1975 folgten weitere Erlasse im Hinblick auf die Besonderheiten des Immobilien-Leasing und die Teilamortisationsverträge.

Sonderformen der Fremdfinanzierung 227

Der Leasing-Erlaß sollte den Steuerstundungseffekt mindern und begrenzen. Die **Mindestlaufzeit** der Grundmietzeit wurde deshalb auf **40% der Nutzungsdauer** angehoben, um eine zu schnelle Absetzung (verdeckter Kauf) zu unterbinden.

Um zu vermeiden, daß einerseits der Leasing-Nehmer über die Leasingraten mehr absetzen kann als ein Käufer und andererseits ein Rückgabewert für den Leasing-Geber gegen Ende der Nutzungsdauer kaum vorhanden ist, wurde die **Höchstlaufzeit auf 90% der Nutzungsdauer** begrenzt. Least ein Unternehmer ein Objekt über einen längeren Zeitraum, so ist er einem Käufer gleichzustellen.

Ertragsteuerliche Zurechnung

des Leasing-Objektes – nach dem Erlaß vom 19.4.1971 –

1. Optionslose Verträge:

Grundmietzeit in Prozent der betriebsgewöhnlichen Nutzungsdauer	Zurechnung beim:
kürzer als 40	Leasing-Nehmer
40 bis einschließlich 90	Leasing-Geber
länger als 90	Leasing-Nehmer

2. Verträge mit Kauf- oder Verlängerungsoption:

(sofern die Grundmietzeit 40% bis einschließlich 90% der betriebsgewöhnlichen Nutzungsdauer beträgt)

Kaufoption	**Verlängerungsoption**	**Zurechnung beim:**
Ist der Kaufpreis für das Leasing-Objekt	Ist die Summe der Anschlußmietraten	
höher als der Restbuchwert unter Anwendung der linearen Abschreibung oder diesem gleich **bzw.** **höher** als der niedrigere gemeine Wert im Zeitpunkt der Veräußerung oder diesem gleich	**größer** als der Wertverzehr im Zeitraum der Anschlußmiete unter Anwendung der linearen Abschreibung oder diesem gleich	Leasing-Geber
niedriger als Restbuchwert oder gemeiner Wert	**kleiner** als der Wertverzehr	Leasing-Nehmer

Abb. 35: Vollamortisationserlaß

Ist das Leasing-Objekt speziell auf die Verhältnisse des Leasing-Nehmers zugeschnitten und nur von ihm sinnvoll zu nutzen, gilt der Leasing-Nehmer grundsätzlich als Käufer. Entscheidend ist nicht eine Wunsch- oder Sonderanfertigung, sondern die Ausschließlichkeit der Verwendung in diesem Unternehmen (**Spezial-Leasing**).

Das Financial-Leasing beschränkt sich heute im wesentlichen auf die Zurechnungsbereiche beim Leasing-Geber. Die **Bilanzierung** erfolgt dann wie bei einem Käufer (Leasing-Geber) und bei einem Mieter (Leasing-Nehmer).

Bei ertragsteuerlicher Zurechnung des Leasingobjektes beim Leasing-Nehmer fallen formaljuristisches Eigentum und wirtschaftliches/steuerliches Eigentum auseinander. Der Bilanzausweis erfolgt dann wie bei einer Kreditfinanzierung unter Offenlegung der Verschuldung:

1. Aktivierung aller Anschaffungs- und Nebenkosten
2. Passivierung einer entsprechenden Verbindlichkeit gegenüber dem Leasing-Geber
3. Aufteilung der Leasingraten in einen Tilgungsanteil und in einen Zins- und Kostenanteil

Der Tilgungsanteil wird erfolgsneutral mit den Verbindlichkeiten verrechnet; Zinsen und Kosten dürfen neben der AfA abgesetzt werden.

Beispiel:

Nutzungsdauer 10 Jahre

Leasingvertrag über 2 Jahre

Bank	Anlagevermögen		Leasing-Verbindlichkeiten		G.u.V.
Auszahlungen $2 \cdot 620$	Maschine $1\,000$	AfA $10 \cdot 100$	Tilgung $2 \cdot 500$	$1\,000$	AfA $10 \cdot 100$ Zins + Kosten $2 \cdot 120$

Bei **Leasinggeschäften über Immobilien** gelten die Zurechnungskriterien zunächst in gleicher Weise. Durch den Immobilien-Leasing-Erlaß sind jedoch einige Besonderheiten zu berücksichtigen.

Sonderformen der Fremdfinanzierung

Immobilien-Leasing-Erlaß vom 21.03.72

1. Bei Verträgen **ohne Optionsrechte** Zurechnung von Gebäude und Grundstück beim Leasing-Geber, wenn die Grundmietzeit zwischen 40 und 90% der betriebsgewöhnlichen Nutzungsdauer liegt.

2. Bei Verträgen **mit Kaufoption** Zurechnung des Gebäudes beim Leasing-Geber, wenn der Kaufpreis des bebauten Grundstücks ≥ als der Buchwert bzw. der gemeine Wert des bebauten Grundstücks bei Ansatz einer linearen AfA von 2% p. a. ist. Die Zurechnung des Grundstücks erfolgt immer beim Leasing-Nehmer, wenn auch das Gebäude diesem zuzurechnen ist.

3. Bei Verträgen **mit Verlängerungsoption** Zurechnung von Gebäude und Grundstück beim Leasing-Geber, wenn die Anschlußmiete ≥ 75% der ortsüblichen Vergleichsmiete ist.

Abb. 36: Immobilien-Leasing-Erlaß

Beispiel:

Eine Immobilie hat eine Nutzungsdauer von 50 Jahren. Die Investitionskosten betragen 10 Mill. EUR.

Zurechnung der Immobilie beim Leasing-Geber bei Vertragslaufzeiten zwischen 20 und 45 Jahren

Kaufpreis der Immobilie nach 20 Jahren mindestens 6 Mill. EUR

Kaufpreis der Immobilie nach 30 Jahren mindestens 4 Mill. EUR

Kaufpreis der Immobilie nach 45 Jahren mindestens 1 Mill. EUR

Anschlußleasingrate nach Ablauf der Grundmietzeit immer mindestens 75% der Miete für vergleichbare Objekte.

Bei **Teilamortisationsverträgen** wird während der Grundmietzeit nicht das gesamte Investitionsvolumen abgetragen, sondern nur der erwartete Wertverzehr, da hier ein guter Gebrauchsgütermarkt unterstellt wird. Wesentliches Zurechnungskriterium ist deshalb auch die Regelung des Restwertes bzw. die Vereinbarung über die Anrechenbarkeit des Verkaufserlöses bei Beendigung des Leasingvertrages. Teilamortisationsverträge finden vor allem beim Kfz-Leasing Verwendung, wobei der Leasing-Geber immer die Wertsteigerung zumindest anteilig erhält, der Leasing-Nehmer dagegen die Wertminderung allein trägt. Es gilt hier zwar auch eine unkündbare Grundmietzeit von 40% bis 90% der betriebsgewöhnlichen Nutzungsdauer, doch sind Unterschreitungen bei hoher jährlicher Fahrleistung zulässig. Die meisten Leasingverträge beziehen sich auf eine Laufzeit von 2 bis 4 Jahren bei durchschnittlicher Fahrleistung von 20 000 km im Jahr.

Teilamortisationserlaß vom 22.12.75

Vertragsmodell mit Kündigungsrecht nach 40% der Nutzungsdauer

Restamortisation > 90% des Verkaufserlöses
 Abschlußzahlung des Leasing-Nehmers in Höhe des Fehlbetrages

Restamortisation < 90% des Verkaufserlöses
 Eigentümergewinn des Leasing-Gebers

Vertragsmodell mit Andienungsrecht des Leasing-Gebers

Zeitwert < Kalkulierter Restwert
 Kaufverpflichtung des Leasing-Nehmers zum Restwert oder Differenzzahlung

Zeitwert > Kalkulierter Restwert
 Verkaufsrecht des Leasing-Gebers an Dritte oder Kaufoption des Leasing-Nehmers zum Zeitwert

Vertragsmodell mit Aufteilung des Mehrerlöses

Verkaufserlös > Restamortisation
 Aufteilung des Mehrerlöses mit mindestens 25% für den Leasing-Geber

Verkaufserlös < Restamortisation
 Nachzahlungspflicht des Leasing-Nehmers

(Restamortisation = Gesamtkosten des Leasing-Gebers – Leasingraten in der Grundmietzeit)

Abb. 37: Teilamortisationserlaß

5.2.4 Vergleichsrechnung Leasing/Kauf

Die Leasingraten werden oft auf Monatsbasis berechnet und beziehen sich dann auf die Objektkosten als Bemessungsgrundlage. Mitunter werden zusätzlich Abschlußgebühren verlangt, deren Höhe nicht unerhebliche Auswirkung auf die Leasingrate sowie auf die Effektivverzinsung hat.

Leasing-Angebote können gerade bei größeren Objekten sehr individuell sein und abhängig vom Umfang der einbezogenen Dienstleistungen. Bei einem reinen Financial-Leasing ohne Dienstleistungen bei kleineren Objekten bis ca. 100 000 EUR ist mit Monatsraten je nach Laufzeit zwischen 2 und 5% der Objektsumme zu rechnen. Größere Objekte bieten manchmal bessere Konditionen.

Die **Effektivverzinsung** von Leasing-Angeboten kann auf der Basis der Annuitätenmethode berechnet werden.

Beispiel:

Grund- mietzeit	Monatsmiete während der Grundmietzeit	Gesamtbetrag der Leasingraten während der Grundmietzeit	Effektivverzinsung auf Jahresbasis
2 Jahre	4,80 – 4,90%	115,2 – 117,6%	10,0 – 11,5 %
3 Jahre	3,35 – 3,55%	120,6 – 127,8%	10,0 – 13,4 %
4 Jahre	2,70 – 2,90%	129,6 – 139,2%	11.3 – 14,7 %
5 Jahre	2,30 – 2,50%	138,0 – 150,0%	11,8 – 15,25%
6 Jahre	2,05 – 2,15%	147,6 – 154,8%	12,4 – 14,1 %

Nutzungsdauer 10 Jahre Monatsrate: 2,467%
Grundmietzeit 5 Jahre Jahresrate: 29 604 EUR
Objektsumme 100 000 EUR
Kapitaldienst = Objektkosten · KWF

$$d = a_0 \cdot KWF \quad \left(KWF = \frac{i(1+1)^n}{(1+i)^n - 1} \right)$$

$$KWF\ (5\ Jahre) = \frac{29\,604}{100\,000} = \text{lt. Tabelle } \underline{14,7\%\ p.a.}$$

Gesamtleasingaufwand in 5 Jahren: 29 604 DM · 5 = 148 020 EUR

Eine Entscheidung für oder gegen eine Finanzierung durch Leasing sollte jedoch nicht alleine von der Höhe der Effektivverzinsung abhängig gemacht werden, sondern läßt sich nur durch einen **Belastungsvergleich** zwischen Kauf und Leasing individuell herbeiführen, bei dem alle unterschiedlichen Einflußfaktoren zu berücksichtigen sind. In gleicher Weise bei Kauf wie auch bei Leasing zu tragende Faktoren wie Transport oder Montage können eliminiert werden.

Da die direkte Zurechnung bzw. Aufteilung des betrieblichen Einzahlungsstroms auf bestimmte Investitionsobjekte ein betriebswirtschaftlich ungelöstes Problem ist, kann auch der Gewinn je Investitionsobjekt nicht klar festgestellt werden.

Ein Belastungsvergleich geht deshalb von stets ausreichenden Einzahlungen aus und ermittelt die unterschiedliche Belastung bei alternativen Finanzierungen. Vorteilhafter ist dann die Finanzierung mit den insgesamt niedrigeren Belastungen während des Betrachtungszeitraums.

Die Zahlungstermine sollten so genau wie möglich berücksichtigt werden, da das Ergebnis nicht unwesentlich von der Divergenz der Zahlungsströme abhängt. Die unterschiedlichen Zahlungsströme für die Finanzierungsalternativen können entweder auf einen heutigen Bezugszeitpunkt diskontiert oder auf einen zukünftigen Bezugszeitpunkt aufgezinst werden. Ergibt sich im Bezugszeitpunkt zum Ende der Grundmietzeit oder zum Ende der betriebsgewöhnlichen Nutzungsdauer ein Restwert bzw. Verkaufserlös ist dieser in der Vergleichsrechnung zu berücksichtigen.

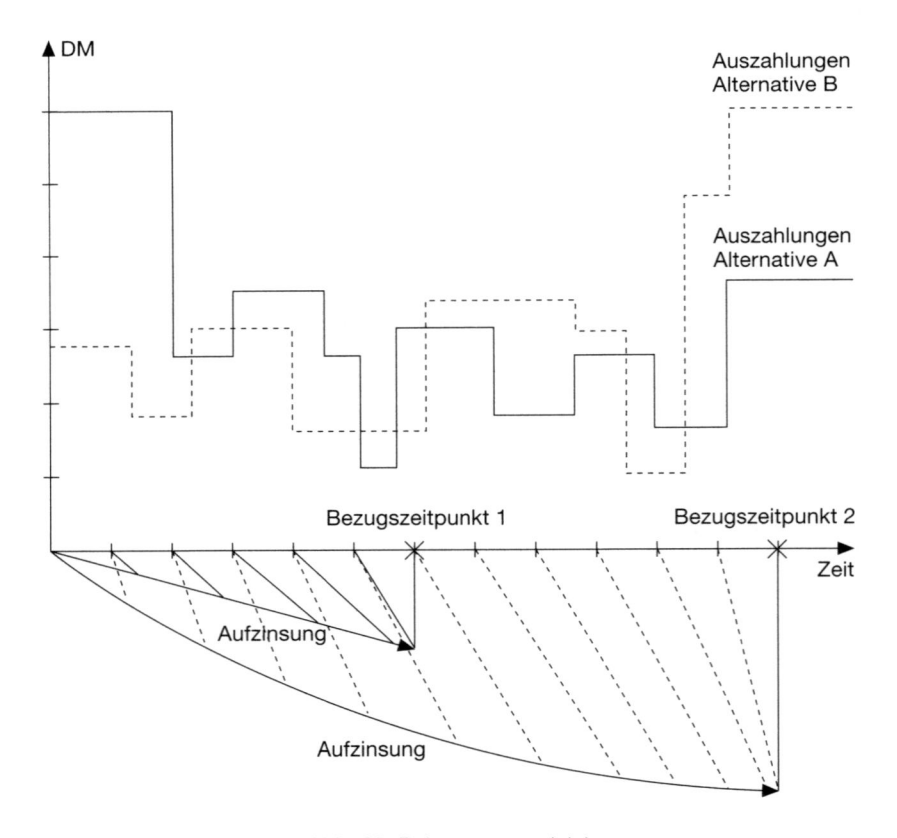

Abb. 38: Belastungsvergleich

Treten durch höhere Auszahlungen/Aufwendungen Steuerminderungen ein, so erhöhen diese Auszahlungen die Belastung, die Steuerminderungen reduzieren sie jedoch (als Quasi-Minderauszahlungen).

In vielen Fällen hat sich gezeigt, daß Leasingfinanzierungen höhere Kreditkosten verursachen als Bankkredite, was nicht zuletzt auf die höheren Risikokosten einer 100%igen Fremdfinanzierung und die Verwaltungskosten der Leasinggesellschaften zurückzuführen ist. Andererseits besitzt eine derartige Vollfinanzierung von Investitionen durch Fremdkapital eine gewisse Attraktivität, besonders wenn sie durch umfangreiche Dienstleistungen des Leasinggebers ergänzt wird. Auch können nicht quanitifizierbare Faktoren eine nicht unerhebliche Rolle bei der Entscheidung spielen. Nicht zuletzt können weiterhin die Art des Steuersystems und die individuelle Steuersituation in bestimmten Fällen die Vorteilhaftigkeit der Leasingfinanzierung beeinflussen.

Zukünftige Marktchancen des Leasing werden sich voraussichtlich vor allem durch die Kombination aus 100%iger Fremdfinanzierung und abnehmerorientierten Dienstleistungen ergeben.

Insgesamt gesehen bleibt die Leasing-Finanzierung sehr individuell und sollte grundsätzlich auch nur fallbezogen nach folgenden **Kriterien** entschieden werden:

1. Höhe der Fremdfinanzierung
2. Struktur des Kapitaldienstes
3. Eigenkapitalverzinsung
4. Möglichkeiten der Eigenkapitalbereitstellung
5. Bonität des Gebrauchtgütermarktes
6. Individuelle Steuerbelastung
7. Abschreibungsmodalitäten beim Kauf
8. Verzinsung der alternativen Kapitalanlage
9. Steuerliche Zurechenbarkeit beim Leasing-Geber
10. Umfang und Qualität der angebotenen Dienstleistungen
11. Sonstige nicht quantifizierbare Einflußgrößen

5.3 Forfaitierung

Forfaitierung ist der **regreßlose Ankauf/Verkauf** von in der Regel mittel- bis langfristigen Forderungen im Außenhandel.

Die Forfaitierung ist meistens eine **Wechselfinanzierung,** da sie abstrakt und nicht an das Handelsgeschäft gebunden ist.

Werden **Buchforderungen** forfaitiert, ist unbedingt eine abstrakte Zahlungserklärung des Importeurs und eine Zahlungsgarantie einer Bank zu erbringen. Gelegentlich sind auch eher kurzfristige Forfaitierungsgeschäfte über Akkreditive anzutreffen.

Die Forfaitierung kann sowohl zur Export-, als auch zur Importfinanzierung verwendet werden. Für den Exporteur ist sie **Refinanzierung seines Lieferantenkredits** durch Verkauf der Wechselforderung gegenüber dem Importeur. Nach Ablauf des Zahlungsziels präsentiert der Forfaiteur dem Importeur den Wechsel. Die Kosten der Forfaitierung (Diskont) trägt der Exporteur, doch werden diese üblicherweise bereits in den Kaufpreis einbezogen.

Für den **Importeur** ermöglicht die Forfaitierung die Durchführung eines **Bargeschäfts.** Durch Verkauf eines Sola-Wechsels an einen Forfaiteur kann er ohne Einbeziehung des Exporteurs in das Finanzierungsgeschäft seinen Import aus dem Diskonterlös bar bezahlen. Die Kosten der Forfaitierung trägt hier der Importeur unmittelbar.

Es können grundsätzlich Außenhandelsgeschäfte über Investitionsgüter oder andere langlebige Wirtschaftsgüter mit Vertragspartnern in allen Ländern finanziert werden, doch ist es für manche Länder schwierig oder ausgeschlossen, einen Forfaiteur zu finden.

Das **Schuldnerland** spielt bei der Beurteilung des Forfaitierungsmaterials eine große Rolle und bestimmt wesentlich die Forfaitierungssätze (Kosten) und die Forfaitierungslaufzeit.

Für die Beurteilung sind die **binnenwirtschaftliche Situation,** die **außenwirtschaftliche Situation** und die **politische Situation** entscheidend. Da diese Faktoren nicht immer konstant sind, schwanken auch die Konditionen bei den einzelnen Ländern.

Auch die Höchstlaufzeiten sind vom Länderrisiko geprägt. Nur Länder mit überschaubaren Risiken haben Laufzeiten mit max. 10 Jahren. Andere Länder haben niedrigere Höchstlaufzeiten.

Als **Forfaitierungsinstitute** treten vor allem Tochtergesellschaften von Schweizer Großbanken sowie von anderen international tätigen Kreditinstituten auf, die ihren Sitz bevorzugt in Zürich oder Luxemburg als Drehscheibe des Euro-Geldmarktes haben.

Sonderformen der Fremdfinanzierung

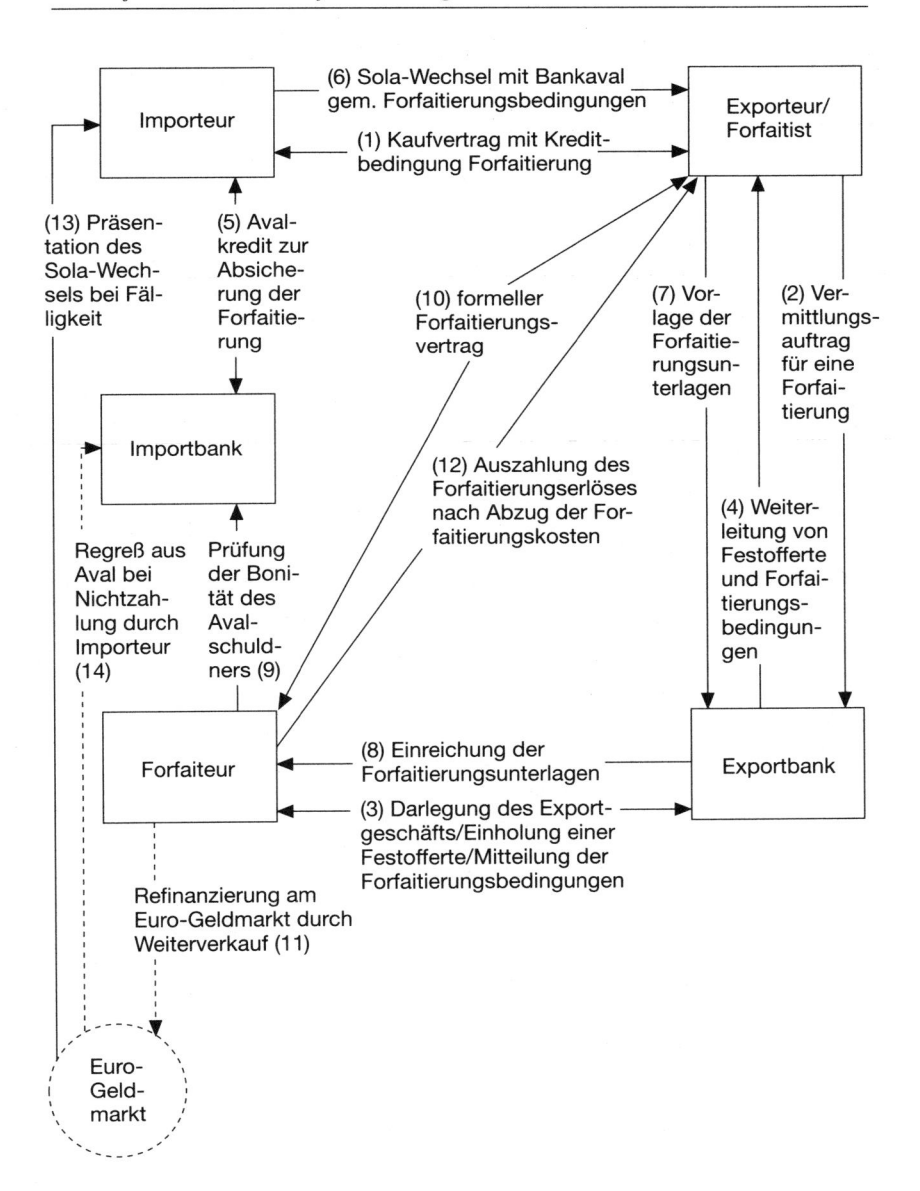

Abb. 39: Forfaitierung einer Exportforderung

Sämtliche zur Forfaitierung angebotenen Wechsel müssen **bankgarantiert** sein (es sei denn, es handelt sich um Wechsel von weltweit bekannten Unternehmen), um eine eingehende Kreditwürdigkeitsprüfung des Schuldners zu vermeiden. An die Stelle der Bonität des Schuldners tritt dann das Bankaval, wodurch der Wechsel unabhängig vom Schuldner seine Bonität und Fungibilität erhält.

Es lassen sich in der Regel nur Wechsel forfaitieren, die in einer **frei konvertierbaren Währung** ausgestellt sind. Infolgedessen wurde bisher der Markt zum großen Teil vom Dollar, der DM, dem Schweizer Franken und dem Yen beherrscht, zukünftig anstelle der DM voraussichtlich vom EURO.

Der Ort der Zahlbarstellung sollte in einem Land mit freiem Devisenhandel liegen. Ist das nicht möglich, ist für die Fungibilität eine Devisenausfuhrbescheinigung erforderlich.

Die **Forfaitierungskosten** werden als Diskont im Zeitpunkt der Forfaitierung abgezogen und beziehen sich auf die gesamte Laufzeit des Wechsels/der Forderung bzw. auf die jeweilige Restlaufzeit der einzelnen Wechsel/Forderungen bei Ratentilgung. Durch diesen Diskont deckt die Forfaitierungsgesellschaft ihre Kosten für die Geldbeschaffung und die Risikoübernahme ab.

Die Höhe des **Diskonts** richtet sich daher nach

- der Intensität von Angebot und Nachfrage,
- dem Länderrisiko,
- der fakturierten Währung,
- der Laufzeit der fristenkongruenten Refinanzierung und
- den Sicherheiten (Bankaval, Zahlungsgarantie).

Ist die Forderung nicht am Ort des Forfaiteurs zahlbar gestellt, ist ein unterschiedlich langer Inkassoweg zu erwarten. Als Entgelt für diese Transferzeit werden **Respekttage** berechnet, die je nach Schuldnerland zwischen 2 und 20 Tagen liegen können.

Bei der **Zinsberechnung** wird die deutsche Zinsmethode mit 30/360 Tagen oder die Eurozinsmethode mit 365/360 Tagen angewandt, bei der die Zinstage kalendermäßig genau berechnet werden. In Ausnahmefällen wird auch die englische Methode mit 365/365 Tagen benutzt.

Aus den genannten Merkmalen lassen sich zusammenfassend folgende **Vorteile** für die Forfaitierung erkennen:

- für den Exporteur Refinanzierung eines längerfristigen Lieferantenkredits ohne Delkredererisiko und ohne Selbstbeteiligungsquote

Sonderformen der Fremdfinanzierung

- für den Importeur Einräumung eines längerfristigen Importkredites bei Barzahlung an den Exporteur
- kein Regreß auf den Exporteur
- Liquiditätsverbesserung durch 100%ige Fremdfinanzierung
- keine Bilanzierung als Forderung oder Eventualverbindlichkeit für den Exporteur; Verbesserung der Kreditwürdigkeit
- einfache und einmalige Abwicklung vor Forderungsverkauf und damit kein Verwaltungsaufwand während der Laufzeit
- günstiger Euro-Finanzmarkt-Zinssatz als Festzins für die gesamte Laufzeit
- kein Wechselkursrisiko bei Fakturierung in Fremdwährung.

5.4 Projektfinanzierung

Unter Projektfinanzierung versteht man die Finanzierung von wirtschaftlich und rechtlich selbständigen Projektgesellschaften im In- und Ausland, die von einer unterschiedlich zusammengesetzten Interessengruppe, dem Betreiberkonsortium (Projektträger), geplant, errichtet, finanziert und auf den Absatzmarkt vorbereitet werden und spätestens nach einer gewissen Anlaufphase ihren **Kapitaldienst aus der eigenen Leistungsfähigkeit** ohne Haftung Dritter oder des Betreiberkonsortiums zu tragen haben. Nicht selten übernimmt eine staatliche Institution nach Ablauf einer langfristigen Konzessionszeit die Projektgesellschaft gegen Zahlung eines vertraglich geregelten Kaufpreises.

Projektfinanzierungen beziehen sich auf **sehr kapitalintensive Investitionsvorhaben** von manchmal auch mehr als 1 Mrd. EUR, sei es zur Rohstoffexploration, zur industriellen Produktion, im Dienstleistungssektor oder im Rahmen von Maßnahmen zur Verbesserung der Infrastruktur. Kapitalbeschaffung und Risikopolitik bedürfen hier besonders hoher Aufmerksamkeit.

Die Projektsteuerung und Projektfinanzierung wird von einem **Betreiberkonsortium** als Gesamtheit bewerkstelligt, dem je nach Art, Umfang und Investitionsland angehören können:

- die **Projektinitiatoren** (Sponsoren): sie gründen die Projektgesellschaft und haften bis zur Fertigstellung
- die **Lieferanten:** sie erstellen das Projekt und müssen sich ggf. an der Projektgesellschaft beteiligen
- die **Abnehmer:** sie gewährleisten durch vertragliche Abnahmemengen, Mindestpreise und Laufzeiten die Kapazitätsauslastung bzw. Wirtschaftlichkeit des Projekts

- die **Finanzierungsinstitute:** sie prüfen das Investitionsrisiko im Investitionsland, erstellen Rentabilitätsanalysen und beschaffen von nationalen und internationalen Finanzmärkten die Kreditpalette

- die **Versicherungen:** sie decken als private oder staatliche Kreditversicherer das wirtschaftliche und/oder politische Risiko im Investitionsland bzw. für die Exportlieferungen

- **sonstige Interessenten** wie Rohstofflieferanten, Consultingfirmen, Unternehmen/Institutionen des Investitionslandes oder der Projektkäufer.

Da die Projektrealisierung letztlich vom effizienten Zusammenwirken aller Beteiligten am Betriebskonsortium abhängt, sollten Leistungsverzögerungen oder -verweigerung einzelner mit hohen Vertragsstrafen belegt werden.

Mit jeder Projektfinanzierung sind erhebliche Risiken verbunden, die ein gutes »**risk management**« erfordern, das sich vor allem auf folgende Bereiche erstreckt:

- **Planungsrisiko:** Minderung durch ausführliche Durchleuchtung der Vorprojektphase durch Opportunitäts- und Feasibility-Studien, um durch Vergleich von Projektalternativen und Analyse aller technischen und wirtschaftlichen Faktoren zur erwarteten Kapitalrentabilität zu gelangen. Ein optimales Zusammenwirken von insb. Consultingfirmen und Finanzierungsinstituten ermöglicht die Erstellung von elastischen Cash-flow- und Rentabilitätsprognosen unter Berücksichtigung diverser Störfaktoren.

- **Fertigstellungsrisiko/Kostenrisiko:** Minderung durch internationale Ausschreibung des Projektes, Angebotsvergleiche, detaillierte Vertragsgestaltung mit Festpreisvereinbarung, Lieferzeiten, Vertragsstrafen, festen Währungskursen und/oder Erfüllungsgarantien.

- **Marktrisiko:** Minderung durch längerfristige Abnahmevereinbarungen, Marktanalysen, Aufbau oder Sicherung von Vertriebswegen.

- **Betreiberrisiko:** Minderung durch Personalauswahl und -schulung, Bereitstellung des Management-Know-how, bewährte Verfahrenstechnik, Sicherung der Bezugsquellen und Beschaffungswege.

- **Finanzierungsrisiko:** Minderung durch **Financial Engineering** vom frühesten Projektstadium an, d. h. vor allem durch Kenntnis aller einsetzbaren Finanzierungsarten, ihrer Konditionen und Abwicklungstechnik; Kontakt zu den Finanzierungsinstituten bzw. Finanzmärkten; Fähigkeit zur Erstellung und Beurteilung von Finanzierungskonzepten und Rentabilitätsanalysen;

Auswahl, Zuordnung und Bewertung der Sicherheiten; Kenntnis und Berücksichtigung der rechtlichen und politischen Rahmenbedingungen und Finanzierungshilfen.
- **politisches Risiko:** Minderung durch rechtzeitige staatliche Genehmigungen bzw. Mitwirkung; Abschluß einer Kreditversicherung.

Die Finanzierung von Großanlagen wird in hohem Maße über die **Eurofinanzmärkte** vollzogen. Die Bonität von Projektmanagement und Projektfinanzierung entscheiden dabei letztlich über die Erteilung des Auftrages sowie über die Durchführbarkeit und Rentabilität des Projektes.

5.5 Finanzierungshilfen an die gewerbliche Wirtschaft

Finanzierungshilfen sind Maßnahmen der **Subventionsmittelbereitstellung,** die dazu dienen, förderungswürdige Investitionen der gewerblichen Wirtschaft zu ermöglichen. Sie haben die Aufgabe, dort steuernd einzuwirken, wo

- ohne persönliches Verschulden Benachteiligungen wirtschaftlicher Art entstanden sind (z. B. strukturschwache Gebiete),
- ohne besondere Anreize Investitionen vernachlässigt werden oder sogar unterbleiben (z. B. Umweltschutz),
- zukunftsweisende bzw. erfolgversprechende Investitionen mangels ausreichender Finanzierungsmittel nicht durchgeführt werden können (z. B. Existenzgründungen)
- oder eine bankmäßige Finanzierung aus bankpolitischen Gründen nicht erhältlich ist (z. B. langfristige Exportfinanzierung, Sicherheitenmangel).

Finanzierungshilfen können in Form von direkten oder indirekten Maßnahmen ergriffen werden. **Indirekte Finanzierungshilfen** wirken über das Steuersystem und werden z. B. als Sonderabschreibungen eingesetzt, die jedoch in der Regel nur eine vorübergehende Steuerentlastung darstellen und nur wirksam werden können, wenn positive Einkünfte erzielt werden (siehe auch Kap. D 3.2.3).

Direkte Finanzierungshilfen bedeuten die Bereitstellung von Liquidität in Form von Fremdkapital, Eigenkapital oder Zinszuschüssen zur Verbilligung von Krediten. Bei Sicherheitenmangel des Unternehmens, der zu einer niedrigen Beleihungsgrenze führt, können Bürgschaften gewährt werden, die dann auch eine nachrangig gesicherte Finanzierung zulassen.

Wesentliche öffentliche und private Finanzierungshilfen an die gewerbliche Wirtschaft

Gewährung von Fremdkapital	Gewährung von Eigenkapital	Zinszuschüsse	Bürgschaften
Kredite aus dem ERP-Sondervermögen	Kapitalbeteiligungsgesellschaften	aus dem Mittelstandsstrukturprogramm	aus dem ERP-Sondervermögen
Kredite der Kreditanstalt für Wiederaufbau	Eigenkapitalhilfe des Bundes	zur Betriebsmittelfinanzierung	von Kreditgarantiegemeinschaften
Kredite der deutschen Ausgleichsbank	Wagnisfinanzierung		von Bund und Ländern
Kredite der Europäischen Investitionsbank	Investitionszulage		
Kredite der Ausfuhrkredit-Gesellschaft	Investitionszuschuß		

Bereitstellung zinsgünstiger Kredite	Verbreiterung der Haftungsbasis	Erhöhung der Kapitaldienstgrenze	Erweiterung der Beleihungsgrenze bzw. Sicherheitssubstitut
Finanzierung von nicht »banküblichen« Investitionen	Erjöhung der Kreditwürdigkeit		
Finanzierung von Investitionen im öffentlichen Interesse	Anfangs- bzw. Grundfinanzierung		

Abb. 40: Finanzierungshilfen an die gewerbliche Wirtschaft

Die meisten Finanzierungshilfen beziehen sich vorrangig oder ausschließlich auf die **mittelständische Wirtschaft,** die nicht in der Lage ist, ihren langfristigen Kapitalbedarf unmittelbar auf dem Kapitalmarkt durch die Emission von Schuldverschreibungen zu decken. Wenn auch das Angebot langfristiger Bankkredite vor allem seitens der Sparkassen und Landesbanken zugenommen hat, sind doch viele Investitionen erst durch den Einsatz von Finanzierungshilfen realisierbar geworden.

Eine besondere Bedeutung kommt der **Bereitstellung von Eigenkapital** zu, da eine wachstumskonforme Finanzierung ohne Erweiterung der Eigenkapitalbasis nicht durchführbar ist. Aber auch Innovationen und Unternehmensgründungen sind ohne Startkapital und das heißt Eigenkapital nicht möglich. Die Finanzierungshilfen im Rahmen der Gemeinschaftsaufgabe von Bund und Länder (GA-Mittel) sowie die Eigenkapitalhilfe des Bundes und die Wagnisfinanzierung haben hier den richtigen Weg gewiesen.

In einem Überblick sind die wichtigen, für große Teile der Wirtschaft geltenden direkten Finanzierungshilfen aufgeführt (Abb. 40).

6 Kontrollfragen*)

1. Nennen Sie die wesentlichen Merkmale der Fremdfinanzierung!
2. Wie unterscheiden sich Geldleihe und Kreditleihe?
3. Was wird im Rahmen der Kreditfähigkeit überprüft?
4. Wann ist ein Kreditnehmer kreditwürdig?
5. Nennen Sie Bestimmungsfaktoren der Kreditwürdigkeit!
6. Auf welche Dinge sollte im Kreditvertrag besonders geachtet werden?
7. Welche Unterlagen werden für einen Kreditantrag i. d. R. benötigt?
8. Aus welchem Grund werden Kreditsicherheiten verlangt?
9. Wie unterscheiden sich Real- und Personalsicherheiten?
10. Welchen Inhalt hat eine Negativerklärung?
11. Wie könnte eine Patronatserklärung lauten?

---

*) Lösungshinweise siehe Seite 484 f.

12. Wie unterscheiden sich akzessorische und fiduziarische Kreditsicherheiten?
13. Was sind Warenkredite? Wie werden sie unterteilt?
14. Nennen Sie Vorteile für Beschaffungskredite aus der Sicht des Abnehmers!
15. In welcher Form werden beispielsweise Beschaffungskredite im Hochbau vereinbart?
16. Wie können Beschaffungskredite sichergestellt werden?
17. Wie kann die Vorteilhaftigkeit eines Beschaffungskredites ermittelt werden?
18. Wodurch kennzeichnen sich Absatzgeldkredite?
19. Was sind gebundene Finanzkredite? In welcher Form treten sie im Außenhandel auf?
20. Was versteht man unter Franchising?
21. Nennen Sie die wesentlichen Merkmale des Absatzgüterkredites (Lieferantenkredites)!
22. Warum werden gerne Lieferantenkredite aufgenommen?
23. Wie können Lieferantenkredite sichergestellt werden?
24. Erläutern Sie den einfachen Eigentumsvorbehalt! Welche Probleme können auftreten?
25. Welche besonderen Eigenschaften haben der erweiterte und der verlängerte Eigentumsvorbehalt?
26. Welche Form des Eigentumsvorbehalts ist für den Lieferanten am günstigsten?
27. Welchen Eigentumsvorbehalt sollte der Lieferant wählen, wenn die Durchsetzung des Herausgabeanspruchs ökonomisch nicht sinnvoll ist?
28. Wie werden die Kosten des Lieferantenkredits ausgedrückt? Wie werden sie vermieden?
29. Wie können die effektiven Kosten des Lieferantenkredits ermittelt werden?
30. Welche Konten sind bei der Zahlungsverkehrsabwicklung zu unterscheiden?

Kontrollfragen

31. Erläutern Sie die Wesensmerkmale eines Kontokorrentkredits!
32. Nennen Sie Arten und Verwendungsmöglichkeiten der Kontokorrentkredite!
33. Wann liegt ein eingefrorener Kontokorrentkredit vor?
34. Nennen Sie verschiedene Scheckarten!
35. Wann hat der Scheckaussteller ein Widerrufsrecht?
36. Wie verläuft normalerweise der Zahlungsweg im Überweisungsverkehr und im Scheckverkehr?
37. Welche Vorteile hat die Scheckzahlung?
38. Wie unterscheiden sich Dauerauftrag, Einzugsermächtigung und Abbuchungsauftrag?
39. Was verstehen Sie unter Clearing? Nennen Sie Beispiele für Clearing-Systeme!
40. Welche Vorteile hat der Überweisungsverkehr?
41. Wie setzen sich die Gesamtkosten eines Kontokorrentkredites zusammen?
42. Erläutern Sie die verschiedenen Provisionsarten!
43. Wie erfolgt die bankmäßige Abrechnung der Kontokorrentkredite?
44. Wie kann die Effektivverzinsung bei Kontokorrentkrediten errechnet werden?
45. Welche Zessionsarten gibt es? Wie unterscheiden sie sich?
46. Was ist das Wesen eines Wechselkredits, und welche Erscheinungsformen gibt es?
47. Wie unterscheiden sich der gezogene Wechsel und der Solawechsel?
48. Welche Wechselarten lassen sich nach der Verfallzeit unterscheiden?
49. Welche Wechselbestandteile sind erforderlich?
50. Welche Funktionen begründet das Indossament?
51. Wie wird ein Orderpapier faktisch zum Inhaberpapier?
52. Wie kann ein Wechsel protestiert werden?
53. Wie wird der Wechselregreß durchgeführt?

54. Schildern Sie den Ablauf eines Wechseldiskontkredites!
55. Was sind Debitorenziehungen im Wechselgeschäft?
56. Werden Wechsel heute noch von der Bundesbank rediskontiert?
57. Erläutern Sie Wesen und Ablauf eines Akzeptkredits!
58. Aus welchen Gründen werden Akzeptkredite gewährt?
59. Beschreiben Sie Wesen und Ablauf eines Rembourskredits!
60. Welche Vorteile haben Rembourskredite?
61. Was versteht man unter einem Negoziationskredit?
62. In welcher umfassenden Form finden Negoziationskredite heute Verwendung?
63. Erläutern Sie Wesen und wirtschaftliche Bedeutung der Privatdiskonten!
64. Welches sind die wesentlichen Merkmale eines Lombardkredites?
65. Wann findet der Lombardkredit vor allem Verwendung?
66. Worin liegen die Vorteile der Sicherungsübereignung im Vergleich zum Pfandrecht?
67. Was ist ein Betriebsmittelkredit?
68. Erläutern Sie einen Raumsicherungsvertrag!
69. Wie läuft eine Listen- bzw. Mantelübereignung ab?
70. Welches sind die wesentlichen Kennzeichen eines Eurokredites?
71. Wie läuft eine Eurokreditkette ab?
72. Wie erfolgt die Sicherstellung der Eurokredite?
73. Welche kurzfristigen Kreditmöglichkeiten werden am Eurogeldmarkt angeboten? Welche Zinsbasis haben sie?
74. Erläutern Sie die hauptsächlich angebotenen mittelfristigen Euromarktfinanzierungen!
75. Wann ist die Aufnahme eines Eurokredites zu empfehlen?
76. Wie kann die Effektivverzinsung im kurz- bis mittelfristigen Zeitraum berechnet werden?

77. Beschreiben Sie das Wesen eines Avalkredites! Welche Rechtsbeziehungen bestehen zwischen den Beteiligten?
78. Welche Vorteile bringt ein Avalkredit aus der Sicht des Unternehmens?
79. Nennen Sie die wesentlichen Unterscheidungsmerkmale von Bürgschaft und Garantie!
80. Welche Avalarten sind vor allem anzutreffen?
81. Welche Aufgaben übernehmen Kreditgarantiegemeinschaften?
82. Was ist eine modifizierte Ausfallbürgschaft?
83. Erläutern Sie die Lieferungsgarantie!
84. Wie läuft eine Gewährleistungsgarantie ab?
85. Erläutern Sie Wesen und Vorteile einer Bietungsgarantie!
86. Was ist ein Akkreditiv, und wozu dient es?
87. Erläutern Sie die (Rechts-)beziehungen zwischen den einzelnen Akkreditivbeteiligten!
88. Geben Sie einen Überblick über die verschiedenen langfristigen Finanzierungsformen!
89. Was ist ein Realkredit?
90. Nennen Sie die wesentlichen Merkmale eines Realkredits!
91. Was steht im Grundbuch in Abteilung I, II und III?
92. Was besagt die »Unterwerfungsklausel« in einer Grundschuldbestellungsurkunde?
93. Welche Auswirkungen kann die übliche Eintragung »nebst 12% Zinsen ab dem Tage der Eintragung« haben?
94. Wann entsteht aus einer Hypothek eine Eigentümergrundschuld?
95. Kann eine Eigentümergrundschuld auch unmittelbar eingetragen werden?
96. Wie unterscheiden sich Beleihungswert und Verkehrswert?
97. Wie wird der Beleihungswert auf der Basis der Abschlagsmethode ermittelt?
98. Wie wird in der Wertermittlung die Nutzungsart berücksichtigt?

99. Wie kann die Kapitaldienstgrenze die Beleihungsgrenze beeinflussen?
100. Wie wird der Ertragswert berechnet?
101. Nennen Sie Kritikpunkte zur Beleihungswertermittlung!
102. Wie unterscheiden sich die 3 Tilgungsarten bei langfristigen Krediten?
103. Wovon ist die Effektivverzinsung abhängig?
104. Welche Aufgabe hat der Restwertverteilungsfaktor?
105. Was versteht man unter der mittleren Laufzeit?
106. Wie kann die Refinanzierung von Realkrediten erfolgen?
107. Worin liegt die besondere Sicherheit von Pfandbriefen?
108. Was ist ein Abzinsungspapier? Nennen Sie ein Beispiel!
109. Durch welche Besonderheit zeichnet sich die Annuitätentilgung aus?
110. Warum ist die Effektivverzinsung beim Annuitätendarlehen niedriger als beim Ratendarlehen?
111. Wie wird banküblich die Tilgung bei Annuitätendarlehen formuliert; wie errechnet sich die Annuität?
112. Welchen Zweck hat ein Disagiozusatzdarlehen?
113. Wie wird der Beleihungswert auf der Basis der Indexmethode ermittelt?
114. Welche Vorteile hat das Bausparwesen?
115. Wie erfolgt die Sicherstellung der Bausparkassenkredite?
116. Wann erfolgt die Zuteilung bei Bausparverträgen?
117. Worin liegt die Besonderheit von Versicherungskrediten zur Wohnungsbaufinanzierung?
118. Nennen Sie Vor- und Nachteile für Versicherungskredite!
119. Nennen Sie typische Finanzierungshilfen im Wohnungsbau!
120. Nennen Sie Kombinationsmöglichkeiten für eine Verbundfinanzierung!
121. Welche Vorteile hat eine Verbundfinanzierung?
122. Welche Aufgabe hat ein Annuitätenzuschußdarlehen?
123. Was sind Schiffsgläubigerrechte?

Kontrollfragen

124. Wie unterscheiden sich Kommunalanleihen und Kommunalobligationen?
125. Wie ist das ERP-Vermögen entstanden?
126. Nach welchen Grundsätzen werden ERP-Kredite vergeben?
127. Welche Finanzierungsaufgaben übernimmt die Deutsche Ausgleichsbank?
128. Erläutern Sie den Tätigkeitsbereich der Industriekreditbank und der Europäischen Investitionsbank!
129. Welche Aufgaben nimmt die AKA wahr?
130. Wie unterscheiden sich die Plafonds A, C, D und E der AKA?
131. Wie werden AKA-Kredite abgesichert?
132. Definieren Sie »Anleihe«, »Schuldverschreibung« und »Obligation«!
133. Welche Aufgabe hat der zentrale Kapitalmarktausschuß?
134. Welche Arten von Schuldverschreibungen sind zu unterscheiden? Wer tritt als Emittent auf?
135. Erläutern Sie das Wesen eines Übernahme- und Begebungskonsortiums!
136. Wie läuft eine Subskription von Schuldverschreibungen ab?
137. Was gehört zur Ausstattung einer Anleihe?
138. Worin besteht die regelmäßige Informationspflicht des Emittenten gemäß Publizitätsgesetz?
139. Warum werden Stückzinsen berechnet?
140. In welcher Weise dienen Auszahlungs- und Rückzahlungskurs bzw. der Tageskurs als Regulativ der Nominalverzinsung?
141. Welche Bedeutung hat die Volatilität?
142. Wie kann die Duration errechnet werden?
143. Welche Rückzahlungsmöglichkeiten hat ein Emittent von Schuldverschreibungen?
144. Wie läuft eine Auslosung ab?
145. Warum sind die »Nebenkosten« einer Industrieobligation so hoch?

146. Wie erfolgt die Sicherstellung bei Schuldverschreibungen?
147. Wie unterscheiden sich Wandel- und Optionsschuldverschreibungen?
148. Nennen Sie Vorteile für die Emission von Wandelschuldverschreibungen!
149. Erläutern Sie die besonderen Ausstattungsmerkmale einer Wandelschuldverschreibung!
150. Warum ist die Kursentwicklung bei Wandelschuldverschreibungen sowohl vom Rentenmarkt als auch vom Aktienmarkt abhängig?
151. Worin liegt die sog. Hebelwirkung eines Optionsscheins einer Optionsschuldverschreibung?
152. Welche Bedeutung haben das Aufgeld und die Prämie? Wie werden sie berechnet?
153. Was sind Euro-Bonds? Grenzen Sie sie von den Auslandsanleihen ab!
154. Nennen Sie Gründe für Emissionen auf dem Euro-Kapitalmarkt!
155. Was meint man mit Finanzinnovationen?
156. Erläutern Sie die Besonderheiten der Zero-Bonds!
157. Was sind synthetische Schuldverschreibungen? Geben Sie ein Beispiel!
158. Welche Vorteile haben Floating-Rate-Bonds?
159. Unter welchen Gegebenheiten sind Currency Bonds zu empfehlen?
160. Beschreiben Sie die Besonderheiten der Aktienindex-Anleihen!
161. Was passiert bei einem reinen Währungsswap und einem reinen Zinsswap?
162. Erläutern Sie anhand eines Beispiels den Ablauf eines Währungs- und Zinsswaps mit Schuldverschreibungen!
163. Was wird auf dem Sekundärmarkt gehandelt? Nennen Sie Gründe für diesen besonderen Handel auf dem Euro-Finanzmarkt!
164. Was ist ein Schuldscheindarlehen?
165. Wie ist ein Schuldschein rechtlich einzuordnen?
166. Was ist ein Deckungsstock, und wie wird er in seiner Höhe ermittelt?

Kontrollfragen

167. Welche Bedeutung hat die Deckungsstockfähigkeit?
168. Erläutern Sie die verschiedenen Vergabemöglichkeiten bei Schuldscheindarlehen!
169. Vergleichen Sie Schuldscheindarlehen und Industrieobligation nach verschiedenen Kriterien!
170. Definieren Sie Factoring!
171. Wie erfolgt die Abtretungsanzeige beim notifizierten Factoring, und wie kann sie beim stillen Factoring vereinbart werden?
172. Wie unterscheiden sich Factoring und Zessionskredit?
173. Nennen Sie die wesentlichen Tätigkeiten im Rahmen der Dienstleistungsfunktion!
174. Welche Leistungen beinhaltet die Delkrederefunktion?
175. Wie unterscheiden sich die echte und die unechte Finanzierungsfunktion?
176. Wie kann die Vorteilhaftigkeit eines Factoringangebots festgestellt werden?
177. Wann ist Factoring zu empfehlen?
178. Definieren Sie Leasing im allgemeinen; nennen Sie die wesentlichen Merkmale eines Leasingvertrages!
179. Welche unterschiedlichen Erscheinungsformen sind beim Leasing anzutreffen?
180. Wie unterscheiden sich Leasing und Mietkauf?
181. Nennen Sie Vor- und Nachteile des »Sale-lease-back«!
182. Wie unterscheiden sich direktes und indirektes Leasing?
183. Was versteht man unter Financial Leasing und Operating Leasing?
184. Wann erfolgt die ertragsteuerliche Zurechnung beim Mobilien-Leasing beim Leasing-Geber?
185. Welche Besonderheiten beinhaltet der Immobilien-Leasing-Erlaß?
186. Welche Grundsätze vertritt der Teilamortisationserlaß beim Kfz-Leasing?

187. Wie kann die Effektivverzinsung beim Leasing errechnet werden? Wie ist sie zu beurteilen?
188. Nach welcher Methodik sollte eine Vergleichsrechnung Leasing/Kauf aufgebaut werden?
189. Nach welchen Kriterien läßt sich die Vorteilhaftigkeit einer Leasing-Finanzierung beurteilen?
190. Was ist eine Forfaitierung?
191. Wann werden Forfaitierungen verwendet?
192. Erläutern Sie den Ablauf einer Forfaitierung!
193. Wie erfolgt die Sicherstellung bei Forfaitierungen?
194. Wovon hängen die Forfaitierungskosten ab?
195. Nennen Sie Vorteile der Forfaitierung!
196. Was versteht man unter einer Projektfinanzierung?
197. Wer gehört in den meisten Fällen zum Betreiberkonsortium?
198. Wann treten vor allem Projektfinanzierungen auf?
199. Mit welchen Risiken ist bei Projektfinanzierungen zu rechnen?
200. Was versteht man unter »Financial Engineering«?
201. Welche Ziele verfolgen die Finanzierungshilfen an die gewerbliche Wirtschaft?
202. Welche Arten von Finanzierungshilfen lassen sich unterscheiden?
203. Was versteht man unter Kreditrating?
204. Erläutern Sie den Aufbau eines Ratingbogens im Kreditgeschäft!
205. Wie kann die Risikobeurteilung durch ein Risikoklassensystem erfolgen?
206. Was sind Grundpfandrechte? Welche Erscheinungsformen gibt es?
207. Definieren Sie den Begriff »Risiko«!
208. Welche Aufgaben hat die Risikopolitik?
209. Nennen Sie die wesentlichen Kreditrisiken für den Kreditgeber und den Kreditnehmer!
210. Welche Gefahren beinhalten die Länderrisiken?

Kontrollfragen

211. Charakterisieren Sie das Währungsrisiko!
212. Beschreiben Sie das Zinsrisiko, und nennen Sie 3 Möglichkeiten seiner Steuerung!
213. Schildern Sie den Ablauf eines Währungsswaps bei internationalen Finanzgeschäften!
214. Wie unterscheiden sich Aktiv- und Passivswaps?
215. Was ist unter einem »Forward Rate Agreement (FRA)« zu verstehen?
216. Erläutern Sie anhand eines Beispiels die Steuerung des Zinsänderungsrisikos über ein Forward Rate Agreement!
217. Welche bedingten Zinsinstrumente werden am Interbankenmarkt gehandelt?
218. Erläutern Sie, wann bei Caps und wann bei Floors eine Zahlungspflicht besteht!
219. Kennzeichnen Sie die typischen Merkmale eines Collar!
220. Was ist unter einem Umkehrwechsel zu verstehen?
221. Welche Aufgabe hat der Preisrisikozuschlag bei der Beleihungswertermittlung?
222. Welcher Unterschied besteht zwischen dem einfachen und dem gespaltenen Ertragswertverfahren?
223. Was bezweckt ein Emissionsrating? Wer nimmt es vor?
224. Nennen Sie wesentliche Kriterien eines Emissionsrating!
225. Erläutern Sie die Vorgehensweise beim Tenderverfahren zur Emission von Schuldverschreibungen!
226. Was bedeutet Prospekthaftung im Emissionsgeschäft?
227. Wodurch wird der Optionspreis bestimmt?
228. Was sind gedeckte Optionsscheine?
229. Wie unterscheiden sich Optionsschuldverschreibungen, gedeckte Optionsscheine und Optionen an der Terminbörse?
230. Was sind Kapitalsammelstellen?

C Beteiligungsfinanzierung

1 Wesen, Funktionen und Probleme

Beteiligungsfinanzierung liegt vor, wenn dem Unternehmen vom Eigentümer Eigenkapital bei Gründung, zur Kapitalerhöhung oder durch Neuaufnahme von Gesellschaftern in Form von Geldeinlagen, Sacheinlagen oder Rechten von außen zugeführt wird.

Durch die Beteiligungsfinanzierung erwirbt der Kapitalgeber folgende **Rechte:**
- Miteigentum bzw. Alleineigentum
- Gewinn- und Verlustbeteiligung
- Anteil am bilanziellen Substanzwert
- Anteil an den stillen Reserven
- Anteil am Firmenwert
- Anteil am Liquiditätserlös
- je nach Rechtsform Mitwirkung an der Geschäftsführung

Im allgemeinen läßt sich zunächst unterscheiden in:

(1) **Beteiligungsfinanzierung durch Einlagen**

Durch den Eintritt oder das Ausscheiden eines Gesellschafters ändert sich das Eigenkapital. Die Beteiligungsfinanzierung ist gegebenenfalls kraft Gesetzes oder Satzung unter Einhaltung einer Kündigungsfrist kündbar (z. B. § 132 HGB für die OHG). Die Beteiligungsfinanzierung beinhaltet i. d. R. die **Geschäftsführungsfunktion.**

(2) **Beteiligungsfinanzierung durch Anteilsscheine**

Das ausgewiesene Gesellschaftskapital ist konstant unabhängig von der Zahl der Gesellschafter. Eine Rückgabe der Anteilsscheine ist i. d. R. ausgeschlossen, es besteht also kein Kündigungsrecht. Einzelne Gesellschafter können aber durch Verkauf ihres Anteils oftmals auch ohne Befragung der Gesellschaft ausscheiden. Der Preis richtet sich nach Angebot und Nachfrage für den Anteilsschein ohne direkte Bewertung der Unternehmung. Mit der Beteiligungsfinanzierung ist meistens keine Geschäftsführungsbefugnis verbunden.

(3) **Beteiligungsfinanzierung durch Sacheinlagen und Rechte**

Die Eigenkapitalbereitstellung kann auch in Form von Sacheinlagen (z. B. Kraftfahrzeuge) oder durch Überlassung von Rechten (z. B. Patente) erfolgen. Hierbei entstehen jedoch oft Bewertungsprobleme.

Wesen, Funktionen und Probleme 253

Das dem Unternehmen durch Beteiligungsfinanzierung zugeflossene Eigenkapital kann je nach Rechtsform durch weitere Eigenkapitalansprüche, dem **Rückgriffskapital,** ergänzt werden. Andererseits muß das Eigenkapital nicht immer sofort in voller Höhe eingezahlt werden. Das gesamte, dem Unternehmen aufgrund von vertraglichen oder gesetzlichen Bedingungen bereitgestellte oder noch zuzuführende Eigenkapital wird **Haftungskapital** genannt und bestimmt durch seine Höhe und Qualität wesentlich die Kreditwürdigkeit des Unternehmens und damit seine Fremdkapitalbeschaffungsmöglichkeiten mit. Das Haftungskapital ergibt sich somit nicht nur durch Beteiligungsfinanzierung, sondern Haftungskapital kann auch durch Innenfinanzierung, insbesondere durch Gewinnrücklagen, entstehen.

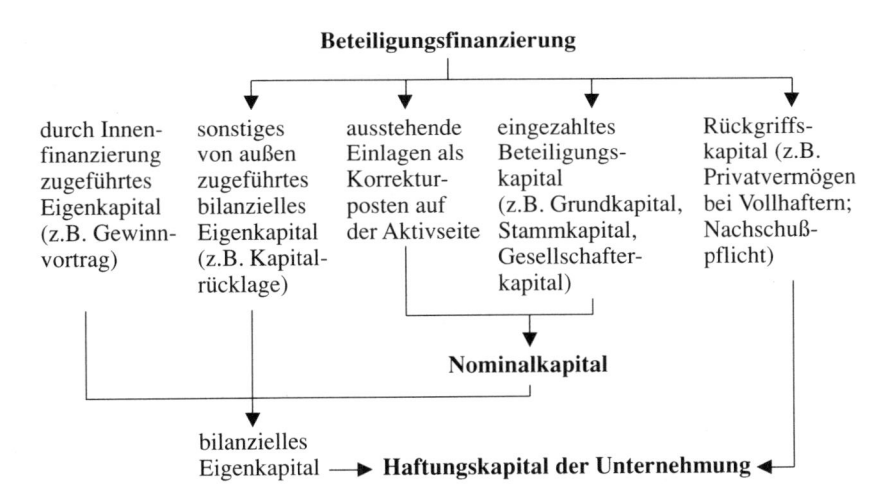

Beteiligungsfinanzierung

| durch Innenfinanzierung zugeführtes Eigenkapital (z.B. Gewinnvortrag) | sonstiges von außen zugeführtes bilanzielles Eigenkapital (z.B. Kapitalrücklage) | ausstehende Einlagen als Korrekturposten auf der Aktivseite | eingezahltes Beteiligungskapital (z.B. Grundkapital, Stammkapital, Gesellschafterkapital) | Rückgriffskapital (z.B. Privatvermögen bei Vollhaftern; Nachschußpflicht) |

Nominalkapital

bilanzielles Eigenkapital ⟶ **Haftungskapital der Unternehmung** ⟵

Während sich das **bilanzielle Eigenkapital** insgesamt durch Saldierung des bilanziellen Vermögens mit den bilanziellen Verbindlichkeiten relativ leicht ermitteln läßt, ist die Feststellung des **effektiven Eigenkapitals** als tatsächlichem Wert des Unternehmensvermögens abzüglich aller Verbindlichkeiten problematisch. Lösungsmöglichkeiten bestehen seitens mehrerer Verfahren zur Unternehmensbewertung, die durch verschiedene Ansätze versuchen, den Unternehmenswert unter Berücksichtigung stiller Reserven, des Firmenwertes und der Zukunftschancen des Unternehmens am Markt zu ermitteln. Stellvertretend sei hier ein Lösungsansatz genannt:

$$\text{Unternehmenswert} = \frac{\left(\begin{array}{c}\text{Wiederbeschaf-} \\ \text{fungswert}\end{array} - \begin{array}{c}\text{Wertmin-} \\ \text{derung}\end{array}\right)}{2} + \frac{\varnothing \text{ bisherige (bzw. erwartete)}}{\text{Kalkulationszins}}$$

$$\text{Eigenkapital}_{\text{effektiv}} = \frac{\text{Substanzwert} + \text{Ertragswert}}{2} - \text{tatsächliche Verbindlichkeiten}$$

Der Ermittlung des Unternehmenswertes kommt vor allem dann größere Bedeutung zu, wenn bei Ausscheiden oder Neuaufnahme von Gesellschaftern der jeweilige Anteilswert im Hinblick auf den Abfindungsbetrag oder die erforderliche Kapitaleinlage zu errechnen ist.

Die für das Unternehmen gewählte **Rechtsform** ist für Qualität und Volumen der Beteiligungsfinanzierung von erheblichem Einfluß, da durch sie im wesentlichen Art, Umfang und Grenzen der Eigenkapitalbeschaffung bestimmt werden. Insgesamt gesehen lassen sich jedoch vier Funktionen der Beteiligungsfinanzierung nennen, die durch die gewählte Rechtsform unterschiedliche Intensität besitzen können.

(1) **Finanzierungsfunktion:** Beteiligungsfinanzierung bedeutet i. d. R. **dauerhafte, unbefristete Finanzierung ohne Tilgungsvereinbarung.** Die Rückzahlung von Eigenkapital kann nur durch Liquidation erfolgen oder durch eine meistens schwierige Festsetzung einer angemessenen Entschädigung durch die verbleibenden Gesellschafter oder Neugesellschafter. Abgesehen von der Börse für die AG gibt es keinen funktionstüchtigen Markt für Beteiligungskapital, was gerade bei Personengesellschaften oft eine wachstumskonforme Eigenkapitalfinanzierung verhindert oder erschwert.

(2) **Haftungsfunktion:** Eigenkapital rangiert in seiner Rückzahlungsverpflichtung grundsätzlich hinter dem Fremdkapital. Ist das Eigenkapital durch Verluste aufgezehrt, bedeutet dies auch den Verlust der Haftungsfunktion und führt bei Kapitalgesellschaften zwangsläufig zum Konkurs wegen Überschuldung. Im Interesse des Gläubigerschutzes wird deshalb auch im Sinne der Finanzierungsregeln ein bestimmtes Mindesteigenkapital verlangt. Der Eigenkapitalgeber trägt immer das **Verlustrisiko** bzw. das existentielle Risiko.

(3) **Repräsentationsfunktion:** Eigenkapital repräsentiert eigenes Vermögen und hebt mit zunehmendem Volumen die **Kreditwürdigkeit** als Voraussetzung für die Fremdkapitalaufnahme. Die Höhe der Beteiligungsfinanzierung ist somit im **Außenverhältnis** ein Maßstab für die Bonität und

Kreditwürdigkeit der Unternehmung. Bei Banken bestimmt auch das Eigenkapital die Höhe der Geschäftstätigkeit, da das Kreditvolumen durch spezielle Bestimmungen im Kreditwesengesetz (KWG) an die Höhe des Eigenkapitals gebunden ist.

Im **Innenverhältnis** repräsentiert das Eigenkapital die **Machtbefugnisse** der einzelnen Gesellschafter zueinander. Je höher der Eigenkapitalanteil eines Gesellschafters ist, um so mehr Einfluß hat er auf das Unternehmen. Auch bei Beteiligungen an anderen Unternehmen wird die Qualität der Beteiligung und Beherrschung am Eigenkapitalanteil gemessen (z. B. Sperrminorität oder Mehrheitsbeteiligung).

Gegenüber dem Fremdkapitalgeber steigt die Abhängigkeit mit abnehmendem Eigenkapital (auch als spezielle Sicherungsfunktion bezeichnet).

(4) **Geschäftsführungsfunktion:** Bei vielen Unternehmen berechtigt nur die Beteiligungsfinanzierung zur (Mit-)geschäftsführung. Da diese Funktion jedoch nicht vom Eigenkapital übernommen wird, sondern dieses nur dazu berechtigt oder verpflichtet, wird sie als unechte Funktion bezeichnet.

Aus den Funktionen ergeben sich in unterschiedlicher Gewichtung durch die jeweilige Rechtsform die Grenzen und Probleme der Beteiligungsfinanzierung:
- Es gibt für nicht-emissionsfähige Unternehmen **keinen funktionstüchtigen Markt** für Beteiligungskapital.
- Das Interesse von Kapitalgebern ist häufig aufgrund der eigenen finanziellen Ziele auf **fungible Kapitalanlagen bzw. Beteiligungskapital** gerichtet.
- Die **Verbundenheit der Gesellschafter** mit ihrem Unternehmen hindert sie oft daran, neue Gesellschafter aufzunehmen, insbesondere mit ihnen Geschäftsführungsbefugnisse zu teilen.
- Die **Bewertung des »Eintrittspreises«** bei der Neuaufnahme von Gesellschaftern bzw. die Ermittlung der Abfindung beim Ausscheiden ist sehr schwierig.
- Der Aufbau eines organisierten, der Börse vergleichbaren **Marktes für Beteiligungskapital nicht-emissionsfähiger Unternehmen** ist bisher noch nicht gelungen.

Um einen besseren Zugang zum Kapitalmarkt zu erreichen, bietet sich für manches Unternehmen nur die **Umwandlung in eine Aktiengesellschaft** an. Die anschließende Möglichkeit der Börseneinführung (Going public) eröffnet dann den Zugang zum institutionellen Kapitalmarkt.

Eine andere Möglichkeit der Verbesserung der Eigenkapitalausstattung ist die Kapitalaufnahme bei Kapitalbeteiligungsgesellschaften. Diese treten entweder als kommerzielle (erwerbswirtschaftliche) oder als staatlich geförderte (gemeinnützige) Unternehmen auf.

Ziel der **Kapitalbeteiligungsgesellschaften** ist die Beteiligungsfinanzierung nicht-emissionsfähiger bestehender Unternehmen. Die Finanzierung von Neugründungen und Sanierungen ist ausgeschlossen. Zielgruppe sind Unternehmen mit guter Bonität und Ertragsaussichten, die jedoch Schwierigkeiten bei der Eigenkapitalbeschaffung haben. Grundsätzliche Vorteile einer solchen Eigenkapitalbeschaffung sind die Verbreiterung der Haftungsbasis und eine wachsende Kreditwürdigkeit, die zu höherem Fremdkapital oder auch zu günstigeren Kreditkosten führt.

Besondere Probleme der Beteiligungsfinanzierung treten bei Existenzgründungen sowie bei Unternehmenskäufen auf.

2 Beteiligungsfinanzierung und Rechtsform

Die Rechtsform eines Unternehmens hat wesentlichen Einfluß auf Art und Umfang der Beteiligungsfinanzierung. Die Ausgestaltung der Funktionen der Beteiligungsfinanzierung in Abhängigkeit von den verschiedenen **Rechtsformen** ist anhand der Abbildungen 41 und 42 dargestellt. Auf eine vollständige Behandlung der Rechtsformen wird verzichtet und auf die Literatur zur Strukturlehre des Unternehmens verwiesen.

Wie sich aus der Übersicht ergibt, ist die Beteiligungsfinanzierung bei den meisten Rechtsformen sowohl volumenmäßig als auch qualitativ durch die jeweilige Konstruktion begrenzt. Auch stellt sie oft, wie beispielsweise bei der GmbH, keine breite Haftungsbasis für den Kreditgeber dar, so daß letztlich auch die Fremdkapitalbeschaffungsmöglichkeiten durch die Wahl der Rechtsform begrenzt sein können.

Bei der Aktiengesellschaft werden der Beteiligungsfinanzierung die meisten Möglichkeiten sowohl aus der Sicht des Unternehmens als auch aus der Interessenlage des Kapitalgebers eröffnet. Zwar beträgt der Anteil der Aktiengesellschaften an der Gesamtzahl der gewerblichen Unternehmen weniger als 1%, doch finden hier etwa 25% der Beschäftigten Arbeit.

Die Aktienfinanzierung wird für wachsende Unternehmen früher oder später die interessanteste Beteiligungsfinanzierung sein, da nur sie es dem Unternehmen erlaubt, ein festes, unkündbares Eigenkapital zu haben, ohne dem

Beteiligungsfinanzierung und Rechtsform

	Einzelkaufmann	Stille Gesellschaft	OHG	KG
Finanzierungsfunktion	– Eigenkapitalbasis begrenzt durch Vermögen des Unternehmers – Erweiterungsmöglichkeit nur durch Selbstfinanzierung oder Umwandlung – Leichte Entscheidung über Gewinnverwendung	– Verbreiterung der Eigenkapitalbasis durch Aufnahme eines oder mehrerer stiller Gesellschafter im Innenverhältnis. Stille Beteiligung geht in das Kapital des Kaufmanns über – Gewinnverwendung sollte im Gesellschaftsvertrag geregelt werden (z. B. prozentual)	– Verbreiterung der Eigenkapitalbasis durch Aufnahme weiterer vollhaftender oder stiller Gesellschafter – Gesetzliche Kündigungsmöglichkeit von 6 Monaten (§ 132 HGB) – Bewertungsprobleme bei Veränderung der Gesellschafterzahl – Selbstfinanzierung abhängig von den finanziellen Zielen der Gesellschafter (§ 122 HGB) – Entnahme max. 4% des Anteils im letzten Jahr (Eigenkapital-Verzinsung)	– Möglichkeiten zur Erweiterung der Eigenkapitalbasis; Vollhafter, Teilhafter, aber auch Unterbeteiligung und stille Gesellschafter – Schwierige Realisierbarkeit des Kommanditanteils – Kommanditist kann der Gesellschaft Fremdkapital gewähren – Gewinnverwendung: Komplementäre wie OHG; Kommanditisten u. U. Festzins + Gewinnanteil – Entnahmerecht für Kommanditist nur bei ausgeglichenem Kapitalkonto (§ 169 HGB)
Haftungsfunktion	– Kein Mindesthaftungskapital – Unzureichender Gläubigerschutz – Überschuldung ist kein Konkursgrund	– wie Einzelkaufmann – Haftung des stillen Gesellschafters auf Einlage beschränkt – Verlustbeteiligung kann ausgeschlossen werden	– Breiteres Rückgriffskapital durch Mehrzahl von Gesellschaftern – Überschuldung ist kein Konkursgrund	– Bei Komplementären kein Mindesthaftungskapital, aber Rückgriffskapital – Gläubigerschutz durch Eintragung der festen Kommanditeinlagen im HR (§ 172 HGB)
Repräsentationsfunktion	– Kreditwürdigkeit ist abhängig vom Unternehmens- und Rückgriffskapital	– Kreditwürdigkeit steigt mit Höhe der Einlage des stillen Gesellschafters – (bei atypischer st. G. größere Machtbefugnisse und Beteiligung an den stillen Reserven, faktisch Mitunternehmer)	– Kreditwürdigkeit steigt mit der Anzahl der Gesellschafter – Probleme der inneren Machtverteilung und Gewinnverwendung	– Im allgemeinen höhere Kreditwürdigkeit durch breitere Beteiligungsfinanzierung – Machtverteilungsprobleme können u. U. durch Vollhaftungsausschluß begrenzt werden
Geschäftsführungsfunktion	– alleinige Geschäftsführung	– weiterhin alleinige Geschäftsführung	– Verteilung der Geschäftsführung auf alle mit dem Unternehmen eng verbundenen Gesellschafter (i.d.R. 2–5)	– leichtere Aufteilung der Geschäftsführung, da sich Kommanditisten nur kapitalmäßig beteiligen

Abb. 41: Beteiligungsfinanzierung und Rechtsform (Personengesellschaften)

	GmbH	AG	KGaA	Genossenschaft
Finanzierungs-funktion	– Geringe Eigenkapitalbasis durch i.d.R. kleine Gesellschafterzahl – keine Börsenfähigkeit der Anteile – Übertragung der Anteile bedarf der notariellen Form – Bewertungsprobleme bei Erweiterung/ggf. Ausgabe mit Agio – Gewinnverwendung bzw. Selbstfinanzierung beschließt die Gesellschafterversammlung – Geschäftsanteile in unterschiedlicher Stückelung	– beste Eigenkapitalbasis durch Börsenfähigkeit, unterschiedliche Verbriefung der Anteilsrechte möglich, angemessene Berücksichtigung der grundsätzlich nur kapitalmäßigen Interessen und detaillierte rechtliche Ausgestaltung durch das AktG – Bewertungsprobleme übernimmt die Börse – Unkündbare Beteiligungsfinanzierung gewährleistet dauerhafte Finanzierung – Gewinnverwendung bzw. Selbstfinanzierung wird vom Vorstand im wesentlichen bestimmt	– Für die Komplementäre wie bei KG – Für die Kommanditisten wie bei AG – Diese Verbindung von Personen- und Kapitalgesellschaft hat sich nicht durchgesetzt; Verwendung vor allem bei Familien-KG – Der Einfluß der Kommanditaktionäre ist i.d.R. geringer als der der Aktionäre der AG, da die Aktien oft ohne Stimmrecht, dafür aber mit fester Verzinsung + Dividendenaufschlag ausgestattet sind	– Eigenkapitalbasis abhängig von der Mitgliederzahl; oft viele kleine Anteile – zum Jahresende kündbares Eigenkapital bei Rückforderungsrecht der Einlage/nicht Reservefonds – Schwierige Realisierbarkeit der Anteile zum Zeitwert ohne Kündigung – Gewinnverwendung vorrangig für die Genossenschaft – auf die Einlage begrenzte Haftung
Haftungs-funktion	– auf die Einlage begrenzt, häufig sehr niedrige Haftung der Gesellschafter – Mindeststammkapital – Überschuldung ist Konkursgrund – Evtl. Nachschußpflicht	– Festes, ausgewiesenes, unkündbares Grundkapital gemäß § 7 AktG – Überschuldung ist Konkursgrund	– Haftung entspricht in vielen Fällen der KG, das das personenbezogene Element überwiegt – Überschuldung ist immer Konkursgrund § 92 mit § 278 AktG	– Evtl. ist eine Nachschußpflicht satzungsmäßig festgelegt – Überschuldung ist Konkursgrund – geringe Kreditwürdigkeit, da abhängig von der Zahl der Genossen; Rücknahmeverpflichtung heißt hohes Eigenkapitalrisiko
Repräsen-tations-funktion	– im allg. niedrige Kreditürdigkeit, insbesondere bei der Sonderform GmbH & Co KG und der »Einmann GmbH« (faktisch begrenzt haftender Einzelkaufmann)	– hohe Kreditwürdigkeit durch breite Finanzierungsbasis und strenge Publizitätsvorschriften	– Kreditwürdigkeit abhängig von der Einkommenshöhe, Zahl der Komplementäre und Börseneinführung	– Reservefonds (§ 7 GenG) erhöht die Kreditwürdigkeit älterer Genossenschaften
Geschäfts-führungs-funktion	– Geregelt durch Organe; Gesellschaftsversammlung, Geschäftsführer	– Trennung von Geschäftsführung und Beteiligungsfinanzierung	– Geschäftsführung in Händen der Komplementäre	– Personenbezogenes Stimmrecht erschwert Geschäftsführung

Abb. 42: Beteiligungsfinanzierung und Rechtsform (Kapitalgesellschaften)

Aktionär das jederzeitige Veräußerungsrecht zu nehmen, und nur durch Aktienfinanzierung große wachstumskonforme Eigenkapitalbeträge in kleiner Stückelung aufgebracht werden können. Darüber hinaus bietet die Aktienfinanzierung eine angemessene Mitsprache der Eigenkapitalgeber und qualifizierte Geschäftsführung durch Trennung von Management und Eigentum.

Die Möglichkeit der **Börseneinführung** eröffnet Aktiengesellschaften einen guten Zugang zum organisierten Kapitalmarkt. Das Ziel, Kapitalanbieter und -nachfrager unterschiedlicher Art bestmöglich zusammenzuführen, hängt jedoch vor allem auch von der Qualität des Börsenwesens ab.

Grundsätzlich wird die **Entscheidung für eine bestimmte Rechtsform** und die damit verbundenen Möglichkeiten der Beteiligungsfinanzierung von der Gewichtung der folgenden Beurteilungskriterien abhängen:
- Interesse an der Geschäftsführung
- Höhe der beabsichtigten Eigenkapitalbereitstellung
- Haftungsumfang
- Veräußerbarkeit der Kapitalbeteiligung
- Regelungen zur Gewinnverwendung
- Kontroll- und Überwachungsmöglichkeiten
- steuerliche Belastung von Eigenkapitalbereitstellung und Gewinn
- Bewertungsmöglichkeiten der Kapitaleinlage

3 Motive der Beteiligungsfinanzierung

Für die Beteiligungsfinanzierung ergeben sich im Lebenszyklus eines Unternehmens unterschiedliche Motive. Da die Überlassung von Eigenkapital im Prinzip unbefristet sein sollte, handelt es sich meistens um besondere Anlässe, zu denen eine Veränderung der Eigenkapitalstruktur auftritt. Als besonders wichtige Motive für die Beteiligungsfinanzierung aus der Sicht der Unternehmung können hervorgehoben werden:
- Unternehmensgründung
- Unternehmenserweiterung
- Unternehmensumwandlung und Börseneinführung
- Unternehmenskauf
- Unternehmenssanierung und
- Unternehmensliquidation

3.1 Unternehmensgründung

Die Gründung umfaßt alle Vorgänge und Maßnahmen, die sich auf die Entstehung eines Unternehmens in einer bestimmten Rechtsform beziehen. Rechtlich wird die Gründung durch den Abschluß des Gesellschaftsvertrages und die anschließende Anmeldung in das Handelsregister oder Genossenschaftsregister vollzogen. Dabei sind für die einzelnen Rechtsformen unterschiedlich detaillierte Regelungen zu beachten. So bestehen für Einzelunternehmen im wesentlichen keine zwingenden Rechtsvorschriften, während sie für Aktiengesellschaften sehr umfangreich sind.

Unternehmensgründungen sind, zum Teil rechtlich vorgeschrieben, mit einer bestimmten Mindesteigenkapitalausstattung verbunden. **Existenzgründungen** verursachen jedoch meistens besondere Finanzierungsprobleme, da der Unternehmer selbst (noch) nicht über ausreichendes Eigenkapital für die Anlaufphase verfügt und Kreditinstitute (noch) nicht bereit sind, Fremdkapital zu gewähren, da für sie das wirtschaftliche Risiko noch zu unübersichtlich ist. Als besonders problematisch erweist sich dabei die Phase nach Abschluß der technischen Entwicklung bis zur Durchsetzung des Produktes am Markt, ein Zeitraum, in dem die meisten allgemeinen Finanzierungshilfen noch nicht greifen.

Viele Kapitalgeber sehen zwar in dieser Phase das technische Risiko im Hinblick auf die Entwicklung des neuen Produktes als kontinuierlich abnehmend an, nicht zuletzt weil die Produkteigenschaften bereits überprüfbar sind, betrachten aber dagegen das wirtschaftliche Risiko als überproportional ansteigend, weil die mit der Produkteinführung am Markt auftretenden zahlreichen Probleme als zu schwer kalkulierbar erscheinen. Sobald sich das Produkt am Markt durchsetzt, wird mit einer Normalisierung der Finanzierungsprobleme gerechnet.

Die Bereitstellung von Eigenkapital in der Gründungs- und Anlaufphase erfordert eine hohe Risikobereitschaft. Einen besonderen Beitrag zur Finanzierung von Existenzgründungen leisten hier die **Wagnisfinanzierungsgesellschaften,** die sich **3 Hauptaufgaben** stellen:

- Bereitstellung von Risikokapital, um technische Innovationen am Markt zur besseren Bedarfsdeckung einzuführen
- Erlangung der Kreditwürdigkeit für junge Unternehmen
- Verbreiterung der Haftungsbasis

Motive der Beteiligungsfinanzierung

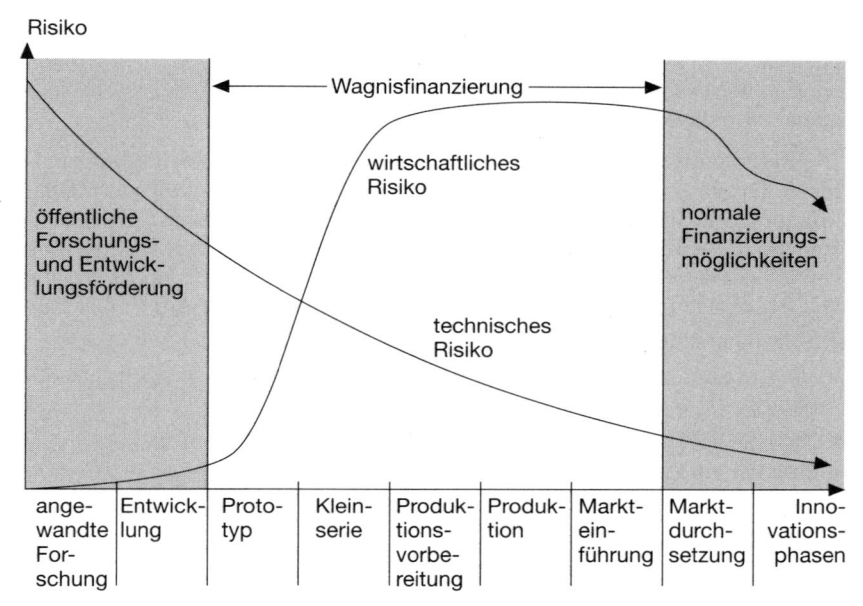

Abb. 43: Wagnisfinanzierung

Um diese Aufgaben erfüllen zu können, muß Wagniskapital von Dritten folgende Eigenschaften besitzen:
- langfristige Kapitalüberlassung
- keine Sicherheiten
- Abhängigkeit der Eigenkapitalverzinsung von der Gewinnsituation des Unternehmens und seiner Wertsteigerung
- uneingeschränkte Übernahme des unternehmerischen Risikos
- Bereitschaft zu umfassenden Beratungs- und Betreuungsleistungen
- Mitspracherecht und Kontrollrechte

Während in den USA derartige Finanzierungsgesellschaften als **Venture Capital Funds** bereits große Erfolge verzeichnen können und vielen Unternehmen die Existenzgründung erleichtert haben, steckt die Wagnisfinanzierung in Deutschland noch in den Anfängen. Als Vorreiter der sich seit Mitte der 80er Jahre nur langsam entwickelnden Wagnisfinanzierungsgesellschaften ist die »WFG« zu bezeichnen.

Interessenten sind hier vor allem Unternehmen bis zu 100 Mill. EUR Umsatz oder bis 2 000 Beschäftigte, die innovative Diversifikation betreiben wollen, oder neue Unternehmen, die mit einer Wagnisfinanzierungsgesellschaft gemeinsam die Vermarktung der Innovation erreichen wollen.

Die **Beteiligungsobergrenze** beträgt i. d. R. 5 Mill. EUR. **Entscheidungskriterien** für die Beteiligung sind vor allem Marktchancen, Kapitalbedarf, Qualifikation der Geschäftsführer und technologisches Wissen, die auf der Grundlage eines **Business-Plans** als zentralem Element einer Wagnisfinanzierung geprüft werden. Die **Laufzeit** der Beteiligung kann bis zu 15 Jahre betragen und ist solange tilgungsfrei. Danach besteht die Möglichkeit auf:

- Selbstübernahme
- Übertragung auf eine erwerbswirtschaftliche Kapitalbeteiligungsgesellschaft
- Börseneinführung oder
- direkten Verkauf an Dritte.

Wagnisfinanzierungen gliedern sich in eine Markteinführungsphase (Early-Stage-Finanzierung), eine Wachstums- und Betreuungsphase und eine Desinvestitionsphase.

Als problematisch haben sich bei den Wagnisfinanzierungsgesellschaften in Deutschland vor allem die unzureichende Diversifikation des Portefeuilles, die häufig zu kurzen Laufzeiten der Kapitalüberlassung und die zu geringe Einbeziehung von »risikofreudigem Privatkapital« erwiesen. Bei einer weiteren Verbesserung sowohl der Finanzierungsbedingungen als auch der Beteiligungsmöglichkeiten für private Anleger könnte jedoch auch in Deutschland eine ähnliche Entwicklung wie in den USA eintreten. Da Kapitalbeteiligungsgewinne nur von Unternehmen, nicht aber von Privatpersonen zu versteuern sind, ist hier eine interessante Alternative für risikobereites Kapital zu sehen.

Weitere Möglichkeiten zur Förderung von Existenzgründungen bestehen im Rahmen der **Kredite** von KfW und DtA sowie aus dem ERP-Sondervermögen, durch die **Eigenkapitalhilfe des Bundes** und durch verschiedene **Existenzgründungsprogramme der Länder.**

3.2 Unternehmenserweiterung

Werden Unternehmenserweiterungen im Hinblick auf die derzeitige und zukünftige Marktentwicklung angestrebt, ist eine wachstumskonforme Mitfinanzierung durch Eigenkapital unumgänglich. Emissionsfähige Kapitalgesellschaften haben bei entsprechenden Kapitalerhöhungen in der Regel keine

Schwierigkeiten. Eine **Eigenkapitalbereitstellung bei Personengesellschaften sowie nicht-emissionsfähigen Kapitalgesellschaften** ist jedoch durch das verfügbare Kapital der Gesellschafter begrenzt, und eine Aufnahme neuer Gesellschafter zur Verbreiterung der Eigenkapitalbasis stößt oft auf erhebliche **Probleme** vor allem durch

- die begrenzten Möglichkeiten der zielgerichteten Bekanntmachung des Eigenkapitalbedarfs,
- die richtige Auswahl und die Kompetenz der möglichen Eigenkapitalgeber,
- die richtige Bewertung des „Eintrittspreises" für neue Gesellschafter,
- das Verlangen neuer Gesellschafter auf Mitsprache in der Unternehmenspolitik und
- die Gestaltung der Gewinnverwendung.

Eine wachstumskonforme Beteiligungsfinanzierung kann deshalb auch von **Kapitalbeteiligungsgesellschaften** beschafft werden. Diese Eigenkapitalgeber können für nicht-emissionsfähige Unternehmen zumindest teilweise die Finanzierungsprobleme bei Unternehmenserweiterungen lösen. Ihre Stärken liegen vor allem

- in der grundsätzlichen Bereitschaft zur Beteiligungsfinanzierung bei erfolgversprechenden Unternehmenserweiterungen,
- in der Beratung und in den Betreuungsleistungen vor und während der gesamten Finanzierungslaufzeit,
- in der Belassung der unternehmerischen Autonomie bei gewissen Kontrollrechten und
- in den guten Kontakten zu (bestimmten) Fremdkapitalgebern.

Kapitalbeteiligungsgesellschaften sind als gemeinnützige und als erwerbswirtschaftliche Unternehmen anzutreffen, deren Gesellschafter meistens Kreditinstitute, Versicherungen, Großunternehmen, aber auch staatliche Institutionen, Verbände und Kommunen sind.

Gemeinnützige Kapitalbeteiligungsgesellschaften werden vor allem von Bundesländern, Verbänden und Kammern getragen. Sie arbeiten auf gemeinnütziger Basis und können das Beteiligungskapital zum größten Teil durch zinsgünstige ERP-Kredite refinanzieren. Zur Absicherung des Ausfallrisikos können staatliche Bürgschaften eingeholt werden. Aufgrund der besonderen Refinanzierung beträgt die Beteiligungsrendite maximal 12% p. a.

Die gemeinnützigen Kapitalbeteiligungsgesellschaften wollen vor allem kleinere Unternehmen ansprechen. Für Kooperationen, Innovationen, Errichtung, Erweiterung, Rationalisierung, Existenzgründung und Erbauseinandersetzungen können Beteiligungen bis zu 1 Mill. EUR aufgenommen werden, die in den westlichen Bundesländern nach 10 Jahren und in den östlichen Bundesländern nach 15 Jahren unter Zahlung eines Agios zurückerworben werden können.

Die Kapitalbeteiligungsgesellschaft berät das Unternehmen während der Beteiligungslaufzeit, nimmt aber nur Einfluß auf die Geschäftsführung bei grundlegenden Entscheidungen wie z. B. der Aufnahme neuer Geschäftszweige.

Unternehmenszweck der **erwerbswirtschaftlichen Kapitalbeteiligungsgesellschaften** ist die Erzielung einer angemessenen Rendite aus der Beteiligung. Zielgruppe sind bereits am Markt bestehende Unternehmen, die für erfolgversprechende Investitionen unterschiedlicher Art Eigenkapital benötigen.

Der **Beteiligungsumfang** beträgt i. d. R. 20 – 49%, nur in Ausnahmen werden Mehrheitsbeteiligungen übernommen. Die **Beteiligungshöhe** liegt meistens zwischen 500 000 und 5 Mill. EUR bei einer Laufzeit von etwa 10 Jahren. Die **Form der Beteiligung** ist abhängig von der Rechtsform, erfolgt jedoch meistens als Kommanditeinlage oder stiller Gesellschafter.

Der **Rückerwerb der Beteiligung** durch das Unternehmen kann durch ein vorher vereinbartes Pauschalierungsverfahren oder durch Unternehmensbewertung am Ende der Laufzeit erfolgen.

Die **Beteiligungsrendite** beträgt etwa 12% – 18% p.a. je nach Risiko und Kapitalmarktlage; sie setzt sich zusammen aus dem Eigenkapitalzins und einer Risikoprämie.

Die **Refinanzierung** übernehmen bisher fast ausschließlich Banken; jedoch wird die Ausgabe von Zertifikaten für risikofreudige/ertragsbewußte Kapitalanleger als Alternative bzw. Ergänzung zu den börsennotierten Unternehmensbeteiligungen seit langem gefordert. Um mehr vorhandenes Risikokapital in diesen Bereich zu lenken, könnten auch Investmentgesellschaften durch **Verkauf von Zertifikaten** Beteiligungskapital zukunftsträchtigen, aber kapitalarmen Unternehmen gewähren.

Durch das »**Gesetz über Unternehmensbeteiligungsgesellschaften**« sollten einerseits die Möglichkeiten des privaten mittelbaren Erwerbs von Eigenkapitalbeteiligungen erweitert werden und andererseits sollte zur Verbesserung der Eigenkapitalausstattung nicht-emissionsfähiger Unternehmen beigetragen werden.

Kapitalbeteiligungsgesellschaften müssen als Unternehmensbeteiligungsgesellschaften (UBG) staatlich anerkannt werden. Sie dürfen nur in der Rechtsform einer Aktiengesellschaft den Erwerb, die Verwaltung und die Veräußerung von Beteiligungen an inländischen Unternehmen durchführen. Die zur Refinanzierung der Beteiligung emittierten Aktien sind baldmöglichst zu streuen und können zum Börsenhandel zugelassen werden. Mit Ausnahme von Unternehmen, die nicht älter als 5 Jahre sind, dürfen nur Minderheitsbeteiligungen übernommen werden.

Die sich hieraus ergebenden Möglichkeiten wurden bisher nur in geringem Umfang genutzt, was vor allem auf verschiedene **einengende Vorschriften** zurückzuführen ist wie

- nur inländische Beteiligungen
- Kreditaufnahme der UBG maximal 30% des Eigenkapitals
- Beteiligung an mindestens 10 Unternehmen
- Beteiligungshöhe maximal 20% des Eigenkapitals der UBG
- zu geringe steuerliche Erleichterungen

3.3 Unternehmensumwandlung und Börseneinführung

Besonders Personengesellschaften stoßen bei der Finanzierung von Investitionen zur Erhaltung und Verbesserung der Marktposition aufgrund ihrer Rechtsform schnell an ihre Grenzen. Nur die Umwandlung in eine andere Rechtsform kann dann die Zukunftschancen des Unternehmens sichern.

```
                        Umwandlung i. w. S.
        ┌──────────────────────┴──────────────────────┐
Umgründung                                    Umwandlung i. e. S.
= Rechtsformänderung                          = Rechtsformänderung
  mit Liquidation                               ohne Liquidation
z.B. Einzelunternehmung              ┌──────────────┴──────────────┐
     in KG                     übertragende              formwechselnde
                               Umwandlung                Umwandlung
                         ┌──────────┴──────────┐         z.B. OHG in KG
                   auf ein anderes      auf ein neu           GmbH in AG
                   Unternehmen          gegründetes
                   z.B. GmbH            Unternehmen
                   auf andere AG        z.B. OHG
                                        in neue AG
```

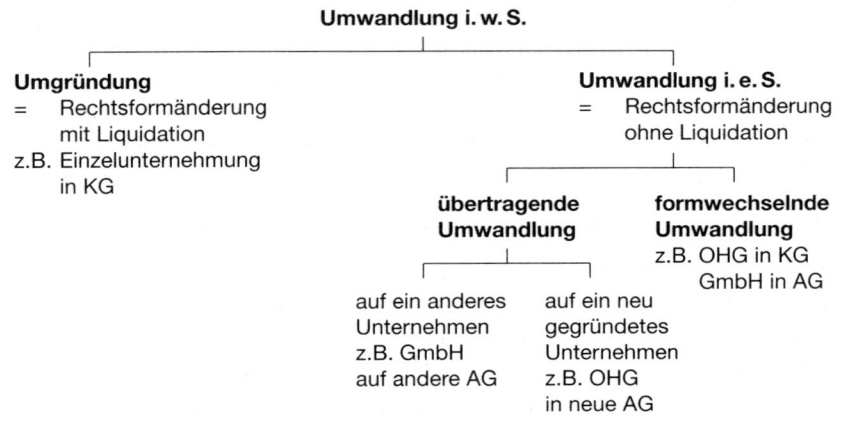

Abb. 44: Arten der Unternehmensumwandlung

Als **Umwandlung** wird die Überführung eines Unternehmens in eine andere Rechtsform bezeichnet, wobei in eine Umwandlung mit Liquidation (Umgründung) und in eine Umwandlung ohne Liquidation zu unterscheiden ist.

Eine **Umgründung** erfolgt durch Einzelrechtsnachfolge bei sämtlichen Vermögenswerten vom liquidierten auf das neue Unternehmen. Sie ist erforderlich bei Umwandlungen von Einzelunternehmen in Personengesellschaften und umgekehrt sowie bei Genossenschaften.

Bei **formwechselnder Umwandlung** bleibt das bisherige Unternehmen als Kapitalgesellschaft oder Personengesellschaft erhalten, so daß keine Vermögensübertragung notwendig ist. Das Unternehmen als solches ändert nur seine Rechtsform.

Bei **übertragender Umwandlung** kann das gesamte Vermögen des alten Unternehmens als Ganzes im Wege der Gesamtrechtsnachfolge auf ein neues oder anderes Unternehmen übergehen. Die übertragende Umwandlung auf ein anderes Unternehmen ist nur zulässig von AG und GmbH in AG, GmbH, OHG und KG.

Rechtsgrundlagen für die Umwandlung sind das Aktiengesetz, das HGB und das Umwandlungsgesetz.

Zur Erzielung eines marktkonformen Unternehmenswachstums ist eine angemessene Eigenkapitalausstattung unbedingt notwendig. Als Grund für die Umwandlung in eine AG wird deshalb auch meistens der **bessere Zugang zum Kapitalmarkt durch eine Börseneinführung** genannt, da diese in Deutschland nur Unternehmen in der Rechtsform einer AG oder KGaA erlaubt ist. Seit Mitte der 80er Jahre hat bereits eine beachtliche Zahl von Unternehmen diesen Gang an die Börse (Going public) gewählt, wozu auch erleichternde Börsenzulassungsbestimmungen beigetragen haben. Ein **Going public** umfaßt als Gesamtstrategie alle Maßnahmen im Zusammenhang mit der erstmaligen Plazierung von Aktien auf dem Finanzmarkt in Verbindung mit ihrer Zulassung zum Börsenhandel einschließlich einer erforderlichen Umwandlung. Als **Ziel dieser Strategie** können vor allem genannt werden:

- Stärkung der Eigenkapitalbasis
- Erschließung neuer Finanzierungsquellen
- Verbesserung der Kreditwürdigkeit
- bessere Nutzungsmöglichkeit von Marktchancen im Inland und Ausland
- Steigerung des Bekanntheitsgrades und Imageverbesserung
- bessere Personalakquisition

- Veränderung oder Erweiterung des Gesellschafterkreises insbesondere unter Nachfolgeaspekten
- Entlastung von der Geschäftsführung
- anonyme Eigenkapitalbereitstellung

Den positiven Erwartungen aus einem Going public können auch Bedenken der bisherigen Gesellschafter gegenüberstehen, wobei sich diese aber bei näherer Betrachtung in vielen Fällen entkräften lassen. Einige häufig auftretende **Befürchtungen und Gegenargumente** sind:

die Sorge vor zu starkem Fremdeinfluß und Machtverlust	Emission von stimmrechtslosen Vorzugsaktien; breite Streuung der Aktien
die gesetzlich vorgeschriebene Mitbestimmung der Arbeitnehmer	Mitbestimmungsmöglichkeit fördert das Interesse am Unternehmen → Corporate Identity
unerwünschte Publizitätspflichten	Möglichkeit der positiven Selbstdarstellung zur Verbesserung des Unternehmensimages
die Kontrolle der Geschäftsführung durch Aufsichtsorgane	Frage der Perspektive
die Formstrenge des Aktiengesetzes	Gläubigerschutz; weniger Spielraum für Mißbrauch; bessere Position gegenüber Kreditgebern
die hohen Emissionskosten und der laufende Verwaltungsaufwand	den Kosten ist der langfristige Nutzen gegenüberzustellen; bessere Zukunftsaussichten; Sicherung des Lebenswerkes des Altunternehmers

Nicht jedes Unternehmen sollte die Umwandlung in eine AG und anschließende Börseneinführung sofort vornehmen. Für ein erfolgreiches Going public ist zuvor der Grad der Erfüllung von bestimmten rechtlichen und wirtschaftlichen Voraussetzungen zu überprüfen. Neben den formalen Voraussetzungen des Börsenrechts (siehe auch Kap. C.4.3.1) wird die **Börsenreife** eines Unternehmens vor allem dadurch gekennzeichnet sein, inwieweit es die Erwartungen des Marktes, insbesondere der potentiellen Aktionäre, zu diesem Zeitpunkt erfüllt. Die Attraktivität des Unternehmens für eine Beteiligungsfinanzierung bemessen potentielle Anleger nach den typischen Kriterien der Aktienanalyse und Finanzanalyse unter Berücksichtigung von qualitativen und unternehmensexternen Bestimmungsfaktoren, so daß auf die Bonität dieser Größen besonders zu achten ist.

Bestimmungsfaktoren der Börsenreife

Erfüllung von rechtlichen Rahmenbedingungen

insbesondere
- des Börsengesetzes
- der Börsenzulassungsverordnung
- des Aktiengesetzes
- des Umwandlungsgesetzes

Erfüllung von unternehmensinternen Voraussetzungen

in qualitativer Hinsicht
insbesondere
- Managementqualität
- Unternehmensstruktur
- Unternehmensimage
- technisches Know-how
- Produktpalette
- Marktstellung
- Informations- und Publizitätsbereitschaft

in quantitativer Hinsicht
insbesondere
- Mindestunternehmensgröße
- Mindestumsatz
- Ertragskraft
- Bilanzstruktur
- Investitionstätigkeit
- Auslandsumsatz

Vorliegen geeigneter unternehmensexterner Gegebenheiten

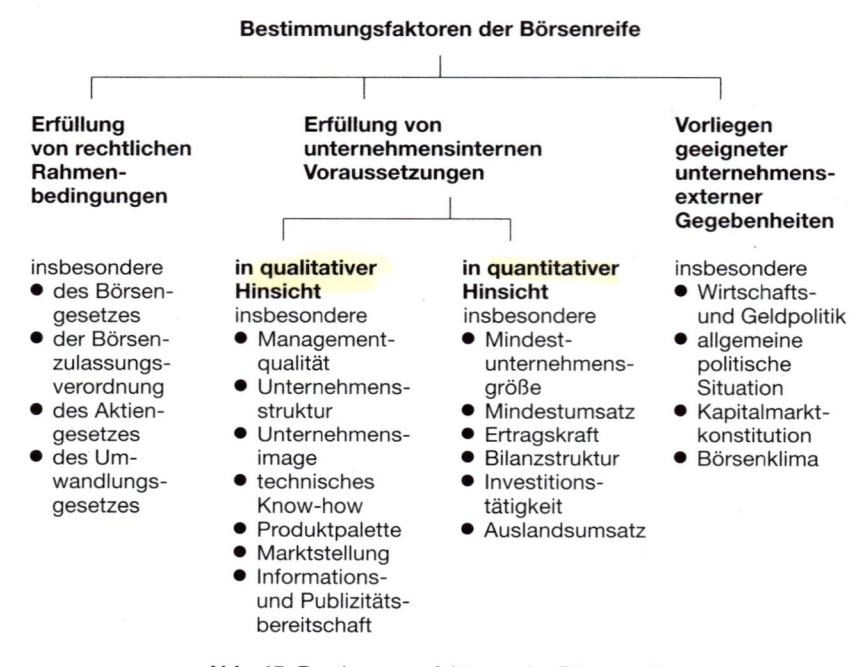

insbesondere
- Wirtschafts- und Geldpolitik
- allgemeine politische Situation
- Kapitalmarktkonstitution
- Börsenklima

Abb. 45: Bestimmungsfaktoren der Börsenreife

Besitzt ein Unternehmen die Börsenreife, ist ein **Emissionskonzept** unter Mitwirkung eines kompetenten Emissionskonsortiums mit gutem Emissionsruf (Emissionskredit) zu erstellen. Dieses Konzept sollte alle notwendigen und empfehlenswerten Maßnahmen für die Börseneinführung inhaltlich und zeitlich strukturiert umfassen. Qualität und Individualität dieses Konzeptes werden wesentlich zum Erfolg der Börseneinführung beitragen. Wichtige Aspekte des Emissionskonzeptes sind:

- das Emissionsvolumen
- das zu wählende Börsenmarktsegment
- die Aktienart(en)
- die Börsenplätze
- die Festlegung des Emissionskurses; ggf. eines Preisnachlasses aufgrund des Neuemissionsrisikos (Underpricing)
- die Bestimmung des Emissionszeitpunktes

- die Erarbeitung eines Börsenzulassungsprospektes
- die Wahl des Begebungsverfahrens
- die Finanzkommunikation

Neuemissionen erfolgen heute i.d.R. im **Bookbuilding-Verfahren** als neuer Plazierungstechnik, die sowohl die Interessen der Investoren als auch des Emittenten beachten soll. Der Konsortialführer (Bookrunner) sammelt bei diesem Verfahren die Zeichnungswünsche der Anleger und deren Preisvorgaben, um sie in einem EDV-gestützten Buch zu erfassen und zu beurteilen, auf dessen Grundlage später die Preisfestsetzung und Zuteilung erfolgen. Im Zeitablauf sind dabei folgende Phasen zu durchlaufen:

- Auswahl von Konsortialführer und Emissionskonsortium
- Pre-Marketing-Phase zur Einstimmung größerer Investoren, Diskussion der Unternehmensbewertung und Auslotung der Bandbreite für den Emissionspreis
- Pressekonferenz und Bekanntgabe des Preisrahmens für den Emissionskurs
- gezielte Ansprache aller möglichen Investorengruppen
- Verkaufsphase von etwa 1–2 Wochen, in der konkrete Zeichnungsaufträge beim Emissionskonsortium erteilt werden können
- Festlegung des Emissionskurses am Ende der Zeichnungsfrist unter Beachtung der Nachfragesituation und der Marktlage
- häufig Nutzung einer Plazierungsreserve (Greenshoe) von 10–15% des Emissionsvolumens zur Marktpflege

Die **Finanzkommunikation** soll den für eine Börseneinführung und den anschließenden Börsenhandel erforderlichen Bekanntheitsgrad des Unternehmens schaffen sowie das Image des Unternehmens am Markt fördern. Aus dem unbekannten Unternehmen soll ein gefragtes Markenprodukt am Kapitalmarkt werden. Durch intensive Kommunikation mit dem Anlegerpublikum sollen erhebliche Imageeffekte erzielt werden, wozu die üblichen Pflichtpublikationen nicht ausreichen werden.

Die Kommunikationsstrategie ist zielgruppenspezifisch zu planen und in die Unternehmensgesamtstrategie zu integrieren. Sie sollte um so früher beginnen, je unbekannter das Unternehmen bisher noch ist. So können z. B. im Zeitraum bis zur Börseneinführung marktvorbereitende Maßnahmen wie die Unternehmenspräsentation bei Multiplikatoren und anschließend nach Börseneinführung marktbegleitende Maßnahmen wie aktuelle Informations- oder Imagebroschüren ergriffen werden.

Insgesamt gesehen sollte eine gute Finanzkommunikation darauf achten und gegebenenfalls besonders betonen, daß die Merkmale des **Shareholder-Value-Konzeptes** eingehalten werden.

Dazu zählen vor allem:

operative Merkmale	**kommunikative Merkmale**
• klare Unternehmensstrategie	• umfassende, kontinuierliche Information über die Geschäftsentwicklung
• Sicherung der langfristigen Gewinnerzielung	
• Konzentration auf das/die Kerngeschäft(e)	• Segmentsberichterstattung
	• Einsatz für Aktionärsinteressen
• erfolgsabhängige Vergütung für das Management	• finanzmarktgerechte Rechnungslegung

3.4 Unternehmenskauf

Der Kauf eines Unternehmens stellt an dessen Finanzierung erhebliche Anforderungen. So hängt die Bereitstellung der erforderlichen Beteiligungsfinanzierung wesentlich von der Erwerberstruktur ab, und aufgrund der Komplexität des Unternehmenskaufes und im Hinblick auf einen erfolgreichen Weiterbestand des Unternehmens muß die Unternehmensgesamtfinanzierung von Anfang an geregelt werden.

Die **Gesamtfinanzierung von Unternehmenskäufen (Corporate Finance)** umfaßt die kompetente Beratung im Vorfeld des Unternehmenskaufes, die maßgeschneiderte Beschaffung oder Vermittlung von Eigenkapital und Fremdkapital von verschiedenen Finanzmarktteilnehmern und die anschließende finanzielle Betreuung des Unternehmens.

Während in der USA derartige Gesamtleistungen bei Unternehmenskäufen, als **Mergers & Aquisitions** (Fusionen und Käufe) bezeichnet, regelmäßig genutzt werden, sind deutsche Finanzinstitute bisher noch recht zurückhaltend. Durch die EU, die zunehmende Internationalisierung von Unternehmenskäufen sowie im Hinblick auf marktstrategische Umstrukturierungen wird dieses Tätigkeitsfeld auch in Deutschland wachsende Bedeutung erlangen. Sofern Kreditinstitute nicht verstärkt attraktive Beratungsdienste entwickeln, werden Spezialisten und beratende Berufe aus dem wirtschaftlichen,

Motive der Beteiligungsfinanzierung 271

steuerlichen, rechtlichen und technischen Bereich in das M&A-Geschäft zur Unterstützung des Mittelstandes vordringen. Großunternehmen werden die mit Unternehmenskäufen verbundenen Planungen und Aktivitäten von eigenen Stabsabteilungen durchführen lassen.

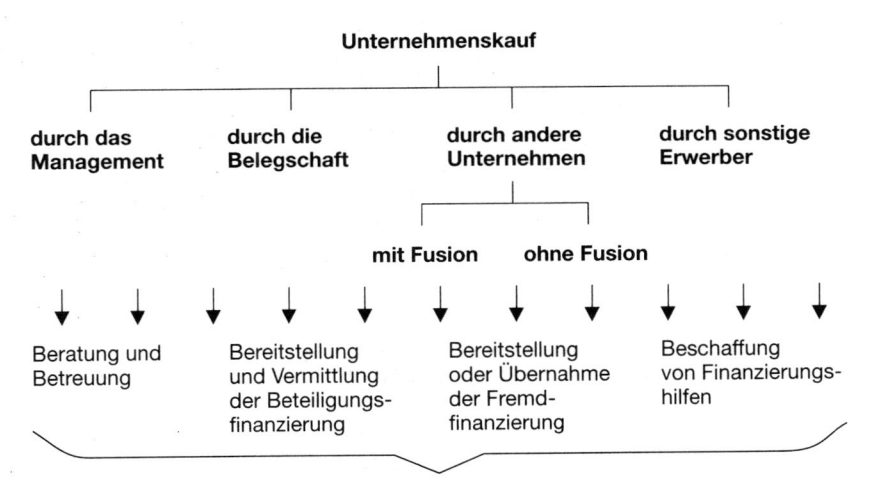

```
                        Unternehmenskauf
    ┌──────────────┬──────────────┬──────────────┐
durch das      durch die      durch andere    durch sonstige
Management     Belegschaft    Unternehmen     Erwerber
                              ┌──────┴──────┐
                           mit Fusion   ohne Fusion

    ↓              ↓↓↓          ↓↓↓↓          ↓↓↓
Beratung und   Bereitstellung  Bereitstellung  Beschaffung
Betreuung      und Vermittlung oder Übernahme  von Finanzierungs-
               der Beteiligungs- der Fremd-    hilfen
               finanzierung    finanzierung
               
               Unternehmensgesamtfinanzierung
```

Abb. 46: Gesamtfinanzierung von Unternehmenskäufen

Tritt als Käufer des Unternehmens ein anderes Unternehmen auf, können beide ihre rechtliche Selbständigkeit in einem Konzern beibehalten oder fusionieren. Bei einer **Fusion** verschmelzen 2 oder mehrere bisher rechtlich und wirtschaftlich selbständige Unternehmen zu einer einzigen Unternehmenseinheit. Sofern keine Einzelunternehmung oder Personengesellschaft an der Fusion beteiligt ist, kann die Fusion im Wege einer Gesamtrechtsnachfolge durch Aufnahme oder Neubildung erfolgen. Bei einer **Fusion durch Aufnahme** wird das Vermögen auf das aufnehmende Unternehmen übertragen; bei einer **Fusion durch Neubildung** werden die bisherigen getrennten Unternehmensvermögen zusammengefaßt und in eine neue Unternehmung eingebracht.

Als finanzwirtschaftliche Probleme einer Fusion sind vor allem
- das Umtauschverhältnis und
- die notwendige Kapitalerhöhung

zu sehen.

Durch das **Umtauschverhältnis** wird festgelegt, in welcher Relation die Eigenkapitalanteile des zu übertragenden Unternehmens von dem aufnehmenden Unternehmen getauscht werden sollen, wobei als Bemessungsgrundlage i. d. R. aktuelle Unternehmensbewertungen oder Börsenkurse herangezogen werden. Die notwendige Kapitalerhöhung beim aufnehmenden Unternehmen entspricht im Verhältnis zum Grundkapital des zu übertragenden Unternehmens dem Umtauschverhältnis. In der **Fusionsbilanz** werden von der aufnehmenden Gesellschaft alle Aktiva und Verbindlichkeiten des anderen Unternehmens ausgewiesen. Das verbleibende Reinvermögen des anderen Unternehmens, buchungstechnisch durch sein Grundkapital und die Rücklagen gekennzeichnet, führt nach Reduzierung um den Betrag der Gegenleistung der aufnehmenden Gesellschaft in Form der Kapitalerhöhung zum Anstieg der Rücklagen beim aufnehmenden Unternehmen.

Beispiel:

Nennwert der Aktien: 5 EUR

	Grundkapital	Börsenkurs in Prozent	Börsenkurs in EUR	Umtauschverhältnis	Grundkapitalwert
Unternehmen A	50 Mill. EUR	1 200	60	1	600 Mill. EUR
				zu	
Unternehmen B	12 Mill. EUR	400	20	3	48 Mill. EUR

$$\text{Umtauschverhältnis} = \frac{\text{Grundkapitalerhöhung bei A}}{\text{Grundkapital bei B}} \qquad \frac{1}{3} = \frac{4 \text{ Mill. EUR}}{12 \text{ Mill. EUR}}$$

Wert der B-Aktien
- vor Fusion: 12 Mill. EUR · 400% = 48 Mill. EUR
- nach Fusion: 4 Mill. EUR · 1 200% = 48 Mill. EUR

d.h. jeder B-Aktionär erhält für 3 B-Aktien zum Kurs von 20 EUR eine A-Aktie zum Kurs von 60 EUR.

Motive der Beteiligungsfinanzierung

Unternehmen A		Unternehmen B		Fusionsbilanz	
Aktiva 146 Mill.	Grundkapital 50 Mill. Rücklagen 16 Mill. Fremdkapital 80 Mill.	Aktiva 30 Mill.	Grundkapital 12 Mill. Rücklagen 3 Mill. Fremdkapital 15 Mill.	Aktiva 176 Mill.	Grundkapital 54 Mill. Rücklagen 27 Mill. Fremdkapital 95 Mill.
146 Mill.	146 Mill.	30 Mill.	30 Mill.	176 Mill.	176 Mill.

```
    Reinvermögen B        15 Mill. EUR
./. Gegenleistung A        4 Mill. EUR
  = Erhöhung Rücklagen    11 Mill. EUR
```

Um bei vereinbarten Übernahmekursen ein »glattes« Umtauschverhältnis zu erreichen, können **Zuzahlungen** verlangt werden. Eine Berichtigung des Umtauschverhältnisses ist aber in begrenztem Umfang auch durch die übernehmende Gesellschaft durch ergänzende Bar-Zuzahlungen möglich. Auch kann ein günstigeres Umtauschverhältnis, als es sich aus den Börsenkursen ergibt, zu größerer Umtauschbereitschaft führen. Nicht selten werden auch die Börsenkurse vor einem Übernahmeangebot manipuliert.

Die **Gründe für Unternehmensfusionen** im Einzelnen sind sehr vielschichtig, doch sollen letztendlich alle Fusionen zu einer verbesserten zukünftigen Marktstellung und Gewinnsituation führen. Um diese Ziele erreichen zu können, lassen sich 2 Unternehmensstrategien unterscheiden, die die Gründe für bestimmte Unternehmensfusionen widerspiegeln:

- die Konzentrationsstrategie und
- die Diversifikationsstrategie.

Bei der **Konzentrationsstrategie** werden durch den Unternehmenszukauf sowohl Rationalisierungseffekte im Beschaffungs-, Fertigungs-, Absatz- und Forschungsbereich erwartet als auch Synergievorteile durch die Eingliederung.

Bei der **Diversifikationsstrategie** soll die Fusion eine produkt- und marktbezogene Ausweitung der Unternehmenstätigkeiten ermöglichen. So können zum Zweck der Risikostreuung branchenfremde Unternehmen hinzugekauft werden oder zur Sicherung des Distributionsweges Zulieferer und Absatzorgane im In- und Ausland oder zur Ergänzung der Produktpalette Unternehmen derselben Branche übernommen werden.

Als Erwerber bei Unternehmenskäufen können auch die Belegschaft oder das Management auftreten. Diese Form ist häufig bei ostdeutschen ehemals »volkseigenen Betrieben« praktiziert worden, doch ist sie grundsätzlich in allen Fällen möglich, in denen die Alteigentümer ausscheiden wollen oder müssen.

So übernehmen bei einem **Management-Buy-Out (MBO)** die bisherigen leitenden Angestellten das Unternehmen durch Aufkauf der Geschäftsanteile von den (Alt-)Eigentümern. Bei einem **Management-Buy-In (MBI)** kaufen unternehmensfremde, qualifizierte Führungskräfte das Unternehmen.

Da diese Erwerberkreise zwar die notwendige Qualifikation besitzen, in vielen Fällen aber nicht über das erforderliche Eigenkapital verfügen, kommt einer gesicherten Unternehmensgesamtfinanzierung auch hier eine besondere Bedeutung zu. So müssen entweder oft zusätzliche risikofreudige Eigenkapitalinvestoren oder Kapitalbeteiligungsgesellschaften bzw. Wagnisfinanzierungsgesellschaften gewonnen werden, um eine ausreichende Eigenkapitalbasis für die Bereitschaft der Fremdkapitalgeber zur Kreditgewährung zu erlangen. Aufgrund des Interesses der Belegschaft an der Erhaltung der Arbeitsplätze kommt auch eine **Beteiligung der Mitarbeiter** in Frage, bei der die Belegschaftsangehörigen je nach Kapitalkraft und Risikobereitschaft Geschäftsanteile zeichnen können.

In den meisten Fällen, in denen die Eigenkapitalbasis auf das Management und die Belegschaft beschränkt bleibt, wird eine hohe Fremdfinanzierung unvermeidbar sein. Das damit verbundene Risiko führt dann oft zu dem Verlangen nach Mitspracherechten seitens der Kreditgeber. Ein überwiegend fremdfinanziertes MBO/MBI wird als **Leveraged MBO/MBI** bezeichnet.

Die Finanzierung von Unternehmenskäufen mit geringem Eigenkapitalanteil erfolgt in den USA oft durch die Emission von **Junk Bonds.** Diese Schuldverschreibungen sind zwar im Prinzip wie andere Schuldverschreibungen auch durch das Unternehmensvermögen abgesichert, doch führt der hohe Verschuldungsgrad zu einem erheblichen Kapitaldienst als dauerhafter Liquiditätsbelastung. Das daraus resultierende Risiko sowie die ungewissen Zukunftsperspektiven führen dazu, daß Junk Bonds eine nicht unerheblich über dem Marktniveau liegende Verzinsung bieten müssen, was wiederum eine weitere Liquiditätsbelastung bedeutet. Das Rating dieser Emissionen ist daher auch sehr schlecht.

Zusammenfassend wird ein erfolgreiches Zustandekommen eines Unternehmenskaufes durch die Belegschaft und/oder das Management vor allem von folgenden Voraussetzungen abhängen:

- hohe Motivation und Qualifikation von Management und Belegschaft
- positive Marktchancen des Unternehmens
- sichere Unternehmensgesamtfinanzierung
- Verkaufsinteresse der Alteigentümer (z.b. im Hinblick auf Erbauseinandersetzungen oder Nachfolgeprobleme)

3.5 Unternehmenssanierung

Eine Unternehmenssanierung umfaßt alle Maßnahmen zur Wiederherstellung der Rentabilität und der Liquidität bei in ihrer Existenz bedrohten Unternehmen.

Erfolgversprechende Sanierungsmaßnahmen setzen eine eingehende Ursachenanalyse voraus, wobei sich Ansatzpunkte für spezielle Sanierungsmaßnahmen bereits aus den jeweiligen konkreten Fehlentwicklungen im innerbetrieblichen oder außerbetrieblichen Bereich, die zur Sanierungsbedürftigkeit geführt haben, ergeben werden. In den meisten Fällen wird sich die Sanierung jedoch nicht auf einzelne oder rein finanzielle Aspekte beschränken dürfen, sondern wird sich auch auf alle anderen betrieblichen Funktionsbereiche erstrecken müssen, um dort vor allem durch Rationalisierung, Umstrukturierung und Personalveränderung zur Verbesserung der Leistungsfähigkeit, der Kreditwürdigkeit und ggf. auch der Beteiligungswürdigkeit beizutragen.

Die wesentlichen betrieblichen Sanierungsmaßnahmen lassen sich in finanzwirtschaftliche, leistungswirtschaftliche und rechtlich-organisatorische Maßnahmen gruppieren, wovon hier nur auf die finanzwirtschaftlichen näher eingegangen werden soll.

Sanierungsmaßnahmen

finanzwirtschaftliche	**leistungswirtschaftliche**	**rechtliche und organisatorische**
• Auflösung von Reserven • Verkauf von Unternehmensvermögen • Eigenkapitalherabsetzung • Eigenkapitalerhöhung • Fremdkapitalreduzierung • Fremdkapital- umstrukturierung (Umfinanzierung)	Rationalisierungs- und Anpassungsmaßnahmen • im Beschaffungsbereich • im Produktionsbereich • im Absatzbereich • im Verwaltungsbereich	

Abb. 47: Sanierungsmaßnahmen

Bilanziell wird die Sanierungsbedürftigkeit durch den Ausweis einer **Unterbilanz** gekennzeichnet, in der das bilanzierte Kapital größer ist als das bilanzierte Vermögen. Möglicherweise kann bereits die **Auflösung von (stillen) Reserven** zur Beseitigung der Unterbilanz ausreichen, da durch die zeitgemäße »richtige« Bewertung des Vermögens außerordentliche Erträge entstehen, die zur Verlustabdeckung herangezogen werden können.

Ein Verkauf von Teilen des Unternehmensvermögens erscheint nur sinnvoll, wenn dadurch die Wettbewerbsfähigkeit nicht beeinträchtigt wird und bezieht sich deshalb vorrangig auf Finanzanlagen. Anstelle eines Verkaufs kann auch eine **Verkürzung der Kapitalbindungsfrist** in den verschiedenen Vermögenswerten des Unternehmens erheblich zur Sanierung beitragen, ist aber meistens nur im Zusammenhang mit leistungswirtschaftlichen Rationalisierungsmaßnahmen zu sehen. Als finanzwirtschaftliche Maßnahmen zur Verkürzung der Kapitalbindungsfrist sind z. B. das Factoring oder ein Wechseldiskont zu nennen. Eine Grenzform stellt das Sale-lease-back-Verfahren dar, bei dem durch Verkauf von Unternehmensvermögen Kapital freigesetzt wird, aber die Nutzung durch einen Leasingvertrag gesichert bleibt.

Im Fremdkapitalbereich können verschiedene Maßnahmen zur **Umfinanzierung** oder zum Schuldenabbau ergriffen werden. So können z. B. teure Kredite in billigere, kurzfristige Verbindlichkeiten in langfristige oder Verbindlichkeiten gegenüber Gläubigern in Beteiligungen umfinanziert werden; es lassen sich aber auch mit den Gläubigern Moratorien, Zahlungsverzichte oder außergerichtliche Vergleiche schließen; und bei Banken können bei Vorlage eines tragfähigen Sanierungskonzeptes Überbrückungskredite aufgenommen werden.

Zentrale Aspekte jedes **Sanierungskonzeptes** müssen die Verlustbeseitigung und die anschließende Eigenkapitalzuführung sein. Vorrangige Sanierungsmaßnahmen sind deshalb eine Kapitalherabsetzung zur Beseitigung der Unterbilanz und eine Kapitalerhöhung.

Eine **Kapitalherabsetzung** bedeutet immer eine Reduzierung des Gläubigerschutzes und ist deshalb je nach Rechtsform an unterschiedlich strenge Vorschriften gebunden.

Während Einzelunternehmen jederzeit ihr Eigenkapitalkonto verändern können, unterliegen **Personengesellschaften** gewissen Grenzen. So dürfen die vollhaftenden Gesellschafter bei OHG und KG, sofern der Gesellschaftsvertrag nichts anderes zuläßt, in der Regel nur 4% ihres Kapitalanteils pro Jahr entnehmen. Höhere Beträge zur Entnahme oder zum Verlustausgleich bedürfen eines Gesellschafterbeschlusses und bei Kommanditeinlagen zusätzlich der Eintragung ins Handelsregister.

Kapitalgesellschaften müssen dagegen strenge formale im GmbH-Gesetz und im Aktiengesetz geregelte Bedingungen erfüllen, die weitgehend identisch sind. Für Aktiengesellschaften sind 3 Möglichkeiten der Kapitalherabsetzung zu unterscheiden:
- die ordentliche Kapitalherabsetzung (§§ 222 – 228 AktG)
- die vereinfachte Kapitalherabsetzung (§§ 229 – 236 AktG)
- die Kapitalherabsetzung durch Einziehung von Aktien (§§ 237 – 239 AktG)

Bei einer **ordentlichen Kapitalherabsetzung** ist beabsichtigt, Teile des Grundkapitals in bar oder in Sachwerten zurückzuzahlen. Da dies einer Teilliquidation gleich kommt, unterliegt diese Form strengen Gläubigerschutzvorschriften. Ordentliche Kapitalherabsetzungen sind relativ selten und am ehesten bei Überkapitalisierung und bei Kontraktionsmaßnahmen anzutreffen, insbesondere wenn ein zielgerichteter Schrumpfungsprozeß eingeleitet werden soll.

Bei Sanierungsmaßnahmen wird i.d.R. die **vereinfachte Kapitalherabsetzung** durchgeführt, die zwar zweckgebunden ist, aber keinen besonderen Gläubigerschutzvorschriften unterliegt, da kein Grundkapital zurückgezahlt werden soll. Sie ist nur
- zum Ausgleich von Wertminderungen
- zur Deckung von Verlusten und
- zur Einstellung von Beträgen in die Kapitalrücklage zulässig.

Methodisch kann die Kapitalherabsetzung entweder durch Verminderung des Nennwertes vollzogen werden oder durch Zusammenlegung von Aktien, falls bei einer »Herabstempelung« der Mindestnennwert unterschritten würde.

Voraussetzung für eine vereinfachte Kapitalherabsetzung ist, daß keine Gewinnrücklagen mehr vorhanden sind und die gesetzliche Rücklage und die Kapitalrücklage höchstens 10% des herabgesetzten Grundkapitals betragen. Dividendenzahlungen dürfen frühestens wieder aufgenommen werden, wenn die genannten 10% wieder erreicht sind.

Da durch die Kapitalherabsetzung nur eine bilanzielle Sanierung stattfindet, muß diese Maßnahme durch eine anschließende Zuführung von Zahlungsmitteln ergänzt werden, was wahlweise durch eine Kapitalerhöhung oder durch eine Begleichung des Verlustanteils durch eine Zuzahlung erfolgen kann. Entsteht durch die Kapitalherabsetzung ein **Sanierungsgewinn,** der größer ist als der Verlustvortrag, ist dieser Differenzbetrag in die gesetzliche Rücklage einzustellen.

Beispiel:
Nennwert je Aktie: 50 EUR   Börsenkurs vor Kapitalherabsetzung: 32 EUR
Kapitalherabsetzung gemäß Beschluß der Hauptversammlung durch Zusammenlegung der Aktien im Verhältnis 3:2
Kapitalerhöhung im Verhältnis 2:1 bei Ausgabekurs von 50 EUR

	Bilanz vor Kapitalherabsetzung			Bilanz nach Kapitalherabsetzung	
A		P	A		P
Vermögen 50 Mill. EUR	Grundkapital 12 Mill. EUR		Vermögen 50 Mill. EUR	Grundkapital 8 Mill. EUR	
Verlust 3,2 Mill. EUR	Rücklagen – EUR			Kapitalrücklagen 0,8 Mill. EUR	
	Fremdkapital 41,2 Mill. EUR			Fremdkapital 41,2 Mill. EUR	
53,2 Mill. EUR	53,2 Mill. EUR		50 Mill. EUR	50 Mill. EUR	

	Bilanz nach Kapitalerhöhung	
A		P
Vermögen 54 Mill. EUR	Grundkapital 12 Mill. EUR	
	Kapitalrücklagen 0,8 Mill. EUR	
	Fremdkapital 41,2 Mill. EUR	
54 Mill. EUR	54 Mill. EUR	

Eine Sanierung kann auch im Wege einer **Kapitalherabsetzung durch Einziehung von Aktien** erfolgen, wobei entweder auf der Grundlage der Satzung eine zwangsweise Einziehung möglich ist, oder seitens der Gesellschaft durch Erwerb eigener Aktien vorgenommen werden kann. Geben Aktionäre Aktien unentgeltlich zurück oder werden die Aktien zu Lasten von nicht zweckgebundenen Gewinnrücklagen eingezogen, bedarf dies nur einer einfachen Beschlußfassung auf der Hauptversammlung und anschließender Eintragung in das Handelsregister.

Während bei der satzungsmäßig vereinbarten zwangsweisen Einziehung wie auch bei der unentgeltlichen Rückgabe von Aktien für das Unternehmen keine Liquidtätsbelastung entsteht, müssen beim **Erwerb eigener Aktien** Zahlungsmittel bzw. Vermögenswerte bereitgestellt werden. Häufig wird dies durch die Veräußerung von Aktiva, die hohe stille Reserven aufweisen oder nicht benötigt werden, erfolgen.

Motive der Beteiligungsfinanzierung 279

Der Erwerb der eigenen Aktien ist zum Anschaffungspreis zu aktivieren. Liegt der Börsenkurs unter pari, kann der Differenzbetrag zum Nennwert zur Deckung des Verlustvortrages herangezogen werden.

Beispiel:
Verkauf einer Immobilie zum Preis (= Buchwert) von 1,2 Mill. EUR
Börsenkurs der Aktie im Nennwert von 50 EUR notiert mit 30 EUR
Erwerb eigener Aktien: 40 000 Stück zu 30 EUR → 1,2 Mill. EUR
Buchgewinn 800 000 EUR

A	Bilanz vor Aktienerwerb	P	A	Bilanz nach Aktienerwerb	P
Anlagevermögen 10 Mill. EUR	Grundkapital 4,2 Mill. EUR		Anlagevermögen 8,8 Mill. EUR	Grundkapital 4,2 Mill. EUR	
Umlaufvermögen 15 Mill. EUR	Fremdkapital 21,6 Mill. EUR		Umlaufvermögen 15 Mill. EUR	Fremdkapital 21,6 Mill. EUR	
			eigene Aktien 1,2 Mill. EUR		
Verlust 0,8 Mill. EUR			Verlust 0,8 Mill. EUR		
25,8 Mill. EUR	25,8 Mill. EUR		25,8 Mill. EUR	25,8 Mill. EUR	

A	Bilanz nach Einziehung der Aktien	P
Anlagevermögen 8,8 Mill. EUR	Grundkapital 2,2 Mill. EUR	
Umlaufvermögen 15 Mill. EUR	Fremdkapital 21,6 Mill. EUR	
23,8 Mill. EUR	23,8 Mill. EUR	

3.6 Unternehmensliquidation

Unternehmensliquidation ist die freiwillige oder zwangsweise Beendigung eines Unternehmens. Dafür lassen sich im wesentlichen folgende **Gründe** nennen:

- Unrentabilität
- Erreichen des Betriebszwecks
- Ablauf der im Gesellschaftsvertrag bestimmten Zeit
- Ausscheiden oder Tod von Gesellschaftern
- Gesellschafterbeschluß

- Gerichtsbeschluß
- Eröffnung des Konkursverfahrens

Unternehmensliquidationen lassen sich nach ihrem Zweck und nach ihrem Umfang unterscheiden.

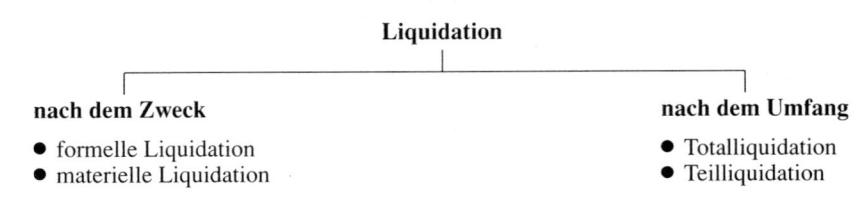

Liquidation

nach dem Zweck	nach dem Umfang
• formelle Liquidation	• Totalliquidation
• materielle Liquidation	• Teilliquidation

Eine **formelle Liquidation** tritt bei Fusionen und Umwandlungen auf, wenn die Betriebstätigkeit als solche fortgesetzt werden soll aber in anderer Rechtsform; die Vermögenswerte werden auf die neue Rechtsform übertragen.

Bei einer **materiellen Liquidation** wird die Auflösung des Unternehmens ins Handelsregister eingetragen. Das Unternehmen wird in eine Abwicklungsgesellschaft überführt und trägt neben der Firma den Zusatz »i. L.«.

Mit der Durchführung der Liquidation werden Liquidatoren beauftragt, deren Hauptaufgabe die Feststellung und die Veräußerung der Vermögenswerte mit dem Ziel der Kapitalzurückzahlung ist. Da die Zerschlagung des Unternehmens unter Zeitdruck steht, sind die einzelnen Vermögenswerte in der **Liquidationsbilanz** unter Annahme der schlechtesten Verwendungsmöglichkeiten, zum Liquidationswert, anzusetzen. Der Liquidator erstellt eine Liquidations-Eröffnungsbilanz bei Beginn der Abwicklung und eine Liquidations-Schlußbilanz nach Beendigung. Erstreckt sich die Abwicklung über mehrere Jahre, sind zusätzlich Liquidations-Jahresbilanzen aufzustellen.

Bei einer Totalliquidation wird das gesamte Unternehmen aufgelöst; eine Teilliquidation bezieht sich nur auf bestimmte Vermögenswerte.

Zwangsweise Liquidationen durch Eröffnung eines Konkursverfahrens sind für alle Rechtsformen in der **Konkursordnung** geregelt; für freiwillige Liquidationen gelten die speziellen rechtsformbezogenen Vorschriften.

Eine besondere Belastung bei Liquidationen ergibt sich aus Dauerschuldverhältnissen wie z. B. aus betrieblichen Altersversorgungen. Wird durch die Liquidation ein Gewinn erzielt, ist dieser zu versteuern.

4 Beteiligungsfinanzierung der Aktiengesellschaft

Das **Eigenkapital** der **Aktiengesellschaft** setzt sich zusammen aus:

1. Grundkapital bzw. gezeichnetem Kapital (evtl. abzüglich ausstehender Einlagen)
2. Kapitalrücklage aus Aktienemission über pari und aus Zuzahlungen der Aktionäre
3. Gewinnrücklage (→ Selbstfinanzierung)
3a. Gesetzliche Rücklage (10% des Grundkapitals)
3b. Rücklage für eigene Anteile
3c. Statuarische Rücklage
3d. sonstige (freie) Rücklage
4. Gewinnvortrag (ggf. abzüglich Verlustvortrag)
5. Jahresüberschuß (evtl. Verlust)

= Bilanzielles Eigenkapital
6. Stille Reserven/Firmenwert

= Effektives Eigenkapital

Das **Grundkapital** ist heute, um eine breite Mobilisierungsbasis zu haben, bei den meisten Aktiengesellschaften in Aktien zu 5 oder 50 DM bzw. EUR Nennwert gestückelt. Nur wenige Aktiengesellschaften haben noch eine Stückelung von 100 DM bzw. EUR oder mehr. Einige Gesellschaften haben aber auch bereits die Möglichkeit genutzt, im Zuge der Einführung des EURO auf nennwertlose Stückaktien umzustellen.

4.1 Aktienarten

Beteiligungsfinanzierung ist bei der Aktiengesellschaft in unterschiedlicher Form durchführbar, charakterisiert durch die verschiedenen Aktienarten.

Aktien verbriefen Anteils- und Mitgliedschaftsrechte an Aktiengesellschaften. Je nach Ausgestaltung der verbrieften Rechte können Aktien in verschiedene Erscheinungsformen eingeteilt werden:

Einteilungskriterien

Stückelung des Grundkapitals
- Nennwertaktien
- Quotenaktien
- Stückaktien

Übertragbarkeit der Aktien
- Inhaberaktien
- Namensaktien

Umfang und Qualität der Rechte
- Stammaktien
- Vorzugsaktien

Ausgabezeitpunkt
- alte Aktien
- neue (junge) Aktien

Sonderformen
- eigene Aktien
- Vorratsaktien
- Belegschaftsaktien
- aktienähnliche Rechte

4.1.1 Nennwertaktien, Quotenaktien und Stückaktien

Nennwertaktien verbriefen die Rechte aus der Aktie **auf der Basis des Grundkapitals.** Die Summe der emittierten Aktiennennwerte muß das Grundkapital ergeben (z. B. Stückelung des Grundkapitals von 10 Mill. EUR in 200 000 Aktien zu 50 EUR oder 2 000 000 Aktien zu 5 EUR).

Jede Wertsteigerung, sei es durch Rücklagen, stille Reserven oder auch außerbilanziell durch hohe Aufträge, drückt sich im Kurswert über pari aus. Es ist Aufgabe der Börse, diesen »Zeitwert« zu finden.

Meistens erfolgt bei Aktien die Stücknotierung (z. B. 150 EUR für 1 Aktie zum Nennwert von 5 EUR). Es ist aber auch eine Prozentnotierung möglich, wie sie bei festverzinslichen Papieren üblich ist (z. B. Kurswert von 150% für eine Aktie zu 50 EUR = 75 EUR).

Der Nennwert der Aktie muß im Sinne des Gläubigerschutzes immer bilanziell vorhanden sein, sonst wird eine Kapitalherabsetzung erforderlich. Ein weiterer Vorteil dieser Aktienart ist die leichtere Vergleichbarkeit des Kaufpreises und der Rendite, bezogen auf eine feste Basis.

Quotenaktien werden vor allem in den USA, aber auch in Kanada, Italien und Belgien emittiert. Sie verbriefen die Rechte aus der Aktie **auf der Basis**

Beteiligungsfinanzierung der Aktiengesellschaft 283

eines Bruchteils am Gesellschaftsvermögen. Sie haben also keine feste Bezugsbasis, da das Gesellschaftsvermögen ständig schwankt, und können nur pro Stück notiert werden (z. B.: Kurswert für eine Aktie über 1/100 000 am Gesellschaftsvermögen 140 $).

Im Prinzip ist zunächst kein Unterschied zur Nennwertaktie zu sehen; bei einem Nennwert von 50 EUR und einem Grundkapital von 50 000 000 EUR würde die Quotenaktie entsprechend über 1/1 000 000 lauten müssen. Zu- oder Abnahmen des Gesellschaftsvermögens durch Selbstfinanzierung oder Verluste bewirken nur eine Veränderung des Kurswertes als »Zeitwert«, nicht aber des Anteilswertes.

Bei Kapitalherabsetzungen würde jedoch eine formelle Herabstempelung des Nennwertes auf unter 50 EUR oder eine veröffentlichte Zusammenlegung entfallen, da der Anteil immer der gleiche ist. Rechtlich muß also bei der Quotenaktie gar kein bestimmtes Vermögen vorhanden sein und wird auch nicht garantiert. Darüber hinaus ist bei der Quotenaktie auch die unbemerkte Ausschüttung von Grundkapital möglich.

Werden Quotenaktien nach einiger Zeit »schwer« und damit börsenunbeweglich, beschließt die Gesellschaft i. d. R. neue Quoten. Steigt bei mehrjähriger höherer Selbstfinanzierung der Kurs erheblich, so daß ein Splitting vorgenommen werden muß, wird also z. B. aus 1/10 000 Anteil 2 · 1/20 000, sinkt der Kurs auf die Hälfte. Ein Splitting ist mit der Ausgabe neuer Aktien verbunden und aufwendig.

Ebenso führt eine Kapitalerhöhung zur Festsetzung neuer Quoten mit hohem Verwaltungsaufwand.

Beispiel:
Kapitalerhöhung und Splitting bei Quotenaktien

altes Gesellschaftskapital	alte Quote	alter Kurs der Aktie	neues Gesellschaftskapital	neuer Kurs der Aktie	neue Quote
			nach Kapitalerhöhung		
5 Mill. US-$	1/100 000	50 US-$	10 Mill. US-$	50 US-$	1/200 000
			nach Splitting 1:2		
50 Mill. US-$	1/100 000	500 US-$	50 Mill. US-$	250 US-$	2 · 1/200 000

Obwohl Quotenaktien bis 1998 nach deutschem Aktienrecht verboten waren, haben durch die mit der Einführung des EURO verbundenen notwendigen Änderungen des Grundkapitals und der aktienrechtlichen Regelungen zahlreiche Unternehmen den Reiz der Quotenaktie als nennwertloser **Stückaktie** entdeckt, da sie sich nicht auf einen bestimmten Geldbetrag, sondern auf einen Anteil am Kapital des Unternehmens bezieht. So können gebrochene Nennwerte, umständliche Nennbetragsglättungen oder Neustückelungen vermieden werden, ohne die Ansprüche der Aktionäre zu beeinträchtigen. So hat z.B. die Bayer AG 1998 ihr gezeichnetes Kapital von 3 652 Mill. DM, das vorher durch 5-DM-Nennwertaktien repräsentiert worden ist, auf 730,4 Mill. Stückaktien ohne Nennwert umgestellt.

Von den echten Stückaktien, bei denen nur die Zahl der emittierten Stücke festgelegt wird, sind die unechten Stückaktien zu unterscheiden. Benennen diese den Anteil am Grundkapital in der Urkunde, werden sie als sprechende Quotenaktien bezeichnet. Entfällt der Aufdruck über die faktische Quote, liegen stumme Quotenaktien vor.

In gleicher Weise wie Quotenaktien sind **Kuxe** als Anteilsscheine bergrechtlicher Gewerkschaften sowie **Bohr- und Explorations-Anteile** zu sehen. Beide verbriefen ebenfalls einen Bruchteil am Gesellschaftsvermögen. Die Bedeutung der Kuxe war längere Zeit rückläufig, da bergrechtliche Gesellschaften zunehmend in eine AG umgewandelt bzw. gleich als solche gegründet wurden. Seit 1986 gibt es diese Rechtsform nicht mehr.

Eine Besonderheit dieser Formen ist (war) die Zubußepflicht, die als Rückgriffskapital bei Verlusten dient. Der Inhaber dieser Anteile kann sich jedoch durch sein **Abandonrecht** von der Nachschußleistung befreien, indem er seinen Anteil entschädigungslos an die Gesellschaft zurückgibt. Bohr- und Explorationsanteile haben vorrangig aus steuerlichen Gründen (hohe Sofortabschreibung) großes Interesse gefunden.

4.1.2 Inhaberaktien und Namensaktien

Die Inhaberaktie ist die Normalform nach deutschem Aktienrecht (§ 24 AktG). Inhaberaktien sind immer zu emittieren, wenn die Satzung nichts anderes bestimmt. Ihre **Übertragung** erfolgt **durch Einigung und Übergabe.** Da die Rechte aus dem Papier beim Inhaberpapier dem Recht am Papier folgen, kann nur der Inhaber der Urkunde die verbrieften Rechte ausüben. Wegen ihrer leichten Übertragbarkeit sind Inhaberaktien für den Börsenhandel besonders geeignet. Inhaberaktien dürfen jedoch nur ausgegeben werden, wenn das Grundkapital voll eingezahlt ist (§ 10 AktG).

Namensaktien lauten auf den Namen des Aktionärs. Jeder Aktionär wird im **Aktienbuch** namentlich erfaßt. Die Übertragung erfolgt durch Einigung und Übergabe der **indossierten Aktie** (geborenes Orderpapier) und Umschreibung im Aktienbuch. Dadurch war die Namensaktie bisher für den Börsenhandel weniger geeignet. Durch schnelle und zielgerichtete EDV-Systeme macht jedoch heute der börsenmäßige Handel mit Namensaktien kaum noch Schwierigkeiten, so daß selbst internationale Unternehmen wie Daimler-Chrysler auf Namensaktien umgestellt haben.

Bogenlose Namensaktien werden ohne Dividendenberechtigungsscheine ausgegeben. Die AG überweist Zahlungen direkt an den im Aktienbuch Genannten, um Verwaltungsaufwand zu vermeiden.

Vinkulierte Namensaktien werden begeben, wenn die Gesellschaft die Übertragung von ihrer Zustimmung abhängig machen möchte (z.B. Deutsche Lufthansa AG). Die Vinkulierung ist oft mit der besonderen Qualität einiger Rechte verbunden. Vinkulierte Namensaktien sind Rektapapiere.

Vorteile der Namensaktie:

1. Offenlegung der Eigentums- und Mehrheitsverhältnisse
2. Kenntnis der Aktionäre (auch untereinander)
3. Leichtere Verhinderung der Steuerhinterziehung
4. Schutz vor unerwünschtem Erwerb, z. B. bei Familien-AGs oder zur Verhinderung von Mehrheitsbeteiligungen
5. einvernehmliche Ausschüttungspolitik
6. niedrige faktische Kapitalaufbringung, da bis zu 75% des gezeichneten Kapitals als ausstehende Einlagen geführt werden können, was von Unternehmen mit geringem Bedarf an Geschäftskapital aber u. U. hohem Bedarf bei außergewöhnlichen Belastungen (z. B. Rückversicherungen) bevorzugt wird.
7. Möglichkeit der Einbeziehung von regelmäßigen Zusatzleistungen, wie sie bei Nebenleistungs-Aktiengesellschaften, bei denen der Aktionär neben dem Grundkapital zur Erzielung des Geschäftszwecks Sachleistungen zu erbringen hat (z. B. Zuckerrübenraffinerie), erforderlich sind.

Nachteile der Namensaktie
1. Eingeschränkte Fungibilität
2. Höherer Verwaltungsaufwand

Namensaktien werden oft ergänzend verwendet, um ein bestimmtes Ziel zu erreichen, ohne die Fungibilität der Aktien in größerem Umfang zu behindern.

4.1.3 Stammaktien und Vorzugsaktien

Stammaktien verbriefen alle nach dem Aktiengesetz vorgesehenen Rechte:
(1) Stimmrecht in der Hauptversammlung
(2) Auskunftsrecht in der Hauptversammlung
(3) Dividendenanspruch gemäß Beschluß der Hauptversammlung
(4) Bezugsrecht bei Kapitalerhöhungen
(5) Anspruch auf Anteil am Liquiditätserlös
(6) Anfechtungsrecht von Hauptversammlungsbeschlüssen
(7) Teilnahmerecht an der Hauptversammlung

Diese Rechte dürfen bei der Stammaktie nicht eingeschränkt werden.

Sollen bestimmte Rechte aus der Aktie modifiziert werden oder entfallen, sind **Vorzugsaktien** zu begeben. Der Vorzug kann entweder in der höheren Qualität eines Rechts liegen (z. B. mehrfaches Stimmrecht oder höhere Dividende), dann handelt es sich um **absolute Vorzugsaktien,** oder aber auch mit einem Nachteil verbunden sein (z. B. kein Stimmrecht bei höherer Dividende), dann liegen **relative Vorzugsaktien** vor.

Vorzugsaktien können an der Börse niedriger und höher bewertet werden als Stammaktien. Die Differenz hängt vor allem davon ab, welche Bedeutung der **Modifizierung der Rechte** beigemessen wird. Handelt es sich um relative Vorzüge meist ohne Stimmrecht, werden sie niedriger eingestuft; absolute Vorzüge notieren dagegen oft höher als Stammaktien, sind aber bei den namhaften Publikumsgesellschaften selten.

Von Bedeutung ist aber auch die Ertragserwartung. Je schlechter sie ist, desto höher wird der Kurs solcher Vorzugsaktien sein, die eine Dividendengarantie besitzen.

Änderungen des Vorzugs bedürfen der Zustimmung der Vorzugsaktionäre auf einer Sonderversammlung mit mindestens 75%. Wird der Vorzug aufgehoben, erhalten die Aktionäre ein Stimmrecht (§ 141 AktG).

Vorzugsaktien stellen für den Kleinaktionär, den das Stimmrecht u. U. weniger interessiert, eine **Anlagealternative** mit höherer Rendite dar, besonders bei niedrigerem Kurs der Vorzugsaktie. Für nicht wenige Kleinaktionäre ist das Stimmrecht eher lästig; es wird faktisch von den Kreditinstituten als Depotstimmrecht ausgeübt.

Im einzelnen lassen sich folgende Arten von Vorzugsaktien unterscheiden:

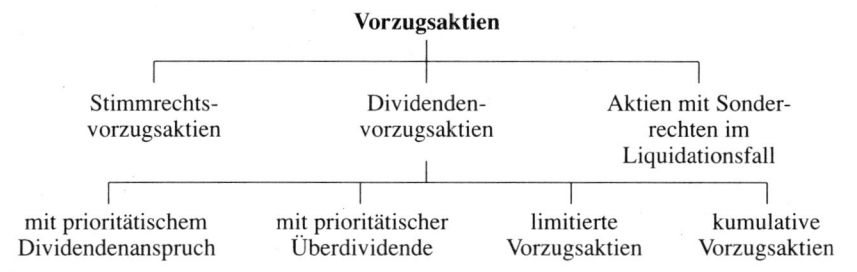

```
                           Vorzugsaktien
          ┌──────────────────────┼──────────────────────┐
   Stimmrechts-          Dividenden-          Aktien mit Sonder-
   vorzugsaktien         vorzugsaktien           rechten im
                              │                Liquidationsfall
   ┌──────────────┬────────────────────┬─────────────────┐
mit prioritätischem  mit prioritätischer   limitierte      kumulative
Dividendenanspruch    Überdividende    Vorzugsaktien    Vorzugsaktien
```

Stimmrechtsvorzugsaktien gewähren dem Aktionär ein mehrfaches Stimmrecht auf die Aktie. Derartige Neuemissionen sind gemäß § 12 AktG unzulässig, doch kann in Ausnahmefällen eine Genehmigung des zuständigen Ministeriums beantragt werden. Bei nicht wenigen, namhaften Aktiengesellschaften sind allerdings aus früheren Zeiten noch Mehrstimmrechtsaktien im Umlauf (z. B. Siemens, RWE).

Zur Steuerung des Einflusses auf das Unternehmen dienen aber auch **Stimmrechtsbeschränkungen,** indem das Stimmrecht eines einzelnen auf einen bestimmten Prozentsatz des Grundkapitals begrenzt wird.

Bei Sanierungen bzw. Kapitalerhöhungen zu einer Zeit, in der der Kurs der Aktien unter pari liegt, können auch **Vorzugsaktien mit Sonderrechten im Liquidationsfall** emittiert werden. Sie gewähren dem Inhaber bei Auflösung der Gesellschaft Vorrechte gegenüber den anderen Aktionären.

Bei **Vorzugsaktien mit prioritätischem Dividendenanspruch** sind aus dem ausschüttungsfähigen Gewinn zuerst die Vorzugsaktionäre zu bedienen und anschließend erst die Stammaktionäre. Bleibt ein Restbetrag, ist dieser in gleichen Teilen auf Vorzugsaktien und Stammaktien zu verteilen.

Der Vorzug liegt hier in der Dividendengarantie bei nicht ausreichendem Gewinn für alle. Wird der Gewinn in absehbarer Zeit als gesichert angesehen, differieren beide Aktienarten kaum an der Börse.

Dividende je Aktie in EUR

Prioritätsanspruch 2 EUR

Dividende auf Stammaktien

Dividende auf Vorzugsaktien

Dividendengarantie kann voll erfüllt werden

Stammaktionäre und Vorzugsaktionäre können in gleicher Höhe bedient werden

ausschüttungsfähiger Gewinn in EUR

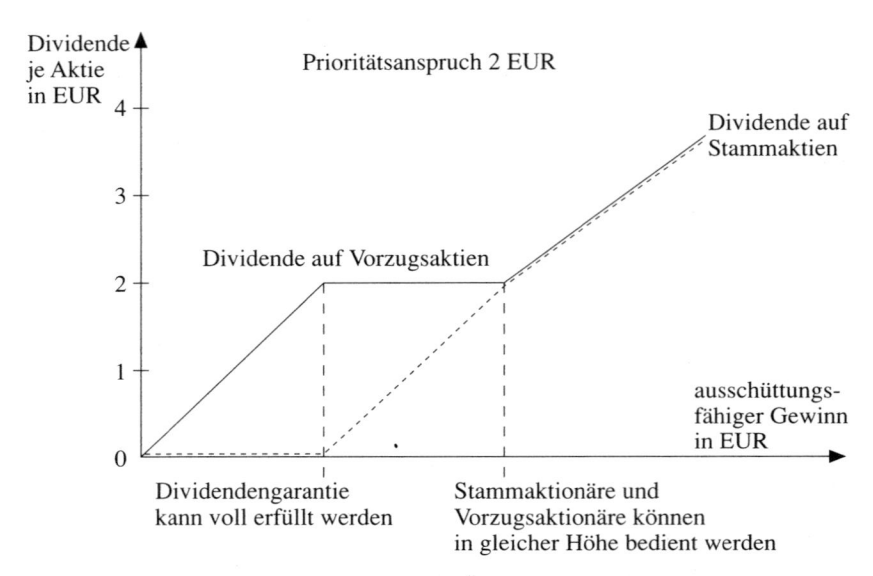

Bei **Vorzugsaktien mit prioritätischer Überdividende** besitzt der Vorzugsaktionär neben der vorrangigen Bedienung und einer Mindestdividendengarantie einen konstanten **Dividendenvorzug.**

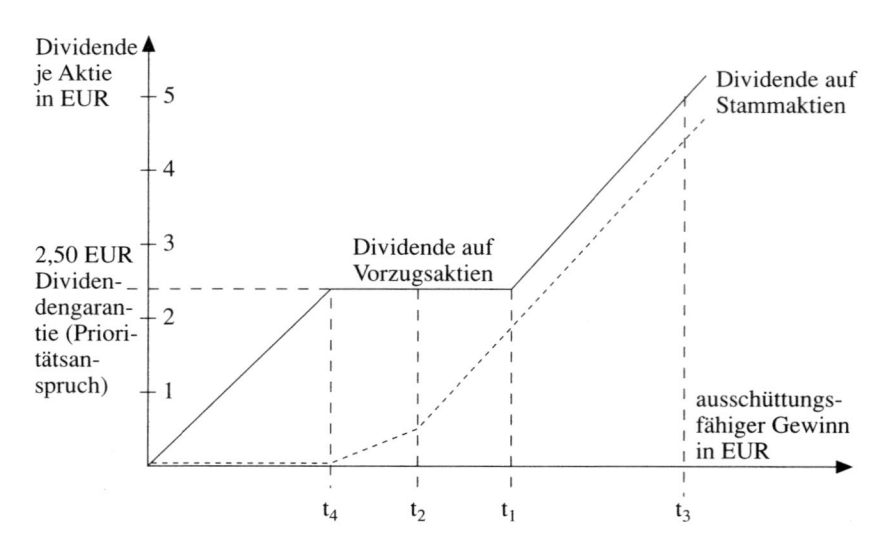

Dividende je Aktie in EUR

2,50 EUR Dividendengarantie (Prioritätsanspruch)

Dividende auf Stammaktien

Dividende auf Vorzugsaktien

ausschüttungsfähiger Gewinn in EUR

t_4 t_2 t_1 t_3

Beispiel:

Ausschüttung	t1	t2	t3	t4
Vorzüge	2,50	2,50	5,00	2,50
Stammaktien	2,00	0,50	4,50	–
Dividendenvorzug	0,50	2,00	0,50	2,50

Der Vorteil liegt hier in dem regelmäßigen Dividendenvorzug, unabhängig von der Gewinnhöhe.

Limitierte Vorzugsaktien werden gewählt, wenn die **Dividendenhöhe** der Vorzugsaktie **auf einen Höchstbetrag festgelegt** werden soll, also eine »Festverzinsung« gewährleistet wird. Bei hohem, ausschüttungsfähigem Gewinn kehrt sich der Vorzug in einen Nachteil um, da die Vorzüge auf den Höchstbetrag beschränkt bleiben. Diese Vorzüge sind eine Zwischenform von Obligation und Aktie, da sie einerseits eine Festverzinsung ohne Stimmrecht haben, andererseits aber in Verlustjahren keine Verzinsung erfolgt, im Konkurs kein Befriedigungsvorrecht besteht und die restlichen Aktienrechte wie das Bezugsrecht erhalten bleiben.

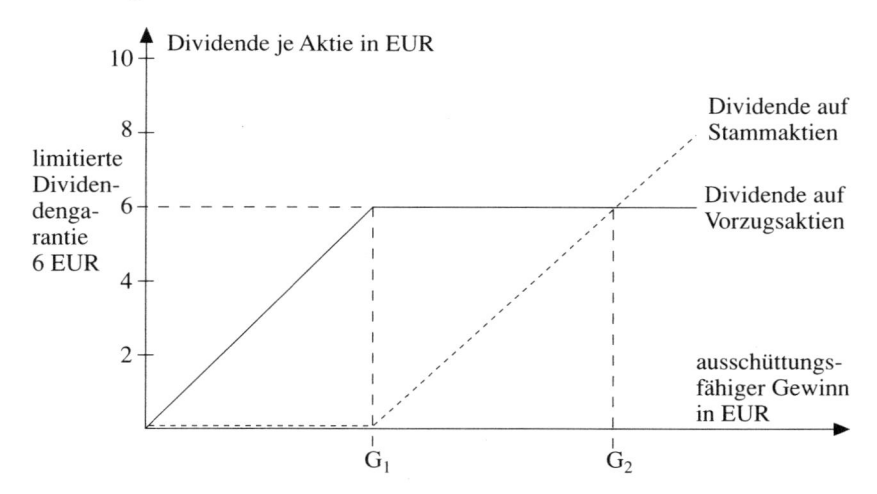

Ein Vorteil für den Aktionär kann in dieser Form gesehen werden, wenn das Limit über der durchschnittlichen Stammaktiendividende liegt. Der Vorteil für die AG gegenüber der Obligation liegt in der Zinsfreiheit in Verlustjahren.

Kumulative Vorzugsaktien verbriefen den Anspruch auf **Vorzugsdividende auch in Verlustjahren,** da nicht gezahlte Vorzugsdividende in den folgenden Gewinnjahren nachgeholt werden muß. Erst wenn alle Nachzahlungen erfolgt sind und die lfd. Vorzugsdividende voll erfüllt ist, können die Stammaktionäre am Gewinn partizipieren. Das Risiko eines dauerhaften Ertragsausfalls ist also weitgehend eingeschränkt; es besteht nur ein Zinsverlust durch verspätete Zahlung und das Risiko, daß überhaupt keine Gewinne mehr erwirtschaftet werden.

Kumulative Vorzugsaktien können sich auf jede der bisher beschriebenen Formen beziehen und verändern sie nur dadurch, daß hier in Verlustjahren die Dividendengarantie nicht verlorengeht. Sie haben i. d. R. **kein Stimmrecht** und dürfen im Nennbetrag gegenüber den stimmberechtigten Aktien nicht überwiegen (§ 139 AktG), um einen zu großen nicht kapitalmäßig repräsentierten Einfluß der Stammaktionäre zu vermeiden.

Ist ein kumulativer Dividenvorzug durch die Satzung oder Hauptversammlung mit einem Stimmrechtsentfall verbunden, so **lebt das Stimmrecht kraft Gesetzes** (§ 140,2 AktG) **wieder auf, wenn 2 Jahre hintereinander nur teilweise oder gar keine Dividenden gezahlt worden sind.**

Kumulative Vorzugsaktien werden an der Börse dicht unter den Stammaktien notiert, bei stark schwankender Geschäfts- und Gewinnsituation sogar oberhalb der Stammaktien.

Beispiel:
Kumulative Vorzugsaktien mit prioritätischem Dividendenanspruch von 10%

Jahr	Dividende Vorzugsaktien	Dividende Stammaktie	jährlicher Rückstand	nachzuholende Dividende
1	5%	0%	5%	5%
2	6%	0%	4%	9%

Die Vorzugsaktionäre erhalten ein Stimmrecht, bis der gesamte Rückstand nachgezahlt ist!

3	17%	0%	0%	2%
4	14%	12%	0%	0%

4.1.4 Sonderformen der Aktie

Erwirbt eine AG **eigene Aktien,** entspricht dies einer **Rückzahlung von Gesellschaftskapital.** Dies verstößt gegen das Prinzip des Gläubigerschutzes und ist deshalb **gesetzlich untersagt** (§ 71 AktG). Nur in bestimmten Ausnahmefällen darf die AG eigene Aktien erwerben, deren Nennwert aber i. d. R. **10% des Grundkapitals** nicht übersteigen darf. Keinesfalls steht der AG ein Stimmrecht aus eigenen Aktien zu. Auch abhängigen Unternehmen ist der Erwerb von Aktien der beherrschenden Unternehmung untersagt, um das Verbot nicht auszuhöhlen.

In § 71 AktG sind als **Ausnahmefälle** genannt:
- Abwendung eines schweren Schadens
- Verkauf der Aktien an die Belegschaft
- Abfindung von Aktionären durch Rückkauf der Aktien, wenn die AG einen Eingliederungs- oder Beherrschungsvertrag geschlossen hat (§ 305 und 320 AktG)
- unentgeltlicher Erwerb voll eingezahlter Aktien; Ausführung einer Einkaufskommission durch ein Kreditinstitut
- Erwerb im Rahmen einer Gesamtrechtsnachfolge
- Einziehung wegen Kapitalherabsetzung auf Beschluß der Hauptversammlung.
- befristete Aktienrückkaufprogramme auf Beschluß der Hauptversammlung (Ermächtigung des Vorstandes für längstens 18 Monate)

Von den eigenen Aktien sind die **Vorratsaktien** zu unterscheiden, die bei Kapitalerhöhungen meistens vom Emissionskonsortium zur späteren **Kurspflege** für Rechnung der AG zurückbehalten werden. Gem. § 136 AktG darf bei ihnen das Stimmrecht nicht ausgeübt werden.

Belegschaftsaktien sind normale Aktien, die der Belegschaft aus sozialpolitischen oder wirtschaftspolitischen Gründen, zum Erwerb von Produktivvermögen bzw. zur Vermögensbildung angeboten werden. Weil damit eine gewisse Bindung an das Unternehmen erreicht werden kann, geben manche Unternehmen auch aus eigenem Interesse Belegschaftsaktien aus.

Berichtigungsaktien (auch Gratisaktien oder Zusatzaktien genannt) stellen kein Geschenk, sondern nur die **Umwandlung von Rücklagen in Grundkapital** dar. Es erfolgt ein **Passivtausch,** ohne daß sich die Höhe des Eigenkapitals ändert. Gratisaktien sind eine andere Bezeichnung für eine Kapitalerhöhung aus Gesellschaftsmitteln (siehe C 4.2.3).

Genußscheine sind aktienähnliche Wertpapiere, die einen Dividendenanspruch, ein Bezugsrecht bzw. eine Bezugsoption und manchmal auch einen Anteil am Liquidationserlös verbriefen, aber kein Stimmrecht und keine Teilhaberschaft. Da für Genußscheine keine speziellen Vorschriften für die Ausgestaltung bestehen, sind auch weitere Vermögensrechte möglich.

Ausgabegründe für Genußscheine sind
- Wertausgleich bei Sanierungen infolge von Kapitalherabsetzungen
- Erbauseinandersetzungen bei Aktiengesellschaften in Familienbesitz
- Abfindung für übernommene Patente, Erfindungen u. ä.

- Wertausgleich für Sacheinlagen oder besondere Verdienste um das Unternehmen
- Instrument zur reinen Kapitalbeschaffung, u. U. mit Optionsrechten auf Aktienerwerb
- Gewinnbeteiligung von Arbeitnehmern

Genußscheine werden mit oder ohne Kündigungsrecht für bestimmte und unbegrenzte Laufzeit als Inhaber-, Order- oder Rektapapier ausgegeben. Ihrer Emission muß mit 3/4 des auf der Hauptversammlung vertretenen Grundkapitals zugestimmt werden.

Genußscheine stellen **nennwertlose Stücke** dar, verbriefen aber meistens einen **Ablösungsbetrag**. Eine Passivierungspflicht besteht nur bei Zahlungspflicht für die AG, unabhängig von der jeweiligen Gewinnsituation. Wird über die Bedienung jedes Jahr bei der Gewinnverteilung neu beschlossen, ist als Eventualverbindlichkeit zu bilanzieren.

Genußscheine haben für den Emittenten auch **steuerliche Vorteile**, da Ausschüttungen als Betriebsausgabe angesehen werden, sofern neben anderen Ansprüchen nur eine Gewinnbeteiligung, aber kein Anteil am Liquidationserlös und keine Teilhaberschaft vereinbart ist. Auch für Banken ergeben sich Vorteile, da Genußscheine unter bestimmten Bedingungen, wie Mindestlaufzeit und Verlustbeteiligung, in das **haftende Eigenkapital** gemäß dem Kreditwesengesetz einbezogen werden können und so die Basis für die Geschäftstätigkeit, insbesondere für Kreditgewährungen, verbreitert werden kann.

Genußaktien, die neben den Rechten der Genußscheine auch ein Stimmrecht verbriefen, sind in Deutschland unbekannt.

4.2 Kapitalerhöhung

Kapitalerhöhung ist die zusätzliche Bereitstellung von Eigenkapital an ein bestehendes Unternehmen durch die bisherigen oder durch neue Miteigentümer. Die Formen der aktienrechtlichen Kapitalerhöhung sind:

(1) die ordentliche Kapitalerhöhung (§§ 182 bis 191 AktG)

(2) die bedingte Kapitalerhöhung (§§ 192 bis 201 AktG)

(3) die genehmigte Kapitalerhöhung (§§ 202 bis 206 AktG)

(4) und die Kapitalerhöhung aus Gesellschaftsmitteln (§§ 207 bis 220 AktG).

4.2.1 Ordentliche Kapitalerhöhung

Ordentliche Kapitalerhöhungen bedürfen der Zustimmung von 75% des auf der Hauptversammlung vertretenen Kapitals. Setzt sich das Grundkapital aus mehreren Aktienarten zusammen, so muß für **jede Aktienart eine 3/4-Mehrheit** vorliegen, damit die Kapitalerhöhung vollzogen werden kann (§ 182,2 AktG).

Den bisherigen Aktionären steht grundsätzlich ein Bezugsrecht bei der Emission der neuen Aktien zu. Dieses Bezugsrecht kann allerdings von der Hauptversammlung wiederum mit 3/4-Mehrheit ausgeschlossen werden. Hierbei ist der materielle vom formellen Bezugsrechtsauschluß zu unterscheiden.

Der **formelle Bezugsrechtsausschluß** wird in sehr vielen Fällen angewendet, um die Emission zu erleichtern. Die AG übergibt die Emission en bloc an ein Bankenkonsortium (formal also unter Ausschluß des gesetzlichen Bezugsrechts), das sich verpflichtet, die neuen Aktien im beschlossenen Verhältnis den Altaktionären innerhalb einer Frist von i. d. R. 2 Wochen anzubieten. Kennt eine Bank einen Aktionär nicht, weil er seine Aktien selbst verwahrt, verliert er sein zur Ausübung aufgerufenes Bezugsrecht nach Ablauf der Frist zugunsten der Bank, wenn er seine Aktie nicht vorlegt. Formell ist die Kapitalerhöhung nach Übergabe an das Bankenkonsortium bereits abgeschlossen; sie wird anschließend ins Handelsregister eingetragen.

Ein **materieller Bezugsrechtsausschluß** kommt bei der Emission von Belegschaftsaktien und manchmal bei der Emission von Options- und Wandelschuldverschreibungen vor. Erfolgt die Ausgabe zum Tageskurs, erleiden die Altaktionäre keine Einbuße.

Das **Bezugsrecht** ist das dem Altaktionär zustehende Recht, bei einer Kapitalerhöhung eine seinem Anteil am bisherigen Grundkapital entsprechende Anzahl neuer (junger) Aktien zu beziehen. Das Bezugsrecht muß nicht ausgeübt werden, sondern kann verkauft werden; es ist an der Börse handelbar, sofern die Aktie dort zugelassen ist. Das Bezugsrecht hat 2 Aufgaben:

(1) Es stellt einen **Wertausgleich für den inneren Wertverlust** der alten Aktien durch die Kapitalerhöhung dar, weil die neuen Aktien sowohl am bilanziellen Vermögen als auch an den stillen Reserven partizipieren.

(2) Es dient der **Wahrung der bestehenden Stimmrechtsverhältnisse,** da sich der Anteil des Altaktionärs nach Kapitalerhöhung ohne Ausübung des Bezugsrechts am stimmberechtigten Grundkapital sonst verringern würde.

Der **Wert des Bezugsrechts** kann rechnerisch ermittelt werden. Er fällt um so größer aus, je näher der Bezugskurs für die neuen Aktien am Nennwert liegt.

$$\frac{\text{Kurs der alten Aktien} - \text{Kurs der neuen Aktien}}{\text{Bezugsverhältnis} + 1} = \frac{Ka - Kn}{\frac{a}{n} + 1}$$

Der Bezugskurs ist der von der Aktiengesellschaft festgelegte Erwerbspreis für die neuen Aktien. Das Bezugsverhältnis bezeichnet die Relation von altem und neuem Grundkapital.

Der rechnerische Wert des Bezugsrechts muß mit dem tatsächlichen Wertverlust der alten Aktien nicht übereinstimmen, sondern stellt nur eine Orientierungshilfe dar. Der tatsächliche Marktpreis für das Bezugsrecht ergibt sich als Börsenkurs je nach Angebot und Nachfrage. Die Kurse der Bezugsrechte von zum Börsenhandel zugelassenen Aktien werden börsentäglich am Kassenmarkt festgestellt.

Beispiel:
Berechnung des Bezugsrechts
Bezugsverhältnis 15:1
Ausgabekurs der neuen Aktien : 200 EUR
Börsenkurs der alten Aktien am 18.11.,
  dem letzten Tag vor der Kapitalerhöhung: 304,10
Dividendenberechtigung der neuen Aktien: ab 01.01. mit 10 EUR
Bezugsrechtsabschlag: 21.11.
Bezugsfrist: 21.11. bis 05.12.
Bezugsrechtshandel: 21.11. bis 01.12.

Die Frist für den börsenmäßigen Bezugsrechtshandel ist kürzer als die Bezugsfrist für die neuen Aktien, um auch denjenigen den Aktienbezug zu ermöglichen, die am letzten Tag des Bezugsrechtshandels noch Bezugsrechte erworben haben.

Für 15 alte Aktien zu 304,10 beträgt der Gesamtkurswert	4 561,50 EUR
Darauf entfällt 1 neue Aktie zu	200,00 EUR
Neuer Aktienbestand nach Kapitalerhöhung = 16 mit Gesamtkurswert von	4 761,50 EUR
1 Aktie hat dann einen Wert von 4761,50 : 16 =	297,60 EUR
Die Differenz zum Kurswert der alten Aktien vor Kapitalerhöhung ist der **Wert des Bezugsrechts** und beträgt	6,50 EUR

Der Wert des Bezugsrechts läßt sich **formelmäßig** ermitteln:

$$\frac{Ka - Kn}{\frac{a}{n} + 1} = \frac{304{,}10 - 200}{\frac{15}{1} + 1} = 6{,}50 \text{ EUR}$$

Sind die neuen Aktien nicht für das ganze Geschäftsjahr ihrer Ausgabe voll dividendenberechtigt, wird dieser **Dividendennachteil (N)** beim Ausgabekurs der neuen Aktien wie ein Agio berücksichtigt.
Beginnt die Dividendenberechtigung ab 01.10., so beträgt der Wert des Bezugsrechts:

$$\frac{Ka - (Kn + N)}{\frac{a}{n} + 1} = \frac{304{,}10 - (200 + 7{,}50)}{\frac{15}{1} + 1} = 6{,}04 \text{ EUR}$$

Bei jeder ordentlichen Kapitalerhöhung ändert sich die Eigenkapitalstruktur der Aktiengesellschaft. Erfolgt die Kapitalerhöhung zum Nennwert, erhöht sich nur das Grundkapital; liegt der Bezugskurs über pari, ergeben sich Zuführungen zur Kapitalrücklage. Die **Auswirkungen einer Kapitalerhöhung auf die Bilanz** sollen anhand des folgenden Beispiels dargestellt werden:

Beispiel:
Kapitalerhöhung um 12 Mill. EUR auf 72 Mill. EUR
Bezugskurs der 50-EUR-Nennwert-Aktie 400%
Letzter Kurs vor Kapitalerhöhung 275 EUR

Verkürzte Bilanz vor Kapitalerhöhung in 1000 EUR

Aktiva		Passiva
165 000	Grundkapital	60 000
	Kapitalrücklagen	105 000
165 000		165 000

Aktienumlauf: 1 200 000 Aktien zu 50,00 EUR
Stimmrechtsquote: 1/1 200 000

Verkürzte Bilanz nach Kapitalerhöhung in 1000 EUR

Aktiva		Passiva
alte Aktiva 165 000	Grundkapital	72 000
Bank 48 000	Kapitalrücklagen	141 000
213 000		213 000

Aktienumlauf: 1 440 000 Aktien zu 50,00 EUR
Stimmrechtsquote: 1/1 440 000

rechnerischer Bezugsrechtswert: $\dfrac{Ka - Kn}{\frac{a}{n} + 1} = \dfrac{275 - 200}{\frac{5}{1} + 1} = 12{,}50 \text{ EUR}$

Bei Kapitalerhöhungen spielen die Wahl des Emissionszeitpunkts und des **Emissionskurses** eine wichtige Rolle. Hierbei sind die oft nicht konform verlaufenden Interessen der Unternehmung und der Aktionäre zu berücksichtigen.

Kleinaktionäre bevorzugen einen niedrigen Bezugskurs, da ihr Kapitalaufwand dann geringer ist, sie bei Veräußerung des Bezugsrechts einen höheren steuerfreien Ertrag haben und ihnen bei Ausübung relativ viel stimm- und dividendenberechtigte Aktien zustehen.

Großaktionäre bevorzugen oft einen höheren Bezugskurs, um anderen den Erwerb neuer Aktien zu erschweren und um selbst mehr Einfluß zu gewinnen.

Andererseits gibt es aber auch Großaktionäre, die selbst nicht besonders liquide sind und deshalb einen Bezugskurs anstreben, der eine weitgehende Bezahlung der neuen Aktien aus der laufenden Dividende ermöglicht. In diesem Fall haben Klein- und Großaktionäre trotz unterschiedlicher Motive die gleiche Bezugsvorstellung.

Kann ein Großaktionär sein Bezugsrecht nicht ausüben, wird er einen hohen Bezugskurs vorziehen, da dieser bei gleicher Finanzierungswirkung eine geringere Stimmrechtsverwässerung bedeutet.

Das **Unternehmen** hat vor allem Interesse daran, die Kapitalerhöhung gut zu plazieren. Aus diesem Grunde könnte sie einen niedrigen Bezugskurs anstreben. Ein niedriger Bezugskurs führt allerdings zu einem relativ stark anwachsenden dividendenberechtigten Kapital, wenn die gleiche Finanzierungswirkung erzielt werden soll.

Bei der Festlegung des Bezugskurses sind diese unterschiedlichen Interessen zu berücksichtigen und abzuwägen. Trifft der Bezugspreis die Erwartungen der Mehrheit der Aktionäre, wirkt sich dies positiv auf den Aktienkurs aus; wird der Bezugskurs mehrheitlich als »unfreundlich« angesehen, wird der Aktienkurs nachgeben und die Plazierung der Kapitalerhöhung schwieriger.

Beispiel:

Wahl des Emissionskurses

Emissionskurs	zum Nennwert	über Nennwert/ unter Börsenkurs	zum Börsenkurs
	100%	z.B. 250%	400%
gewünschte Erhöhung der Beteiligungsfinanzierung	30 Mill. EUR	30 Mill. EUR	30 Mill. EUR

Emissionskurs	zum Nennwert	über Nennwert/	zum Börsenkurs
	100%	unter Börsenkurs z.b. 250%	400%
notwendige Grundkapitalerhöhung	30 Mill. EUR	12 Mill. EUR	7,5 Mill. EUR
neue Stimmrechte (Aktien)	600 000	240 000	150 000
Kapitalaufwand je neue Aktie	50 EUR	125 EUR	200 EUR
Dividendenanspruch bei gleichem Satz von 10% (= 5 EUR/Aktie)	3 Mill. EUR	1,2 Mill. EUR	750 000 EUR

Ergebnis:
1. Je höher der Bezugskurs, desto schwieriger die breite Emission
2. Je höher der Bezugskurs, desto geringer der relative Dividendenmehranspruch
3. Je höher der Bezugskurs, desto niedriger die Stimmrechtsverwässerung
4. Je höher der Bezugskurs, desto größer die Finanzierungswirkung der Grundkapitalerhöhung
5. Je höher der Bezugskurs, desto geringer die Kapitalverwässerung, so daß sich mit steigendem Bezugskurs der Neuaktionär zunehmend entgeltlich an den offenen Rücklagen und stillen Reserven beteiligen muß.

Nach Durchführung der Kapitalerhöhung wird zunächst ein Jungschein ausgestellt. Der **Jungschein** (auch Globalurkunde genannt) ist die schriftliche Verpflichtungserklärung des Emittenten von jungen Aktien gegenüber dem Kassenverein, die effektiven Stücke nach Druck anzuliefern. Da zwischen der Durchführung der Kapitalerhöhung und der Vorlage der Stücke oft mehrere Wochen vergehen, kann so auf der Grundlage dieser Verpflichtungserklärung ein Jungscheinkonto eingerichtet werden, über das die Übertragung der jungen Aktien mittels **Effektenscheck** möglich ist.

4.2.2 Bedingte Kapitalerhöhung
Die bedingte Kapitalerhöhung ist eine Kapitalerhöhung unter Vorbehalt. Sie wird erst wirksam, wenn bestimmte Bedingungen erfüllt sind, und beschränkt sich auf 3 Fälle:

(1) Bezugsrechtssicherung bei der Emission von **Wandel-** oder **Optionsschuldverschreibungen** für deren Gläubiger
(2) Bezugsrechtssicherung bei vorgesehener Ausgabe von **Belegschaftsaktien** aufgrund von Gewinnbeteiligungsvereinbarungen
(3) Vorbereitung von **Unternehmensfusionen.**

Der Nennbetrag der bedingten Kapitaleinlagen darf 50% des bisherigen Grundkapitals nicht übersteigen.

Der Beschluß über die bedingte Kapitalerhöhung ist ins Handelsregister einzutragen, doch wird die Kapitaleinlage **erst wirksam, wenn die Bezugsrechte ausgeübt werden.** Die Höhe der tatsächlich erfolgten Kapitalerhöhung ist nach Ablauf eines jeden Geschäftsjahres beim Handelsregister anzumelden.

In der Bilanz ist das bedingte Kapital im Nennbetrag beim Grundkapital zu vermerken, jedoch ohne Hinzurechnung; gegebenenfalls reicht auch ein Hinweis im Geschäftsbericht. Der tatsächliche **Eigenkapitalausweis** erfolgt erst nach Durchführung der Kapitalerhöhung.

Ein Bezugsrecht steht den Altaktionären bei der Emission von Wandel- oder Optionsschuldverschreibungen nur auf diese selbst zu. Üben sie dieses Recht aus, haben sie später auch daraus ein Bezugsrecht auf neue Aktien. Die Bedingungen für die Ausübung der Bezugsrechte müssen im voraus festgelegt werden.

4.2.3 Genehmigte Kapitalerhöhung

Eine genehmigte Kapitalerhöhung dient der flexiblen Gestaltung einer Erweiterung der Beteiligungsfinanzierung. Bei der genehmigten Kapitalerhöhung gestattet die Hauptversammlung dem Vorstand, das Grundkapital nach Bedarf innerhalb von maximal 5 Jahren bis zu einem festgelegten Betrag im Nennwert zu erhöhen, der jedoch 50% des Grundkapitals nicht übersteigen darf. Das genehmigte Kapital ist an **keinen bestimmten Finanzierungsanlaß** gebunden, sondern steht im Ermessen des Vorstands, dem dadurch größere Flexibilität bei der Eigenkapitalausstattung eingeräumt wird, insbesondere bei der Ausnutzung günstiger Kapitalmarktsituationen. Er hat jedoch die Zustimmung des Aufsichtsrats einzuholen.

Die Beschlußfassung über die genehmigte Kapitalerhöhung muß mit 75% des auf der Hauptversammlung vertretenen Kapitals erfolgen. Ein Bezugsrecht für die Altaktionäre kann ausgeschlossen werden, wenn das genehmigte Kapital zur Ausgabe von Belegschaftsaktien oder zum Erwerb von Beteiligungen dienen soll.

In der Bilanz ist das genehmigte Kapital in gleicher Weise neben dem Grundkapital zu vermerken wie bei der bedingten Kapitalerhöhung. Auch die Handelsregistereintragung erfolgt wie bei der bedingten Kapitalerhöhung.

4.2.4 Kapitalerhöhung aus Gesellschaftsmitteln

Bei der ordentlichen, der bedingten und der genehmigten Kapitalerhöhung liegt Beteiligungsfinanzierung vor, da jeweils zusätzliches Eigenkapital von alten oder neuen Aktionären aufgebracht wird.

Bei der Kapitalerhöhung aus Gesellschaftsmitteln fließen keine Zahlungsmittel zu, sondern es werden Finanzierungsmittel früherer Perioden, die zu einer Aufstockung der Gewinnrücklagen bzw. der Kapitalrücklagen geführt haben, im Wege eines Passivtausches in Grundkapital umgewandelt und den Aktionären in einem bestimmten Bezugsverhältnis zugeteilt. Bei der Kapitalerhöhung aus Gesellschaftsmitteln handelt es sich also um **Innenfinanzierung**. Da durchschnittlich in den letzten Jahren jede 5. Kapitalerhöhung eine aus Gesellschaftsmitteln war, läßt sich daraus folgern, daß die Dividendenzahlungen nicht immer die erforderliche Höhe hatten.

Bei einer Kapitalerhöhung aus Gesellschaftsmitteln ändert sich nur die **Relation von stimmberechtigtem und dividendenberechtigtem Grundkapital zu den Rücklagen**. Es dürfen grundsätzlich nur die freien Rücklagen und die gesetzlichen Rücklagen, soweit sie den vorgeschriebenen Mindestbetrag von 10% des Grundkapitals übersteigen, verwendet werden. Stille Reserven können nur nach vorheriger Aufdeckung und Versteuerung in Grundkapital umgewandelt werden.

Die Kapitalerhöhung bedarf der Zustimmung von 3/4 des vertretenen Grundkapitals auf der Hauptversammlung; die Altaktionäre haben ein unentziehbares Bezugsrecht (§ 212 AktG). Die Dividendenberechtigung erstreckt sich in der Regel auf das gesamte Geschäftsjahr, in dem die Kapitalerhöhung beschlossen worden ist.

Sogenannte **Berichtigungsaktien** oder Gratisaktien sind also immer die Folge des Beschlusses über eine Kapitalerhöhung aus Gesellschaftsmitteln und können sich auf jede Aktienart beziehen. Als **Gründe** für die Durchführung einer Kapitalerhöhung aus Gesellschaftsmitteln sind zu nennen:

- **Kursverwässerung:** Wenn der Börsenkurs hoch ist, strebt das Unternehmen einen günstigeren, niedrigeren Anschaffungspreis an. Eine breite Streuung vor allem bei Kleinaktionären wird dadurch gefördert. Ein Splitting wie bei Quotenaktien hätte die gleiche Wirkung, würde jedoch eine Änderung des Nennwertes erfordern.

- **Dividendenverbesserung:** Eine Erhöhung des Grundkapitals zu Lasten der Rücklagen führt zur Ausschüttung eines höheren Dividendenbetrages, wenn der alte Dividendensatz beibehalten wird.

Beispiel:
Kapitalerhöhung aus Gesellschaftsmittel im Verhältnis 4:1
Dividendenausschüttung 10 EUR

	vor Kapitalerhöhung	nach Kapitalerhöhung
Grundkapital	1 000 000	1 250 000
Zahl der Aktien	20 000	25 000
Rücklagen	2 000 000	1 750 000
Eigenkapital	3 000 000	3 000 000
Rechnerischer Kurswert (Bilanzkurs) =	300% → 150 EUR	240% → 120 EUR

$$\frac{\text{bilanziertes Eigenkapital}}{\text{Grundkapital}} \cdot 100$$

Vermögen des Aktionärs	4 · 150 = 600 EUR	5 · 120 = 600 EUR
Dividende	4 · 10 = 40 EUR	5 · 10 = 50 EUR

Der Börsenkurs bewegt sich in der Regel entsprechend dem Bilanzkurs nach unten, doch notiert der Börsenkurs oft etwas höher, wenn die Börse die Beibehaltung des Dividendensatzes honoriert.

Der rechnerische Wert des Bezugsrechts ergibt sich bei Anwendung der Formel wie folgt:

$$B = \frac{Ka - N}{\frac{a}{n} + 1} \qquad B = \frac{235 - 5}{\frac{4}{1} + 1} = 46$$

Beträgt der Kurs der Aktie vor Kapitalerhöhung aus Gesellschaftsmitteln 235 EUR, so beläuft sich der rechnerische Wert des Bezugsrechts auf 46 EUR aus jeder Aktie, wenn auf vier alte Aktien eine Gratisaktie zugeteilt wird und diese bei einem Dividendensatz von 10 EUR gemäß Beschluß der Hauptversammlung erst ab 01.07. dividendenberechtigt ist.

Beteiligungsfinanzierung der Aktiengesellschaft 301

4.3 Börsenhandel und Börsenkurse

4.3.1 Börsenwesen und Börsenverkehrsarten

Die **Börse** als idealtypischer Markt hat die Aufgabe, Angebot und Nachfrage an bestimmten Plätzen (zeitlich) zu konzentrieren, den Austausch von vertretbaren Gütern wie vor allem Effekten, Waren und Devisen zu erleichtern und als Ergebnis des präferenzfreien Spiels von Angebot und Nachfrage den Preis (Kurs) zu finden.

Die Begriffe Wertpapiere und Effekten werden oft synonym verwendet. **Wertpapiere** sind Urkunden, die private Rechte unterschiedlicher Art verbriefen, die nur durch den Besitz der Urkunde ausgeübt werden können, so daß der Gläubiger zur Vorlage der Urkunde und der Schuldner zur Einlösung verpflichtet ist.

Wertpapiere können ertraglos sein wie z. B. Lagerscheine, Konnossemente oder Fahrkarten; werfen sie jedoch Erträge in Form von Zinsen und Dividenden ab, spricht man von **Effekten**. Effekten sind fungible, ertragbringende Wertpapiere. Sie dienen der Geldanlage und werden i. d. R. am Kapitalmarkt gehandelt.

In Deutschland gibt es 8 Effektenbörsen:

Hanseatische Börse in Hamburg seit 1558

Frankfurter Börse seit 1585

Berliner Börse seit 1685

Niedersächsische Börse in Hannover seit 1787

Bayerische Börse in München seit 1830

Bremer Börse seit 1850

Stuttgarter Börse seit 1860

Rheinisch-Westfälische Börse in Düsseldorf seit 1875

Gemessen am Umsatz ist Frankfurt mit großem Abstand der bedeutendste Börsenplatz. Die Frankfurter Börse ist Bestandteil der **Deutschen Börsen AG,** die auch die Deutsche Terminbörse, den Deutschen Kassenverein als Deutsche Börse Clearing AG, den Deutschen Auslandskassenverein und die Deutsche Wertpapierdaten-Zentrale umfaßt. Die Deutsche Börsen AG sieht ihre Hauptaufgabe in der umfassenden Bereitstellung aller Börsendienstleistungen möglichst für den gesamten Finanzplatz Deutschland. Es wird deshalb auch der Zusammenschluß aller Effektenbörsen in Deutschland unter dem Dach der Deutschen Börse AG mit besonderer Gewichtung der Frankfurter Börse und einer gewissen regionalen Eigenständigkeit der anderen Börsen angestrebt. Auch Kooperationen auf internationaler Ebene sind bereits eingeleitet.

Insgesamt unterliegt das Börsenwesen derzeitig einem erheblichen Wandel, was vor allem auf die Internationalisierung und Deregulierung der Finanzmärkte, auf die Schaffung zahlreicher neuer Finanzprodukte sowie auf die Automatisierung des Börsenwesens zurückzuführen ist.

Rechtsgrundlagen für das Börsenwesen sind das Börsengesetz, die jeweiligen Börsenordnungen der einzelnen Börsen, das Gesetz über den Wertpapierhandel und die Börsenzulassungsverordnung. Jede Börse ist (noch) eine rechtlich selbständige Institution unter der Aufsicht der jeweiligen Landesregierung.

Inhalt des Börsengesetzes:

- Allgemeine Bestimmungen über Börsen und ihre Organe
- Börsenaufsicht
- Feststellung des Börsenpreises
- Maklerwesen
- Zulassung von Wertpapieren zum Börsenhandel
- Börsenterminhandel
- Ordnungsstrafverfahren

In der **Börsenordnung** werden auf der Grundlage des Börsengesetzes börsenindividuelle Regelungen getroffen hinsichtlich:

- Börsenleitung und Börsenorgane
- Geschäftszweige unter Beachtung des Handelsvolumens
- Börsenzulassungsvoraussetzungen
- Notierungsusancen für die Kurse und Kurszusätze

Börsenorgane sind der Börsenvorstand, die Zulassungsstelle, die Maklerkammer und das Ehren- und Schiedsgericht.

Aufgaben des Börsenvorstands:

- Zulassungserteilung für den Börsenbesuch
- Befolgungsüberwachung über die Börsenbestimmungen
- Festsetzung der Geschäftsbedingungen
- Überwachung der Kursfeststellung
- Disziplinargewalt
- Ausschluß vom Börsenbesuch
- Festsetzung der Börsenmaklergebühren.

Aufgaben der Zulassungsstelle:
- Prüfung des Zulassungsantrages
- Entscheidung über die Zulassung von Effekten zur Börseneinführung vor allem im Hinblick auf das Plazierungsvolumen, die Kredit- bzw. Beteiligungswürdigkeit, den Sitz des Emittenten und die Höhe des Grundkapitals.
- Überwachung von Bonität und Pflichten der Emittenten.

Kraft Gesetzes sind an jeder inländischen Börse nur die Schuldverschreibungen des Bundes, der Bundesländer, der Bundessondervermögen und der EU-Staaten zugelassen. Über alle anderen Emissionen muß die Zulassungsstelle aufgrund des Zulassungsantrages entscheiden, der anschließend in einem Börsenpflichtblatt (bestimmte Tageszeitungen) und dem Bundesanzeiger zu veröffentlichen ist.

Aufgaben der Maklerkammer:
- Mitwirkung bei der Bestellung der Makler
- Aufsicht über die Makler und deren Geschäftsverteilung
- Überwachung der (amtlichen) Kursfeststellung

An den Börsen sind amtliche Kursmakler und freie Makler zu unterscheiden. Die **amtlichen Kursmakler** werden von der Landesregierung auf Vorschlag des Börsenvorstandes bestellt und von ihr vereidigt. Sie haben den **börsentäglichen amtlichen Kurs** festzustellen und sind i. d. R. für einen bestimmten Geschäftsbereich zuständig (z. B. Kaufhauswerte oder Elektrowerte). Sie dürfen keine Eigengeschäfte in diesen Werten betreiben, u. U. jedoch einen Spitzenausgleich.

Die **freien Börsenmakler** werden vom Börsenvorstand bestellt und sind vor allem in der Vermittlung und Kursfeststellung von Geschäften in Werten, die nicht zum amtlichen Handel zugelassen sind, tätig.

Die Börsenmakler stellen über jeden Abschluß eine **Schlußnote** als Beweisurkunde aus, in der insbesondere der Kurs, die Höhe der Maklercourtage und die Bankenprovision genannt sind. Die Schlußnote dient der Bank dann als Grundlage der Effektenabrechnung mit dem Kunden.

Als **Börsenhändler** werden die Personen bezeichnet, die als selbständige Kaufleute, als Vertreter von Kreditinstituten oder anderer Unternehmen zum Börsenbesuch zugelassen sind. Sie sind zur Durchführung von Eigen- und Kommissionsgeschäften berechtigt, als Bankvertreter auch im Auftrag der Bankkundschaft.

Infolge des 2. Finanzmarktfördergesetzes wird seit 1995 durch das **Wertpapierhandelsgesetz** auch der deutsche Börsenhandel strengeren Maßstäben unterworfen, wie von ausländischen Marktteilnehmern oft gefordert. Von besonderer Bedeutung sind hier:

- die Aufgaben des Bundesaufsichtsamtes für den Wertpapierhandel
- die Insiderregeln und
- die Verhaltensregeln für Wertpapierdienstleister

Das **Bundesaufsichtsamt für den Wertpapierhandel** überwacht den gesamten Effektenhandel in Deutschland. Alle Börsenhändler müssen die von ihnen abgeschlossenen Geschäfte auf sämtlichen Marktsegmenten melden. Werden dabei Verstöße gegen die **Insiderregeln** erkannt, ist das Amt zur Identifizierung der Person berechtigt, und es drohen Geldbußen oder Haftstrafe bis zu 5 Jahren. Die Insiderregeln beziehen sich auf alle in EU-Staaten zugelassenen Aktien- und Rentenwerte sowie auf den Bezugsrechts-, Optionsschein- und Terminhandel.

Als Insider ist jede Person zu bezeichnen, die von einer noch nicht öffentlich bekannten kursrelevanten Tatsache Kenntnis erlangt hat und dieses Wissen für Effektengeschäfte nutzen könnte. Zum Insiderkreis zählen sowohl **Primärinsider** wie Vorstände, Aufsichtsräte oder Großaktionäre als auch **Sekundärinsider,** zu denen jeder Mitarbeiter eines Unternehmens oder einer Bank sowie jeder sonstige Externe werden kann, der aufgrund seiner Tätigkeit an entsprechende noch nicht öffentlich bekannte Informationen gelangen konnte.

Als **Insiderwissen** sind vor allem einzustufen:

- erhebliche Liquididäts- und Ertragsveränderungen
- Übernahme- oder Beteiligungsabsichten
- geplante Kapital- und/oder Dividendenänderungen
- besondere Geschäftsentwicklungen
- Veränderungen in der Geschäftsleitung

Ob eine Information tatsächlich als Insiderwissen zu bewerten ist, kann unter Umständen nur gerichtlich geklärt werden, doch verbietet das Gesetz grundsätzlich dem Insider den Kauf oder Verkauf diesbezüglicher Werte sowohl für sich als auch für andere. Im Effektenhandel tätige Institute sind deshalb verpflichtet, durch geeignete Kontrollverfahren die Regelmäßigkeit

Beteiligungsfinanzierung der Aktiengesellschaft 305

der Geschäftsabwicklung zu gewährleisten, z. B. durch Einrichtung eines »Compliance Office« nach angelsächsischem Vorbild.

Andererseits ist der Emittent von Börsenwerten zur unverzüglichen Bekanntgabe von kursrelevanten Tatsachen (**Ad-hoc-Publizität**) an die Marktteilnehmer, das Aufsichtsamt und die Börsen verpflichtet. Nach Bekanntgabe der Information in den Börsenpflichtblättern oder durch elektronische Medien liegt kein Insiderwissen mehr vor.

Die im Wertpapierhandelsgesetz enthaltenen Verhaltensregeln für Wertpapierdienstleister sollen die **Rahmenbedingungen für die Anlageberatung** abstecken. Sie erwarten vom Berater hohe Sachkenntnis, Sorgfalt und Gewissenhaftigkeit. Der Berater hat das Anlegerinteresse (und nicht das Interesse z. B. seiner Bank) in den Vordergrund zu stellen, ist für die korrekte Einhaltung aller Bestimmungen verantwortlich und hat über das markt- und finanztitelspezifische Risiko ausführlich zu informieren. Es ist ihm verboten, Empfehlungen mit dem Ziel auszusprechen, den Kurs des Börsenwertes zu beeinflussen.

Die Ausführung der Effektengeschäfte kann über den amtlichen Börsenmarkt, über den geregelten nicht amtlichen Markt, am Neuen Markt oder im Freiverkehr erfolgen. Auf allen Märkten können die Notierungen in inländischer oder ausländischer Währung sowie auch in Rechnungseinheiten beantragt werden. Sind Aktien oder andere Effekten bereits an einer anderen deutschen Börse oder an einer Börse in einem anderen EU-Land zugelassen, kann ein vereinfachtes Zulassungsverfahren durchgeführt werden.

Merkmale des amtlichen Börsenmarktes:

- Der Handel erfolgt ausschließlich über den amtlichen **Kursmakler** für die jeweiligen Geschäftsbereiche.

- Der hier festgestellte amtliche **Kurs ist** für das Kommissionsgeschäft **bindend.**

- Zugelassen sind i. d. R. nur die **marktbreiten Standardwerte** mit ausreichendem Handelsvolumen. Das zuzulassende Aktienkapital muß sich zu mindestens 25% in Streubesitz befinden.

- Es erfolgt börsentäglich als Pflichtnotierung die Ermittlung des **Einheitskurses.**

- Darüber hinaus können marktbreite Papiere auch zur **fortlaufenden (variablen)** Notiz zugelassen sein. Hier kann ein Mindestabschluß über 50 oder

100 Stück oder einem Vielfachen davon erforderlich sein, doch verzichten immer mehr Börsen aus Wettbewerbsgründen auf einen bestimmten Mindestabschluß.

- Das Unternehmen muß mindestens seit **3 Jahren im Handelsregister** als Aktiengesellschaft eingetragen sein.
- Der **Mindestkurswert** der einzuführenden Aktien muß 2,5 Mill. EUR betragen.
- Für die Börsenzulassung ist die volle Gebühr zu entrichten. Der Zulassungsantrag kann nur von Banken (Emissionskonsortium) gestellt werden unter Beifügung eines **Zulassungsprospekts** über die wirtschaftlichen und rechtlichen Verhältnisse des Unternehmens.
- Zur Erfüllung der **Publizitätspflicht** sind regelmäßig Geschäftsberichte bzw. Zwischenberichte der Zulassungsstelle vorzulegen bzw. zu veröffentlichen.

Merkmale des geregelten nicht amtlichen Börsenmarktes:

- Der Handel erfolgt i. d. R. über die **freien Börsenmakler.** Es besteht jedoch **keine Maklerpflicht,** so daß die Börsenhändler auch unmittelbar Geschäfte abschließen können. Eine Aufteilung in Geschäftszweige ist meistens unüblich.
- Auf dem geregelten Markt werden vor allem **regionale Werte** mit kleinerem Grundkapital gehandelt, neu gegründete bzw. notierte Gesellschaften, Gesellschaften in Familien- oder Großaktionärsbesitz oder solche, die einen amtlichen Kurs nicht wünschen, sowie ausländische Aktiengesellschaften.
- Der **Mindestnennbetrag** des gezeichneten Kapitals beträgt 500 000 EUR. Eine Mindestlaufzeit für die Eintragung als Aktiengesellschaft im Handelsregister besteht nicht, so daß auch **kurzfristige Umwandlungen** vor Börseneinführung möglich sind.
- kein Mindestalter des Unternehmens mehr infolge des 3. Finanzmarktfördergesetzes.
- Es werden **nach Möglichkeit Einheitskurse** und variable Kurse festgestellt, ansonsten entweder nur »**gespannte Kurse**«, die die Marktstruktur verdeutlichen sollen (z. B. 250 Geld/256 Brief), oder unter Umständen auch nur Schätzkurse.

Beteiligungsfinanzierung der Aktiengesellschaft 307

- Die **Kurse** der zum Optionshandel zugelassenen Optionsscheine werden auf diesem Markt ermittelt.
- **Zulassungsanträge** auf Börseneinführung sind weniger umfassend und können bei halber Gebühr **auch von Nichtbanken** gestellt werden.
- **Eingeschränkte Publizitätspflicht** im Hinblick auf die Vorlage (verkürzter) Geschäftsberichte (Unternehmensbericht).
- weniger umfangreicher Verkaufsprospekt.

Merkmale des Neuen Marktes

- Seit 10.3.1997 in Frankfurt
- kleine und mittlere Unternehmen aus Wachstumsbranchen
- Mindestalter des Unternehmens 1 Jahr
- voraussichtlicher Kurswert (Marktkapitalisierung) mindestens 5 Mill. EUR
- Mindesteigenkapital 1,5 Mill. EUR
- möglichst 2 Betreuer (Market Maker) zur Sicherstellung einer Mindestliquidität für die Aktie
- nach Möglichkeit Einheitskurse; fortlaufende Notierung ist möglich
- regelmäßige Publizitätspflichten wie Quartalsberichte, Jahresabschluß und Lagebericht nach IAS, US-GAAP oder HGB, Unternehmenskalender, Analystenveranstaltung
- Emissionsprospekt und Unternehmensbericht in deutscher und englischer Sprache
- Streubesitz mindestens 15%, möglichst 25%
- für Erstemission nur Stammaktien
- geringere Gebühr für Börsenzulassung (i. d. R. 25%)

Im **geregelten Freiverkehr** als 4. Marktsegment können nach börsenindividuellen Freiverkehrsrichtlinien sonstige Effekten unter Börsenaufsicht über freie Makler gehandelt werden.

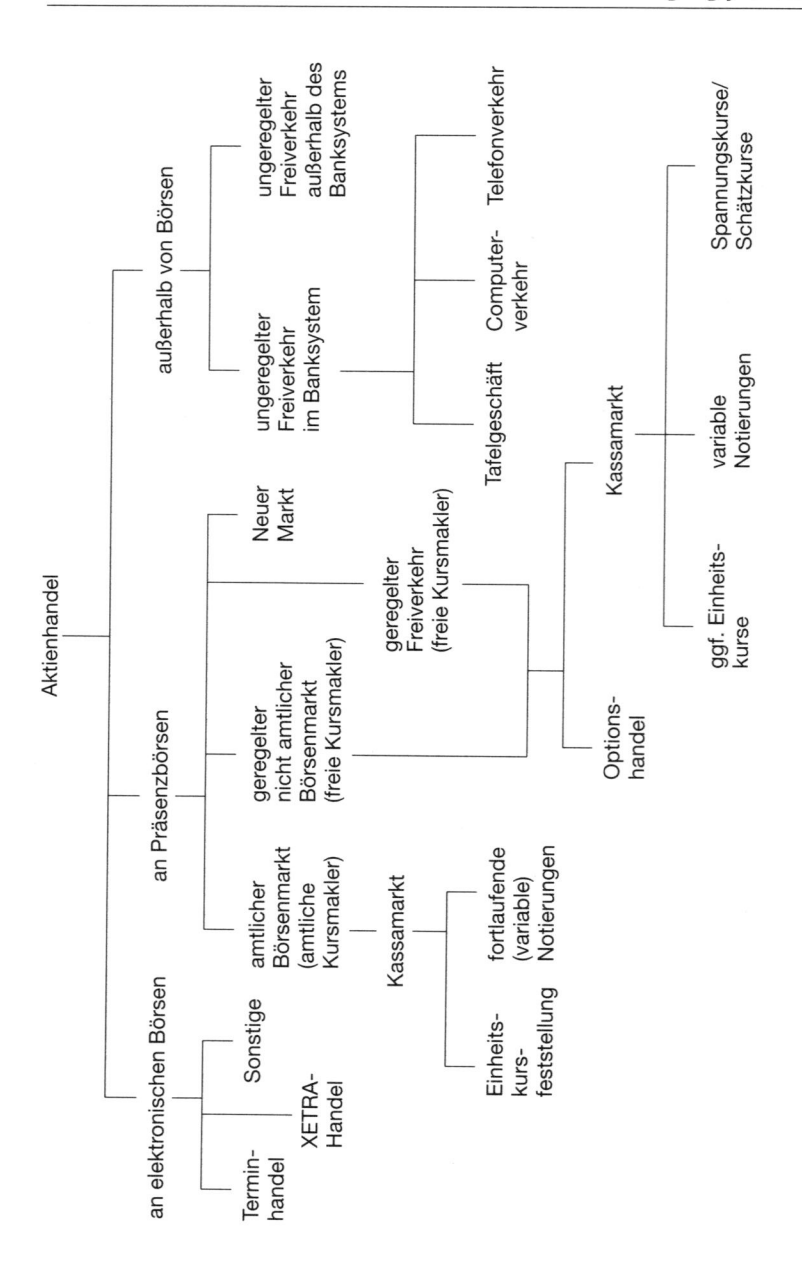

Abb. 48: Aktienhandel

Wird der Aktienhandel außerhalb der Börse abgewickelt, wird vom **ungeregelten Freiverkehr** gesprochen. Da hier alle Geschäfte sowohl unter Banken als auch unter Nichtbanken zusammengefaßt werden, gibt es keine verläßlichen Angaben über dieses Marktvolumen, doch ist davon auszugehen, daß es das Handelsvolumen an der Börse erheblich übersteigt. Gegenstand des Freiverkehrs können einerseits die nicht an der Börse zugelassenen Aktien sein, andererseits vollzieht sich hier auch ein umfangreicher Handel in den Standardwerten und sonstigen zum Börsenhandel zugelassenen Aktien im **vor- und nachbörslichen Handel**. Die Kursbildung vor allem im Telefonverkehr unter Banken hängt sehr individuell vom Geschick des Händlers ab.

Werden effektive Stücke im Freiverkehr zwischen Bank und Kunden direkt am Schalter gehandelt, spricht man vom **Tafelgeschäft**.

Die physische Anwesenheit der Börsenhändler (**Präsenzbörse**) ist nicht mehr an allen Börseneinrichtungen zwingend erforderlich. Dadurch sind Börsengeschäfte auch durch Teletransmission möglich geworden, was zur Installierung von neuen Börsen, den sogenannten **Computerbörsen,** geführt hat (z. B. Deutsche Terminbörse DTB bzw. EUREX Frankfurt).

Die traditionellen Präsenzbörsen lassen sich vor allem durch folgende Merkmale von den elektronischen Börsen unterscheiden:

Präsenzbörsen	elektronische Börsen
• Standortgebundener Parketthandel	• standortunabhängiger Computerhandel
• Auktionssystem	• Market-Maker-System
• relativ kurze Handelszeiten	• relativ lange Handelszeiten
• persönliche Kontakt- und Informationsmöglichkeiten	• Abhängigkeit von funktionierender Kommunikationstechnik
• begrenzte Markttransparenz	• hohe Markttransparenz
• Aufträge im Kommissionsgeschäft oder Eigengeschäft	• Clearingstelle als unmittelbarer Vertragspartner
• auch individuelle Geschäftsabschlüsse	• standardisierte Kontrakte
• im wesentlichen Kassahandel	• Terminhandel und Kassahandel

Während an den Präsenzbörsen im wesentlichen der Kassahandel in lieferbaren Finanzrechten (insbesondere Aktien und Schuldverschreibungen) sowie der Handel mit Optionsscheinen stattfindet, erstreckt sich der Terminhandel an den elektronischen Börsen auf zahlreiche Erscheinungsformen von Finanzderivaten, aber immer mehr auch auf den Kassahandel, so daß manche bereits das Ende der Präsenzbörsen prophezeien.

4.3.2 Aktienverwahrung

Nur noch wenige Aktionäre verwahren ihre Effekten selbst, und dann meist aus steuerlichen Motiven. Die **bankmäßige Effektenverwahrung** bedeutet für den Kunden erhebliche Verwaltungsvereinfachung, da insbesondere von der Bank folgende Tätigkeiten übernommen werden:
- sichere Verwahrung
- termingerechter Dividendendienst
- Verkauf von Bezugsrechten
- Aufforderung zur Teilnahme an der Hauptversammlung
- (stückeloser) Übertragungsverkehr von Effekten im In- und Ausland **(Effektengiroverkehr)**

Die Aktienverwahrung kann in einem verschlossenen Depot als Schrank- oder Schließfach sowie in einem offenen Depot in Form der Sonder-, Sammel- oder Drittverwahrung erfolgen.

Beim **verschlossenen Depot** erhält der Verwahrer keine Kenntnis über den Inhalt des Verwahrstücks. Er hat lediglich ein Zurückbehaltungsrecht aus dem Mietverhältnis über das Depot. Rechtlich erhält der Verwahrer nur Besitz an der Verpackung.

Liegt ein **offenes Depot** im Sinne des Depotgesetzes vor, so behält der Einlieferer weiterhin sein Eigentumsrecht an den Effekten, erhält aber ein Aussonderungsrecht seiner Stücke aus der Konkursmasse. Andererseits hat die Bank ein Pfandrecht der in ihren unmittelbaren Besitz übergehenden Effekten.

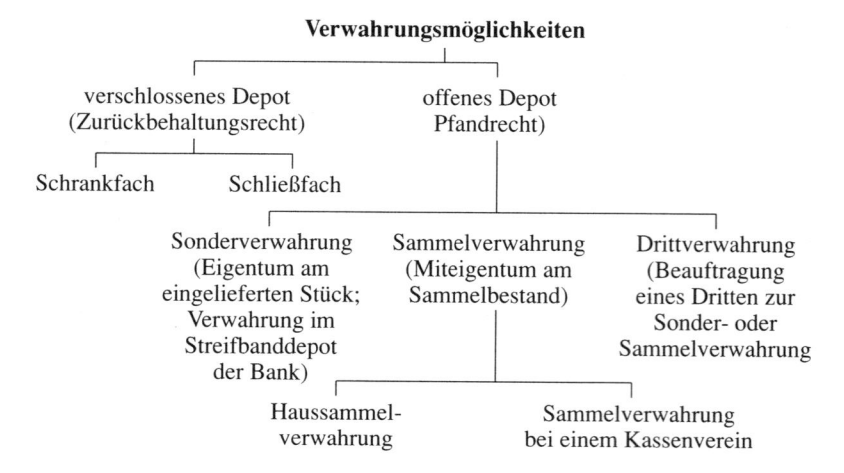

Verwahrungsmöglichkeiten

- verschlossenes Depot (Zurückbehaltungsrecht)
  - Schrankfach
  - Schließfach
- offenes Depot Pfandrecht)
  - Sonderverwahrung (Eigentum am eingelieferten Stück; Verwahrung im Streifbanddepot der Bank)
  - Sammelverwahrung (Miteigentum am Sammelbestand)
    - Haussammelverwahrung
    - Sammelverwahrung bei einem Kassenverein
  - Drittverwahrung (Beauftragung eines Dritten zur Sonder- oder Sammelverwahrung)

In den meisten Fällen wird eine Sammelverwahrung bei **Kassenvereinen (Wertpapiersammelbank)** gewählt, die an allen Börsenplätzen vertreten sind. Die Sammelverwahrung ist heute die depotgesetzliche Regelverwahrung. Der Aktionär erhält bei dieser Form Miteigentum am Sammelbestand dieser Aktien beim jeweiligen Kassenverein, so daß beim Kauf oder Verkauf die Miteigentumsansprüche stückelos innerhalb oder auch zu anderen Kassenvereinen übertragen werden können. Da die Auslieferung der Stücke unüblich ist, kann i. d. R. auf ihren Druck verzichtet werden bzw. können die einzelnen Aktien durch eine Globalurkunde ersetzt werden.

In Deutschland sind seit 1990 die einzelnen Kassenvereine der Regionalbörsen für das Inlandsgeschäft im Deutschen Kassenverein, Frankfurt, zusammengefaßt, der seit 1998 als Deutsche Börse Clearing AG firmiert. Für die Abwicklung des grenzüberschreitenden Effektengeschäfts ist der Deutsche Auslandskassenverein zuständig.

4.3.3 Kursfeststellung und Handel am Kassamarkt

Der jeweilige Zeitwert einer Aktie wird als Kurs angegeben und stellt den Preis der Aktie bezogen auf einen bestimmten Nennwert dar.

Bei der Aktiengesellschaft ist die Börse der Ort, an dem die Kurse der Aktien durch Angebot und Nachfrage als Marktpreis gebildet werden. Hier kann sich jeder Aktionär von seiner Beteiligungsfinanzierung trennen oder eine neue eingehen, ohne daß sich damit die Eigenkapitalbasis des Unternehmens verändert.

Bei der Kursbildung an der Börse spielen verschiedene Einflußfaktoren eine Rolle und bestimmen den jeweiligen Tagespreis der Aktie. Die vielfältigen möglichen **Börseneinflußfaktoren** lassen sich in folgenden Gruppen zusammenfassen:

- **Unternehmensbedingte Faktoren** wie Gewinnsituation, Auftragseingang, Investitionen, Streik
- **Aktienpolitische Faktoren** wie Dividendenhöhe, günstige Kapitalerhöhung, Bonus, Berichtigungsaktien
- **branchenbedingte Faktoren** wie Inlandsumsatz der Branche, Auslandsumsatz der Branche, Gesamtkapazitäten
- **monetäre Faktoren** wie Zinsniveau am Kapitalmarkt, Inlandsgeldmenge, Ausländerliquidität
- **(wirtschafts-)politische Faktoren** wie Konjunkturverlauf, Steuerpolitik, Sozialpolitik, Kapitalflucht aus dem Ausland
- **spekulative Faktoren,** bedingt durch bestimmte Erwartungen oder Verhaltensweisen an der Börse, »Börsentips« u. ä.

Grundsätzlich wird an der Börse immer nur das Verpflichtungsgeschäft abgewickelt, außerhalb der Börse das Erfüllungsgeschäft, nämlich die Lieferung der Stücke bzw. die Bezahlung. Fallen Verpflichtungsgeschäft und Erfüllungsgeschäft zeitgleich zusammen, liegt ein **Kassageschäft** vor, bei dem die Abrechnung i. d. R. 2 Börsentage später erfolgt. Bei **Termingeschäften** liegt eine längere Zeitspanne zwischen beiden Rechtsgeschäften vor, die durch feste Zeiträume als Standardfälligkeiten oder individuelle Laufzeiten gekennzeichnet ist.

Am Kassamarkt können Aktienkurse in **variabler Notiz** festgestellt werden, wenn ihre üblichen Umsätze eine mehrmalige Notierung während einer Börsenöffnung erwarten lassen. Dabei müssen jedoch manchmal für jedes Einzelangebot bestimmte Mindestbeträge vorliegen. Der Kurs bildet sich dann durch Angebot und Nachfrage zwischen den Beteiligten.

Der **Einheitskurs** wird grundsätzlich **jeden Tag einmal für jede amtlich zugelassene Aktie** zu einem bestimmten Zeitpunkt festgestellt, auch wenn eine variable Notierung möglich ist. Oftmals ist der Einheitskurs die zentrale der Orientierung dienende Kursfeststellung auch für alle anderen Abschlüsse außerhalb der Börse. Er wird i. d. R. zur Mitte der Börsenzeit (12 Uhr) ermittelt.

Die Einheitskursfeststellung erfolgt gemäß § 29 Börsengesetz und soll folgenden **Bedingungen** genügen:

1. Zum Einheitskurs muß der größtmögliche (mengenmäßige) Umsatz erfolgen.
2. Alle Bestens- und Billigst-Aufträge müssen ausgeführt sein.
3. Alle über dem Einheitskurs limitierten Kaufaufträge müssen ausgeführt werden können.
4. Alle unter dem Einheitskurs limitierten Verkaufsaufträge müssen ausgeführt werden können.
5. Zum Einheitskurs limitierte Kauf- bzw. Verkaufsaufträge müssen wenigstens teilweise ausgeführt werden können.

Inwieweit der festgestellte Einheitskurs dann diese Bedingungen erfüllt, läßt sich an den **Kurszusätzen** ablesen.

Bei den Kauf- und Verkaufsaufträgen sind Bestens-Aufträge und Billigst-Aufträge von den limitierten Aufträgen zu trennen. Bei limitierten Aufträgen nennt der Auftraggeber jeweils Preisober- bzw. Preisuntergrenzen für das **Kommissionsgeschäft.** Die Ausführung des Auftrags hängt somit von der Kursentwicklung ab, so daß ggf. Laufzeitbegrenzungen für den Auftrag gelten. Bestens bzw. Billigst-Aufträge sind dagegen unlimitiert und werden i. d. R. am nächsten Börsentag nach der Auftragserteilung ausgeführt. Grundsätzlich besteht ein Börsenzwang für die Ausführung von Kundenaufträgen, doch ist die Bank

Beteiligungsfinanzierung der Aktiengesellschaft 313

berechtigt, einen Selbsteintritt im Rahmen des Kommissionsgeschäftes, insbesondere bei der Einkaufskommission aus dem Eigenbestand, vorzunehmen. Der Auftraggeber kann die Bank aber vom Börsenzwang befreien.

Beispiel:

Kursermittlung an der Börse

Nachfrage (Kaufaufträge)		**Kurs**	Angebot (Verkaufsaufträge)		**Umsatz**
Stück	Stück kumuliert		Stück	Stück kumuliert	
	220	182		40	40
80	220	183	50	90	90
20	140	**184**	70	160	**140**
70	120	185	20	180	120
–	50	186	30	210	50
50		billigst			
–		bestens	40		
220			210		

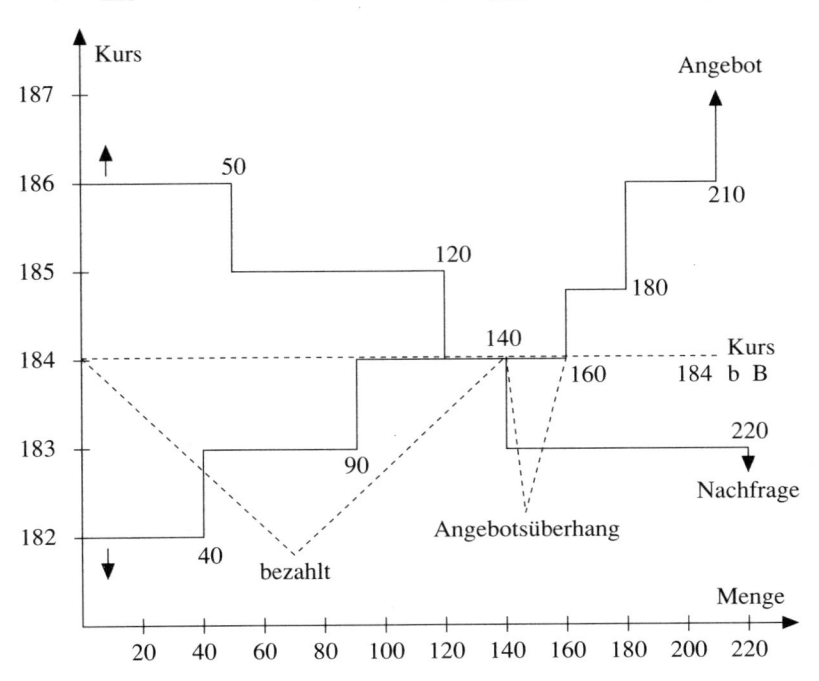

Übliche Kurszusätze und Hinweise

184 b (auch bz oder nur 184)	bezahlt	Angebot und Nachfrage haben sich vollständig ausgeglichen
184 bB	bezahlt und Brief	Zum festgestellten Einheitskurs bestand ein geringerer Angebotsüberhang
184 bG	bezahlt und Geld	Zum festgestellen Einheitskurs bestand ein geringerer Nachfrageüberhang
184 ebG	etwas bezahlt und Geld	Zum festgestellten Einheitskurs bestand ein größerer Nachfrageüberhang
184 ebB	etwas bezahlt und Brief	Zum festgestellten Einheitskurs bestand ein größerer Angebotsüberhang
184 bB rat (auch rep B)	bezahlt und Brief bei Repartierung bzw. Rationierung	Zum Einheitskurs ausführbare Verkaufsaufträge erfolgten durch Zuteilung; es bestand weiter Angebotsüberhang
184 bG rat	bezahlt und Geld bei Rationierung	Zum Einheitskurs ausführbare Kaufaufträge erfolgten durch Zuteilung; es bestand weiter Nachfrageüberhang
*	Sternchen	Kleine Beträge konnten nicht gehandelt werden
184 B	Brief	Es fanden keine Umsätze statt, da nur Verkaufsaufträge vorlagen. Der Kurs ergibt sich aus dem niedrigsten vorliegenden limitierten Auftrag.
184 G	Geld	Es fanden keine Umsätze statt, da nur Kaufaufträge vorlagen. Der Kurs ergibt sich aus dem höchsten vorliegenden limitierten Kaufauftrag
– B	gestrichen Brief	Es fanden keine Umsätze statt, da nur Verkaufsaufträge vorlagen. Eine Kursbenennung war nicht möglich, da nur unlimitierte Aufträge vorlagen
– G	gestrichen Geld	Es fanden keine Umsätze statt, da nur unlimitierte Kaufaufträge vorlagen
184 T (auch – T)	Taxkurs (taxiert)	Es fanden keine Umsätze statt. Der Kurs wurde vom Kursmakler geschätzt
–	gestrichen	Es fanden keine Umsätze statt, da keine Aufträge vorlagen.
aus	ausgesetzt	Der Börsenvorstand hat die Aussetzung des Kurses angeordnet.
184 ex D	ohne Dividende	Kursnotiz am Tag des Dividendenabschlags
184 exBR	ohne Bezugsrecht	Kursnotiz am ersten Tag des Bezugsrechtshandels
– Z	gestrichen wegen Ziehung	Kursnotiz an den beiden letzten Tagen vor der Auslosung bei festverzinslichen Effekten; keine Kursfeststellung
98,5 ex Z	nach Ziehung	Kursnotiz am Auslosungstag für die nicht ausgelosten Stücke
ex BA	ohne Berichtigungsaktien	Erste Notiz nach Umstellung des Kurses auf das aus Gesellschaftsmitteln berichtigte Aktienkapital
C (auch 184 C)	Kompensationsgeschäft	Bei den ausgeführten Aufträgen waren Käufer und Verkäufer identisch

Beteiligungsfinanzierung der Aktiengesellschaft

Eine **Rationierung** (Zuteilung) erfolgt meistens dann, wenn eine größere Zahl unlimitierter Kaufaufträge einer größeren Zahl unlimitierter Verkaufsaufträge gegenübersteht oder viele unlimitierte Aufträge wenigen limitierten Aufträgen gegenüberstehen, um eine möglichst gleichmäßige Verteilung der unlimitierten Aufträge vornehmen zu können.

Beispiel:

Rationierung
Ein Kurs 190 b B kann wie folgt zustande kommen:

Kaufaufträge	Kurs	Verkaufsaufträge
600	billigst	
200	190	–
400	192	400
	bestens	2 000

Kurs 192:	erfüllbare Kaufaufträge	1 000
	erfüllbare Verkaufsaufträge	2 400
	Umsatz	1 000
Kurs 190:	erfüllbare Kaufaufträge	1 200
	erfüllbare Verkaufsaufträge	2 000
	Umsatz	1 200

Ergebnis:
1. Größtmöglicher Umsatz ist erfolgt zu 190
2. alle über dem Einheitskurs limitierten Kaufaufträge (192 = 400) sind erfüllt
3. Verkaufsaufträge unter dem Einheitskurs lagen nicht vor
4. alle Billigstaufträge (600) sind erfüllt
5. zum Einheitskurs limitierte Kaufaufträge (200) sind auch erfüllt → Zusatz b
6. der Angebotsüberhang aus unlimitierten Verkaufsaufträgen wurde durch Zuteilung mit 60% von 2000, also 1200, zum Einheitskurs erfüllt → Zusatz rat B.

Stellt der Börsenmakler bei Vorlage der Aufträge zur Einheitskursfeststellung fest, daß sich **größere Kursveränderungen zur Vortagsnotiz** ergeben, hat er dies durch einfache oder doppelte Plus/Minus-Ankündigung auf der Kursanzeige zu erkennen zu geben. Die Börsenhändler können auf solche Mitteilung mit zusätzlichen Aufträgen oder der Stornierung von Aufträgen reagieren, um die Veränderung zu glätten. Der Kurs darf dann nur mit Zustimmung des Börsenvorstands festgestellt werden oder kann unter Umständen für diesen Tag ausgesetzt werden.

Eine **einfache Plus/Minus-Ankündigung** kann erfolgen, wenn bei den vorliegenden Aufträgen bei Aktien mit einer Veränderung von 5 bis 10%, bei Schuldverschreibungen von 1 bis 2% zum Vortagskurs zu rechnen ist. Bei einer **Doppelten Plus/Minus-Ankündigung** ist eine Veränderung bei Aktien von mehr als 10% bei Schuldverschreibungen von mehr als 2% zu erwarten. Die Bandbreiten können börsenindividuell abweichen.

Die festgestellten Einheitskurse werden börsentäglich im **amtlichen Kursblatt** und den Börsenpflichtblättern veröffentlicht. Erfolgt auch eine variable Notierung, werden alle Kurse benannt oder es werden zumindest zusätzlich auch die Anfangs- und Schlußkurse sowie die höchste und niedrigste Notierung veröffentlicht. Manche Börsendienste nennen ebenfalls auch alle Zwischennotierungen. Eine amtliche Veröffentlichung der Umsätze erfolgt nicht, wird jedoch ebenfalls von verschiedenen Börsendiensten mitgeteilt, bzw. von den Börsen selbst veröffentlicht.

Durch **elektronische Unterstützungssysteme und Handelsverfahren** wurde inzwischen eine zunehmende Automatisierung an den Effektenbörsen erreicht. Dadurch traten erhebliche Verbesserungen in der Abwicklung der Börsenaufträge ein. Durch schnellere Informationsmöglichkeiten der Marktteilnehmer hat die Attraktivität der Börsenmärkte und damit auch des gesamten Finanzplatzes Deutschland stark zugenommen.

Die Automatisierung des Kassahandels kann sich auf 2 Ebenen vollziehen durch die Nutzung von

- Informationssystemen und/oder
- Handels- und Abwicklungssystemen

Mit Hilfe des **Kurs-Informations-Service-Systems (KISS)** der Deutschen Börsen AG ist es Marktteilnehmern sowohl an der Börse als auch außerhalb möglich, Kurse und Indizes des deutschen Marktes sowie andere wichtige, börsenrelevante Informationen sofort (in Echtzeit) zu empfangen. Verbindungen zu Informationssystemen ausländischer Börsen werden angestrebt. Mit dem erweiterten Personal Computer System (pc KISS) können die Marktteilnehmer auch am Börsenhandel teilnehmen.

Auf der Handels- und Abwicklungsebene kann sich die Automatisierung auf Orderdurchleitsysteme und auf Orderausführungssysteme beziehen.

Beim **Börsen-Order-Service-System/Computerunterstütztes Börsenhandels- und Entscheidungssystem (BOSS-CUBE)** werden die Aufträge an den Kursmakler direkt übermittelt, ohne daß der Auftraggeber auf dem Börsenparkett erscheint. Nach der Kursfeststellung erhält der Auftraggeber im Falle der Ausführung seines Auftrages eine Bestätigung zur Information des Kunden. Auch die anschließende Abrechnung erfolgt elektronisch über das Börsengeschäftsabwicklungssystem BÖGA.

Beim Börsenorderausführungssystem wird nicht nur die Übermittlung des Auftrages sondern auch seine Ausführung elektronisch vollzogen. War bislang die physische Anwesenheit des Börsenhändlers im Börsensaal (Parketthandel) ein typisches Merkmal des Kassahandels, wurde durch die Einführung des **Integrierten Börsenhandels- und Informationssystems (IBIS II)** und seit Ende 1997 seines Nachfolgesystems **XETRA als vollautomatischem Handelssystem** für zunächst die marktbreiten, aber zukünftig alle Aktien auch die Möglichkeit eines umfassenden und schnellen elektronischen Kassahandels eröffnet. Die Börsenteilnehmer können so eine begrenzte Zahl von Effekten in langen Handelszeiten dezentral von ihrem jeweiligen Standort aus handeln. Die Markregeln (Börsenusancen) werden in gleicher Weise wie beim traditionellen Handel vom Börsenvorstand aufgestellt und unterliegen dem Börsengesetz.

Als Marktteilnehmer treten hier vor allem institutionelle Anleger (z. B. Investmentfonds) mit großem Handelsvolumen auf.

Durch die Computerisierung des Börsenhandels ist mit weiteren Veränderungen zu rechnen.

4.3.4 Börsentermingeschäfte

4.3.4.1 Wesen und Arten des Terminhandels

Beim Termingeschäft wird ein Vertrag geschlossen, dessen **Erfüllung**, also Lieferung und Bezahlung, erst **zu einem späteren, festgelegten Zeitpunkt** erfolgen soll. Dadurch ist es möglich, daß der eine Vertragspartner einen Börsenwert verkauft, den er noch gar nicht besitzt, und der andere Vertragspartner einen Börsenwert kauft, für dessen Bezahlung er noch gar kein Geld hat. Je nach dem, ob die spätere Erfüllung für einen oder beide Vertragspartner bindend ist oder nicht, kann es sich bei Termingeschäften um

- bedingte Termingeschäfte oder
- feste Termingeschäfte handeln.

Feste Termingeschäfte müssen am oder bis zum Erfüllungstag durchgeführt sein, wobei ein Rücktrittsrecht für beide Vertragspartner ausgeschlossen ist. Dabei stehen sich grundsätzlich zwei Erwartungsmodelle gegenüber, das des

»Haussiers« und das des »Baissiers«. Da das Termingeschäft und das ergänzende Kassageschäft zur gleichen Zeit erfüllt werden können, ist der **Kapitaleinsatz** auf die Transaktionskosten begrenzt, was u. U. zu hohem Engagement (auch ohne Geld) reizt. Das Risiko besteht darin, daß im Grunde Haussier und Baissier unterschiedliche Erwartungen in ein und dasselbe Geschäft haben.

Haussier	**Baissier**
Er erwartet Kurssteigerung, darum:	Er erwartet Kurssenkungen, darum:
Kauf eines Börsenwertes am 01.04. per Termin 01.07. zum Terminkurs von 150	Verkauf eines Börsenwertes am 01.04. per Termin 01.07. zum Terminkurs von 150
(Verpflichtungsgeschäft)	**(Verpflichtungsgeschäft)**
Geht seine Erwartung in Erfüllung, steht der Kassakurs am 01.07. auf 180. Darum:	Geht seine Erwartung in Erfüllung, steht der Kassakurs am 01.07. auf 130. Darum:
1. Realisierung des Terminkontraktes am 01.07. zum vereinbarten Terminkurs von 150	1. Eindeckung am Kassamarkt zum Kassakurs von 130
(Erfüllungsgeschäft)	
2. Verkauf des Börsenwertes am Kassamarkt zum Kassakurs von 180	2. Erfüllung seiner Terminverpflichtung am 01.07. zum vereinbarten Terminkurs von 150
	(Erfüllungsgeschäft)
Ergebnis: Gewinn 30	Ergebnis: Gewinn 20

Grundsätzlich lassen sich bei festen Termingeschäften 2 Formen unterscheiden

```
                    feste Termingeschäfte
              ┌─────────────┴─────────────┐
          Futures                      Forwards
```

Futures sind an Terminbörsen abgeschlossene standardisierte Verträge, die gegenüber der Börse als unmittelbarem Vertragspartner zum Ende der Standardlaufzeit zu erfüllen sind. Sie können während der Laufzeit gehandelt bzw. glattgestellt werden. Bei Futures ist eine Sicherheitsleistung zu erbringen, und es erfolgt eine börsentägliche Zwischenabrechnung.

Forwards werden dagegen außerbörslich abgeschlossen und stellen einen individuellen Vertrag dar, der die besonderen wirtschaftlichen Belange der

Beteiligungsfinanzierung der Aktiengesellschaft 319

Vertragspartner vor allem hinsichtlich Laufzeit, Volumen und Terminkurs berücksichtigt (z. B. Devisentermingeschäfte). Die Abrechnung erfolgt im Erfüllungstermin; Sicherheitsleistungen sind nicht üblich.

Bei **bedingten Termingeschäften** besteht eine Wahlmöglichkeit i. d. R. zumindest für einen Partner im Hinblick auf Erfüllung oder Rücktritt, während der andere Vertragspartner eine Leistungsverpflichtung eingeht.

Eine Option als typisches bedingtes Termingeschäft ist ein gegen Entgelt (Optionspreis) erwerbbares Recht, eine bestimmte Anzahl von zum Optionshandel zugelassenen Börsenwerten (Optionspapiere) jederzeit während einer festgelegten Frist (Optionsfrist) zu einem im voraus vereinbarten Preis (Basispreis) vom Vertragspartner fordern oder an ihn liefern zu dürfen.

Beim Optionsgeschäft bestehen 2 Grundformen:
- die Kaufoption und
- die Verkaufsoption.

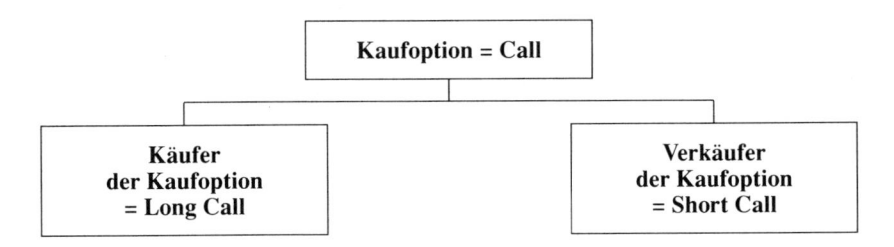

```
                    Kaufoption = Call
                   /                \
         Käufer                      Verkäufer
      der Kaufoption              der Kaufoption
       = Long Call                 = Short Call
```

Der Käufer einer Kaufoption hat das Recht, einen Börsenwert während der Optionsfrist zum festgelegten Basiskurs vom Verkäufer erwerben zu können.	Der Verkäufer einer Kaufoption hat die Pflicht, einen Börsenwert während der Optionsfrist zum festgelegten Basiskurs liefern zu müssen (Stillhalter in Börsenwerten).
• Erwerbsrecht zum vereinbarten Kurs	• Lieferungspflicht zum vereinbarten Kurs
• Zahlung des Optionspreises	• erhält Optionspreis
• Erwartung: Kurssteigerung	• Erwartung: Kursstagnation
• Gewinnchance: unbegrenzt	• Gewinnchance: auf Optionspreis begrenzt

- Verlustrisiko:
  auf Optionspreis begrenzt
- Vorteil:
  günstiger Einkauf bei Kurssteigerung

- Verlustrisiko:
  unbegrenzt
- Vorteil:
  Verringerung des Einstandspreises bei Kursstagnation

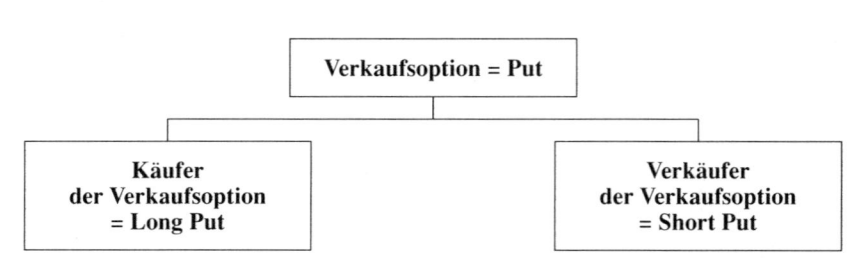

Verkaufsoption = Put

Käufer der Verkaufsoption = Long Put	Verkäufer der Verkaufsoption = Short Put

Der Käufer einer Verkaufsoption hat das Recht, einen Börsenwert während der Optionsfrist zum festgelegten Basiskurs an den Verkäufer liefern zu dürfen.

- Lieferungsrecht zum vereinbarten Kurs
- Zahlung des Optionspreises
- Erwartung:
  Kursverfall
- Gewinnchance:
  kein Verlust bei Kurssenkung
- Verlustrisiko:
  auf Optionspreis begrenzt
- Vorteil:
  Schutz vor Kursverfall

Der Verkäufer einer Verkaufsoption hat die Pflicht, einen Börsenwert während der Optionsfrist zum festgelegten Basiskurs vom Käufer abnehmen zu müssen (Stillhalter in Geld).

- Abnahmepflicht zum vereinbarten Kurs
- erhält Optionspreis
- Erwartung:
  Kursstagnation, bzw. leichte Kurssteigerung
- Gewinnchance:
  auf Optionspreis begrenzt
- Verlustrisiko:
  unbegrenzt
- Vorteil:
  Gewinn ohne Kapitaleinsatz

Optionsfrist für die Ausübung des Optionsrechtes kann die gesamte Laufzeit sein. Derartige Optionen werden als **amerikanische Optionen** bezeichnet. Die Optionsfrist kann sich aber auch auf den Verfalltag am Ende der Laufzeit beschränken (**europäische Optionen**).

Rechtsgrundlage für den Terminhandel in Deutschland ist das Börsengesetz, insbesondere die §§ 50 ff.

Von besonderer Bedeutung für Teilnehmer am Terminhandel ist die **Börsenterminfähigkeit.** Termingeschäftsfähig sind nach § 53 Abs. 1 BörsG Kaufleute, die in das Handelsregister eingetragen sind, deren Eintragung gemäß § 36 HGB nicht erforderlich ist oder die nicht in das Handelsregister eingetragen werden, weil sie ihren Sitz im Ausland haben, sowie eingetragene Genossenschaften. Des weiteren ist eine Reihe von Personen den Erstgenannten gleichgestellt, weil sie mit dem Börsenhandel besonders vertraut sind und deshalb nicht schutzbedürftig sind.

Für terminfähige Personen sind die Termingeschäfte verbindlich und einklagbar. Ist dagegen eine Person **nicht terminfähig,** so könnte sie gemäß §§ 762, 764 BGB den Spieleinwand bzw. **Differenzeinwand** geltend machen. Derartige Geschäfte sind dann nicht rechtsverbindlich. § 764 BGB stellt diesem Tatbestand vor allem Verträge gleich, bei denen Waren- oder Effektengeschäfte in der Absicht geschlossen werden, nicht tatsächlich zu liefern, sondern nur den Unterschiedsbetrag zu zahlen. § 53,2 BörsG regelt deshalb die Terminfähigkeit von Nichtkaufleuten und verlangt eine ausführliche **besondere Informationspflicht** über die erhöhten Risiken bei Börsentermingeschäften. So ist ein Termingeschäft nur verbindlich, wenn ein unter Banken- oder Börsenaufsicht stehender Kaufmann den Marktteilnehmer schriftlich über die Verlustrisiken aufklärt und sich dies von ihm hat bestätigen lassen.

Termingeschäfte können sich auf lieferbare und nicht lieferbare Börsenwerte (Underlying) beziehen. Während bei lieferbaren Finanzrechten auch die tatsächliche Erfüllung verlangt werden und beabsichtigt sein kann, ist bei nicht lieferbaren Finanzrechten nur eine Barabrechnung durch Gegenüberstellung des Wertes dieser Finanzrechte zu den beiden Bezugszeitpunkten (Cash-Settlement) möglich. Termingeschäfte in bezug auf lieferbare Finanzrechte können eine unmittelbare Auslieferung des Basiswertes im Termin beinhalten oder die Bereitstellung eines Terminrechtes auf das Finanzrecht.

Börsenwerte im Terminhandel

in bezug auf lieferbare Basiswerte	in bezug auf nicht lieferbare Basiswerte

1. bei direkter Lieferung des Basiswertes im Termin
z. B. Aktienoptionen
    Devisenoptionen
    Warenterminoptionen
	z. B. Indexoptionen
	    Indexfutures

2. bei indirekter Lieferung des Basiswertes im Termin durch Terminrechte
z. B. Optionen auf Aktienoptionen
    Optionen auf Zinsterminkontrakte
    Futures auf Zinsterminkontrakte	

Die in Termingeschäften gehandelten Börsenwerte stellen nie den Basiswert selbst dar sondern nur bestimmte Ansprüche auf einen Basiswert. Sie leiten ihren eigenen Wert von der Marktentwicklung des Basiswertes ab und werden deshalb auch als **Finanzderivate** bezeichnet. Ihre typischen Merkmale sind:

- Erwerbspreis beträgt nur einen Bruchteil des Basiswertes
- Wertentwicklung abhängig vom Basiswert
- Bilanzunwirksamkeit, da es sich um zukünftige Zahlungen/Leistungen handelt
- Verwendung vor allem zur Risikoabsicherung
- zunehmende Verbreitung auf nationalen und internationalen Finanzmärkten
- hoher Innovationsgrad

4.3.4.2 Terminhandel an der Terminbörse

Die DTB, später EUREX Frankfurt, hat im Hinblick auf die Liberalisierung und Globalisierung der Finanzmärkte erheblich zur Steigerung der Attraktivität des Finanzplatzes Deutschland beigetragen. Die EUREX Frankfurt ist eine Börse im Sinne des Börsengesetzes, so daß sie sich in organisatorischer Hinsicht nicht von anderen Börsen unterscheidet. Börsenteilnehmer sind (bisher) aufgrund der hohen Zulassungsanforderungen jedoch nur institutionelle Anleger und Banken.

Das **Handelssystem** unterscheidet sich vom traditionellen Börsenhandel vor allem durch folgende **Merkmale:**

- keine Präsenzbörse
- ständige Verbindung zum Zentralrechner (Online-Bereitschaft) und somit längere Handelszeiten
- hohe Markttransparenz durch lfd. Marktinformationen der Teilnehmer am Bildschirm
- Handel nur in standardisierten Kontrakteinheiten
- unmittelbarer Vertragspartner ist immer die Clearingstelle
- der jeweilige Stillhalter kann seine Position während der Laufzeit glattstellen
- Einführung des Market-Maker-Systems
- Zulässigkeit von Optionskombinationen

Für alle abgeschlossenen Geschäfte der Börsenteilnehmer übernimmt die Terminbörse als **Clearingstelle** die Haftung und Abwicklung, die Deutsche Börse Clearing AG die Aufgabe der Depotstelle, so daß für die Beteiligten das Erfüllungsrisiko entfällt. Die Abrechnung erfolgt über die Clearing-Mitglieder, die über Verrechnungskonten bei der Hessischen Landeszentralbank verfügen müssen.

Die Clearingstelle verlangt von jedem Börsenteilnehmer eine **Sicherheitsleistung** (Margin), die auf der Basis des Schlußkurses (Settlement-Preis) ermittelt wird. Börsentäglich sich ergebende Gewinne können abgezogen werden; Verluste führen zur Nachschußpflicht, die bei Nichterfüllung zur automatischen Glattstellung der Kontrakte führt. Das Verlustrisiko ist dadurch auf die Kursveränderung eines Tages begrenzt. Die Höhe der Sicherheitsleistung ist abhängig vom Verlustrisiko aufgrund der Volatilität der Basiswerte, aber auch von der Art der Termingeschäfte.

Ein wesentliches Merkmal der Terminkontrakte ist der **hohe Standardisierungsgrad**. So gehören beispielsweise Optionen desselben Typs (Kauf- oder Verkaufsoption), derselben Klasse (gleiche Basiswerte) und mit gleicher Laufzeit einer Optionsserie an. Bei Bedarf können dann während der Laufzeit ergänzende Optionsserien herausgegeben werden (z. B. mit anderen Basiswerten).

Für einen funktionstüchtigen Markt sollen die **Market Maker** sorgen. Sie sind Börsenteilnehmer, die aufgrund ihrer besonderen Zulassung und Bonität berechtigt und verpflichtet sind, jedem anderen Börsenteilnehmer als Kontraktpartner zur Verfügung zu stehen. Sie müssen in ihrem Bereich jederzeit und auf Anfrage gleichzeitig verbindliche Geld- und Briefkurse (Quotes) stellen und somit zu jedem Zeitpunkt Abschlüsse ermöglichen bzw. Glattstellungen von Termingeschäften gewährleisten.

Die Geschäftsabschlüsse erfolgen durch ein **Matching,** bei dem in gleicher Form wie bei der Kursfeststellung an den Präsenzbörsen die Aufträge der Börsenteilnehmer zusammengeführt werden. Hierbei besitzen die unlimitierten Aufträge Vorrang; die limitierten Aufträge ordnet der Zentralrechner nach ihren Kursen, wobei die niedrigsten Verkaufsaufträge und die höchsten Kaufaufträge wiederum Priorität haben. Bei gleichen Kursstellungen entscheidet der Zeitpunkt der Auftragsabgabe.

Termingeschäfte dienen vor allem der **Risikoabsicherung,** bei Eigenkapitalbereitstellung (Aktien) zur Begegnung des Kursrisikos, bei Fremdkapitalbereitstellung zur Minderung des Zinsänderungsrisikos.

Termingeschäfte stellen einerseits für sich gesehen risikoreiche Positionen dar, die den Aufbau einer risikomindernden oder -kompensierenden Gegenposition wünschenswert erscheinen lassen, andererseits dienen sie selbst zur

Absicherung von Kassa- bzw. Effektivgeschäften. Eine solche Kombination von zwei kompensatorischen Risiken wird als Hedging bezeichnet und kann in allen Börsenwerten auftreten. **Hedging** kann in unterschiedlicher Form praktiziert werden, insbesondere durch die Kombination eines Effektivgeschäfts mit einem festen Termingeschäft oder einem Optionsgeschäft sowie von Optionsgeschäften und festen Termingeschäften wechselseitig oder untereinander.

Die Grundform eines Hedging dient der **Absicherung des Verlustrisikos durch die Kombination eines Effektivgeschäfts mit einem festen Termingeschäft.** Nur im idealtypischen Fall werden jedoch dabei die Kurse am Kassamarkt und am Terminmarkt übereinstimmen, so daß normalerweise immer ein Restgewinn bzw. Restverlust übrigbleibt. Zeichnet sich eine bestimmte Kursentwicklung ab, die ein Sicherungsgeschäft überflüssig erscheinen läßt, können die Terminkontrakte auch vor Fälligkeit glattgestellt werden.

Beispiel:

Effektivgeschäft	**Termingeschäft**
Kauf eines Börsenwertes oder Besitz eines Börsenwertes zum Kurs von 120	Verkauf eines Sicherungskontraktes per Termin zum Kurs von 120

Kurs fällt

Verkauf eines Börsenwertes oder rechnerischer Wertverlust zum Kurs von 90	Entdeckung bzw. Glattstellung des Sicherungskontraktes zum Kurs von 90
Verlust 30	Gewinn 30

Risikokompensation

Effektivgeschäft	**Termingeschäft**
Lieferverpflichtung eines Börsenwertes per Termin zum Kurs von 120	Kauf eines Sicherungskontraktes per Termin zum Kurs von 120

Kurs steigt

Entdeckung bzw. Glattstellung der Lieferverpflichtung zum Kurs von 150	Verkauf eines Sicherungskontraktes zum Kurs von 150
Verlust 30	Gewinn 30

Risikokompensation

Beteiligungsfinanzierung der Aktiengesellschaft

Seit Aufnahme der Geschäftstätigkeit im Jahr 1990 haben sich sowohl das Handelsvolumen als auch die Produktpalette der Terminbörse stark erweitert. Der Terminhandel erstreckt sich im wesentlichen auf folgende Produkte:

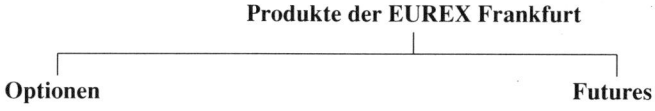

Produkte der EUREX Frankfurt

Optionen
- Aktienoptionen
- Indexoptionen
- Optionen auf Futures

Futures
- EURO-Schatz-Futures
- EURO-Bund-Futures
- EURO-Bobl-Futures
- Index-Futures

Bei Aktienoptionen besitzt der jeweilige Käufer der Option das Recht, eine bestimmte Menge Aktien während der Optionsfrist zum vereinbarten Basispreis erwerben oder liefern zu können. Für dieses Recht zahlt er den Optionspreis an den Verkäufer der Option.

Der **Optionspreis** ist bei Beginn der Optionsfrist zu zahlen und beträgt je nach Laufzeit, Aktienart und Marktlage etwa 3 bis 15% des Aktienkurses, wobei der **Mindestabschluß** i.d.R. 50/100 Aktien oder ein Vielfaches davon beträgt.

Größere Spannen bilden sich bei den Optionspreisen vor allem dann, wenn verschiedene **Basispreise** zugrunde gelegt worden sind. Der Basispreis ist dabei nicht der jeweilige Tageskurs der Aktie beim Geschäftsabschluß, sondern ein Standardpreis, der bestimmte Bedingungen erfüllen muß. Optionen können nur zu einem Basispreisintervall von

- 2 EUR bis zu einem Aktienkurs von 50 EUR,
- 5 EUR bei Aktienkursen zwischen 50 und 200 EUR,
- 20 EUR bei Aktienkursen zwischen 200 und 500 EUR,
- 50 EUR bei Aktienkursen zwischen 500 und 1 000 EUR und
- 100 EUR bei Aktienkursen über 1 000 EUR gehandelt werden.

Die Höhe des Optionspreises ist abhängig vom Basispreis. Bei einer Kaufoption fällt der Optionspreis mit steigendem Basispreis, bei der Verkaufsoption steigt der Optionspreis mit zunehmendem Basispreis.

Der Auftraggeber hat auch im Optionshandel die Möglichkeit, sowohl den Basispreis als auch den Optionspreis zu limitieren.

Jede Aktienoption läßt sich durch ihre Wesensmerkmale klassifizieren:

- Optionstyp: Art der Option, z. B. Kaufoption
- Optionsklasse: Alle Optionen desselben Typs mit demselben Basiswert, z. B. Kaufoption auf BMW-Aktien
- Optionsserie: Alle Optionen derselben Klasse mit identischem Verfalltag und Basispreis, z. B. Kaufoption auf BMW-Aktien zu einem Basispreis von 650 und Verfalltag im September

Aktienoptionen sind amerikanische Optionen, so daß sie während der Optionsfrist jederzeit ausgeübt werden können. Dadurch ergeben sich folgende Möglichkeiten:

Käufer der Option

- kann jederzeit Lieferung oder Abnahme verlangen
- kann verfallen lassen
- kann glattstellen durch Abschluß einer entgegengesetzten Handelsposition derselben Serie vor dem Verfalltag (z. B. bei Kauf einer Kaufoption durch Verkauf einer Kaufoption)

Verkäufer der Option

- kann abwarten, ob der Käufer von seinem Optionsrecht Gebrauch macht
- kann glattstellen durch Abschluß einer Gegenposition derselben Serie vor dem Verfalltag (z. B. bei Verkauf einer Kaufoption durch Kauf einer Kaufoption)

Verfalltag bei Aktienoptionen ist der auf den dritten Freitag eines Verfallmonats folgende Börsentag. Als Verfallmonate gelten immer die 3 nächsten Monate und die beiden darauffolgenden Quartalsmonate März, Juni, September und Dezember, so daß die längste Optionsfrist 9 Monate beträgt.

Erfüllungstag ist 2 Börsentage nach Ausübung des Optionsrechtes.

Beispiel:

Kaufoption am 07. August
Mögliche Verfallmonate: August, September, Oktober, Dezember und März
Kaufoption am 30. August
Mögliche Verfallmonate: September, Oktober, November, Dezember und März

Bei jeder Aktienoption können mehrere Serien mit unterschiedlichen Merkmalen zur Verfügung stehen. In der Regel werden 3 Serien für jeden Fälligkeitstermin aufgelegt und zwar unter dem aktuellen Aktienkurs, zum aktuellen Aktienkurs und darüber. Bei größeren Kursveränderungen können weitere Serien hinzukommen.

Beteiligungsfinanzierung der Aktiengesellschaft

Beispiel:

Kassakurs der Aktie 443 EUR bei Auflegung der Serien für den Verfalltermin Oktober.

Serie 1 420 EUR → unter dem aktuellen Aktienkurs
Serie 2 440 EUR → zum oder nahe beim aktuellen Aktienkurs
Serie 3 460 EUR → über dem aktuellen Aktienkurs

Fällt der Kurs der Aktie an 2 aufeinander folgenden Börsentagen auf 425 EUR und unterschreitet damit den Mittelwert der beiden niedrigsten Basispreise, ist eine neue Serie zu 400 EUR aufzulegen. Stiege der Aktienkurs auf 458 EUR, wäre eine Serie zu 480 EUR zu ergänzen.

Der Optionspreis kennzeichnet für den Käufer der Option den maximalen Verlust, für den Verkäufer den maximalen Gewinn. Die Höhe des Optionspreises an der Börse schwankt daher während der Optionsfrist in Abhängigkeit von den Erwartungen der Marktteilnehmer hinsichtlich der Restlaufzeit und der Veränderungen der zugrunde liegenden Aktie.

Optionspreis = Innerer Wert + Zeitwert

Eine Kaufoption hat einen inneren Wert, wenn der Aktienkurs über dem Basispreis liegt; eine Verkaufsoption hat einen inneren Wert, wenn der Aktienkurs unter dem Basispreis liegt. Der Zeitwert kennzeichnet die verbliebenen Chancen bzw. Erwartungen bis zum Verfalltag; der Zeitwert wird i. d. R. mit sinkender Restlaufzeit abnehmen und ist zum Verfalltag nicht mehr vorhanden.

Beispiel:

Vereinbarter Basispreis für die **Kaufoption**   440 EUR

Aktienkurs	Basispreis	Innerer Wert	Optionsbezeichnung
470	440	30	**im Geld** (in the money)
440	440	keiner	**zum Geld** (at the money)
430	440	keiner	**aus dem Geld** (out of the money)

Vereinbarter Basispreis für die **Verkaufsoption**   440 EUR

Aktienkurs	<	Basispreis	innerer Wert	im Geld
Aktienkurs	=	Basispreis	kein innerer Wert	zum Geld
Aktienkurs	>	Basispreis	kein innerer Wert	aus dem Geld

Untersuchungen haben gezeigt, daß die Optionen häufig nicht ausgeübt werden, so daß der Anlageerfolg dem Stillhalter zufließt. Da der Käufer einer Kaufoption einem Hausse-Spekulanten entspricht, wird er von seinem Recht nur Gebrauch machen, wenn der Kurs nicht unter den Basispreis sinkt. Liegt der Kurs zwischen Basispreis und der Summe aus Basispreis und Optionspreis, wird er im Hinblick auf seine Verlustminimierung i. d. R. sein Recht ausüben.

Gewinnschwelle und Zone des begrenzten Verlusts lassen sich unter Berücksichtigung der Transaktionskosten für die **Kaufoption** wie folgt errechnen:

$$\text{Gewinnschwelle (G)} = \frac{\text{Basispreis} + \text{Optionspreis} + \text{Transaktionskosten zum Basispreis}}{1 - \text{Transaktionskosten in \% des Verkaufskurses}}$$

$$\text{Zone des begrenzten Verlustes (Z)} = \frac{\text{Basispreis} + \text{Transaktionskosten zum Basispreis}}{1 - \text{Transaktionskosten in \% des Verkaufskurses}}$$

Der Käufer einer **Verkaufsoption** wird sein Recht nur ausüben, wenn der Kurs unter den Basispreis fällt, wobei analog zur Kaufoption seine Gewinnschwelle erst erreicht ist, wenn die Differenz zwischen Tageskurs und Basispreis seine Transaktionskosten und den Optionspreis deckt.

$$G = \frac{\text{Basispreis} - \text{Optionspreis} - \text{Transaktionskosten zum Basispreis}}{1 + \text{Transaktionskosten in \% des Kaufkurses}}$$

$$Z = \frac{\text{Basispreis} - \text{Transaktionskosten zum Basispreis}}{1 + \text{Transaktionskosten in \% des Kaufkurses}}$$

Bei einem vereinbarten Basispreis von 170 und einem Optionspreis von 15 läßt sich das Verhalten der Optionspartner bei der Kauf- bzw. Verkaufsoption aus folgendem Grundmodell ablesen:

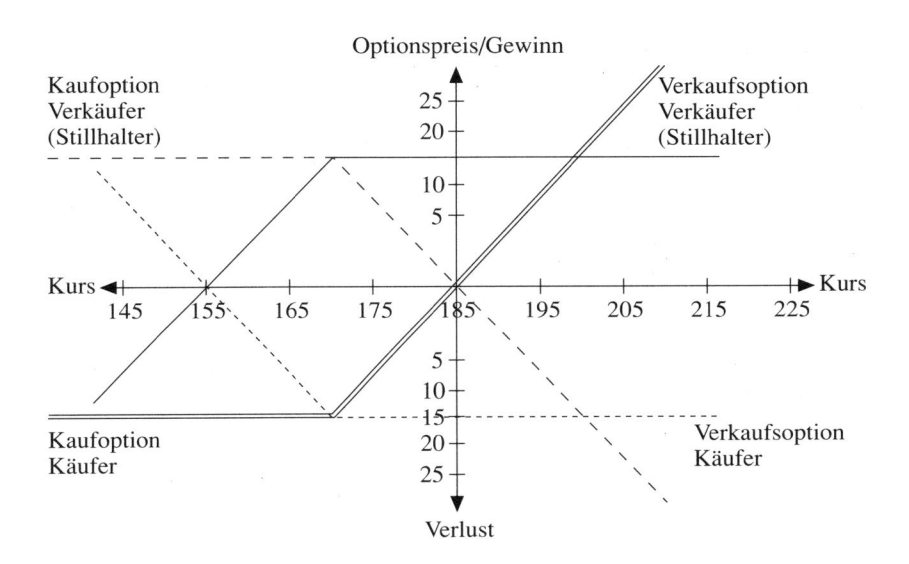

Beteiligungsfinanzierung der Aktiengesellschaft

```
                    Optionspreis/Gewinn
                            ▲
Kaufoption              25 ┤        ╱╱ Verkaufsoption
Verkäufer                  │       ╱╱  Verkäufer
(Stillhalter)           20 ┤      ╱╱   (Stillhalter)
─ ─ ─ ─ ─ ─ ─ ─ ─ ─ ─ ─ ─ ─┤     ╱╱ ─ ─ ─ ─ ─ ─ ─ ─
                        10 ┤    ╱╱
                         5 ┤   ╱╱
 Kurs ◄┼────┼────┼────┼────┼────┼────┼────┼────► Kurs
       145  155  165  175  185  195  205  215  225
                         5 ┤
                        10 ┤
                ─ ─ ─ ─ 15 ┼ ─ ─ ─ ─ ─
 Kaufoption             20 ┤             Verkaufsoption
 Käufer                 25 ┤             Käufer
                            │
                          Verlust
```

Börsensituation	Käufer der Kaufoption	Verkäufer der Kaufoption
Kurs fällt geringfügig auf (160)	keine Optionsausübung, Verlust in Höhe des Optionspreises	Gewinn in Höhe des Optionspreises, Buchverlust gegenüber dem Basiskurs wird durch den Optionserlös aufgefangen
Kurs fällt stärker auf (140)	keine Optionsausübung, aber günstiger Aktienkauf an der Börse möglich, der den Optionsverlust ggf. überkompensiert	Buchverlust kann nur noch teilweise durch den Optionserlös ausgeglichen werden
Kurs steigt geringfügig auf (177)	Optionsausübung zur Verlustminderung	übt der Käufer sein Optionsrecht aus, reduzierter Gewinn
Kurs steigt stärker auf (196)	Option wird ausgeübt, realisierter Gewinn bei gleichzeitiger Wiederveräußerung	bei steigenden Kursen wird der Verkauf zum Basiskurs immer ungünstiger (entgangener Gewinn)! Muß sich der Verkäufer (teilweise) erst noch an der Börse eindecken, nicht nur entgangener Gewinn, sondern effektiver Verlust

Börsensituation	Käufer der Verkaufsoption	Verkäufer der Verkaufsoption
Kurs fällt stärker auf 126	Option wird ausgeübt	bei fallenden Kursen wird der Kauf zum Basiskurs immer unvorteilhafter; aus dem Buchverlust wird ein effektiver Verlust, wenn der Stillhalter die Aktien sofort wieder verkaufen muß
Kurs steigt stärker auf 186	Ohne Aktienbesitz keine Optionsausübung! Mit Aktien ist der Verkauf an der Börse vorteilhafter	Gewinn in Höhe des Optionspreises! Entgangener Gewinn, weil nicht bei Optionsbeginn an der Börse gekauft
Kurs fällt geringfügig auf 160	Käufer übt die Option aus, um seinen Verlust zu minimieren	Verkäufer hätte sich über die Börse billiger eindecken können, dennoch Restgewinn aus Optionspreis
Kurs steigt geringfügig auf 175	keine Ausübung der Option; bei Aktienbesitz ggf. Verkauf an der Börse	Gewinn in Höhe des Optionspreises

Optionsgeschäfte können aus **unterschiedlichen Motiven** abgeschlossen werden:

1. Aktienbesitzer möchte sich vor Kursverfall schützen (Käufer einer Verkaufsoption)
2. Aktienbesitzer möchte bei Kursstagnation seine Rendite erhöhen (Verkäufer einer Kaufoption)
3. Kapitalanleger möchte sich nur in Aktien mit Kursanstieg engagieren und sein Risiko auf den Optionspreis begrenzen (Käufer einer Kaufoption)
4. Kapitalanleger möchte am Kapitalmarkt auch ohne Aktien eine gute Rendite erzielen und engagiert sich in Stagnationspapieren (Verkäufer einer Verkaufsoption)
5. Absicherung eines Aktienkaufs durch gleichzeitigen Kauf einer Verkaufsoption
6. Absicherung eines Aktienverkaufs durch Erwerb einer Kaufoption
7. Reduzierung des Einstandspreises eines Aktienkaufs durch gleichzeitigen Verkauf einer Verkaufsoption.

Zu den bekanntesten Formen der **Optionskombinationen** zählen Spreads und Straddles. Unter einem **Spread Trading** wird der gleichzeitige Kauf und Verkauf desselben Optionstyps verschiedener Klasse und Laufzeit verstanden. Die Höhe des Gewinns hängt von der Spanne zwischen den beiden Optionskursen ab. Beim **Straddle** erwartet der Käufer stärkere Kursschwankungen und erwirbt gleichzeitig eine Kauf- und eine Verkaufsoption, die er nach Möglichkeit beide nacheinander gewinnbringend ausüben möchte. Der Verkäufer erhält immer zwei Optionsprämien.

Beispiel:

Kaufoption

Kaufoption für 100 VEBA-Aktien am 03.05. per Verfallmonat Juli
Basiskurs 60; Kassakurs 56
Optionspreis 2,50 EUR je Aktie
Kurssteigerung innerhalb der Optionsfrist um 12 EUR

Der Käufer übt die Option am 13.07. aus und verkauft die Aktien gleichzeitig zum Tageskurs an der Börse. Angenommene Transaktionskosten 1%

100 VEBA-Aktien zu 60	} fällig am 15.07.	6 000,00 EUR
+ Transaktionskosten 1%		60,00 EUR
+ Optionspreis (100 · 2,50)	} fällig am 03.05.	250,00 EUR
= Einstandspreis des Käufers der Kaufoption		6 310,00 EUR
Verkauf von 100 VEBA-Aktien an der Börse zum Kurs von 68		6 800,00 EUR
– Transaktionskosten 1% } fällig am 15.07.		68,00 EUR
= Verkaufspreis des Käufers der Kaufoption		6 732,00 EUR

Der Gewinn des Käufers beträgt 422 EUR, bezogen auf einen Kapitaleinsatz von 250 EUR (Optionspreis) für die Zeit vom 03.05. bis 15.07. Die Rendite beläuft sich somit auf

$$r = \frac{\text{Gewinn} \cdot 100}{\text{Kapital} \cdot \text{Zeit}} = \frac{422 \cdot 100}{250 \cdot \frac{72}{360}} = 844\% \text{ p.a.}$$

Fällt in die Optionsfrist eine Dividendenzahlung (z. B. 1 EUR), so steht sie dem Käufer zu und vermindert seinen Basispreis auf 59 EUR.

$$\text{Gewinnschwelle (G)} = \frac{\text{Basispreis + Optionspreis + Transaktionskosten zum Basispreis}}{1 - \text{Transaktionskosten in \% des Verkaufskurses}}$$

$$G = \frac{60 + 2{,}50 + 0{,}60}{1 - 0{,}01} = \underline{\underline{63{,}74 \text{ EUR}}}$$

$$\frac{\text{Zone des begrenzten}}{\text{Verlustes (Z)}} = \frac{\text{Basispreis} + \text{Transaktionskosten zum Basispreis}}{1 - \text{Transaktionskosten in \% des Verkaufskurses}}$$

$$Z = \frac{60 + 0{,}60}{1 - 0{,}01} = \underline{\underline{61{,}21 \text{ EUR}}}$$

Liegt der Kurs über 63,74 EUR, erzielt der Käufer bei Ausübung der Kaufoption einen Gewinn. Wird die Option zwischen dem Beginn der Zone des begrenzten Verlustes (61,21 EUR) und der Gewinnschwelle (63,74 EUR) ausgeübt, kann der Käufer der Kaufoption seinen Verlust verringern gegenüber der Nichtausübung.

Bei **Terminkontrakten auf Indizes** können Börsenteilnehmer auf den gesamten Aktienmarkt spekulieren, ohne eine Auswahl treffen zu müssen. So bietet die EUREX Frankfurt eine Aktienindexoption auf den Deutschen Aktienindex (DAX) an. Dieser Index wird börsentäglich in Minutenabständen aus den variablen Kursen der zugrundeliegenden Aktien in Frankfurt elektronisch errechnet.

Ein **DAX-Optionskontrakt** dient vor allem der Absicherung von Aktienbeständen gegen Kursverfall, aber auch der selbständigen Spekulation. Mit einem Einschuß von ca. 10 bis 15% kann an der Wertentwicklung einer gesamten Kontraktmenge partizipiert werden bei vergleichsweise niedrigen Transaktionskosten. Da Indizes grundsätzlich nicht lieferbar sind, erfolgt die Erfüllung stets durch Verrechnung der Kontraktwerte. Der Käufer der Kaufoption hat so das Recht, sich die Differenz zwischen dem derzeitigen höheren Indexstand und dem standardisierten Wert bei Vertragsabschluß gewichtet mit dem Indexmultiplikator vom Verkäufer auszahlen zu lassen. Der Käufer der Verkaufsoption hat das Recht, sich vom Verkäufer der Verkaufsoption den Differenzbetrag gewichtet mit dem Indexmultiplikator auszahlen zu lassen, um den der Index bei Ausübung der Option unter dem vereinbarten Basispreis liegt. Die Verkäufer der Index-Optionen erhalten den Optionspreis und damit die Verpflichtung zur Zahlung. Alle Handelspartner haben die Möglichkeit, ihre Positionen während der Laufzeit glattzustellen.

Der Kontraktwert ergibt sich aus dem festgelegten Indexmultiplikator (z. B. 0,1, 1 oder 10); das Basispreisintervall liegt bei 100 Indexpunkten.

Beispiel:

Index Call (Kaufoption)
Aktienindex beim Kauf 5 200
Indexmultiplikator 10 EUR je Punkt des DAX
Kontraktwert 52 000 EUR
Aktienindex bei Optionsausübung 5 600
Kontraktwert 56 000 EUR
Differenzgewinn des Käufers 4 000 EUR

Index Put (Verkaufsoption)
Aktienindex beim Verkauf 5 500
Indexmultiplikator 1 EUR je Punkt des DAX
Kontraktwert 5 500 EUR
Aktienindex bei Ausübung 5 000
Kontraktwert 5 000 EUR
Differenzgewinn des Käufers 500 EUR

Effektivgeschäft	Sicherungsgeschäft
Depotwert der Aktien in t_1 200 000 EUR	Kauf einer Verkaufsoption (Long Put) 20 Kontrakte zum Basispreis von 5 500
↓	↓
Kursverfall	Index fällt
↓	↓
Depotwert der Aktien in t_2 190 000 EUR	Ausübung der Indexoption bei 5 000
↓	↓
Verlust 10 000 EUR	Auszahlungsanspruch an den Verkäufer der Verkaufsoption in Höhe von 10 000 EUR

Kompensation

Die EUREX-Aktienindexoptionen sind im Gegensatz zu den Aktienoptionen europäische Optionen mit einem festen Fälligkeitstermin. Ausübungstag ist deshalb nur der 3. Freitag des jeweiligen Verfallmonats. Der **Zeitwert der Option** wird daher auch mit sinkender Restlaufzeit abnehmen, da er den Betrag ausdrückt, den der Optionskäufer für die Chance einer für ihn positiven Indexentwicklung bereit ist zu zahlen.

Der **Optionspreis** ergibt sich aus den beiden Komponenten Zeitwert und innerer Wert. Der **innere Wert** beschreibt bei einer Kaufoption die positive Differenz zwischen dem Basiswert und dem aktuellen Aktienindex. Eine Verkaufsoption hat einen inneren Wert, wenn der aktuelle Aktienindex unter dem Basiswert liegt. Am Fälligkeitstag ist der Zeitwert Null, so daß der Optionspreis dem inneren Wert entspricht. Diesen kann der Käufer vom Stillhalter als Differenzgewinn fordern. – Über die »faire« Höhe des Optionspreises gibt es verschiedene **Optionspreismodelle,** von denen das »Black Scholes-Modell« das bekannteste ist.

Neben Indexoptionskontrakten werden auch Indexterminkontrakte als feste Termingeschäfte gehandelt, bei denen beide Handelspartner eine feste Verpflichtung eingehen, aus der sie sich jedoch durch ein entsprechendes Gegengeschäft vor Fälligkeit lösen können.

Beim **DAX-Future** ist der Käufer verpflichtet, den standardisierten Kontraktwert am Erfüllungstag zum vereinbarten Preis zu erwerben, und der Verkäufer muß ihn liefern. Da eine physische Erfüllung ausgeschlossen ist, erfolgt ein Barausgleich (Cash Settlement). Liegt der Settlementkurs unter dem vereinbarten Kurs, muß der Käufer den Differenzbetrag zahlen, liegt er über dem vereinbarten Kurs, muß der Verkäufer zahlen.

Als Settlementkurs gilt die erste DAX-Notierung am Schlußabrechnungstag, das ist der 3. Freitag des jeweiligen Liefermonats. Liefermonate sind die jeweils nächsten 3 Quartalsschlußmonate. Der Indexmultiplikator beträgt 100 EUR je Punkt des DAX, die kleinste Preisveränderung (Tick-Wert) 50 EUR (Tick 0,5).

Beispiel:

Kauf eines **DAX-Futures** per September zum Kurs von 5 250 am 07. August

Indexmultiplikator 100 EUR je Punkt des DAX

Kontraktwert 525 000 EUR

Einschuß (Margin) 8% → 42 000 EUR je Kontrakt

Glattstellung am 30.08. bei einem Indexstand von 5 420 (Closing-Position)

$$\text{Gewinn} = \frac{\text{Indexveränderung}}{\text{Tickgröße}} \cdot \text{Tick-Wert} \cdot \text{Anzahl der Kontrakte}$$

oder Gewinn = Tickzahl · Tick-Wert · Anzahl der Kontrakte

$$\text{Gewinn} = \frac{170}{0{,}5} \cdot 50 \cdot 10 = 170\,000 \text{ EUR oder Gewinn} = 340 \cdot 50 \cdot 10 = 170\,000 \text{ EUR}$$

$$\text{Rentabilität} = \frac{\text{Gewinn} \cdot 100}{\text{Kapitaleinsatz} \cdot \text{Zeit}} = \frac{170\,000 \cdot 100}{420\,000 \cdot \frac{23}{360}} \approx 633{,}54\% \text{ p.a.}$$

Zur Angebotspalette der elektronischen Terminbörsen gehören auch **Finanzterminkontrakte** (Financial Futures), die sich als Zinsterminkontrakte auf kurz-, mittel- oder langfristige Finanztitel oder als Devisenterminkontrakte (Currency Futures) auf Währungsbeträge beziehen. Sie dienen der **Minderung der Zins- und Währungsrisiken**. Ein Finanzterminkontrakt beinhaltet die Verpflichtung, einen bestimmten, standardisierten Währungsbetrag bzw. Finanztitel zu einem vereinbarten Kurs zu einem festgelegten Zeitpunkt zu erwerben oder zu liefern. Als Finanztitel können sowohl konkrete Geld- oder Kapitalmarktpapiere als auch synthetische Konstruktionen auftreten.

Die **Kursnotierung bei Zinsterminkontrakten** ist je nach Laufzeit unterschiedlich. Bei kurzfristigen Futures, denen i. d. R. Geldmarktpapiere oder Termineinlagen zugrunde liegen, wird auf Indexbasis notiert, d. h., der Kurs ergibt sich als Differenz zwischen 100 und der jeweiligen Verzinsung des Titels. Bei langfristigen Futures erfolgt die Notierung in Prozent vom Nennwert, so daß bei über dem Nominalzins liegendem Zinsniveau die Kontrakte unter pari gehandelt werden, ansonsten über pari.

Beispiel:
Absicherung des Zinsrisikos aus einem Roll-over-Kredit mit 3monatiger Zinsbindung durch Verkauf eines Zinsterminkontraktes:

Kurs = Index − Zinssatz
91,25 = 100 − 8,75% p. a.
Tickgröße = 1/100%
Kontraktwertveränderung = Nominalwert des Kontraktes · Tickgröße · Laufzeit
25 EUR = 1 000 000 EUR · 0,01% · 90/360

Effektivgeschäft	**Sicherungsgeschäft**
Roll-over-Kredit mit Zinssatz 8,75% p.a. für 3 Monate	Verkauf eines Zinsterminkontraktes über 8,75% p.a. zum Kurs von 91,25
Zinssteigerung tritt ein	
neuer Zinssatz des Roll-over-Kredits nach 3 Monaten 9% p.a.	Glattstellung des Zinsterminkontraktes nach 3 Monaten zum Kurs von 91
Verlust 0,25% p.a.	Gewinn 0,25% p.a.

Risikokompensation

Die EUREX bietet als Finanzterminkontrakte den EURO-Bund-Future, den EURO-Bobl-Future und den EURO-Schatz-Future an. Sie unterscheiden sich im wesentlichen nur durch die Laufzeit des Basiswertes.

So legt der EURO-**Bobl-Future** als Basiswert eine synthetische mittelfristige Bundesobligation mit einer Restlaufzeit von 3,5 bis 5 Jahren zu einem Nominalzins von 6% p. a. zugrunde. Der Kontraktwert beträgt 250 000 EUR, die minimale notierungsfähige Kursveränderung (Tick) 0,01%, was einem Tick-Wert von 25 EUR entspricht. Liefertag ist der 10. Kalendertag der nächsten 3 möglichen Liefermonate März, Juni, September und Dezember.

Der **Bund-Future** bezieht sich auf eine synthetische 6%ige langfristige Bundesschuldverschreibung mit einer Restlaufzeit von 8,5 bis 10 Jahren. Ansonsten entsprechen die Kontraktspezifikationen denen des Boble-Future.

Bund-Future und Boble-Future sind Zinsterminkontrakte mit synthetischen bzw. idealtypischen Basiswerten. Schuldverschreibungen dieser Art und mit diesen Ausstattungsmerkmalen muß es nicht (jederzeit) geben. Wird eine physische Erfüllung am Liefertag verlangt, kann der Verkäufer aus einer von der Terminbörse veröffentlichten Liste von lieferbaren Schuldverschreibungen auswählen. Mittels eines bestimmten Berechnungssystems wird sichergestellt, daß die Rendite dieser Emissionen möglichst genau der Rendite der synthetischen Schuldverschreibung entspricht.

Beispiel:

Basiswert 6%ige Schuldverschreibung	Marktzinsniveau	Future Kurs
Zeitpunkt 1	6% p.a.	zu pari
Zeitpunkt 2	7% p.a.	unter pari
Zeitpunkt 3	5% p.a.	über pari

Kauf eines Bund-Future mit Liefertermin 10. September
Kurs am 20.06. 91,50
Kurs am 15.07. 93
Kurs am 10.09. 95,25

Erwerbsrecht am 10.09. von 6%igen, laufzeitkonformen Schuldverschreibungen im Nennwert von 250 000 EUR zum vereinbarten Kurs von 91,50

Kaufpreis 228 750 EUR zuzüglich Stückzinsen

Tick: 0,01 % Margin 4 000 EUR

Glattstellung am 15.07. durch Verkauf eines Bund-Future zum Kurs von 93

Gewinn = 150 Ticks · 25 EUR = 3750 EUR bzw. 1,5 % von 250 000 EUR Kontraktwert

$$\text{Rentabilität} = \frac{\text{Gewinn} \cdot 100}{\text{Kapitaleinsatz} \cdot \text{Zeit}} = \frac{3\,750 \cdot 100}{4\,000 \cdot \frac{25}{360}} = 1350\% \text{ p.a.}$$

An der Terminbörse werden auch **Optionen auf den Bund-Future,** den **Bobl-Future** sowie auf den **DAX-Future** gehandelt. Ihr typisches Merkmal ist darin zu sehen, daß sie Ansprüche bzw. Verpflichtungen im Hinblick auf andere Terminprodukte beinhalten.

Bei allen 3 Formen erwirbt der Käufer der Option das Recht, während der Optionsfrist (amerikanische Optionen) zum vereinbarten Basispreis den jeweiligen Future erwerben zu können. Der Verkäufer hat die Verpflichtung, den Future zu liefern.

Der Optionspreis ist bei diesen Optionen nicht zum Erwerbszeitpunkt zu zahlen, sondern es erfolgt während der Laufzeit eine tägliche Zwischenabrechnung und bei Verfall oder Ausübung der Option eine Schlußzahlung. Da die Abwicklung wie bei Future-Kontrakten vorgenommen wird, spricht man auch vom Future-Style-Verfahren.

Wegen des hohen Indexmultiplikators von 100 (z. B. Kontraktwert 500 000 EUR bei einem DAX von 5 000) eignen sich Optionen auf den DAX-Future vorrangig zur Absicherung von Portefeuilles von Großanlegern.

Insgesamt gesehen stellen die elektronischen Terminbörsen eine Bereicherung des Börsenwesens dar. Da eine effektive Erfüllung der Kontrakte (Lieferung bzw. Erwerb) entweder grundsätzlich ausgeschlossen ist oder i. d. R. von den Börsenteilnehmern nicht beabsichtigt ist, ergibt sich die Berechtigung dieser Börsenart vor allem durch das vielseitige Angebot von Risikokompensations- bzw. -minderungsmöglichkeiten sowie durch die innovative Vertiefung, Verbreiterung und Effizienz des Marktes.

4.4 Aktienanalyse

4.4.1 Wesen und Rahmenbedingungen

Aktienkurse bilden sich als Ergebnis von diversen Informationen in Form von Börseneinflußfaktoren. Je nach der subjektiven Einschätzung dieser Informationen werden die Marktteilnehmer ein bestimmtes Börsenverhalten zeigen.

Angebot und Nachfrage an der Börse resultieren somit aus der unterschiedlichen Bewertung der Beteiligungswürdigkeit einer Aktiengesellschaft. Anhand seiner verfügbaren Informationsquellen kann jeder Marktteilnehmer versuchen, im Rahmen einer Aktienanalyse eine derzeitige Kursbewertung bzw. zukünftige Kursprognose abzugeben.

Aufgabe der Aktienanalyse ist es, die Kaufwürdigkeit einer Aktie im Hinblick auf Kursgewinne und zukünftige Dividendenausschüttungen festzustellen oder den optimalen Zeitpunkt für den Verkauf von Aktien zu ermitteln, um einerseits den entstandenen Buchgewinn zu realisieren und andererseits sich vor drohendem Kursverfall zu schützen. Die Aktienanalyse untersucht infolgedessen die **Determinanten für Angebot und Nachfrage an der Börse.**

Der deutsche Aktienmarkt ist relativ eng, verglichen mit ausländischen Aktienmärkten wie z. B. dem der USA. In einschlägigen Untersuchungen wurde festgestellt, daß etwa 3/4 des Grundkapitals der deutschen Aktiengesellschaften sich als »Beteiligungen in festen Händen« befindet und nur zeitweilig über die Börse Veränderungen erfährt. Dem deutschen Börsenhandel stehen also nur etwa 1/4 des möglichen Volumens zur Verfügung, von dem durch die spezifischen Verhaltensweisen von Kleinaktionären bedingt (z. B. Spekulationsunlust oder Desinteresse) auch wiederum nur nach Schätzungen etwa 1/3 tatsächlich häufig umgeschlagen werden. Diese **Marktenge** kann dann bereits bei geringen Umsätzen zu überdurchschnittlichen Kursveränderungen führen.

Deutsche Aktien lassen meistens einschließlich Steuergutschrift eine **Dividendenrendite von etwa 3% p. a.** erwarten. Im Vordergrund des Interesses der Aktienanalyse steht deshalb das Kurssteigerungspotential der jeweiligen Aktie. Lediglich bei sinkendem Kapitalmarktzins gewinnt das Entscheidungskriterium Dividendenhöhe an Bedeutung.

Das **Kurssteigerungspotential** einer Aktie kann von einer Vielzahl von Faktoren beeinflußt werden. Letztlich lassen sich jedoch diese Faktoren auf drei Kernpunkte reduzieren:

- die Gewinnaussichten des Unternehmens

- die monetären Rahmenbedingungen

- die spekulativen Einflüsse.

Mit absoluter Sicherheit läßt sich keine **Börsenprognose** aufstellen, doch lassen sich, abgesehen von einigen wenig verwendeten Ansätzen, zwei **Methoden** hervorheben, die vor allem bei gemeinsamer Nutzung durchaus in der Lage sind, das Börsengeschehen bzw. die Kursentwicklung transparenter zu machen:

1. die Fundamentalanalyse und

2. die Technische Analyse.

4.4.2 Fundamentalanalyse

Die Fundamentalanalyse als älteste Methode zur Beurteilung und Prognose von Aktienkursen geht in ihrer Grundaussage davon aus, daß der Kurs einer Aktie durch ihren **inneren Wert** bestimmt wird.

Der derzeitige, sachbezogene Wert einer Unternehmensbeteiligung als Substanzwert und der prognostizierte Zukunftserfolgswert als Ertragswert werden als einfache Maßstäbe oft verwendet. Letztlich lassen sich alle Kursbestimmungsfaktoren in substanzwertorientierte (Bilanzkurs) und ertragswertorientierte Faktoren (Ertragswertkurs) unterteilen.

Der Bilanzkurs zeigt den **rechnerischen Substanzwert einer Aktie.** Er soll offenlegen, in welchem Verhältnis das gesamte Eigenkapital zum Grundkapital steht. Würde im Falle der Liquidation genau der Buchwert des Vermögens erzielt werden, so gibt der Bilanzkurs an, wieviel Prozent des Nennwertes der Aktie dem Aktionär als Liquidationserlös ausbezahlt werden könnten.

$$\text{Bilanzkurs} = \frac{\text{bilanziertes Eigenkapital}}{\text{Grundkapital}} \cdot 100$$

Beispiel:

Zusammengefaßte Bilanz in Mill EUR

Anlagevermögen	6 000	Grundkapital	1 685
Umlaufvermögen	4 000	Kapitalrücklage	1 437
		Gewinnrücklage	1 000
		Verbindlichkeiten	5 878
		Gewinnvortrag/Verlustvortrag	0
	10 000		10 000

$$\text{Bilanzkurs} = \frac{4\,122 \text{ Mill. EUR}}{1\,685 \text{ Mill. EUR}} \cdot 100 = 244{,}63\% \rightarrow 122{,}32 \text{ EUR/50-EUR-Aktie}$$

Bei diesem Unternehmen würde sich ein Bilanzkurs von 244,63% ergeben, der noch erheblich vom Börsenkurs abweicht, der zu diesem Zeitpunkt etwa 170 betragen hat. Allerdings ist in diesem Kurs auch noch nicht der Betrag der **stillen Reserven** berücksichtigt, die zu ermitteln für Außenstehende schwierig ist. Würde das Unternehmen stille Reserven von rd. 1,8 Mrd. EUR besitzen, ergäbe der korrigierte Bilanzkurs 351,45% und entspräche damit etwa dem Börsenkurs:

$$\frac{\text{Korrigierter}}{\text{Bilanzkurs}} = \frac{\text{bilanziertes Eigenkapital} + \text{stille Reserven}}{\text{Grundkapital}} \cdot 100$$

$$= \frac{4122\text{ Mill. EUR} + 1800\text{ Mill. EUR}}{1685\text{ Mill EUR}} \cdot 100 = 351{,}45\%$$
$$\rightarrow 175{,}73\text{ EUR/50-EUR-Aktie}$$

Der **Ertragswertkurs** soll die **zukünftige Gewinnsituation** einer Aktie rechnerisch erfassen, indem er den kapitalisierten Reinertrag auf das Grundkapital bezieht. Unter der Annahme gleichbleibender Gewinne und unbegrenzter Lebensdauer ergibt sich:

$$\text{Ertragswertkurs} = \frac{\dfrac{\varnothing \text{ Gewinn p.a.}}{\text{Kalkulationszinsfuß}}}{\text{Grundkapital}} \cdot 100$$

Beispiel:

Das im letzten Beispiel zugrundegelegte Unternehmen hatte in dem Geschäftsjahr einen Jahresüberschuß von 332 Mill. EUR. Wird dieser als dauerhaft angenommen, ergibt sich folgender Ertragswertkurs bei einem Kalkulationszins von 6%:

$$\frac{\dfrac{332\text{ Mill. EUR}}{0{,}06}}{1\,685\text{ Mill. EUR}} \cdot 100 = 328{,}4\% \rightarrow \underline{164{,}20\text{ EUR/50 EUR}}$$

Würde das Unternehmen in den nächsten Jahren dauerhaft 332 Mill. EUR Gewinn erzielen, dann würden auf 1 EUR Grundkapital 328,4% Gewinn entfallen bzw. auf 50 EUR Nennwert 164,20 EUR. Auch dieser rechnerische Kurs entsprach zu diesem Zeitpunkt etwa dem Börsenkurs. Diese Übereinstimmung ist jedoch bei diesen einfachen Ansätzen nicht immer zu erwarten, da alleine eine Änderung des Kalkulationszinses bereits eine wesentliche Abweichung hervorrufen würde.

Zur verbesserten externen Bestimmung des inneren Wertes einer Aktie ermittelt die »**Present-Value-Theory**« den **Barwert der zukünftigen Gewinne** oder Dividenden unter Berücksichtigung veränderlicher Gewinne bei begrenzter Lebensdauer des Unternehmens.

$$K_0 = \sum_{t=1}^{n} G_t \cdot \text{AbF}$$

K_0 = Barwert der zukünftigen unterschiedlichen Jahresgewinne bei begrenztem Betrachtungszeitraum

t_1 bis t_n = Betrachtungsperioden (Jahre)

G_t = Gewinn bzw. Dividende der Jahre t_1 bis t_n

AbF = Abzinsungsfaktor = $(1+i)^{-t}$

Beteiligungsfinanzierung der Aktiengesellschaft 341

Da die zukünftige Gewinnsituation im einzelnen nicht bekannt ist, werden die **durchschnittlichen bisherigen Gewinne extrapoliert** und gegebenenfalls mit einer Steigerungsrate versehen:

$K_o = G_x \cdot (1 + s)^t \cdot (1 + i)^{-t}$

G_x = durchschnittlicher bisheriger Gewinn bzw. Dividende
s = Steigerungsrate in %
t = Betrachtungsperioden

Eine weitere mögliche Vorgehensweise ist, den erwarteten Gewinn des laufenden Geschäftsjahres zugrunde zu legen und zu kapitalisieren. Ergibt sich bei diesen Berechnungen, daß der Barwert K_o dem Börsenwert entspricht, so gilt die Aktie als angemessen bewertet. Ist der **Barwert größer als der Börsenkurs,** läßt sich daraus eine Kaufempfehlung ableiten, da der Börsenkurs die Zukunftsaussichten der Aktie nicht ausreichend repräsentiert. Ist dagegen der **Barwert kleiner als der Börsenwert,** sollte die **Aktie verkauft** werden, da die Börse die Zukunftsaussichten bereits eskomptiert hat und weitere Kurssteigerungen nicht mehr zu erwarten sind.

Beispiel:

Börsenkurs einer Aktie 250
erwarteter Gewinn des laufenden Geschäftsjahres je Aktie 32 EUR
Kapitalisierungszinsfuß als derzeitiger Zinssatz für Schuldverschreibungen mit 10jähriger Laufzeit mit 7,5% p. a.

Ertragswert je Aktie = Gewinn je Aktie · DSF 10 Jahre 7,5% p. a.

Ertragswert je Aktie = 32 · 6,864081 = 219,65 EUR

Börsenkurs > Ertragswert je Aktie → Aktie wird als teuer bezeichnet
Börsenkurs = Ertragswert je Aktie → Aktie gilt als bezahlt
Börsenkurs < Ertragswert je Aktie → Aktie wird als preiswert bezeichnet

Wenn auch die Grundaussage der Fundamentalanalyse durchaus zielkonform ist, macht die praktische Anwendung der »Present-Value-Theory« erhebliche **Schwierigkeiten,** die auf folgende Gründe zurückzuführen sind:

- Die **Gewinnhöhe ist manipulierbar** und als Ertragskraftkriterium nur bedingt einsatzfähig.
- Mangels Kenntnis zukünftiger Gewinne oder Dividenden werden die **bisherigen Werte extrapoliert.**

- Es läßt sich **kein einheitlicher Betrachtungszeitraum** finden, da offen ist, ob eine begrenzte oder unbegrenzte Lebensdauer für die Unternehmung bei der Diskontierung der Gewinne zugrunde gelegt werden soll bzw. ob die erwarteten Gewinne konstant sind.
- Die **Höhe des Kalkulationszinses** ist umstritten. So könnten z.B. der Zins der nächstbesten Alternativinvestition oder die durchschnittliche Dividendenrendite am Aktienmarkt verwendet werden.
- Die **Reduzierung der Analyse auf die Größen Gewinn** oder Dividende wird als zu eng betrachtet.

In der **Praxis der Aktienanalyse** spielen zur Bestimmung des inneren Wertes einer Aktie modifizierte Verfahren eine Rolle, die sich nach einschlägigen Untersuchungen durchaus bewährt haben. Von zentraler Bedeutung ist hier die Kennzahl zum **Kurs-Gewinn-Verhältnis (KGV)**, die im angelsächsischen Raum als »Price-Earning-Ratio« (PER) bezeichnet wird.

$$KGV = \frac{\text{Börsenkurs}}{\text{Gewinn je Aktie}} \text{ oder } \frac{\text{Börsenkurs}}{\text{Cash-flow je Aktie}}$$

Das Kurs-Gewinn-Verhältnis soll die Beziehung zwischen Börsenkurs und Gewinn ausdrücken und stellt als Kennzahl den Faktor dar, mit dem an der Börse die derzeitige Gewinnsituation multipliziert wird:

Börsenkurs = Gewinn (bzw. Cash-flow) je Aktie · KGV

Börsenempfehlungen können hieraus abgeleitet werden, wenn man die Kennzahl KGV **im Zeitablauf oder im Branchenvergleich** sieht.

Steigendes KGV im Zeitablauf	**Kaufempfehlung,** da die Aktie entsprechend ihren Zukunftserwartungen noch unterbewertet ist
(noch) Niedriges KGV im Branchenvergleich	**Kaufempfehlung,** da entweder der niedrige Kurs die ungünstige Geschäftsentwicklung der letzten Zeit bereits berücksichtigt hat oder
	keine Kaufempfehlung, da das Unternehmen nicht den Anschluß an die Branchenentwicklung findet

Sinkendes KGV im Zeitablauf **Verkaufsempfehlung,** da im Börsenkurs bereits die gute Entwicklung der letzten Zeit berücksichtigt ist und eher weniger gute Erwartungen überwiegen

Hohes KGV im Branchenvergleich **Verkaufsempfehlung,** da im Börsenkurs bereits die gute Geschäftsentwicklung der letzten Zeit eskomptiert ist oder

Halteempfehlung, da mit weiter guten Ergebnissen gerechnet wird

Unternehmen mit zur Zeit noch etwa gleichen Gewinnen können aufgrund unterschiedlicher Zukunftserwartungen mit einem höheren oder niedrigeren KGV beurteilt werden. Ein hohes KGV deutet deshalb meistens auf eine hohe Bonität der Aktie hin. Aktiengesellschaften mit dauerhaften guten und evtl. sogar steigenden Jahresüberschüssen werden ein im Branchenvergleich gesehen hohes KGV aufweisen; da das KGV aber auch im Zeitablauf weiter steigt, wäre hier eine Kaufempfehlung auszusprechen.

Beispiel:

Unternehmen 1 der Branche A	t_1	t_2		**Unternehmen 2 der Branche A**	t_1	t_2
Börsenkurs	528	484		Börsenkurs	170	200
Gewinn je Aktie	22	22		Gewinn je Aktie	20	20
KGV	24	22		KGV	8,5	10

$$KGV_{t_1} = \frac{528}{22} = 24 \qquad\qquad KGV_{t_1} = \frac{170}{20} = 8,5$$

$$KGV_{t_2} = \frac{484}{22} = 22 \qquad\qquad KGV_{t_2} = \frac{200}{20} = 10$$

Bewertung:
Verkaufsempfehlung, da KGV im Branchenvergleich sehr hoch und im Zeitvergleich fallend.

Bewertung:
Kaufempfehlung, da KGV im Branchenvergleich sehr niedrig und im Zeitvergleich steigend.

Ergänzend wird zur Beurteilung auch das KGV einer Aktie mit dem sogenannten »Kapitalisierten« KGV verglichen:

$$\text{»Kapitalisiertes« KGV} = \frac{100}{\text{Marktzins}} \qquad \text{z. B.} \ \frac{100}{7,5} = 13,33$$

Je tiefer das »Kapitalisierte« KGV unter dem KGV der Aktie liegt, desto stärker die Verkaufsempfehlung. Ist das »Kapitalisierte« KGV höher, ist die Aktie im Vergleich zu 7,5%igen Schuldverschreibungen unterbewertet.

Ein besonderes Problem der Fundamentalanalyse ist die **richtige externe Einschätzung des Gewinns**. Ein häufig verwendetes Verfahren ist die Ermittlung des Steuerbilanzgewinns.

Steuerbilanzgewinn = $x \cdot$ gewinnabhängige Steuern + $y \cdot$ Dividende

Der **Steuerbilanzgewinn**, als Gewinn vor Steuern, ergibt sich, indem vom Aufwandsposten »Steuern vom Einkommen, Ertrag und Vermögen« zunächst die gewinnunabhängigen Steuern (Vermögenssteuer, Grundsteuer und Gewerbekapitalsteuer) abgezogen werden und dann der verbleibende Betrag für die gewinnabhängigen Steuern gewichtet mit einem Faktor mit der ebenfalls gewichteten Dividende addiert wird. Die Höhe der Gewichtungsfaktoren hängt vom jeweiligen Steuersatz ab. Sind diese Angaben aus dem Geschäftsbericht nicht ersichtlich, müssen sie nach der jeweiligen Bemessungsgrundlage näherungsweise geschätzt werden.

Zur externen Gewinnschätzung wird auch das »**DVFA-Ergebnis**« entsprechend den Richtlinien der Deutschen Vereinigung für Finanzanalyse und Anlageberatung herangezogen. Danach ist das DVFA-Ergebnis vereinfacht der um die außerordentlichen, ungewöhnlichen und dispositionsbedingten Aufwendungen und Erträge berichtigte Jahresüberschuß.

Weitere Kennzahlen zur Aktienbewertung sind die Ausschüttungsquote und die Dividendenrendite:

Die **Ausschüttungsquote** errechnet sich durch die Kennzahl

$$\text{Ausschüttungsquote} = \frac{\text{Dividende}}{\text{Jahresüberschuß}} \cdot 100$$

und gibt an, wieviel Prozent des Jahresüberschusses an die Aktionäre ausgeschüttet worden sind (Ausschüttungspolitik).

Die **effektive Verzinsung der Aktienanlage** kann anhand der Kennzahl zur Dividendenrendite festgestellt werden:

$$\text{Dividendenrendite} = \frac{\text{Dividende je Aktie + Steuergutschrift}}{\text{Börsenkurs}}$$

Die Fundamentalanalyse versucht heute neben den ursprünglichen Gewinnkomponenten eine **Vielzahl von weiteren betrieblichen und außerbetrieblichen Bestimmungsfaktoren** des Börsenkurses einzubeziehen, soweit das aus externer Sicht möglich ist. Sie benutzt dazu einerseits weitere Kennzahlen zur Finanzanalyse, andererseits aber auch mehr qualitative Angaben über Management, Produktionsprogramm, Forschung oder Marktstellung sowie monetäre Daten.

Die Einbeziehung **monetärer Rahmenbedingungen** in die Fundamentalanalyse beruht auf der Erkenntnis, daß nachweislich bereits mehrere Monate vor Beginn eines Konjunkturaufschwungs, also zu einer Zeit noch niedriger Gewinne, an der Börse ein reges Kaufinteresse erwacht, andererseits aber die Kurse bereits vor Auslaufen eines Booms zu sinken beginnen, obwohl in dieser Zeit noch eine besonders gute Gewinnsituation herrscht. So stiegen beispielsweise in den Jahren 1982 und 1983 ebenso wie in den Jahren 1974/75 die Börsenkurse kontinuierlich, obwohl ein tatsächlicher Wirtschaftsaufschwung noch nicht ersichtlich war. Andererseits lag bereits im Oktober 1978 der Kursgipfel mit anschließendem ständigen Kursverfall, längere Zeit vor Auslaufen des Booms.

Als monetäre **Indikatoren** für einen bevorstehenden Kursanstieg oder Kursverfall können deshalb vor allem genannt werden:

- **der Inlandszins,**
- **der Auslandszins,**
- **die Geldmenge**
- und **die Sparquote.**

Fällt der Inlandszins durch **geldpolitische Maßnahmen** der Bundesbank, steigt die Attraktivität der Aktie, weil die Unternehmen mit billigerem Fremdkapital höhere Gewinne erzielen können und die Dividendenrendite, bezogen auf das niedrige Kursniveau, konkurrenzfähiger wird. Derartige geldpolitische Maßnahmen dienen meistens auch der »Ankurbelung« der Wirtschaft und lassen längerfristig auf bessere Gewinnchancen hoffen. Steigende Inlandszinsen haben eine entgegengesetzte Wirkung.

Der Vorteil der monetären Faktoren liegt in ihrem frühzeitigen Auftreten, da sie meistens als Gegensteuerungsinstrumente vor Ablauf des bisherigen Trends einen bevorstehenden Umschwung signalisieren. Es darf jedoch nicht übersehen werden, daß auch die monetären Faktoren von bestimmten Gegebenheiten wie z. B. Wahlen, Lohnverhandlungen, Wechselkursrelationen oder politischen Einflüssen überlagert werden können.

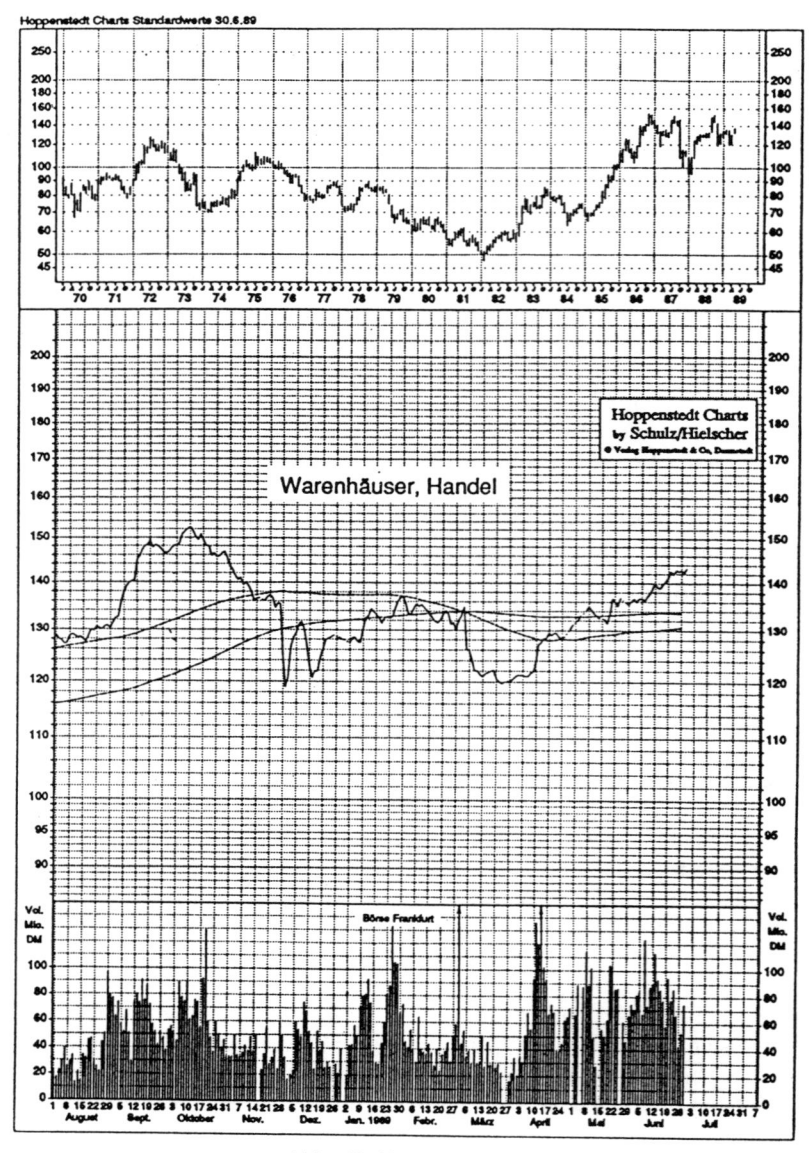

Abb. 49: Kursdiagramm

4.4.3 Technische Analyse

Gegenstand der Technischen Analyse ist das tatsächliche Marktgeschehen, also der Aktienkurs selbst. Sie untersucht nicht die fundamentalen und monetären Bestimmungsfaktoren, sondern versucht, auch der Vielzahl von nicht quantifizierbaren, außerökonomischen, politischen und psychologischen Determinanten gerecht zu werden, indem sie ein **Analyseinstrumentarium vom Marktverlauf** her entwickelt. Die Vertreter dieser Methode empfinden den Kurs als Spiegelbild der Börsenmeinungen über die Zukunftsaussichten eines Unternehmens und analysieren deshalb

- **Kursverläufe einzelner Unternehmen,**
- **Kursverläufe von Branchen**
- und **Kursverläufe der Gesamtwirtschaft.**

Aus der Interpretation der Kursentwicklung in Zusammenhang mit der Umsatzstärke der Aktie werden dann auf der Basis von Branchen- und Gesamtindizes Kauf- und Verkaufsempfehlungen abgegeben.

Die Darstellung der Kursverläufe erfolgt durch **Kursdiagramme**, sog. Charts. Während in den USA »Point-and-Figure-Charts« üblich sind, finden in Deutschland fast ausschließlich Balkencharts Verwendung, die die jeweiligen Höchst- und Tiefstkurse eines Börsentages oder eines bestimmten Zeitraums durch einen senkrechten Strich kennzeichnen (siehe Abbildung 49).

Die Charts werden durch Umsatzangaben in Form eines Stabdiagramms, durch ein Langzeitdiagramm sowie zahlenmäßige Informationen, wie z. B. über Bezugsrechte, ergänzt.

Bei Zugrundelegung der Technischen Analyse zur Beurteilung von Kauf oder Verkauf einer Aktie sollte folgende Reihenfolge gewählt werden:

- Prüfung des Gesamtmarktes
- Prüfung der Branche
- Prüfung des Unternehmens

Zur **Analyse des Gesamtmarktes** bedient man sich i. d. R. eines Aktienindizes. Der älteste Aktienindex ist der Dow-Jones-Index mit 30 Industriewerten. In Deutschland gab es bis Ende der 80er Jahre eine Mehrzahl unterschiedlicher Indizes wie beispielsweise den FAZ-Index, den Commerzbank-Index oder den WestLb-Index. Mit der Einführung des Deutschen Aktienindex (DAX) traten diese Indizes jedoch immer mehr in den Hintergrund.

Der DAX ist ein Index der Deutschen Börse AG, der die allgemeine Kursentwicklung des deutschen Aktienmarktes auf der Basis von 30 Standardaktien widerspiegeln soll. Die einbezogenen Aktien sind entsprechend der Höhe des an der Börse zugelassenen Kapitals gewichtet und repräsentieren etwa 80% des täglichen Börsenumsatzes in Aktien. Als Basiswert wurden 1 000 Punkte zum Jahresende 1987 festgelegt. Der Anteil des zugelassenen Kapitals der 30 DAX-Werte am gesamten Grundkapital der inländischen börsennotierten Aktiengesellschaften beträgt etwa 60%. Der M-DAX umfaßt im Hinblick auf ihre Bedeutung für den Börsenhandel die folgenden 70 Unternehmen.

30 DAX-Werte

Kurs 26.5.1999

Adidas-Salomon	92,10
Allianz	270,50
BASF	38,65
Bayer	38,00
BMW	632,00
Commerzbank	28,10
DaimlerChrysler	84,90
Degussa-Hüls	39,30
Deutsche Bank	51,70
Deutsche Telekom	35,30
Dresdner Bank	36,10
Henkel Vz.	66,05
Hoechst	43,95
Hypovereinsbank	53,65
Karstadt	401,00
Linde	567,00
Lufthansa	21,10
MAN	29,00
Mannesmann	132,90
Metro	62,00
Münchener Rück NA	169,00
Preussag	46,15
RWE	43,70
SAP Vz.	390,00
Schering	101,80
Siemens	66,30
Thyssen Krupp	19,70
Veba	57,20
Viag	450,50
VW	61,50

70 MDAX-Werte

Kurs 26.5.1999

AMB NA	106,00	Heidelberger Zement	76,00
AGIV	20,58	Hochtief	40,55
Altana	56,85	Holzmann	152,00
AVA	335,00	IKB	17,60
AXA Colonia	90,00	IVG Holding	45,70
Babcock Borsig	48,00	IWKA	20,50
Bankgesellschaft Berlin	14,20	Jenoptik	16,20
Beiersdorf	67,00	Jungheinrich Vz.	13,55
Bewag	16,50	Kali & Salz	132,40
BHF-Bank	31,90	Kiekert	34,10
BHW Holding	14,55	Klöckner-Werke	64,00
Bilfinger	24,50	Kolbenschmidt-Pierburg	19,20
Boss Vz.	1280,00	Krones Vz.	28,00
Brau + Brunnen	69,00	KSB Vz.	135,00
Buderus	323,50	Merck	33,08
Continental	22,30	Metallgesellschaft	17,50
DBV-Winterthur Holding	335,00	MLP Vz.	512,00
DePfa	82,50	Phoenix	15,50
Deutz	7,45	Porsche Vz.	2100,00
Douglas	42,60	Pro7 Vz.	41,30
Dürr	23,80	Puma	16,00
Dyckerhoff Vz.	292,00	Rheinmetall Vz.	17,80
Ergo	120,00	Rhön-Klinikum Vz.	89,00
Escada Vz.	131,00	Schmalbach-Lubeca	139,70
FAG Kugelfischer	8,72	Schwarz Pharma	46,40
Fielmann Vz.	38,25	SGL Carbon	67,10
Fresenius Medical Care	49,30	Sixt St.	70,50
Fresenius Vz.	151,00	SKW Trostberg	22,05
Gea Vz.	23,00	Spar Vz.	7,60
Gehe	48,25	Südzucker Vz.	371,00
Gerresheimer Glas	15,02	Tarkett	9,80
Gold-Zack	184,00	Varta	122,20
Grohe Vz.	273,50	Vossloh	26,25
Hannover Rück	75,50	WCM	22,40
Heidelberger Druck	52,00	Wella Vz.	710,00

Der DAX ist ein Laufindex, der während der Börsenzeiten alle 15 Sekunden anhand der jeweiligen Aktienkurse der einbezogenen Unternehmen im Rahmen des KISS-Systems (siehe auch Kap. C. 4.3.3) der Deutschen Börsen AG errechnet wird. Der DAX dient sowohl der repräsentativen Gesamtmarktbeurteilung als auch als Basiswert für Termingeschäfte.

Die Berechnung von Indizes erfolgt nach Laspeyre oder Paasche als Preisindex (Kursindex). Ein **Kursindex** drückt als Kennzahl die fortlaufenden Kursveränderungen in einem Zeitraum in Relation zu einer festen, aber frei wählbaren Basisperiode aus. Durch Gewichtung wird die Bedeutung der einzelnen Aktien und Branchen am Markt berücksichtigt. Als Gewichtungsmaßstab dient i. d. R. das Grundkapital.

Die meisten Indizes legen den **Berechnungsansatz nach Laspeyres** zugrunde, der beantworten soll, was für die jeweiligen Aktien, die im Basisjahr gekauft worden sind, heute zu bezahlen wäre.

$$P_{t_x} = \frac{\sum_{a=1}^{n} K_{t_{x_a}} \cdot G_{k_{t_o,a}}}{\sum_{a=1}^{n} K_{t_o,a} \cdot G_{k_{t_o,a}}} \cdot 100$$

P_{t_x} = Preisindex zum Zeitpunkt t_x

a bis n = im Preisindex zusammengefaßte Aktienwerte

$K_{tx,a}$ = Kurs der Aktiengesellschaft a im Zeitpunkt t_x

$GK_{to,a}$ = Grundkapital der Aktiengesellschaft a zum Zeitpunkt t_o

$K_{to,a}$ = Kurs der Aktiengesellschaft a im Zeitpunkt t_o

Veränderungen des Grundkapitals, wie Kapitalerhöhungen, müssen durch Zu- oder Abschläge berücksichtigt werden.

Der weniger gebräuchliche Indexansatz nach Paasche ermittelt den Wert der Aktien mit heutigem Grundkapital im Basisjahr zu heutigen Börsenkursen.

Ergänzend zum DAX wurde 1993 der **Composite DAX (CDAX)** als weiterer Lauf-Index eingeführt. Dieser Index errechnet sich ebenfalls in sehr kurzen Zeitabständen aus allen zum amtlichen Handel an der Frankfurter Effektenbörse zugelassenen deutschen Aktien. Er wurde rückwirkend ebenfalls auf den Stichtag Jahresende 1987 allerdings mit einem Basiswert von 100 bezogen. Durch seine Einteilung in 16 Branchen erlaubt er auch die tägliche Ermittlung von Branchenindizes. Weiterhin gibt es noch den DAX 100, in dem die Werte des DAX 30 und des M-DAX zusammengefaßt sind.

Auch der Index der Frankfurter Allgemeinen Zeitung (**FAZ-Index**) als relativ alter Index legt seit 1958 eine größere Zahl von Aktiengesellschaften (100) aufgeteilt in alle wesentlichen Branchen zugrunde. Durch Veränderungen bei den Unternehmen wurde er bereits mehrmals aktualisiert, zuletzt zum Jahresanfang 1994. Maßgebliches Kriterium für die Auswahl der Unternehmen ist der Grad der Verfügbarkeit ihres Grundkapitals für den Börsenhandel. Auch der FAZ-Index ist ein Performance-Index, bei dem die laufenden Dividenden als reinvestiert behandelt werden.

Die Zahl der entwickelten Indizes hat in der letzten Zeit sehr zugenommen, was sich sowohl aus dem Interesse an der Berücksichtigung besonderer Aspekte (z. B. der DAX-Volatilitätsindex VDAX) als auch aus Marktsegmentierungsbestrebungen (z. B. SDAX und SMAX für Werte des Neuen Marktes bzw. kleinere und mittlere Unternehmen sowie Indizes für den Rentenmarkt) ergeben hat.

So wurde zur Beurteilung des Rentenmarktes 1991 ein Index für festverzinsliche Effekten, der **Deutsche Rentenindex (REX)**, eingeführt. Da Schuldverschreibungen nur eine begrenzte Laufzeit haben, was zu einer ständigen Änderung der einbezogenen Werte führen müßte, basiert der REX auf einem synthetischen Portefeuille von 30 Bundesanleihen. Um neben den Kursveränderungen auch den Anlageerfolg aus den erzielten Zinserträgen der synthetischen Anleihen berücksichtigen zu können, wurde als weiterer Rentenmarktindex der REX Performance (REXP) entwickelt.

Der **DAX-Volatilitätsindex (VDAX)** wurde Ende 1994 von der Deutschen Börse AG eingeführt. Er soll den Umfang der erwarteten künftigen Kursschwanken der im DAX enthaltenen repräsentativen Aktien signalisieren und damit die Entscheidung über die Notwendigkeit der Absicherung von Aktienportefeuilles oder ihre Umschichtung erleichtern. Er wird als Risikobarometer aber auch eine Orientierung für den Optionshandel sein, so daß mit hoher Volatilität auch hohe Optionspreise zu erwarten sind. Der VDAX notiert die Volatilität der DAX-Werte in Prozent bezogen auf das Jahr. Wird z.B. der VDAX mit 20% notiert, bedeutet dies, daß der Markt mit einer Schwankungsbreite des DAX von 20% bezogen auf ein Jahr rechnet. Im Hinblick auf die Einführung des EURO wurden auch »Europäische Indizes« geschaffen, von denen vor allem der Dow Jones Stoxx 50 zu nennen ist, der die 50 bedeutendsten börsengängigen europäischen Unternehmen repräsentieren soll, sowie der DJ EURO-Stoxx 50, der sich nur auf die Mitgliedsländer der Währungsunion bezieht (siehe Abb. 51).

Das Aktienmarktgeschehen wird längerfristig gesehen durch einen **Basistrend** bestimmt, **um den herum Primär-, Sekundär- und Tertiärzyklen oszillieren.** Dieser kontinuierliche Basistrend läßt sich zumindest für den amerikanischen Aktienmarkt anhand des **Dow-Jones-Index** nachvollziehen. Er wird mit dem stetigen Wirtschaftswachstum bei technischem Fortschritt begründet.

DOW JONES STOXX 50

Land	Aktie	Gewicht in %
NL	Royal Dutch Petrol.	6,03
GB	Glaxo Wellcome	5,84
CH	Novartis	5,64
GB	British Petroleum	4,06
GB	Lloyds TSB Group	4,00
D	Allianz	3,69
CH	Nestlé	3,54
GB	British Telecomm.	3,13
D	Deutsche Telekom	2,71
I	ENI	2,43
CH	Credit Suisse Gr. (N)	2,39
F	France Télécom	2,36
NL	ING Groep	2,12
NL	Unilever N.V.	2,06
D	Daimler-Benz	1,99
I	Telecom Italia ord.	1,92
D	Deutsche Bank	1,91
S	Ericsson »B«	1,91
D	Siemens	1,85
D	Veba	1,80
GB	Diageo	1,69
CH	Union Bk. of Switzerl.	1,67
D	Bayer	1,67
E	Telefonica de Esp.	1,60
GB	B.A.T. Industries	1,58
NL	ABN Amro Holding	1,57
CH	Schweizer Rück	1,56
F	Elf Aquitaine	1,56
I	Assicur. Generali	1,55
F	Axa	1,54
N	Aegon	1,50
F	L'Oréal	1,49
GB	Marks & Spencer	1,46
S	Astra »A«	1,39
GB	Prudential Corp.	1,38
E	Banco Bilbao-Vizcaya	1,38
NL	Philips Electronics	1,21
F	Carrefour	1,16
NL	Konin. PTT Nederl.	1,10
D	Mannesmann	1,10
F	Alcatel Alsthom	1,10
E	Endesa	1,10
F	Générale des Eaux	1,06
D	RWE ord.	0,97
FIN	Nokia Ab Oy A	0,95
GB	General Electric	0,94
GB	Royal and Sun All.	0,91
F	Rhône-Poulenc A	0,84
GB	Reuters Holdings	0,82
NL	Ahold	0,76

Quelle: Deutsche Börse AG

Beteiligungsfinanzierung der Aktiengesellschaft 353

DJ EURO-STOXX 50

Name (Land)	26.5. 15 Uhr	Branche
ABN Amro (NL)	21,35	Banken
Aegon (NL)	81,25	Versicherung
Ahold (NL)	33,80	Kosum nicht zyklisch
Air Liquide (F)	149,90	Chemie
Akzo Nobel (NL)	41,20	Chemie
Alcatel (F)	115,30	Technologie
Allianz (D)	271,00	Versicherung
Allied Irish Bk. (IR)	13,50	Banken
AXA-UAP (F)	115,00	Versicherung
BBV (E)	13,94	Banken
Bayer (D)	38,00	Chemie
Carrefour (F)	123,90	Einzelhandel
DaimlerChrysler (D)	85,88	Automobile
Dt. Bank (D)	52,50	Banken
Dt. Telekom (D)	35,51	Telekommunikation
Electrabel (B)	306,70	Versorger
Elf-Aquitaine (F)	139,30	Energie
Elsevier (NL)	12,85	Medien
Endesa (E)	20,73	Versorger
ENI Ente Naz. (I)	6,11	Energie
Fiat (I)	3,08	Automobile
Fortis B (B)	31,80	Finanzdienstleister
France Tele. (F)	74,05	Telekommunikation
Generali (I)	34,40	Versicherung
ING Groep (NL)	53,25	Finanzdienstleister
KPN (NL)	44,50	Telekommunikation
L'Oréal (F)	586,00	Konsum nicht zyklisch
Lufthansa (D)	21,05	Konsum zyklisch
LVMH (F)	265,00	Mischkonzerne
Mannesmann (D)	132,70	Industrie
Metro (D)	62,29	Einzelhandel
Nokia (FIN)	69,15	Technologie
Paribas (F)	106,30	Finanzdienstleister
Petrofina (B)	530,00	Energie
Philips (NL)	81,40	Technologie
Port. Telecom (P)	42,61	Telekommunikation
Repsol (E)	17,33	Energie
Rhône-Poul. (F)	46,45	Pharma
Royal Dutch (NL)	54,20	Energie
RWE (D)	44,00	Versorger
Schneider (F)	58,00	Industrie
Siemens (D)	66,44	Technologie
Société Gen. (F)	179,50	Banken
St. Gobain (F)	153,90	Bau
Telecom It.spa (I)	9,93	Telekommunikation
Telefonica (E)	45,49	Telekommunikation
UniCredito It. (I)	4,78	Banken
Unilever (NL)	65,10	Lebensmittel
VEBA (D)	57,25	Mischkonzerne
Vivendi (F)	73,25	Versorger

Abb. 50: Dow Jones Stoxx 50 und DJ EURO-Stoxx 50

Insbesondere der Sekundärzyklus charakterisiert dann den jeweiligen Konjunktur-Rhythmus mit dem besonderen Merkmal, daß er als Börsenzyklus dem tatsächlichen Wirtschaftszyklus vorauseilt. Diese Erkenntnis deckt sich mit den Überlegungen der monetären Fundamentalanalyse.

Nach der **klassischen Dow-Theorie** kündigt sich eine Aktien-Hausse an, wenn der Sekundärzyklus sein bisheriges Maximum übersteigt und somit den Primärzyklus nach oben bestätigt. Kauf- und Verkaufsempfehlungen für mehr längerfristig orientierte Kapitalanleger ergeben sich aus einer Trendbestätigung oder Trendumkehr.

Abb. 51: Kursentwicklung deutscher Aktien

In Deutschland wird die Grundtendenz des Aktienmarktes anhand des **Verfahrens der gleitenden Durchschnitte** analysiert. Sie ergeben sich als arithmetisches Mittel der Kurswerte oder Indizes für einen bestimmten Zeitraum bei besonderer Gewichtung der neueren Werte und können sich auf den Gesamtmarkt, eine Branche oder auch Einzelwerte beziehen. Nach Ablauf einer Teilperiode, z. B. 1 Tag oder 1 Woche, wird der älteste Wert gegen den neuesten ausgetauscht.

Der WestLB-Index differenziert in den **Tagesindex** für den Gesamtmarkt und die einzelnen Branchen sowie in einen **200-Tage-Durchschnitt**, einen **80-Tage-Durchschnitt** und einen **38-Tage-Durchschnitt** (Abb. 52). Vergleicht man den tatsächlichen Kursverlauf mit den Durchschnittskurven, lassen sich anhand der Schnittpunkte im allgemeinen folgende Empfehlungen aussprechen (Abb. 51):

Kaufempfehlung, wenn die Durchschnittskurve den tatsächlichen Kursverlauf von oben kommend schneidet, weil dann der Durchschnittsindex unter den Tageskurs fällt und mit weiter steigenden Kursen zu rechnen ist.

Verkaufsempfehlung, wenn die Durchschnittskurve den tatsächlichen Kursverlauf von unten kommend schneidet, weil dann der Durchschnittsindex über dem Tageskurs liegt und mit weiter sinkenden Kursen zu rechnen ist.

Die unterschiedlichen Längen der Indexdurchschnitte führen beim 200-Tage-Durchschnitt zu einer wesentlich stärkeren Glättung als beim 38-Tage-Durchschnitt. Daraus folgt, daß der 38-Tage-Durchschnitt die Tageskurve viel häufiger schneidet als der 200-Tage-Durchschnitt und schneller eine Tendenzwende ankündigt. Diese Umkehrsignale können aber auch bei der kurzen Zeitspanne schnell falsch interpretiert werden. Eine **Kombination von 2 oder auch 3 Durchschnittsindizes** kann deshalb zur besseren Beurteilung dienen:

1. Kaufsignal, wenn die 38-Tage-Durchschnittskurve den Tagesindex von oben kommend schneidet,

2. Kaufsignal, wenn die 200-Tage-Durchschnittskurve vom Tagesindex von unten nach oben geschnitten wird,

3. Kaufsignal, wenn der 38-Tage-Durchschnitt die 200-Tage-Durchschnittskurve von unten kommend schneidet.

Liegen wie im Beispiel des WestLB-Index (Abb. 52) alle Durchschnittsindizes unter dem Tagesindex, ist mit einer Trendumkehr vorläufig (noch) nicht zu rechnen. Die Kurse werden weiter steigen.

Die **Trendbestätigung** durch die nächstlängere Durchschnittskurve läßt sich dadurch begründen, daß die kurzfristige Durchschnittskurve die aktuellen Werte wesentlich stärker berücksichtigt als die längerfristige, in der noch die ungünstigen alten Werte enthalten sind. Bei einem positiven Gesamttrend muß also die kürzerfristige Kurve immer über der längerfristigen Kurve liegen. Bei einer **Trendumkehr** wird demzufolge auch der Tagesindex zunächst als 1. Verkaufssignal unter den 38-Tage-Durchschnitt fallen. Sinkt der 38-Tage-Index auch noch unter den 200-Tage-Durchschnitt, ist der Abwärtstrend endgültig bestätigt.

Branche	Tageswert vom 25.11.83	Wert am 30.12.82	Veränderung zum Höchstwert 1983 in %	Veränderung zum Tiefstwert 1983 in %	38-Tage-Durchschnitt	80-Tage-Durchschnitt	200-Tage-Durchschnitt
Gesamt	131,41	98,74	+ 0,00	+ 30,03	128,01	124,35	120,38
Banken	123,84	108,41	− 11,01	+ 22,09	123,74	123,78	125,59
Versicherungen	454,32	288,81	+ 0,00	+ 80,35	414,97	382,55	356,10
Automobile	317,43	376,38	− 21,15	+ 2,83	329,92	355,19	368,29
Bau	327,43	376,38	− 21,15	+ 2,83	329,92	355,19	368,29
Bauzulieferung	160,81	127,92	− 6,03	+ 28,94	180,81	158,26	154,53
Brauereien	113,86	98,00	− 6,37	+ 19,90	114,84	116,11	115,44
Chemie	84,67	59,45	+ 0,00	+ 48,80	80,35	77,72	73,48
Stahl	114,73	100,85	− 10,58	+ 19,10	115,03	110,12	113,83
Elektro	128,23	84,74	− 2,34	+ 61,85	125,65	120,20	113,43
Kaufhäuser	76,54	51,32	+ 0,00	+ 58,70	71,00	68,49	66,64
Maschinen	110,70	113,83	− 18,40	+ 0,89	115,76	115,53	121,90
Versorgung	101,89	97,79	− 8,42	+ 7,59	103,17	102,09	103,23
Sonstige	150,70	115,48	− 1,40	+ 31,36	150,62	149,05	143,75

Abb. 52: Gleitende Durchschnitte auf der Basis des WestLB-Aktienindex (31.12.1968 = 100)

Problematisch kann die Verwendung von Durchschnittsindizes bei stagnierenden oder kurzfristig stark schwankenden Kursen sein.

Während das Verfahren der gleitenden Durchschnitte die Qualität der Börsenstimmung, also die Grundtendenz, zu erfassen versucht, bedient man sich des ADL-Verfahrens (**Advance-and-Decline-Line**) zur Analyse der quantitativen Marktbewegungen. Voraussetzung für die Abwendung ist eine Übersicht über die Zahl der Aktien, die gegenüber dem Vortag einen höheren, niedrigeren oder gleichen Börsenkurs aufweisen. Es werden die Umsatzzahlen aller gehandelten Werte je Zeiteinheit (evtl. 1 Tag) nach gestiegenen und gefallenen Aktien aufgeteilt; die sich durch Saldierung der Anzahl ergebende Differenz wird kumuliert und in ein Diagramm eingetragen. Verläuft die dann im Zeitablauf entstehende AD-Linie parallel zum Tagesindex, liegt eine Trendbestätigung vor, weicht sie ab, beginnt eine Trendwende.

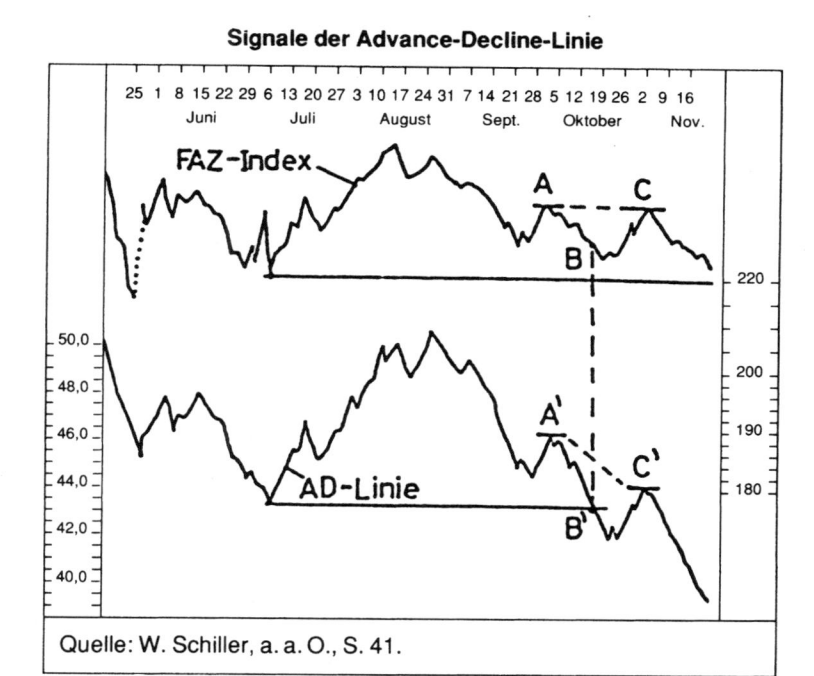

Beteiligungsfinanzierung der Aktiengesellschaft 357

Abb. 53: Advance-Decline-Linie

Die Advance-Decline-Analyse geht also davon aus, daß der **zahlenmäßige Überhang von gestiegenen Aktienwerten einen generellen Kursanstieg prognostiziert,** bevor die gleitenden Durchschnitte zu einer solchen Aussage gelangen können. Diese Methode dient daher der Ergänzung und wird vor allem in den USA verwendet.

Nach der Gesamtmarktanalyse folgt dann der **Branchenvergleich.** Auch bei einer positiven Gesamtmarktverfassung treten innerhalb der Branchen durchaus Unterschiede auf. So hat beispielsweise der Branchenindex der WestLB für Automobile im November 1983 eine positive Veränderung gegenüber dem 31.12.82 von 71,6%, der Index für die Baubranche dagegen eine negative Veränderung von 12,14%. Auch beim kurzfristigen Vergleich ergeben sich erhebliche Unterschiede. Kauf- und Verkaufsempfehlungen können branchenbezogen nach den gleichen Kriterien gegeben werden wie für den Gesamtmarkt. Dabei müssen sich Branchentendenz und Gesamtmarkttendenz nicht unbedingt entsprechen.

Inländische Branchen im Vergleich

Rang 1983		Branche	Veränderung des Branchenindex in Prozent gegenüber	
			Ultimo Vorjahr	Vorwoche
10	(9)	Banken	+ 13,83	− 0,21
2	(2)	Versicherungen	+ 55,37	+ 2,86
1	(1)	Automobile	+ 71,60	+ 3,03
13	(13)	Bau	− 12,14	− 1,19
7	(7)	Bauzulieferung	+ 23,67	− 1,54
8	(8)	Brauereien	+ 15,84	− 1,18
5	(5)	Chemie	+ 38,10	+ 2,47
9	(10)	Stahl	+ 13,83	+ 5,14
3	(3)	Elektro	+ 52,64	+ 2,29
4	(4)	Kaufhäuser	+ 45,89	+ 5,18
12	(12)	Maschinen	+ 1,78	+ 2,77
11	(11)	Versorgung	+ 3,96	+ 0,07
6	(6)	Sonstige	+ 31,28	+ 1,03
( ) Vorwoche		Branchenindizes der WestLB		

Abb. 54: Branchenindizes

Auch bei der Analyse von **Einzelwerten** kann auf das Verfahren der gleitenden Durchschnitte zurückgegriffen werden, das somit in allen Teilbereichen, Gesamtmarkt-, Branchen- und Einzelanalyse, Verwendung findet.

Nach der **Methode der relativen Stärke** können jeweils die Einzelwerte mit dem Branchenindex und dem Gesamtindex verglichen werden. Handelsempfehlungen können **nach Branchengesichtspunkten** wie folgt gegeben werden:

Kaufempfehlung, wenn die Branchenindexkurve die Gesamtmarktindexkurve von unten nach oben schneidet, woraus besonders gute Aussichten dieser Branche geschlossen werden können

Verkaufsempfehlung, wenn die Branchenindexkurve die Gesamtindexkurve von oben nach unten schneidet, weil die Zukunftsaussichten dieser Branche weniger gut beurteilt werden.

Von besonderem Interesse kann auch die Beobachtung des Kursverhaltens einzelner Aktien im Verhältnis zum Gesamtmarkt mit Hilfe des **Beta-Faktors** sein. Der Beta-Faktor erlaubt Aussagen über die Volatilität der Aktienkurse innerhalb eines Betrachtungszeitraumes, indem der prozentuale Kursgewinn bzw. Kursverlust einer Aktie ins Verhältnis zur prozentualen Veränderung eines Gesamtmarktindex gesetzt wird.

Beteiligungsfinanzierung der Aktiengesellschaft

Beta-Faktor = 1 → durchschnittliche Volatilität bzw. Schwankungsbreite der Aktie entspricht dem Gesamtmarkt
Beta-Faktor > 1 → überdurchschnittliche Volatilität bzw. Schwankungsbreite der Aktie ist größer als die des Gesamtmarktes
Beta-Faktor < 1 → unterdurchschnittliche Volatilität bzw. Schwankungsbreite der Aktie ist kleiner als die des Gesamtmarktes

Besitzt ein Investor ein Aktienportefeuille, kann er sein Portefeuille-Beta errechnen und mit den Gesamtmarktveränderungen vergleichen. Weicht das Portefeuille-Beta von der Volatilität des Gesamtmarktes ab, sollte dies bei der Anzahl der Indexterminkontrakte berücksichtigt werden, die zur Absicherung des Portefeuilles benötigt werden (siehe auch Kap. C. 4.3.4.2).

$$\text{Anzahl der erforderlichen Indextermin-Kontrakte} = \frac{\text{abzusichernder Aktienbestand (Aktienwert)}}{\text{Indexkontraktwert}} \cdot \text{Beta}$$

Beispiel:
Gesamtmarktveränderung und Aktienkursveränderung

	Aktienkurs/ t_1 Index t_2	prozentuale Kursveränderung	Beta-Faktor	Volatilität
Unternehmen 1	505 560	10,89	1,45	überdurchschnittlich
Unternehmen 2	288 304	5,56	0,74	unterdurchschnittlich
Unternehmen 3	358 386	7,82	1,04	durchschnittlich
DAX	2 000 2 150	7,50		

$$\text{Beta-Faktor} = \frac{\text{prozentuale Kursveränderung der Aktie}}{\text{prozentuale Gesamtmarktveränderung}} = \frac{10,89}{7,5} = 1,45$$

	Aktienwert	Beta-Faktor	Beta-Wert
Unternehmen 1	350 000	1,45	507 500
Unternehmen 2	120 000	0,74	88 800
Unternehmen 3	130 000	1,04	135 200
	600 000		731 500

$$\text{Portefeuille–Beta} = \frac{\text{Beta-Wert}}{\text{Aktienwert}} = \frac{731\,500}{600\,000} = 1{,}2192$$

$$\text{Anzahl der erforderlichen Indexterminkontrakte} = \frac{\text{Aktienwert}}{\text{Indexkontraktwert}} \cdot \text{Beta} = \frac{600\,000}{20\,000} \cdot 1{,}2192 =$$

$$= 36{,}576 \rightarrow \underline{\underline{37 \text{ Kontrakte}}}$$

Darüber hinaus finden aber auch die Ansätze zur

- Trendanalyse,
- Unterstützungs- und Widerstandslinie und
- die Formationslehre

Verwendung, Verfahren, die nicht unumstritten in ihrer Aussagefähigkeit sind. Die **Trendanalyse** geht davon aus, daß ein einmal eingeschlagener Trend sich so schnell nicht wieder umkehrt und demzufolge die Aktienkurse für eine bestimmte Frist in einer Richtung verlaufen. Die Trendlinien verbinden jeweils zwei oder mehrere Minima bei einem steigenden Trend bzw. Maxima bei einem sinkenden Trend. Wird dieser dauerhafte Trend, der sich zumindest über Monate erstreckt, von der Kurskurve geschnitten, ergeben sich folgende Signale:

Kaufempfehlung, wenn der Aktienkurs die Trendlinie eines abwärtsgerichteten Trends von unten nach oben schneidet und von einem hohen Umsatz begleitet wird

Verkaufsempfehlung, wenn der Aktienkurs die Trendlinie eines aufwärtsgerichteten Trends von oben nach unten schneidet und dies durch hohe Umsätze bestätigt wird.

Häufig läßt sich feststellen, daß Aktienkurse trotz stärkerer Schwankungen eine bestimmte Obergrenze (**Widerstandslinie**) oder Untergrenze (**Unterstützungslinie**) nicht durchbrechen. Höchst- oder Tiefstkurse bleiben längere Zeit bestehen; werden sie jedoch über- oder unterschritten, folgen meistens auch Trendbestätigungen. Je öfter der Durchbruch unterblieben ist, desto widerstandsfähiger erscheint die Grenze.

Dieses Phänomen wird mit dem **psychologischen Verhalten** der Marktteilnehmer begründet und sei an folgendem Beispiel erläutert:

Kurs der Aktie »A«

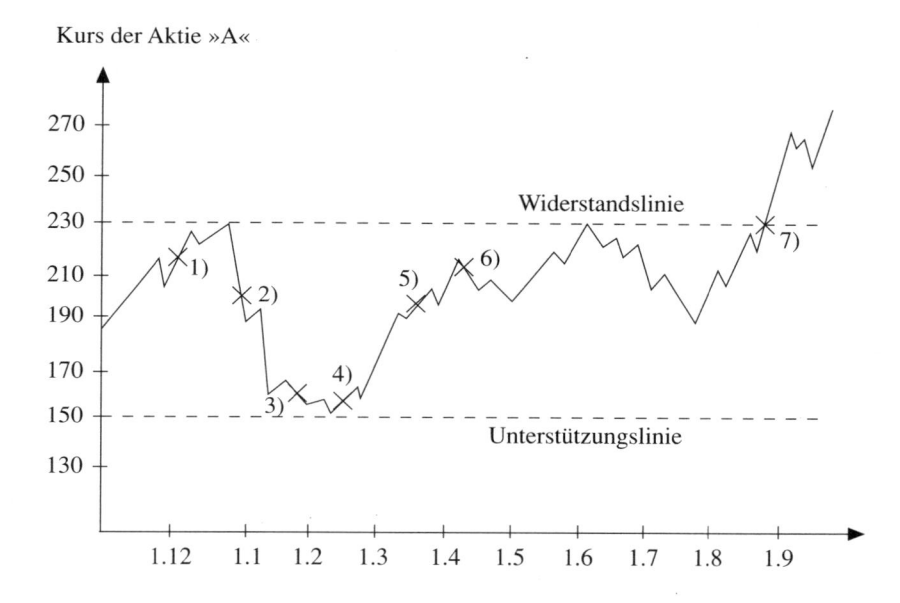

1. Aktienkauf eines Hausse-Spekulanten
2. Es tritt unerwartet früh ein Kursverfall ein
3. Der Aktionär ist nicht mehr bereit zu verkaufen
4. Neuanleger glauben, günstig einsteigen zu können
5. Der Kurs steigt durch lebhaftes Interesse; der Hausse-Spekulant limitiert kurz über seinem Einstandspreis, um ohne Verlust sich von dem »falschen« Engagement zu trennen.
6. Der Kurs steigt nicht weiter, da durch Limitierung hohes Angebot einer niedrigen Nachfrage gegenübersteht. Potentielle Käufer empfinden den Kurs als zu hoch.
7. Der Kurs durchbricht die Widerstandslinie wegen einer besonders guten Nachricht.

Die **Formationslehre** untersucht typische geometrische Darstellungen, die sich durch den Kursverlauf in der Vergangenheit ergeben haben, und transformiert diese Erscheinungsbilder auf zukünftige Kursentwicklungen. Als Beispiel der sehr umfangreichen Formationen seien die Untertasse und der Bogen dargestellt:

Untertassen
Kursbild

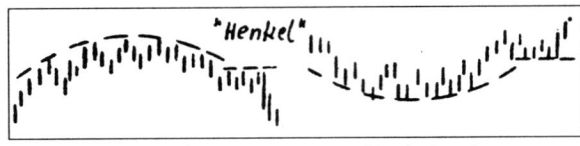

Umkehr eines Aufwärtstrends   Umkehr eines Abwärtstrends

Umsatzentwicklung

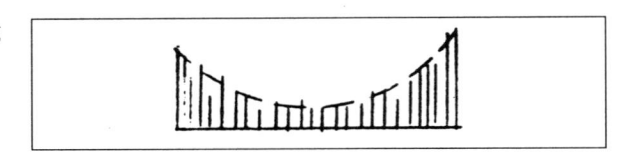

Empfehlungen/ Besonderheiten

Kauf, wenn der Kurs von dem »Henkel« der Untertasse des Abwärtstrends nach oben ausbricht und der Umsatz stark zunimmt.

Verkauf, wenn der Kurs von dem »Henkel« der Untertasse (auch umgekehrte Untertasse genannt) des Aufwärtstrends nach unten abfällt und der Umsatz stark zunimmt.

Je breiter die Formation, um so größer ist das mögliche Kurspotential.

Bogen
Kursbild

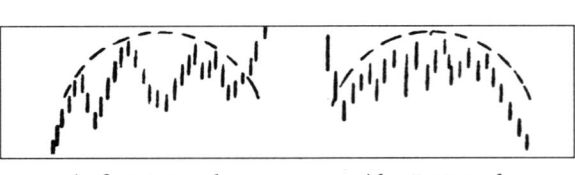

Aufwärtstrend   Abwärtstrend

Umsatzentwicklung

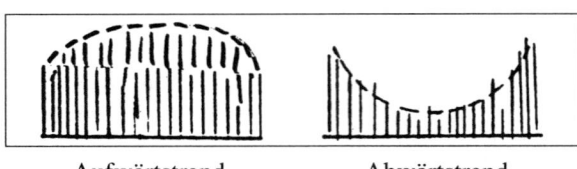

Aufwärtstrend   Abwärtstrend

| **Empfehlungen/** | **Kaufen/Halten** |
| Besonderheiten | Bei Aufwärtstrend und nach unten geöffnetem Bogen, wenn auch die Umsätze steigen bzw. hoch sind. |

Verkaufen/Halten
Bei Abwärtstrend und nach unten gerichtetem Bogen in dessen Maximum, wenn auch der Umsatz sein Minimum ungefähr erreicht hat.

Die meisten Formationen können **Unklarheiten und Fehlinterpretationen** nicht ausschließen, da noch während der Entstehung des Gebildes bereits auf sein späteres Aussehen geschlossen wird. Ob beispielsweise aus einem anfänglichen Keil eine Untertasse wird oder aus dem Eindruck eines Dreiecks dann doch eine V-Formation entsteht, ist ungewiß und verleitet sehr schnell zu falschen Schlüssen. Eine sinnvolle Verwendung der Formationen eröffnet sich deshalb wohl nur Spezialisten.

4.4.4 Beurteilung der Verfahren

Mit der Fundamentalanalyse und der Technischen Analyse stehen zwei verschiedenartige Beurteilungsverfahren für den Aktienmarkt zur Verfügung, deren Aussagen, wenn man sie zusammenfaßt, durchaus gute Entscheidungskriterien für den Börsenhandel bieten können. Versucht man nicht, das eine Verfahren gegen das andere abzuwägen, sondern Nutzen aus beiden zu ziehen, läßt sich folgende **Strategie** entwickeln:

1. Auswahl der Aktien nach ihrem individuellen Wert und ihren Zukunftsaussichten im Rahmen der Fundamentalanalyse unter Berücksichtigung monetärer Faktoren
2. Ermittlung des Zeitpunktes für das Eingehen oder Aufheben eines Engagements nach Überprüfung der Gesamtmarkt-, Branchen- und Einzelwertsituation im Rahmen der Technischen Analyse.

Im Einzelfall können weitere seltenere Verfahren wie die Random-Walk-Hypothese herangezogen werden. Kommt dann noch eine gute Portion Glück dazu, hat man eine gute Börsenentscheidung getroffen.

5 Kontrollfragen*)

1. Definieren Sie die Beteiligungsfinanzierung! Welche Rechte gewährt sie?
2. Welche Arten der Beteiligungsfinanzierung lassen sich unterscheiden?
3. Grenzen Sie Rückgriffs- und Haftungskapital voneinander ab!
4. Welche Probleme entstehen bei der Ermittlung des effektiven Eigenkapitals?
5. Welche Funktionen hat die Beteiligungsfinanzierung?
6. Was besagt die Repräsentationsfunktion extern und intern?
7. Nennen Sie die wichtigsten Probleme der Beteiligungsfinanzierung!
8. Welche grundsätzlichen Vorzüge bietet die Aktienfinanzierung?
9. Wie kann die Eigenkapitalausstattung über Kapitalbeteiligungsgesellschaften verbessert werden?
10. Worin liegt die besondere finanzielle Problematik bei Existenzgründungen?
11. Erläutern Sie das Tätigkeitsfeld der Wagnisfinanzierungsgesellschaften!
12. Von welchen Bestimmungsfaktoren wird die Entscheidung für eine bestimmte Rechtsform abhängen?
13. Nennen Sie die wichtigen Motive der Beteiligungsfinanzierung im Lebenszyklus eines Unternehmens!
14. Wie gliedert sich das Eigenkapital einer AG?
15. Nach welchen Kriterien lassen sich Aktien gliedern?
16. Nennen Sie die typischen Merkmale der Nennwertaktie!
17. Welche Vor- und Nachteile hat die Quotenaktie bzw. die Stückaktie?
18. Wann werden vinkulierte Namensaktien emittiert?
19. Nennen Sie Vor- und Nachteile von Namensaktien!
20. Welche Rechte verbrieft die Stammaktie?
21. Wie unterscheiden sich relative und absolute Vorzugsaktien?
22. Eine Vorzugsaktie notiert an der Börse mit 190, die Stammaktie mit 150. Was schließen Sie daraus?
23. Wie kann das Stimmrecht durch die Aktienart beeinflußt werden?

---

*) Lösungshinweise siehe Seite 485 f.

Kontrollfragen

24. Wann lebt das Stimmrecht bei kumulativen Vorzugsaktien wieder auf?
25. Darf eine AG eigene Aktien erwerben?
26. Unter welchen Aspekten werden Belegschaftsaktien begeben?
27. Was ist ein Genußschein? Wann wird er emittiert?
28. Erläutern Sie den formellen Bezugsrechtsausschluß!
29. Welchem Zweck dient ein Jungschein bzw. eine Globalurkunde?
30. Welche Aufgaben hat das Bezugsrecht?
31. Wie stellen sich die bilanziellen Auswirkungen einer ordentlichen Kapitalerhöhung dar?
32. Von welchen Faktoren hängt die Wahl des Bezugskurses bei neuen Aktien ab?
33. In welchen Fällen erfolgt eine bedingte Kapitalerhöhung?
34. Wie wird das bedingte Kapital im Handelsregister und in der Bilanz vermerkt?
35. Warum ist eine Kapitalerhöhung aus Gesellschaftsmitteln Innenfinanzierung?
36. In welcher Weise können bei einer Kapitalerhöhung aus Gesellschaftsmitteln eine Kursverwässerung und eine Dividendenverbesserung eintreten?
37. Was ist die zentrale Aufgabe einer Börse?
38. Grenzen Sie die Begriffe Wertpapier und Effekten voneinander ab!
39. Welche Börsenorgane gibt es an deutschen Effektenbörsen?
40. Was legt der Börsenmakler in der Schlußnote fest?
41. Worin unterscheiden sich amtliche und freie Kursmakler?
42. Welche Aufgaben hat die Zulassungsstelle?
43. Nennen Sie die wesentlichen Merkmale des amtlichen Börsenverkehrs!
44. Welche Merkmale hat der geregelte nicht amtliche Markt?
45. Beschreiben Sie das Wesen des ungeregelten Freiverkehrs!
46. Was versteht man unter variabler (fortlaufender) Notierung?
47. Welche Tätigkeiten werden bei der bankmäßigen Effektenverwahrung übernommen?

48. Wie unterscheiden sich ein geschlossenes und offenes Depot?
49. Worin liegen die Vorzüge der Effektengirosammelverwahrung bei Kassenvereinen?
50. Nennen Sie Börseneinflußfaktoren mit Beispielen!
51. Wie unterscheiden sich grundsätzlich Kassa- und Termingeschäfte?
52. Nach welchen Bedingungen wird der Einheitskurs festgestellt?
53. Wie kann die Auftragserteilung beim Aktienkommissionsgeschäft erfolgen?
54. Wie war die Börsensituation, wenn der Tageskurs »220 G« lautet?
55. Beschreiben Sie die Einheitskursfeststellung anhand eines Beispiels.
56. Erläutern Sie die Kurszusätze »bG rat«, » – B«, »ex D« und »b«.
57. Wann ist mit einer Repartierung zu rechnen?
58. Was bedeutet eine doppelte Plus-Minus-Ankündigung?
59. Auf welchen Ebenen hat sich die Automatisierung des Kassahandels vollzogen?
60. Welche Arten von Termingeschäften gibt es?
61. Wie sieht das Grundmodell eines festen Termingeschäfts aus?
62. Was ist eine Aktienoption?
63. Welches Recht hat der Käufer einer Verkaufsoption?
64. Welche Pflichten und Rechte haben die Verkäufer einer Kauf- bzw. Verkaufsoption?
65. Benennen Sie die typischen Merkmale von Finanzderivaten!
66. Auf welche Produkte bezieht sich in der Regel der Terminhandel?
67. Aus welchen Motiven können Optionsgeschäfte abgeschlossen werden?
68. Welche Bedeutung hat die Börsenterminfähigkeit?
69. Wie werden Aktienoptionen an der Terminbörse aufgelegt?
70. Wie klassifizieren sich Aktienoptionen?
71. In welcher Beziehung stehen Basispreis und Optionspreis zueinander?
72. Wie ist die Sicherheitsleistung im Terminhandel geregelt?

Kontrollfragen

73. Welche Laufzeiten können Optionen haben?
74. Wie können Gewinnschwelle und Zone des begrenzten Verlustes bei einer Kauf- bzw. Verkaufsoption ermittelt werden?
75. Erläutern Sie anhand einer Grafik, wann die jeweiligen Käufer von Optionen ihre Rechte ausüben werden?
76. Erklären Sie die Optionsbezeichnungen »im Geld«, »aus dem Geld« und »zum Geld«!
77. Was sind europäische und amerikanische Optionen?
78. Kennzeichnen Sie das Handelssystem an der EUREX-Frankfurt!
79. Welche Aufgaben hat der Market Maker?
80. Was versteht man unter Hedging? Geben Sie ein Beispiel!
81. Erläutern Sie die Optionskombinationen »Spread« und »Straddle«!
82. Beschreiben Sie das Wesen einer Aktienindexoption!
83. Wie erfolgt die Erfüllung von Indexterminkontrakten?
84. Aus welchen Komponenten bestimmt sich der Optionspreis?
85. Was sind Finanzterminkontrakte, und welche Arten gibt es?
86. Wie erfolgt die Kursnotierung bei kurzfristigen und längerfristigen Zinsterminkontrakten?
87. Erläutern Sie anhand eines Beispiels die Risikoabsicherung durch einen Zinsterminkontrakt!
88. Welche Aufgaben hat die Aktienanalyse?
89. Was besagt die »Present-Value-Theory«?
90. Welche Dispositionssignale gibt das KGV?
91. Welche Vorteile hat der Disponent von Aktienkapital durch die Einbeziehung monetärer Faktoren in die Analyse?
92. Was untersucht die »Technische Analyse«?
93. Was ist der DAX?
94. Welche Dispositionssignale geben die Kurven der gleitenden Durchschnitte in Verbindung mit dem Tagesindex?
95. Was drückt ein Kursindex aus?

96. Wie begründet die Technische Analyse die Unterstützungs- und Widerstandslinien?
97. Kritisieren Sie die Formationslehre!
98. Wie sollte ein Disponent von Aktienkapital die üblichen Verfahren zur Aktienanalyse einsetzen?
99. Welche betriebswirtschaftliche Aussage macht der Bilanzkurs? Was berücksichtigt zusätzlich der korrigierte Bilanzkurs?
100. Was bringt der Ertragswertkurs zum Ausdruck?
101. Welche Arten der Umwandlung gibt es?
102. Welche Maßnahmen und Ziele umfaßt ein »Going public«?
103. Nennen Sie Argumente für und gegen eine Börseneinführung!
104. Wann ist ein Unternehmen »börsenreif«?
105. Welchen Inhalt sollte ein Emissionskonzept haben?
106. Was bedeutet Finanzkommunikation?
107. Erläutern Sie die Finanzierungsproblematik bei Unternehmenskäufen!
108. Erläutern Sie die finanzwirtschaftlichen Probleme einer Fusion!
109. Was heißt MBO, was heißt MBI?
110. Was sind Junk Bonds?
111. Charakterisieren Sie die zentralen finanziellen Aspekte eines Sanierungskonzepts!
112. Nennen Sie Gründe und Arten der Liquidation!
113. Was versteht man unter Insiderwissen im Börsenwesen?
114. Welche Anforderungen stellt das Wertpapierhandelsgesetz an die Anlageberatung?
115. Wie unterscheiden sich Präsenzbörsen und Computerbörsen?
116. Erklären Sie den Unterschied von Forwards und Futures!
117. Erläutern Sie Wesen und Gewinnchancen beim DAX-Future!
118. Wie erfolgt beim Bund-Future-Kontrakt die Abwicklung?
119. Was ist der REX?
120. Erläutern Sie Aussage und Verwendungsmöglichkeit des Beta-Faktors!

D Innenfinanzierung

1 Wesen und Entstehung des Innenfinanzierungspotentials

Innenfinanzierung liegt vor, wenn dem Unternehmen während eines Betrachtungszeitraums liquide Mittel durch den Desinvestitionsprozeß zufließen, ohne daß ihnen in der gleichen Periode auszahlungswirksame Beträge gegenüberstehen.

Innenfinanzierung setzt grundsätzlich einen **Desinvestitionsprozeß** voraus, d. h., bevor Kapital im Wege der Innenfinanzierung eingesetzt werden kann, muß es zuvor durch den Absatz von Betriebsleistungen dem Unternehmen zugeflossen sein.

Bei der **ordentlichen Erlösverwendung** ist in Aufwandsdeckung und Gewinnverwendung zu unterteilen. Zu Finanzierungszwecken können jeweils nur die Erlöse verwendet werden, die nicht in der gleichen Periode wieder zu Auszahlungen führen. Soweit also Aufwand der Periode gleich Auszahlung der Periode ist, liegt insgesamt gesehen kein Finanzierungseffekt vor. Je kürzer jedoch der Betrachtungszeitraum ist, gegebenenfalls nur eine Woche, desto eher werden die Zeitpunkte von Aufwandsdeckung und Auszahlung bzw. Gewinnverwendung und Auszahlung auseinanderfallen. Erfolgt beispielsweise die Gewinnausschüttung erst zum Beginn des neuen Geschäftsjahres, so stehen diese Beträge kontinuierlich anwachsend für das gesamte Geschäftsjahr zur Verfügung. Ebenso verhält es sich mit der Kredittilgung, die üblicherweise quartalsmäßig erfolgt, oder mit den Abschreibungsgegenwerten, die erst zum Zeitpunkt der Reinvestition wieder benötigt werden.

Bei der Finanzierung aus der **Verkürzung der Kapitalbindungsfrist** wird der Desinvestitionsprozeß leistungsbedingt verkürzt. Dies wird vor allem durch Rationalisierungsmaßnahmen erreicht, wie z. B. durch schnellere Produktion oder bessere Lagerhaltung, aber auch durch bessere Refinanzierung oder absolute Verkürzung der Zahlungsziele. Die theoretisch äußerste Verkürzung ist erreicht, wenn Kapitalaufnahme und Kapitalrückfluß nach Leistungsverwertung am gleichen Tag erfolgen.

Bei der Finanzierung aus a. o. **Umsatzerlösen** handelt es sich um Kapitalzufluß aus der willkürlichen Beschleunigung des Desinvestitionsprozesses. Es wird z. B. eine Maschine nicht erst über den Markt »verdient«, sondern vorzeitig verkauft; der Kapitalzufluß erfolgt nicht durch umsatzleistungsbedingte Abschreibungsgegenwerte, sondern durch direkten Verkaufserlös ohne Interdependenz zur Absatzleistung.

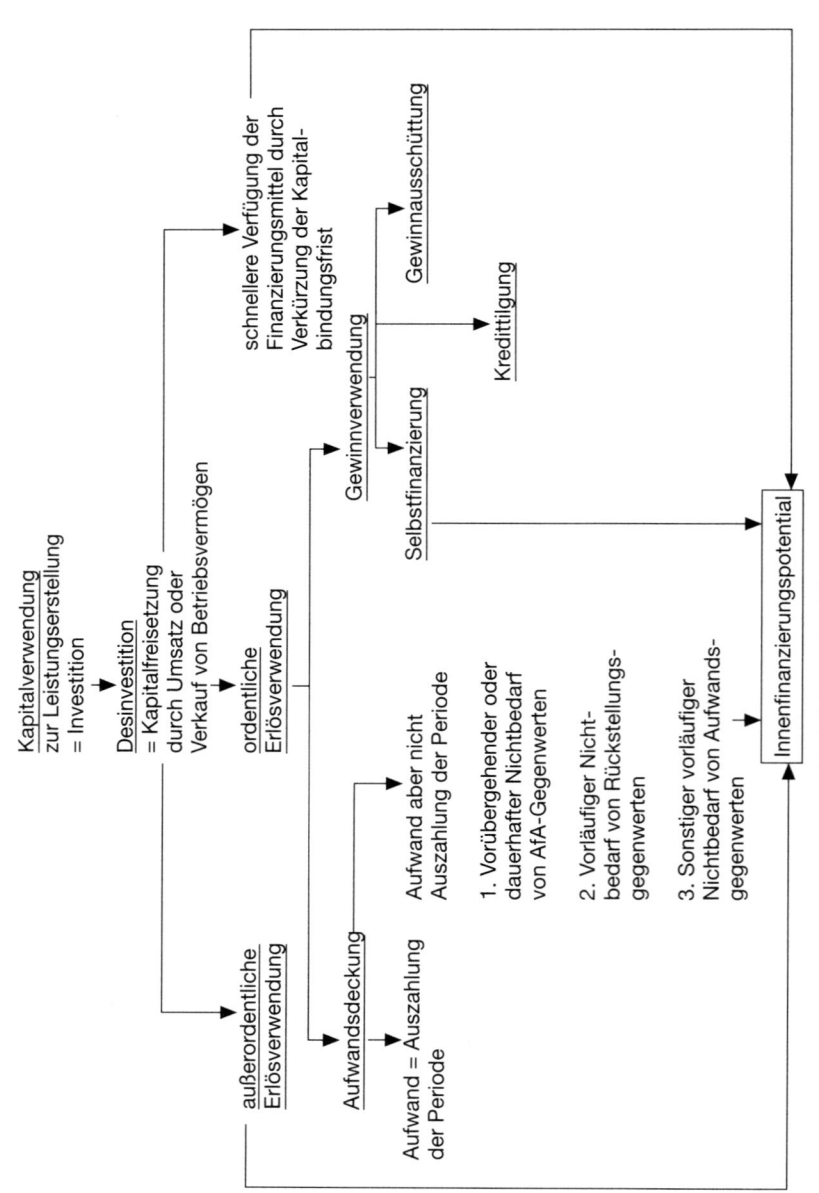

Abb. 55: Innenfinanzierungspotential

Innenfinanzierungspotential

Grundsätzlich liegt ein **Innenfinanzierungseffekt** nicht nur auf das Jahr als Periode bezogen vor, sondern tatsächlich, wenn auch mitunter nur sehr kurzfristig, bereits immer dann, wenn der faktische Erlöszugang, die Einzahlungen, vorübergehend noch nicht wieder zu Auszahlungen führt. Die Obergrenze der Innenfinanzierung wird dabei immer durch die **Differenz von Einzahlungen und Auszahlungen** determiniert.

Einzahlungen	= Umsatzerlöse, die zu Einzahlungen in der Periode führen	
Auszahlungswirksame Aufwendungen + sonstige Auszahlungen		Innenfinazierungspotential
		= finanzwirtschaftlicher Überschuß
		= Cash-flow

Ein größerer Betrag als der finanzwirtschaftliche Überschuß (**Cash-flow**) kann dem Unternehmen zu Innenfinanzierungsmaßnahmen nicht zur Verfügung stehen. Er läßt sich eindeutig, ggf. auch in kurze Teilperioden untergliedert, nur aus dem **Finanzplan** erkennen:

   Betriebseinzahlungen der Periode
− Betriebsauszahlungen der Periode
= Cash-flow als finanzwirtschaftlicher Überschuß

Der Cash-flow ist also identisch mit dem Innenfinanzierungspotential einer Unternehmung; beide Bezeichnungen beziehen sich auf die finanzielle Leistungsfähigkeit des Unternehmens und stellen ein sehr wichtiges Beurteilungskriterium für die Liquidität und die Rentabilität dar.

Ermittelt man das **Innenfinanzierungspotential auf traditionelle Weise,** so ergibt sich:

	Selbstfinanzierung	(Saldo: Gewinn − Steuer − Ausschüttung)
+	Rückstellungsfinanzierung	(Saldo: Zuführung − Auszahlungen)
+	Abschreibungsfinanzierung	(Saldo: AfA-Reinvestitionen)
+	sonstige Kapitalfreisetzungsfinanzierung	(Saldo: sonstige Einzahlungen − sonstige Auszahlungen; z. B. Kundenanzahlungen bzw. Kredittilgung)

Innenfinanzierungspotential = Cash-flow

Als Ziele der **Innenfinanzierungspolitik** sind zu nennen:
1. Erreichung eines hohen Innenfinanzierungsvolumens als wichtigster Quelle zur Finanzierung von Bruttoinvestitionen insbesondere bei Personengesellschaften und als notwendige Voraussetzung zur Gewährleistung der Kreditwürdigkeit.
2. Optimale Kombination der Innenfinanzierungsmaßnahmen, um das Innenfinanzierungspotential am besten ausschöpfen zu können.
3. Optimale Verwendung des Innenfinanzierungsvolumens zur Steigerung der Unternehmensrentabilität.

2 Selbstfinanzierung

Selbstfinanzierung bedeutet Finanzierung aus im Unternehmen verbleibenden bilanziellen Gewinnen. Selbstfinanzierung ist interne Eigenfinanzierung.
Nach der Art des bilanziellen Ausweises sind zu unterscheiden:
- offene Selbstfinanzierung
- stille Selbstfinanzierung.

2.1 Offene und stille Selbstfinanzierung

Offene Selbstfinanzierung liegt vor, wenn **versteuerte Gewinne nicht ausgeschüttet** werden, sondern auf den Kapitalkonten stehenbleiben (Erhöhung des Nominalkapitals). Die Gegenwerte dieses zusätzlichen Eigenkapitals finden sich (zunächst) vor allem im Umlaufvermögen.

Bei Aktiengesellschaften erfolgt eine getrennte Bilanzierung von gezeichnetem Kapital und Rücklagen. Gemäß § 266 und 272 HGB sind folgende Rücklagen zu unterscheiden:

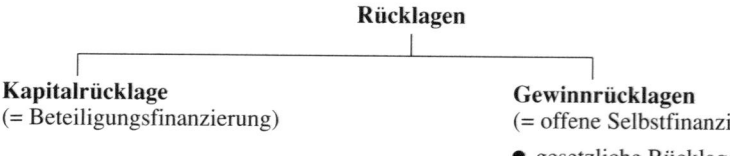

Rücklagen

Kapitalrücklage	**Gewinnrücklagen**
(= Beteiligungsfinanzierung)	(= offene Selbstfinanzierung)
	• gesetzliche Rücklage
	• Rücklagen für eigene Anteile
	• satzungsmäßige Rücklagen
	• andere Gewinnrücklagen

Selbstfinanzierung

Während die Kapitalrücklage eine Eigenkapitalzufuhr von außen durch eine Aktienemission über pari oder durch Zuzahlungen entsteht und somit Beteiligungsfinanzierung ist, resultieren Gewinnrücklagen aus dem Desinvestitionsprozeß von Unternehmensleistungen und stellen somit Innenfinanzierung dar.

Bei der Aktiengesellschaft ist die offene Selbstfinanzierung nach oben vom Aktiengesetz begrenzt. Es dürfen im Regelfall höchstens 50% des Jahresüberschusses in die freien Rücklagen eingestellt werden. Ist satzungsmäßig oder durch Beschluß der Hauptversammlung eine höhere Rücklage möglich, so darf sie 50% des Grundkapitals nicht übersteigen (§ 58 AktG). Andererseits ist die Aktiengesellschaft gesetzlich gezwungen, die gesetzliche Rücklage von 10% des Grundkapitals solange mit jährlich 5% des Jahresüberschusses aufzufüllen, bis die vorgeschriebene Höhe von 10% erreicht ist (§ 150 AktG). Diese zwangsweise Bildung von offenen Rücklagen wird auch als **gesetzliche Selbstfinanzierung bezeichnet.** Die gesetzliche Rücklage darf nur zum Verlustausgleich herangezogen werden, sofern keine sonstigen Gewinnrücklagen oder ein Jahresüberschuß bzw. ein Gewinnvortrag mehr zur Verfügung stehen.

Auch die **Rücklagen für eigene Anteile** unterliegen einer Ausschüttungssperre. Die Bildung dieser Rücklage soll sicherstellen, daß der Erwerb eigener Anteile nicht zu einer Rückzahlung von Grundkapital oder Verwendung zweckgebundener Rücklagen führt. Der einzustellende Betrag muß dem aktivierten Wert für die Anschaffung der eigenen Anteile entsprechen. Liegt kein Anschaffungspreis vor, sondern werden Aktien unentgeltlich zurückgegeben, darf auch keine Rücklage gebildet werden.

Stille Selbsfinanzierung liegt vor, wenn der **einbehaltene Gewinn nicht ausgewiesen wird,** sondern im Rahmen der Bewertungsvorschriften durch Unter- oder Überbewertung von Aktiva oder Passiva stille Reserven gebildet werden. Es liegt dann eine Erhöhung des Realkapitals vor, das zunächst noch nicht versteuert und auch nicht direkt aus der Bilanz abzulesen ist.

Stille Selbstfinanzierung kann erfolgen durch:
- Unterbewertung von Aktiva (z. B. erhöhte Abschreibungen, Unterbewertung von Vorräten)
- Nichtaktivierung aktivierungsfähiger Güter (z. B. erworbene immaterielle Güter wie Patente, Sofortabschreibung geringwertiger Wirtschaftsgüter) oder
- Überbewertung von Passiva (z. B. erhöhte Rückstellungen).

Wenn dem Bewertungsakt liquide Mittel aus dem Desinvestitionsprozeß gegenüberstehen, entsprechen sich in diesen Fällen stille Selbstfinanzierung und stille Reserven. **Stille Reserven** entstehen jedoch auch als Zwangsreserven durch Unterlassung oder Unmöglichkeit von Zuschreibungen bei Wertsteigerungen. Da hier aber kein Liquiditätsfluß zu verzeichnen ist, kann auch keine stille Selbstfinanzierung vorliegen.

Bei der stillen Selbstfinanzierung erreicht das Unternehmen eine **Steuerstundung,** da die gebildeten stillen Reserven erst bei ihrer Auflösung zu versteuern sind. Dadurch entsteht in jedem Fall ein **Liquiditätseffekt,** da die Steuerzahlungen hinausgeschoben werden und die Liquiditätsbelastung erst im Zeitpunkt der Nachversteuerung erfolgt. Dies kann allerdings zu einer den Zinsgewinn überkompensierenden Liquiditätsbelastung führen, wenn der einkommensteuerpflichtige Unternehmer zwischenzeitlich in eine höhere Progressionsstufe gelangt ist.

Bei Kapitalgesellschaften, die der Körperschaftsteuer unterliegen, entfällt das Risiko einer höheren Progressionsstufe. Bei Publikumsgesellschaften besteht zusätzlich für das Unternehmen der Vorteil, daß die stille Selbstfinanzierung weitergehend dem Einfluß der Aktionäre entzogen ist und in ertragsschwächeren Jahren zum **Dividendenausgleich** herangezogen oder zur Aufstockung der offenen Selbstfinanzierung dienen kann.

Insgesamt gesehen hat die stille Selbstfinanzierung bei allen Gesellschaftsformen den Vorteil, daß sie betragsmäßig um den zinslosen Steuerkredit höherliegt als die offene Selbstfinanzierung.

Viele Publikumsgesellschaften zeichnen sich heute durch folgende **Gewinnpolitik** aus:
- relativ konstante Dividendenzahlung über mehrere Jahre, unabhängig von der konkreten Gewinnsituation
- relativ gleichmäßige Zuführung zur offenen Selbstfinanzierung (Rücklagen) zur Sicherung von Kreditwürdigkeit und Beteiligungswürdigkeit, verbunden mit einer positiven Publizitätswirkung
- Verstecken von Gewinnspitzen in der stillen Selbstfinanzierung, um zinslose Steuerkredite in Anspruch zu nehmen und das tatsächliche gesamte Selbstfinanzierungsvolumen der Periode ohne Einfluß der Aktionäre aufzustocken mit dem Ziel der Rentabilitätssteigerung.

Die Höhe der Ertragsteuern schwankt dabei in Abhängigkeit von der offenen Selbstfinanzierung und dem Erfordernis, früher gelegte stille Reserven wieder aufzulösen.

Jede stille Selbstfinanzierung löst sich früher oder später durch den laufenden Desinvestitionsprozeß wieder auf. So werden z. B. unterbewertete unfertige Erzeugnisse zu Marktpreisen beim Desinvestitionsprozeß verkauft,

Selbstfinanzierung 375

wobei der erhöhte Gewinn realisiert wird und vor Ausschüttung bzw. offener Selbstfinanzierung nachzuversteuern ist. Eine kontinuierliche stille Selbstfinanzierung ist also nur durch kontinuierliche Neubildung von stillen Reserven möglich.

Durch stille Selbstfinanzierung läßt sich nur das Selbstfinanzierungsvolumen einer bestimmten Periode ausweiten. Abgesehen vom Zinsgewinn läßt sich jedoch das gesamte dauerhafte (langfristige) Selbstfinanzierungsvolumen nicht verändern. Die Geschäftsleitung kann jedoch den Gewinnanteil glätten und das periodenbezogene Selbstfinanzierungs-Volumen steuern.

Der tatsächliche Gewinn ergibt sich aus der Addition von Dividende, Steuern sowie offener und stiller Selbstfinanzierung, doch steht ein Teil dieses Gewinns eigentlich nicht für die angegebenen Maßnahmen voll zur Verfügung, wenn man von **substantieller Kapitalerhaltung** ausgeht.

Zur Erhaltung der Wettbewerbsfähigkeit und der Substanz der Unternehmung ist es erforderlich, einen Teil dieses Gewinns zur Wiederbeschaffung von im Betriebsprozeß verbrauchten Produktionsfaktoren zu verwenden. Im betriebswirtschaftlichen Sinne wird deshalb als **tatsächlicher Gewinn** der Periodengewinn als Resteinnahmeüberschuß bezeichnet, der verbleibt, nachdem zur Sicherung der Unternehmensleistungsfähigkeit alle notwendigen Investitionen finanziert worden sind, die dem Unternehmen in Zukunft die gleiche Ertragskraft gewährleisten. Diese dauerhafte Ergiebigkeit ist gesichert, wenn der Ertragswert konstant bleibt.

Dieses Ziel läßt sich bei der nominellen Bewertung in der Bilanz jedoch nur erreichen, wenn laufend ein Teil des Selbstfinanzierungsvolumens für die substantielle Kapitalerhaltung bereitgestellt wird. Es erfolgt also ständig in einer gewissen Höhe eine Versteuerung von Scheingewinnen.

Der Gewinn im Unternehmen fällt nicht einmal im Jahr an, sondern fließt dem Unternehmen durch den Desinvestitionsprozeß kontinuierlich zu. Unabhängig von seiner endgültigen Verwendung stehen dem Unternehmen zunehmende Gewinnbeträge während des Geschäftsjahres zur Verfügung. Würde das Unternehmen am Ende des Geschäftsjahres den Gewinn voll ausschütten und versteuern, stünden ihm dennoch durchschnittlich die Hälfte des Gewinns kontinuierlich zur Verfügung (**Temporär akkumulierende Selbstfinanzierung**). Dieser Betrag wird sogar überschritten, wenn die Gewinnausschüttung erst 5 bis 7 Monate nach Schluß des Geschäftsjahres vorgenommen wird. Andererseits verringert sich dieser Durchschnittsbetrag durch die Steuervorauszahlungen und laufenden Entnahmen bei Personengesellschaften.

Die traditionelle Unterteilung nach dem Bilanzausweis in stille und offene Selbstfinanzierung stellt nur die endgültige Verwendung nach Ablauf des Geschäftsjahres dar. Die Geschäftsleitung muß dann entscheiden, wie sie den akkumulierten Gewinn auf Ausschüttung und bilanziell konstatierende Selbstfinanzierung verteilt.

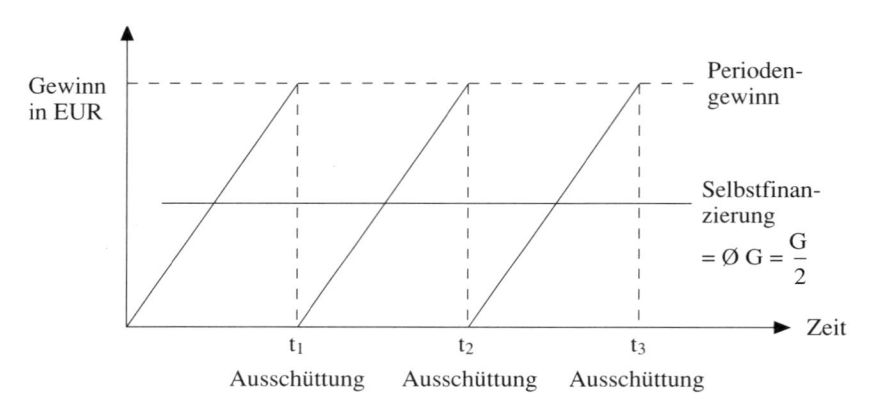

Gewinn in EUR — Periodengewinn

Selbstfinanzierung $= \varnothing\, G = \dfrac{G}{2}$

t_1 — t_2 — t_3 → Zeit
Ausschüttung   Ausschüttung   Ausschüttung

Für die Selbstfinanzierung lassen sich folgende **Vorteile** nennen:
- Sie bedingt keinen Kapitaldienst und belastet somit nicht die Liquidität durch Dividenden oder Tilgung
- Sie stärkt die Eigenkapitalbasis und verbessert die Kreditwürdigkeit
- Sie bedingt keine Veränderung der Machtstruktur im Unternehmen
- Sie erfordert keine Zweckbindung für bestimmte Investitionsvorhaben, deren Auswahl im freien Ermessen der Geschäftsleitung steht
- Sie führt zu einer niedrigen Preisuntergrenze, da Eigenkapitalzinsen kalkulatorisch in ertragsschwachen Jahren entfallen können
- Stille Selbstfinanzierung führt zu einem zinslosen Steuerkredit und verbessert damit Rentabilität und Liquidität der Unternehmen
- Steuerliche Bevorzugung der Selbstfinanzierung insbesondere bei steuerfreien Rücklagen nach § 6b EStG für Reinvestitionen bei hohem Verkaufserlös
- Selbstfinanzierung verlangt keine Sicherheiten

Als **Nachteil der Selbstfinanzierung** wird oft angeführt, daß die zurückbehaltenen Gewinne nicht rentabel genug investiert werden, da weder eine klare Zweckbindung bei kontinuierlichem Geldzufluß erfolgt, noch ein Rentabilitätsvergleich für verschiedene Anlagealternativen innerhalb und außerhalb der Unternehmung durchgeführt wird. Auch können Gewinnmanipulationen im Rahmen der stillen Selbstfinanzierung zu Täuschungen der Kapitalgeber führen.

2.2 Steuerliche Auswirkungen auf die Gewinnverwendung

Bei Personengesellschaften ergibt sich aus steuerlicher Sicht kein Problem aus der Alternative Ausschüttung oder Thesaurierung. Da Kapitalgesellschaften jedoch einen gespaltenen Körperschaftsteuersatz haben, soll dieses Problem am Beispiel der Aktiengesellschaft in 4 Fällen dargestellt werden. Es wird eine Tarifbesteuerung von 45% und eine Ausschüttungsbelastung von 30% angenommen.

1. Der vor Körperschaftsteuer zur Verfügung stehende Gewinn soll voll **ausgeschüttet** werden.
2. Der vor Körperschaftsteuer zur Verfügung stehende Gewinn soll voll **einbehalten** werden (Selbstfinanzierung).
3. Es wird der ausschüttungsfähige Betrag gesucht, der nach Abzug eines bestimmten Selbstfinanzierungsvolumens noch zur Verfügung steht, bzw. das mögliche Selbstfinanzierungsvolumen, das noch nach Berücksichtigung einer »relativ konstanten« Dividende erreichbar ist (**Mischungsverhältnis**).
4. Der vor Körperschaftsteuer zur Verfügung stehende Gewinn wird zunächst ausgeschüttet und dann zur Kapitalerhöhung wieder eingefordert, was als »Schütt-aus-hol-zurück-Politik« bzw. **Dividendenkapitalerhöhung** bezeichnet wird.

1. Ausschüttung

=	Gewinn vor Körperschaftsteuer (Bruttodividende bzw. zu versteuerndes Einkommen)	100,00 EUR
−	Körperschaftsteuer bei Ausschüttung	30,00 EUR
=	Bardividende	70,00 EUR
−	Kapitalertragsteuer 25%, die als Quasi-Einkommensteuer-Vorauszahlung vom auszahlenden Unternehmen bzw. Kreditinstitut an das Finanzamt abgeführt wird	17,50 EUR
=	ausgezahlte Bardividende	52,50 EUR
+	Steuerrückzahlung (bzw. Steuernachzahlung) je nach persönlichem Steuersatz, bei Annahme von 25% auf das zu versteuernde Einkommen von 100 EUR vor Körperschaftsteuer	22,50 EUR
=	Gesamtdividende	75,00 EUR

Die **Steuerrückzahlung** erhält der Aktionär im Rahmen seiner Einkommensteuererklärung für das Jahr der Dividendenzahlung durch Vorlage der Steuer und Dividendenbescheinigungen der Banken, die bei Auszahlung der Bardividende ausgehändigt werden. Sie errechnet sich wie folgt:

Bereits geleistete Steuerbeträge	
30 EUR Körperschaftsteuer + 17,50 EUR Kapitalertragsteuer	47,50 EUR
− Steuerschuld bei einem zu versteuernden	
Einkommen von 100 EUR bei Steuersatz von 25% individuell	25,00 EUR
= Steuerrückvergütung	22,50 EUR

Bei einem persönlichen Steuersatz von 30% würde die Vergütung nur 17,50 EUR betragen, bei 40% nur noch 7,50 EUR, und bei 56% hätte der Aktionär noch 8,50 EUR nachzuzahlen. Würde der Aktionär zur Kirchensteuer herangezogen, würde sich die Vergütung um diesen Steuerbetrag verringern.

Zur **retrograden Ermittlung** des zu versteuernden Einkommens, also der Bruttodividende, dient der Bruch $3/7$ als Relation des Körperschaftssteuersatzes zur Bardividende $\left[\frac{30}{70} = \frac{3}{7}\right]$. Bezieht man diesen Bruch auf die von der Aktiengesellschaft genannte Bardividende, so erhält man die Bruttodividende.

Beispiel:
Kündigt eine Aktiengesellschaft eine Dividende von 8,00 EUR an, so ergibt sich ein Nettoertrag für die Aktionär von 8,57 EUR.

Bardividende	8,00 EUR		Bardividende	8,00 EUR
+ Steuergutschrift 3/7	3,43 EUR		− Kapitalertragsteuer 25%	2,00 EUR
Bruttodividende	11,43 EUR		ausgezahlte Bardividende	6,00 EUR
− persönlicher Steuersatz			+ Steuerrückzahlung	
(z. B. 25%)	2,86 EUR		(5,43 DM − 2,86 DM)	2,57 EUR
Nettoertrag	8,57 EUR		Nettoertrag	8,57 EUR

2. Thesaurierung

Gewinn vor Körperschaftsteuer	100 EUR
− Körperschaftsteuer bei Thesaurierung 45%	45 EUR
= zur offenen Selbstfinanzierung zur Verfügung stehender Betrag	55 EUR

3. Mischungsverhältnis

In den meisten Fällen wird eine Aktiengesellschaft weder nur thesaurieren noch nur ausschütten, sondern ein bestimmtes Mischungsverhältnis anstreben. Hierbei wird sie entweder einen für Investitionszwecke benötigten

Selbstfinanzierung

Betrag für die Selbstfinanzierung festlegen und den verbleibenden zur Ausschüttung vorschlagen, oder der Vorstand sucht den zur Selbstfinanzierung verbleibenden Betrag, nachdem die für eine (kontinuierliche) Ausschüttung erforderlichen Gewinne abgezogen worden sind.

Beispiel:
Hat z. B. eine Aktiengesellschaft einen Gewinn vor Körperschaftsteuer von 1 000 000 EUR erwirtschaftet und benötigt 330 000 EUR zur direkten Selbstfinanzierung, so kann als Bardividende folgender verbleibender Betrag ausgeschüttet werden:

Zur Selbstfinanzierung erforderlicher Betrag	330 000 EUR (55%)
dafür zu zahlende KöSt von 45%	270 000 EUR (45%)
zur Thesaurierung erforderlicher Bruttobetrag	600 000 EUR (100%)
Zur Ausschüttung verbleibender Bruttobetrag	400 000 EUR
dafür zu zahlende KöSt 30%	120 000 EUR
Bardividende	280 000 EUR

Die Aktiengesellschaft kann eine Bardividende von 280 000 EUR ausschütten und 330 000 EUR zur Selbstfinanzierung verwenden. Befinden sich 320 000 Aktien im Umlauf, kann eine Dividende von 0,875 EUR/Stück angekündigt werden. Das Grundkapital beträgt bei 5 EUR Nennwert 1 600 000 EUR.

Häufig wird auch der umgekehrte Fall anzutreffen sein. Die Aktiengesellschaft legt die Jahresdividende fest und fragt, wie hoch der verbleibende Selbstfinanzierungsbetrag ist:

Gewinn vor KöSt	1 000 000 EUR
− Tarifbelastung KöSt 45%	450 000 EUR
− 78,5715% auf die geplante Bardividende (hier: 280 000 EUR, d. h. 0,875 EUR/Stück)	220 000 EUR
Selbstfinanzierungsbetrag	330 000 EUR

Um eine Bardividende von 0,875 EUR je Aktie zahlen zu können, braucht die AG nur noch 78,5715% (bzw. 55/70) der Bardividende davon einzuplanen, nachdem die volle Tarifbelastung bereits erfolgte; die Körperschaftsteuerentlastung beträgt also 15/70 der Bardividende.

4. Dividendenkapitalerhöhung

Die Dividendenkapitalerhöhung ist vom sog. Zusatzaktienverfahren (oder auch Stockdividendenverfahren) zu unterscheiden, bei dem die Aktionäre anstelle einer Dividende neue Aktien erhalten. Der Gewinn wird in diesem Fall der offenen Rücklage nach Versteuerung mit 45% zugeführt und dann wie bei Gratisaktien im Rahmen einer Kapitalerhöhung den Altaktionären angeboten. Dieses Verfahren bringt jedoch für die Aktiengesellschaft keinen Vorteil, da der Gewinn mit 45% zu versteuern ist und zusätzlich durch die Neuemission von Aktien Gesellschaftsteuer von 1% anfällt sowie die sonstigen Emissionskosten. Der zu Finanzierungszwecken bereitstehende Betrag ist demnach sogar niedriger als bei Selbstfinanzierung (rd. 50% je nach Höhe der Emissionskosten).

Bei der Dividendenkapitalerhöhung wird dagegen der Gewinn zunächst voll ausgeschüttet, also nur zu 30% versteuert, um ihn dann im Wege einer Kapitalerhöhung wieder hereinzuholen. Dabei ergibt sich eine wesentlich **höhere Selbstfinanzierungsquote als bei direkter Selbstfinanzierung,** allerdings in Abhängigkeit von der Steuerbelastung der Aktionäre:

	Gewinn vor KöSt	100,00 EUR
−	KöSt 30% bei Ausschüttung	30,00 EUR
−	KESt 25%	17,50 EUR
=	ausgezahlte Bardividende	52,50 EUR
+	Steuerrückvergütung bei ⌀ Steuersatz der Aktionäre 25%	22,50 EUR
=	zur Kapitalerhöhung bereitstehender Betrag	75,00 EUR
−	Kosten der Kapitalerhöhung ⌀ 5%	3,75 EUR
=	zur indirekten Selbstfinanzierung max. zur Verfügung stehender Betrag	71,25 EUR

Dieser Betrag liegt erheblich über dem der direkten Selbstfinanzierung, doch läßt sich dieses Verfahren nur dann als vorteilhaft ansehen, wenn:

- der durchschnittliche Steuersatz der Aktionäre unter dem kritischen Steuersatz liegt und

- bei den Aktionären eine grundsätzlich positive Anlagebereitschaft besteht.

Dies könnte zu erwarten sein, wenn bei Publikumsgesellschaften eine Mehrzahl von Aktionären nur über kleinere und mittlere Einkommen verfügt und durch **Zahlung eines Bonus** entsprechend der gewünschten Höhe für die indirekte Selbstfinanzierung Zahlungsmittel für die Kapitalerhöhung bereitgestellt werden. Gesellschaften mit kleinem Aktionärskreis können Vereinbarungen über die gewünschte Gewinnverteilung treffen oder auch den Ausschüttungsbetrag als Gesellschafterdarlehen gewähren.

Der **kritische Steuersatz,** bis zu dem die Dividendenkapitalerhöhung vorteilhaft ist, hängt ab von der jeweiligen Höhe der Körperschaftsteuersätze und errechnet sich wie folgt:

Selbstfinanzierung

$S.F._{TH} = S.F._{DKE}$
$S.F._{DKE} = G - x - (1-x) \cdot k$
$S.F._{DKE}$ = Selbstfinanzierungsbetrag bei Dividendenkapitalerhöhung
G = Gewinn vor Körperschaftsteuer
k = Kosten der Kapitalerhöhung (hier 5%)
x = Kritischer Steuersatz
(alles in Dezimalbrüchen)

Beträgt z. B. der Körperschaftsteuersatz bei Gewinnthesaurierung 50 %, liegt der kritische Steuersatz der Aktionäre bei 47,37%.

$0,50 = 1 - x - (1-x) \, 0,05$
$0,50 - 1 + 0,05 = 0,05 \, x - x$
$0,45 = 0,95 \, x \qquad\qquad x = 0,47368 \rightarrow 47,37\%$

Beispiel:
Zahlt eine Aktiengesellschaft zusätzlich zu einer Dividende von 7,50 EUR einen Bonus von 5,50 EUR und kündigt eine Kapitalerhöhung im Verhältnis 12:1 bei einem Ausgabekurs von 70,00 EUR an, so ergibt sich folgende Rechnung:

Aufwand für eine neue Aktie		70,00 EUR
Ertrag aus Bonus je Aktie	5,50 EUR	
+ Steuergutschrift 3/7	2,36 EUR	
− 25% Einkommensteuer	1,97 EUR	
= verfügbarer Betrag	5,89 EUR	
auf 12 Aktien		70,68 EUR
Restgewinn aus Bonus		0,68 EUR
Gewinn vor KöSt	7,86 EUR	
− KöSt 30%	2,36 EUR	
− KESt 25%	1,37 EUR	
= ausgezahlter Bonus	4,13 EUR	
+ Steuerrückvergütung bei 25% Steuersatz	1,76 EUR	
zur Kapitalerhöhung verfügbar	5,89 EUR	
− Kosten der Kapitalerhöhung	0,30 EUR	
indirekte Selbstfinanzierung	5,59 EUR	
Gewinn vor KöSt	7,86 EUR	
− KöSt 45%	3,54 EUR	
direkte Selbstfinanzierung	4,32 EUR	

Ergebnis:
1. Unterliegt der Aktionär einem persönlichen Steuersatz von 25%, kann er mit seinem verfügbaren Betrag von 5,89 EUR je Aktie an der Kapitalerhöhung ohne zusätzliche Eigenmittel teilnehmen. Es verbleibt ein Restgewinn von 0,68 EUR je neue Aktie.
2. Dem Unternehmen stehen durch die Dividendenkapitalerhöhung zur indirekten Selbstfinanzierung aus dem Bonus 5,59 EUR zur Verfügung. Bei gleichem einsetzbaren Gewinn von Körperschaftsteuer ständen dem Unternehmen bei direkter Selbstfinanzierung nur 4,32 EUR bereit.

3 Finanzierung aus Kapitalfreisetzung

3.1 Arten der Kapitalfreisetzung

Es lassen sich 3 Bereiche unterscheiden:

(1) Kapitalfreisetzung durch Verkürzung der Kapitalbindungsdauer:

Die Leistungserstellung bindet Vermögen im Unternehmen, das finanziert werden muß. Werden nun die Auszahlungen für die Betriebsleistung schneller gedeckt, werden Kapitalteile freigesetzt, so daß Sachvermögen in Geld umgeschichtet wird. Je kürzer der Zeitraum zwischen der Auszahlung für die Produktionsfaktoren und dem Eingang der Verkaufserlöse (Einzahlung) ist, desto weniger Kapital ist zur Finanzierung der Leistungserstellung erforderlich.

Ein solcher Kapitalfreisetzungseffekt kann durch unterschiedliche Rationalisierungsmaßnahmen wie Verbesserungen in der Materialwirtschaft oder im Produktionsbereich erzielt werden. Jede **güterwirtschaftliche Rationalisierungsmaßnahme** sollte früher oder später zu einem geringeren Kapitalbedarf als in der Vorperiode führen.

Kapitalfreisetzung durch Verkürzung der Kapitalbindungsdauer läßt sich aber auch im **finanzwirtschaftlichen Bereich** erzielen. Je schneller Forderungen in Einzahlungen transformiert werden können, desto weniger Kapital ist im Umlaufvermögen gebunden. Eine solche Beschleunigung ist auch zum Beispiel durch den Verkauf von Besitzwechseln oder durch Factoring möglich.

Der **Finanzierungseffekt** der Kapitalfreisetzung besteht darin, daß bisher in Sachvermögen gebundenes Kapital für andere Investitionszwecke freigesetzt wird. Dem Unternehmen fließt zwar nicht mehr Geld zu, dafür aber schneller.

Wird das freigesetzte Kapital nicht für Investitionen verwendet, sondern zurückgezahlt, tritt ein Rentabilitätseffekt durch Verringerung der Kapitalkosten ein. Entspricht der Kapitalüberlassungszeitraum der benötigten Kapitalbindung, liegt kein Kapitalfreisetzungseffekt vor.

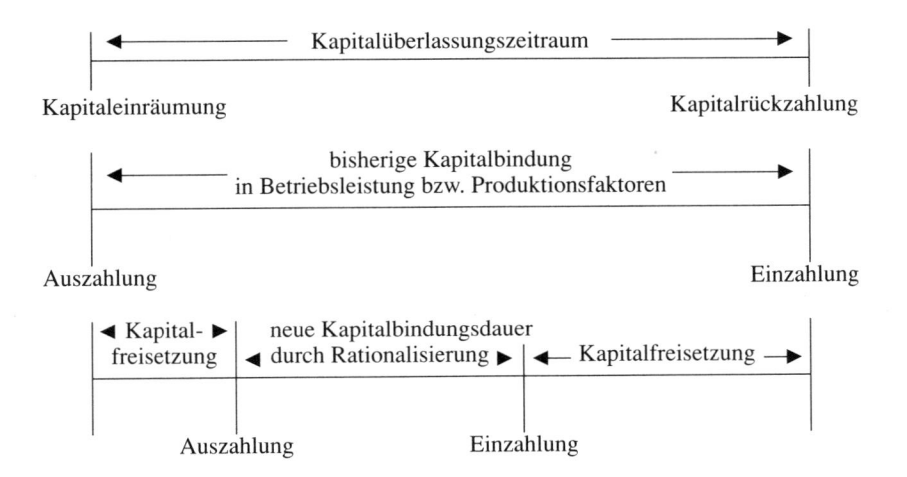

Finanzierung aus Kapitalfreisetzung 383

```
|◄―――――― Kapitalüberlassungszeitraum ――――――►|
|                                             |
Kapitaleinräumung                    Kapitalrückzahlung

|         bisherige Kapitalbindung           |
|◄―― in Betriebsleistung bzw. Produktionsfaktoren ――►|
|                                             |
Auszahlung                               Einzahlung

|◄ Kapital- ►|   neue Kapitalbindungsdauer            |
| freisetzung |◄ durch Rationalisierung ►|◄― Kapitalfreisetzung ―►|
|                                             |
      Auszahlung        Einzahlung
```

(2) Kapitalfreisetzung durch Verkauf von Betriebsvermögen (Finanzierung aus a. o. Umsatzerlösen)

Kapitalfreisetzung kann auch durch den **Verkauf von nicht betriebsnotwendigem Vermögen**, wie z. B. Wertpapiere, Beteiligungen oder Grundstücke, erfolgen. Für Sanierungszwecke sind solche Maßnahmen besonders geeignet. Der Finanzierungseffekt liegt in der Liquiditätszufuhr; jedoch ist damit i. d. R. durch den Fortfall von Erträgen eine Rentabilitätssenkung verbunden.

Auch der **Verkauf von betriebsnotwendigem Vermögen** bedeutet Kapitalfreisetzung, doch ist dies nur sinnvoll, wenn eine angemessene Weiterproduktion gewährleistet ist wie z. B. beim »Sale-lease-back-Verfahren«. Bei dieser Form der Kapitalfreisetzung ist jedoch zu beachten, daß dem Unternehmen zwar einerseits mehr Geld durch (vorzeitigen) Verkauf zufließt, was den Cash-flow erhöht, daß aber auch die Mittelzufuhr zu versteuern ist, soweit sie aus der Auflösung stiller Reserven resultiert.

(3) Kapitalfreisetzung durch Rückfluß von Abschreibungsgegenwerten

Ein Finanzierungseffekt entsteht hier dadurch, daß die Abschreibungen für langlebige Wirtschaftsgüter im Rahmen des Desinvestitionsprozesses dem Unternehmen bereits wieder zufließen, bevor sie zur Reinvestition benötigt werden. Das im Sachvermögen gebundene Kapital wird entsprechend der Nutzungsdauer allmählich in Geld umgeschichtet und steht bis zur Wiederverwendung als freigesetztes Kapital bereit.

Zusammenfassung:
- **Kapitalfreisetzung durch Verkürzung der Kapitalbindungsdauer:**
Finanzierungseffekt durch Verzögerung von Auszahlungen und/oder Beschleunigung von Einzahlungen, also durch Senkung des Kapitalbedarfs.
- **Kapitalfreisetzung durch Verkauf von Betriebsvermögen:**
Finanzierungseffekt durch Erhöhung der Einzahlungen
- **Kapitalfreisetzung durch Abschreibungsgegenwerte:**
Finanzierungseffekt durch die nutzungskonforme Erzielung von Einzahlungen vor dem adäquaten Auszahlungsbedarf für die Ersatzbeschaffung.

3.2 Finanzierung aus Abschreibungsgegenwerten

3.2.1 Abschreibungsarten

Abschreibungen sind die periodenbezogenen Beträge zur Erfassung des Werteverzehrs bei längerlebigen Wirtschaftsgütern, die je nach der Zielsetzung der planmäßigen Verteilung als handelsrechtlich-bilanzielle, steuerlich-bilanzielle oder kalkulatorische Abschreibungen bezeichnet werden:
- Die **handelsrechtlich-bilanzielle** Abschreibung erscheint in der Gewinn- und Verlust-Rechnung als Aufwand, der den Jahresüberschuß verringert.
  Ziel: Verteilung der Anschaffungskosten oder Herstellkosten auf die Jahre der Nutzung!
- **Die steuerlich-bilanzielle** Abschreibung erscheint als periodenbezogene Absetzung für Abnutzung gemäß den Abschreibungs-Tabellen im steuerlichen Jahresabschluß. Die Festsetzung der Abschreibung erfolgt hier insbesondere unter fiskalpolitischen Gesichtspunkten.
  Ziel: Steuerliche Gewinnermittlung!
- Die **kalkulatorische Abschreibung** erscheint in der Kostenrechnung und mindert den Betriebserfolg in der Weise, daß eine Wiederbeschaffung im Reinvestitionszeitpunkt gewährleistet ist. Sie dient damit der Feststellung der Selbstkosten.
  Ziel: Tatsächliche Wertminderung unter Berücksichtigung der Substanzerhaltung!

Von den Abschreibungsarten sind die **Abschreibungsverfahren** zu unterscheiden:
1. Lineare Abschreibung → gleichmäßige Verteilung des Basiswertes während der betriebsgewöhnlichen Nutzungsdauer

Finanzierung aus Kapitalfreisetzung

2. degressive Abschreibung → abnehmende Verteilung des Basiswertes
3. progressive Abschreibung → zunehmende Verteilung des Basiswertes (seit 1958 nicht mehr zulässig)
4. Sonderabschreibung (als Sonderform der degressiven Abschreibung im steuerlichen Bereich)

Entsprechen die Abschreibungsarten in ihrer periodenbezogenen Höhe einander und fließen sie über den Desinvestitionsprozeß dem Unternehmen als liquide Mittel zu, erübrigt sich das Problem, welche Abschreibungsart für die Ermittlung der Kapitalfreisetzung herangezogen werden soll. Da i. d. R. jedoch nicht mit einer Übereinstimmung zu rechnen ist, kann die Problematik an folgenden Sachverhalten dargestellt werden:

Kalkulatorische Abschreibung < als steuerlich bilanzielle Abschreibung

Umsatzerlöse aus Desinvestitionen	kalkulatorische Abschreibung (tatsächliche Wertminderung)	steuerliche Abschreibung (insgesamt)	Finanzierung aus Abschreibungs-Gegenwerten
	stille Reserven		stille Selbstfinanzierung

Kalkulatorische Abschreibung > steuerlich bilanzielle Abschreibung

Umsatzerlöse aus Desinvestitionen	kalkulatorische Abschreibung (tatsächliche Wertminderung)	steuerliche Abschreibung	Finanzierung aus Abschreibungs-Gegenwerten
	Zuschlag wegen substantieller Kapitalerhaltung	Teil des Bilanzgewinns	offene Selbstfinanzierung
			Ertragsteuern

Die **Finanzierung aus Abschreibungs-Gegenwerten** bezieht sich nur auf den Teil der Abschreibung, der der **tatsächlichen Wertminderung** entspricht. Diese Abschreibungs-Gegenwerte bilden einen Finanzierungseffekt bis zur Reinvestition. Darüber hinausgehende Beträge gehören nicht zur Finanzierung aus Abschreibungs-Gegenwerten, sondern sind durch Unterbewertung von Vermögensteilen entstanden und zählen daher zur **stillen Selbstfinanzierung.**

Die Zugrundelegung der kalkulatorischen Abschreibung ist jedoch problematisch, wenn sie substantielle Kapitalerhaltung gewährleisten soll, da dies i. d. R. nur aus ergänzender offener Selbstfinanzierung möglich ist. Es liegt dann allerdings eine **Besteuerung von Scheingewinnen** vor.

3.2.2 Kapitalfreisetzungs- und Kapazitätserweiterungseffekt

Bei einer einzelnen Investition ist Kapitalfreisetzung nur bis zum Ende der Nutzungsdauer möglich, da dann die freigesetzten Beträge zur Reinvestition benötigt werden. Dennoch können aus den Abschreibungs-Gegenwerten Nettoinvestitionen finanziert werden, solange ihr Kapitalbedarf nicht höher ist als die bisherige Kapitalfreisetzung und nicht länger als die Nutzungsdauer der »Hauptinvestition« (siehe Abb. 56, Investitionszeitraum R_1/R_2).

AfA (linear)/Kapitalfreisetzung (K. F.)

mittlere Kapitalbindungsdauer bei kontinuierlicher Abschreibung
$\frac{R}{2}$ = 2,5 Jahre

mittlere Kapitalbindungsdauer bei Abschreibung am Periodenende:
3 Jahre = $\frac{R+1}{2}$

1) Nettoinvestition 25 % für 1,25 Jahre
2) Nettoinvestition über 50 % für 2,5 Jahre

R = Investitionszeitraum = 5 Jahre
R_1; R_2 usw. = Investitionszeitpunkt

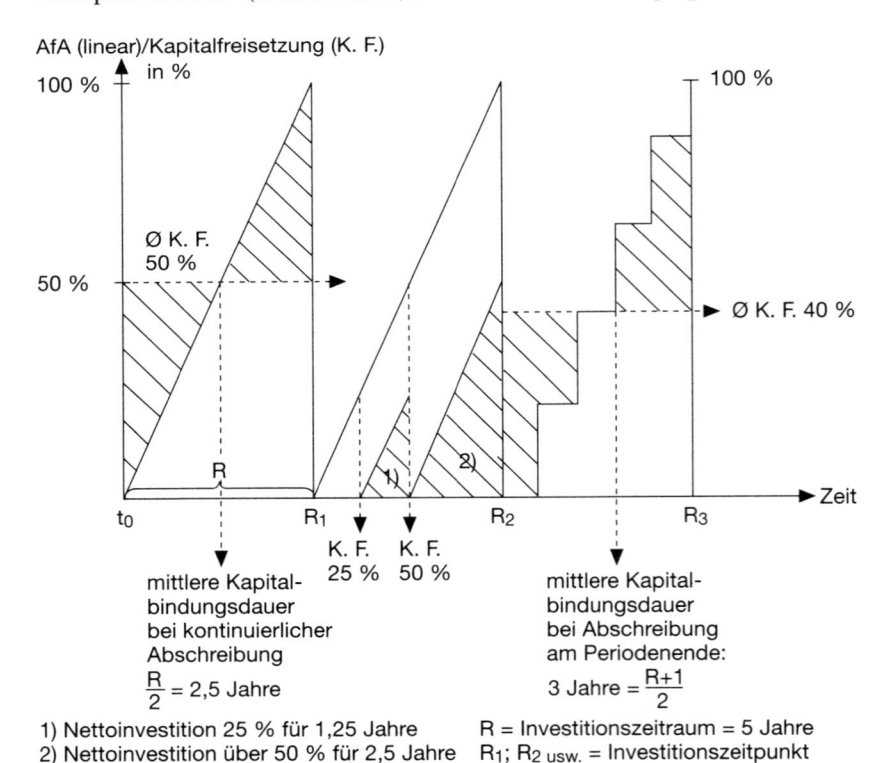

Abb. 56: Kapitalfreisetzung einer einzelnen, isoliert betrachteten Investition

Finanzierung aus Kapitalfreisetzung

Bei kontinuierlichem Kapitalfreisetzungsprozeß beträgt die durchschnittliche Kapitalfreisetzung 50% des Buchwertes, die durchschnittliche Kapitalbindungsdauer entsprechend 50% der Nutzungsdauer. Daraus ließe sich folgern, daß das Unternehmen nur einen tatsächlichen Kapitalbedarf von 50% der Investition habe, wenn am Ende der Nutzungsdauer nicht immer der gesamte freigesetzte Betrag zur Reinvestition zur Verfügung stehen müßte.

Fällt die Abschreibung immer nur am Ende einer jeweiligen Periode an, verlängert sich die durchschnittliche Kapitalbindungsdauer auf $\frac{R+1}{2}$, die durchschnittliche Kapitalfreisetzung sinkt entsprechend; es steht also weniger Kapital für Nettoinvestitionen bereit. Wenn auch in der Praxis der Desinvestitionsprozeß und damit die Kapitalfreisetzung unter Umständen nicht so kontinuierlich verlaufen, so stehen dennoch während des laufenden Jahres die Abschreibungs-Gegenwerte zunehmend zur Verfügung und nicht erst am Jahresende bilanziell konstatierend.

Es läßt sich aus Abb. 56 ableiten, daß der zeitliche Anfall der Abschreibungs-Gegenwerte erheblich zur Höhe der Kapitalfreisetzungsquote beiträgt. Je früher die Abschreibungs-Gegenwerte zurückfließen, desto höher die Kapitalfreisetzungsquote. Das Abschreibungsverfahren hat nicht unerheblichen Einfluß darauf.

Eine Reinvestition muß nicht aus **ihren** Abschreibungs-Gegenwerten bezahlt werden. Es genügt, wenn zum jeweiligen Reinvestitionszeitpunkt ausreichende Mittel zur Verfügung stehen. Betrachtet man nun das **Unternehmen als Ganzes,** so bleibt der Kapitalfreisetzungseffekt nicht auf die Nutzungsdauer einer Investition beschränkt, sondern ist unbefristet.

Beispiel:
Kapitalfreisetzung
Prämissen:
1. Nutzungsdauer 5 Jahre der innerhalb von 5 Jahren in gleichen Teilbeträgen durchgeführten Erweiterungsinvestition
2. Lineare Abschreibung jeweils am Jahresende
3. Konstante Wiederbeschaffungspreise
4. Die nicht aus Abschreibungs-Gegenwerten finanzierbaren Zahlungen werden durch Eigenkapital getätigt (also keine Kredittilgung)
5. Wertminderung = Abschreibungsverlauf
6. unbegrenzte Teilbarkeit der Investitionen

7. konstante Leistungsabgabe der Anlagen

Jahr	Teilin-vestitions-Bestand	Anschaf-fungs-kosten	Abschrei-bung linear	Eigen-kapital	Abschrei-bung der Vor-periode	Perioden-kapazität	Gesamt-kapazität
t 1	1	100 000	20 000	100 000	–	10 000	50 000
t 2	2	100 000	40 000	80 000	20 000	20 000	90 000
t 3	3	100 000	60 000	60 000	40 000	30 000	120 000
t 4	4	100 000	80 000	40 000	60 000	40 000	140 000
t 5	5	100 000	100 000	20 000	80 000	50 000	150 000
t 6 t 7 ...	5 (für Re-investition aus t 1)	100 000	100 000	–	100 000	50 000	150 000

Gesamtinvestitionskosten: 500 000   Unbefristete Kapitalfreisetzung:
erforderliches Eigenkapital: 300 000   40% ohne Beeinträchtigung der jährlichen Leistungsabgabe

Periodenkapazität: Summe der Leistungsabgabe aller Maschinen in einer Periode! Sie nimmt unabhängig von der Restnutzungsdauer mit der Anzahl der Maschinen zu.

Leistungseinheiten · Anlageeinheiten = Periodenkapazität
(z. B. 10 000/ Jahr · 5 = 50 000)

Gesamtkapazität: Restleistungsabgabe aller Maschinen in der Restnutzungsdauer! Sie nimmt mit steigendem Durchschnittsalter der Maschinen ab.

Wird die Kapitalfreisetzung sofort bei unbegrenzter Teilbarkeit wieder reinvestiert, ist die Gesamtkapazität immer konstant.

Periodenkapazität (PK) · durchschnittliche Restnutzungsdauer = Gesamtkapazität (GK)

$$GK_{in\ t2} = (2 \cdot 10\,000) \cdot \left(\frac{5+4}{2}\right) = 20\,000 \cdot 4{,}5 = 90\,000$$

$$GK_{in\ t5} = (5 \cdot 10\,000) \cdot \left(\frac{5+4+3+2+1}{2}\right) = 50\,000 \cdot 3 = 150\,000$$

Finanzierung aus Kapitalfreisetzung

Beispiel: Kapazitätserweiterung

Zeit	Anzahl	AfA = Kapitalfreisetzung = Reinvestition im Folgejahr	Perioden-kapazität	Bilanz-wert	Gesamt-kapazität
t 1	10	250 000	100 000	1 000 000	400 000
t 2	12,5	312 500	125 000	1 000 000	400 000
t 3	15,625	390 625	156 250	1 000 000	400 000
t 4	19,53125	488 281,25	195 312	1 000 000	400 000
t 5	14,4141	360 351,56	144 141	1 000 000	400 000
t 6	15,5176	387 939,45	155 176	1 000 000	400 000
t 7	16,2720	406 799,32	162 720	1 000 000	400 000
t 8	16,4337	410 842,90	164 337	1 000 000	400 000
t 9	15,6593	391 488,31	156 593	1 000 000	400 000
t 10	15,9707	399 272,49	159 707	1 000 000	400 000
t 11	16,0840	402 105,75	160 840	1 000 000	400 000
t 12	16,0371		160 371	1 000 000	400 000

Maschinenkosten: 100 000 pro Stück; Erstanschaffung: 10 Stück; Nutzungsdauer 4 Jahre; Abschreibung: linear (also 25% p. a.); Leistungseinheiten: 10 000 Stück pro Maschine im Jahr

Ergebnis:

1. Der Finanzierungseffekt bei linearer Abschreibung ist abhängig von der Nutzungsdauer. Da sich die Periodenkapazität bestenfalls verdoppeln läßt, kann die **maximale Kapitalfreisetzung 50% des Investitionsvolumens** betragen. Mit steigender Nutzungsdauer steigt auch die Kapitalfreisetzung auf maximal 50% in folgender Weise: (Langen)

Beispiel: Kapazitätserweiterung

Nutzungsdauer	Periodenkapazität	Kapitalfreisetzung bei Kapazität konstant 1 (Periodenkapazität = 1)
2	1,33	24,81%
3	1,50	33,33%
5	1,67	40,12%
8	1,78	43,82%
10	1,82	45,06%
100	1,98	49,50%

$$PK_M = \frac{2}{1 + \frac{1}{n}} = \frac{2}{1 + \frac{1}{5}} = \underline{\underline{1,67}}$$

$$K.F. = 1 - \frac{1}{PK_M} \cdot 100 = 1 - \frac{1}{1,67} \cdot 100 = \underline{\underline{40,12\%}}$$

2. Der **Finanzierungseffekt ist unbefristet,** da zu den jeweiligen Reinvestitionszeitpunkten immer genügend Abschreibungs-Gegenwerte bereitstehen.
   Wird die Anfangsinvestition jedoch auch mit Fremdkapital finanziert, verringert sich der Finanzierungseffekt durch den Tilgungsrückfluß.

3. Der **Kapitalfreisetzungseffekt** beruht im wesentlichen auf der abnehmenden Gesamtkapazität, die jedoch keinen Einfluß auf die Leistungsfähigkeit der Periode (PK) hat (PK = 1). Werden andererseits die laufenden Abschreibungen sofort wieder reinvestiert, bleiben Gesamtkapazität und Bilanzwert konstant (GK = 1), und die Periodenkapazität erhöht sich. Es liegt dann ein **Kapazitätserweiterungseffekt vor**
   (Bilanzwert = Anschaffungskosten − AfA + Reinvestitionen = konstant).

4. Am Kapazitätserweiterungseffekt wird kritisiert, daß es fraglich ist, ob die Produktion mit der erweiterten Kapazität absetzbar ist und ob die Folgekosten der erweiterten Kapazität finanziert werden können. Diese Problematik entfällt jedoch bei der Kapitalfreisetzung. Hier lautet die Frage: Wie niedrig ist der Kapitalbedarf, um ein gegebenes Investitionsvolumen zu finanzieren?

5. Aufgrund der idealtypischen Prämissen wird der **Finanzierungseffekt betriebsindividuell** abweichen.

3.2.3 Finanzierungseffekt der Sonderabschreibungen

Sonderabschreibungen, die aufgrund steuerrechtlicher Vorschriften zulässig sind, entsprechen keinem höheren Verschleiß, sind also nicht betriebswirtschaftlich begründet, sondern sind indirekte **Finanzierungshilfen** in Form zinsloser Steuerstundung mit finanz- und wirtschaftspolitischer Zielsetzung.

Der **Finanzierungseffekt** der Sonderabschreibungen liegt wie bei degressiver Abschreibung in der besonderen zeitlichen Verteilung der Abschreibungsbeträge, also in der Vermischung von Finanzierung aus Abschreibungs-Gegenwerten und stiller Selbstfinanzierung.

Das Abschreibungs-Volumen bleibt natürlich auch bei Sonderabschreibungen auf 100% des Buchwertes (Investitionsvolumens) begrenzt, doch läßt sich hier durch die anteilige stille Selbstfinanzierung auch die Gesamtkapazität bzw. die Kapitalfreisetzung erhöhen.

Finanzierung aus Kapitalfreisetzung 391

Der **Kapitalfreisetzungseffekt steigt,** da die Abschreibungs-Gegenwerte früher zur Verfügung stehen und somit anderes Kapital substituiert werden kann. Der Kapitalbedarf im Unternehmen sinkt.

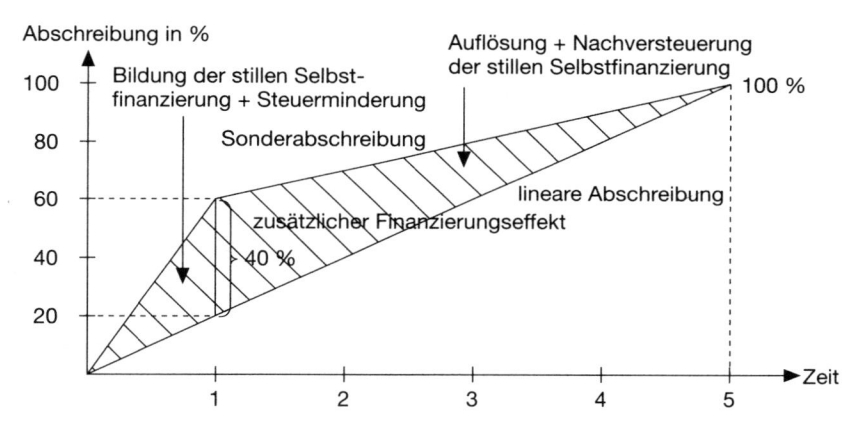

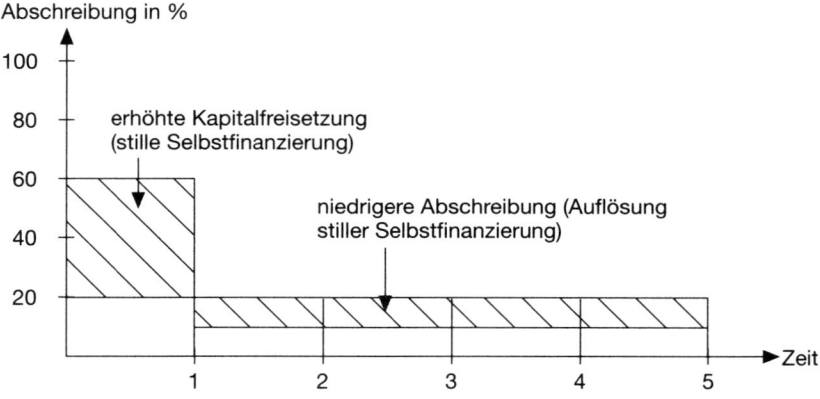

Abb. 57: Sonderabschreibungen

Beispiel:
Kapitalfreisetzung bei Sonderausschreibungen
Es gelten die Prämissen wie beim vorangegangenen Beispiel »Kapitalfreisetzung«; die Abschreibungs-Bedingungen lauten jedoch: 60% im 1. Jahr, Restbetrag verteilt in gleich großen Beträgen (10%) auf die Restnutzungsdauer.

Jahr	Teilinvestitions-Bestand	Anschaffungskosten	Sonder-Abschreibung	Eigenkapital	Abschreibung der Vorperiode	Periodenkapazität	Gesamtkapazität
t 1	1	100 000	60 000	100 000	–	10 000	50 000
t 2	2	100 000	70 000	40 000	60 000	20 000	90 000
t 3	3	100 000	80 000	30 000	70 000	30 000	120 000
t 4	4	100 000	90 000	20 000	80 000	40 000	140 000
t 5	5	100 000	100 000	10 000	90 000	50 000	150 000
t 6 t 7 ...	5 (für Reinvestition aus t 1)	100 000	100 000	–	100 000	50 000	150 000

Gesamtinvestitionskosten: 500 000 Unbefristete Kapitalfreisetzung:
erforderliches Eigenkapital: 200 000 60% ohne Beeinträchtigung der jährlichen Leistungsabgabe

Ein Investitionsvolumen von 100% kann unter diesen Voraussetzungen mit nur 40% externem Kapital durchgeführt werden. Die Finanzierungshilfe besteht darin, daß das Unternehmen stille Selbstfinanzierung, verbunden mit einem zinslosen Steuerstundungskredit, durchführen kann.

Würde das Unternehmen eine Kapazitätserweiterung vorziehen, würden die überhöhten Abschreibungen nicht nur bei sofortiger Reinvestition die Minderung der Gesamtkapazität kompensieren, sondern sogar eine Erweiterung der Gesamtkapazität erlauben. So könnten in t2 aus der Kapitalfreisetzung von 20 000 EUR + 40 000 EUR aus Sonderabschreibungen zusätzliche Teilinvestitionen durchgeführt werden von 0,4 Einheiten, die zu einer Erhöhung der Gesamtkapazität um 20 000 Leistungseinheiten auf 70 000 führen würden. Die Periodenkapazität würde sich um 4000 auf 14 000 Leistungseinheiten erhöhen.

Dabei bliebe der Bilanzwert des Anlagevermögens weiterhin konstant mit 100 000 EUR, da buchhaltungsmäßig die 60% Abschreibungen durch 60 000 EUR Reinvestitionen kompensiert werden.

Bei **Abschreibungsgesellschaften** wird häufig von einer **Abschreibungs-Quote** bzw. Verlustzuweisung von **z. B. 200%** gesprochen. Eine solche Abschreibungs-Quote bezieht sich auf das gesamte abschreibungsfähige Vermögen bei einer Investition, bezogen auf das eingesetzte Eigenkapital des Kapitalanlegers (insbesondere im 1. Jahr).

Beispiel:

Investitionsvolumen: 100% abschreibungsfähig 1 000 000
Eigenkapital: 37,5%
Fremdkapital: 62,5%
Abschreibungs-Satz im 1. Jahr: 75,0% = a
75% Abschreibung auf 1 Mill. → 750 000 Abschreibung auf 375 000 Eigenkapital
= 200%

Finanzierung aus Kapitalfreisetzung

Diese eigenkapitalbezogene Abschreibungs-Quote läßt sich wie folgt ermitteln:

$$EK_{AfA} = a \cdot \left(1 + \frac{FK}{EK}\right) \cdot 100 = 0{,}75 \cdot \left(1 + \frac{625\,000}{375\,000}\right) \cdot 100 = \underline{\underline{200\,\%}}$$

Erhöht sich der Fremdkapitalanteil, kommt der Leverage-Effekt zur Wirkung. Die Abschreibungs-Quote erhöht sich auf 272,73 % bei einer Fremdkapitalerhöhung um 10 %:

$$EK_{AfA} = 0{,}75 \cdot \left(1 + \frac{725\,000}{275\,000}\right) \cdot 10 = \underline{\underline{272{,}73\,\%}}$$

Beteiligt sich z. B. ein Kommanditist mit einer Einlage von 20 000 EUR und erhält eine Verlustzuweisung von 200 %, so kann er diesen Verlust anderen Einkünften gegenüberstellen.

Ohne KG-Beteiligung: ESt 50 % auf 300 000 EUR	= 150 000 EUR
50 % ESt auf 300 000 EUR	
− Verlustzuweisung von 200 % (= 40 000 EUR)	= 130 000 EUR
Steuerersparnis	20 000 EUR

Der Kommanditist kann also aus der Steuerersparnis im 1. Jahr die Kapitalanlage finanzieren. Bei insgesamt immer (nur) 100 % Abschreibung fallen in den Folgejahren höhere Gewinne an, so daß die Steuerersparnis allmählich zurückzuzahlen ist.

4 Finanzierung aus Rückstellungsgegenwerten

4.1 Rückstellungsarten

Rückstellungen sind von den Rücklagen abzugrenzen. **Rücklagen** haben stets Eigenkapitalcharakter und stellen nur getrennt verbuchtes Eigenkapital dar.

Rückstellungen sind dagegen für Verbindlichkeiten zu bilden, die zum Stichtag dem Grunde nach bekannt sind, in ihrer Höhe und Fälligkeit jedoch noch ungewiß sind; ihre wirtschaftliche Verursachung muß im abgelaufenen Geschäftsjahr liegen.

Rückstellungen sind **bedingtes Fremdkapital bzw. bedingtes Eigenkapital,** da die Zuordnung erst im Zeitpunkt der Verwendung erfolgen kann. Tritt das Ereignis (Zahlungsvorgang) nicht oder nicht in voller Höhe ein, stellen die Rückstellungen im ganzen oder zum Teil in der nicht benötigten Höhe Eigenkapital dar und sind nach Auflösung nachzuversteuern. In Höhe der erfolgten Zahlung waren die Rückstellungen Fremdkapital.

Die Bildung von Rückstellungen wird vom HGB § 249 auf folgende Fälle beschränkt:
- **Ungewisse Verbindlichkeiten**
  z. B. Steuernachzahlungen, Prozeßkosten, Vertreterprovisionen, Gratifikationen, Urlaubsgeld
- **Drohende Verluste aus schwebenden Geschäften**
  z. B. Außenhandelsgeschäfte in Fremdwährung, Ausschußproduktion, Bürgschaften, wenn mit der Inanspruchnahme zu rechnen ist (sonst nur Eventualverbindlichkeiten)
- Im Geschäftsjahr **unterlassene Aufwendungen für Instandhaltung oder Abraumbeseitigung,** wenn diese im folgenden Jahr nachgeholt werden z. B. Malerarbeiten in Büroräumen
- **Gewährleistungen,** die ohne rechtliche Verpflichtung erbracht werden
  z. B. einjährige Garantie auf die Funktionstüchtigkeit eines Geräts durch Bildung eines Pauschbetrages in Höhe von x% auf den Umsatz dieses Geräts
- genau dem Grunde nach bekannte Aufwendungen abgelaufener Geschäftsjahre, deren Höhe und Fälligkeit noch unbestimmt ist
- **Pensionsrückstellungen**
  Pensionsrückstellungen werden aufgrund von vertraglichen oder tariflichen Anwartschaften der Betriebsangehörigen auf eine spätere zusätzliche Altersversorgung während der Anwartschaftszeit gebildet. Höhe und Fälligkeit der Pensionszahlung ist jedoch noch nicht bekannt.

4.2 Finanzierungseffekt der Rückstellungen im allgemeinen

Grundsätzlich liegt bei der Bildung von Rückstellungen nur dann ein Finanzierungseffekt vor, wenn über den Desinvestitionsprozeß ausreichend liquide Mittel zugeflossen sind. Rückstellungen können zwar auch bei Verlust gebildet werden, doch lassen sich aus Verlusten keine Investitionen bezahlen. Ist diese Voraussetzung erfüllt, hängt die Finanzierungswirkung von der **Überlassungsdauer** der Rückstellungen im Unternehmen ab.

Ein Teil der Rückstellungen, insbesondere die für Instandhaltung, verbleiben nur kurzfristig im Unternehmen, andere für laufende Prozesse oder Garantien eher mittelfristig; Pensionsrückstellungen haben immer langfristigen Charakter. Insofern **ist der Finanzierungseffekt um so größer, je länger die durch-**

schnittliche Laufzeit der Rückstellungen ist. Da Rückstellungen jedoch im Unternehmen kontinuierlich anfallen, wenn auch im Einzelfall sehr unterschiedlich, verbleibt immer ein **Bodensatz** zu Finanzierungszwecken zurück. Entsprechen sich die Zuführungen zu den Rückstellungen und die Auflösung von Rückstellungen, so steht dem Unternehmen langfristig immer der volle Finanzierungsbetrag zur Verfügung.

Grundsätzlich stehen Rückstellungen zu Finanzierungszwecken bereit:

- solange ausreichende liquide Mittel durch den Desinvestitionsprozeß zufließen,
- für die Überlassungsdauer, d. h. von Zuführung bis Auflösung,
- für unbegrenzte Zeit in Höhe des Bodensatzes und
- anstelle der Selbstfinanzierung, da jeder Finanzierungseffekt aus Rückstellungen den maximalen Selbstfinanzierungsbetrag verringert.

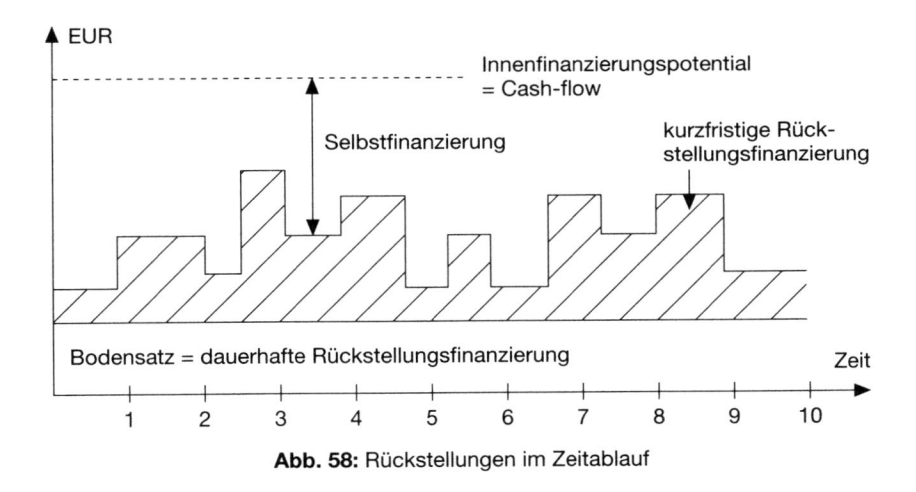

Abb. 58: Rückstellungen im Zeitablauf

4.3 Finanzierungseffekt der Pensionsrückstellungen im besonderen

Der Finanzierungseffekt der Rückstellungen und sein Zusammenspiel mit der Selbstfinanzierung zur Erreichung des optimalen Innenfinanzierungsvolumens soll am Beispiel der Pensionsrückstellungen dargestellt werden, die in vielen Unternehmen ein beachtliches Volumen erreichen.

4.3.1 Ermittlung der zulässigen Pensionsrückstellungen

Bei der Bildung von Pensionsrückstellungen handelt es sich um laufende Pensionsansprüche, die während der Betriebszugehörigkeit angesammelt werden neben dem laufenden Lohn/Gehalt. Da nur der Arbeitnehmer bei Erfüllung der vertraglichen Voraussetzungen einen Anspruch auf Pensionszahlung hat, sind Pensionsrückstellungen **interne Fremdfinanzierung.** Ein Finanzierungseffekt entsteht dadurch, daß dem heute verrechneten Aufwand erst in späteren Jahren eine Auszahlung gegenübersteht. Dadurch mindern die Pensionsrückstellungen die Steuerbelastung, was insgesamt zu einem höheren Innenfinanzierungsvolumen führen kann als nur bei Selbstfinanzierung.

Wählt das Unternehmen weder eine Pensionskasse noch eine Lebens- oder Invaliditätsversicherung für seine Arbeitnehmer, so besteht für entsprechende Pensionsrückstellungen seit 1987 eine Passivierungspflicht. Für ältere Pensionszusagen besteht weiterhin ein Passivierungswahlrecht, so daß Pensionszahlungen auch im »Umlageverfahren« aus dem laufenden Gewinn erbracht werden können, was jedoch weder einen Finanzierungseffekt noch eine Steuerstundung hervorrufen würde.

Voraussetzung für die steuerliche Anerkennung ist: (gem. § 6a EStG)

- Erteilung einer rechtsverbindlichen, schriftlichen und unverfallbaren Pensionszusage (mitnahmefähig bei Betriebswechsel)
- Die Pensionsrückstellung ist im Teilwertverfahren (steuerrechtlich) oder im **Anwartschaftsdeckungsverfahren** (handelsrechtlich) zu ermitteln, d. h., unter Berücksichtigung versicherungsmathematischer Grundsätze ist die jährliche Zuführung so zu bemessen, daß der **Endwert der Zuführungen im Zeitpunkt des Eintritts des Versorgungsfalls gleich ist dem Barwert der Versicherungsleistungen** in diesem Zeitpunkt. Es muß also bis zum Eintritt der Versorgungsleistungen der Kapitalwert dieser Leistungen angesammelt sein.
- Bei den versicherungsmathematischen Berechnungen ist ein **Zinssatz von 6% p. a.** zugrunde zu legen.
- Es sind **jährliche Überprüfungen** im Hinblick auf Veränderungen bei den bisherigen Pensionsanwartschaften durchzuführen wie Heirat, Kinder, Gehaltserhöhung, Tod, Ausscheiden, Lebenserwartung.
- In einem Jahr unterlassene Zuführungen können später nur aus versteuertem Gewinn nachgeholt werden.

Die jährliche Zuführung zu den Pensionsrückstellungen soll den gesamten Endwert der Zuführungen dem Barwert der Versorgungsleistungen unter Berücksichtigung der versicherungsmathematischen (und u. U. der tariflichen)

Finanzierung aus Rückstellungsgegenwerten 397

Veränderungen anpassen. Die Zuführung entspricht daher dem Differenzbetrag aus dem Gegenwartswert zum Beginn des Geschäftsjahres und dem zum Ende des Geschäftsjahres (**Gegenwartswertverfahren**):

Beispiel:	(angenommene Werte)
Barwert der Versorgungsleistungen unter Berücksichtigung von Versorgungsdauer und -höhe aufgrund der durchschnittlichen Lebenserwartung der Versicherungsberechtigten (leichte Berechnung, wenn feste, befristete Zahlungen vereinbart sind)	10 Mill. EUR
− Endwert der in den folgenden Jahren bis zum Eintritt des Versorgungsfalls in t_v noch zu erbringenden Pensionsrückstellungen	4 Mill. EUR
= Differenzbetrag in t_v abgezinst mit 6% p. a. auf den Bilanzstichtag in t_n	6 Mill. EUR
= Gegenwartswert in t_n am Schluß des Geschäftsjahres	4,5 Mill. EUR
− Gegenwartswert in t_{n-1} zum Beginn des Geschäftsjahres (Bilanzausweis des Vorjahres)	4,0 Mill. EUR
= steuerlich absetzbare Zuführung zur Pensionsrückstellung	0,5 Mill. EUR

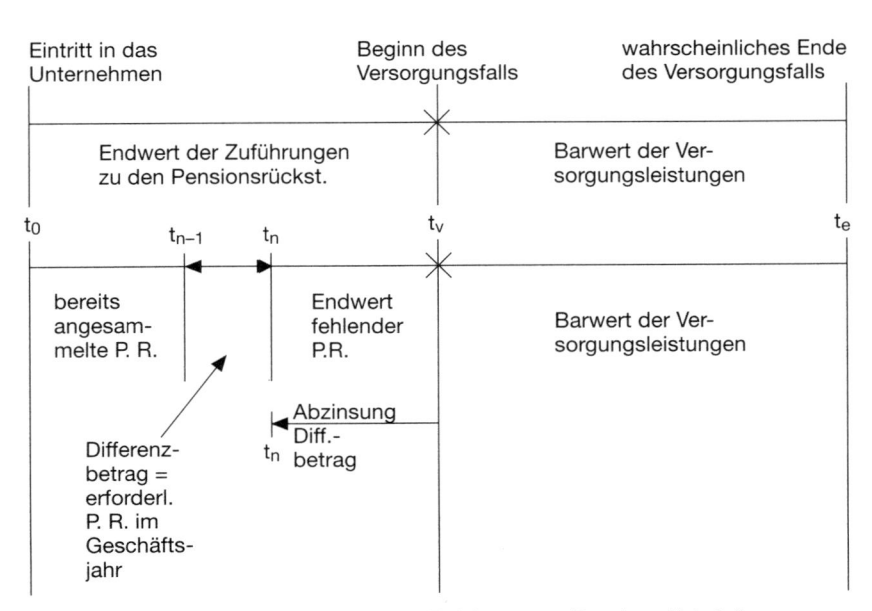

Abb. 59: Ermittlung der jährlichen Zuführung zur Pensionsrückstellung

Der Endwert in t_v wird i. d. R. errechnet, indem man den Barwert der Versorgungsleistungen, bezogen auf die Zugehörigkeit zum Unternehmen, in **gleichgroße Annuitäten** aufteilt und den Betrag für die vergangenen Jahre abzieht. Bei normalem Versicherungsverlauf wird der Pensionsfonds (P. F.) als Barwert in t_v dem bisher angesammelten Rückstellungsfonds (R. F.) als Endwert in t_v entsprechen. Verkürzt sich der Zeitraum für die Bildung des Rückstellungsfonds auf t_u, muß eine u. U. erhebliche a. o. Zuführung zu den Pensionsrückstellungen erfolgen, um den Rückstellungsfonds an das erhöhte Volumen des Pensionsfonds anzupassen.

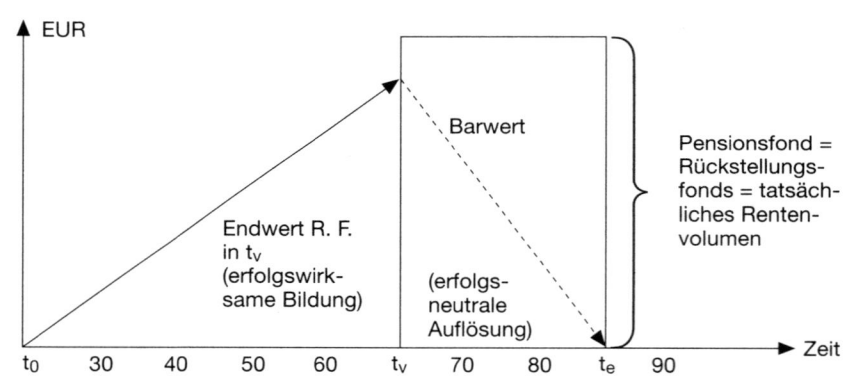

Abb. 60: Rückstellungsfonds und Pensionsfonds bei normalem Versicherungsverlauf

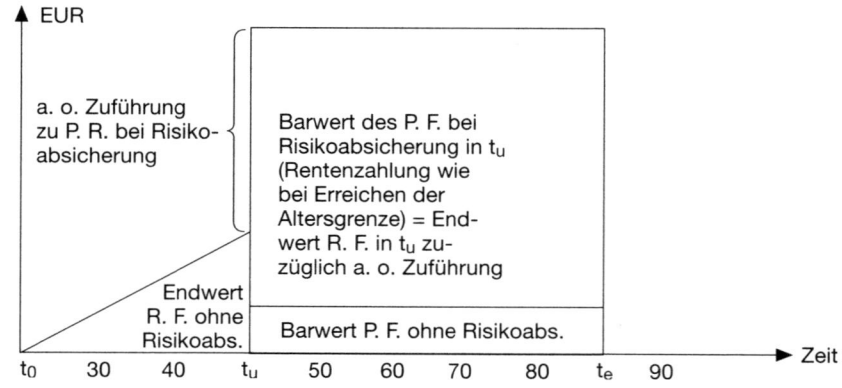

Abb. 61: Rückstellungsfonds und Pensionsfonds bei unvorhergesehenem Versicherungsverlauf ohne/mit Risikoabsicherung

4.3.2 Finanzierungseffekt der Pensionsrückstellungen in verschiedenen Phasen

Der Finanzierungseffekt der Pensionsrückstellungen hängt von der vorgesehenen Gewinnverwendung, von der Entstehung oder Vergrößerung eines Verlustes durch ihre Bildung und vom Verhältnis der Zuführungen zu den Pensionsrückstellungen zur Höhe der Pensionszahlungen ab. Unter Betrachtung der gesamten Lebensdauer der Unternehmung lassen sich 3 typische Phasen unterscheiden, ein Anfangsstadium mit zunehmendem Finanzierungseffekt (Expansionsphase), eine ausgeglichene Phase und eine Phase mit erheblicher Liquiditätsbelastung (Kontraktionsphase).

	Phase I	Phase II	Phase III	
	Expansion: Zunehmender Finanzierungseffekt	kein weiterer Finanzierungseffekt, aber Belassung der bisherigen »Pensionskredite«	Kontraktion: Liquiditätsbelastung durch Auflösung des R. F.	Rückstellung aufgelöst, Pensionen ausbezahlt
	Rückstellungsbildung > Pensionszahlung	Rückstellungsbildung = Pensionszahlung	Rückstellungsbildung < Pensionszahlung	

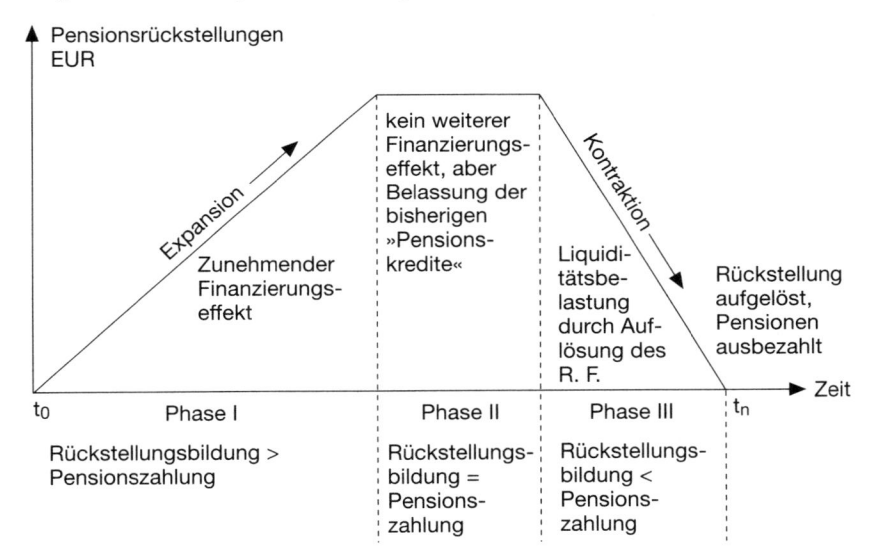

Abb. 62: Phasenmodell des Finanzierungseffektes der Rückstellungen

Die finanziellen Auswirkungen dieser Phasen sollen an folgenden Fällen bei einer Tarifbesteuerung von 50% und einer Ausschüttungsbelastung von 36% dargestellt werden:

1. Selbstfinanzierung/kein Verlust/keine Pensionszahlungen

Bruttogewinn vor KöSt	1 000 000 EUR
− Zuführung zu Pensionsrückstellungen	400 000 EUR
= Nettogewinn vor KöSt	600 000 EUR

− KöSt 50% bei Thesaurierung	300 000 EUR
= Selbstfinanzierungsbetrag	300 000 EUR
+ Rückstellungsfinanzierungsbetrag (da noch keine Pensionszahlungen)	400 000 EUR
= Innenfinanzierungsbetrag	700 000 EUR

Der Innenfinanzierungsbetrag erhöht sich um die Steuerminderung von 200 000 EUR. Jedoch steht nur die Selbstfinanzierung unbefristet und zinslos mit 300 000 EUR zur Verfügung; die 400 000 EUR Rückstellungsfinanzierungsbetrag stehen nur bis zum Beginn der Phase III bereit und sind mit 6% p. a. zu verzinsen.

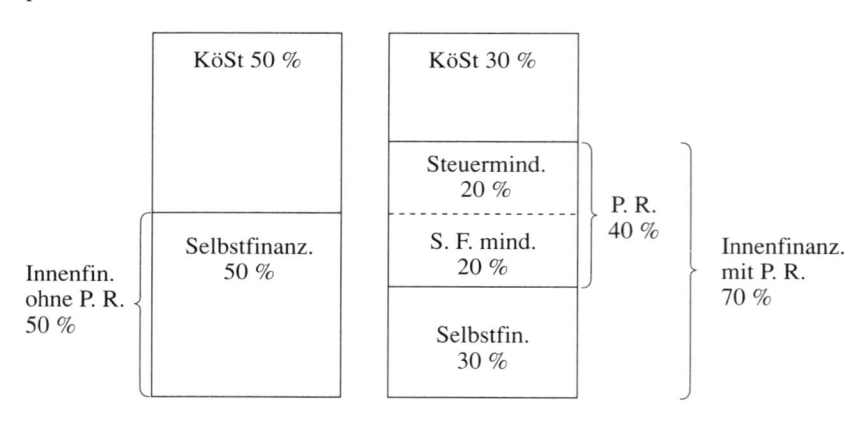

2. Ausschüttung/kein Verlust/keine Pensionszahlungen

Bruttogewinn vor KöSt	1 000 000 EUR
− Zuführung zu Pensionsrückstellungen	400 000 EUR
= Nettogewinn vor KöSt	600 000 EUR
− 36% KöSt bei Ausschüttung	216 000 EUR
= Bardividende	384 000 EUR

Die Rückstellungsfinanzierung entspricht der Innenfinanzierung mit 400 000 EUR, so daß ein Finanzierungseffekt in voller Höhe der Zuführung zur Pensionsrückstellung entsteht. Innenfinanzierung wird durch Pensionsrückstellung erst möglich.

Finanzierung aus Rückstellungsgegenwerten 401

	KöSt 36 %	KöSt 21,6 %	
keine Innenfinanzierung!	Ausschüttung 64 %	Steuermind. 14,4 % Ausschüttungsmind. 25,6 %	P.R. 40 % = Innenfinanzierung 40 %
		Ausschüttung 38,4 %	

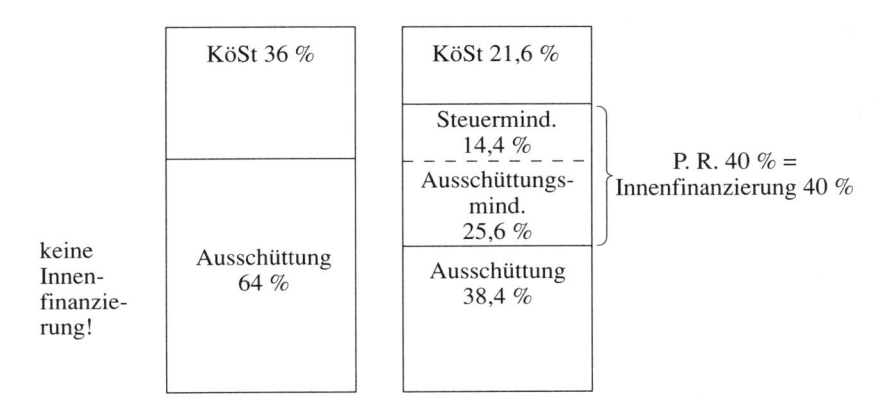

3. Selbstfinanzierung/kein Verlust/Pensionszahlungen in Höhe der Neuzuführung (Phase II)

Innenfinanzierungsbetrag ohne P.R.	500 000 EUR
− Innenfinanzierungsbetrag mit P.R. bei Pensionszahlungen in Höhe der Neuzuführung = Selbstfinanzierungsbetrag	300 000 EUR
= Negativer Rückstellungsfinanzierungsbetrag	200 000 EUR

Muß das Unternehmen in der Phase II Pensionszahlungen in gleicher Höhe leisten, wie Neuzuführungen erfolgen, so bedeutet das:

- weitere Überlassung der bisher gebildeten Pensionsrückstellung als »Kredit«
- die lfd. Pensionszahlung von 400 000 EUR wird zu 200 000 EUR (20%) aus der Selbstfinanzierungsminderung = negative Rückstellungsfinanzierung und zu 200 000 EUR (20%) aus der Steuerminderung durch Neuzuführung bezahlt
- zur Innenfinanzierung steht nur noch die Selbstfinanzierung zur Verfügung wie bei Phase I mit 300 000 EUR, also kein weiterer, darüber hinausgehender Finanzierungseffekt.

4. Ausschüttung/kein Verlust/Pensionszahlungen in Höhe der Neuzuführung (Phase II)

Innenfinanzierung bei Neuzuführung	400 000 EUR
− Pensionszahlungen	400 000 EUR
= Innenfinanzierung	0

- Die Pensionszahlung wird zu 14,4% aus Steuerminderung und zu 25,6% aus Ausschüttungsminderung bezahlt (siehe Schaubild zu 2.).
- Zur Innenfinanzierung steht nichts zur Verfügung: damit ist der gleiche Zustand erreicht wie ohne Pensionsrückstellung.
- Die bisher gebildeten Pensionsrückstellungen stehen jedoch weiterhin für Finanzierungszwecke bereit.

5. Selbstfinanzierung/kein Verlust/höhere Pensionszahlungen als Neuzuführungen (Phase III)

Bruttogewinn vor KöSt	1 000 000 EUR
− Zuführung zu P. R. = Teilpensionszahlung	100 000 EUR
= Nettogewinn vor KöSt	900 000 EUR
− KöSt 50% bei Thesaurierung	450 000 EUR
= vorläufige Selbstfinanzierung	450 000 EUR
− Restpensionszahlung durch Auflösung des Pensionsfonds bzw. Zahlung aus Gewinn	300 000 EUR
= verbleibende tatsächliche Selbstfinanzierung	150 000 EUR
+ negative Rückstellungsfinanzierung	350 000 EUR
= Selbstfinanzierung ohne Pensionsrückstellung	500 000 EUR

Auswirkungen auf die finanzielle Situation:

- Pensionszahlung muß zu 75% (300 000 EUR) aus versteuertem Gewinn anstelle möglicher Selbstfinanzierung oder durch Außenfinanzierung erfolgen sowie zu 12,5% (50 000 EUR) aus Steuerminderung und 12,5% (50 000 EUR) weiterer Selbstfinanzierungsminderung.
- Durch die Auflösung der Rückstellungsfinanzierung erfolgt eine erhebliche Liquiditätsbelastung.
- Innenfinanzierung ist nur mit 15% (= 150 000 EUR) möglich.
- Bei Ausschüttung verstärkt sich das Liquiditätsproblem, wenn keine Ausschüttungskürzung vorgenommen werden kann und die fehlenden Beträge durch Kapitalfreisetzung (z. B. Verkauf von Wertpapieren) aufgebracht werden müssen. Dies bedeutet eine Auflösung der Kapitalanlage, die mit dem Pensionskredit finanziert worden ist.
- Die Liquiditätsbelastung steigt mit zunehmender negativer Differenz zwischen Neuzuführung und Pensionszahlung.

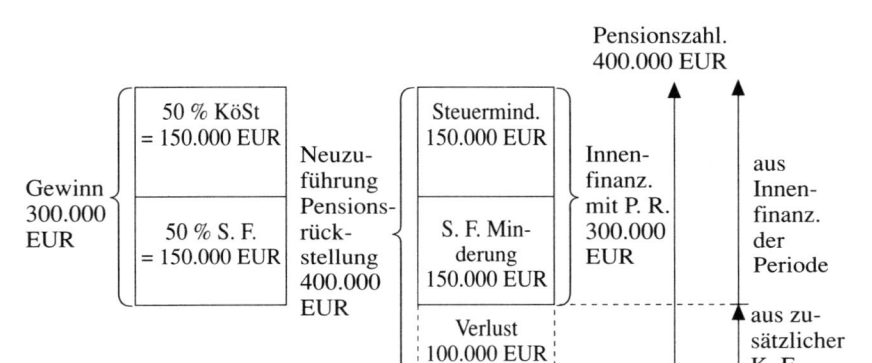

6. Selbstfinanzierung/Verlust/(keine) Pensionszahlungen

```
                                                    Pensionszahl.
                                                    400.000 EUR
                                                         ▲  ▲
           ┌ 50 % KöSt    ┌            ┌ Steuermind.     │  │
           │ = 150.000 EUR│ Neuzu-     │ 150.000 EUR    Innen-     aus
Gewinn    ┤               │ führung   ┤                 finanz.   Innen-
300.000    │              │ Pensions- │                 mit P. R. finanz.
EUR        │ 50 % S. F.   │ rück-     │ S. F. Min-      300.000   der
           └ = 150.000 EUR│ stellung  │ derung          EUR       Periode
                          │ 400.000   │ 150.000 EUR
                          └ EUR       │                            ▲ aus zu-
                                      ┌ - - - - - - - ┐            │ sätzlicher
                                      │ Verlust       │            │ K. F.
                                      │ 100.000 EUR   │
                                      └ - - - - - - - ┘
```

Daraus ergeben sich folgende Auswirkungen:

- Erfolgen noch **keine** Pensionszahlungen, ergibt sich ein zusätzlicher Finanzierungseffekt in Höhe der Steuerminderung; entsteht ein Verlust nach Bildung von Rückstellungen, so entspricht der gesamte Finanzierungseffekt der Neuzuführung ohne Verlustvortrag.

- Pensionsrückstellungen, die zu einem Verlust führen, können gem. § 10d EStG über 5 Jahre vorgetragen werden.

- Sind die Pensionszahlungen höher als der über den Desinvestitionsprozeß zugeflossene Betrag an liquiden Mitteln, muß der offene Pensionsbetrag durch zusätzliche Kapitalfreisetzung aufgebracht werden.

- Die Liquiditätsanspannung bzw. das Erfordernis zur Kapitalfreisetzung erhöhen sich mit dem Verlust, wenn Pensionszahlungen zu erbringen sind. Dies tritt in besonderem Maße auf, wenn bereits vor Bildung der Rückstellung ein Verlust entstanden und das Innenfinanzierungspotential der Periode erschöpft ist.

- Entsteht ein Verlust vor Bildung von Pensionsrückstellungen ohne gleichzeitige Pensionszahlungen, besteht Kompensierungsmöglichkeit im Verlustvor- oder -rücktrag, aber kein Finanzierungseffekt und auch keine Liquiditätsbelastung.

Den Pensionsrückstellungen zugeführte Beträge

	verbleiben im Unternehmen	werden als Renten ausgezahlt
1. Gewinn wird ausgeschüttet	1.1 Finanzierungseffekt in Höhe der Neuzuführung zu den Pensionsrückstellungen	1.2 Kein Finanzierungseffekt, aber Belassung der bisherigen »Pensionskredite« als Bodensatz
2. Gewinn wird thesauriert	2.1 Zusätzlicher Finanzierungseffekt in Höhe der Steuerminderung durch Bildung von Rückstellungen	2.2 Negativer Finanzierungseffekt in Höhe der Differenz von Pensionszahlungen und ersparten Ertragssteuern
3. Verlust nach Bildung von Rückstellungen	3.1 Finanzierungseffekt in Höhe der Neuzuweisung abzüglich des entstehenden Verlustes durch die Bildung der Rückstellung (aber § 10d EStG)	3.2 Negativer Finanzierungseffekt in Höhe des entstehenden Verlustes nach Bildung der Rückstellungen; folglich Zahlung eines Teils der Pensionen aus der Substanz und nicht aus Umsatzerlösen (aber § 10d EStG)
4. Verlust vor Bildung von Rückstellungen	4.1 Kein Finanzierungseffekt, aber Erhöhung des Verlustes (aber § 10d EStG)	4.2 Negativer Finanzierungseffekt in Höhe der vollen Zuführung zu den Rückstellungen; folglich Pensionszahlung aus der Substanz und Liquiditätsanspannung (aber § 10d EStG)

Abb. 63: Der Finanzierungseffekt der Pensionsrückstellungen in hervorgehobenen Entscheidungssituationen

Abschließend läßt sich feststellen:

- daß der Finanzierungseffekt der Pensionsrückstellung um so größer ist, solange entsprechendem Innenfinanzierungspotential noch keine Pensionszahlungen gegenüberstehen. Besonders jungen und expandierenden Unternehmen wird hier eine zusätzliche Finanzierungsquelle eröffnet.

- Für alle nicht schrumpfenden Unternehmen steht dauerhaft billiges Fremdkapital und ein unbefristeter Steuerkredit zinslos in Höhe eines bestimmten Bodensatzes zur langfristigen Investitionsfinanzierung bereit, da in der »Normalphase II« die erforderlichen Zahlungen aus den laufenden Zuführungen erbracht werden können.

5 Kontrollfragen*)

1. Unter welchen Voraussetzungen entsteht Innenfinanzierung?
2. Warum sind Cash-flow und Innenfinanzierung dasselbe?
3. Welche Finanzierungsarten beinhaltet die Innenfinanzierung?
4. Nennen Sie die Ziele der Innenfinanzierungspolitik!
5. Wann liegt offene Selbstfinanzierung vor?
6. Worin unterscheiden sich stille Selbstfinanzierung und stille Reserven?
7. Durch welche bilanziellen Maßnahmen kann stille Selbstfinanzierung entstehen?
8. Wann wirkt sich der Steuerstundungseffekt der stillen Selbstfinanzierung nachteilig aus?
9. Welche Dividendenpolitik verfolgen oft große Aktiengesellschaften?
10. Wie lange stehen die Mittel der offenen und stillen Selbstfinanzierung zur Verfügung?
11. Definieren Sie den tatsächlichen Gewinn zur substantiellen Kapitalerhaltung!
12. Erläutern Sie den Unterschied zwischen bilanziell konstatierender und temporär akkumulierender Selbstfinanzierung!
13. Nennen Sie Vorteile der Selbstfinanzierung!
14. Wann liegt gesetzliche Selbstfinanzierung vor?
15. Ein Unternehmen schüttet am Jahresende den gesamten Gewinn aus; wie hoch ist unter vereinfachten Annahmen die temporär akkumulierende Selbstfinanzierung?
16. Wie ermittelt sich die auszuzahlende Dividende und die (eventuell) zu erwartende Steuerrückzahlung?
17. Wie können ausgehend von der Bardividende die Bruttodividende und der Nettoertrag der Aktie ermittelt werden?
18. Wann erscheint eine Dividendenkapitalerhöhung sinnvoll?
19. Welche Rücklagen unterscheidet das HGB?
20. Wie kann bei gleicher Unternehmensleistung eine Verringerung des Kapitalbedarfs erreicht werden?
21. Wie lang ist die kürzeste Kapitalbindungsfrist?

---

*) Lösungshinweise siehe Seite 486

22. Welche 3 Maßnahmengruppen zur Kapitalfreisetzung lassen sich unterscheiden?
23. Grenzen Sie die 3 Abschreibungsarten voneinander ab!
24. Welche Abschreibungsverfahren gibt es?
25. Die kontinuierliche Wertminderung eines Investitionsobjektes mit 10jähriger Nutzungsdauer beträgt 1 Mill. EUR. Steuerlich können im 1. Jahr 70% abgesetzt werden. Wie hoch sind die Finanzierung aus Abschreibungsgegenwerten und die stille Selbstfinanzierung? Wie hoch sind die Abschreibungen in den restlichen Jahren?
26. Eine Investition hat eine Lebensdauer von 8 Jahren. Wie hoch ist die mittlere Kapitalbindungsfrist bei kontinuierlichem Abschreibungsverlauf jeweils zum Ende des Jahres?
27. Grenzen Sie die Perioden- und Gesamtkapazität voneinander ab!
28. Inwiefern sind Sonderabschreibungen Finanzierungshilfen?
29. Erläutern Sie den Kapitalfreisetzungseffekt bei Sonderabschreibungen!
30. Worauf bezieht sich die Verlustzuweisung bei sog. Abschreibungsgesellschaften? Welche Wirkung hat hier der Leverage-effect?
31. Wie unterscheiden sich Rücklagen und Rückstellungen?
32. In welchen Fällen können Rückstellungen gebildet werden?
33. Wann stehen Rückstellungen zu Finanzierungszwecken bereit?
34. Sind Rückstellungen Eigen- oder Fremdfinanzierung?
35. Unter welchen Voraussetzungen werden Pensionsrückstellungen steuerlich anerkannt?
36. Wie ermittelt sich die jährliche steuerlich zulässige Zuführung zu den Rückstellungen?
37. Welche 3 Phasen unterscheidet man bei der Finanzierung aus Pensionsrückstellungen?
38. Wann können Verpflichtungen aus Pensionsrückstellungen zu Liquiditätsengpässen führen?
39. Was bedeutet ein negativer Finanzierungseffekt im Zusammenhang mit der Finanzierung aus Rückstellungen?
40. Wann besteht für Pensionsrückstellungen eine Passivierungspflicht?

E Finanzielle Unternehmensführung (Finanzmanagement)

1 Finanzwirtschaftlicher Prozeß

Die Finanzwirtschaft gliedert sich in die 3 Teilbereiche Kapitalbeschaffung, Kapitalverwendung und Kapitaldisposition. Gegenstand der finanziellen Unternehmensführung ist es, diese finanzwirtschaftlichen Teilbereiche im Hinblick auf die Unternehmensziele zu repräsentieren und zu koordinieren, in Interdependenz zu den anderen Unternehmensbereichen in das gesamte Managementkonzept zu integrieren und die finanziellen Risiken, die sich für das Unternehmen ergeben, zu erkennen und Maßnahmen zur Minderung, Vermeidung oder Abwälzung ergreifen zu lassen. Daraus leiten sich als **Hauptaufgaben für die finanzielle Unternehmensführung** ab:

- die Koordinierung und Gewährleistung des finanzwirtschaftlichen Prozesses
- die Integration aller betrieblichen Teilbereiche unter finanziellen Aspekten in den finanzwirtschaftlichen Prozeß
- die Risikoerkennung und Risikosteuerung

Zur Erfüllung der gestellten Aufgaben dienen der finanziellen Unternehmensführung

- die vergangenheitsbezogene Finanzanalyse
- die zukunftsbezogene Finanzplanung und
- die gegenwartsbezogene Finanzdisposition

Der finanzwirtschaftliche Prozeß umfaßt in kontinuierlichem Verlauf sämtliche finanzwirtschaftlichen Aktivitäten, um den Fortbestand und die Weiterentwicklung des Unternehmens im Markt zu gewährleisten.

Die **Managementkonzeption** hängt maßgeblich von den Zukunftserwartungen des Unternehmens ab, doch werden diese von einer Reihe von unternehmensexternen Rahmenbedingungen, wie sie sich vor allem durch den Markt mit seiner Kunden- und Lieferantenstruktur, durch die Politik und Gesetzgebung, aber auch durch kulturelle, soziale und sonstige Umweltfaktoren ergeben können, beeinflußt. Weiterhin können unternehmensinterne Vorgaben, die in der derzeitigen Unternehmensstruktur und der betrieblichen Einsatzfähigkeit begründet sind, eine wichtige Rolle für die Aufstellung realistischer unternehmerischer Zielvorstellungen spielen.

Finanzwirtschaftlicher Prozeß

- Zukunftserwartungen
- unternehmensexterne Rahmenbedingungen
- unternehmensinterne Vorgaben und Daten
- unternehmerische Zielvorgaben

↓ ↓ ↓ ↓

Managementkonzeption

↓

Finanzwirtschaftliche Planung

↓

Durchführung der finanziellen Aktivitäten (Finanzdisposition)

↓

Finanzkontrolle

(links: Risikoerkennung und Risikosteuerung; rechts: Revision und Weiterentwicklung)

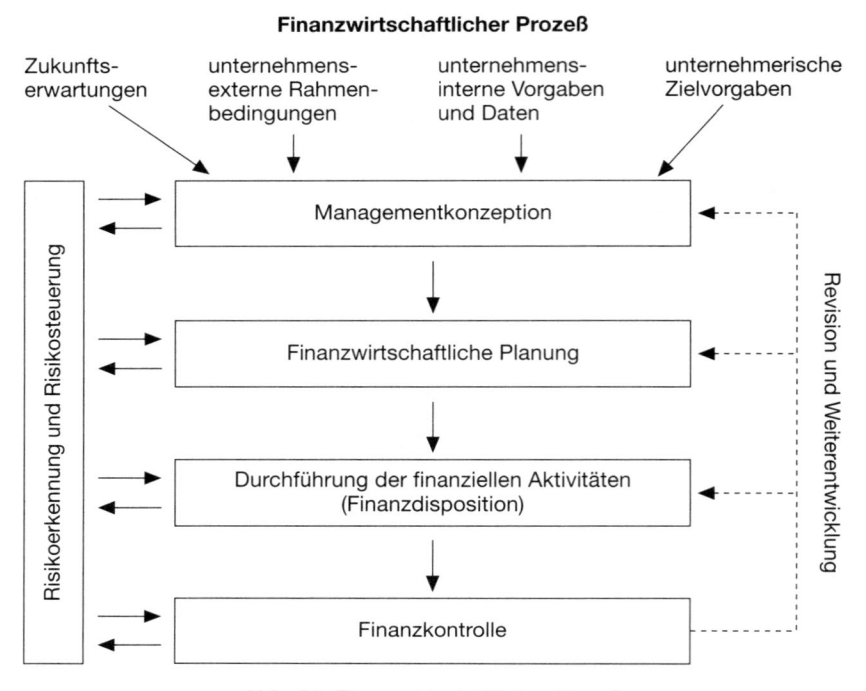

Abb. 64: Finanzwirtschaftlicher Prozeß

Als geeignetes Instrument zur Durchleuchtung der Unternehmensstruktur und zur Aufdeckung von Schwachstellen und als **Informationsgrundlage** für den finanzwirtschaftlichen Entscheidungsprozeß hat sich die Finanzanalyse bewährt. Sie hat die Aufgabe, die finanzwirtschaftliche Lage und Entwicklung des Unternehmens in der Vergangenheit vorrangig durch Kennzahlen zu analysieren.

Selten wird es nur ein Unternehmensziel schlechthin geben, sondern die einzelnen (realisierbaren) Zielvorstellungen werden in einer gewissen Beziehung zueinander stehen und zur Bildung eines **Zielsystems** führen.

Die verschiedenen Zielsetzungen lassen sich im Hinblick auf einige relevante Unterteilungskriterien nach folgenden Zielgruppen gliedern:

Unternehmensziele

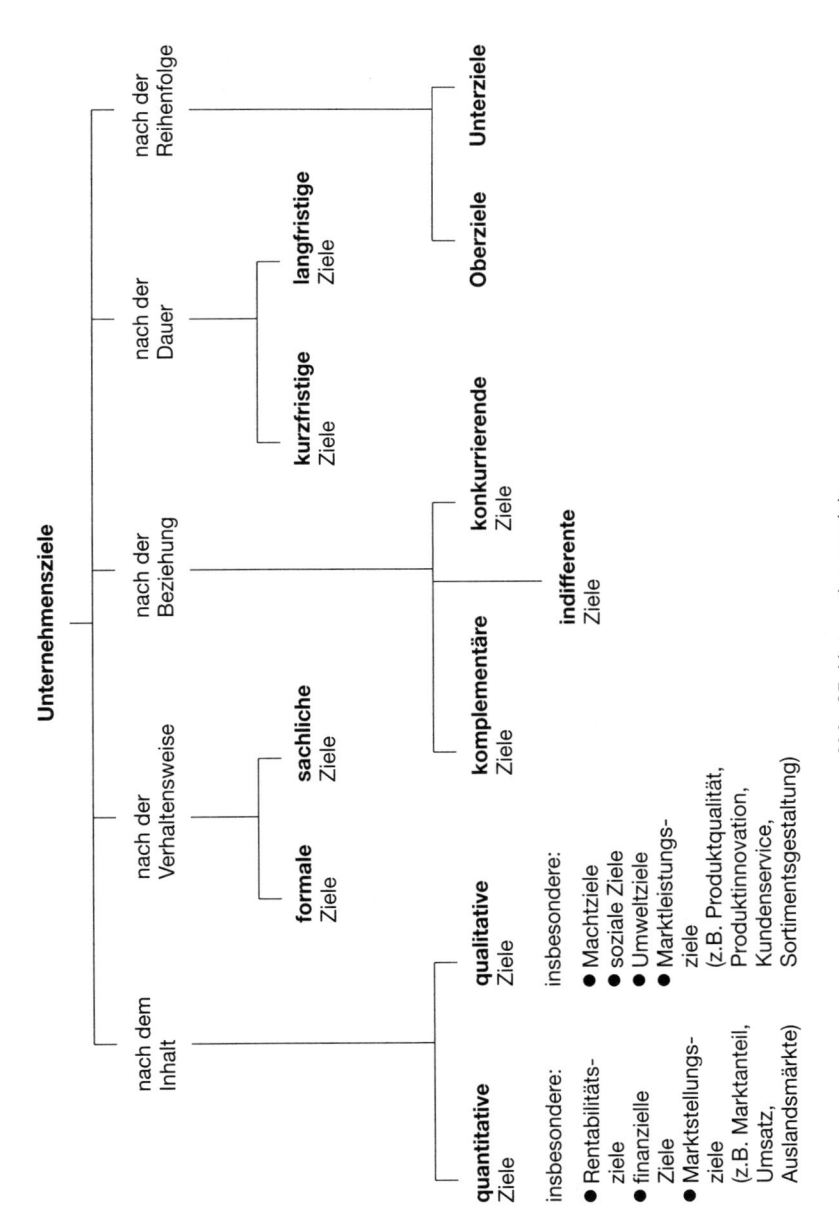

nach dem Inhalt

- **quantitative Ziele**

  insbesondere:
  - Rentabilitätsziele
  - finanzielle Ziele
  - Marktstellungsziele (z.B. Marktanteil, Umsatz, Auslandsmärkte)

- **qualitative Ziele**

  insbesondere:
  - Machtziele
  - soziale Ziele
  - Umweltziele
  - Marktleistungsziele (z.B. Produktqualität, Produktinnovation, Kundenservice, Sortimentsgestaltung)

nach der Verhaltensweise
- **formale Ziele**
- **sachliche Ziele**

nach der Beziehung
- **komplementäre Ziele**
- **konkurrierende Ziele**
- **indifferente Ziele**

nach der Dauer
- **kurzfristige Ziele**
- **langfristige Ziele**

nach der Reihenfolge
- **Oberziele**
- **Unterziele**

Abb. 65: Unternehmensziele

Sämtliche Erwartungen, Informationen und Zielvorstellungen müssen in eine einheitliche Willensbildung in der Unternehmensleitung einmünden. Die so getroffenen Entscheidungen bilden dann die Managementkonzeption. Sie stellt die systematische, anlaßbezogene Zusammenfassung der planungsfähigen Unternehmensleitlinien unter Beachtung der unternehmensexternen Rahmenbedingungen dar.

Auf der Grundlage der Managementkonzeption ist die **finanzwirtschaftliche Planung** als eher strategische Rahmenplanung für einen längerfristigen Zeitraum und als eher taktische Detailplanung für die kurzfristige Periode zu erstellen. Sie hat die für die Erreichung der Managementkonzeption erforderlichen längerfristigen finanzwirtschaftlichen Aktivitäten zu erfassen, insbesondere die zielgerichtete Auswahl der Investitionsprogramme und ihren Kapitalbedarf sowie die Abstimmung der Finanzierungsalternativen mit dem Kapitalbedarf, sowie alle mit der Unternehmenstätigkeit verbundenen sonstigen finanziellen Transaktionen zu prognostizieren.

Die Durchführung der finanziellen Aktivitäten ist von der **Finanzdisposition** zu steuern. Sie hat vor allem die zeitliche, betragsmäßige und währungskonforme Abwicklung des Finanzverkehrs unter Einhaltung der finanzwirtschaftlichen Entscheidungskriterien Rentabilität und Liquidität wahrzunehmen.

Durch die **Finanzkontrolle** soll die Einhaltung der finanzwirtschaftlichen Planung und damit der Managementkonzeption überwacht werden. Um Abweichungen frühzeitig feststellen zu können, ist eine laufende Finanzkontrolle in kurzen Periodenabständen durchzuführen. Ergeben sich Abweichungen, sind die Ursachen zu klären und die Verantwortlichen zu identifizieren.

Der finanzwirtschaftliche Prozeß ist im Grunde unbefristet, läßt sich jedoch zweckmäßigerweise auch in Teilzeiträume (z. B. für ein umfassendes Investitionsprogramm) begrenzen. Die Kontinuität des Prozesses wird jedoch besonders durch die **laufende Revision und Fortschreibung der Finanzplanung** betont. Dies führt auch zu einem ständigen Überdenken der Managementkonzeption.

Der finanzwirtschaftliche Prozeß ist zwar als integrierter Teilbereich im Unternehmen zu sehen, doch kommt ihm wegen seiner Komplexität eine besondere Bedeutung zu. Einerseits beziehen sich finanzwirtschaftliche Entscheidungen in den meisten Fällen auf das Unternehmen als Ganzes bzw. haben die das Unternehmen in seiner Gesamtheit betreffenden Entscheidungen erhebliche direkte oder indirekte finanzielle Auswirkungen; andererseits wirken sich die meisten Aktivitäten in den anderen betrieblichen Teilbereichen auf die Zahlungsströme aus und sind in den Finanzrechnungen zu erfassen. Außerdem besitzt die zentrale Aufgabe der Finanzwirtschaft, die Liquididätssicherung, immer einen Ganzheitsanspruch, der nur für das gesamte Unternehmen gelten kann.

Zum finanzwirtschaftlichen Prozeß gehören auch alle Maßnahmen der **Risikoerkennung und Risikosteuerung.**

Viele unternehmerische Tätigkeiten vollziehen sich unter Ungewißheit der Erwartungen und sind somit risikobehaftet. Risiken sind Verlustgefahren, die das Unternehmen in seiner Gesamtheit oder in Teilen bedrohen und damit auch das dort eingesetzte Kapital und die erwarteten Gewinne. Es ist Aufgabe des Finanzmanagements

- die finanziellen Risiken zu erkennen,
- ihre Eintrittswahrscheinlichkeit zu beurteilen,
- Maßnahmen zur Vermeidung, Minderung oder Abwälzung zu ergreifen und
- die Wirksamkeit der risikopolitischen Maßnahmen zu überprüfen und ggf. anzupassen.

Risiken können in allen Teilbereichen des finanzwirtschaftlichen Prozesses durch Abweichungen der Realität von den angestrebten Sollwerten entstehen. Die Risikosteuerung kann sich deshalb auch auf sämtliche Bereiche beziehen; die Auswirkungen der Risikopolitik sind in der Finanzplanung zu erfassen und von der Finanzdisposition zu realisieren. Dabei können gewisse Risiken, wie z. B. das Kursrisiko aus Fremdwährungsgeschäften, auch Gewinnchancen beinhalten. Bei der Wahl des Sicherungsinstrumentes ist deshalb auch zu beachten, ob die Gewinnchance weiterbestehen kann oder soll.

Finanzielle Risiken ergeben sich aus der Ungewißheit der Erwartungen über die tatsächliche Höhe und den wirklichen Zeitpunkt der zukünftigen Einzahlungs- und Auszahlungsströme. Die Ursachen der Risiken können dabei im finanzwirtschaftlichen oder güterwirtschaftlichen Bereich liegen.

Finanzielle Risiken entstehen auch aus der Ungewißheit der Erwartungen über die Entwicklung auf den Finanzmärkten, insbesondere als Zinsänderungsrisiken und Kursrisiken sowie aufgrund der Bonität der Kunden und deren Heimatländer als Bonitätsrisiko oder Länderrisiko.

Zur Beurteilung der Eintrittswahrscheinlichkeit des Risikos (**Risikomessung**) können Ratings, statistische Verfahren oder die Sensitivitätsanalyse herangezogen werden. Wird die Ergebnisverteilung der finanzwirtschaftlichen Aktivitäten, also die Abweichungsmöglichkeiten vom Planwert, als Risikomaß verwendet, ist dabei zu beachten, daß einerseits die Meßgenauigkeit der einzelnen Risiken unterschiedlich sein kann, andererseits sich aber auch das Ausmaß des Risikos im Zeitablauf glätten kann. Vorrangig für das Finanzmanagement bleibt deshalb immer die Erklärung des Risikos, um aus seinen Ursachen heraus geeignete Maßnahmen zur Risikobegrenzung abzuleiten. Die Notwendigkeit dieser Handlungen hängt jedoch wesentlich vom Grad des Risikos ab, wenn keine pauschale Risikoabsicherung gewählt werden soll, wie z. B. Absicherung aller Fremdwährungsgeschäfte durch Devisentermingeschäfte oder Absicherung aller Forderungen durch Abschluß einer Warenkreditversicherung.

Aus den zahlreichen **risikopolitischen Maßnahmen** lassen sich folgende Maßnahmengruppen bilden:

- Verbesserung des Informationssystems vor allem durch schnellere und genauere Datenerfassung
- Reduzierung oder Verschiebung risikobehafteter Entscheidungen
- Haltung ausreichender Liquiditätsreserven und Pflege der Finanzreserve
- Bildung von Risikogruppen in bezug auf bestimmte Basiswerte wie Umsatz oder Eigenkapital
- Verbesserung der Bonitätsprüfung bei Zielverkäufen
- Risikoabwälzung auf Dritte
- Risikokompensationsgeschäfte

Gegenstand der Risikoüberwachung ist es dann, die Wirksamkeit der getroffenen Maßnahmen zu überprüfen und rechtzeitig auf erforderliche Anpassungsmaßnahmen hinzuweisen.

2 Finanzorganisation

Aufgrund des Liquiditätspostulats, das für das Unternehmen immer nur als Ganzes gelten kann, ist das **Finanzmanagement in der Unternehmensleitung** zu verankern. Je nach Größe des Unternehmens können dann die finanzwirtschaftlichen Teilaufgaben Planung, Realisation und Kontrolle auf nachgeordnete Instanzen delegiert werden.

Die organisatorische Einordnung des finanziellen Bereiches erfolgt bisher bei kleineren und mittleren Unternehmen in einer Abteilung Rechnungs- und Finanzwesen und bei größeren Unternehmen durch separate Abteilungen Rechnungswesen und Finanzwesen. Aufgrund von nicht unerheblichen Überschneidungen bei den finanzwirtschaftlichen, erfolgswirtschaftlichen und bilanziellen Tätigkeiten im Rechnungswesen bietet sich die vor allem in den USA übliche Funktionsteilung in die Bereiche Controlling und Treasuring an.

Finanzorganisation 413

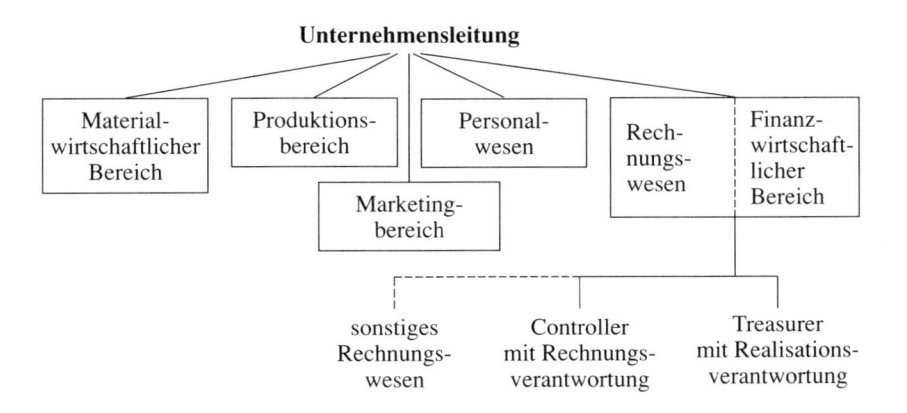

```
                        Unternehmensleitung
       ┌──────────┬──────────┬────┴─────┬──────────┬──────────┐
   Material-   Produktions-  Personal-   Rech-      Finanz-
   wirtschaftlicher bereich   wesen     nungs-     wirtschaft-
   Bereich                               wesen      licher
                          Marketing-                Bereich
                          bereich

              sonstiges         Controller        Treasurer
              Rechnungs-        mit Rechnungs-    mit Realisations-
              wesen             verantwortung     verantwortung
```

Bei dieser Funktionsteilung übernimmt der **Treasurer** die vor allem extern ausgerichteten Realisierungsaktivitäten und der Controller die Verantwortung für das interne Informations-, Planungs-, Kontroll- und Berichtswesen. Dem **Controller** kommt damit die Aufgabe der Sicherung der Gewinnerzielung durch kontinuierliche Unternehmensplanung und -kontrolle zu, dem Treasurer die Wahrnehmung aller Maßnahmen der Liquiditätssicherung und Steuerung der finanziellen Aktivitäten des Unternehmens. Während der Aufgabenbereich des Treasurers weitgehend eindeutig ist, werden die organisatorische Stellung und der Umfang des Tätigkeitsfeldes des Controllers nicht einheitlich gesehen. So wird vor allem in Unternehmen die Frage zu klären sein, ob der Controller als übergeordnete (Stabs-)stelle einzugliedern ist und/oder ob ihm auch andere Bereiche des Rechnungswesens zuzuordnen sind. Mitunter werden auch bei nicht so großen Unternehmen die Aufgaben des externen Rechnungswesens dem Treasurer zugewiesen.

Bei kleineren Unternehmen werden vom Finanzleiter oft sowohl die Aufgaben eines Controllers als auch die eines Treasurers übernommen. Dennoch bietet sich als Alternative an, dem operativen Charakter des Treasurers entsprechend der Abteilung Finanzen weitere gleichartige Tätigkeiten ergänzend zu übertragen, wie das Personal- oder Organisationswesen, und dem Controller zusätzliche Bereiche der Rechnungslegung und Kontrolle wie die Lagerbuchhaltung oder die Revision zuzuweisen.

Prinzipiell lassen sich die Verantwortungsbereiche des Controllers und des Treasurers wie folgt abgrenzen:

Rechnungsverantwortung beim Controller, d. h.:
- Beschaffung der finanzwirtschaftlich relevanten Informationen aus allen Unternehmensteilbereichen
- Erstellung sämtlicher Finanzpläne
- Durchführung der Finanzkontrolle und der Planrevision
- fristgerechte Berichterstattung über die Unternehmenssituation und der Grad der Zielerreichung
- ggf. auch sonstige Tätigkeiten im internen Rechnungswesen
- ggf. auch Tätigkeiten im externen Rechnungswesen

Realisationsverantwortung beim Treasurer, d. h.:
- Lenkung der Zahlungsströme durch tägliche Finanzdisposition
- finanzielle Risikosteuerung
- Kapitalbeschaffung und Sicherheitenstellung
- kurzfristige Geldanlage und Haltung der Liquiditätsreserve
- Steuerung von langfristigen Kapitalanlagen und Beteiligungen
- Steuerung der Finanzstruktur
- Kontaktpflege zu Eigenkapital- und Fremdkapitalgebern zur Gewährleistung der Finanzreserve
- Vorbereitung und Begleitung von Effektenemissionen
- Aktivitäten im Zusammenhang mit Versicherungen

Beide Funktionsbereiche fließen beim **Finanzvorstand** zusammen, der damit folgende Verantwortung übernimmt:
- Sicherung der Liquidität und Optimierung der Finanzierung
- Sicherung des Informationsflusses und Gewährleistung eines informativen vergangenheitsbezogenen Rechnungswesens und zukunftsbezogenen Planungswesens.

Finanzielle Aktivitäten können unter Kostengesichtspunkten teilweise auf Externe verlagert oder auch besonders bei Konzernunternehmen zur Ausschöpfung von Synergieeffekten intern zusammengefaßt werden.

Eine **Ausgliederung von finanzwirtschaftlichen Funktionen** an Externe tritt beispielsweise beim Factoring oder bei Cash-Management-Systemen auf. Eine Zentralisierung kann in einer wirtschaftlich autonomen Finanzabteilung für den gesamten Konzern erfolgen, die dann wie eine Bank für alle verbundenen Unternehmen tätig wird (**»In-House-Banking«**).

Finanzorganisation

Als besondere Form der Finanzorganisaton ist das Budgetwesen zu sehen. Die Budgetierung ist ein **dezentrales Steuerungssystem** mittels Vorgabewerten für bestimmte Planperioden und anschließender Kontrolle hinsichtlich der Erfüllung dieser Vorgabewerte.

Das **Finanzbudget ist** danach **ein Vorgabeplan,** der verbindlich festlegt, wie die Zahlungsströme zu lenken sind. Den Verantwortungsbereichen werden Soll-Größen vorgegeben, die sie in diesem Rahmen nach eigenem Ermessen und eigener Entscheidung zu realisieren haben. Die Art und Weise der Durchführung zur Zielerreichung bleibt der Abteilung freigestellt. Die Entscheidung über das zu erreichende Ziel ist bereits getroffen; die Abteilung kann sich jedoch durch Erfüllung, Nicht-Erfüllung oder Übererfüllung der Sollwerte auszeichnen.

Das Budgetwesen legt durch das **Aktionsbudget** einen Maßnahmenkatalog fest, der in der Planperiode zu erfüllen ist, und durch das **Vollzugsziffernbudget,** welche Maßstäbe dabei einzuhalten sind. Je nach Art des Verantwortungsbereiches können im Aktionsbudget z. B. Leistungsmengen, Lagerbestände, Forschungsarbeiten, Investitionsprojekte oder Finanzierungsmaßnahmen erscheinen und im Vollzugsziffernbudget Vorgaben wie z. B. Rentabilitätsgrößen, Kosten, Zinssätze oder Geldbeträge. Zur Erfüllung der gestellten Aufgaben kann jede Abteilung aber auch ein bestimmter Geldfonds als Budget vorgegeben werden.

Der verbindliche aktuelle Budgetplan kann durch Rahmenplanwerte für zukünftige Perioden zur besseren Orientierung der Abteilungen ergänzt werden. Das Budget leitet sich dann aus dem vorgeordneten Rahmenplan ab. Das

Mittelfristiger Finanzplan
↓
Gesamtfinanzbudget für die kurzfristige Budgetperiode

Finanzbudget des Vertriebs	Finanzbudget der Produktion	Finanzbudget des Einkaufs	Finanzbudget der Verwaltung
Abteilung A Abteilung B Niederlassung A Niederlassung B	Abteilung A Abteilung B	Abteilung A Abteilung B	Abteilung A Abteilung B

Unternehmen hatierbei die Wahl, ob es aus dem mittelfristigen Finanzplan einen kurzfristigen Finanzplan für das Gesamtunternehmen ableitet oder zum Zwecke der Rentabilitätssteigerung einzelne Budgets den Verantwortungsbereichen für eine kurzfristige Budgetperiode vorgibt. Wichtige Voraussetzung für einen sinnvollen Budgeteinsatz in einem Budget-Centre ist eine effiziente Organisationsstruktur.

Das Budgetwesen ist nicht unumstritten. So lassen sich einer Reihe von Vorteilen auch gewisse Nachteile gegenüberstellen.

Als **Vorteile** des Budgetwesens sind zu nennen:
- die gewisse Eigenverantwortlichkeit der Abteilungen
- der Anreiz zur Leistung für die Mitarbeiter
- die bessere Leistungskontrolle durch die Unternehmensleitung
- das Mitspracherecht im Rahmen der Plan-Werte und
- die Aufgliederung in dezentrale Verantwortungsbereiche.

Als **Nachteile** des Budgetwesens können angesehen werden:
- der häufig schlechtere Informationsfluß zwischen den einzelnen Verantwortungsbereichen
- das »typische Etatdenken«, d. h. kleben an den Planwerten trotz Marktveränderungen
- die spätere Mitteilung von Abweichungen der Ist-Werte an die Unternehmensleitung, so daß Engpässe spät erkannt werden
- zu kurzfristige Unternehmenspolitik; im Vordergrund steht die planperiodenbezogene Leistungsmaximierung.

Der Finanzplan ist vom Finanzbudget zu unterscheiden. Der **Finanzplan ist ein Vorschauplan,** mit dessen Hilfe die zukünftige Entwicklung der Unternehmung im finanziellen Sektor prognostiziert wird. Er soll Informationen für Entscheidungen bzw. Anpassungsmaßnahmen geben. Er ist i. d. R. eine Zusammenstellung der Zahlungsströme für das Gesamtunternehmen.

3 Finanzplanung

3.1 Grundlagen der Finanzplanung

Planung im allgemeinen ist die gedankliche Vorwegnahme zukünftigen Handelns durch Abwägen verschiedener Handlungsalternativen und aktives Gestalten der zukünftigen Ereignisse und Zustände.

Finanzplanung 417

Planung bedeutet demnach die zukunftsbezogene Vorbereitung, Erfassung und zielgerichtete Beeinflussung von Unternehmenssachverhalten.

Ziel der Planung ist es, die grundsätzliche Unsicherheit bei jeder Unternehmenstätigkeit und die damit verbundenen Risiken zu verringern. Wesentliches Hilfsmittel der Planung ist die Prognose.

Ausgangspunkt der Planung muß eine Managementkonzeption sein, die auf dem Zielsystem der Unternehmung aufbaut.

Finanzplanung im besonderen ist die Gesamtheit von zukunftsorientierter Erfassung, späterer Kontrolle und anschließender Fortschreibung der finanziellen Vorgänge sowohl im Hinblick auf die kurzfristig zu erwartenden Zahlungsströme mit dem Ziel der Erhaltung des finanziellen Gleichgewichts als auch im Hinblick auf die mittel- und langfristige Abstimmung von Kapitalbedarf und Kapitaldeckungsmöglichkeiten zur optimalen Erreichung der Unternehmensziele.

Die Finanzplanung stellt einen komplexen Prozeß dar, dessen Ablauf sich folgendermaßen gestaltet:

1. **Zielbildung:** präzise Formulierung der Planungsziele und Festlegung von Prioritäten
2. **Informationssammlung:** umfassende, planungsobjektbezogene Datenbeschaffung
3. **Aufbereitung:** Übertragung der Informationen in Finanzgrößen
4. **Prognose:** Ermittlung der erwarteten Zahlungsströme
5. **Optimierung:** zielgerichtete Einbeziehung von Anpassungsmaßnahmen bei Ungleichgewichten und Fehlentwicklungen
6. **Ggf. Vorbereitung von Alternativplänen:** Erfassung von zielkonformen alternativen Zahlungsströmen bzw. Kapitalbedarfen und Kapitaldeckungsmöglichkeiten
7. **Planfeststellung:** Entscheidung für eine Alternative unter Berücksichtigung von kritischen Werten aufgrund der Unsicherheit der Erwartungen.
8. **Plankontrolle:** Ermittlung der Abweichungen und Analyse der Ursachen
9. **Planrevision:** nach Ablauf einer Teilperiode Anpassung der Planung an die neue Situation unter Beachtung der Interdependenz der Teilpläne.
10. **Planfortschreibung:** Fortschreibung der Planung jeweils nach Ablauf einer Teilperiode (rollierende Planung), so daß der Planungshorizont immer konstant ist.

Die Finanzplanung kann sich auf eine unterschiedliche Reichweite beziehen. Nach dem Prognosezeitraum lassen sich folgende Finanzplanungen unterscheiden:

1. Der **Liquiditätsstatus** dient vor allem Kreditinstituten zur tagesgenauen Überwachung der Zahlungsströme mit dem Ziel der täglichen Zahlungsbereitschaft auch für unvorhergesehene Zahlungswünsche der Kunden und für erwartete Spitzenbelastungen. Aber auch bei großen Filialbetrieben bzw. Handelsunternehmen wird die Erstellung eines Liquiditätsstatus ebenso wichtig sein, um die laufenden Finanzdispositionen der einzelnen Niederlassungen zu koordinieren. Eine hohe Bedeutung hat der Liquiditätsstatus auch bei multinational tätigen Unternehmen, die täglich erhebliche Finanztransaktionen in unterschiedlicher Währung abzuwickeln haben und auf den inländischen und internationalen Geldmärkten als Marktteilnehmer auftreten. Bei mittleren und kleinen Unternehmen bezieht sich die Erstellung eines Liquiditätsstatus i. d. R. nur auf Dispositionen der Konten bei den Bankverbindungen und die eigenen Zahlungsmittel mit dem Ziel, Kontenüberziehungen und Fristenüberschreitungen bei Zahlungen zu vermeiden und ggf. kurzfristige Geldanlagen vorzunehmen.

    Prognosezeitraum: 1 – 2 Wochen;   Planungseinheit: der Tag

2. Der **kurzfristige Finanzplan** ist der typische Finanzplan für gewerbliche Unternehmen als detaillierter Vorschauplan auf die erwarteten Zahlungsströme und als Basis für Entscheidungen zur Gewährleistung der Liquidität. Wesentlicher Bestandteil des kurzfristigen Plans sind die Anpassungsmaßnahmen.

    Prognosezeitraum: 3 – 6 Monate;   Planungseinheit: die Woche

3. Der **mittelfristige Finanzplan** dient Unternehmen als Vorschauplan, in dem die erwarteten Kapitalbedarfe im Hinblick auf die gestellten Unternehmensziele den Kapitaldeckungsmöglichkeiten gegenübergestellt werden. Er stellt als Rahmenplan die Ausgangsbasis für die detaillierte kurzfristige Planung dar.

    Prognosezeitraum: 6 – 48 Monate;   Planungseinheit: der Monat oder das Quartal

4. Der **langfristige Finanzplan** ist eine Grobplanung für die langfristige Strategie der Unternehmung im finanziellen Bereich. Er dient vor allem der langfristigen Sicherung der Kreditwürdigkeit, der Planung der Kapitalstruktur und der Abstimmung von größeren Investitionsprogrammen.

    Prognosezeitraum: mehrere Jahre;   Planungseinheit: Halbjahre oder Jahre

Finanzplanung

Da die kurzfristige Planung i. d. R. nur ein Reagieren auf Veränderungen erlaubt, wird sie als **Passivplanung** eingestuft im Gegensatz zur längerfristigen Planung, in der planerische Verwirklichung der Unternehmenspolitik erfolgt (**Aktivplanung**).

Bei der **Wahl der Planungseinheit** ist zu beachten, daß sie zielkonform verläuft und einen nicht zu langen Zeitraum umfaßt. So ist beim kurzfristigen Finanzplan eine Planungseinheit von 1 Monat bereits viel zu lang, da Liquiditätsengpässe unter Umständen gar nicht festgestellt werden können, weil sich in der monatlichen Summe keine wesentlichen Differenzen ergeben:

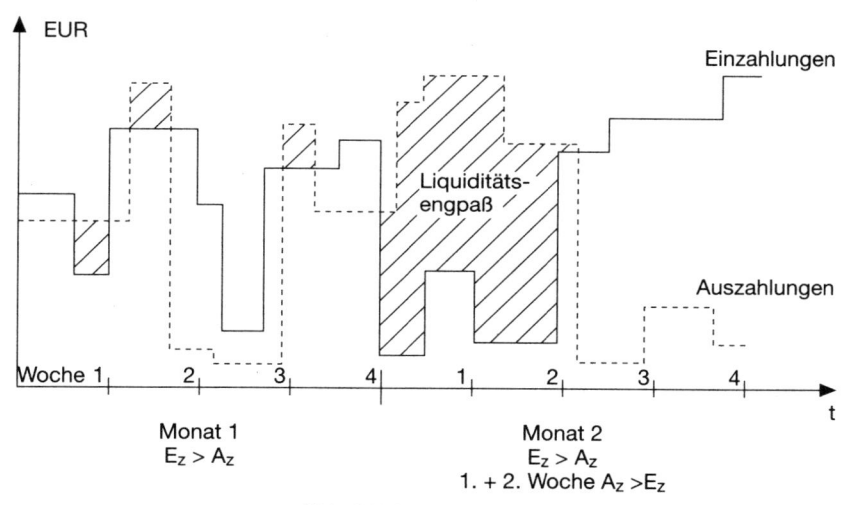

Abb. 66: Planungseinheit

Für eine gute, aussagekräftige Finanzplanung sollten folgende **Grundsätze** beachtet werden:
- kontinuierliche Finanzplanung als rollierendes Planungssystem
- Berücksichtigung aller finanzwirksamen Beträge
- möglichst keine Saldierung von finanziellen Transaktionen
- Wahl der Planperiode im Hinblick auf die Reichweite und den Aussagewert der Planung
- periodenbezogene Kontrolle, Revision und Fortschreibung der Planung
- aktive Gestaltung der Planung durch Einbeziehung von realisierbaren Anpassungsmaßnahmen

- bei hoher Ungewißheit Ermittlung von kritischen Erwartungswerten oder Erstellung von Alternativplänen
- Wirtschaftlichkeit der Finanzplanung, d. h., ihr Präzisionsgrad sollte dem daraus zu ziehenden Nutzen entsprechen.

3.2 Längerfristige Finanzplanung

3.2.1 Zielsetzungen

Die längerfristige Finanzplanung ist eine aktive Planung, in der auf der Grundlage der erarbeiteten Managementkonzeption die durch die erforderlichen Investitionsvorhaben entstehenden Kapitalbedarfe nach ihrem zeitlichen Anfall geordnet werden. Je nach der Dauer des Kapitalbedarfs sind entsprechende Finanzierungsmittel (Kapitaldeckung) einzuplanen.

Der längerfristige Finanzplan soll eine mehrjährige Prognose über das Finanzgebaren ermöglichen, das sich aus der Vorgabe bestimmter Rentabilitätsziele und den daraus resultierenden Vermögens- und Kapitaländerungen ergibt.

Von entscheidender Bedeutung für das Unternehmen ist die Gewährleistung der **dauerhaften Kreditwürdigkeit.** Diese liegt vor, solange der Kreditgeber auf der Basis seiner Entscheidungskriterien eine zufriedenstellende finanzielle Bonität des Unternehmens als gegeben ansieht. Bei fristgerechter Abstimmung von Kapitalbedarf und Kapitaldeckung wird die vorliegende Kreditwürdigkeit auch eine erforderliche Anschlußfinanzierung ermöglichen und das existentielle Risiko des Unternehmens minimieren.

Die längerfristige Finanzplanung ist eine Rahmenplanung, die in enger **Interdependenz zur kurzfristigen Finanzplanung** zu sehen ist:

- Die längerfristige Finanzplanung stellt die Ausgangsbasis für eine klare und aussagekräftige kurzfristige Finanzplanung zur Sicherung der Liquidität dar!
- Die kurzfristige Finanzplanung konkretisiert die längerfristige Abstimmung von Kapitalbedarf und Kapitaldeckung im Hinblick auf die jederzeitige Zahlungsbereitschaft!

Die mittel- bis langfristige Finanzplanung hat somit folgende **Aufgaben:**

1. Planerische Erfassung der langfristigen finanziellen Unternehmensentwicklung zur Erfüllung der Managementkonzeption
2. Abstimmung von Kapitalbedarf und Kapitaldeckung über einen längeren Zeitraum zur Vermeidung größerer Ungleichgewichte

Finanzplanung 421

3. Rahmenplanung bzw. Ausgangsplanung für die kurzfristige Finanzplanung
4. Planung der Kapitalstruktur
5. Gewährleistung der dauerhaften Kreditwürdigkeit und Beteiligungswürdigkeit.

3.2.2 Erstellung und Gliederung

Im Aufbau der längerfristigen Finanzplanung sind Parallelen zur Kapitalflußrechnung zu sehen. Beide dienen der Finanzvorschau und Finanzanalyse, doch steht bei der Kapitalflußrechnung die vergangenheitsbezogene Interpretation von Mittelherkunft und Mittelverwendung im Vordergrund. Aus den Bestandsveränderungen der vergangenen Bilanzperioden werden dann Schlüsse auf die Zukunft gezogen.

Bei der längerfristigen Finanzplanung sind Bezugspunkte stets die **angestrebte Unternehmenssituation** und die damit verbundene Rentabilitätserwartung, aus denen dann die zukünftigen Kapitalbedarfe und die entsprechende Kapitaldeckung abgeleitet werden.

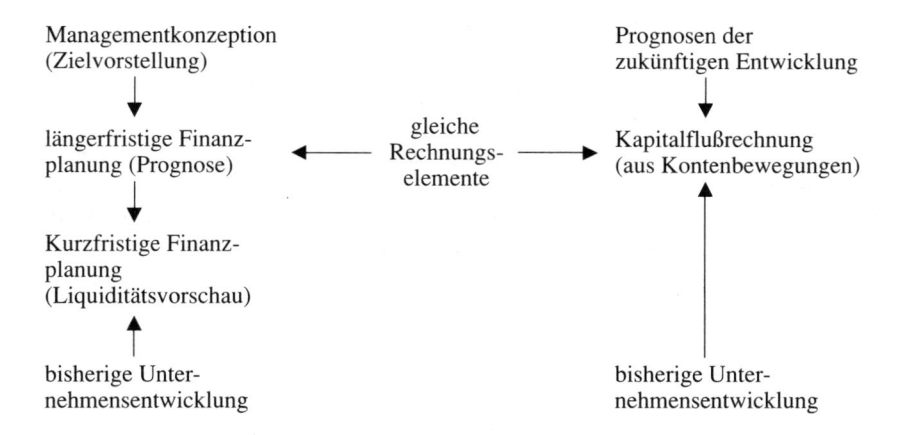

```
Managementkonzeption                              Prognosen der
(Zielvorstellung)                                 zukünftigen Entwicklung
       ↓                                                  ↓
längerfristige Finanz-          gleiche           Kapitalflußrechnung
planung (Prognose)      ←    Rechnungs-    →      (aus Kontenbewegungen)
       ↓                     elemente                     ↑
Kurzfristige Finanz-
planung
(Liquiditätsvorschau)
       ↑                                                  |
bisherige Unter-                                  bisherige Unter-
nehmensentwicklung                                nehmensentwicklung
```

Vorgabegrößen sind i. d. R. der geplante, realisierbare Umsatz und das vorgesehene Unternehmenswachstum, Größen, die sich aus den **längerfristigen Marktprognosen** im Zusammenhang mit der Investitionsplanung ergeben. Als wichtige Einflußgrößen können dabei angesehen werden:

- Wachstum der Volkswirtschaft
- Wachstum der Branche
- Marktvolumen
- Exportmöglichkeiten
- der angestrebte Marktanteil
- Marktsättigungsgrad
- Kapazitätsauslastung
- Erweiterungsinvestitionen
- langfristige Engpässe bei der Beschaffung von Produktionsfaktoren.

Aus der Umsatzprognose werden die davon abhängigen Größen berechnet, wobei die einzelnen Positionen in keiner linearen **Abhängigkeit zum Umsatzwachstum** stehen müssen.

So erweitert sich der Maschinenpark in Intervallen, bis die jeweilige Kapazität wieder ausgelastet ist und neue Maschinen gekauft werden müssen, die aber zunächst noch nicht voll ausgelastet sind.

Für das Vorratslager kann häufig eine unterproportionale Abhängigkeit bestehen, wenn die Lagerdisposition bei größerem Volumen des Lagers und schneller Belieferung durch Großabnahme knapper vollzogen werden kann.

Für die Forderungen kann mit überproportionaler Abhängigkeit gerechnet werden, da bei Umsatzausweitung häufig mit zunehmender Kundenzahl (vor allem bei weniger zahlungskräftigen Kunden) sich die Debitorenumschlagsdauer verlängert.

Gegenstand der mittel- bis langfristigen Finanzplanung sind also Bestandsveränderungen aufgrund von Umsatzbewegungen. Dabei werden die Bewegungsgrößen nach **Kapitalverwendung** bzw. **Kapitalbedarf** und **Kapitalherkunft** bzw. **Kapitaldeckung** unterteilt.

Kapitalverwendung kann durch **kapitalbindende** Maßnahmen und durch **kapitalentziehende** Maßnahmen entstehen, also z. B. durch Erhöhung der Forderungen bzw. Kredittilgungen. Kapitalherkunft kann gegeben sein durch **Neuaufnahme** von Eigen- oder Fremdkapital oder durch Desinvestition von Vermögensgegenständen, d. h. durch kapitalzuführende Maßnahmen als Außen- oder Innenfinanzierung oder durch kapitalfreisetzende Maßnahmen wie z. B. Reduzierung des Lagerbestandes oder Verkürzung der Kapitalbindungsfrist.

Die längerfristige Finanzplanung kann in **Bruttoform** gegliedert werden, indem auch alle laufenden Einzahlungen aus der Unternehmenstätigkeit, also insbesondere die zahlungswirksamen Verkaufserlöse unter den kapitaldeckenden Maßnahmen aufgeführt werden, und entsprechend die laufenden Auszahlungen aus der Unternehmenstätigkeit, also vor allem für Personal, Zinsen, Steuern und Material, unter Kapitalbedarf genannt werden. Bei einer **saldierten Gliederung** wird dagegen anstelle der laufenden Einzahlungen und Auszahlungen vom Cash-flow ausgegangen bzw. von den Bestandteilen der Innenfinanzierung, um deren Herkunft zu verdeutlichen.

Kapitalbedarf der Planperiode (= Kapitalverwendung)		Kapitaldeckung der Planperiode (= Kapitalherkunft)	
1	Kapitalbindende Maßnahmen	3	Außenfinanzierung
1.1	Investitionen in Sachanlagen	3.1	Beteiligungsfinanzierung
1.1.1	Reinvestitionen	3.1.1	Kapitalerhöhung bisheriger Gesellschafter
1.1.2	Nettoinvestitionen		
1.2	Finanzinvestitionen	3.1.2	Einlagen neuer Gesellschafter
1.2.1	Beteiligungen	3.2	Fremdfinanzierung
1.2.2	Lizenzen, Patente, Sonstiges	3.2.1	Neuaufnahme von langfristigen Krediten
1.3	Erhöhung der Betriebsmittel		
1.3.1	Erhöhung des Vorratsvermögens	3.2.2	Neuaufnahmen von mittelfristigen Krediten
1.3.2	Erhöhung von Forderungen bzw. der Lieferantenkreditgewährung	3.2.3	Neuaufnahmen von kurzfristigen Krediten
1.4	Erhöhung der Zahlungsmittel	3.3	Subventionsfinanzierung (Finanzierungshilfen i.e.S.)
2	Kapitalentziehende Maßnahmen		
2.1	Eigenkapitalverminderung	4	Innenfinanzierung (Cash-flow)
2.1.1	Gewinnausschüttung	4.1	Selbstfinanzierung
2.1.2	Entnahmen	4.2	Finanzierung aus Abschreibungsgegenwerten
2.2	Fremdkapitalverminderung		
2.2.1	Tilgung langfristiger Kredite	4.3	Finanzierung aus Rückstellungsgegenwerten
2.2.2	Rückführung von kurzfristigen Bankkrediten		
		5	Desinvestition von Vermögensgegenständen
2.2.3	Rückführung von Lieferantenkrediten	5.1	Verminderung des Sachanlagevermögens
2.2.4	Rückführung sonstiger Kredite	5.2	Verminderung des Finanzanlagevermögens
Summe Kapitalbedarf der Planperiode		5.3	Reduzierung des Sachumlaufvermögens
		6	Verminderung der Zahlungsmittel
		7.	Kapitalfreisetzung durch Verkürzung der Kapitalbindungsfrist
		Summe der Kapitaldeckung der Planperiode	

Abb. 67: Gliederung der mittel- bis langfristigen Finanzplanung

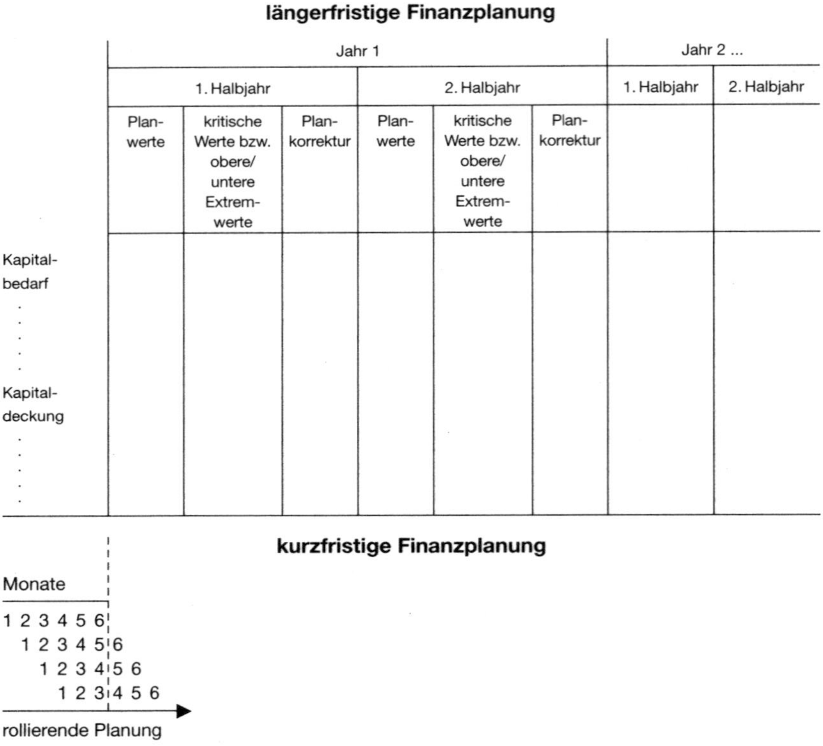

längerfristige Finanzplanung

		Jahr 1					Jahr 2 ...	
		1. Halbjahr			2. Halbjahr		1. Halbjahr	2. Halbjahr
	Plan-werte	kritische Werte bzw. obere/ untere Extrem-werte	Plan-korrektur	Plan-werte	kritische Werte bzw. obere/ untere Extrem-werte	Plan-korrektur		
Kapital-bedarf								
Kapital-deckung								

kurzfristige Finanzplanung

Monate
1 2 3 4 5 6
  1 2 3 4 5 6
    1 2 3 4 5 6
      1 2 3 4 5 6
rollierende Planung

Abb. 68: Aufbau der längerfristigen Finanzplanung

Die längerfristige Finanzplanung sollte als **rollierende Planung** je nach Länge des Planungszeitraumes mit einer Planperiode von 6 oder 12 Monaten arbeiten; die Gliederungstiefe sollte mit zunehmender Reichweite der Planung abnehmen. Die benötigten Planwerte können eher kostenintensiv originär entwickelt werden oder aus anderen betrieblichen Teilplänen abgeleitet und ergänzt werden.

Aufgrund der hohen Ungewißheit über den Eintritt der Erwartungen kommt bei längerfristigen Finanzplanungen der **Elastizität der Planung** eine hohe Bedeutung zu, so daß die wahrscheinlichen mittleren Planwerte durch Extremwerte für eine besonders günstige bzw. ungünstige Entwicklung und/oder durch kritische Werte, bei deren Eintritt erhebliche Anpassungen notwendig werden oder eine Fortsetzung wirtschaftlich nicht mehr sinnvoll ist, ergänzt werden sollten. Eine nicht selten auftretende Vorgehensweise besteht darin, Sicherheitsspannen zu bilden, indem die Planwerte bewußt zu hoch (beim Kapitalbedarf) oder zu niedrig (bei der Kapitaldeckung) angesetzt werden. Dadurch läßt jedoch die Aussagekraft der Finanzplanung nach.

Wird eine kurzfristige Finanzplanung z.B. für einen Planungszeitraum von 6 Monaten erstellt, so beginnt die längerfristige Planung mit dem darauf folgenden Halbjahr. Zum Ablauf eines jeweiligen Halbjahres wird dann die längerfristige Planung um eine weitere Halbjahresperiode verlängert. Dadurch entsteht ein überlappendes Planungssystem, wenn sich die kurzfristige Finanzplanung mit ihren wöchentlichen oder monatlichen Planperioden allmählich in die nächste längerfristige Planperiode hineinschiebt.

Als **Prognoseverfahren** bieten sich bei der längerfristigen Finanzplanung entweder subjektive Planungsverfahren oder mathematisch definierte kausale Verfahren an.

Bei den **heuristischen Verfahren** bedient man sich des Erfahrungsschatzes der Unternehmensmitarbeiter oder auch externer Stellen. Da bei langfristigen Prognosen weniger passiv aus den Vergangenheitswerten geschlossen werden soll, was die meisten mathematischen Verfahren tun, sondern **aktiv-planend** die Unternehmenszukunft gestaltet werden soll, dienen hier auch vor allem **endogene Daten** aus dem Umfeld des Unternehmens wie z.B. Marktsättigung, Bedarf oder Wachstum als Bezugspunkte. Diese Daten werden durch die langfristige Unternehmensstrategie ergänzt, die insbesondere in den geplanten Kapazitäten, den Auslandsinvestitionen und dem angestrebten Marktanteil Ausdruck findet. Letztlich ist der Planumsatz als zahlenmäßiges Ergebnis der Einschätzung der zukünftigen Marktposition und damit Ausgangsbasis für die langfristige Planung eine subjektive Erwartungsgröße.

Bei den **kausalen Verfahren,** zu denen vor allem die einfache und multiple Regressionsanalyse zählen, wird die zukünftige Entwicklung einer Größe aus dem Verlauf einer anderen Größe abgeleitet. Es besteht also immer ein Ursache-Wirkung-Verhältnis zwischen zwei Planzahlen. Erklärt sich die eine Plangröße nur aus einer anderen, liegt ein einfacher Regressionsansatz vor, erklärt sie sich dagegen aus mehreren, spricht man von multipler Regression. Diese kausalen und anderen mathematischen Verfahren haben in der Praxis der längerfristigen Finanzplanung jedoch bisher noch geringe Bedeutung, finden aber in der kurzfristigen Planung, die im wesentlichen auf Vergangenheitswerten aufbaut, neben dem üblichen Mittelwertverfahren Anwendung.

3.3 Kurzfristige Finanzplanung

3.3.1 Zielsetzungen

Die kurzfristige Finanzplanung ist eine **passive Planung,** die für kurze Teilperioden auf der Grundlage der längerfristigen Finanzplanung eine Vorschau über die zukünftige Zahlungsbereitschaft des Unternehmens geben soll. Sie leitet sich als Prognoseplanung einerseits aus der gegenwärtigen Unternehmenssituation ab und zeigt auf, wie die Einnahmen und Ausgaben daraufhin in der nächsten Teilperiode verlaufen werden. Andererseits konkretisiert sie aber auch die längerfristige Finanzplanung für die kurzfristige Teilperiode.

Wichtiger Bestandteil der kurzfristigen Planung sind die aufgeführten **Anpassungsmaßnahmen,** die bei Unterdeckung **zur Gewährleistung der Liquidität** durchzuführen sind oder bei Überdeckung eine vorübergehende Kapitalverwendung benennen sollen. Anpassungsmaßnahmen können auch erforderlich werden, wenn sich aus anderen betrieblichen Teilplänen Änderungsnotwendigkeiten aus einer plötzlichen Marktveränderung ergeben. Je differenzierter die Anpassungsmaßnahmen dargestellt werden, je größer also die Elastizität der Planung ist, eine um so bessere Entscheidungsgrundlage stellt die Finanzplanung dar.

Damit der **Planungshorizont** immer gleich weit gesteckt ist, sollten nach Ablauf einer Teilperiode sowohl eine Planüberarbeitung (Planrevision) aus den Gegenwartserkenntnissen heraus (Finanzkontrolle) als auch eine Planfortschreibung um den Zeitraum der abgelaufenen Teilperiode erfolgen. Eine solche, sich ständig ergänzende Planung wird rollierende Planung genannt:

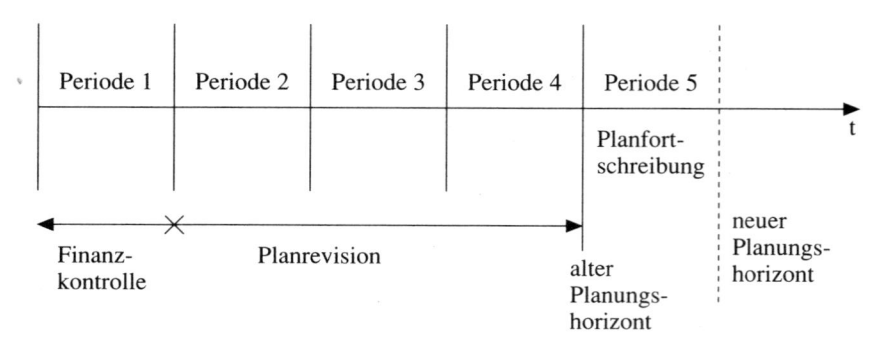

Periode 1	Periode 2	Periode 3	Periode 4	Periode 5	
				Planfortschreibung	t
Finanzkontrolle	Planrevision			alter Planungshorizont	neuer Planungshorizont

Als Aufgaben der **kurzfristigen Finanzplanung** lassen sich zusammenfassen:
- Gegenüberstellung der kurzfristig erwarteten Einnahmen und Ausgaben für einen stets gleich langen Zeitraum

Finanzplanung 427

- Vorschau über die Zahlungsbereitschaft des Unternehmens
- Grundlage für finanzielle Entscheidungen
- Gleichzeitige Verarbeitung von Vergangenheitswerten und Erwartungsgrößen aus der längerfristigen Finanzplanung
- Abstimmung mit anderen betrieblichen Teilplänen.

3.3.2 Gliederung des kurzfristigen Finanzplanes

Die Gliederung des kurzfristigen Finanzplans hängt im wesentlichen vom Informationsumfang und der Einordnung innerhalb des Rechnungswesens ab. Auch kann ein Finanzplan neben einem Finanzbudget für einzelne Abteilungen bestehen.

Der Finanzplan kann in einen **ordentlichen Finanzplan** für die Zahlungsströme aus der laufenden Umsatztätigkeit und in einen **außerordentlichen Finanzplan** für die Zahlungsströme aus Investitionstätigkeit gegliedert werden.

Eine andere Möglichkeit ist die der Einteilung in **erfolgswirksame** und **nicht erfolgswirksame Zahlungen:**

1. Finanzeinnahmen (erfolgsunwirksame Einnahmen)
   (z. B. Krediteinnahmen, Beteiligungseinnahmen)
2. Erfolgseinnahmen (erfolgswirksame Einnahmen)
   (z. B. Einnahmen aus Barverkäufen von Produkten)
3. Zahlungsmittelbestand
4. Finanzausgaben (erfolgsunwirksame Ausgaben)
   (z. B. Kapitaldienst, Entnahmen)
5. Erfolgsausgaben (erfolgswirksame Ausgaben)
   (z. B. Gehaltszahlungen, Material, Energie)
6. Finanzsaldo.

Diese Gliederungsform findet in der Praxis gerne Verwendung wegen ihres engen Bezugs zur Finanzbuchhaltung. Es werden die jeweiligen Konten z. B. des Industriekontenrahmens nach Einnahmen und Ausgaben neu zusammengestellt und der Finanzsaldo ermittelt (siehe auch Hauschildt, Sachs, Witte).

1.	**Ausgaben**	Industrie-Kontenrahmen
1.1	**Ausgaben für lfd. Umsatztätigkeit**	
1.1.1	Rohstoffe	20
1.1.2	Hilfsstoffe, Betriebsstoffe	20
1.1.3	unfertige Erzeugnisse	21
1.1.4	Fertigerzeugnisse	22
1.1.5	Löhne	620
1.1.6	Gehälter	621
1.1.7	gesetzliche und freiwillige soziale Leistungen	63/64/65
1.1.8	Fuhrpark	07
1.1.9	Frachten	77
1.1.10	Steuern und Abgaben	71/72
1.1.11	Rechtsanwalt, Gericht, Steuerberatung	78
1.1.12	Versicherungen	78
1.1.13	Werbung	77
1.1.14	Garantieleistungen	57
1.1.15	Verkaufsbüro	57
1.1.16	Sonstiges	

Summe 1.1

1.2	**Ausgaben für längerfristige Investitionen**	
1.2.1	Sachinvestitionen	
1.2.1.1	Gebäude	01/04
1.2.1.2	Maschinen	05
1.2.1.3	Büroeinrichtung	06
1.2.1.4	Sonstiges	07/09
1.2.2	Vorauszahlungen	
1.2.3	Restzahlungen	
1.2.4	Finanzinvestitionen	10 – 12/17

Summe 1.2

1.3	**Ausgaben im Finanzverkehr**	
1.3.1	Kreditzinsen	70
1.3.2	Kredittilgung	
1.3.2.1	Bank A	40 – 42
1.3.2.2	Bank B	
1.3.3	Akzepteinlösung	
1.3.4	Eigenkapitalverminderung	30 – 33
1.3.5	Geldanlagen	

Summe 1.3

Summe Ausgaben

Abb. 69: Gliederungsschema einer Finanzplanung in Anlehnung an die Finanzbuchhaltung

Finanzplanung 429

			Industrie-Kontenrahmen
2.	**Einnahmen**		
2.1	**Einnahmen aus lfd. Umsatztätigkeit**		
2.1.1	Begleichung von Forderungen aus Lieferungen und Leistungen		50
2.1.2	Barverkäufe		
2.1.3	Begleichung von Auslandsforderungen		
2.1.4	Sonstige		

Summe 2.1

2.2	**Einnahmen aus Desinvestitionen im Anlagevermögen**	
2.2.1	Anlagenverkäufe	01 – 07
2.2.2	Auflösung von Finanzinvestitionen	10 – 12/17
2.2.3	erhaltene Rückzahlungen	

Summe 2.2

2.3	**Einnahmen im Finanzverkehr**	
2.3.1	Zinsen	54
2.3.2	Gewinne	
2.3.3	Beteiligungserträge	531
2.3.4	Eigenkapitalerhöhungen	30 – 33
2.3.5	Fremdkapitalerhöhungen	40 – 42, 45, 48
2.3.6	Auflösung von Geldanlagen	

Summe 2.3

Summe Einnahmen

3. **Unterdeckung/Überdeckung**

Summe Einnahmen – Summe Ausgaben

+ Zahlungsmittelbestand der Vorperiode

= Zahlungsmittelendbestand der Planperiode

Abb. 69: Gliederungsschema einer Finanzplanung in Anlehnung an die Finanzbuchhaltung

Aktive Bestandskonten:

Klasse 0   Sachanlagen und immaterielle Werte
Klasse 1   Finanzanlagen und Geldkonten
Klasse 2   Vorratsvermögen, Erzeugnisse, Forderungen, aktive Rechnungsbegrenzung

Passive Bestandskonten:

Klasse 3   Eigenkapital, Wertberichtigungen, Rückstellungen
Klasse 4   Fremdkapital, passive Rechnungsabgrenzung

Erfolgskonten:

Klasse 5   Erträge
Klasse 6   Material- und Personalaufwendungen, Abschreibungen
Klasse 7   Zinsaufwendungen, Steuern, sonstige Aufwendungen

Eröffnungs- und Abschlußkonten:

Klasse 8

Konten der Kosten- und Leistungsrechnung:

Klasse 9

Dieses Gliederungsschema hat vor allem die Nachteile, daß es weder in Einzahlungen und Einnahmen bzw. Auszahlungen und Ausgaben differenziert, noch eine Aufführung der jeweiligen Anpassungsmaßnahmen als Entscheidungsgrundlage für die Geschäftsführung beinhaltet. Da die Liquidität für die kurzfristige Periode aber entscheidend vom Verlauf der tatsächlichen Einzahlungen und Auszahlungen abhängt und weniger vom Forderungs- oder Verbindlichkeitenzugang, erscheint die **Trennung von Finanzsaldo und Liquiditätssaldo** als besonders wichtig.

Folgende Gliederung ist deshalb aus Gründen der Übersichtlichkeit, Klarheit und Aussagefähigkeit vorzuziehen:

1. Einzahlungsplan   ⎫
2. Auszahlungsplan   ⎬ **Zahlungsplan**

3. Plan der Forderungsbewegungen   ⎫
4. Plan der Verbindlichkeitenbewegungen ⎬ **Kreditplan**

Finanzplanung

5. **Einnahmenplan:**

   Einzahlungen + Forderungszugänge + Verbindlichkeitenabgänge
   $E_n = E_z + F_z + V_a$

6. **Ausgabenplan:**

   Auszahlungen + Forderungsabgänge + Verbindlichkeitenzugänge
   $A_n = A_z + F_a + V_z$

7. **Finanzplan:**

   Einnahmenplan − Ausgabenplan = Finanzdifferenz
   $E_n - A_n = FD$

Nimmt ein Unternehmen Kredit auf (Verbindlichkeitenzugang), so belastet es sein Vermögen mit Zahlungsverpflichtungen. Es handelt sich um einen **vermögensreduzierenden Vorgang, also eine Ausgabe.**

Zahlt ein Unternehmen Kredit zurück (Verbindlichkeitenabgang), so entschuldet es sein Vermögen. Es handelt sich um einen **vermögenserhöhenden Vorgang, also eine Einnahme.**

Bisher wurde nur der jeweilige Betrachtungszeitraum isoliert gesehen. Unter Berücksichtigung des jeweiligen Anfangsbestandes ergibt sich dann:

Zahlungsmittelendbestand $G_2 = G_1 + \boxed{E_z} - \boxed{A_z}$
+   +   +
Forderungsendbestand $F_2 = F_1 + \boxed{F_z} - \boxed{F_a}$
−   −   −
Verbindlichkeitenendbestand $V_2 = V_1 + \boxed{V_z} - \boxed{V_a}$

$\qquad\qquad\qquad\qquad\qquad\qquad\quad = E_n = A_n$

Für die unmittelbare Liquidität als **Zahlungsdifferenz** der Periode folgt daraus die Bedingung:

$$G_1 + E_z - A_z \geqq 0$$

Die mittelbare Liquidität als **Finanzdifferenz** ergibt sich aus der Bedingung:

$$G_2 + F_2 - V_2 \geqq 0$$

$$FD = (G_1 + E_z - A_z) + (F_1 + F_z - F_a) - (V_1 + V_z - V_a)$$

Einnahmen		Vergleichs-periode	1. Woche			2. Woche usw.
			Plan-zahlen	Ist-zahlen	Plan-korrektur	
1.	**Einzahlungen**					
1.1	Begleichung von Forderungen aus Lieferungen und Leistungen					
1.2	Begleichung von Auslandsforderungen					
1.3	Barverkäufe					
1.4	Auflösung von Finanzinvestitionen					
1.5	Anlagenverkäufe					
1.6	Rückzahlungen					
1.7	Zinsen					
1.8	Beteiligungserträge					
1.9	Eigenkapitalerhöhungen					
1.10	langfristige Kreditaufnahme					
1.11	Kurzfristige Kreditaufnahme					
1.12	Vorauszahlungen von Kunden					
1.13	Sonstige					
Summe 1. Einzahlungen						
2.	**Forderungszugang**					
2.1	Inlandszielverkäufe					
2.2	Auslandszielverkäufe					
2.3	Dienstleistungen					
2.4	Lizenzen, Sonstiges					
Summe 2. Forderungszugang						
3.	**Verbindlichkeitenabgang**					
3.1	Planmäßige Kredittilgung					
3.1.1	Bank A					
3.1.2	Bank B					
3.2	Außerplanmäßige Tilgung					
3.3	Tilgung von Lieferantenkredit					
3.4	Akzepteinlösung					
3.5	Sonstiges					
Summe 3. Verbindlichkeitenabgang						
Summe Einnahmen						
4.	**Anpassungsmaßnahmen** (Auswahl)					
4.1	Bei Unterdeckung					
4.1.1	Kreditaufnahme bei Banken					
4.1.2	Kreditaufnahme bei Lieferanten					
4.1.3	An- und Zwischenzahlungen von Kunden					
4.1.4	Eigenkapitalerhöhung					
4.1.5	Kapitalfreisetzung durch Desinvestition					
4.1.6	Verschiebung von Ausgaben					
4.1.7	Sonstiges					
4.2	Bei Überdeckung					
4.2.1	Kreditrückzahlung					
4.2.2	Eigenkapitalverminderung					
4.2.3	Terminanlagen					
5.	**Zahlungsmittelbestand nach Anpassungsmaßnahmen**					

Abb. 70: Gliederungsschema für einen kurzfristigen Finanzplan

Finanzplanung

Ausgaben		1. Woche			2. Woche usw.
	Vergleichs-periode	Plan-zahlen	Ist-zahlen	Plan-korrektur	
1. Auszahlungen					
1.1 Rohstoffe					
1.2 Betriebsstoffe					
1.3 Hilfsstoffe					
1.4 Fertigerzeugnisse					
1.5 Löhne					
1.6 Gehälter					
1.7 gesetzliche und freiwillige soziale Leistungen					
1.8 Fuhrpark					
1.9 Frachten					
1.10 Steuern und Abgaben					
1.11 Rechtsanwalt, Gericht, Steuerberatung					
1.12 Versicherungen					
1.13 Werbung					
1.14 Garantieleistungen					
1.15 Verkaufsbüro					
1.16 Kreditzinsen					
1.17 Sachinvestitionen					
1.18 Finanzinvestitionen					
1.19 Voraus- und Restzahlungen					
1.20 Kredittilgung bei Banken					
1.21 Akzepteinlösung					
1.22 Tilgung von Lieferantenkredit					
1.23 Eigenkapitalverminderung					
1.24 Sonstiges					
Summe 1. Auszahlungen					
2. Forderungsabgang					
2.1 Begleichung von Forderungen aus Lieferungen und Leistungen					
2.2 Begleichung von Auslandsforderungen					
2.3 Begleichung von Dienstleistungen					
2.4 Forderungsausfälle					
Summe 2. Forderungszugang					
3. Verbindlichkeitenzugang					
3.1 Kauf von Produktionsfaktoren mit Lieferantenkredit					
3.2 Kreditaufnahme bei Banken					
3.2.1 Langfristige Kredite					
3.2.2 Kurzfristige Kredite					
3.3 Wechselverbindlichkeiten					
3.4 Gesellschafterdarlehen					
3.5 Sonstiges					
Summe 3. Verbindlichkeitenzugang					
Summe Ausgaben					
Saldo Forderungsbewegungen kumuliert					
Saldo Verbindlichkeitenbewegungen kumuliert					
Saldo Zahlungsdifferenz kumuliert					
Saldo Finanzdifferenz kumuliert					

Abb. 70: Gliederungsschema für einen kurzfristigen Finanzplan

3.3.3 Finanzwirtschaftliche und güterwirtschaftliche Anpassungsmaßnahmen

Anpassungsmaßnahmen bei Zahlungsdifferenz oder Finanzdifferenz ergeben sich, wenn das Unternehmen mit einem finanziellen Engpaß rechnen muß oder finanzielle Überschüsse zu erwarten sind.

Zielvorstellung der kurzfristigen Anpassungsmaßnahmen ist es, bei Überdeckung vorübergehende Verwendungsmöglichkeiten aufzuzeigen und bei Unterdeckung Steuerungsalternativen bei den Zahlungsströmen oder kurzfristige Liquiditäts- oder Finanzreserven zu benennen. Während die Beeinflussung der Zahlungsströme durch eine Verzögerung oder Verminderung der Auszahlungen oder eine Beschleunigung oder Erhöhung der Einzahlungen erfolgen kann, sind die gesamten **finanziellen Reserven** des Unternehmens in ihrer Höhe determiniert durch:

- die verfügbaren liquiden Mittel (Kassenhaltung) } Liquiditätsreserven
- die Liquidierbarkeit von Vermögensgegenständen
- die Beschaffbarkeit von Eigen- oder Fremdkapital → Finanzreserve

Grundsätzlich können bei der Wahl der Anpassungsmaßnahmen 2 Handlungsalternativen unterschieden werden:

Aktionsparameter: Das Unternehmen kann in mehr oder weniger begrenztem Rahmen den Handlungsspielraum selbst bestimmen, was z. B. bei Kreditveränderungen, Bezahlung von Rechnungen, Investitionen, Entnahmen von Gesellschaftern, Kapitalfreisetzung oder Terminanlagen der Fall ist.

Erwartungsparameter: Das Unternehmen hat keinen Einfluß oder höchstens indirekten Einfluß auf die Zahlungsströme, was z. B. bei Beschäftigungsauslastung und Auftragseingang, Transformation der Forderungen in Einzahlungen (Zahlungsmoral), Kapitaldienst oder Kreditaufnahme durch Abnehmer zu erwarten ist.

Die Anpassungsmaßnahmen können finanzwirtschaftlichen oder güterwirtschaftlichen Ursprungs sein:

1. Finanzwirtschaftliche Anpassungsmaßnahmen

bei Unterdeckung	bei Überdeckung
1. Kreditprolongation	1. Kredittilgung
2. Kreditsubstitution	2. Eigenkapitalverminderung
3. Eigenkapitalerhöhung	3. Termineinlagen

Finanzplanung

bei Unterdeckung
4. Kreditneuaufnahme (insbesondere Überbrückungskredit)
5. Desinvestition von Finanzanlagen
6. Leasing } zum Zweck der
7. Factoring } Kapitalfreisetzung
8. Verzögerung von Auszahlungen für Investitionsmaßnahmen

bei Überdeckung
4. Erwerb von Finanzanlagen
5. Gewährung von Krediten
6. Beschleunigung von Auszahlungen für Investitionen zur Rentabilitätssteigerung

Unter **Kreditsubstitution** versteht man die Umfinanzierung oder Umstrukturierung des Kapitalfonds in zeitlicher und/oder rechtlicher Hinsicht ohne Erhöhung des Kapitalfonds.

- zeitlich: z. B. kurzfristig in langfristig (Umschuldung i. e. S.)
- rechtlich materiell: z. B. Eigenkapital in Fremdkapital, Lieferantenkredit in Bankkredit
- rechtlich formell: z. B. eingefrorene Kontokorrentkredite in längerfristige Kredite, Zwischenkredite in langfristige Kredite.

Der **Kapitalfonds** ist die Summe aus bilanziertem Kapital zum Stichtag, also der tatsächlichen Inanspruchnahme, und dem bereits zugesagten, aber noch nicht valutierten Kapital. Dies kann sich sowohl auf Eigen- wie auch auf Fremdkapital beziehen, so daß darunter sowohl offene Kontokorrentlinien, zugesagte Saisonkredite, ausstehende Einlagen von Gesellschaftern als auch genehmigte Kapitalerhöhungen bei der Aktiengesellschaft fallen können.

2. Güterwirtschaftliche Anpassungsmaßnahmen

bei Unterdeckung
1. Verzögerung von umsatzbedingten Auszahlungen
2. Verzicht auf umsatzorientierte Auszahlungen
3. Rationalisierungsmaßnahmen ohne kurzfristige Erhöhung des Kapitalbedarfs, die sofort zu Kapitalfreisetzung führen (z. B. Personaleinsparung)

bei Überdeckung
1. Beschleunigung von Auszahlungen mit dem Ziel der Skontoinanspruchnahme
2. Einkauf von günstigen Partien (Erhöhung des Lagerbestandes)
3. Einräumung von günstigeren Zahlungszielen an Kunden mit dem Ziel der Umsatzsteigerung

bei Unterdeckung

4. Verkürzung der Kapitalbindungsfrist (z. B. Reduzierung des Lagerbestandes, Verkürzung des Zahlungsziels)
5. Desinvestition von Sachanlagen (insbesondere zur Realisierung von stillen Reserven)
6. Umsatzausweitung

bei Überdeckung

4. Durchführung von geplanten Ersatzinvestitionen
5. Durchführung von geplanten Rationalisierungsmaßnahmen mit kurzfristiger Erhöhung des Kapitalbedarfs

Ein (vorübergehender) Verzicht auf Investitionen bedeutet häufig längerfristig gesehen ein Sinken der Wettbewerbsfähigkeit und Umsatzrückgang bzw. verlangsamtes Unternehmenswachstum.

Ein Investitionsverzicht sollte deshalb nur als kurzfristige Anpassungsmaßnahme gesehen werden, die anschließend nach Beseitigung des Engpasses nachgeholt wird. Grundsätzlich sollte diese Maßnahme erst bei gravierenden Liquiditätsengpässen ergriffen werden, bei denen das Wachstumsstreben hinter die Unternehmenserhaltung tritt.

Die Anpassungsmaßnahmen sind sehr unterschiedlich in ihrer Wirksamkeit sowohl im Hinblick auf Schnelligkeit als auch auf Effizienz. Je nach Dauer und **Ausmaß des finanziellen Engpasses** sind sie auszuwählen. Ungleichgewichten in der Finanzdifferenz kann ausholender und mit langsamer wirkenden Anpassungsmaßnahmen begegnet werden als denen in der Zahlungsdifferenz. Hier zeigt sich der Vorteil einer gestaffelten Planung, bei der sich der kurzfristige Plan aus dem mittel- und längerfristigen Plan ergibt. Je eher Ungleichgewichte in den vorgelagerten Planungen bereits erkannt werden, desto weniger problematisch fallen die kurzfristigen Anpassungsmaßnahmen im Hinblick auf ihre Durchführung aus.

3.3.4 Finanzkontrolle

Die Steuerungsfunktion der Planung kann nur durch eine regelmäßige Kontrolle erfüllt werden. Aufgabe der Finanzkontrolle ist es, durch **Vergleichen des eingetretenen Ist-Zustandes mit dem geplanten, erwarteten Soll-Zustand** Abweichungen aufzuzeigen, zu analysieren und die Planrevision vorzubereiten. Daraus ergeben sich folgende Tätigkeitsfelder:

- Feststellung der Abweichungen
- Berichterstattung
- Klärung der Ursache
- Überarbeitung der Planung und
- Ergänzung der Planung auf den neuen Planungshorizont.

Die Feststellung der Abweichungen sollte in möglichst kurzen Zeitabständen durchgeführt werden, um frühzeitig angemessene Anpassungsmaßnahmen einleiten zu können. Als **Ursachen für Abweichungen** können vorliegen:

- Fehleinschätzungen
- Preisveränderungen
- Mengenveränderungen insbesondere durch Veränderung des Auftragseingangs und/oder durch Verbrauchsveränderungen
- Zeitverschiebungen, die bei der Finanzplanung als geldwirtschaftlicher Terminplanung eine wesentliche Rolle spielen. Auch bei genauer Übereinstimmung von geplanten Ausgaben und eingetretenen Ausgaben in der Summe kann es dennoch zu größeren Ungleichgewichten kommen, wenn die Zahlungstermine nicht stimmen.

Die Abweichungsursachen können auf der Planungsebene, der Entscheidungsebene und auf der Ausführungsebene entstanden sein. So entstehen **Planungsfehler** vor allem aufgrund von nicht ausreichender Informationsbeschaffung und Informationsbewertung sowie durch falsche Prognostizierung der Zukunftsentwicklung. **Entscheidungsfehler** sind oft auf unrealistische Zielvorstellungen und unzureichende Sachkenntnis der Entscheidungsträger zurückzuführen. **Ausführungsfehler** können vorrangig in einer nicht zielkonformen Unternehmensausstattung und Einsatzfähigkeit begründet sein.

Über die Feststellung der Abweichungen und die Aufdeckung der Ursachen ist Bericht zu erstatten.

Nach der Klärung der Ursachen ist festzustellen, wer für die Abweichungen verantwortlich ist. Besonders im Budgetwesen kommt der Analyse der Abweichungen in den einzelnen Verantwortungsbereichen eine besondere Bedeutung zu. So müssen die Ursachen nicht nur in der Effizienz der Abteilung selbst liegen, sondern können auch aus der Organisationsstruktur oder in außerbetrieblichen Faktoren begründet sein. Leistungsanreize und Mitspracherecht bei der Planrevision können die Motivation fördern.

Der Soll-Ist-Vergleich als **Ergebniskontrolle** kann zur Verbesserung der Qualität der Finanzplanung durch eine Planfortschrittskontrolle und eine Prämissenkontrolle ergänzt werden.

Eine **Planfortschrittskontrolle** soll die schrittweise Planverwirklichung überwachen und besonders bei längeren Planungsabschnitten eine frühzeitige Erkennung von Abweichungen ermöglichen. Die **Prämissenkontrolle** überprüft, ob die ursprünglichen Annahmen bei der Planerstellung noch mit der Wirklichkeit übereinstimmen.

Der Abweichungsanalyse sollte sich unmittelbar eine **Plankorrektur** anschließen, die sich je nach Intensität der Abweichung ggf. auf alle Planbereiche erstrecken muß. Unter Umständen wird auch eine Änderung des Planungssystems oder der Prognosemethoden erforderlich, wenn regelmäßige Diskrepanzen auftreten.

Die Bedeutung einer rechtzeitigen Finanzkontrolle wächst mit der Verengung des finanziellen Spielraums. Sind die Finanzreserven weitgehend ausgeschöpft, sind Veränderungen der Zahlungsströme risikoreicher als bei finanzieller Entspannung. In jedem Fall ermöglicht eine gute Finanzkontrolle eine Reduzierung der Liquiditätsreserven und steigert somit die Rentabilität des Kapitaleinsatzes.

Um im Sinne einer rollierenden Planung immer einen konstanten Planungshorizont zu haben, folgt nach Ablauf einer Teilperiode im Rahmen der Finanzkontrolle als letzter Bestandteil oder als selbständiger Planungsabschnitt die **Planfortschreibung** um eine entsprechende Teilperiode.

3.3.5 Prognoseverfahren

Bei der Erstellung der kurzfristigen Finanzplanung stehen verschiedene Prognoseverfahren zur Verfügung:
- heuristische Verfahren
- extrapolierende Verfahren
- kausale Verfahren.

Bei den **heuristischen Verfahren** handelt es sich um pragmatische Prognoseansätze, die sich aus dem »Erfahrungsschatz« des Unternehmens ergeben. Ihre Verwendung bietet sich vor allem in der längerfristigen Finanzplanung an, bei der aus vielfältigen Rahmendaten und unternehmerischen Zielvorstellungen eine Planungsgrundlage geschaffen werden soll, die nur in begrenztem Umfang aus Vergangenheitswerten entwickelt werden kann.

Häufige Verwendung finden in der kurzfristigen Finanzplanung zur Liquiditätsprognose die **extrapolierenden Verfahren,** insbesondere das Mittelwertverfahren. Beim **gewogenen Mittelwertverfahren** werden mehrere Vergangenheitswerte einer Prognosegröße zusammengefaßt und durch die Gewichtung der Werte dividiert. Die Gewichtung erfolgt nach Zeitnähe, indem die früheren Perioden ein geringeres prozentuales Gewicht erhalten.

$$P = \frac{A_1 \cdot B_1 + A_2 \cdot B_2 + A_3 \cdot B_3 + \ldots A_n \cdot B_n}{B_1 + B_2 + B_3 + \ldots B_n} \cdot 100$$

P = Prognosewert für die nächste Teilperiode
A_1 bis A_n = Wert der zu prognostizierenden Größe in den Perioden 1 bis n
B_1 bis B_n = Gewichtung der Vergangenheitswerte

Beispiel:

Gewogenes Mittelwertverfahren

Eine Auszahlung verlief in den vergangenen 5 Teilperioden bei steigender Gewichtung wie folgt:

A_1 = 9 800   10%
A_2 = 10 400   14%
A_3 = 10 900   18%
A_4 = 10 500   22%
A_5 = 10 600   26%

$$P = \frac{9\,800 \cdot 10\% + 10\,400 \cdot 14\% + 10\,900 \cdot 18\% + 10\,500 \cdot 22\% + 10\,600 \cdot 26\%}{10\% + 14\% + 18\% + 22\% + 26\%}$$

= 10 516

Für die nächste Periode ist die Größe A mit 10 516 zu prognostizieren.

Beim Mittelwertverfahren wird wie bei allen extrapolierenden Verfahren aus der Beobachtung von Vergangenheitswerten auf eine **Zeitreihe** geschlossen. Die zu planenden Größen sind also ausschließlich zeitlich determiniert, worin sich auch bereits die wesentliche Schwachstelle dieser Verfahren zeigt. Andererseits erlaubt die Extrapolation die Bestimmung von wahrscheinlichen Abweichungen und damit eine Quantifizierung der erforderlichen Finanzreserve. Zur verbesserten Zeitreihenanalyse können die mathematischen Methoden der exponentiellen Glättung erster oder mehrerer Ordnung verwendet werden.

Bei der **exponentiellen Glättung erster Ordnung** spielt der Glättungsfaktor α eine wichtige Rolle, da mit seinem Anstieg von Null auf 1 die Vergangenheitswerte zunehmend weniger berücksichtigt werden und somit

Zufallsschwankungen aus jüngster Vergangenheit fast ungeglättet bleiben. Die Treffsicherheit der Prognose verbessert sich mit der Länge der Zeitreihe. Als Basisformel für die exponentielle Glättung gilt:

$P_{t+1} = (1 - \alpha) \cdot p_t + (\alpha \cdot I_t)$

p_{t+1} = Vorhersagewert
p_t = alter Vorhersagewert für Periode t, ermittelt in t−1
I_t = Istwert der Periode t
α = Glättungsfaktor

Beispiel:
Exponentielle Glättung 1. Ordnung
Bei einem alten Vorhersagewert von 10 000 EUR, der in der Periode t−1 ermittelt wurde, hat die Finanzkontrolle einen Istwert von 10 700 EUR festgestellt. Bei einem betrieblichen Glättungsfaktor von 0,25 ergibt sich dann als neuer Vorhersagewert für die Periode t+1:

$P_{t+1} = (1 - 0{,}25) \cdot 10\,000 + (0{,}25 \cdot 10\,700) = 10\,175$ EUR

Stellt die Finanzkontrolle in der Periode t+1 einen Istwert von 10 300 EUR fest, lautet der Prognosewert für t+2:

$P_{t+2} = (1 - \alpha) \cdot P_{t+1} + (\alpha \cdot I_{t+1})$
$P_{t+2} = (1 - 0{,}25) \cdot 10\,175 + (0{,}25 \cdot 10\,300) = 10\,206{,}25$ EUR

Dies setzt sich dann in t_3 bis t_n fort, wobei sich zeigt, daß in einem Jahr auftretende stärkere Abweichungen durch den Glättungsfaktor als Ausnahmeerscheinung nicht so stark den nächsten Prognosewert beeinflussen.

Bei diesem Verfahren der exponentiellen Glättung erster Ordnung folgen jedoch sehr bald die Prognosewerte nicht mehr einwandfrei dem Trend der Zeitreihe. Dieser zunehmenden Abweichung kann zur **Anpassung an den linearen Trend** durch Einbeziehung der Steigung der Trendgeraden in die Formel begegnet werden, wobei diese Steigung selbst auch als zeitabhängig gesehen werden kann:

$$p_{T+1} = p_{t+1} + \frac{1}{\alpha} \cdot b_t$$

P_{T+1} = Prognosewert mit Trend
P_{t+1} = Prognosewert ohne Trend
a = Glättungsfaktor
b_t = Steigung der Trendgeraden in der Periode t

Finanzplanung 441

Darüber hinaus sind weitere Verbesserungen durch die Verfahren der exponentiellen Glättung höherer Ordnung möglich, die sich auf bestimmte Trendverläufe beziehen. Die Anwendung dieser Methoden steht in der betrieblichen Praxis jedoch noch am Anfang.

Die dritte Gruppe der Prognoseverfahren bilden die **kausalen Methoden,** wovon hier im Rahmen der kurzfristigen Finanzplanung nur auf die lineare Regressionsanalyse und die stochastische Prognose der Verweilzeitverteilung eingegangen werden soll.

Bei der **linearen Regressionsanalyse** wird eine eindeutige Ursache-Wirkung-Beziehung zwischen zwei Größen angenommen, wobei die eine die erklärte und die andere die erklärende Größe in Abhängigkeit von der Zeit ist.

$y = a + bx$

y = Prognosewert

a = Istwert = $\dfrac{1}{n}$ ($I_{t1} + I_{t2} + I_{t3} + ... + I_{tn}$)

b = Regressionskoeffizient

$b = \dfrac{12}{n(n^2 - 1)} \left[I_{t1}\left(1 - \dfrac{n+1}{2}\right) + I_{t2}\left(2 - \dfrac{n+1}{2}\right) + I_{t3}\left(3 - \dfrac{n+1}{2}\right) + ... + I_{t1}\left(n - \dfrac{n+1}{2}\right) \right]$

x = Anstieg der Regressiosnkurve = $ty - \dfrac{n+1}{2}$

Beispiel:
Lineare Regression
In einem Unternehmen ergab die Finanzkontrolle für die letzten drei Perioden für eine Bestimmte Auszahlung
EUR 10 800 in Periode t1 (ältester Wert)
EUR 10 200 in Periode t2
EUR 10 500 in Periode t3
Der Prognosewert für die Periode t4 muß dann wie folgt lauten:

$y_{t4} = \dfrac{1}{3}(I_{t1} + I_{t2} + I_{t3}) + \left\{ \dfrac{12}{3(3^2 - 1)} \left[I_{t1}\left(1 - \dfrac{4}{2}\right) + I_{t2}\left(2 - \dfrac{4}{2}\right) + I_{t3}\left(3 - \dfrac{4}{2}\right) \right] \right\} \cdot \left(4 - \dfrac{4}{2}\right)$

$y_{t4} = \dfrac{1}{3}(10\,800 + 10\,200 + 1\beta\,500) + \left\{ \dfrac{1}{2} \left[-10\,800 + 10\,500 \right] \right\} \cdot 2$

$y_{t4} = 10\,500 - 300 = 10\,200.$

Beim Mittelwertverfahren ohne Gewichtung hätte man in diesem Fall als Prognosewert 10 500 EUR angesetzt und damit den Trend außer acht gelassen.
In den nächsten drei Perioden stellt das Unternehmen eine gewisse Bestätigung des Trends mit folgenden Werten fest:
EUR 10 400 in Periode t4
EUR 10 500 in Periode t5
EUR 10 100 in Periode t6.
Daraus ergibt sich ein trendmäßiger Prognosewert von EUR 10 146,68:
Y_{t7} = 10 416,67 + (−77,14 · 3,5) = 10 146,68 EUR
a = 10 416,67
b = −77,14
x = 3,5

Ein gewisses Problem für die kurzfristige Finanzplanung besteht bei Anwendung dieses Verfahrens darin, daß die Prognosewerte dem Trend folgend zu einer Liquiditätsunterdeckung führen können. Nachteilig wirkt sich auch aus, daß sich y bei der einfachen Regressionsanalyse nur aus einer Größe (x) erklärt. Wird die Ursache für die zu erklärende Größe in mehreren Faktoren gesehen, ist die multiple Regression anzuwenden.

Ein besonderes Problem bei der Erstellung eines kurzfristigen Finanzplans ist die Ermittlung der **Kapitalbindungsfrist bei Forderungen und Verbindlichkeiten.**

Die **Verweilzeitverteilung** gibt an, wie lange ein Element A braucht, um sich in ein Element B zu verwandeln. Durch Bildung von Inkassoklassen kann so die Transformationsdauer für Forderungszugänge und Verbindlichkeitenzugänge ermittelt werden. Je mehr Forderungen und Verbindlichkeiten zugrunde gelegt werden können, desto zutreffender ist das Ergebnis.

Wird z. B. von einer Zahlungsfrist gemäß Zahlungsbedingungen von 30 Tagen netto Kasse ausgegangen, so läßt sich das Eintreffen der Einzahlungen zwar nicht ganz genau vorhersehen, doch läßt sich aus den Zahlungsgewohnheiten der Vergangenheit durch Bildung von **Inkassoklassen** ein Multiplikator errechnen, den man für die Zukunft als Erfahrungswert verwenden kann.

Dieser **Multiplikator** soll aussagen, wieviel Prozent des Forderungszugangs einer Periode in einer bestimmten Woche nach Forderungsentstehung als Einzahlungen zu erwarten sind.

Finanzplanung

Beispiel:

Verweilzeitverteilung

Inkasso- klasse	Multiplikator (EZ in % des Fz)	Perioden nach Forderungsentstehung
1	18%	1 Woche (t + 1)
2	29%	2 Wochen (t + 2)
3	20%	3 Wochen (t + 3)
4	14%	4 Wochen (t + 4)
5	10%	5 Wochen (t + 5)
6	9%	6 Wochen (t + 6)
7	0%	mehr als 6 Wochen

$$\begin{bmatrix} \frac{t-5}{\Sigma} Fz \\ \frac{t-4}{\Sigma} Fz \\ \frac{t-3}{\Sigma} Fz \\ \frac{t-2}{\Sigma} Fz \\ \frac{t-1}{\Sigma} Fz \\ \frac{t}{\Sigma} Fz \\ t+5 \end{bmatrix} \begin{bmatrix} 0{,}18 \\ 0{,}29 \\ 0{,}20 \\ 0{,}14 \\ 0{,}10 \\ 0{,}09 \end{bmatrix} = \begin{matrix} Ez_{t+1} \\ Ez_{t+2} \\ Ez_{t+3} \\ Ez_{t+4} \\ Ez_{t+5} \\ Ez_{t+6} \end{matrix}$$

E_z = Einzahlungen
A_z = Auszahlungen
F_z = Forderungszugang
F_A = Forderungsabgang
V_z = Verbindlichkeitenzugang
V_A = Verbindlichkeitenabgang

So betragen die Einzahlungen z.B. in der Periode t + 3:

$Ez_{t+3} = (0{,}18\ Fz_{t+2}) + (0{,}29\ Fz_{t+1}) + (0{,}20\ Fz_t) +$
$(0{,}14\ Fz_{t-1}) + (0{,}10\ Fz_{t-2}) + 0{,}09\ Fz_{t-3})$

Im Hinblick auf die Verbindlichkeiten aus Lieferungen und Leistungen unterteilt das Unternehmen seine Kreditoren in 3 Gruppen:

Kreditoren 1: 10% des Vz werden ohne Skonto nach 10 bzw. 14 Tagen bezahlt
Kreditoren 2: 30% des Vz werden mit 3% Skonto nach 10 Tagen bezahlt
Kreditoren 3: 60% des Vz werden mit 2% Skonto nach 14 Tagen bezahlt

Daraus ergibt sich, daß die Vz in der 2. Woche nach Verbindlichkeitenentstehung zu Auszahlungen mit einem durchschnittlichen Skontoabzug von 2,1% führen:

3% Skonto von 30% Vz = 0,9%
2% Skonto von 60% Vz = 1,2%
0% Skonto von 10% Vz = $\underline{0,0\%}$
$\underline{\underline{2,1\%}}$

I. d. R. werden die Verbindlichkeitenzugänge der Kreditorenklasse 1 ohne Skontoabzugsmöglichkeit erst netto Kasse so spät wie möglich bezahlt. Insofern ist hier ggf. eine weitere Unterteilung in Kreditoren mit einer Laufzeit von 10, 20, 30 u. U. mehr Tagen zur genaueren Erstellung des Finanzplans sinnvoll.

3.4 Kapitalbedarfsrechnung

Eine Kapitalbedarfsrechnung wird bei Unternehmensgründungen, bei größeren Unternehmenserweiterungen oder dem Aufbau von Niederlassungen erforderlich, also immer dann, wenn mangels Vergangenheitswerten keine üblichen Prognoseverfahren anwendbar sind, sondern auf Durchschnittswerte zurückgegriffen werden muß. Die Kapitalbedarfsrechnung ist lediglich eine **Vorstufe zur Finanzplanung,** da die Zahlungszeitpunkte sowie die fristgerechte Kapitaldeckung außer Betracht bleiben.

Im Regelfall bezieht sich der längerfristige Kapitalbedarf auf das Anlagevermögen, der kurz- bis mittelfristige Kapitalbedarf dagegen auf das Umlaufvermögen. Die **Ermittlung des Kapitalbedarfs im Anlagevermögen** ergibt sich aus der Investitionsplanung. Er entspricht der Summe der Auszahlungen für die erforderlichen Anlagegüter zuzüglich der Nebenkosten, die vor allem für Transport, Einbau und Planung entstehen.

Der **Kapitalbedarf im Umlaufvermögen** ist abhängig von den Auszahlungen für einen Produktionstag bzw. vom Tagesumsatz und der durchschnittlichen Kapitalbindungsfrist. Die Kapitalbindungsfrist schwankt jedoch stark und ist vor allem vom Produktionsrhythmus, der Absatzdauer und den Zahlungsgewohnheiten der Kunden abhängig.

Auszahlungen je Produktionstag (bzw. Tagesumsatz)	×	durchschnittliche Kapital-bindungsfrist	=	Kapitalbedarf im Umlaufvermögen

Bestimmungsfaktoren des Kapitalbedarfs im Umlaufvermögen sind:
1. Produktions- und Absatzmenge je Zeiteinheit
2. Laufende Auszahlungen für Produktionsfaktoren zur Erstellung der Betriebsleistung
3. Dauer des Umsatzprozesses als Zeitraum von der Beschaffung der Produktionsfaktoren bis zum Geldeingang aus dem Verkauf der Produkte.

Beispiel:
Kapitalbedarfsrechnung

Prämissen:
- Gleiche Beschäftigung in der Periode
- Keine Absatzstockung
- Regelmäßiger Geldeingang

Umsatzdauer:

Lagerdauer des Wareneingangs	40 Tage	
Lieferantenziel	30 Tage	10 Tage
Produktionsdauer		1 Tag
Lagerdauer der Produkte		7 Tage
Transportdauer		1 Tag
Debitorenumschlagsdauer		16 Tage
		35 Tage

Der erwartete Jahresumsatz beträgt 3 300 000 EUR, so daß sich bei 220 Arbeitstagen im Jahr ein Tagesumsatz von 15 000 EUR ergibt, der sich absolut und prozentual wie folgt aufteilt:

⌀ Materialkosten	46,667%	=	7 000 EUR
⌀ sonstige Selbstkosten ohne Gemeinkosten	38,333%	=	5 750 EUR
⌀ Gemeinkosten	10%	=	1 500 EUR
⌀ Gewinn	5%	=	750 EUR
Erlöse	100%	=	15 000 EUR

Wird der Tagesumsatz mit der addierten Kapitalbindungsfrist von 35 Tagen multipliziert, ergibt sich ein höherer Kapitalbedarf im Umlaufvermögen (KB_{UV}) als bei differenzierter Berücksichtigung der Kapitalbindungsfrist.

KB_{UV} = 15 000 EUR · 35 Tage = 525 000 EUR

Wareneingang (Material)	46,667 EUR · 35 Tage =	1 633,35 EUR
Gemeinkosten	10,000 EUR · 65 Tage =	650,00 EUR
sonstige Selbstkosten	38,33 EUR · 25 Tage =	958,33 EUR
Gewinn	5,000 EUR · 16 Tage =	80,00 EUR
Umlaufkapitalbedarf je 100 EUR Tagesumsatz	=	3 321,68 EUR

$$KB_{UV} = \frac{\text{Umsatz je Arbeitstag} \cdot \text{Bedarfsfaktor}}{100}$$

$$KB_{UV} = \frac{15\,000 \text{ EUR} \cdot 3\,321,68}{100} = \underline{498\,251,25 \text{ EUR}}$$

Bedarfsfaktor = Umlaufkapitalbedarf je 100 EUR Tagesumsatz

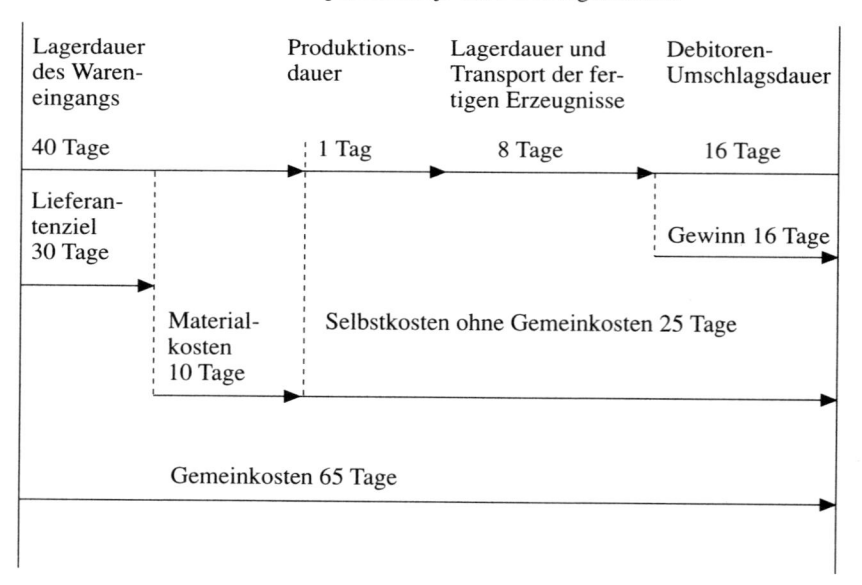

Lagerdauer des Wareneingangs	Produktionsdauer	Lagerdauer und Transport der fertigen Erzeugnisse	Debitoren-Umschlagsdauer
40 Tage	1 Tag	8 Tage	16 Tage
Lieferantenziel 30 Tage			Gewinn 16 Tage
	Materialkosten 10 Tage	Selbstkosten ohne Gemeinkosten 25 Tage	
Gemeinkosten 65 Tage			

Die Genauigkeit der Kapitalbedarfsrechnung im Umlaufvermögen läßt sich durch eine differenzierte Aufteilung der Selbstkosten, Materialkosten und Gemeinkosten mit entsprechender Bindungsdauer noch weiter erhöhen.

Um der besonderen Ungewißheit im Gründungsstadium oder vor einer Erweiterung Rechnung zu tragen, kann der **Kapitalbedarf bei Umsatzabweichungen** ermittelt werden. Der Kapitalmehr- oder -minderbedarf bei einer 10%igen Umsatzänderung beträgt dann:

Finanzplanung 447

$$KB_{+/-} = \frac{\text{Umsatzänderung je Tag} \cdot \text{Bedarfsfaktor}}{100}$$

$$KB_{+/-} = \frac{1\,500\text{ EUR} \cdot 3\,321{,}68}{100} = \underline{49\,825{,}13\text{ EUR}}$$

Die **Anlaufkosten** für die Inbetriebnahme oder die Erweiterung der Kapazität können in der Regel allmählich wieder abgebaut werden, doch stellen sie zunächst einen sehr wesentlichen Teil des Gesamtkapitalbedarfs dar, der nicht zu unterschätzen ist. Bei Unternehmensgründungen sind zusätzlich noch die Gründungskosten zu berücksichtigen.

Kapitalbedarf im Umlaufvermögen für die laufende Umsatztätigkeit
+ Kapitalbedarf im Anlagevermögen für Sachinvestitionen
+ Kapitalbedarf für die Inbetriebnahme/Produktionsanlauf
+ Kapitalbedarf für Gründung

= **Gesamtkapitalbedarf**

Eine wesentliche Aufgabe der Finanzwirtschaft ist darin zu sehen, die gegebene Betriebsleistung mit dem niedrigsten Kapitalbedarf zu den niedrigsten Kapitalkosten zu finanzieren. Eine detailliertere als die bisher dargestellte Methode zur Ermittlung des erforderlichen Kapitalbedarfs ist die Netzplantechnik. Hier werden die einzelnen Aktivitäten bis zur Ablieferung eines Produktes so geordnet und nachfolgend aneinandergereiht, daß die geringsten Kosten bzw. die niedrigsten Kapitalbedarfe entstehen und am wenigsten Zeit verlorengeht.

Aufgaben der Netzplantechnik:
- Darstellung von Ablauf und Abhängigkeiten der Teilvorgänge eines Projekts
- Überblick über das Gesamtprojekt
- Ermittlung des »kritischen Pfades«, als Summe der Tätigkeiten mit dem längsten, aber nicht parallelisierbaren Zeitbedarf
- Vorhersage des Ablieferungstermins bzw. von Zwischenterminen
- Ausschaltung von Störungen durch rechtzeitige Feststellung von Überschreitungen bei einzelnen Projektschritten.

Als **Anwendungsbereiche** können beispielsweise genannt werden:
Entwicklung: Nachrichtensysteme, Prototypen
Fertigung: Serienfertigung, Bau von Hotels, Fabriken

Dienstleistung: Wartung von Flugzeugen, Schiffen
Verwaltung: Schiffsabfertigung in Seehäfen, EDV-Einführung
Vertrieb: Aufbau einer Marketingplanung, Einführung neuer Produkte
Finanzen: Kapitalbedarfsrechnung

Beim Netzplan treten folgende Elemente auf:
- Ein **Ereignis** bezeichnet den Abschluß einer Tätigkeit und den Beginn einer neuen Tätigkeit.
- Eine **Tätigkeit (Aktivität)** bezeichnet eine Teilarbeit, die Zeit (und Kapitalbedarf) verursacht. An ihrem Ende tritt dann ein Ereignis ein.
- Eine **Scheinaktivität** bezeichnet eine zeitfreie Tätigkeit. Sie dient der Klarstellung der notwendigen Rangfolge der Ereignisse, die das Ergebnis mehrerer vorgelagerter Tätigkeiten sind.

Beispiel:
Scheinaktivität
Es passiert zwischen 2 und 3 nichts, ohne 3 kann jedoch in 2 nicht weitergearbeitet werden.

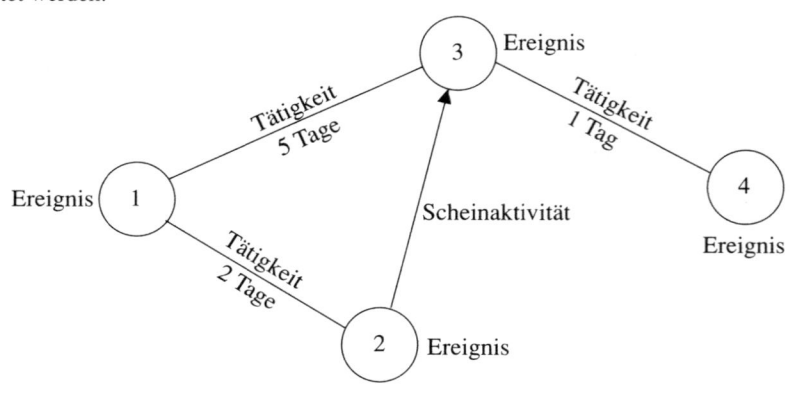

Die Schätzung der **Tätigkeitsdauer** bzw. des Kapitalbedarfs erfolgt nach der Pert-Formel:

$$T = \frac{A + 4M + B}{6}$$

A = optimistische Zeitdauer bei günstigen Arbeitsbedingungen
B = pessimistische Zeitdauer bei ungünstigen Arbeitsbedingungen
M = wahrscheinliche Zeitdauer bei normalen Arbeitsbedingungen.

Finanzplanung 449

Der **kritische Weg** ergibt sich dann als Summe aller Tätigkeiten, die notwendigerweise nacheinandergeschaltet sein müssen. Sogenannte **Pufferzeiten** können auf dem kritischen Weg nicht entstehen, sondern nur dort, wo parallele Tätigkeiten weniger Zeit bis zum Einsatz im nächsten Ereignis brauchen.

Nach der Aufstellung des Netzplans sind die erforderlichen **Kapitalbedarfe für jede Aktivität** zu ermitteln. Dabei ist die Frage zu beantworten, ob durch eine **Erhöhung des Kapitaleinsatzes (Beschleunigungskosten)** bei bestimmten Aktivitäten eine Verkürzung der Zeitspanne und damit eine mögliche Reduzierung des Gesamtkapitalbedarfs erreichbar ist. Eine Beschleunigung ist nur vorteilhaft, wenn sich dadurch eine Reduzierung des Gesamtkapitalbedarfs durch die Verkürzung der Kapitalbindungsfrist erreichen läßt.

In dem Beispiel eines Netzplans für die Einführung eines neuen Produktes (Abb. 71) sollen zunächst die relevanten Tätigkeiten von der Entscheidung über die Produkteinführung bis zum Produktionsbeginn zusammengestellt werden. Dabei können sehr viele Tätigkeiten parallel zueinander durchgeführt werden. Für den kritischen Weg der notwendigerweise nacheinander erfolgenden längsten Tätigkeiten ergibt sich eine erforderliche Zeitdauer bis zum Produktionsbeginn von 184 Tagen (Doppelstrichlinie). Sind dagegen bei einer Produkteinführung keine Umbaumaßnahmen notwendig, verläuft der kritische Weg entlang der Ereignisse 5, 8, 13, 21, 22, 23 und 26 mit 99 Tagen.

Wird die ermittelte Zeitdauer als zu lang erachtet, kann durch Beschleunigung einzelner Tätigkeiten auf dem kritischen Weg eine Zeitverkürzung erreicht werden. Der dabei entstehende Kapitalmehrbedarf ist dem Vorteil aus der Zeitverkürzung gegenüberzustellen.

Im Rahmen der Kapitalbedarfsrechnung ist festzustellen, ab welchem Ereignis zusätzlicher Kapitalbedarf für die Einführung des neuen Produktes entsteht, in welcher Höhe er auftritt, und wie lange der Kapitalbedarf besteht. Durch Addition der verschiedenen Kapitalbedarfe zwischen den Ereignissen, bezogen auf ihre Kapitalbindungsdauer, errechnet sich dann der Gesamtkapitalbedarf.

Als **Vorteile einer Kapitalbedarfsrechnung mittels der Netzplantechnik** lassen sich anführen:

- Übersichtliche Zusammenstellung der erforderlichen Kapitalbedarfe
- Ermittlung der Kapitalbindungsdauer entlang dem kritischen Weg
- Kenntnis der tatsächlichen Kapitalbindungsdauer bei den kürzere Zeit in Anspruch nehmenden Tätigkeiten
- Aufzeigen von Ansatzpunkten für eine Senkung des Kapitalbedarfs.

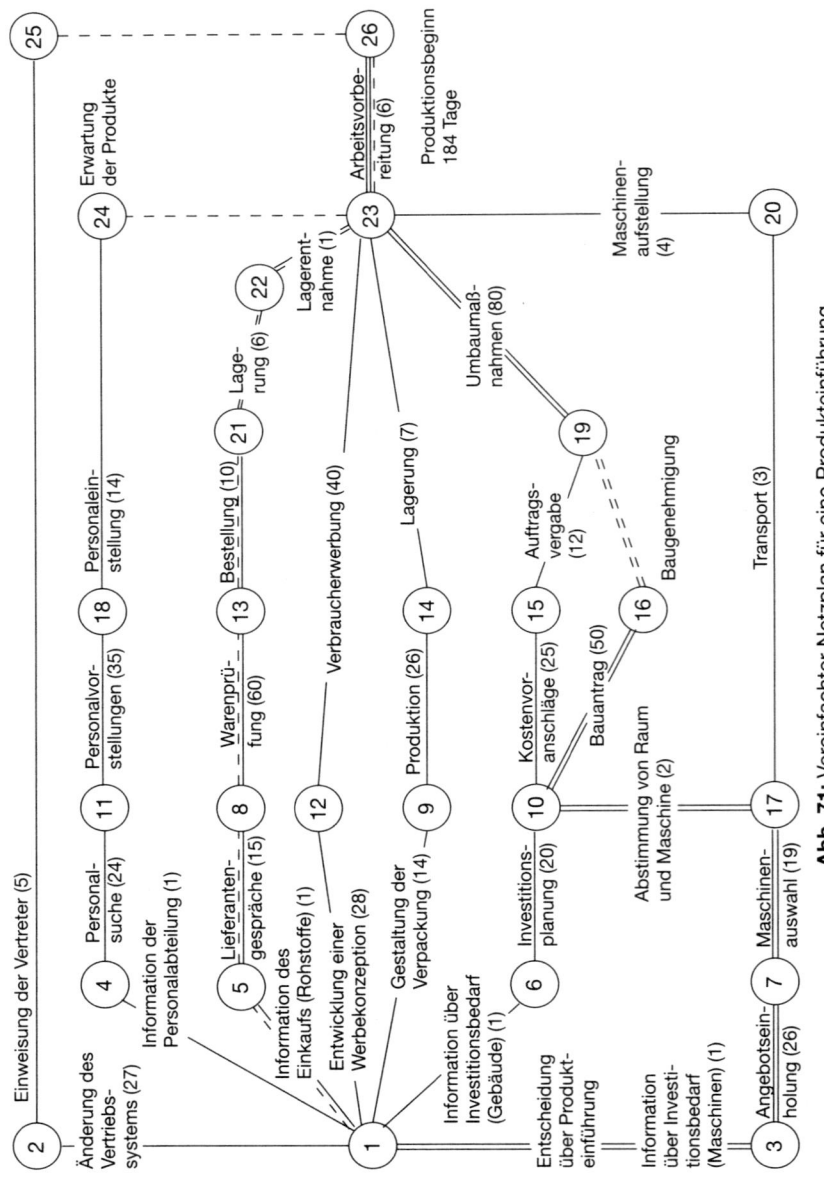

Abb. 71: Vereinfachter Netzplan für eine Produkteinführung

Finanzplanung 451

3.5 Integrierte Finanz- und Erfolgsplanung

Im Finanzplan werden sämtliche finanzwirtschaftlichen und geldwerten güterwirtschaftlichen Vorgänge erfaßt, so daß er aufgrund der Interdependenzen der Unternehmensbereiche weder isoliert betrachtet noch ohne Rückkopplung mit den anderen Unternehmensrechnungen erstellt werden sollte.

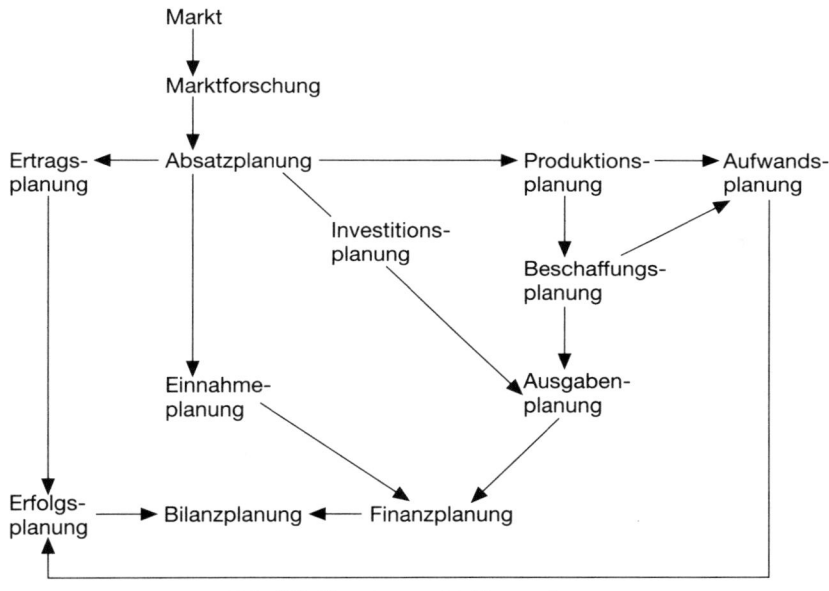

Abb. 72: Einordnung der Finanzplanung

Die Finanzplanung ist ein Kernbereich der Unternehmensplanung, wobei 2 Probleme besonders zu beachten sind:

1. Die **Interdependenz der Teilpläne:** kein Abteilungsplan kann isoliert gesehen werden, sondern nur im Gesamtzusammenhang, da Änderungen in einem Teilbereich oft auch zu Änderungen in anderen Planungen führen.

2. Das **Ausgleichsgesetz der Planung:** die Gesamtplanung ist immer auf den Minimumsektor abzustellen, da dieser das Gesamtvolumen bestimmt.

Finanzielle Unternehmensführung

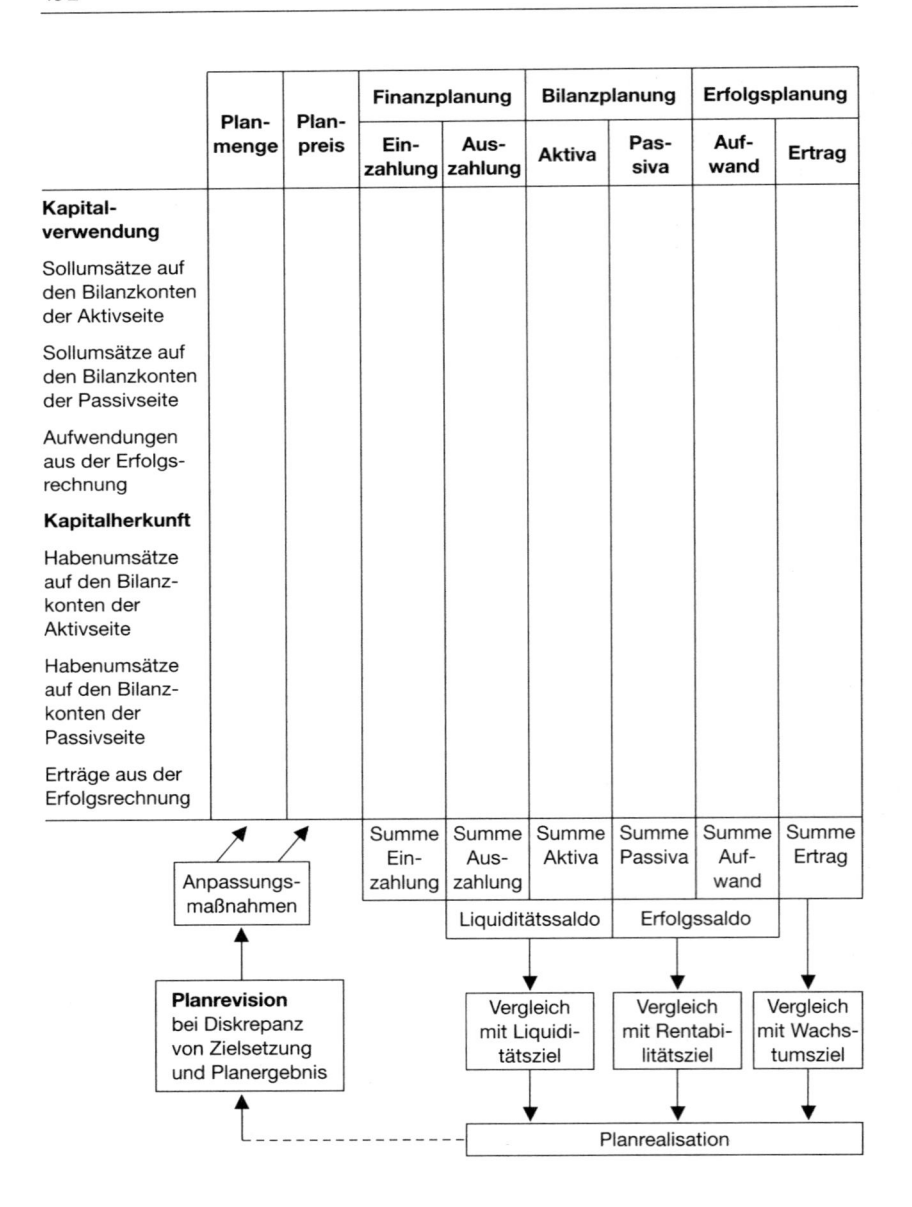

	Plan-menge	Plan-preis	Finanzplanung		Bilanzplanung		Erfolgsplanung	
			Ein-zahlung	Aus-zahlung	Aktiva	Passiva	Aufwand	Ertrag
Kapitalverwendung								
Sollumsätze auf den Bilanzkonten der Aktivseite								
Sollumsätze auf den Bilanzkonten der Passivseite								
Aufwendungen aus der Erfolgsrechnung								
Kapitalherkunft								
Habenumsätze auf den Bilanzkonten der Aktivseite								
Habenumsätze auf den Bilanzkonten der Passivseite								
Erträge aus der Erfolgsrechnung								
			Summe Einzahlung	Summe Auszahlung	Summe Aktiva	Summe Passiva	Summe Aufwand	Summe Ertrag
			Liquiditätssaldo		Erfolgssaldo			

Anpassungsmaßnahmen

Planrevision bei Diskrepanz von Zielsetzung und Planergebnis

Vergleich mit Liquiditätsziel | Vergleich mit Rentabilitätsziel | Vergleich mit Wachstumsziel

Planrealisation

Abb. 73: Gliederungsschema einer kurzfristigen, integrierten Finanzplanung

Finanzplanung

	Finanzplanung					Bilanzplanung							Erfolgsplanung			
	Ein-zahlungen		Aus-zahlungen		Aktiva		Mittel-verwendung		Aktiva	Pas-siva	Mittel-herkunft		Pas-siva	Aufwand		Ertrag	
	1.W.	2.W.	1.W.	2.W.	AB	1.W.	2.W.	EB	AB	1.W.	2.W.	EB	1.W.	2.W.	1.W.	2.W.
1. Sachanlagen					8 000	600		8 600								
2. Vorrats-vermögen			400		3 500	400		3 600								
3. Forderungen					4 000	900		4 200		300						
4. Zahlungsmittel	1 000				400			400		700						
	700															
	600															
5. Eigenkapital									3 500			3 500				
6. Fremdkapital langfristig			200			200			4 000	600		4 600				
7. Bankkredite kurzfristig									5 400			5 200				
8. Lieferanten-kredite			250			250			3 000	600		3 350				
9. Material-aufwand													300			
10. Personal-aufwand			200							400		400	600			
11. Verwaltung													200			
12. Zinsen			50							200		200	50			
13. Erträge															900	
															1 000	
Summe	2 300		1 100		15 900	2 350		16 800	15 900	2 800		17 250	1 150		1 900	
Saldo			1 200			Liquiditätssaldo		1 200				750	750	Erfolgssaldo			
Bilanzsumme Ende 1. Woche								18 000				18 000				

Beispiel: Integrierte Finanzplanung

Bei der Planerstellung kann sukzessive oder simultan vorgegangen werden. Bei **sukzessiver Planung** erfolgt eine schrittweise wechselseitige Abstimmung der Teilbereiche, wodurch eine erhebliche Beteiligung der Abteilungen und ihrer Mitarbeiter verbunden ist. Damit steigt die Einsicht und Identifikation des Einzelnen bei der abschließenden Gesamtplanung.

Bei **simultaner Planung** soll unter Zuhilfenahme der linearen Programmierung bei Festlegung möglichst vieler variabler Größen aus den verschiedenen Unternehmensbereichen an zentraler Stelle ein optimaler Gesamtplan (oder zumindest Investitions- und Finanzierungsplan) errechnet werden, ohne vorherige stufenweise Diskussion in den Abteilungen. Diese Planungsansätze befinden sich vorerst noch im theoretischen Raum.

Eine **integrierte Gesamtplanung** nimmt die Interdependenzen im Unternehmen zur Kenntnis und versucht demzufolge auch die betrieblichen Rechnungssysteme miteinander zu verbinden (Chmielewicz, Niebling). In die Planbilanz fließen sowohl die Ergebnisse aus dem Finanzplan als auch aus dem Erfolgsplan ein, wodurch eine wechselseitige Abstimmung der Rechnungs(planungs)systeme erfolgen kann.

Da auch die Einflußfaktoren aus dem Produktionsplan über die Finanz- und Erfolgsplanung wirksam werden, ist eine Verbindung zur Gütermengenplanung gegeben, so daß Anpassungsmaßnahmen über die integrierte Planung vollzogen werden können. Als Gliederungsschema eignet sich die Einteilung der Kapitalflußrechnung als Umsatzrechnung aus Kontenbewegungen, da sie alle finanzwirtschaftlich und güterwirtschaftlich relevanten Größen beinhaltet. In die Planbilanz fließen dann sowohl der Erfolgssaldo als auch der Liquiditätssaldo ein.

Wie sich aus dem Beispiel für eine integrierte Finanzplanung ersehen läßt, beträgt der Liquiditätssaldo für die erste Planperiode 1 200 und erscheint sowohl in der Finanzplanung als auch in der Bilanzplanung. Der Erfolgssaldo mit 750 erhöht als Gewinn der Periode 1 das Eigenkapital, so daß sich die Bilanzsumme auf 1 800 beläuft. Die Bilanzplanung stellt also die zentrale Rechnung dar, die die erfolgswirtschaftliche und die finanzwirtschaftliche Planungsrechnung vereint. Ihre Aussagekraft erhöht sich dadurch, daß sie je Planperiode sowohl die Soll- und Habenumsätze auf den Bilanzkonten ausweist als auch die Anfangs- und Endbestände nach Aktiva und Passiva gliedert.

4 Finanzdisposition

Liquidität ist die zwingende Voraussetzung für den Fortbestand des Unternehmens. Sie muß deshalb zu jedem Zeitpunkt vorliegen. Dennoch kann der Grad der Zahlungsfähigkeit aus wirtschaftlicher Sicht unterschiedlich hoch sein. So kann ein Unternehmen einerseits erhebliche finanzielle Überschüsse besitzen (Überliquidität), die die Rentabilität beeinträchtigen, andererseits kann auch Unterliquidität vorliegen, so daß das Unternehmen (vorübergehend) seine Marktchancen nicht voll nutzen kann. Aufgabe der Finanzdisposition ist deshalb die Erzielung einer **optimalen Liquidität**.

Die Finanzdisposition hat die Aufgabe der betragsgenauen, zeitpunktbezogenen, währungskonformen und kontenmäßigen Finanzmittelsteuerung. Sie soll auf der Basis der Prognosezahlen der Finanzplanung zur Sicherung der jederzeitigen Liquidität unter Beachtung des unternehmerischen Rentabilitätsstrebens die **Ausführung der folgenden finanziellen Aktivitäten** übernehmen:

- Durchführung des Zahlungsverkehrs
- Abwicklung des Kreditverkehrs
- bedarfsgerechte Anlage von Finanzmittelüberschüssen
- Vornahme notwendiger oder zweckmäßiger Anpassungsmaßnahmen
- Ergreifung konkreter risikopolitischer Maßnahmen

Auf das Unternehmen kommen durch seine vielfältigen Verflechtungen zahlreiche Zahlungsverpflichtungen und Zahlungseingänge zu, deren Saldo rentabilitätsorientiert und sicherheitsbezogen zu disponieren ist. Dafür stehen die verschiedenen Finanzmarktsegmente zur Verfügung, sofern sich kein innerbetrieblicher Liquiditätsausgleich als geeignet erweist. Eine optimale Finanzdisposition ist erreicht, wenn auf der Informationsbasis der Finanzplanung die Liquiditätsüberschüsse möglichst rentabel im Unternehmen oder auf dem Finanzmarkt eingesetzt werden können, und der Liquiditätsbedarf möglichst günstig vom Finanzmarkt oder durch Auflösung von Liquiditätsreserven gedeckt werden kann.

Die unternehmensmäßige Finanzdisposition läßt sich schematisch wie folgt darstellen:

456 Finanzielle Unternehmensführung

```
                           Finanzmarkt
       ┌──────────┬───────────┼───────────┬──────────┐
   Geldmarkt   Kapitalmarkt  Devisenmarkt   Derivatemarkt
```

Bareinzahlungen aus Unternehmensleistungen →	F	→ Auszahlungen an Lieferanten
Kundenanzahlungen →	i n	→ Auszahlungen für Dienstleistungen
Zahlungseingänge aus Zielverkäufen →	a n z	→ Auszahlungen an staatliche Institutionen
Auszahlungen an Eigenkapitalgeber ←	d i s	← Einzahlungen von staatlichen Institutionen
Einzahlungen von Eigenkapitalgebern →	p o s	→ Auszahlungen für die Belegschaft
Kapitaldienst an Fremdkapitalgeber ←	i t i	→ Auszahlungen für Investitionen
Kreditaufnahme von Fremdkapitalgebern →	o n	← Einzahlungen aus Desinvestitionen

↑
Informationsbereitstellung
↑
Finanzplanung

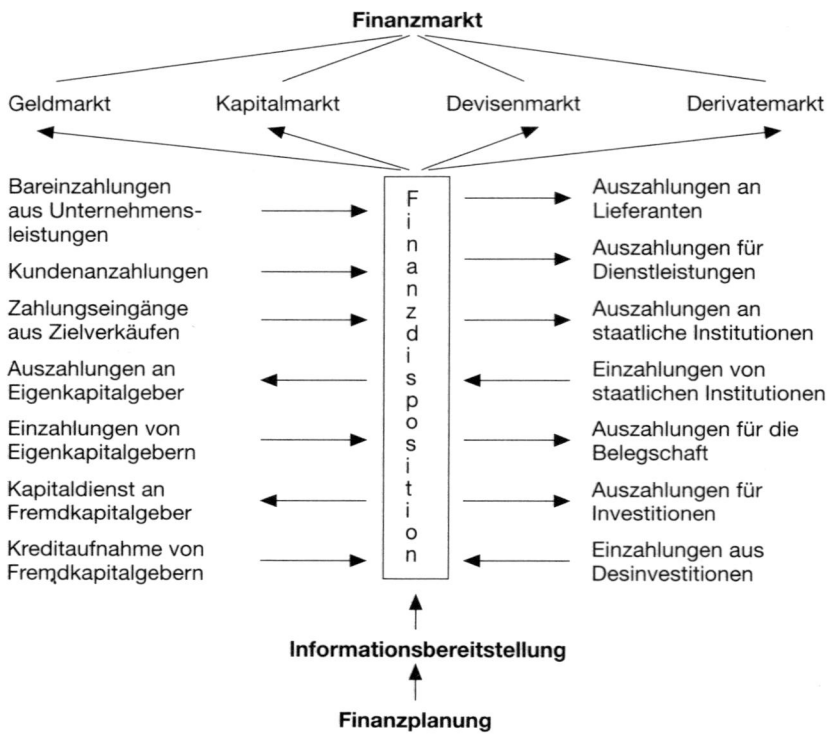

Abb. 74: Finanzdisposition

Ausgangsbasis für die Finanzdisposition sind die Berechnungen der (kurzfristigen) Finanzplanung, die in den meisten Fällen von wöchentlichen oder monatlichen Planperioden ausgeht. In bezug auf diese Zeiträume ist dann die Feinabstimmung vorzunehmen. Bei einem ausgereiften Finanzplanungssystem sind mögliche Anpassungsmaßnahmen, die bei Über- oder Unterdeckung notwendig werden, bereits benannt. Der Übergang zur Finanzdisposition ist hier dann fließend. Dennoch bleibt festzustellen, daß Gegenstand der Finanzplanung immer nur die planerische Erfassung der zukünftigen Entwicklung unter Umständen einschließlich der Auflistung der Anpassungsmaßnahmen und Berechnung deren Auswirkungen auf die Plansituation ist. Die Entscheidung für sowie die Ausführung von bestimmten finanziellen Aktivitäten gehört grundsätzlich in den Bereich der Finanzdisposition bzw. der finanziellen Unternehmensführung.

Finanzdisposition 457

Die Finanzdisposition, auch Cash Management genannt, ist täglich wahrzunehmen und sollte über alle entscheidungsrelevanten Informationen sowohl betrieblicher Art als auch vom Finanzmarkt verfügen. Ein enger Kontakt zu Kreditinstituten kann wesentlich zur Effizienz beitragen. So bietet eine Mehrzahl von Kreditinstituten zur Unterstützung der betrieblichen Finanzdisposition **Cash-Management-Systeme** an, die unterschiedlich umfangreiche Dienstleistungen beinhalten, wozu vor allem gehören:

- Benennung aktueller Kontostände
- regelmäßiger Versand von Kontoauszügen
- zusammenfassende Kontoübersichten
- terminierte Ausführung von Zahlungsaufträgen
- Durchführung des Zahlungsverkehrs über Datensätze, ggf. mit Bestätigung
- Führung von Fremdwährungskonten
- Fremdwährungstausch
- Zinskompensation bei mehreren Konten in einer Währung
- diverse Finanzmarktinformationen
- Erstellung von Optimierungsmodellen für die Geldanlage

Während einfache Cash-Management-Systeme nur einen elektronischen Informationsfluß zum Finanzdisponenten kennen (Balance Reporting), erlauben verbesserte Systeme auch den umgekehrten Weg, so daß das Unternehmen selbständig Zahlungsaufträge ausführen kann, wenn der Empfänger an dasselbe System angeschlossen ist. Auch können kurzfristige Geldanlagen sowie Optimierungsrechnungen einbezogen werden, wenn der Finanzdisponent auch Unternehmensdaten einspeisen kann.

Das Angebot von Cash-Management-Systemen kann zur Intensivierung der Beziehungen Bank/Kunde beitragen und die Funktion einer »Hausbank« weiter stärken, vor allem, wenn auch bei international tätigen Unternehmen instituts- und länderübergreifende Zahlungsvorgänge einbezogen werden können. Dem Devisenmanagement kommt dann eine besonders hohe Bedeutung zu (siehe hierzu auch Jahrmann, Außenhandel).

Die Besonderheiten der **Finanzdisposition bei international tätigen Unternehmen** ergeben sich vor allem aus folgenden Determinanten:

- Konzerneigenschaft
- dezentrale Liquiditätsverantwortung
- Währungsvielfalt

- nationale und internationale Finanzmärkte
- konzerninterner Kapitaltransfer
- landesspezifische Rahmenbedingungen

In den meisten Fällen bilden international tätige Unternehmen einen Konzern, so daß die einzelnen Gesellschaften zwar als rechtlich selbständige Einheiten auf der Basis der jeweiligen nationalen Rahmenbedingungen geführt werden, aber in enger wirtschaftlicher Beziehung zur Muttergesellschaft stehen. Die rechtliche Selbständigkeit auf den Auslandsmärkten bedingt auch eine eigene Liquiditätsverantwortung, doch unterliegen die richtungsweisenden Finanzentscheidungen sowie die Zahlungsfähigkeit des Konzerns einem Gesamtheitsanspruch.

Konzerne haben infolge der verschiedenen Standorte auch relative Stärken auf bestimmten Finanzmarktsegmenten und können die landesspezifischen Finanzmarktverfassungen besonders auch im Hinblick auf mehrere Währungen besser ausschöpfen. Außerdem können Konzerngesellschaften auch intern gegenseitige Finanztransaktionen vornehmen, sei es in Form eines offenen Kapitaltransfers oder bei wechselseitigen Lieferungen durch »Verrechnungspreise« als verdeckten Kapitaltransfer.

Bei Konzernunternehmen kann als weiteres Dienstleistungsangebot bei Cash-Management-Systemen auch ein **Netting** zur periodenbezogenen Aufrechnung konzerninterner wechselseitiger Zahlungsverpflichtungen dienen, um das Volumen der tatsächlichen Zahlungsvorgänge zu reduzieren und Transfer- und Konvertierungskosten einzusparen. Es werden dann nur die jeweiligen Nettopositionen überwiesen. Beim Devisennetting erfüllt eine bestimmte Konzerngesellschaft alle Verbindlichkeiten in einer bestimmten Währung und erhält auch alle Zahlungen in dieser Währung.

Eine Zentralisierung der Finanzdisposition kann bei Konzernen wesentliche **finanzwirtschaftliche Synergieeffekte** hervorrufen, vor allem durch

- eine einheitliche Zielsetzung,
- einen internen Liquiditätsausgleich,
- eine zentrale Steuerung der Währungsrisiken,
- eine gemeinsame Haltung einer Vorsichtskasse und
- eine Nutzung der stärkeren Marktposition bei der Anlage von Finanzüberschüssen.

Allerdings dürfen dabei auch gewisse **Nutzeneinschränkungen** nicht übersehen werden, wie insbesondere

- Akzeptanzprobleme bei einzelnen Konzernunternehmen vor allem bei unterschiedlicher Finanzkraft
- Behinderungen durch rechtliche und staatliche Rahmenbedingungen
- Kosten des umfassenden Informationssystems und
- die Unternehmensphilosophie

Eine zentrale Finanzdisposition, unter Umständen in Form einer rechtlich selbständigen Finanzdienstleistungsgesellschaft, wird sich bevorzugt in Standorten niederlassen, die attraktive Rahmenbedingungen vor allem in steuerlicher und finanzmarktbezogener Hinsicht aufweisen.

Die **Steuerung der (internationalen) Finanzdisposition** kann durch einen tagesgenauen Liquiditätsstatus als Grundlage für die Entscheidungen des Cash-Managements erfolgen. Nach der Realisierung der finanziellen Aktivitäten sind diese in der Finanzkontrolle zu erfassen, und bei Abweichungen von den Planwerten sind der Liquiditätsstatus und ggf. die kurzfristige Finanzplanung zu revidieren und um die abgelaufene Teilperiode festzuschreiben.

Kurzfristige Finanzplanung	**Finanzmarkt**	**Kontoführende Institutionen** (Banken, Konzernunternehmen)
↓	↓	↓
tagesgenaue Detailplanung der Einzahlungen und Auszahlungen im Liquiditätsstatus	Erhebung der entscheidungsrelevanten Finanzmarktdaten	tagesgenaue Feststellung der Kontenbewegungen und Kontenstände

Realisierung der Finanzdisposition

↓

Erfassung der realisierten Maßnahmen in der Finanzkontrolle/Liquiditätskontrolle

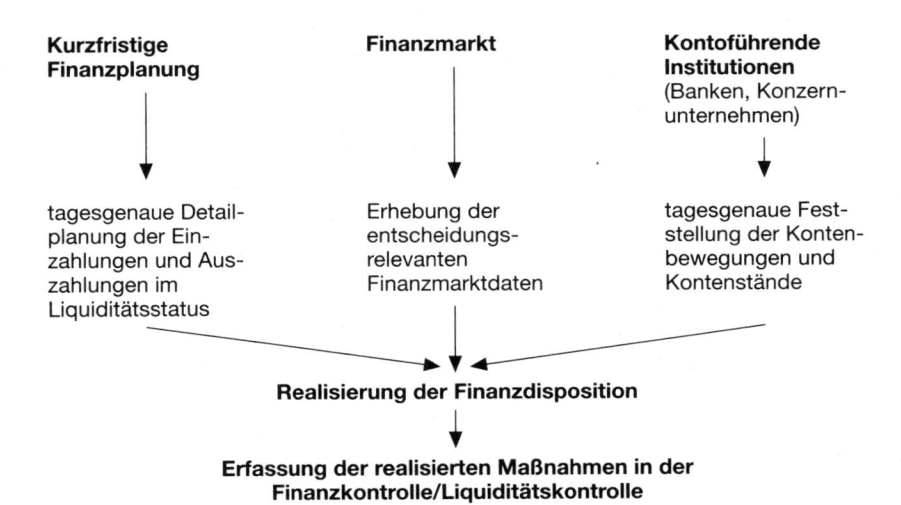

Abb. 75: Steuerung der Finanzdisposition

5 Finanzanalyse

5.1 Wesen und Anwendungsbereiche

Die Finanzanalyse hat die Aufgabe, die finanzielle Situation bzw. Entwicklung einer Unternehmung zu untersuchen und Finanzkennzahlen bzw. Finanzierungsregeln als Maßstab zur Beurteilung der Bonität eines Unternehmens zu bilden. Diese Kennzahlen und Regeln stellen **unternehmensinterne** Grundsätze dar für die Wahl der Finanzierungsalternativen zur Deckung eines gegebenen Kapitalbedarfs und dienen **unternehmensextern** als Beurteilungskriterien für die finanzielle Situation der Unternehmung.

Externe Interessenten können Banken, Aktionäre, Wirtschaftsprüfer, Kommanditisten, Lieferanten, Kunden, Konkurrenzunternehmen oder Gewerkschaften sein, die sich anhand der Jahresabschlüsse und Geschäftsberichte einen Einblick in das Finanzgebaren verschaffen wollen.

Für manche kleineren Unternehmen stellt die Finanzanalyse eine Alternative zur Finanzplanung dar, weil sie aufgrund ihrer bisherigen guten Geschäftssituation eine Zukunftsplanung für überflüssig oder zu teuer empfinden, lediglich eine Vorschau für kritische Bereiche für erforderlich halten oder die zukünftige Entwicklung für eine exakte Planung als zu ungewiß betrachten.

Betrachtungsgegenstand sind alle relevanten Positionen des Jahresabschlusses, die die finanzwirtschaftlichen Entscheidungskriterien Rentabilität, Liquidität und Sicherheit widerspiegeln. Sie sind im Rahmen eines **Zeitvergleichs, Betriebsvergleichs** oder **Soll-Ist-Vergleichs** aufzubereiten, denn Kennzahlen haben grundsätzlich nur Aussagekraft im Vergleich untereinander, zu Normwerten oder zu Durchschnittswerten.

In der Finanzanalyse lassen sich vier Gruppen von Kennzahlen unterscheiden:

1. **Vertikale Finanzierungsregeln** als Kennzahlen zur isolierten Beurteilung von Vermögens- oder Kapitalstruktur.
2. **Horizontale Finanzierungsregeln** als Kennzahlen zur Beurteilung der Fristenkongruenz von Investition und Finanzierung (Vermögen und Kapital).
3. **Dynamische Finanzierungsregeln** zur Beurteilung der Finanzkraft und der zukünftigen Liquidität.
4. **Rentabilitäts- und Erfolgskennzahlen** zur Beurteilung der Leistungsfähigkeit.

Darüber hinaus gibt es Kennzahlensysteme, die durch Verknüpfung von zahlreichen betrieblichen Zusammenhängen, Interdependenzen aufzeigen sollen (z. B. ROI-System).

Finanzanalyse

Die Finanzanalyse ist in der Literatur häufig kritisiert worden, doch hat sich insbesondere bei der Verwendung von Kennzahlengruppen und Kennzahlensystemen in der Praxis ergeben, daß sie sowohl zur **internen Unternehmenskontrolle** und **-planung** als auch zur **externen Insolvenzfrüherkennung** und Bonitätsprüfung wichtige Erkenntnisse bieten kann. So haben z. B. Weibel und Beaver bei bestimmten Kennzahlen eine sehr hohe Trennfähigkeit zwischen »gesunden« und »insolvenzgefährdeten« Unternehmen feststellen können, sofern sie sachgemäß und branchenbezogen gebildet werden. Hierzu zählen vor allem folgende Kennzahlen:

- Lagerumschlagsdauer
- Verschuldungsgrad
- Lieferantenziel
- Liquidität 3. Grades bzw. Working Capital
- Verschuldungsfähigkeit (Fremdkapital zu Cash-flow)
- Gesamtkapitalrentabilität.

Darüber hinaus kommt der Kapitalflußrechnung neben der Cash-flow-Analyse eine große Bedeutung als Beurteilungskriterium der dynamischen Liquidität zu.

Insgesamt soll die Finanzanalyse die Aussagekraft der Informationen des Jahresabschlusses verbessern, die Urteilsbildung über die im Zeitablauf im Unternehmen getroffenen, sich im Jahresabschluß widerspiegelnden (finanziellen) Entscheidungen erleichtern sowie als Zustandsanalyse Erkenntnisse für verbesserte zukünftige Entscheidungen bieten.

5.2 Kennzahlen zur Vermögensstruktur

Vertikale Kennzahlen auf der Aktivseite der Bilanz dienen zur Beurteilung der Vermögensstruktur und der Investitionspolitik.

$$\text{Anlagenintensität} = \frac{\text{Anlagevermögen}}{\text{Gesamtvermögen}} \cdot 100$$

Diese Kennzahl gibt den Maschinisierungsgrad eines Unternehmens an. Sie kann nur innerhalb einer Branche verwendet werden, da Handels- und Dienstleistungsbetriebe aus ihrem Tätigkeitsbereich heraus nur über ein geringeres Anlagevermögen verfügen. Je höher der Prozentsatz für die Anlageintensität ist, desto geringer wird die Flexibilität bei Beschäftigungsschwankungen und die Anpassungsfähigkeit an veränderte Marktsituationen sein. Ein hohes

Anlagevermögen führt auch zu umfangreichen Fixkosten mit entsprechender langfristiger Dauerbelastung. Die richtige Bewertung dieser Kennzahl erfordert oft genaue Betriebskenntnisse, da auch ein niedriger Anlagequotient bei einem Industriebetrieb bedeuten kann, daß mit veralteten und im wesentlichen abgeschriebenen Anlagen gearbeitet wird. Nähere Informationen können gegebenenfalls die folgenden Kennzahlen zum Investitionsverhalten geben.

Der Umfang der Investitionstätigkeit des Unternehmens kann anhand der Investitionsquote festgestellt werden:

$$\text{Investitionsquote} = \frac{\text{Nettoinvestition in Sachanlagen}}{\text{Jahresanfangsbestand der Sachanlagen}} \cdot 100$$

Die Investitionsquote soll im Zeitablauf Informationen über Änderungen in der Investitionstätigkeit liefern.

Ob die Investitionen der vergangenen Periode vollständig aus Abschreibungen finanzierbar waren oder ob zusätzlich zu den Reinvestitionen ein Überhang an Erweiterungsinvestitionen vorlag, soll die Kennzahl zur Investitionsdeckung belegen:

$$\text{Investitionsdeckung} = \frac{\text{Abschreibungen auf Sachanlagen}}{\text{Bruttoinvestitionen}} \cdot 100$$

Die Investitionsdeckung kann Aussagen über das Unternehmenswachstum machen. Je höher die Kennzahl über 100% liegt, desto umfangreicher waren die Nettoinvestitionen des Betrachtungszeitraumes.

Die Abschreibungsquote gibt Aufschlüsse über die Gewinnermittlung. Bei steigender Quote kann beim Zeitvergleich auf die Bildung stiller Reserven insbesondere im Zusammenhang mit Sonderabschreibungen geschlossen werden, bei fallender Quote auf eine Auflösung zugunsten eines besseren Gewinnausweises.

$$\text{Abschreibungsquote} = \frac{\text{Abschreibungen auf Sachanlagen}}{\text{Jahresendbestand an Sachanlagen}} \cdot 100$$

Die Kennzahlen zur **Umschlagsgeschwindigkeit** sollen Informationen über die Verweildauer von Vermögensgegenständen im Unternehmen geben bzw. den Überlassungszeitraum für das Kapital. Sie können als Kennzahlen zur **Umschlagshäufigkeit** gebildet werden und sagen aus, wie oft sich eine Größe innerhalb eines Zeitraums umschlägt, und als Kennzahlen zur **Umschlagsdauer**, die aussagt, wie lange eine Größe im Unternehmen verbleibt.

Finanzanalyse

Je schneller sich ein Vermögensgegenstand umschlägt, um so niedriger ist der zu seiner Finanzierung erforderliche Kapitalbedarf.

Umschlagshäufigkeit des Sachanlagevermögens $= \dfrac{\text{Umsatz}}{\text{Sachanlagen}}$

Schlägt beispielsweise ein Unternehmen sein Sachanlagevermögen 4 x im Jahr um, ein anderes derselben Branche aber nur 3 x, läßt dies für das 1. Unternehmen auf eine bessere Auslastung der Produktionskapazitäten und damit einer verbesserten Beschäftigungssituation schließen.

Alternativ wird die Umschlagshäufigkeit des Anlagevermögens auch wie folgt ermittelt:

Umschlagshäufigkeit des Sachanlagevermögens $= \dfrac{\text{Abschreibungen auf Sachanlagen + Abgänge}}{\varnothing \text{ Bestand an Sachanlagen}}$

Ebenso branchenbedingt ist die Kennzahl zur Umlaufintensität, die Rückschlüsse auf den Vorrats- und Forderungsanteil sowie den Liquiditätsbestand geben kann. Ist das Unternehmen vorratsintensiv, werden entsprechende Lagerhaltungskosten anfallen, bei Forderungsintensität kann auf eine überdurchschnittliche Zielüberschreitung der Kunden mit hoher Kapitalbindung geschlossen werden. Aus Rentabilitätsgründen sollte der Bestand an liquiden Mitteln möglichst gering sein.

Umlaufintensität $= \dfrac{\text{Umlaufvermögen}}{\text{Gesamtvermögen}} \cdot 100$

Näheren Einblick in das Investitionsverhalten beim Umlaufvermögen bieten die Kennzahlen zur Lagerumschlagsdauer und zur Geldeingangsdauer (eingeräumtes Kundenziel).

Lagerumschlagsdauer $= \dfrac{\varnothing \text{ Lagerbestand zu Buchwerten} \cdot \text{Zeit}}{\text{Wareneinsatz (evtl. Umsatz)}}$

Je kürzer die Lagerverweildauer, desto niedriger ist die Kapitalbindung in den Vorräten und Erzeugnissen. Eine sehr niedrige Lagerumschlagsdauer kann bisweilen auch zu einer beeinträchtigten Betriebsbereitschaft führen.

Kundenziel $= \dfrac{\varnothing \text{ Debitoren} \cdot \text{Zeit}}{\text{Umsatz}}$

Diese Kennzahl gibt Informationen über die Zahlungsgewohnheiten der Kunden, insbesondere im Vergleich zu den in den Lieferbedingungen genannten Zahlungszielen. Je größer die Zielüberschreitung, desto mehr Kapital ist in den Forderungen gebunden. Durch entsprechenden Skontoanreiz kann auf frühere Zahlung hingewirkt werden.

Eine Überwachung der Kassenhaltung läßt sich durch die Kennzahl

$$\text{Kassenhaltungsquote} = \frac{\text{sofort verfügbare Zahlungsmittel}}{\text{Umlaufvermögen}} \cdot 100$$

erreichen, die aus Rentabilitätsgründen niedrig sein sollte.

5.3 Kennzahlen zur Kapitalstruktur

Vertikale Kennzahlen auf der Passivseite der Bilanz dienen zur Beurteilung von Art und Qualität der Finanzierung. Ein besonderes Problem für den Externen ist hier der richtige Ansatz für die Eigenkapitalhöhe, die sich je nach Rechtsform aus mehreren Bilanzposten zusammensetzen kann und durch unterschiedliche Bewertung des Vermögens stark schwanken kann.

Der Eigenkapitalanteil der deutschen Unternehmen ist in den letzten 30 Jahren ständig gesunken und betrug 1994 nur etwa 20%.

$$\text{Eigenkapitalquote} = \frac{\text{Eigenkapital}}{\text{Gesamtkapital}} \cdot 100$$

Dieser Wert ist branchenmäßig sehr unterschiedlich. Bei Banken beträgt er sogar nur 4 bis 5%. In anderen Ländern, wie z. B. in der Schweiz oder in den USA, ist der Prozentsatz wesentlich höher und liegt bei etwa 40 bis 50%, in Japan dagegen nur bei etwa 15%.

Während einerseits ein niedriger Eigenkapitalanteil eine Entlastung von teurem Kapital sein kann, ist andererseits mangelndes Eigenkapital ein Hindernis für eine wachstumskonforme Finanzierung. Ein branchenkonformes Eigenkapital ist für den Kreditgeber im Regelfall immer eine Voraussetzung für die Kreditwürdigkeit.

Der Verschuldungsgrad wird alternativ durch folgende Kennzahlen ermittelt:

$$\frac{\text{Fremdkapital}}{\text{Eigenkapital}} \cdot 100 = \textbf{Verschuldungsgrad}$$

Finanzanalyse

Hierbei wird oft von einem Verhältnis von 2:1 als Norm ausgegangen, obwohl sich eine Notwendigkeit zur Einhaltung und damit Sicherung des existentiellen Risikos aus dieser Kennzahl allein nicht nachweisen läßt. Bei der anderen Formulierung wird ein Verhältnis von 2:3 gefordert:

$$\frac{\text{Fremdkapital}}{\text{Gesamtkapital}} \cdot 100 = \textbf{Verschuldungsgrad}$$

Der Verschuldungsgrad drückt hier die Höhe der Verschuldung am Gesamtkapital aus, wobei Rentabilitäts- und Sicherheitsaspekte gegeneinander abzuwägen sind, da das Fremdkapital i. d. R. billiger ist als das Eigenkapital.

Eine kritische Aussage über den Verschuldungsgrad läßt sich jedoch erst machen, wenn die **Kapitalfristigkeit** mit berücksichtigt wird. Hierfür werden folgende Kennzahlen gebildet:

$$\frac{\text{Langfristiges Kapital}}{\text{Gesamtkapital}} \cdot 100; \quad \frac{\text{Kurzfristiges Fremdkapital}}{\text{Gesamtkapital}} \cdot 100$$

Ein hoher Verschuldungsgrad erscheint im Hinblick auf die Liquidität nur bei einem hohen Anteil langfristiger Kapitaleinräumung vertretbar.

Unter der Annahme einer einwandfreien Aufbereitung der Bilanz nach der Finanzierungsdauer sollen diese Kennzahlen zur Kapitalfristigkeit das Risiko des Kapitalentzugs beurteilen. Dabei kommt es weniger auf die rechtliche Einteilung der Kapitalarten als auf die tatsächliche Überlassungsdauer im Unternehmen an. Für Externe ist die tatsächliche Kapitalbindung jedoch nicht immer erkennbar.

Von den möglichen Kennzahlen zur kurzfristigen Kapitalüberlassung sei besonders hervorgehoben:

$$\textbf{Lieferantenziel} = \frac{\varnothing \text{ Kreditoren} \cdot \text{Zeit}}{\text{Wareneingang}}$$

Eine hohe Inanspruchnahme von Lieferantenkrediten läßt auf fehlende oder ausgeschöpfte andere kurzfristige Finanzierungsalternativen schließen. Sicherheitenmängel führen oft zu einer unter Rentabilitätsgesichtspunkten nicht zu vertretenden Ausweitung von Lieferantenkrediten. Die Ausnutzung des erhaltenen Lieferantenkredits ist mit den vereinbarten Lieferbedingungen zu vergleichen.

Ergänzend zum Lieferantenziel können Kennzahlen über die **Bankkreditlaufzeit** oder die **Laufzeit der Wechselverbindlichkeiten** herangezogen werden. Hohe Wechselverbindlichkeiten können auf mangelndes Vertrauen in das Unternehmen seitens der Lieferanten deuten, sofern eine Wechselfinanzierung nicht branchenüblich ist. Ein Lieferant kann andererseits eine Wechselziehung auch vornehmen, um eine günstigere Refinanzierung seines Zahlungsziels zu erreichen.

$$\textbf{Wechselkreditdauer} = \frac{\emptyset \text{ Schuldwechselbestand} \cdot \text{Zeit}}{\text{Wareneingang}}$$

$$\begin{array}{l}\textbf{Kurzfristige} \\ \textbf{Bankkreditdauer}\end{array} = \frac{\emptyset \text{ Inanspruchnahme des Bankkredits} \cdot \text{Zeit}}{(\text{z. B.}) \text{ Umsatz}}$$

Die Kennzahl zur Bankkreditdauer ist nur aussagekräftig, wenn die Inanspruchnahme des Bankkredites in Relation zu seiner wirklichen Verwendung gesetzt werden kann (z. B. für den Wareneingang oder den Umsatz).

5.4 Kennzahlen zur horizontalen Bilanzstruktur

Alle Kennzahlen zur horizontalen Bilanzstruktur sollen bestimmte Deckungsverhältnisse aufzeigen, die erforderlich sind, um den dauerhaften Fortbestand der Unternehmung zu gewährleisten. Sie basieren auf der wechselseitigen Abhängigkeit von Investition und Finanzierung bzw. Vermögens- und Kapitalstruktur und beziehen sich auf die **traditionellen Finanzierungsregeln,** zu denen

- die goldene Finanzierungsregel,
- die goldene Bank- oder Bilanzregel
- und die Liquiditätsregeln zählen.

Diese Regeln und die daraus resultierenden Kennzahlen sind in der Literatur und in der Praxis längere Zeit intensiv diskutiert worden und werden nicht immer identisch formuliert. Die wichtigsten und zentralen Kennzahlen sollen im folgenden benannt werden.

Die **goldene Finanzierungsregel** verlangt die Fristenkongruenz von Kapitalverwendung und Kapitalüberlassungszeitraum.

Finanzanalyse

Die **goldene Bank- oder Bilanzregel** interpretiert diesen Grundsatz und verlangt:

$$\frac{\text{Langfristiges Vermögen}}{\text{Langfristiges Kapital}} \cdot 100 \leq 100\% \text{ oder } \frac{\text{Anlagevermögen}}{\text{Eigenkapital}} \cdot 100 \leq 100\%$$

Danach soll nicht weniger langfristiges Kapital im Unternehmen arbeiten, als langfristiges Vermögen vorhanden ist bzw. soll das Eigenkapital möglichst das Anlagevermögen finanzieren. Diese Bedingung kann nach Bilanzgruppen näher gegliedert werden. Dabei werden die Kennzahlen zur Fristenkongruenz im längerfristigen Zeitraum oft in Deckungsgrade gegliedert:

$$\textbf{Deckungsgrad A} = \frac{\text{Anlagevermögen}}{\text{Eigenkapital}} \cdot 100$$

$$\textbf{Deckungsgrad B} = \frac{\text{Anlagevermögen}}{\text{Eigenkapital + langfristiges Fremdkapital}} \cdot 100$$

$$\textbf{Deckungsgrad C} = \frac{\text{Anlagevermögen + langfristiges Umlaufvermögen}}{\text{Eigenkapital + langfristiges Fremdkapital}} \cdot 100$$

Ist zur Finanzierung des Anlagevermögens nicht genügend Eigenkapital vorhanden, kann auch zusätzlich langfristiges Fremdkapital herangezogen werden (Deckungsgrad B). Die finanzielle Stabilität des Unternehmens wird jedoch um so höher eingestuft, je mehr langfristiges Kapital insgesamt zur Verfügung steht, so daß durch eine Überdeckung auch längerfristig gebundenes Umlaufvermögen langfristig finanziert werden kann (Deckungsgrad C). Je größer die Überdeckung durch langfristiges Kapital, desto besser wird die Kapitalausstattung beurteilt. Ziel ist es also bei diesen Kennzahlen zur Fristenkongruenz, Deckungsgleichheit oder sogar einen Prozentsatz unter 100 zu erreichen. Manchmal werden bei diesen Kennzahlen aber auch Zähler und Nenner getauscht, so daß in umgekehrter Weise ein Prozentsatz über 100 anzustreben ist.

Im kurzfristigen Sektor verlangt die Regel, daß mit kurzfristigem Kapital keine langfristigen Investitionen finanziert werden:

$$\frac{\text{Kurzfristiges Vermögen}}{\text{Kurzfristiges Kapital}} \cdot 100 \geq 100\%.$$

Daraus folgt dann die Gliederung in Liquiditätsgrade:

$$\textbf{Liquidität 1. Grades} = \frac{\text{Zahlungsmittel (Geldfonds)}}{\text{Kurzfristige Verbindlichkeiten}} \cdot 100$$

Der Geldfonds faßt die Positionen Kasse, Bank, Postbank, Besitzwechsel und Schecks zusammen. Der Wert für die Liquidität 1. Grades sollte so klein wie möglich sein, aber im positiven Bereich, da die optimale Kassenhaltung bei Null liegt.

Liquidität 2. Grades $= \dfrac{\text{Zahlungsmittel + kurzfristige Forderungen}}{\text{Kurzfristige Verbindlichkeiten}} \cdot 100$

Kreditinstitute sehen für diesen Quotienten gerne einen Wert um 100%, da dann das Vorratsvermögen mittel- bis langfristig finanziert wird.

Liquidität 3. Grades $= \dfrac{\text{Umlaufvermögen}}{\text{Kurzfristige Verbindlichkeiten}} \cdot 100$

Das Umlaufvermögen umfaßt hier i. d. R. die Positionen Zahlungsmittel, kurzfristige Forderungen, kurzfristige, innerhalb eines Jahres liquidierbare Vorräte, kurzfristige Finanzanlagen und Erzeugnisse.

Für diesen Quotienten wird von Kreditinstituten gerne ein Wert zwischen 150% und 200% gesehen, um aus Sicherheitsgründen eine längerfristige Überdeckung zu haben.

Neben den Liquiditätsgraden ist das **Working Capital** in der Finanzanalyse im kurzfristigen Sektor anzutreffen:

   Kurzfristiges Umlaufvermögen (innerhalb eines Jahres liquidierbar)
   – Kurzfristige Verbindlichkeiten
   ───
   = Working Capital (als Netto-Umlaufvermögen)

Das Working Capital stellt den Überschuß des kurzfristigen Umlaufvermögens über das kurzfristige Kapital dar und entspricht etwa der Liquidität 3. Grades.

Ein negatives Working Capital bedeutet auch hier, daß dann langfristiges Vermögen kurzfristig finanziert wird. Umgekehrt trägt ein positives **Working Capital** zum längerfristigen Finanzierungspotential bei.

Einen Vorteil des Working Capital gegenüber der Liquidität 3. Grades sehen Finanzanalysten in der fehlenden Manipulierbarkeit.

Finanzanalyse

Beispiel:

Nimmt ein Unternehmen zum Bilanzstichtag Ultimogeld auf in Höhe von 100, ändert sich das Working Capital nicht:

UV 80 – FK 100 = – 20 (vor Ultimogeld)

UV 180 – FK 200 = – 20 (mit Ultimogeld)

Dagegen verbessert sich die Liquididtät 3. Grades wie folgt:

$\frac{80}{100} \cdot 100 = 80\%$ (vor Ultimogeld)

$\frac{180}{200} \cdot 100 = 90\%$ (mit Ultimogeld)

Kritik an den Kennzahlen zur Fristenkongruenz:

1. Würde das gesamte Vermögen nur kurzfristig finanziert, so wäre die Liquidität dennoch gewährleistet, wenn zum Fälligkeitstag das Kapital substituiert oder prolongiert werden kann. Derartige Fristentransformationen sind in begrenztem Umfang zulässig, erhöhen aber das Unternehmensrisiko. So sind z. B. Banken genaue Grenzen für die Transformation vom KWG gesetzt. Die Möglichkeit der Kreditsubstitution und -prolongation hängt auch weitgehend von der Kreditwürdigkeit im Zeitpunkt der Antragstellung, der zukünftigen Ertragskraft und der Kapitalmarktsituation ab. Das Finanzierungsrisiko liegt ständig auf dem Tisch im Gegensatz zur fristgerechten Finanzierung.

Ergebnis:

Die Liquidität ist bei Nichteinhaltung nicht zwangsläufig gefährdet, doch steigt das Risiko der Illiquidität mit abnehmender Kreditwürdigkeit!

2. Entsprechen Kapitalverwendung und Kapitalüberlassung in ihrer Gesamtdauer einander, so ist die Liquidität dennoch gefährdet, wenn die Kapitalrückzahlungstermine mit dem Desinvestitionsprozeß nicht übereinstimmen. Werden die Abschreibungen nicht verdient, ist eine Kredittilgung nicht möglich. Banken gewähren i. d. R. auch keine Kredite über die gesamte betriebsgewöhnliche Nutzungsdauer von Investitionsobjekten, sondern nur über Teilzeiten, so daß die Kredittilgung faktisch immer höher ist als die linearen Abschreibungen.

Ergebnis:

Die Liquidität ist auch bei Fristenkongruenz nur gewährleistet, wenn der Kapitaldienst über den Desinvestitionsprozeß verdient wird.

3. Eine klare Abgrenzung in kurz- und langfristiges Kapital und Vermögen ist häufig sogar für Interne schwierig. So kann sogar Eigenkapital kurzfristig kündbar sein (z. B. OHG, KG, stille Gesellschaft) und darf nicht grundsätzlich als langfristig betrachtet werden. Andererseits können Lieferantenkredite ebenso wie Bankkredite stillschweigend prolongiert werden, so daß sie faktisch langfristig zur Verfügung stehen und darüber hinaus noch den Vorzug der Tilgungsfreiheit haben. Auch die Verweildauer von Forderungen ist nicht klar bestimmbar.

In gewissen Grenzen kann das Unternehmen auch die Kapitalbindungsfrist noch beeinflussen, so daß z. B. durch Verkürzung der Lagerumschlagsdauer, durch Vorratsreduzierung oder Zielverkürzung tatsächlich weniger Finanzierungsmittel benötigt werden, als bilanziell erforderlich wären.

Ergebnis:
Es besteht keine Eindeutigkeit über die Verweildauer von Kapital und Vermögen aus der bilanziellen Abgrenzung, so daß auch bei ungünstigen Kennzahlen aufgrund unternehmenspolitischer Maßnahmen die Liquidität gewährleistet bleiben kann.

4. Alle genannten Kennzahlen sind insofern statisch, als sie zwar am Bilanzstichtag die durchschnittlich erwartete Verflüssigungsdauer der Vermögensgegenstände der gleichen Überlassungsdauer der Kapitalteile gegenüberstellen, dennoch aber keine Aussage über die Zahlungszeitpunkte, also die zukünftige Liquidität, erlauben.

Darüber hinaus kann die Liquidität auch nur gewährleistet sein, wenn alle liquiditätswirksamen Größen erfaßt werden.

Ergebnis:
Die Liquidität als zukunftsorientierte Aussage ist grundsätzlich nur überprüfbar, wenn alle Auszahlungen und Einzahlungen eines (zukünftigen) Betrachtungszeitraums berücksichtigt werden.

Gesamtbeurteilung

Das Grundproblem der horizontalen Finanzierungsregeln liegt in ihrer auf Bilanzgrößen basierenden statischen Betrachtungsweise, die dem zukunftsorientierten, dynamischen Wesen der Liquidität nicht gerecht werden kann.

Das Zeitproblem der Liquidität kann nur durch betragsmäßige und laufzeitorientierte Gegenüberstellung von Einzahlungen und Auszahlungen unter Berücksichtigung der möglichen Anpassungsmaßnahmen gelöst werden. Das geeignete Instrument zur Überwachung der Liquidität ist daher der Finanzplan.

Finanzanalyse 471

Dennoch sind für die externe Betrachtung die Kennzahlen nicht grundsätzlich abzulehnen, da sie für diesen Interessentenkreis häufig die einzige Informationsquelle darstellen. Externe Analysten wünschen i. d. R. auch weniger konkrete Aussagen über die laufende Liquidität, sondern vielmehr über die allgemeine Bonität der Finanzierung und Geschäftsführung in der Vergangenheit, aus der sie dann Aufschlüsse für die Zukunft folgern.

Die Ziele der Kennzahlen sind kaum umstritten, und es hat sich gezeigt, daß die kontinuierliche Überprüfung der Einhaltung der Kennzahlen gute Erkenntnisse über Geschäftspolitik und -situation ermöglichen. Insolvenzgefährdete Unternehmen sind mit hoher Wahrscheinlichkeit nachgewiesen worden.

5.5 Beurteilungskriterien zur dynamischen Liquidität

Die dynamische Liquidität ist im Gegensatz zu den bestandsorientierten Liquiditätsgraden zeitraumbezogen. Zu ihrer Ermittlung dienen die Cash-flow-Analyse und die Kapitalflußrechnung.

5.5.1 Cash-flow-Analyse

Der dynamische Charakter des Cash-flow wird dadurch deutlich, daß er in seiner Gesamtheit nicht am Ende einer Periode in Zahlungsmitteln zur Verfügung steht, sondern kontinuierlich im Betrachtungszeitraum entsteht und verwendet wird.

Der Cash-flow wird als erfolgswirtschaftliche und finanzwirtschaftliche Kennzahl mit folgender Zielsetzung verwendet:

1. **zur Ermittlung der tatsächlichen Ertragskraft der Unternehmung**
2. **zur Bestimmung des Innenfinanzierungsvolumens**

In beiden Fällen können die Kennzahlen vergangenheits- oder zukunftsbezogen sein.

Die Ermittlung des Cash-flow aus dem Finanzplan bereitet keine besonderen Schwierigkeiten. Dagegen stößt die Ermittlung aus der Gewinn- und Verlustrechnung immer auf Abgrenzungs- und Vollständigkeitsprobleme, weil Einzahlungen und Erträge bzw. Auszahlungen und Aufwendungen nicht immer identisch sind. Eine Abgrenzung ist besonders für Externe sehr schwierig. Auch sind die Berechnungsmethoden für den Cash-flow unterschiedlich, was vor allem auch bei internationalen Vergleichen Probleme hervorruft.

Der **Cash-flow wird aus dem Finanzplan** wie folgt errechnet:

    Betriebseinzahlungen der Periode
- Betriebsauszahlungen der Periode

= Cash-flow auf direktem Wege als Finanzüberschuß der Periode.

Soll der Cash-flow dagegen unter finanzwirtschaftlichen Gesichtspunkten **aus dem Jahresabschluß** ermittelt werden, kann folgendes Grundschema angewendet werden:

    Jahresüberschuß nach Steuern und Eigenkapitaldienst
+ finanzunwirksame Aufwendungen (z. B. Abschreibungen, Erhöhung der Pensions- oder Garantierückstellungen)
- finanzunwirksame Erträge (z. B. Eigenleistungen oder Auflösung von Rückstellungen ohne Zahlungsverpflichtung)
+ Bestandsveränderungen mit Einzahlungswirkung
  (z. B. Kundenanzahlungen oder Maschinenverkauf)
- Bestandsveränderung mit Auszahlungswirkung
  (z. B. Lagerkäufe, Garantieleistungen oder Reinvestitionen)

= Cash-flow auf indirektem Wege als ordentlicher und außerordentlicher, aber nicht betriebsfremder Finanzüberschuß der Periode

Nicht selten wird auch eine **vereinfachte Pauschalermittlung** durchgeführt;

    Jahresüberschuß
+ Abschreibungen (- Reinvestitionen)
+ Zuführung zu den Rückstellungen (- Auflösung)

= vereinfachter Cash-flow

Im Ergebnis zeigt der Cash-flow, wieviel finanzielle Mittel dem Unternehmen zur Durchführung von Nettoinvestitionen und zur Verbindlichkeitentilgung in der Periode zur Verfügung gestanden haben bzw. stehen werden. Er gibt an, wie hoch die verbliebenen Zahlungsmittelzuflüsse nach Abgang aller zur kontinuierlichen Betriebsbereitschaft erforderlichen Auszahlungen sind.

Dadurch wird eine gute Liquiditätsprognose ermöglicht als Basis zur Beurteilung der Kreditwürdigkeit und des existentiellen Risikos.

Der Cash-flow ist wesentlich weniger manipulierbar als der Bilanzgewinn, da er nicht unter steuerlichen sondern unter zahlungswirksamen Aspekten gebildet wird und auch die Posten, bei denen Auszahlungen und Aufwand bzw. Einzahlungen und Ertrag nicht periodengleich sind, mit einbezieht.

Finanzanalyse

Aufgabe des Cash-flow aus finanzwirtschaftlicher Sicht ist es, das Innenfinanzierungspotential festzustellen, um insbesondere als zukunftsorientierter Prognose-Cash-flow bei der Finanzplanung eine klare Grundlage für die Ermittlung der anderen Finanzierungsmaßnahmen zu haben. Nur die Beträge, die über den Cash-flow einschließlich der Kapitalfreisetzungsmöglichkeiten im Finanzplan nicht gedeckt sind, bleiben Kapitalbedarf, der durch Außenfinanzierung zu ergänzen ist.

Der Aussagewert des Cash-flow als Liquiditätsmaßstab ist wesentlich größer als der der Liquiditätsgrade. Es kann deshalb auch anstelle der statischen Liquiditätsgrade ein dynamischer Liquiditätsgrad gebildet werden, der ausdrücken soll, welcher Anteil des kurzfristigen Fremdkapitals durch den Cash-flow gedeckt wird.

Dynamischer Liquiditätsgrad $= \dfrac{\text{Cash-flow}}{\text{Kurzfristiges Fremdkapital}} \cdot 100$

Um die **finanzielle Leistungsfähigkeit des Unternehmens** als Kennzahl in bezug auf das Investitionsvolumen und die eingegangenen Verbindlichkeiten zu verdeutlichen, werden die Quotienten Investitionsfähigkeit und Verschuldungsfähigkeit gebildet.

Die Investitionsfähigkeit gibt an, zu wieviel Prozent ein Unternehmen seine Nettoinvestitionen aus Innenfinanzierung während einer Periode bezahlen kann. Je höher der Prozentsatz ausfällt, desto größer ist die Unabhängigkeit von Außenfinanzierungsmaßnahmen.

Investitionsfähigkeit $= \dfrac{\text{Cash-flow}}{\text{Nettoinvestitionen}} \cdot 100$

Die Verschuldungsfähigkeit (auch dynamischer Verschuldungsgrad genannt) drückt aus, wieviel Jahre ein Unternehmen braucht, um seine Effektivverschuldung oder sein kurzfristiges Fremdkapital aus Innenfinanzierung zu tilgen.

Verschuldungsfähigkeit $= \dfrac{\text{Effektivverschuldung}}{\text{Cash-flow}} = n$ Jahre   oder

Verschuldungsfähigkeit $= \dfrac{\text{kurzfristiges Fremdkapital}}{\text{Cash-flow}} = n$ Jahre

Gesamtverbindlichkeiten
- Zahlungsmittel
- selbst gewährte Kredite   } monetäres
  (Forderungen und geleistete Anzahlungen)   Umlaufvermögen

= Effektivverschuldung

Die Verschuldungsfähigkeit dient auch Kreditgebern zur **dynamischen Festlegung der Verschuldungsobergrenze.** Danach soll ein Unternehmen nicht mehr Kredit aufnehmen, als auf der Basis des durchschnittlichen Cash-flow der letzten drei Jahre durch diesen in 6 bis 7 Jahren getilgt werden konnten, bzw. auf der Basis eines Prognose-Cash-flow im Hinblick auf ein geplantes Investitionsvorhaben durch diesen innerhalb dieses Zeitraums zurückgezahlt werden könnten. Gute Unternehmen weisen hier einen Wert von 3,5 bis 4 Jahren auf.

Diese Kennzahlen zur dynamischen Liquidität sind mit Erfolg zur Insolvenzfrüherkennung herangezogen worden.

5.5.2 Kapitalflußrechnung

Ein weiteres Beurteilungskriterium zur dynamischen Liquidität ist die **Kapitalflußrechnung,** die auch in der längerfristigen Finanzplanung Verwendung findet. Die Kapitalflußrechnung ist im Gegensatz zur zeitpunktbezogenen Bilanz eine Zeitraumrechnung, die den Kapitalfluß zwischen zwei Fixpunkten, i. d. R. den Bilanzstichtagen in Form von Bestandsveränderungen ausweist. Während die GuV-Rechnung nur erfolgswirksame Größen beinhaltet, gliedert die Kapitalflußrechnung alle finanzwirksamen Vorgänge nach Mittelherkunft (Finanzierung) und Mittelverwendung (Investition).

Bei **externer Finanzanalyse** dienen in der Regel die letzten drei Jahresabschlüsse als Grundlage, aus denen sowohl die bilanziellen Bestandsveränderungen als auch durch Einbeziehung des Cash-flow erfolgswirtschaftliche Zeitraumgrößen ermittelt werden können.

Kapitalflußrechnung

Mittelverwendung	Mittelherkunft
1. Bruttoinvestitionen in Sachanlagen	1. Erhöhung der Beteiligungsfinanzierung
2. Bruttoinvestitionen in Finanzanlagen	2. Erhöhung der Fremdfinanzierung
3. Erhöhung des Betriebskapitals (Umlaufvermögen ohne Zahlungsmittel)	3. Verminderung des Betriebskapitals (Umlaufvermögen ohne Zahlungsmittel)
4. Eigenkapitalverminderung	4. Desinvestition von Sach- und Finanzanlagen
5. Kredittilgung	5. Innenfinanzierung der Periode (Cash-flow)
6. Erhöhung der Zahlungsmittel	6. Verminderung der Zahlungsmittel

Finanzanalyse

Bei **interner Analyse** kann die Kapitalflußrechnung zusätzlich nach der Überlassungsdauer auf der Seite der Mittelherkunft und nach der Kapitalbindungsdauer auf der Seite der Mittelverwendung gegliedert werden. Ein fristenmäßiges Gleichgewicht zwischen Mittelherkunft und Mittelverwendung beinhaltet dann eine dynamische Liquiditätsaussage.

Eine weitere Verbesserung bei der internen Betrachtung stellt die untergliederte Einbeziehung der Erfolgsrechnung sowie der Ersatz der Bestandsveränderungen aus der Bilanz durch die sie verursachenden **Kontobewegungen** dar. Während sämtliche Sollumsätze der Bilanzkonten sowie die Aufwendungen aus der Erfolgsrechnung auf der Seite der Mittelverwendung erscheinen, stehen die Habenumsätze und die Erträge auf der Seite der Mittelherkunft.

Kapitalflußrechnung als Umsatzrechnung

Mittelverwendung	Mittelherkunft
1. Sollumsätze auf den Bilanzkonten der Aktivseite	1. Habenumsätze auf den Bilanzkonten der Aktivseite
2. Sollumsätze auf den Konten der Passivseite	2. Habenumsätze auf den Bilanzkonten der Passivseite
3. Aufwendungen aus der Erfolgsrechnung	3. Erträge aus der Erfolgsrechnung

Der Vorteil dieser Gegenüberstellung liegt in den Informationen über die einzelnen Zu- und Abnahmen, die dann zur saldierten Bestandsveränderung geführt haben.

Letztlich lassen sich sowohl bei der Kapitalflußrechnung aus Bestandsveränderungen der Bilanz als auch bei Kapitalflußrechnungen aus Kontoumsätzen unter Einbeziehung der Erfolgsrechnung bestimmte Posten bzw. **Konten zu Fonds zusammenfassen.** Jeder Fonds stellt eine funktionale Einheit dar, aus der zusätzliche Liquiditätsaussagen durch die Veränderungen der Fonds sowie durch die Herkunft der Fondsmittelzuflüsse und die Verwendung der Fondsmittelminderungen gewonnen werden können. Es werden i.d.R. folgende Fonds gebildet:

- Geldfonds (Barbestände: Kasse, Bank, Postbank)
- Flüssige-Mittel-Fonds (zusätzlich zahlungsmittelnahe Bestände wie Schecks, Wechsel, börsengängige Wertpapiere)
- Fonds der bald netto verfügbaren Geldmittel (zusätzlich kurzfristige Forderungen abzüglich kurzfristige Verbindlichkeiten)

- Working Capital Fonds (Nettoumlaufvermögen als Saldo der sich innerhalb eines Jahres verflüssigenden Vermögensgegenstände, abzüglich der in diesem Zeitraum fälligen Verbindlichkeiten)

In der Fondsnachweisrechnung werden die Fondszugänge den Fondsabgängen gegenübergestellt; in der Gegenbeständerechnung werden die nicht zum Fonds gehörenden Positionen nach Fondsmittelverwendung und Fondsmittelherkunft zusammengefaßt. Der Saldo der beiden Rechnungen ist identisch.

Fondsnachweisrechnung

Fondszugänge

1. durch Erhöhung von Aktiva,
   z. B. Bank, Debitoren
2. durch Verminderung von Passiva,
   z. B. Kreditoren
(3. Saldo Fondsreduzierung)

Fondsabgänge

1. durch Verminderung von Aktiva,
   z. B. Vorräte, Kasse
2. durch Erhöhung von Passiva,
   z. B. Wechselverbindlichkeiten
(3. Saldo Fondserhöhung)

Gegenbeständerechnung

Fondsmittelverwendung

1. zur Erhöhung von Aktiva,
   z. B. Investitionen
2. zur Verminderung der Passiva,
   z. B. Kredittilgung
(3. Saldo Fondserhöhung)

Fondsmittelherkunft

1. aus Verminderung von Aktiva,
   z. B. Maschinenverkauf
2. aus Erhöhung von Passiva,
   z. B. Kapitalerhöhung, Cash-flow, Kreditaufnahme)
(3. Saldo Fondsreduzierung)

Dieses Gliederungsschema bezieht sich auf eine Kapitalflußrechnung mit ausgeschiedenem Working-Capital-Fonds.

Durch die gesonderte Ausweisung eines Fonds im Rahmen der Kapitalflußrechnung lassen sich vor allem im Zeitablauf durch Vergleich früherer Perioden und daraus prognostizierter Zukunftsfonds rechtzeitig Liquiditätsengpässe aufzeigen. Bei Verwendung zur internen Finanzanalyse ist hier ein enger Zusammenhang zur längerfristigen Finanzplanung zu sehen.

5.6 Kennzahlen zur Rentabilität und zum Erfolg

Die Erfolgs- oder Ergebnisanalyse soll Aufschlüsse über die Aufwands- und Ertragsstruktur des Unternehmens geben. Hierzu können einzelne Aufwandspositionen in Relation zum Gesamtaufwand gesetzt werden, wie beispielsweise:

Finanzanalyse 477

$$\text{Materialintensität} = \frac{\text{Materialaufwand}}{\text{Gesamtaufwand}} \cdot 100$$

$$\text{Abschreibungsintensität} = \frac{\text{Abschreibungen}}{\text{Gesamtaufwand}} \cdot 100$$

$$\text{Personalintensität} = \frac{\text{Personalaufwand}}{\text{Gesamtaufwand}} \cdot 100$$

Die Zusammensetzung des Unternehmensertrages kann vor allem im Zeitablauf strukturelle Veränderungen verdeutlichen. So zeigt z. B. der Anteil des betrieblichen Umsatzes am Gesamtertrag an, wie hoch der Beitrag der Finanzanlagen und der Beteiligungen zum Gesamtertrag ist, oder der Anteil des Auslandsumsatzes, welche Bedeutung das Exportgeschäft für das Unternehmen hat.

$$\text{Betriebsleistungsabhängigkeit} = \frac{\text{betrieblicher Umsatz}}{\text{Unternehmensertrag}} \cdot 100$$

$$\text{Exportabhängigkeit} = \frac{\text{Auslandsumsatz}}{\text{Unternehmensertrag}} \cdot 100$$

Rentabilitätskennzahlen sollen Informationen über die Wirtschaftlichkeit des unternehmerischen Kapitaleinsatzes geben. Hier werden die Erfolgsgrößen Gewinn oder Cash-flow vor allem auf das Eigenkapital, das Gesamtkapital oder auf den Umsatz bezogen.

Eigenkapitalrentabilität

$$EK_r = \frac{\text{Jahresgewinn}}{\text{Eigenkapital}} \cdot 100$$

$$EK_r = \frac{\text{Cash-flow}}{\text{Eigenkapital}} \cdot 100$$

Gesamtkapitalrentabilität

$$GK_r = \frac{\text{Jahresgewinn} + \text{Fremdkapitalkosten}}{\text{Gesamtkapital}} \cdot 100$$

$$GK_r = \frac{\text{Cash-flow} + \text{Fremdkapitalkosten}}{\text{Gesamtkapital}} \cdot 100$$

Umsatzrentabilität

$$U_r = \frac{\text{Gewinn (bzw. Cash-flow)}}{\text{Umsatz}} \cdot 100$$

Durch die Bildung des Leverage-Faktors lassen sich Erkenntnisse darüber gewinnen, ob eine Veränderung der Eigenkapitalrendite durch eine Veränderung der Kapitalstruktur begründet ist oder auf betrieblich-leistungsbezogene Faktoren zurückzuführen ist:

$$\textbf{Leverage-Faktor} = \frac{\text{Eigenkapitalrentabilität}}{\text{Gesamtkapitalrentabilität}} \cdot 100$$

Erweitert man die Gesamtkapitalrentabilität mit dem Umsatz, verbindet also die Umsatzrendite mit der Umschlagshäufigkeit des Gesamtkapitals, so entsteht die Kennzahl **ROI (Return on Investment)**:

$$ROI = \frac{\text{Gewinn (bzw. Cash-flow)}}{\text{Umsatz}} \cdot \frac{\text{Umsatz}}{\text{Gesamtkapital}} \cdot 100$$

(Umsatzrendite) (Kapitalumschlagshäufigkeit)

Eine bestimmte Rendite des Kapitaleinsatzes läßt sich entweder durch eine hohe Umsatzrendite bei niedriger Kapitalumschlagshäufigkeit oder durch eine niedrige Umsatzrendite bei hoher Kapitalumschlagshäufigkeit erzielen. Beide Faktoren können sich auch addieren und zu einer besonders vorteilhaften Rendite führen. Dadurch wird die enge Beziehung von Erfolg und Kapitalbindung im Unternehmen verdeutlicht.

Diese Kennzahl ist in Literatur und Praxis in verschiedener Modifikation anzutreffen. So kann sie sich beispielsweise auf Filialen oder Abteilungen beziehen oder als ganzes **Kennzahlensystem** (Du-Pont-System) dem Unternehmen dienen. Im letzteren Fall ist ROI eine Spitzenkennzahl, die in ihre Vermögens-, Erlös- und Kostenbestandteile zerlegt wird und sowohl zur Unternehmensanalyse und -kontrolle als auch zur Unternehmensplanung verwendet wird.

6 Kontrollfragen*)

1. Was heißt Planung im allgemeinen, und was verstehen Sie unter Finanzplanung im besonderen?
2. Nennen Sie Ziel und Ausgangspunkt der Planung!
3. Schildern Sie die einzelnen Phasen des Planungsablaufs!
4. Warum erstellen vor allem Banken Liquiditätsstati?
5. Welche Bedeutung hat der Liquiditätsstatus für multinationale Unternehmen?
6. Welchen Prognosezeitraum umfaßt der kurzfristige Finanzplan, und welche Planungseinheit ist zu wählen?
7. Wie unterscheiden sich aktive und passive Planungen?
8. Welche Bedeutung hat die Planungseinheit insbesondere beim kurzfristigen Finanzplan?
9. Wie unterscheiden sich Vorschauplan und Vorgabeplan?
10. Nennen Sie Vor- und Nachteile des Budgetwesens!
11. Wie sollte der Finanzbereich im Unternehmen organisiert sein?
12. Welche Tätigkeiten übernehmen Treasurer und Controller in einem größeren Unternehmen?
13. Welche Gemeinsamkeiten bestehen bei Kapitalflußrechnung und längerfristiger Finanzplanung?
14. Welche Interdependenz besteht zwischen kurzfristiger und längerfristiger Finanzplanung?
15. Welche Aufgaben hat die längerfristige Finanzplanung?
16. Woraus werden Kapitalbedarf und Kapitaldeckung abgeleitet?
17. Nach welchen Gesichtspunkten sind Kapitalbedarf und Kapitaldeckung zu gliedern?
18. Welchen Hauptgliederungspunkten würden Sie folgende Tätigkeiten zuordnen: Erwerb von Beteiligungen, Pensionszahlungen, Einbehaltung von Gewinnen, Kredittilgung, Lagerabbau.

---

*) Lösungshinweise siehe Seite 487

19. Welche Prognoseverfahren können bei der längerfristigen Finanzplanung verwendet werden?
20. Welche Zielsetzungen hat die kurzfristige Finanzplanung?
21. Was versteht man unter einer rollierenden Planung?
22. Wie müßte eine kurzfristige Finanzplanung gegliedert sein, um die Liquiditätsdifferenz unmittelbar ablesen zu können?
23. Aus welchen Größen setzt sich der Einnahmenplan und der Ausgabenplan zusammen?
24. Wie unterscheiden sich Zahlungsdifferenz und Finanzdifferenz?
25. Was sollen Anpassungsmaßnahmen bewirken? Wie unterscheiden sich Aktionsparameter von Erwartungsparametern?
26. Nennen Sie Anpassungsmaßnahmen, die i. d. R. sofort wirken!
27. Auf welche beiden Bereiche bezieht sich die Finanzreserve?
28. Was versteht man unter Kreditsubstitution? Nennen Sie Beispiele!
29. Was umfaßt der Kapitalfonds?
30. Welche Aufgaben hat die Finanzkontrolle?
31. Auf welchen Ursachen können Abweichungen beim Soll-Ist-Vergleich beruhen?
32. Welche Aufgaben haben Planfortschrittskontrolle und Prämissenkontrolle?
33. Welche Arten von Prognoseverfahren stehen der kurzfristigen Finanzplanung zur Verfügung?
34. Beschreiben Sie ein einfaches und ein verbessertes Verfahren der Zeitreihenanalyse!
35. Was untersucht die lineare Regressionsanalyse?
36. Wann wird die Verweilzeitverteilung in der kurzfristigen Finanzplanung verwendet?
37. Welchen Zweck haben Kapitalbedarfsrechnungen?
38. Wie wird der Kapitalbedarf im Umlaufvermögen ermittelt?
39. Welche Aufgaben kann die Netzplantechnik im Rahmen der Kapitalbedarfsrechnung erfüllen?

Kontrollfragen

40. Welche finanzielle Doppelwirkung hat die Vorverlegung eines Ablieferungstermins?
41. Was besagt das Ausgleichsgesetz der Planung?
42. Welches Ziel verfolgt eine integrierte Finanz- und Erfolgsplanung?
43. Wie unterscheiden sich sukzessive und simultane Planung?
44. Nach welchem Konzept sollte eine integrierte Finanz- und Erfolgsplanung gegliedert werden?
45. Welche Salden werden in der Bilanzplanung erfaßt?
46. Nennen Sie die Hauptaufgaben der finanziellen Unternehmensführung!
47. Welche Instrumente stehen der finanziellen Unternehmensführung zur Verfügung?
48. Erläutern Sie den Ablauf des finanzwirtschaftlichen Prozesses!
49. Welchen Einflüssen unterliegt die Managementkonzeption?
50. Charakterisieren Sie das Zielsystem des Unternehmens!
51. Welche Aufgabe hat die finanzwirtschaftliche Planung?
52. Welche Aufgabe hat die Finanzdisposition?
53. Welche risikopolitischen Tätigkeiten hat das Finanzmanagement zu ergreifen?
54. Was versteht man unter »In-House-Banking«?
55. Was legen im Budgetwesen das Aktionsbudget und das Vollzugsziffernbudget fest?
56. Benennen Sie wichtige Grundsätze für eine aussagekräftige Finanzplanung!
57. Welche Bedeutung hat die Elastizität der Planung?
58. Welche Vorteile hat eine Kapitalbedarfsrechnung mittels Netzplantechnik?
59. Welche Aktivitäten sind der Finanzdisposition zuzuordnen?
60. Grenzen Sie Finanzdisposition und Finanzplanung voneinander ab!
61. Welche Dienstleistungen beinhalten Cash-Management-Systeme?
62. Welche Besonderheiten der Finanzdisposition ergeben sich aus internationaler Unternehmenstätigkeit?

63. Was bedeutet Netting?
64. Welche Synergieeffekte können bei zentraler Finanzdisposition in Konzernen auftreten? Welche Probleme können entstehen?
65. Wie erfolgt die Steuerung einer internationalen Finanzdisposition?
66. Warum betreibt man Finanzanalyse? Welche Aufgaben hat sie extern und intern?
67. Welche Vergleichsarten lassen sich unterscheiden?
68. Kennzeichnen Sie die 4 verschiedenen Kennzahlengruppen!
69. Welche Kennzahlen haben sich besonders zur Insolvenzfrüherkennung bewährt?
70. Beurteilen Sie die Kennzahlen zur Anlagenintensität und zur Investitionsquote bzw. Investitionsdeckung!
71. Welche Aussagefähigkeit haben Kennzahlen zur Umschlagsgeschwindigkeit?
72. Erläutern Sie die Kennzahlen zur Lagerumschlagsdauer und zum Debitorenziel!
73. Welche Bedeutung hat die Eigenkapitalquote? Gibt es branchenmäßige und länderspezifische Unterschiede?
74. Erläutern Sie Wesen und Problematik der Kennzahlen zum Verschuldungsgrad!
75. Welches Ziel haben die traditionellen Finanzierungsregeln?
76. Was besagen die goldene Finanzierungsregel und die goldene Bankregel?
77. Durch welche Kennzahlen wird die Fristenkongruenz im kurzfristigen Sektor analysiert?
78. Wie hoch sollte möglichst die Liquidität 1., 2. und 3. Grades sein?
79. Wie unterscheidet sich das Working Capital von den Liquiditätsgraden?
80. Wie beurteilen Sie die Kennzahlen zur Fristenkongruenz?
81. Welche Beurteilungskriterien gibt es für die dynamische Liquidität?
82. Wie wird der Cash-flow aus dem Finanzplan ermittelt?
83. Geben Sie ein Schema für die Berechnung des Cash-flow aus dem Jahresabschluß!

Finanzanalyse 483

84. Wie lautet der dynamische Liquiditätsgrad?
85. Wie kann die finanzielle Leistungsfähigkeit im Hinblick auf die Investitionsfähigkeit und die Verschuldung analysiert werden?
86. Was versteht man unter Effektivverschuldung und monetärem Umlaufvermögen?
87. Wie kann von Banken die dynamische Verschuldungsobergrenze festgelegt werden?
88. Nennen Sie Vorteile der Cash-flow-Analyse!
89. Was ist eine Kapitalflußrechnung?
90. Welche Art der Kapitalflußrechnung steht i.d.R. Externen lediglich zur Verfügung?
91. Wie können Interne aus der Kapitalflußrechnung verbesserte Aussagen erhalten?
92. Wie ist eine Kapitalflußrechnung als Umsatzrechnung gegliedert?
93. Welchen Inhalt haben Fondsnachweisrechnung und Gegenbestänerechnung?
94. Welches Ziel haben Rentabilitätskennzahlen?
95. Wie lautet die Eigenkapitalrentabilität?
96. Wie kann die Gesamtkapitalrentabilität ermittelt werden?
97. Wie lautet die Umsatzrentabilität?
98. Worin liegt die Besonderheit der Kennzahl ROI?
99. Was soll die Kennzahl »Leverage-Faktor« ausdrücken?
100. Was ist ein Kennzahlensystem? Wo wird es vor allem verwendet?
101. Welches Ziel haben Erfolgskennzahlen?
102. Interpretieren Sie die Kennzahlen Personalintensität und Exportabhängigkeit!

F Lösungshinweise zu den Kontrollfragen

Lösungshinweise zu Kapitel A

Frage	Seite	Frage	Seite	Frage	Seite	Frage	Seite
1.	17	14.	21f.	27.	28	40.	36f.
2.	18	15.	23	28.	26,28	41.	41
3.	17	16.	22,23	29.	29	42.	43
4.	17	17.	23	30.	29f.	43.	45
5.	19	18.	25	31.	31f.	44.	46f.
6.	19	19.	25	32.	32	45.	46
7.	18f.	20.	25	33.	32	46.	47f.
8.	19	21.	26	34.	35	47.	48
9.	19	22.	26	35.	38ff.	48.	48
10.	19	23.	26	36.	40	49.	48
11.	21	24.	27	37.	40	50.	48ff.
12.	21	25.	28	38.	36	51.	50
13.	21	26.	28	39.	36f.		

Lösungshinweise zu Kapitel B

Frage	Seite	Frage	Seite	Frage	Seite	Frage	Seite
1.	54	23.	82f.	45.	94f.	67.	114
2.	56f.	24.	83	46.	96f.	68.	117
3.	57f.	25.	83f.	47.	97	69.	116f.
4.	58	26.	83f.	48.	74ff.,98	70.	117
5.	58	27.	84	49.	97	71.	121
6.	63f.	28.	84f.	50.	98	72.	119
7.	61f.	29.	85f.	51.	98	73.	119f.
8.	64	30.	88f.	52.	99	74.	122
9.	64	31.	87	53.	99f.	75.	120f.
10.	65	32.	87f.	54.	103	76.	123
11.	65	33.	88	55.	102	77.	124
12.	67f.	34.	89	56.	102	78.	124f.
13.	78	35.	89	57.	104f.	79.	124ff.
14.	79	36.	90,91	58.	104	80.	126
15.	79	37.	90	59.	106f.	81.	127f.
16.	79	38.	92	60.	106	82.	127,128
17.	79f.	39.	91	61.	108	83.	129
18.	80f.	40.	92	62.	108f.	84.	129
19.	81	41.	92	63.	108,110	85.	129
20.	81	42.	93	64.	110	86.	130
21.	81,82	43.	488f.	65.	111	87.	130f.
22.	87	44.	70,489	66.	111,114f.	88.	133

Lösungshinweise 485

Fortsetzung Kapitel B

Frage	Seite	Frage	Seite	Frage	Seite	Frage	Seite
89.	133	125.	169	161.	71	197.	237f.
90.	134	126.	169	162.	72f.	198.	237
91.	134f.	127.	172	163.	203,42	199.	238
92.	135	128.	172ff.	164.	206	200.	238
93.	136f.	129.	174	165.	207	201.	239
94.	138	130.	178	166.	207	202.	239
95.	138	131.	175	167.	207f.	203.	59
96.	139	132.	179	168.	209ff.	204.	59f.
97.	141	133.	180	169.	212f.	205.	61
98.	139f.	134.	179	170.	214	206.	65f.
99.	144	135.	182	171.	214f.	207.	69
100.	140	136.	183	172.	215f.	208.	69
101.	143	137.	185f.	173.	216f.	209.	69
102.	144	138.	185	174.	217f.	210.	70
103.	145	139.	187	175.	218f.	211.	70
104.	145f.	140.	187	176.	219	212.	71
105.	147f.	141.	187f.	177.	220	213.	74
106.	150	142.	187f.	178.	220f.	214.	73
107.	151	143.	188	179.	221	215.	74
108.	152	144.	189	180.	223	216.	75f.
109.	153f.	145.	190	181.	224f.	217.	76
110.	155	146.	189	182.	222f.	218.	76f.
111.	154,156	147.	190,195	183.	225f.	219.	77f.
112.	156	148.	191	184.	227	220.	102
113.	157	149.	191ff.	185.	229	221.	140
114.	159f.	150.	194	186.	230	222.	140
115.	161	151.	196	187.	230f.	223.	180
116.	160	152.	196f.	188.	231f.	224.	180
117.	162	153.	200f.	189.	233	225.	183f.
118.	164	154.	201	190.	234	226.	184
119.	164f.	155.	201	191.	234	227.	196
120.	165	156.	202f.	192.	235	228.	198
121.	166	157.	203	193.	236	229.	199
122.	166	158.	204	194.	236	230.	207
123.	167	159.	205	195.	236f.		
124.	168	160.	205f.	196.	237		

Lösungshinweise zu Kapitel C

Frage	Seite	Frage	Seite	Frage	Seite	Frage	Seite
1.	252	3.	253	5.	254f.	7.	255
2.	252	4.	253f.	6.	254f.	8.	255

Fortsetzung Kapitel C

Frage	Seite	Frage	Seite	Frage	Seite	Frage	Seite
9.	256, 263f.	37.	301	65.	322	93.	347f.
10.	260	38.	301	66.	325	94.	352ff.
11.	260f.	39.	302	67.	330	95.	349
12.	259	40.	303	68.	321	96.	358f.
13.	259	41.	303	69.	326f.	97.	359ff.
14.	281	42.	303	70.	326	98.	361
15.	282	43.	305f.	71.	325	99.	339f.
16.	282	44.	306	72.	323	100.	340
17.	283f.	45.	308	73.	326	101.	265f.
18.	284	46.	305	74.	328	102.	266f.
19.	285	47.	310	75.	329	103.	267
20.	285f.	48.	310	76.	327f.	104.	268
21.	286	49.	311	77.	320	105.	269f.
22.	286	50.	311	78.	322	106.	269
23.	287	51.	312	79.	323	107.	269f.
24.	290	52.	312	80.	324	108.	272f.
25.	290f.	53.	312f.	81.	331	109.	274
26.	291	54.	314	82.	332f.	110.	274
27.	291f.	55.	313	83.	333	111.	276ff.
28.	293	56.	314	84.	327, 334	112.	279ff.
29.	297	57.	315	85.	335	113.	304
30.	293	58.	315f.	86.	335	114.	305
31.	295	59.	316	87.	335	115.	308
32.	296f.	60.	317	88.	337f.	116.	318
33.	298	61.	318	89.	340f.	117.	334
34.	298	62.	319	90.	342f.	118.	336
35.	299	63.	320	91.	345	119.	351
36.	299f.	64.	319f.	92.	347	120.	358ff.

Lösungshinweise zu Kapitel D

Frage	Seite	Frage	Seite	Frage	Seite	Frage	Seite
1.	369	11.	375	21.	382	31.	393
2.	371	12.	375f.	22.	382f.	32.	394
3.	370/371	13.	376	23.	384	33.	394
4.	372	14.	373	24.	384f.	34.	393
5.	372	15.	376	25.	385	35.	396
6.	373f.	16.	377f.	26.	386f.	36.	397
7.	373	17.	378	27.	388	37.	399
8.	374	18.	380	28.	390f.	38.	399
9.	374	19.	372f.	29.	391f.	39.	401/402
10.	374f.	20.	382	30.	392f.	40.	396

Lösungshinweise zu Kapitel E

Frage	Seite	Frage	Seite	Frage	Seite	Frage	Seite
1.	416f.	27.	434	53.	411f.	79.	468
2.	417	28.	435	54.	414	80.	469
3.	417	29.	435	55.	415	81.	471ff.
4.	418	30.	436f.	56.	419f.	82.	472
5.	418	31.	437	57.	424f.	83.	472
6.	418	32.	438	58.	449	84.	473
7.	419	33.	438	59.	455	85.	473
8.	419	34.	439f.	60.	456	86.	473
9.	415/416	35.	441	61.	457	87.	474
10.	416	36.	442f.	62.	457f.	88.	472f.
11.	412f.	37.	444	63.	458	89.	474
12.	413f.	38.	444f.	64.	458f.	90.	474
13.	421	39.	447	65.	459	91.	475
14.	420f.	40.	449	66.	460	92.	475
15.	420	41.	451	67.	460	93.	476
16.	421f.	42.	454	68.	460	94.	477
17.	422f.	43.	454	69.	461	95.	477
18.	423	44.	452	70.	461f.	96.	477
19.	425	45.	452	71.	462f.	97.	478
20.	426	46.	407	72.	463f.	98.	478
21.	426	47.	407	73.	464	99.	478
22.	432f.	48.	408	74.	464	100.	478
23.	431	49.	407	75.	466f.	101.	476
24.	431	50.	409	76.	466f.	102.	477
25.	434	51.	410	77.	467f.		
26.	434f.	52.	410	78.	469		

G Fälle und Lösungen

Aufgabe 1 Kapitalstruktur

Ein Unternehmen erwartet aus einem Investitionsvolumen von 4 Mill. EUR eine Rendite von 12%. Zur Finanzierung können aufgrund der bankmäßigen Beleihungsgrenzen 2 Mill. EUR Fremdkapital aufgenommen werden. Der Zinssatz beträgt aufgrund der guten Kapitalmarktlage 7,5% p. a.

a) Wie hoch ist die Eigenkapitalrentabilität absolut und in Prozent?

b) Wie hoch ist absolut und in Prozent die Eigenkapitalrentabilität, wenn das Unternehmen eine Fremdfinanzierung über 3 Mill. EUR zum selben Zinssatz bekommen kann?

c) Wie ändert sich die Eigenkapitalrentabilität, wenn die Bank für 3 Mill. EUR aufgrund des erhöhten Kreditrisikos oder aufgrund der Verschlechterung der Kapitalmarktsituation bei der nächsten Zinsanpassung den Zinssatz auf 14% erhöht?

Lösung 1 Kapitalstruktur

a) Die Eigenkapitalrentabilität beträgt bei dieser Kapitalstruktur 16,5%.

$$r_e = r_i + \frac{FK}{EK} (r_i - k)$$

$$r_e = 12\% + \frac{0,5}{0,5} (12\% - 7,5\%) = 16,5\%$$

2 Mill. EUR Eigenkapital zu 16,5 % → 330 000 EUR
2 Mill. EUR Fremdkapital zu 7,5 % → <u>150 000 EUR</u>
<u>480 000 EUR</u>

b) So lange eine positive Differenz zwischen der Investitionsrendite und den Fremdkapitalkosten besteht, steigt die Eigenkapitalrentabilität bei einer Erhöhung des Fremdkapitalanteils zur Finanzierung des Investitionsvolumens überproportional. Sie beträgt hier 25,5% (Leverage-Chance).

$$r_e = 12\% + \frac{0,75}{0,25} (12\% - 7,5\%) = 25,5\%$$

1 Mill. EUR Eigenkapital zu 25,5 % → 255 000 EUR
3 Mill. EUR Fremdkapital zu 7,5 % → <u>225 000 EUR</u>
<u>480 000 EUR</u>

c) Liegt der Zinssatz für das Fremdkapital über der Investitionsrendite, weil diese sich z. B. aufgrund von Absatzproblemen verschlechtert hat oder das Kapitalmarktniveau gestiegen ist, sinkt die Eigenkapitalrentabilität mit zunehmendem Fremdkapitalanteil überproportional (Leverage-Risiko).

$$r_e = 12\% + \frac{0{,}75}{0{,}25} (12\% - 14\%) = 6\%$$

1 Mill. EUR Eigenkapital zu	6 %	→	60 000 EUR
3 Mill. EUR Fremdkapital zu	14 %	→	420 000 EUR
			__480 000 EUR__

Aufgabe 2 Kontokorrentkredit

1. Ein Unternehmen will sich einen Kontokorrentkredit einräumen lassen und erhält 4 Angebote:

   Angebot 1: Zinssatz 8% p. a.

   Angebot 2: Zinssatz 5% p. a. zuzüglich ¼% je Monat Kreditprovision auf die jeweils höchste Inanspruchnahme

   Angebot 3: Zinssatz 7% p. a. zuzüglich 1% p. a. Bereitstellungsprovision auf den nicht in Anspruch genommenen Kreditbetrag

   Angebot 4: Zinssatz 7% p. a. zuzüglich 1% p. a. Kreditprovision auf das Limit

   Ermitteln Sie, welche Kreditkostenbelastung entsteht, wenn das Unternehmen ein Limit von 6 Mill. EUR erhält, und dieses aufgrund seiner Zahlungsstruktur für 25 Tage mit 1 Mill. EUR und für 5 Tage mit 6 Mill. EUR ausnutzt!

2. Ein Unternehmen hat in einem Quartal folgende Zahlungsvorgänge:

   01.04. Auszahlung 15 000 EUR
   04.04. Auszahlung 10 000 EUR
   12.04. Auszahlung   5 000 EUR
   29.04. Einzahlung 18 000 EUR
   02.05. Einzahlung   2 000 EUR
   12.05. Auszahlung 50 000 EUR
   01.06. Einzahlung 52 000 EUR
   02.06. Auszahlung 14 000 EUR

Erstellen Sie eine Kontokorrentabrechung in Staffelform, und weisen Sie die Zinszahlen für die Inanspruchnahme des Limit und für die Nichtinanspruchnahme aus. Ermitteln Sie den Zinsbetrag, die Kreditprovision und die Umsatzprovision sowie die Effektivverzinsung für das Quartal vom 01.04. bis 01.07.!

Zinssatz: 7% p. a.

Kreditprovision: 1% p. a. auf den nicht ausgenutzten Kreditbetrag

Umsatzprovision: 0,5% auf den Umsatz der größeren Kontoseite

Lösung 2   Kontokorrentkredit

1. Kreditprovisionen

Beläuft sich die Inanspruchnahme eines Kreditlimits von 6 Mill. EUR in einem Monat auf 1 Mill. EUR für 25 Tage und auf 6 Mill. EUR für 5 Tage, ergibt sich für die verschiedenen Kreditprovisionen im Gegensatz zu einem Nettozins folgende Berechnung:

$$Z \text{ bzw. } KP = \frac{K \cdot p \cdot t}{100}$$

Z = Zinsen in DM $\qquad$ p = Zinssatz p. a.
KP = Kreditprovision in DM $\qquad$ t = Laufzeit
K = Kreditinanspruchnahme

Alternative 1:

Nettozinssatz 8% p. a.

$$Z = \frac{100\,000 \cdot 8 \cdot 25}{360 \cdot 100} = 5\,555,55 \qquad\qquad \underline{12\,222,21 \text{ EUR}}$$

$$Z = \frac{600\,000 \cdot 8 \cdot 5}{360 \cdot 100} = 6\,666,66$$

Alternative 2:

Zins: 5% p. a. zuzüglich ¼% je Monat Kreditprovision auf die jeweils höchste Inanspruchnahme

$$Z = \frac{100\,000 \cdot 5 \cdot 25}{360 \cdot 100} = 3\,472,22$$

$$Z = \frac{600\,000 \cdot 5 \cdot 5}{360 \cdot 100} = 4\,166{,}67 \qquad \underline{\underline{22\,638{,}89\ \text{EUR}}}$$

$$KP = \frac{600\,000 \cdot 3 \cdot 30}{360 \cdot 100} = 15\,000$$

Alternative 3:

Zins: 7% p. a. zuzüglich 1% p. a. Bereitstellungsprovision auf den nicht in Anspruch genommenen Kreditbetrag

$$Z = \frac{100\,000 \cdot 7 \cdot 25}{360 \cdot 100} = 4\,861{,}11$$

$$Z = \frac{600\,000 \cdot 7 \cdot 5}{360 \cdot 100} = 5\,833{,}33 \qquad \underline{\underline{14\,166{,}66\ \text{EUR}}}$$

$$KP = \frac{500\,000 \cdot 1 \cdot 25}{360 \cdot 100} = 3\,472{,}22$$

Alternative 4:

Zins: 7% p. a. zuzüglich 1% p. a. Bereitstellungsprovision auf das eingeräumte Limit

$$Z = 4\,861{,}11 + 5\,833{,}33 = 10\,694{,}44 \qquad (\text{wie 3.})$$

$$Z = \frac{600\,000 \cdot 1 \cdot 30}{360 \cdot 100} = 5\,000 \qquad \underline{\underline{15\,694{,}44\ \text{EUR}}}$$

Ergebnis:

Bei gleichmäßig hoher Auslastung des Kontokorrentkredit-Rahmens entstehen bei Alternative 1 und 2 keine Zinsdifferenzen. Diese nehmen zum Nachteil von (2) mit schwankendem Saldo zu. Bei regelmäßiger Vollauslastung des Limits ist (3) am zinsgünstigsten, da dann die Bereitstellungsprovision im wesentlichen entfällt. Alternative 4 ist bei schwankender Inanspruchnahme immer ungünstiger als Alternative 1, lediglich bei voller Ausnutzung des Limits sind beide Möglichkeiten gleich.

2. Abrechnung des Kontokorrentkredits

Die Abrechnung des Kontokorrentkredits erfolgt in **Staffelform,** wobei wegen der häufigen Saldenänderungen in **Zinszahlen** und **Zinsdivisor** untergliedert wird:

$$\text{Zinszahl} = \frac{K \cdot t}{100} \qquad \text{Zinsen} = \frac{\text{Zinszahl}}{\text{Zinsdivisor}}$$

$$\text{Zinsdivisor} = \frac{360}{p}$$

Buchungs-tag	Inanspruch-nahme	Tage	Zinszahlen für Inanspruch-nahme	Zinszahlen für nicht ausgenutz-tes Kreditlimit (70 000 DM)	Kontoumsatz Soll	Haben
01.04.	15 000	3	450	1 650	15 000	
04.04	25 000	8	2 000	3 600	10 000	
12.04.	30 000	17	5 100	6 800	5 000	
29.04.	12 000	3	360	1 740		18 000
02.05.	10 000	10	1 000	6 000		2 000
12.05.	60 000	19	11 400	1 900	50 000	
01.06.	8 000	1	80	620		52 000
02.06.	22 000	29	6 380	13 920	14 000	
Summe bis Quartalsschluß 01.07.		90	26 770	36 230	94 000	72 000

$$\text{Zinsen} = \frac{26\,770}{\frac{360}{7}} = 520{,}53 \text{ EUR}$$

$$\text{Kreditprovision (KP)} = \frac{36\,230}{\frac{360}{1}} = 100{,}64 \text{ EUR}$$

$$\text{Umsatzprovision (UP)} = \frac{\text{Umsatzgrößere Kontoseite} \cdot \text{Abrechnungszeitraum}}{\text{Zinsdivisor} \cdot 100} =$$

$$= \frac{94\,000 \cdot 90}{\frac{360}{0{,}5} \cdot 100} = 117{,}50 \text{ EUR}$$

Fälle und Lösungen

Zur Ermittlung der Effektivverzinsung für den Kontokorrentkredit kann von der durchschnittlichen Inanspruchnahme ausgegangen werden:

$$\varnothing \text{ Inanspruchnahme} = \frac{\text{Zinszahlen}}{\text{Abrechnungszeitraum}} \cdot 100$$

$$\varnothing K = \frac{26\,770}{90} \cdot 100 = 29\,744{,}44 \text{ EUR}$$

Der Effektivzins beträgt bei einer durchschnittlichen Inanspruchnahme von 29 744,44 EUR und Gesamtkosten von 738,67 EUR dann 9,93% p. a.

$$p = \frac{(Z + KP + UP) \cdot 100}{\varnothing K \cdot t} = \frac{(520{,}53 + 100{,}64 + 117{,}50)}{29\,744{,}44 \cdot \frac{90}{360}} = 9{,}93\% \text{ p. a.}$$

Wird außerdem die Unterjährigkeit aufgrund der quartalsmäßigen Abrechnung berücksichtigt, so beträgt die Effektivverzinsung:

$$r_{eff} = \left[\left(1 + \frac{i}{m}\right)^m - 1\right] \cdot 100$$

$$i = \frac{p}{100} \qquad m = \text{Anzahl der Zinsperiode im Jahr}$$

$$r_{eff} = \left[\left(1 + \frac{0{,}0993}{4}\right)^4 - 1\right] \cdot 100 = 10{,}31\% \text{ p. a.}$$

Aufgabe 3   Schuldverschreibungen

Sie können 2 Teilschuldverschreibungen zu folgenden Bedingungen erwerben:

aus einer Neuemission	aus einer Altemission
Nominalzins 6,0 % p. a.	Nominalzins 9,0 % p. a.
Ausgabekurs 97%	Tageskurs an der Börse 108%
Rückzahlungskurs 100%	Rückzahlungskurs 100%
Laufzeit 5 Jahre	Restlaufzeit 8 Jahre
Zinszahlung jährlich nachträglich	Zinszahlung vierteljährlich nachträglich
keine Erwerbskosten	Erwerbskosten 1,35%

a) Für welche Emission würden Sie sich entscheiden? (Bitte finanzmathematischer Ansatz mit Restwertverteilungsfaktor!)

b) Bei Alternative 2 (Altemission) ist eine Auslosung in 2 Jahren vorgesehen. Wie hoch wäre dann bei Auslosung die Effektivverzinsung? Interpretieren Sie das Ergebnis!

c) Wie würde sich die Effektivverzinsung bei Alternative 1 (Neuemission) ändern, wenn es sich um ein Ratendarlehn handeln würde, das nach 3 Freijahren in 12 Vierteljahresraten zu tilgen ist?

Lösung 3   Schuldverschreibungen

a) Effektivverzinsung $= \dfrac{p + (RK - AK) \cdot RVF}{AK} \cdot 100 = r$

Neuemission:

$r = \dfrac{6 + (100 - 97) \cdot RVF_{i=0,06}^{n=5}}{97} \cdot 100 = 6{,}7342\%$ p.a.

$RVF_{i=0,06}^{n=5} = 0{,}1773964$

Altemission:

$r = \dfrac{9 + (100 - 109{,}35) \cdot RVF_{i=0,09}^{n=8}}{109{,}35} \cdot 100 = 7{,}4551\%$ p.a.

$RVF_{i=0,09}^{n=8} = 0{,}0906744$

Unterjährigkeit $\rightarrow \left[\left(1 + \dfrac{i}{m}\right)^m - 1\right] \cdot 100 = \left[\left(1 + \dfrac{0{,}074551}{4}\right)^4 - 1\right] \cdot 100 =$
$= 7{,}6661\%$ p.a.

Die Effektivverzinsung der Neuemission beträgt 6,7342% p. a. und die der Altemission bei Berücksichtigung der vierteljährlichen Zinszahlungen 7,6661% p. a.

b) Bei Auslosung der erworbenen Schuldverschreibung nach 2 Jahren würde die Effektiverzinsung erheblich sinken, da der Rückzahlungskurs nur 100% beträgt und der Nominalzins von 9% p. a. in dem kurzen Zeitraum

Fälle und Lösungen 495

von 2 Jahren nicht den hohen Vorwegzins durch das Agio von insgesamt 9,35% kompensieren kann. Schuldverschreibungen mit Auslosungsberechtigung des Emittenten beinhalten deshalb immer das Risiko, daß der Nominalzins nicht über die volle Laufzeit gezahlt wird, so daß sich ein Über-pari-Erwerbspreis nicht rechnet.

$$r = \frac{9 + (100 - 109{,}35) \cdot RVF_{i=0{,}09}^{n=2}}{109{,}35} \cdot 100 = 4{,}1393\% \text{ p. a.}$$

$RVF_{i=0{,}09}^{n=2} = 0{,}4784689$

Unterjährigkeit $\rightarrow \left[\left(1 + \frac{0{,}041393}{4}\right)^4 - 1\right] \cdot 100 = 4{,}2039\%$ p. a.

c) Erfolgt während der Laufzeit eine Tilgung, ist die mittlere Laufzeit zugrunde zu legen.

$$m = \text{Freijahre} + \frac{\text{Tilgungsjahre} + 1}{2}$$

$$m = 3 + \frac{3 + 0{,}25}{2} = 4{,}625 \text{ Jahre}$$

$$r = \frac{6 + (100 - 97) \cdot RVF_{i=0{,}06}^{m=4{,}625}}{97} \cdot 100 = 6{,}7855\% \text{ p.a.}$$

$RVF_{i=0{,}06}^{m=4{,}625} = 0{,}1939855$

Die Effektivverzinsung bei diesem Ratendarlehen beträgt 6,7855% p. a.

Aufgabe 4   Optionsschuldverschreibungen

Ein Investor kaufte am 06.05.1983 eine Optionsschuldverschreibung der Hoechst AG von 1975 mit einer Laufzeit bis zum 30.06.1990.
- Bezugsverhältnis Aktie zu Optionsschein: 5 :1
- festgelegter Bezugspreis für die Aktie   132,50
- Kurse der Aktie am 06.05.1983   145,30
-            am 18.10.1984   160
-            am 21.05.1986   275
- Kurse des Optionsscheins am 06.05.1983   175
-            am 21.05.1986   789

a) Wie hoch war am 06.05.1983 die Prämie beim Erwerb dieser Optionsschuldverschreibung? Wofür wird sie bezahlt?
b) Wie müßte sich der Kurs des Optionsscheines verändern, wenn bei gleicher Prämie der Aktienkurs am 18.10.1984 bei 160 liegt? Welche Renditesteigerung tritt bei der Aktie in diesem Zeitraum ein, und wie hoch ist die Renditesteigerung des Optionsscheins?
c) Am 21.05.1986 notierte der Optionsschein mit 789 bei einem Aktienkurs von 275. Wie hoch war an diesem Tag die Prämie? Welche Renditesteigerung läßt sich errechnen?

Lösung 4 Optionsschuldverschreibung

a) Die Prämie betrug am 06.05.1983 15,28%. Sie kennzeichnet den Zeitwert, den ein Erwerber des Optionsscheines für die dem Optionsschein innewohnenden Chancen während seiner Restlaufzeit bereit ist, als Aufgeld zu bezahlen:

$$\text{Prämie} = \frac{132,50 + \dfrac{175}{5} - 145,30}{145,30} \cdot 100 = 15,28\%$$

Das Aufgeld beträgt dann an diesem Tag 15,28% des aktuellen Aktienkurses von 145,30, das sind 22,20.

Optionspreis = (Innerer Wert + Zeitwert) · Bezugsverhältnis

$$\text{Optionspreis} = (145,30 - 132,50 + 22,20) \cdot \frac{5}{1} = 175$$

b) Steigt nun der Aktienkurs auf 160, entspricht dies einer Veränderung von 10,12% gegenüber dem Kurs von 145,30. Der Kurs des Optionsscheines wird sich jedoch um 84,74 auf 259,74 erhöhen, wenn die Prämie gleichbleibt, was einer Steigerung von 48,42% entspricht.

Tatsächlich kann sich aber mit dem Aktienkurs auch das Aufgeld verändern.

$$\text{Kurs des Optionsscheins} = \left[\left(1 + \frac{15,28}{100}\right) \cdot 160 - 132,50\right] \cdot \frac{5}{1} = \underline{\underline{259,74}}$$

Es zeigt sich somit die Hebelwirkung des Optionsscheins in der Renditedifferenz zwischen Kapitalanlage in Aktien und in Optionsscheinen.

c) Am 21.5.1986 betrug die Prämie nur noch 5,56%.

$$\text{Prämie} = \frac{132{,}50 + \frac{789}{5} - 275}{275} \cdot 100 = 5{,}56\%$$

Das Aufgeld beläuft sich entsprechend auf 15,29.

$$\text{Optionspreis} = (275 - 132{,}50 + 15{,}29) \cdot \frac{5}{1} = 789$$

Die Veränderung des Optionsscheines seit dem 06.05.1983 betrug 451%, die der Aktie nur 189%.

Aufgrund des bereits stark gestiegenen Aktienkurses und der abnehmenden Restlaufzeit liegt der Zeitwert für den Optionsschein am 21.05.1986 unter dem am 06.05.1983; die Restlaufzeitchancen werden niedriger eingestuft.

Aufgabe 5   Wohnungsbaufinanzierung durch Bankkredit oder Versicherungskredit

Ein Kreditnehmer möchte sein Wohnungsbauprojekt entweder über einen Bankkredit oder mit einem Versicherungskredit finanzieren. Ermitteln Sie die jährliche Belastung sowie die Gesamtbelastung für beide Alternativen!

- Kreditkonditionen: Zinssatz 7% p. a. Auszahlungskurs 100%
- Tilgung am Ende der Laufzeit aus der Versicherungssumme
- benötigter Versicherungskredit 80 000 EUR
- Laufzeit 25 Jahre
- Versicherungseintrittsalter 30 Jahre
- Beleihungswert der Eigentumswohnung 150 000 EUR
- Versicherungssumme = Kreditbetrag

Lösung 5   Wohnungsbaufinanzierung

Für den Versicherungskredit und für den Bankkredit ergeben sich folgende jährliche Belastungen und Gesamtbelastungen:

Versicherungskredit

Versicherungsprämie (3,26 · 80,0 · 12)	3 129,60 EUR
Versicherungskredit an rangerster Stelle bis zu 40% des Beleihungswertes	
Zinsen 7% p. a. auf 60 000 EUR	4 200,00 EUR
Versicherungskredit mit Zusatzsicherheit im Beleihungsraum 40 bis 80% des Beleihungswertes	
Zinsen 7,25% p. a. auf 20 000 EUR	1 450,00 EUR
eine einmalige Bürgschaftsgebühr 2% des Kreditbetrages = 400 EUR	
jährliche Belastung (monatlich 731,63 EUR)	__8 779,60 EUR__

Bürgschaftsgebühr	400,00 EUR
+ Versicherungsbeiträge (3129,60 · 25)	78 240,00 EUR
+ Zinsen 1. Kredit (4200 · 25)	105 000,00 EUR
+ Zinsen 2. Kredit (1450 · 25)	36 250,00 EUR
− Gewinnausschüttung am Ende der Laufzeit (90% von der Versicherungssumme)	72 000,00 EUR
= Gesamtbelastung	__147 890,00 EUR__

Da die verschiedenen Belastungen und die Gewinnausschüttung zu unterschiedlichen Zeiten anfallen, müssen sie für Vergleiche auf einen Bezugszeitpunkt diskontiert werden.

Kapitalisierte Jahresbelastung (8 779,60 · DSF für 25 Jahre und 7% Kalkulationszins)	102 313,80 EUR
+ Bürgschaftsgebühr	400,00 EUR
− Kapitalisierter Gewinnanteil (72 000 · AbF für 25 Jahre bei 7% Kalkulationszins)	13 265,93 EUR
= Kapitalwert der Gesamtbelastung	__89 447,87 EUR__

Unter Annahme eines konstanten Zinssatzes für die gesamte Kreditlaufzeit beträgt der Kapitalwert der Gesamtbelastung 89 447,87 EUR. Der Kapitalwert bei einem Bankkredit beläuft sich dagegen zum Vergleich bei einer entsprechenden Laufzeit von 25 Jahren als Annuitätendarlehen, einem Zinssatz von 7,75% p. a. und Einschluß einer Risikolebensversicherung auf:

Kapitaldienst für Bankkredit über 80 000 EUR
zu 7,75% p. a. Zinsen und 1,419% Anfangstilgungssatz 7 335,20 EUR
Versicherungsprämie (0,62 · 80,0 · 12) 595,20 EUR
jährliche Belastung (monatlich 660,87 EUR) 7 930,40 EUR

Kapitalwert der Gesamtbelastung aus dem Bankkredit
(7 930,40 · DSF für 25 Jahre bei einem
Kalkulationszins von 7%) 92 417,57 EUR

Der Vergleich zeigt, daß zwar beim Bankkredit die monatliche Belastung geringer ist, aufgrund der Gewinnausschüttung am Ende der Laufzeit aber die kapitalisierte Gesamtbelastung höher ausfällt als beim Versicherungskredit.

Aufgabe 6   Verbundfinanzierung

Ein Wohnungsbauprojekt eines Kreditnehmers ist durch folgende Daten gekennzeichnet:

- Investitionsvolumen 420 000
- 5-Personen-Haushalt (Ehepaar mit 3 Kindern)
- Jahreseinkommen vor Steuern 67 000
- ⌀ Steuersatz 27%
- Erfüllung der Voraussetzungen des II. Wohnungsbaugesetzes im Hinblick auf Wohnfläche und Einkommen
- Beleihungswert 388 000
- Beleihungsgrenze   60%: 232 800
  Beleihungsgrenze   80%: 310 400
  Beleihungsgrenze 110%: 426 800
- Eigenkapital: Bausparguthaben mit 45% der Bausparsumme
  von 100 000   45 000
  + Eigenleistungen   15 000
- Kapitaldienstgrenze bei 1 750 im Monat
  Berechnung: 35% vom Jahreseinkommen   = 23 450
  – Instandhaltungskosten   2 450
  21 000 : 12

Erstellen Sie einen Finanzierungsplan für den Kreditnehmer und errechnen Sie die monatlichen Belastungen des Kreditnehmers in den ersten Jahren!

Lösung 6 Verbundfinanzierung

Finanzierungsplan

1. Versicherungskredit (bis 35% des Beleihungswertes)	135 800
2. Bankkredit (bis 60% des Beleihungswertes)	97 000
3. Bausparkassenkredit über 55% der Bausparsumme (bis max. 80% des Beleihungswertes möglich)	55 000
4. Bankvorausdarlehen über 50 000 zur Vorfinanzierung eines 2. Bausparvertrages (mit Bürgschaft bis zu 110% des Beleihungswertes möglich)	50 000
5. Arbeitgeberdarlehen	17 200
6. Familienzusatzdarlehen	5 000
7. Bausparguthaben	45 000
8. Eigenleistungen	15 000
	420 000

Anfangsbelastungen

1. Versicherungskredit: 6,5% p. a. Zins, keine Tilgung während der Laufzeit, Rückzahlung aus Versicherungssumme	8 827
2. Lebensversicherungsprämie auf eine Versicherungssumme von 75 000 (2,85 · 75 · 12)	2 565
3. Bankkredit: 7% p. a. Zins, Tilgung mit 1,5% zzgl. ersparter Zinsen nach Ablösung des Bankvorausdarlehens	6 790
4. Bausparkassenkredit: 5% p. a. Zins, 7% Anfangstilgungssatz	6 600
5. Bankvorausdarlehen: 7,25% p.a. Zins, Ablösung aus 2. Bausparvertrag über 50 000	3 625
6. Avalprovision 1% p. a.	500
7. Regelsparbeitrag 4‰ p. M. auf 50 000 Bausparsumme	2 400
8. Arbeitgeberdarlehen; 2% p. a. Zins, Rückzahlung nach 10 Jahren mit 5% Anfangstilgungssatz	344
9. Familienzusatzdarlehen: zinslos, Tilgungssatz 1% p. a.	50
= jährliche Zahlungen	31 701

Fälle und Lösungen 501

Anfangsentlastungen

1. Steuerersparnis gem. Eigenheimzulagengesetz ab 1996
   auf max. 100 000 für 8 Jahre je 5%   5 000,00
   Reduzierung der Steuerschuld durch »Baukindergeld«   4 500,00
2. Sonderausgabenabzug für die Lebensversicherungsprämie
   bei ⌀ Steuersatz von 27%   692,55
3. Aufwendungsdarlehen (2. Förderungsweg) mit 3,60/
   je Monat/je qm auf eine geförderte Wohnfläche
   von 100 qm, während der Laufzeit abnehmend   4 320,00
4. Annuitätenzuschußdarlehen: 8% p. a. Zins mit
   Zinsansammlung und Rückzahlung nach
   Tilgung des 1. Bausparkredites mit einem
   Anfangstilgungssatz von 2%; bei jährlicher
   Zuschußleistung von 4 800 beträgt der zu
   tilgende Kredit nach 7 Jahren rd. 45 000   4 800,00

jährliche Entlastungen   19 312,55

Anfangsbelastung im Jahr   31 701,00

– Anfangsentlastung im Jahr   19 312,55

saldierte, tatsächliche Anfangsbelastung   12 388,45

Monatliche saldierte Anfangsbelastung   1 032,37

Die relativ günstige Anfangsbelastung wird steigen, wenn die steuerlichen Entlastungen nach 8 Jahren entfallen, die Auszahlungen aus dem Aufwendungsdarlehen sinken, das Annuitätenzuschußdarlehen nach 7 Jahren zurückzuzahlen ist und die Tilgung des Bankkredits und des Arbeitgeberdarlehens nach 7 bzw. 10 Jahren beginnt. Andererseits ist der 1. Bausparkredit nach 10 Jahren getilgt, entfällt der Regelsparbeitrag für den 2. Bausparvertrag nach 7 Jahren, ist das Bankvorausdarlehen durch den 2. Bausparvertrag abgelöst, so daß auch die Avalprovision nicht mehr zu entrichten ist, und kann gegebenenfalls zum Ausgleich der Belastung ein weiteres Annuitätenzuschußdarlehen aufgenommen werden, das nach Ablauf des 2. Bausparkredits dann zu tilgen wäre. Die Gesamtlaufzeit der Verbundfinanzierung beträgt unter dieser Konstellation zwischen 30 und 34 Jahren.

Aufgabe 7   Factoring

Ein Unternehmen steht vor der Entscheidung, ob es seine Forderungen an einen Factor verkaufen sollte. Es läßt sich deshalb auf der Basis der wesentlichen für den Factor wichtigen Unternehmensdaten ein Angebot unterbreiten.

Unternehmensdaten:

⌀ Umsatz in den letzten 3 Jahren	18 000 000
⌀ Außenstände	3 200 000
eingeräumtes Zahlungsziel gemäß Lieferbedingungen	40 Tage
tatsächliche ⌀ Lieferantenkreditgewährung $\frac{\varnothing \text{ Außenstände} \cdot \text{Zeit}}{\text{Umsatz}}$	64 Tage
Anzahl der Debitoren	1 500
Anzahl der Rechnungen im Jahr	9 000
⌀ Rechnungsbetrag	2 000
⌀ Forderungsausfälle	0,4% des Umsatzes
Wareneinkauf für	8 000 000
Skontosatz für Wareneinkauf	3%
Bankzins für Kontokorrentkredit	9% p. a.
Umsatzrendite bisher	5%

Zusammengefaßte Bilanz vor Factoring:

Aktiva in Tausend		Passiva in Tausend	
Anlagevermögen	5 000	Eigenkapital	3 000
Vorräte	2 400	Fremdkapital langfristig	2 100
Warenforderung	3 200	Warenverbindlichkeiten	1 100
Liquide Mittel	50	Bankverbindlichkeiten (mittelfristig)	1 600
		Bankverbindlichkeiten (kurzfristig)	2 850
Summe Aktiva	10 650	Summe Passiva	10 650

Factoring-Angebot:

- Dienstleistungsgebühr 1,4% auf die verwalteten Forderungen im Jahr
- Delkrederegebühr 0,6% auf die angekauften Forderungen
- Finanzierungskosten 9% p. a. auf die ⌀ Inspruchnahme hinsichtlich der angekauften Forderungen abzüglich einem Sperrbetrag von 10%
- Zusage, die ⌀ Außenstände um 200 000 auf 3,0 Mill. zu senken.

a) Wie ändert sich die durchschnittliche Lieferantenkreditdauer, wenn sich die Außenstände, wie von der Factoringgesellschaft angekündigt, auf 3 Mill. reduzieren? Wie hoch ist die Kapitalfreisetzung, wenn das vertragliche Zahlungsziel von 30 Tagen netto Kasse von allen Kunden eingehalten werden würde?

b) Erstellen Sie eine unternehmensindividuelle finanzwirtschaftliche Vergleichsrechnung auf der Basis folgender Werte:
- Gehalt des Debitorenbuchhalters 13 · 4000 p. M.
- Gehalt einer Inkassokraft 13 · 4000 p. M.
- Lohnnebenkosten 60%
- Büromaterial jährlich 6000
- Miete für Büroraum 18 qm zu 20/p. M.
- Mahnungen und Auskünfte jährlich 6300
- Gerichts- und Anwaltskosten jährlich 2100

c) Wie ändert sich die zusammengefaßte Bilanz bei Factoring? Ändert sich auch die Eigenkapitalquote?

d) Errechnen Sie die Kennzahl ROI vor und bei Factoring für dieses Unternehmen!

Lösung 7   Factoring

a) Die ⌀ Lieferantenkreditgewährung des Unternehmens reduziert sich auf 61 Tage, wenn die Außenstände um 200000 gesenkt werden.

$$\frac{\text{Debitoren} \cdot \text{Zeit}}{\text{Umsatz}} = \frac{3\,000\,000 \cdot 365}{18\,000\,000} \approx 61 \text{ Tage}$$

Die Kapitalfreisetzung bei einer Einhaltung des vertraglichen Zahlungsziels würde 1 720 548 betragen.

$$\frac{\text{Zahlungsziel} \cdot \text{Umsatz}}{\text{Zeit}} = \frac{30 \cdot 18\,000\,000}{365} = 1\,479\,452$$

Debitoren bei Zahlungsziel 64 Tage	3 200 000
Debitoren bei Zahlungsziel 30 Tage	1 479 452
Kapitalfreisetzung	1 720 548

b) Bei einer finanzwirtschaftlichen Vergleichsrechnung sind den entstehenden Factoring-Gebühren sämtliche Einsparungen durch die Übernahme der 3 Funktionen Dienstleistung, Kreditversicherung und Finanzierung durch das Factoring-Institut gegenüberzustellen:

1. Dienstleistungsgebühr 1,4% auf den Umsatz von 18 Mill.	252 000
2. Delkrederegebühr 0,6% auf die gekauften Forderungen	108 000
3. Finanzierungskosten 9% p. a. auf die ⌀ Inanspruchnahme von 2,7 Mill. nach Abzug von 10% Sperrbetrag	243 000
Summe der Factoringkosten	603 000

Folgende Einsparungen stehen den Factoring-Kosten gegenüber:

1. Personalkosten	
Gehälter für 2 Angestellte (4000 · 13 · 2)	104 000
Lohnnebenkosten 60%	62 400
2. Büromaterial und Einrichtungen	6 000
3. Raumkosten für 18 qm zu 20/p. M.	4 320
4. Mahnwesen und Kreditüberwachung (wegen Zielüberschreitung 500 Mahnungen und 100 Auskünfte, d. h. jeder Kunde alle 5 Jahre)	6 300
5. Gerichts- und Anwaltskosten	2 100
6. Forderungsausfälle 0,4% des Umsatzes	72 000
7. Durch Verzicht auf Lieferantenkredit Skontoabzugsmöglichkeit von 3% auf den Wareneinkauf	240 000
8. Zinskostenersparnis durch Rückführung des kurzfristigen Bankkredits um 1 800 000. (Die gesamte Kapitalfreisetzung beträgt 2,7 Mill. durch Forderungsverkauf zuzüglich 200 000 durch Reduzierung der Außenstände bei Verkürzung der Kapitalbindungsfrist für die Forderungen von 64 auf 60 Tage; 1 100 000 werden verwendet zur Rückführung des aufgenommenen Lieferantenkredits und 1 800 000 zur Teilrückführung des Bankkredits.)	162 000
Summe Kostenersparnis im Jahr	659 120

c) Die zusammengefaßte Bilanz würde sich bei Factoring folgendermaßen ändern:

Zusammengefaßte Bilanz bei Factoring:

Aktiva in Tausend		Passiva in Tausend	
Anlagevermögen	5 000	Eigenkapital	3 000
Vorräte	2 400	Fremdkapital langfristig	2 100
Warenforderung	–	Bankverbindlichkeiten (mittelfristig)	1 600
Forderungen an Factor	300	Bankverbindlichkeiten (kurzfristig)	1 050
Liquide Mittel	50		
Summe Aktiva	7 750	Summe Passiva	7 750

Die Eigenkapitalquote würde sich bei Factoring von 28,17% auf 38,71% verbessern.

$$\frac{\text{Eigenkapital}}{\text{Gesamtkapital}} \cdot 100 = \frac{3\,000\,000}{10\,650\,000} \cdot 100 = 28,17\%$$

bzw.
$$\frac{3\,000\,000}{7\,750\,000} \cdot 100 = 38,71\%$$

d)
$$\text{ROI} = \frac{\text{Gewinn}}{\text{Umsatz}} \cdot \frac{\text{Umsatz}}{\text{Gesamtkapital}} \cdot 100$$

(Umsatzrendite · Kapitalumschlagshäufigkeit)

$$\text{ROI (vor Factoring)} = \frac{900\,000}{18\,000\,000} \cdot \frac{18\,000\,000}{10\,650\,000} \cdot 100 = 8,45\% \text{ p.a.}$$

$$\text{ROI (bei Factoring)} = \frac{956\,120}{18\,000\,000} \cdot \frac{18\,000\,000}{7\,750\,000} \cdot 100 = \underline{\underline{12,34\% \text{ p.a.}}}$$

Aufgabe 8 Leasing

Ein Unternehmen fragt sich nach der Vorteilhaftigkeit von Leasing und möchte eine konkrete Entscheidung treffen.

Leasingangebot
Grundmietzeit: 4 Jahre
betriebsgewöhnliche Nutzungsdauer: 8 Jahre
Monatsrate: 2,70%
Objektivwert: 100 000

a) Ermitteln Sie die Effektivverzinsung für die Leasingfinanzierung auf Jahresbasis ohne Berücksichtigung der Unterjährigkeit der Zahlungsweise!
b) Nach welcher Methodik kann eine Vergleichsrechnung Kauf/Leasing aufgebaut werden?
c) Erstellen Sie einen finanzwirtschaftlichen Belastungsvergleich auf der Basis folgender Prämissen:
  - **Die Grundmietzeit** läuft bis einschließlich t4, das sind 5% der betriebsgewöhnlichen Nutzungsdauer von 8 Jahren;
    ab t5 erfolgt wahlweise eine Verlängerung bis zum Ende der Nutzungsdauer;
    die Voraussetzungen für die steuerliche Absetzbarkeit der Leasingraten werden erfüllt.
  - **Fremdkapital** kann in Höhe der banküblichen Beleihungsgrenze von 60% aufgenommen werden; die Zinsen werden jährlich nachträglich fällig;
    der Tilgungsrückfluß des Fremdkapitals ist nicht kleiner als die Abschreibungen
  - **Eigenkapital** muß in der Höhe bereitgestellt werden, in der Fremdkapital nicht erhältlich ist;
    die kalkulatorische Eigenkapital-Verzinsung beträgt 15% p. a.
  - **Steuerbelastungen** entstehen für die Fremdkapital-Zinsen in Höhe von 14,89% für Gewerbeertragsteuer bei einer üblichen Steuermeßzahl von 5% und einem Hebesatz von 350%; die Steuerbelastung der Eigenkapital-Zinsen beträgt ebenfalls 14,89% Gewerbeertragsteuer und aufgrund der Abzugsfähigkeit dieser Steuer bei der Körperschaftsteuer 47,66% Körperschaftsteuer, wenn von einer Tarifbesteuerung von 56% ausgegangen wird.
    Aus Vereinfachungsgründen sind diese Steuerbelastungen auf jeweils 15% bzw. 60% zu runden.
    Darüber hinaus fallen noch Vermögenssteuer mit 1% und Gewerbekapitalsteuer mit 0,7% auf das Eigenkapital sowie ebenfalls 0,7% Gewerbekapitalsteuer auf das Fremdkapital an. Auf die Vermögenssteuer ist wiederum Körperschaftssteuer mit 1,27% zu zahlen. Auf diese Steuerbelastungen ist zu verzichten.
  - **Steuerminderungen** treten durch die Absetzbarkeit der Abschreibungen bzw. der Leasingraten im Hinblick auf die Körperschaftsteuer mit 47,66% und die Gewerbeertragsteuer mit 14,89% auf, die wie bei der entsprechenden Steuerbelastung auf 60% zu runden sind.

Die Fremdkapitalzinsen sind bei der Körperschaftsteuer absetzbar mit 47,66%; dieser Satz ist auf 50% zu runden.
- Die **Leasingraten** werden monatlich berechnet und bezahlt. Da die Leasingraten monatlich anfallen, erfolgt die fiktive Zahlung je zur Hälfte am Jahresanfang und am Jahresende.
- Die **Liquiditätsdifferenz** ergibt sich aus da Subtraktion der auszahlungswirksamen Größen bei Leasing von den auszahlungswirksamen Beträgen beim Kauf. Diese Liquiditätsdifferenz ist zur Vergleichbarmachung auf einen Bezugszeitpunkt ab- oder aufzuzinsen. Es soll hier die Aufzinsung auf das Ende der Grundmietzeit und auf das Ende der Nutzungsdauer gewählt werden, um zu ermitteln, wie hoch der Zahlungsmittelbestand jeweils bei der Wahl der einen oder anderen Finanzierungsalternative ist.

Lösung 8 Leasing

a) Die Effektivverzinsung kann wie folgt ermittelt werden:
Leasingsraten = Objektwert · Kapitalwiedergewinnungsfaktor
$d = a_0 \cdot KWF$

KWF (für 4 Jahre) $= \dfrac{32\,400}{100\,000} =$ lt. Tabelle 11,3% p. a.

$d = 100\,000 \cdot 2{,}7\% \cdot 12 = 32\,400$
Der Gesamtaufwand für Leasing beträgt in den 4 Jahren 129 600.

b) Der methodische Aufbau einer Vergleichsrechnung Leasing/Kauf kann als finanzwirtschaftlicher Belastungsvergleich in folgenden 4 Stufen erfolgen:
1. Stufe: Ermittlung der unterschiedlichen Auszahlungen bei den Alternativen Leasing und Kauf in möglichst kurzen Teilperioden für die gesamte betriebsgewöhnliche Nutzungsdauer des Investitionsobjektes!
Auszahlungswirksame Größen beim Kauf:
Kaufpreis, Kapitaldienst für das Fremdkapital, Kapitaldienst für das Eigenkapital, Steuerzahlungen
Auszahlungswirksame Größen beim Leasing:
Leasingraten, Steuerzahlungen
2. Stufe: Ermittlung der Liquiditätsdifferenz in jeder Teilperiode!
3. Stufe: Aufzinsung der Liquiditätsdifferenz mit dem Zinssatz der bestmöglichen Alternativinvestition auf den jeweiligen Bezugszeitpunkt!
4. Stufe: Ermittlung des Zahlungsmittelbestandes in den jeweiligen Bezugszeitpunkten unter Berücksichtigung eines eventuellen Verkaufserlöses!

c) Finanzwirtschaftlicher Belastungsvergleich
Kauf mit 60% Fremdkapital und 40% Eigenkapital/Leasing

Zeit	1	t0	t1	t2	t3	t4	t5	t6	t7	t8
Buchwert	2	100 000	87 500	75 000	62 500	50 000	37 500	25 000	12 500	0
Fremdkapital	3	60 000	45 000	30 000	15 000	0				
Tilgung FK	4	0	15 000	15 000	15 000	15 000	0			
Eigenkapital	5	40 000	42 500	45 000	47 500	50 000	37 500	25 000	12 500	0
AfA linear	6	0	12 500	12 500	12 500	12 500	12 500	12 500	12 500	12 500
Zinsen für FK 9% p.a. von (3)	7	0	5 400	4 050	2 700	1 350	0			
Kalk. EK-Zinsen 15% p.a. von (5)	8	0	6 000	6 375	6 750	7 125	7 500	5 625	3 750	1 875
Steuerbelastung 15% (7), 60% (8)	9	0	810 3 600	607 3 825	405 4 040	203 4 275	0 4 500	3 375	2 250	1 125
Steuerminderung 60% (8), 50% (7)	10	0	7 500 2 700	7 500 2 025	7 500 1 350	7 500 675	7 500 0	7 500	7 500	7 500
Auszahlung (4+7+8+9–10+5 in t0)	11	40 000	20 610	20 332	20 055	19 778	4 500	1 500	–1 500	–4 500
Leasingraten	12	16 200	32 400	32 400	32 400	16 200 22 450	12 500	12 500	12 500	6 250
Steuerminderung 60% von (12)	13	9 720	19 440	19 440	19 440	9 720 13 470	7 500	7 500	7 500	3 750
Auszahlung C (12 – 13)	14	6 480	12 960	12 960	12 960	6 480 8 980	5 000	5 000	5 000	5 000
Liquiditäts-differenz (11 – 14)	15	33 520	7 650	7 372	7 095	13 298 10 798	–500	–3 500	–6 500	–7 000
Liquiditätsdifferenz (15) aufgezinst mit 10% p.a. auf t8	16	71 853	14 908	13 060	11 427	(19 470) 15 809	–665	–4 235	–7 150	–7 000
Liquiditätsdifferenz (16) kumuliert	17	71 853	86 761	99 821	111 248		127 057	126 392	122 157	115 007	108 007
Liquiditätsdifferenz (15) aufgezinst auf t4	18	49 077	10 182	8 920	7 804	13 298				
Liquiditätsdifferenz (18) kumuliert	19	49 077	59 259	68 179	75 983	89 281				
Zahlungsmittel-bestand in t4 bzw. t8	20					+ 89 281 – 50 000 (Restbuchwert)				+108 007
						+ 39 281				

Ergebnis:

Der **Zahlungsmittelbestand am Ende der Nutzungsdauer** beträgt 108 007 zugunsten der Leasing-Finanzierung.

Der **Zahlungsmittelbestand am Ende der Grundmietzeit** beträgt 39 281 zugunsten der Leasing-Finanzierung, wenn der Käufer den Restbuchwert am Gebrauchtgütermarkt realisieren kann.

Sowohl unter dem Gesichtspunkt Rückgabe des Objekts nach Beendigung der Grundmietzeit als auch bei Mietverlängerung zeigt sich die Leasing-Finanzierung vorteilhafter als der Kauf. Diese Vorteilhaftigkeit würde sich noch verstärken, wenn der Käufer weniger Fremdkapital aufnehmen könnte, höhere Eigenkapital- oder Fremdkapitalzinsen zu berechnen hätte oder die Steuerbelastung höher läge.

Andererseits könnte ein geringerer Eigenkapitalanteil den Vorteil für Leasing umkehren, doch ist eine 100%ige Fremdfinanzierung für ein Objekt durch Kreditinstitute im allgemeinen nicht erhältlich. Wird dagegen die Unternehmensfinanzierung bzw. das zugrundeliegende Sicherungspotential als Ganzes betrachtet, schränkt eine 100%ige Fremdfinanzierung in einem Bereich die Kreditmöglichkeiten in anderen Bereichen ein.

Aufgabe 9 Bezugsrecht und Kursfeststellung

Ein Unternehmen beabsichtigt eine Kapitalerhöhung um 36 Mill. EUR auf 216 Mill. EUR zu einem Ausgabekurs für die neuen Aktien von 400%. Der Börsenkurs der alten Aktien vor Kapitalerhöhung beträgt 38 EUR. Die bisherige Jahresdividende von 1,20 EUR je Aktie soll beibehalten werden, jedoch soll die Dividendenberechtigung für die neuen Aktien erst am 01.09. beginnen. Die Aktien haben einen Nennwert von 5 EUR.

a) Ermitteln Sie den rechnerischen Bezugsrechtswert für diesen Fall, und geben Sie in einer verkürzten Bilanz die Veränderungen der die Kapitalerhöhung betreffenden Bilanzpositionen betragsmäßig an! Wie hoch ist die Stimmrechtsquote vor und nach der Kapitalerhöhung?

b) Welchen Einheitskurs müßte der Kursmakler für die Bezugsrechte an einem bestimmten Tag des Bezugsrechtshandels feststellen, wenn ihm folgende Aufträge vorliegen:

60 Verkaufsaufträge mit einem Limit von 2,90 EUR
40 Verkaufsaufträge mit einem Limit von 3,10 EUR
20 Verkaufsaufträge mit einem Limit von 3,20 EUR
80 Verkaufsaufträge mit einem Limit von 3,30 EUR
50 Verkaufsaufträge mit einem Limit von 3,40 EUR
100 Kaufaufträge mit einem Limit von 3,00 EUR
60 Kaufaufträge mit einem Limit von 3,10 EUR
50 Kaufaufträge mit einem Limit von 3,20 EUR
40 Kaufaufträge mit einem Limit von 3,30 EUR
150 Bestens-Aufträge
200 Billigst-Aufträge

Ermitteln Sie in tabellarischer Form den Einheitskurs, und erläutern Sie den Kurszusatz dieses Tages!

Lösung 9   Bezugsrecht und Kursfeststellung

a) Der rechnerische Wert des Bezugsrechts läßt sich mit folgender Formel ermitteln:

$$\text{Wert des Bezugsrechts} = \frac{Ka - (Kn + N)}{\frac{a}{n} + 1}$$

$$= \frac{38 - (20 + 0{,}8)}{\frac{5}{1} + 1} = 2{,}87 \text{ EUR}$$

A	verkürzte Bilanz vor Kapitalerhöhung	P	A	verkürzte Bilanz nach Kapitalerhöhung	P
diverse Aktiva 880 000 000	Grundkapital 180 000 000 Kapitalrück- lagen 50 000 000 Gewinnrücklagen 50 000 000 Fremdkapital 600 000 000		Zahlungsmittel 144 000 000 andere Aktiva 880 000 000	Grundkapital 216 000 000 Kapital- rücklage 158 000 000 Gewinnrücklage 50 000 000 Fremdkapital 600 000 000	
880 000 000	880 000 000		1 024 000 000	1 024 000 000	

Der Aktienumlauf beträgt vor Kapitalerhöhung 36 000 000 Stück und nach der Kapitalerhöhung 43 200 000 Stück.

$$\text{Aktienumlauf} = \frac{\text{Grundkapital}}{\text{Nennwert}} = \frac{180\,000\,000}{5} = 36\,000\,000$$

$$= \frac{216\,000\,000}{5} = 43\,200\,000$$

$$\text{Stimmrechtsquote} = \frac{1}{\text{Aktienumlauf}} = \frac{1}{36\,000\,000} \text{ bzw. } \frac{1}{43\,200\,000}$$

b)

Kaufaufträge			Verkaufsaufträge		
Stück	Stück kumuliert	Kurs	Stück	Stück kumuliert	Umsatz
–	450	2,80	–	150	150
–	450	2,90	60	210	210
100	450	3,00	–	210	210
60	350	3,10	40	250	250
50	290	[3,20]	20	270	[270]
40	240	3,30	80	350	240
–	200	3,40	50	400	200
200 billigst			150 bestens		

Für den Bezugsrechtshandel würde sich an diesem Tag der größtmögliche Umsatz bei einem Kurs von 3,20 ergeben. Bei diesem Kurs besteht ein Nachfrageüberhang von 20 Stück, so daß der korrekte Kurszusatz lauten müßte 3,20 bG.

Aufgabe 10 Optionsgeschäfte

Ein Investor erwartet für bestimmte Aktienwerte fallende Kurse und will aus dieser Erwartungshaltung Gewinn machen, indem er eine Verkaufsoption am Markt erwirbt:
6-Monats-Verkaufsoption für 100 VEBA-Aktien am 03.04. mit Verfallmonat Oktober
Basispreis 60 EUR
Kassakurs der Aktien am 03.04. 66 EUR
Optionspreis 3,20 EUR je Aktie
Transaktionskosten 1%

Zu welchem Einstandspreis und zu welchem Verkaufspreis kann der Käufer der Verkaufsoption das Geschäft abwickeln, wenn er die Option am 15.10. ausübt? Wie hoch ist sein Gewinn, und wo liegen seine Gewinnschwelle und die Zone des begrenzten Verlustes?

Der Käufer der Verkaufsoption besitzt die Aktien noch nicht, sondern deckt sich bei Bedarf ein.

Der Kurs fällt um 20 auf 46, so daß der Käufer am 15.10. die Option ausübt.

Lösung 10 Optionsgeschäfte

Der Käufer der Verkaufsoption kann bei Ausübung der Option folgende Rechnung aufstellen:

Eindeckung mit 100 VEBA-Aktien an der Börse zu 46	4 600,00 EUR
+ Transaktionskosten 1%	46,00 EUR
+ Optionspreis 100 · 3,20	320,00 EUR
= Einstandspreis des Käufers der Verkaufsoption	4 966,00 EUR
Der Käufer dient die Aktien dem Stillhalter in Geld zum Basiskurs von 60 an	6 000,00 EUR
– Transaktionskosten 1%	60,00 EUR
= Verkaufspreis an Verkäufer der Verkaufsoption	5 940,00 EUR

Der Gewinn für den Käufer der Verkaufsoption von 947 EUR, bezogen auf 193 Tage, ergibt eine Rendite von 567,75% p. a. auf den Kapitaleinsatz von 320 EUR.

$$r = \frac{\text{Gewinn} \cdot 100}{\text{Kapital} \cdot \text{Zeit}} = \frac{974 \cdot 100}{320 \cdot \frac{193}{360}} = 567{,}75\% \text{ p. a.}$$

Gewinnschwelle und Zone des begrenzten Verlustes lassen sich für das Beispiel der Verkaufsoption wie folgt errechnen:

$$G = \frac{\text{Basispreis} - \text{Optionspreis} - \text{Transaktionskosten zum Basispreis}}{1 + \text{Transaktionskosten in \% des Kaufkurses}}$$

$$G = \frac{60 - 3{,}20 - 0{,}60}{1 + 0{,}01} = 55{,}64 \text{ EUR}$$

$$Z = \frac{\text{Basispreis} - \text{Transaktionskosten zum Basispreis}}{1 + \text{Transaktionskosten in \% des Kaufkurses}}$$

$$G = \frac{60 - 0{,}60}{1 + 0{,}01} = \underline{\underline{59{,}41 \text{ EUR}}}$$

Liegt der Kurs unter 55,64 EUR erzielt der Käufer der Verkaufsoption durch Lieferung der Aktien an den Stillhalter einen Gewinn. Bei Ausübung der Option zwischen dem Beginn der Zone des begrenzten Verlustes (59,41 EUR) und der Gewinnschwelle (55,64 EUR) kann der Käufer der Verkaufsoption seinen Verlust vermindern gegenüber der Nichtausübung.

Aufgabe 11   Dividendenkapitalerhöhung

a) Welche Besonderheiten weist die sogenannte Dividendenkapitalerhöhung auf? Unter welchen Voraussetzungen ist mit einer Vorteilhaftigkeit dieses Verfahrens zu rechnen?

b) Eine Aktiengesellschaft zahlt zusätzlich zur Jahresdividende von 8 EUR einen Bonus von 6 EUR und kündigt eine Kapitalerhöhung im Verhältnis 15 : 1 bei einem Ausgabekurs von 90 EUR an.

Wie hoch ist die erforderliche Kapitalbereitstellung des Aktionärs für die Kapitalerhöhung?

Ermitteln Sie in tabellarischer Form die durchschnittliche Höhe der indirekten Selbstfinanzierung bezogen auf eine Aktie bei Durchführung der Dividendenkapitalerhöhung, und vergleichen Sie mit der direkten Selbstfinanzierung. Gehen Sie bei der Vergleichsrechnung vom Gewinn vor Körperschaftsteuer je Aktie aus, der für die Dividendenkapitalerhöhung herangezogen werden kann/soll! Der durchschnittliche Steuersatz betrage 30%, der Körperschaftsteuersatz 45 bzw. 30%, die Kapitalertragsteuer 25% und die Kosten der Kapitalerhöhung 5%!

Lösung 11   Dividendenkapitalerhöhung

a) Die Dividendenkapitalerhöhung ist dadurch gekennzeichnet, daß die Aktiengesellschaft ihren Aktionären zusätzlich zur »normalen« Dividende einen Bonus ausschüttet, der dem Aktionär die Teilnahme an der Kapitalerhöhung ermöglichen soll. Bei »richtiger« Wahl des Ausgabekurses und des Bezugsverhältnisses entspricht der verfügbare Kapitalbetrag des Aktionärs dem Bezugspreis der neuen Aktien. Der Aktiengesellschaft steht jedoch aufgrund der unterschiedlichen Steuersätze bei Einbehaltung und Ausschüttung ein höherer Finanzierungsbetrag zur Verfügung. Voraussetzung für das Gelingen dieses Verfahrens sind die Bereitschaft zur Wiederanlage des Ausschüttungsbetrages und ein nicht zu hoher persönlicher Steuersatz der Aktionäre.

b) 1. Ermittlung der Kapitalbereitstellung durch den Aktionär:

Ertrag aus dem Bonus je Aktie	6,00 EUR
+ Steuergutschrift 3/7	2,57 EUR
− 30% Einkommensteuer auf 8,57 EUR	2,57 EUR
= verfügbarer Kapitalbetrag	6,00 EUR

bei Kapitalerhöhung 15 : 1

verfügbarer Bonus 15 · 6 EUR	90,00 EUR
− Ausgabepreis der Aktie	90,00 EUR
= erforderlicher Kapitalbetrag für die Kapitalerhöhung	0 EUR

2. Ermittlung der Höhe der indirekten und direkten Selbstfinanzierung:

indirekte Selbstfinanzierung		**direkte Selbstfinanzierung**	
Gewinn vor KöSt	8,57 EUR	Gewinn vor KöSt	8,57 EUR
− KöSt bei Ausschüttung 30%	2,57 EUR	− KöSt bei Gewinnthesaurierung 45%	3,86 EUR
− KESt des Aktionärs	1,50 EUR	= verfügbarer Kapitalbetrag	4,71 EUR
+ Steuerrückvergütung bei 30% ESt	1,50 EUR		
− Kosten der Kapitalerhöhung 5%	0,30 EUR		
= verfügbarer Kapitalbetrag	5,70 EUR		

Fälle und Lösungen 515

Aufgabe 12 Längerfristige Finanzplanung

In einer Managementkonzeption werden unter anderem folgende Vorgaben gemacht:
- zunehmende Auslandsaktivitäten
- Beibehaltung des bisherigen Cash-flow in Höhe von 15% des Umsatzes
- Umsatzwachstum in den kommenden 7 Jahren um 54% gegenüber Ausgangssituation
- zusätzliche Beteiligungsfinanzierung höchstens 1 Mill. EUR zu Beginn des Erweiterungsprogramms

Die Marketingabteilung hält bei fristgerechter Einhaltung des erforderlichen Investitionsprogramms vor allem durch Auslandsmarktaktivitäten in Südostasien und Osteuropa folgendes Umsatzwachstum für wahrscheinlich:

	jährliche Umsatzsteigerung in 1000 EUR	geplanter Jahresumsatz in 1000 EUR
Jahr 1	4 000	4 000
Jahr 2	6 000	10 000
Jahr 3	8 000	18 000
Jahr 4	15 000	33 000
Jahr 5	13 000	46 000
Jahr 6	6 000	52 000
Jahr 7	2 000	54 000
	54 000	

Zur Erreichung des geplanten Umsatzes sind Investitionen ins Anlagevermögen von 10 Mill. EUR erforderlich, die sich zu gleichen Anteilen auf Wirtschaftsgüter mit unterschiedlicher betriebsgewöhnlicher Nutzungsdauer beziehen:

Wirtschaftsgutgruppe	betriebsgewöhnliche Nutzungsdauer	Investitionsanteil
1	50 Jahre	20%
2	20 Jahre	20%
3	10 Jahre	20%
4	5 Jahre	20%
5	3 Jahre	20%

Mit dem Umsatzwachstum ist auch eine kontinuierliche Steigerung des Kapitalbedarfs im Umlaufvermögen verbunden. So bindet das Unternehmen aufgrund seiner Produktions- und Absatzstruktur sowie im Hinblick auf die Zahlungsgewohnheiten der Abnehmer etwa 25% des Jahresumsatzes im Umlaufvermögen.

Die Eigenkapitalgeber erwarten für die zusätzliche Beteiligungsfinanzierung eine Rendite von 20% im Jahr.

Es wurde abgeklärt, daß eine 15%ige Zulage als Investitionsförderung in dem gewählten Standort erhältlich ist.

Interdependenzen des geplanten Erweiterungsprogramms zur bisherigen Unternehmenstätigkeit sollen unberücksichtigt bleiben.

Das Investitionsvolumen verteilt sich wie folgt:

Jahr 1   4 Mill. EUR
Jahr 2   3 Mill. EUR
Jahr 3   3 Mill. EUR

Bankkredite können in Höhe der üblichen Beleihungsgrenzen mit 5 Mill. EUR aufgenommen werden und sind nach 2 Freijahren in 8 Tilgungsjahren zurückzuzahlen.

a) Wie verläuft der Kapitalbedarf für die Reinvestitionen, und wie hoch ist der Finanzierungseffekt der Abschreibungen? Erstellen Sie einen Investitions- und Kapitalfreisetzungsplan für einen Zeitraum von 11 Jahren!

b) Erstellen Sie einen längerfristigen Finanzplan gegliedert nach Kapitalbedarf und Kapitaldeckung für einen Planungszeitraum von 10 Jahren in bezug auf das Erweiterungsprogramm!

c) In welcher Weise werden Anpassungsmaßnahmen erforderlich?

Lösung 12   Längerfristige Finanzplanung

a) Die Reinvestitionen werden jeweils zum Ende der betriebsgewöhnlichen Nutzungsdauer der Wirtschaftsgüter notwendig. Der Finanzierungseffekt der Abschreibungen ergibt sich aus der Differenz zwischen den verdienten Abschreibungen und der erforderlichen Reinvestitionen. Dabei ergeben sich folgende Abschreibungsbeträge:

Fälle und Lösungen

Wirtschaftsgut-gruppe	Nutzungsdauer	Investitionsanteil	Abschreibungen
Wg 1	50 Jahre	800 000 EUR	16 000 EUR
Wg 2	20 Jahre	800 000 EUR	40 000 EUR
Wg 3	10 Jahre	800 000 EUR	80 000 EUR
Wg 4	5 Jahre	800 000 EUR	160 000 EUR
Wg 5	3 Jahre	800 000 EUR	266 667 EUR
	Abschreibungen im Jahr 1	→	562 667 EUR

Wirtschaftsgut-gruppe	Nutzungsdauer	Investitionsanteil	Abschreibungen
Wg 1	50 Jahre	600 000 EUR	12 000 EUR
Wg 2	20 Jahre	600 000 EUR	30 000 EUR
Wg 3	10 Jahre	600 000 EUR	60 000 EUR
Wg 4	5 Jahre	600 000 EUR	120 000 EUR
Wg 5	3 Jahre	600 000 EUR	200 000 EUR
	zusätzliche Abschreibungen im Jahr 2 bzw. 3	→	422 000 EUR

Die Abschreibungen betragen danach ab dem Jahr 3 immer 1 406 000 EUR, wenn die Reinvestitionen zu gleichen Anschaffungspreisen durchgeführt werden können.

Die Reinvestitionen ergeben sich wie folgt:

Wirtschaftsgut-gruppe	Investitionsjahr	Volumen	Reinvestitionsjahr
Wg 5	1	800 000 EUR	4
Wg 5	2	600 000 EUR	5
Wg 4	1	800 000 EUR	6
Wg 5	3	600 000 EUR	6
Wg 4	2	600 000 EUR	7
Wg 5	4 bzw. 1	800 000 EUR	7
Wg 4	3	600 000 EUR	8
Wg 5	5 bzw. 2	600 000 EUR	8
Wg 5	6 bzw. 3	600 000 EUR	9
Wg 5	7 bzw. 4 bzw. 1	800 000 EUR	10
Wg 3	1	800 000 EUR	11
Wg 4	6 bzw. 1	800 000 EUR	11
Wg 5	8 bzw. 5 bzw. 2	600 000 EUR	11
		9 000 000 EUR	

Investitions- und Abschreibungsplan (in 1000 EUR)

Invest.-zeitraum	Netto-invest.	Rein-vestition	Kapital-freisetz.	AfA t_1	AfA t_2	AfA t_3	AfA t_4	AfA t_5	AfA t_6	AfA t_7	AfA t_8	AfA t_9	AfA t_{10}	AfA t_{11}
t_1	4000	–	563	563	563	562	296	296	136	136	136	136	136	56
t_2	3000	–	985	–	422	422	422	222	222	102	102	102	102	102
t_3	3000	–	1406	–	–	422	422	422	222	222	102	102	102	102
t_4	–	800	606	–	–	–	266	266	267	–	–	–	–	–
t_5	–	600	806	–	–	–	–	200	200	200	–	–	–	–
t_6	–	1400	7	–	–	–	–	–	360	360	360	160	160	–
t_7	–	1400	6	–	–	–	–	–	–	386	386	387	120	120
t_8	–	1200	206	–	–	–	–	–	–	–	320	320	320	200
t_9	–	600	807	–	–	–	–	–	–	–	–	200	200	200
t_{10}	–	800	606	–	–	–	–	–	–	–	–	–	266	266
t_{11}	–	2200	–794	–	–	–	–	–	–	–	–	–	–	440
Summe	10000	9000	5204	563	985	1406	1406	1406	1407	1406	1406	1407	1406	1406

Längerfristiger Finanzplan (in 1000 EUR)

b)

Kapitalbedarf	Jahr 1	Jahr 2	Jahr 3	Jahr 4	Jahr 5	Jahr 6	Jahr 7	Jahr 8	Jahr 9	Jahr 10
Investitionen im Anlagevermögen	4 000	3 000	3 000	800	600	1 400	1 400	1 200	600	800
Investitionen im Umlaufvermögen	1 000	1 500	2 000	3 750	3 250	1 500	500	–	–	–
Fremdkapitalverminderung (Tilgung)	–	–	625	625	625	625	625	625	625	625
Eigenkapitalverminderung (Gewinnausschüttung)	200	200	200	200	200	200	200	200	200	200
	5 200	4 700	5 825	5 375	4 675	3 725	2 725	2 025	1 425	1 625
Kapitaldeckung										
Beteiligungsfinanzierung	1 000	–	–	–	–	–	–	–	–	–
Fremdfinanzierung	2 000	1 500	1 500	–	–	–	–	–	–	–
Subventionsfinanzierung	–	600	450	450	–	–	–	–	–	–
Innenfinanzierung	600	1 500	2 700	4 950	6 900	7 800	8 100	8 100	8 100	8 100
(davon Finanzierung aus AfA-Gegenwerten)	(563)	(985)	(1 406)	(606)	(806)	(7)	(6)	(206)	(807)	(606)
	3 600	3 600	4 650	5 400	6 900	7 800	8 100	8 100	8 100	8 100

c) Anpassungsmaßnahmen werden für die ersten 3 Jahre erforderlich, da der Kapitalbedarf erheblich über den vorgesehenen Finanzierungsmitteln liegt. Hier bietet sich besonders die Aufnahme eines kurzfristigen Bankkredites an, um den durch die Umsatzausweitung gestiegenen Kapitalbedarf im Umlaufvermögen zu decken.

Anpassungsmaßnahmen können auch notwendig werden, wenn sich das geplante Umsatzwachstum nicht in dieser Geschwindigkeit erreichen läßt oder der Cash-flow geringer ausfällt, weil die Auslandsaktivitäten zu höheren Belastungen führen.

Aufgabe 13 Kapitalbedarfsrechnung

Es handelt sich um ein Unternehmen der Nahrungsmittelindustrie, das sein Produktionsprogramm um einen Markenartikel erweitern will. Für die Fertigung können die Maschinen auch zur besseren Kapazitätsauslastung weitgehend mitbenutzt werden, da es sich um ein verwandtes Produkt handelt. Nur für die letzte Produktionsstufe ist eine Spezialmaschine anzuschaffen, die 220 000 EUR kostet.

Der leicht verderbliche Rohstoff 1 wird möglichst täglich eingekauft. Der Sicherheitslagerbestand beträgt 3 Tagesproduktionen von je 80 000 ME/ 0,09 EUR. Der Rohstoff 2 kann nur einmal wöchentlich geliefert werden und kostet 0,05 EUR je Stück. Der Lieferant ist jedoch bereit, ein Zahlungsziel von 20 Tagen einzuräumen. Die Lieferung von Verpackungsmaterial erfolgt alle 20 Tage, in denen durch die Produktion von 1 600 000 ME (80 000 · 20 Tage) das Lager geräumt wird. Aus Sicherheitsgründen wird ein Bestand von 2 Tagesproduktionen gehalten. Das Verpackungsmaterial kostet 0,02 EUR je Stück.

Die Herstellung der Produkte erfolgt an einem Tag, doch ist eine anschließende Reifelagerung von 3 Tagen erforderlich. Danach ist das Produkt verkaufsfähig. Die Produktionskosten pro Tag belaufen sich auf 0,25 EUR je Stück und die Kosten der Reifung betragen 0,03 EUR je Stück.

Für die Anlaufphase möchte das Unternehmen einen Fertigwarenbestand für 25 Tage haben. Die Kosten für Lager und Verwaltung betragen 0,04 EUR/Stück. Das Unternehmen gewährt seinen Kunden ein Zahlungsziel von 30 Tagen.

Die Ware ist längstens 3 Arbeitstage unterwegs, manchmal auch nur 1 Tag, i. d. R. jedoch etwa 2 Tage. Die Transportkosten betragen EUR 3,50/100 ME.

Fälle und Lösungen 521

Für die Markteinführung des neuen Produktes sollen Werbemaßnahmen getroffen werden, die mit 360 000 EUR veranschlagt werden.

a) Erstellen Sie einen Netzplan und ermitteln Sie die jeweilige Kapitalbindungsfrist der einzelnen Aktivitäten. Ein Ereignis kennzeichnet jeweils den Abschluß einer Tätigkeit.
b) Ermitteln Sie den Kapitalbedarf für diese Produkteinführung!
Wie hoch sind der Gewinn je Stück und der Tagesumsatz, wenn der Angebotspreis des Produktes 0,70 EUR beträgt?
c) Wie ändert sich der Kapitalbedarf im Umlaufvermögen, wenn die Kunden tatsächlich erst nach 40 Tagen zahlen bzw. wenn die Lagerdauer bei der Fertigware auf 10 Tage verkürzt werden kann?

Lösung 13   Kapitalbedarfsrechnung

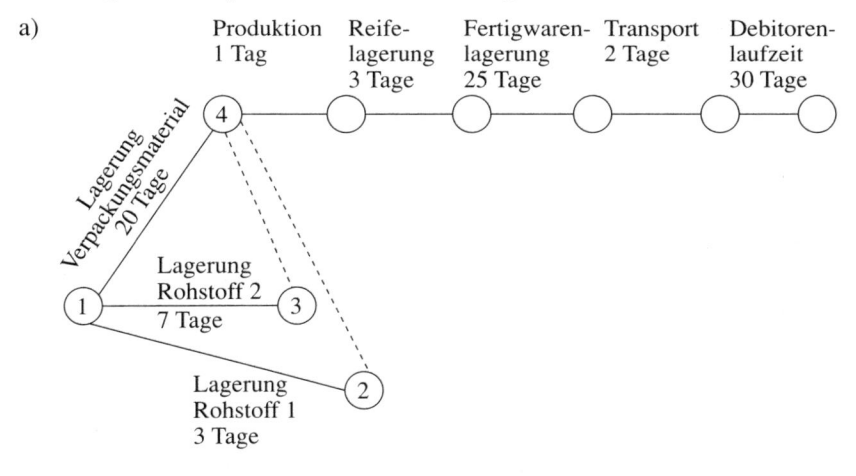

a)

	Produktion	Reife-	Fertigwaren-	Transport	Debitoren-
	1 Tag	lagerung	lagerung	2 Tage	laufzeit
		3 Tage	25 Tage		30 Tage

Lagerung Verpackungsmaterial 20 Tage

Lagerung Rohstoff 2: 7 Tage

Lagerung Rohstoff 1: 3 Tage

Die Tätigkeiten zwischen den Ereignissen 3 und 4 bzw. 2 und 4 sind Scheinaktivitäten. Sie verdeutlichen, daß eine erhebliche Verkürzung der Kapitalbindungsfrist möglich wäre, wenn die Belieferung des Rohstoffs 2 und des Verpackungsmaterials verbessert werden könnte.

Es ergibt sich folgende Kapitalbindungsfrist für die einzelnen Aktivitäten:
Lagerung Verpackungsmaterial: 20 + 1 + 3 + 25 + 2 + 30 = 81 Tage
Lagerung Rohstoff 1:   3 + 1 + 3 + 25 + 2 + 30 = 64 Tage

Lagerung Rohstoff 2: $(7 - 20) + 1 + 3 + 25 + 2 + 30 = 48$ Tage
Produktion: $1 + 3 + 25 + 2 + 30 = 61$ Tage
Reifelagerung: $3 + 25 + 2 + 30 = 60$ Tage
Fertigwarenlagerung: $25 + 2 + 30 = 57$ Tage
Transport: $2 + 30 = 32$ Tage
Debitoren: 30 Tage

b)

	Bedarfsmenge	Bedarfspreis	Kapital-bindungsfrist	Kapitalbedarf
Einkauf und Lagerung für Rohstoff 1	80 000	0,09 EUR	64 Tage	460 800 EUR
Einkauf und Lagerung für Rohstoff 2	80 000	0,05 EUR	48 Tage	192 000 EUR
Einkauf und Lagerung für Verpackung	80 000	0,02 EUR	81 Tage	129 600 EUR
Produktion	80 000	0,25 EUR	61 Tage	1 220 000 EUR
Reifelagerung	80 000	0,03 EUR	60 Tage	144 000 EUR
Fertigwarenlagerung	80 000	0,04 EUR	57 Tage	182 400 EUR
Transport	80 000	0,035 EUR	32 Tage	89 600 EUR
Debitoren	80 000	0,185 EUR	30 Tage	444 000 EUR
		0,700 EUR		2 862 400 EUR

Gewinn je Stück = 0,70 EUR − 0,515 EUR = 0,185 EUR

Tagesumsatz = 80 000 · 0,70 EUR = 56 000 EUR

Kapitalbedarf im Anlagevermögen	220 000 EUR
Kapitalbedarf im Umlaufvermögen	2 862 400 EUR
Kapitalbedarf für die Markteinführung	360 000 EUR
Gesamtkapitalbedarf	3 442 400 EUR

c)

	Kapitalbindungsfrist bei Senkung der Fertigwarenlagerdauer	Kapitalbedarf	Kapitalbindungsfrist bei Verlängerung der Debitorenlaufzeit	Kapitalbedarf
Einkauf und Lagerhaltung für Rohstoff 1	49 Tage	352 800 EUR	74 Tage	532 800 EUR
Einkauf und Lagerhaltung für Rohstoff 2	33 Tage	132 000 EUR	58 Tage	232 000 EUR
Einkauf und Lagerhaltung für Verpackung	66 Tage	105 600 EUR	91 Tage	145 600 EUR
Produktion	46 Tage	920 000 EUR	71 Tage	1 420 000 EUR
Reifelagerung	45 Tage	108 000 EUR	70 Tage	168 000 EUR
Fertigwarenlagerung	42 Tage	134 400 EUR	67 Tage	214 400 EUR
Transport	32 Tage	89 600 EUR	42 Tage	117 600 EUR
Debitoren	30 Tage	444 000 EUR	40 Tage	592 000 EUR
		2 286 400 EUR		3 422 400 EUR

Literaturverzeichnis

Albach, H., Investition und Liquidität, Wiesbaden 1962
Albach, H., Kapitalbindung und optimale Kassenhaltung, in: H. Janberg (Hrsg.): Finanzierungs-Handbuch, 2. Aufl., Wiesbaden 1970
Axmann, N.J., Flexible Investitions- und Finanzierungspolitik, Wiesbaden 1966

Baumbach/Hefermehl, Wechselgesetz und Scheckgesetz, 21. Aufl., München 1999
Beckmann, L., Die betriebswirtschaftliche Finanzierung, 2. Aufl., Stuttgart 1956
Becker, H.P., Bankbetriebslehre, 3. Aufl., Ludwigshafen 1997
Berekoven, L., Das Leasing, in: O. Hahn (Hrsg.): Handbuch der Unternehmensfinanzierung, München 1971
Bellinger, B., Langfristige Finanzierung, Wiesbaden 1964
Bestmann, Finanzlexikon u. Börsenlexikon, 3. Aufl., München 1997
Bette, K., Das Factoring-Geschäft, Stuttgart 1973
Beyer, H.-T., Die finanzwirtschaftliche Organisation der Unternehmung, in: O. Hahn (Hrsg.): Handbuch der Unternehmensfinanzierung, München 1971
Bischoff, W., Cash-flow und Working Capital, Schlüssel zur finanzwirtschaftlichen Unternehmensanalyse, Wiesbaden 1972
Boemle, M., Unternehmensfinanzierung, 9. Aufl., Zürich 1991
Boening, D./Heckmann, H., Bank- und Finanzmanagement, Wiesbaden 1993
Bordewin, A., Leasing im Steuerrecht, 3. Aufl., Wiesbaden 1989
Brandenburg, B., Kreditgarantiegemeinschaften, in: H. Janberg (Hrsg.): Finanzierungs-Handbuch, 2. Aufl., Wiesbaden 1970
Brandes, H., Der Euro-Dollarmarkt, Wiesbaden 1970
Braunschweig, E., Grundlagen der Unternehmensfinanzierung, Wiesbaden 1977
Buchner, R., Grundzüge der Finanzanalyse, München 1981
Bühler/Feuchtmüller/Vogel, Finanzmarktinnovationen, 2. Aufl., Wien 1987
Bundesminister für Wirtschaft, Das ERP-Programm
Busse von Colbe, W., Aufbau und Informationsgehalt von Kapitalflußrechnungen, in: ZfB 1966
Büschgen, H.E., Bankbetriebslehre, 5. Aufl., Wiesbaden 1999
Büschgen, H.E., Grundlagen der betrieblichen Finanzwirtschaft, 3. Aufl., Frankfurt/M. 1991
Büschgen, H.E. (Hrsg.), Handbuch des internationalen Bankgeschäfts, Wiesbaden 1989
Büschgen, H.E., Internationales Finanzmanagement, 3. Auflage, Frankfurt/M. 1997
Büschgen, H.E., Wertpapieranalyse, Stuttgart 1966
Büschgen, H.E./Everling, O., Handbuch Rating, Wiesbaden 1996

Capell/Swinne, Internationales Kreditmanagement, Frankfurt/M. 1981
Chmielewicz, K., Betriebliche Finanzwirtschaft I, Berlin/New York 1976
Chmielewicz, K., Integrierte Finanz- und Erfolgsplanung, Stuttgart 1972

Christians, F.W.(Hrsg.), Finanzierungs-Handbuch, 2. Aufl., Wiesbaden 1988
Coenenberg, A., Jahresabschluß und Jahresabschlußanalyse, 16. Aufl., Landsberg am Lech 1997
Compter, W., Bankbetriebslehre, 4. Aufl., Darmstadt 1991
Däumler, K.D., Betriebliche Finanzwirtschaft, 7. Aufl., Herne/Berlin 1997
Dempewolf, G., Lieferantenkredit oder Bankkredit? in: Finanzierungs-Handbuch, H. Janberg (Hrsg.), 2. Aufl., Wiesbaden 1970
Deppe, H.-D., Betriebswirtschaftliche Grundlagen der Geldwirtschaft, Stuttgart 1973
Deutsch, P., Grundfragen der Finanzierung, 2. Aufl., Wiesbaden 1967
Deutsche Vereinigung für Finanzanalyse und Anlageberatung (DVFA) (Hrsg.), Beiträge zur Aktienanalyse, Heft 24, Darmstadt 1987
Drukarczyk, J., Finanzierung, 7. Aufl., Stuttgart 1996

Eilenberger, G., Betriebliche Finanzwirtschaft, 6. Aufl., München/Wien 1997

Falter, N., Die Praxis des Kreditgeschäfts, 15. Aufl., Stuttgart 1997
Feinen, K., Das Leasinggeschäft, 3. Aufl., Frankfurt/M. 1990
Fettel, J., Die Selbstfinanzierung in der Unternehmung, in: H. Janberg (Hrsg.): Finanzierungs-Handbuch, 2. Aufl., Wiesbaden 1970
Fischer, O., Finanzwirtschaft der Unternehmung I, Tübingen/Düsseldorf 1977
Fischer, O., Finanzwirtschaft der Unternehmung II, Düsseldorf 1982
Fischer/Jansen/Meyer, Langfristige Finanzplanung deutscher Unternehmen, Hamburg 1975
Fischoeder, P., Factoring in Deutschland, Köln 1963
Floitgraf, F., Leasing von industriellen Anlagen als Finanzierungsproblem, in: H. Janberg (Hrsg.), Finanzierungs-Handbuch, 2. Aufl., Wiesbaden 1970
Forster/Schumacher (Hrsg.), Aktuelle Fragen der Unternehmensfinanzierung und Unternehmensbewertung, Stuttgart 1970
Franke/Hax, Finanzwirtschaft des Unternehmens und Kapitalmarkt, 4. Aufl., Berlin/New York 1999
Frantz, U., Bilanzen, Bielefeld 1976

Gahse, S., Die neuen Techniken der Finanzplanung, München 1971
Gerke, W., Kapitalbeteiligungsgesellschaften, Frankfurt/M./Zürich 1974
Gerke/Philipp, Finanzierung, Stuttgart 1985
Gerke/Steiner (Hrsg.), Handwörterbuch des Bank- und Finanzwesens, 2. Aufl., Stuttgart 1995
Gerstner, P., Bilanz-Analyse, 11. Aufl., Berlin 1964
Glogowski/Münch, Neue Finanzdienstleistungen, Deutsche Bankenmärkte im Wandel, Wiesbaden 1986
Godin/Wilhelmi, Aktiengesetz vom 6.9.1965, Kommentar, 4. Aufl., Berlin/New York 1971
Grandi, O., Betriebliche Finanzwirtschaft, Wiesbaden 1978
Gräfer, H., Bilanzanalyse, 7. Auflage, Herne/Berlin 1997
Grill/Perczynski, Wirtschaftslehre des Kreditwesens, 30. Aufl., Bad Homburg/Berlin/Zürich 1996

Gross/Skaupy, Das Franchise-System, 2. Aufl., Düsseldorf/Wien 1969
Gutenberg, E., Grundlagen der Betriebswirtschaftslehre, Bd. 3, Die Finanzen, 8. Aufl., Berlin/Heidelberg/New York 1980
Haberland, G. (Hrsg.), Handbuch des Controlling und Finanzmanagement, München 1975
Hagenmüller, K.F. (Hrsg.), Factoring-Handbuch, Frankfurt/M. 1982
Hagenmüller, K.F. (Hrsg.), Leasing-Handbuch, 4. Aufl., Frankfurt/M. 1982
Hagenmüller/Diepen, Der Bankbetrieb, 12. Aufl., Wiesbaden 1989
Hahn, O., Finanzwirtschaft, 2. Aufl., Landsberg 1983
Hahn/Krause/Kühner, Die kurzfristige Fremdfinanzierung, in: O. Hahn (Hrsg.): Handbuch der Unternehmensfinanzierung, München 1971
Härle, D., Die Finanzierungsregeln und ihre Problematik, Wiesbaden 1961
Harms, J.E., Die Steuerung der Auszahlungen in der betrieblichen Finanzplanung, Wiesbaden 1973
Hauschild, J., Erfolgsanalyse, Finanzanalyse und Bilanzanalyse, 3. Aufl., Köln 1996
Hauschildt/Sachs/Witte, Finanzplanung und Finanzkontrolle, München 1981
Haverkamp, H., Leasing, eine betriebswirtschaftliche, handels- und steuerrechtliche Untersuchung, Düsseldorf 1965
Havermann, H., Leasing, Düsseldorf 1965
Hax, K., Grundlagen des Versicherungswesens, Wiesbaden 1964
Hax, K., Kapitalbeteiligungsgesellschaften zur Finanzierung kleiner und mittelständischer Unternehmen, Köln und Opladen 1969
Hax/Laux (Hrsg.), Die Finanzierung der Unternehmung, Köln 1975
Hecker, G., Aktienanalyse zur Portfolio-Selection, Meisenheim/Glan 1974
Heimerer/Neupert, Bankbetriebslehre, 7. Aufl., Bad Homburg/Berlin/Zürich 1974
Heiser, H., Budgetierung, Berlin 1964
Herrmann, A., Die Geldmarktgeschäfte, 3. Aufl., Frankfurt/M. 1986
Hielscher, U., Das optimale Aktienportefeuille, Frankfurt/M. 1969
Hielscher/Laubscher, Finanzierungskosten, 2. Aufl., Frankfurt/M. 1989
Hill/Rohner, Finanzplanung in der Unternehmung, Bern 1969
Holz, D., Die Optimumbestimmung bei Kauf-Leasing-Entscheidungen, Frankfurt/M./Zürich 1973
Hueck, G., Gesellschaftsrecht, 20. Aufl., München 1998
Hueck/Canaris, Recht der Wertpapiere, 12. Aufl., München 1986

Jacob, H. (Hrsg.), Kapitaldisposition, Kapitalflußrechnung und Liquiditätspolitik, Bd. 6/7 der Schriften zur Unternehmensführung, Wiesbaden 1968
Jährig/Schuck, Handbuch des Kreditgeschäfts, 5. Aufl., Wiesbaden 1990
Jahrmann, F.-U., Außenhandel, 9. Aufl., Ludwigshafen 1998
Jehle/Biazek/Deyhle, Finanz-Controlling, Planung und Steuerung von Finanzen und Bilanzen, Gauting/München 1976
Juesten, W., Cash-flow und Unternehmensbeurteilung, 6. Aufl., Berlin 1992

Käfer, K., Die Praxis der Kapitalflußrechnung, Stuttgart 1969
Knigge, J., Franchise-System im Dienstleistungssektor, Berlin 1973

Kniese, W., Die Bedeutung der Rating-Analyse für deutsche Unternehmen, Wiesbaden 1996
Koch, H., Betriebliche Planung, Wiesbaden 1961
Kortzfleisch, G., Grundlagen der Finanzplanung, Berlin 1957
Krause, M.W., Die Kreditleihe, in: O. Hahn (Hrsg.): Handbuch der Unternehmensfinanzierung, München 1971
Krause, M.W., Die langfristige Fremdfinanzierung, in: O. Hahn (Hrsg.), Handbuch der Unternehmensfinanzierung, München 1971
Kreim, E., Finanzplanung und Kreditentscheidung, Wiesbaden 1977
Krümmel, H.J., Bankzinsen, Köln 1964
Krümmel/Rudolph (Hrsg.), Innovationen im Kreditmanagement, Frankfurt/M. 1985
Kovac, J., Die Entscheidung über Leasing oder Kreditkauf maschineller Anlagegüter, 2. Aufl., Hamburg 1986
Kühner, H., Die Wahl der Rechtsform unter finanzwirtschaftlichem Aspekt, in: O. Hahn (Hrsg.): Handbuch der Unternehmensfinanzierung, München 1971
Kühner/Schrömgens, Die Beteiligungsfinanzierung oder Aktiengesellschaft, in: O. Hahn (Hrsg.): Handbuch der Unternehmensfinanzierung, München 1971
Kurth, K., Der geschlossene Immobilienfonds, Freiburg 1986
Kuske, H.-M., Finanzierung multinationaler Unternehmungen, Frankfurt 1973

Langen, H., Finanzierung von Investitionen aus Abschreibungen, in: H. Janberg (Hrsg.): Finanzierungs-Handbuch, 2. Aufl., Wiesbaden 1970
Langen, H., Unternehmensplanung mit Verweilzeitverteilungen, Berlin 1971
Lassack, G., Zins- und Währungsswaps, Frankfurt/M. 1988
Lassak, H.P., Kapitalbudget, Unsicherheit und Finanzierungsentscheidung, Meisenheim am Glan 1973
Laux, H., Die Bausparfinanzierung, 5. Aufl., Heidelberg 1983
Laux/Ohl, Grundstücks-Investment, 2. Aufl., Frankfurt/M. 1988
Lehmann, M., Eigenfinanzierung und Aktienbewertung, Wiesbaden 1978
Leifert, H., Finanzierungsleasing in Deutschland, Berlin 1973
Leser, H., Wertpapierinvestment heute, Wiesbaden 1988
Lewandowski, H., System der kurzfristigen Prognose, Dortmund 1970
Lewandowski, R., System der langfristigen Prognose, Dortmund 1970
Lipfert, H., Optimale Unternehmensfinanzierung, 3. Aufl., Frankfurt/M. 1969
Lipfert, H., Nationaler und internationaler Zahlungsverkehr, 2. Aufl., Wiesbaden 1970
Lippe, G., Das Wissen des Bankkaufmanns, 2. Aufl., Wiesbaden 1977
Lücke, W., Finanzplanung und Finanzkontrolle in der Industrie, Wiesbaden 1965
Lüthje, B., Die Funktionsfähigkeit der deutschen Aktienbörse, Göttingen 1970
Luger, A., Allgemeine Betriebswirtschaftslehre Band I und 2, München/Wien 1981 und 1982
Lwowsky, Gößmann, Kreditsicherheiten, 8. Aufl., Berlin 1995

Menens, P., Prognoserechnung, Würzburg/Wien 1973
Meyer, F., Finanzwirtschaft, Bielefeld 1978
Michaelis, K., Beleihungsgrundsätze für Sparkassen, Stuttgart 1975

Möller, H.P., Bilanzkennzahlen, Stuttgart 1986
Mohr/Hofmann, Lebensversicherung, Wiesbaden 1965
Moxter, A., Bilanzlehre, 2. Aufl., Wiesbaden 1976
Moxter, A., Grundsätze ordnungsmäßiger Unternehmensbewertung, 2. Aufl., Wiesbaden 1983
Müller, W.A., Bankaufsicht und Gläubigerschutz, Baden-Baden 1981
Müller-Schwerin, Der Börsenterminhandel mit Wertpapieren, Berlin 1975

Obermüller, M., Ersatzsicherheiten im Kreditgeschäft, Wiesbaden 1987
Obst/Hintner, Geld-, Bank- und Börsenwesen, 38. Aufl., Stuttgart 1988
Olfert, K., Finanzierung, 9. Aufl., Ludwigshafen 1997
Orth, L., Die kurzfristige Finanzplanung industrieller Unternehmungen, Köln und Opladen 1961

Paal, E., Entwicklungen und Entwicklungstendenzen in der Kreditsicherung, Wiesbaden 1973
Perridon/Steiner, Finanzwirtschaft der Unternehmung, 10. Aufl., München 1999
Peters, J., Swap-Finanzierung, Wiesbaden 1990
Pfeiffer, H.J., Langfristige Fremdfinanzierung, in: H. Janberg (Hrsg.): Finanzierungs-Handbuch, 2. Aufl., Wiesbaden 1970
Pfeiffer, H.J., Langfristige Finanzierung durch Ausgabe von Obligationen, Wandelanleihen usw., in: H. Janberg (Hrsg.): Finanzierungs-Handbuch, 2. Aufl., Wiesbaden 1970
Pöhler, A., Das internationale Konsortialgeschäft der Banken, Frankfurt/M. 1988
Pohnert, F., Kreditwirtschaftliche Werteermittlungen, 3. Aufl., Wiesbaden 1986
Pottschmidt/Rohr, Kreditsicherungsrecht, 4. Aufl., München 1992
Probst, H., Kreditwürdigkeitsprüfung gewerblicher Kreditnehmer, Bonn 1982

Raettig, L., Finanzierung mit Eigenkapital, Frankfurt/M. 1973
Reinboth, H., Schuldscheindarlehn als Mittel der Unternehmensfinanzierung, Wiesbaden 1965
Reske/Brandenburg/Mortsiefer, Insolvenzursachen mittelständischer Betriebe, Göttingen 1976
Riebell, C., Cash-flow und Bewegungsbilanz, Stuttgart 1982
Riebell, C., Die Praxis der Bilanzauswertung, 3. Aufl., Stuttgart 1980
Rieder, J., Die Bankbürgschaft, Stuttgart 1985
Riemer, R., Bilanzanalysen, Bonn 1978
Rittershausen, H., Industrielle Finanzierungen, Wiesbaden 1964
RKW (Hrsg.), Return on Investment in der Praxis, Stuttgart 1968
Rosen, R., Finanzplatz Deutschland, Frankfurt/M. 1989
Rössle, W., Die finanzielle Führung der Unternehmung, Opladen 1973
Ruchti, H., Die Abschreibung, Stuttgart 1963
Rudolph, B., Die Kreditvergabeentscheidung der Banken. Der Einfluß der Zinsen und Sicherheiten auf die Kreditgewährung, Opladen 1974
Runge/Bremser/Zöller, Leasing, Heidelberg 1978

Sandig/Köhler, Finanzen und Finanzierung der Unternehmung, 3. Aufl., Stuttgart 1979
Schacht, K., Die Bedeutung der Finanzierungsregeln für unternehmerische Entscheidungen, Wiesbaden 1971
Schierenbeck, H. (Hrsg.), Bank- und Versicherungslexikon, 2. Auflage, München 1994
Schiller, W., Technische Aktienanalyse, München 1971
Schlicht, H., Börsenterminhandel in Wertpapieren, Frankfurt/M. 1972
Schmalenbach, E., Beteiligungsfinanzierung, 9. Aufl., Köln und Opladen 1966
Schmalenbach, E., Kapital, Kredit und Zins in betriebswirtschaftlicher Beleuchtung, 4. Aufl., Köln und Opladen 1961
Schmidt, H., Wertpapierbörsen, München 1988
Schmidt, R.H., Aktienkursprognose, Wiesbaden 1976
Schmidtkunz, H.-W., Die Koordination betrieblicher Finanzentscheidungen, Wiesbaden 1970
Schmitt, R.M., Das Factoring-Geschäft, Frankfurt/M. 1968
Schneider, D., Investition, Finanzierung und Besteuerung, 7. Aufl., Wiesbaden 1992
Scholz, H., Das Recht der Kreditsicherung, 7. Aufl., Berlin 1994
Scholz, R., Der DM-Zeroband, Frankfurt/M. 1988
Schuster, L., Das Franchising, in: O. Hahn (Hrsg.), Handbuch der Unternehmensfinanzierung, München 1971
Schütz, W., Methoden der mittel- und langfristigen Prognose, München 1975
Schwebler, R. (Hrsg.), Vermögensanlagepraxis in der Versicherungswirtschaft, Karlsruhe 1977
Schweim, J., Integrierte Unternehmensplanung, Bielefeld 1969
Seibel, J., Finanzmanagement, München 1970
Sellien, H., Finanzierung und Finanzplan, 2. Aufl., Wiesbaden 1964
Sichtermann, S., Das Recht der Mündelsicherheit, Stuttgart 1980
Sidler, S., Risikokapital-Finanzierung von Jungunternehmen, Zürich 1996
Siebert, G. (Hrsg.), Beiträge zur Aktienanalyse, Frankfurt/M. 1972
Skaupy, W., Franchising (Handbuch), München 1987
Spittler, H., Leasing für die Praxis, 5. Aufl., Köln 1998
Staehle, W., Kennzahlen und Kennzahlensysteme als Mittel der Organisation und Führung von Unternehmen, Wiesbaden 1969
Staehle, W., Die Schuldscheindarlehn, Wiesbaden 1965
Standop, D., Optimale Unternehmensfinanzierung. Zur Problematik der neueren betriebswirtschaftlichen Kapitaltheorie, Berlin 1975
Steffan, F. (Hrsg.), Handbuch des Realkredits, 2. Aufl., Frankfurt 1977
Stehle/Stehle, Die Gesellschaften, 4. Aufl., Stuttgart/München/Hannover 1977
Stehle/Stehle, Die rechtlichen und steuerlichen Wesensmerkmale der verschiedenen Gesellschaftsformen, 9. Aufl., Stuttgart 1978
Stockmayer, A., Projektfinanzierung und Kreditsicherung, Frankfurt/M. 1982
Strobel, A., Die Liquidität, Methoden ihrer Berechnung, Stuttgart 1956
Süchting, J., Finanzmanagement, 6. Aufl., Wiesbaden 1995
Surkamp/Weissenfeld, Wandelschuldverschreibungen, Frankfurt 1966
Swoboda, P., Betriebliche Finanzierung, Würzburg 1981
Swoboda, P., Investition und Finanzierung, 3. Aufl., Göttingen 1986

Tacke, H., Leasing, 3. Aufl., Stuttgart 1999
Thieben, E., Budgetierung, München 1973
Thiess, E., Kurz- und mittelfristige Finanzierung, Wiesbaden 1958
Tiemann, K., Investor Relations, Wiesbaden 1997

Veit/Straub, Investitions- und Finanzplanung, 2. Aufl., Heidelberg 1985
Vieweg, R., Finanzplanung und Finanzdisposition, Gütersloh/Berlin 1971
Voombaum, H., Finanzierung der Betriebe, 9. Aufl., Wiesbaden 1995

Walterspiel, G., Betriebswachstum aus Abschreibungen, Wiesbaden 1977
Weibel, P.F., Die Aussagefähigkeit von Kriterien zur Bonitätsbeurteilung im Kreditgeschäft der Banken, Bern 1973
Weihrauch, H., Finanzierungseffekt der Pensionsrückstellungen, in: H. Janberg (Hrsg.), Finanzierungs-Handbuch, 2. Aufl., Wiesbaden 1970
Weiss, H., Die Finanzplanung der Unternehmung, Winterthur 1972
Welcker/Thomas, Finanzanalyse, München 1981
Westphalen, F.v., Der Leasingvertrag, 5. Aufl., Köln 1998
Widmer, R., Der Euromarkt, Frankfurt/M. 1968
Wild, J., Grundlagen der Unternehmensplanung, Reinbeck 1974
Witte, E., Finanzplanung der Unternehmung, Prognose und Disposition, 3. Aufl., Opladen 1983
Wittgen, R., Moderner Kreditverkehr, München 1970
Wöhe/Bieg, Grundzüge der betriebswirtschaftlichen Steuerlehre, 4. Aufl., München 1999
Wöhe/Bilstein, Grundzüge der Unternehmensfinanzierung, 8. Aufl., München 1998

Zahn, J., Finanzinnovationen, Frankfurt/M. 1986
Zimmerer, C., Die Beteiligungsfinanzierung der nicht-emissionsfähigen Unternehmung, in: O. Hahn (Hrsg.): Handbuch der Unternehmensfinanzierung, München 1971
Zumbühl, M., Finanzanalysen in der Praxis, Wiesbaden 1976

Stichwortverzeichnis

Abandonrecht 284
Abbuchungsauftrag 92
Absatzkredite 78, 80 ff.
Absatzgeldkredite 78, 80 f.
Absatzgüterkredit 78, 81 f.
Abschlagsmethode 141
Abschreibungen
– Arten 384
– bilanzielle 385
– kalkulatorische 385
– Sonder- 390 ff.
– Verfahren 384 f.
Abschreibungsgesellschaften 392 f.
Abschreibungsintensität 477
Abschreibungsquote 393, 462
Abtretung siehe Zession
Abzinsungspapier 152
Advance-Decline-Linie 354 f.
AKA Ausfuhrkredit-
 Gesellschaft mbH 174 ff.
Akkreditiv 130 ff.
– Arten 132
Aktien
– Arten 281 ff.
– emission 293 ff.
– handel 307
– index 206, 348 ff.
– termingeschäfte 325 ff.
– verwahrung 310 f.
Aktienanalyse 337 ff.
– Fundamentalanalyse 339 ff.
– Technische Analyse 347 ff.
Aktienindexanleihen 205 f.
Aktionsparameter 434
Aktivswap 73
Aktivtausch 19
Akzeptkredit 104 f.

Allfinanzsystem 48 ff.
Anderkonto 89
Angstklausel 99
Anlageintensität 461
Anlaufkosten 447
Anleihen siehe Schuldverschreibung
Annuität 154
Annuitätendarlehen 144, 153 f., 161
Annuitätenzuschußdarlehen 166
Anpassungsmaßnahmen 432, 434 ff.
– finanzwirtschaftliche 434 f.
– güterwirtschaftliche 435 f.
Anschaffungsdarlehen 123
Anschlußfinanzierung 33
Anwartschaftsdeckungsverfahren 396
Anzahlungen 78
Anzahlungsgarantie 130
Aufgeld 196
Aufsichtsämter 44, 207, 304
Aufwendungsdarlehen 164
Aufzinsungspapier 152
Ausbietungsgarantie 130
Ausfallbürgschaft 127, 128
Ausgaben 27, 427, 431
Ausgleichsgesetz der Planung 451
Auslandsanleihen 200
Auslosung 189, 314
Ausschüttungsquote 344
Ausstattung einer Anleihe 185 ff., 191 ff.
Auslandsschuldverschreibung 200
Außenfinanzierung 22
Auszahlungskurs 63, 145, 187, 203
Auszahlungstermin 63
Avalkredite 124 ff.
– auf Bürgschaftsbasis 126 f.
– auf Garantiebasis 129 f.

Baissier 318
Bankenindex 140
Bankensystem 45
Bankobligation 153
Bankplatz 102
Bankvorausdarlehen 166
Bardividende 377, 378, 379
Barscheck 89
Baupreisindex 140, 157
Bausparförderung 162
Bausparkassenkredite 159 ff.
– Bausparsumme 160
– Bewertungszahl 160
– Regelsparbeitrag 160
– Zuteilung 160
Bauwert 140, 141, 157
Bear Bond/Bull Bond 205
Begebungskonsortium 182 f.
Belastungsvergleich 232
Belegschaftsaktien 291, 298
Beleihungsgrenze 95, 139, 142, 143, 158 f.
Beleihungsraum 139
Beleihungswert 110, 139, 141, 143, 158 f., 163, 189
Berichtigungsaktien 291, 299
Beschaffungskredite 78 ff.
Besitzkonstitut 114
Bestellerfinanzierung 174 f.
Beta-Faktor 354 ff.
Beteiligungsfinanzierung 22, 252 ff.
– Abhängigkeit von der Rechtsform 256 ff.
– der Aktiengesellschaft 281 ff.
– Funktionen 254 f.
– Motive 259 ff.
Betreiberkonsortium 237
Betriebsgrößenänderung 31
Betriebskapitalrentabilität 25
Betriebsleistungsabhängigkeit 473
Betriebsmittelkredite 114 ff.
Betriebsvergleich 460
Bezugsrecht 191 f., 293 ff., 298
Bezugsrechtsausschluß 293
Bietungsgarantie 129

Bilanzkurs 339
Bilanzplanung 452
Bilanzverkürzung 19
Bilanzverlängerung 19
Blankoindossament 98
Bobl-Future 336
Bodenwert 140, 141, 157
Börse 41, 301 ff.
– Arten 308
– elektronische 308, 316, 322 ff.
– Kursfeststellung 305, 306, 311 ff.
– Kursmakler 303
– Kurszusätze 314
– Marktformen 305 ff., 317 ff.
– Organe 302 f.
Börseneinführung 184, 255, 259, 266, 303, 306
Börseneinflußfaktoren 311
Börsenhändler 303
Börsenmakler 303, 305
Börsenpflichtblatt 316
Börsenreife 267 f.
Börsenterminfähigkeit 321
Bogen 186
Bohranteile 284
Bonitätsrisiko 70
Bonus 380
Bookbuilding-Verfahren 269
BOSS-CUBE 316
Briefgrundschuld 138
Buchgrundschuld 138
Budgetwesen 415 f.
Bürgschaft 65, 124 f.
Bürgschaftsgemeinschaften 45, 127 f.
Bundesschatzbriefe 200
Bundesschuldbuch 200
BUND-Future 336

Call siehe Kaufoption
Cap-Floater 204
Caps 76, 77
Cash-flow 17, 371, 471 ff.
Cash-Management-Systeme 414, 457 ff.
Certificates of Deposits 122
Charts siehe Kursdiagramm

Stichwortverzeichnis 535

Clearing 91, 322 f.
Collar 76, 77
Computerbörse 309
Controller 413, 414
Convertible Bonds 201 f.
Corporate Finance 50, 270 ff.
Cross-Boarder-Leasing 225
Currency Bonds 205

Dauerauftrag 92
DAX (Deutscher Aktienindex) 206, 333, 347, 348, 348 f., 351
Debitorenziehungen 102
Deckungsgerade A, B, C 467
Deckungsrückstellung 207
Deckungsstockfähigkeit 151, 207 f.
Depot 310
Derivate 42, 43, 322
Desinvestition 21, 369
Deutsche Ausgleichsbank (DtA) 172
Deutsche Börsen AG 301
Deutscher Kassenverein 301
Deutsche Terminbörse 322 ff.
Devisen 43
Differenzeinwand 319
Disagio (= Damnum) 63, 149, 156, 187
Disagiozusatzdarlehen 156
Diskontierungssummenfaktor 142
Diskontsatz 93, 100 f., 104, 236
Dispositionskredit 87
Dividende 285, 314, 344
– Bardividende 377, 378
– bei Vorzugsaktien 287 ff.
– Bruttodividende 374
Dividendenkapitalerhöhung 377, 379 ff.
– kritischer Steuersatz 380 f.
Dividendennachteil 295
Dividendenrendite 338, 344
Dividendenverbesserung 300
Domizilvermerk 97
Dow-Jones-Index 347, 354
Dow-Jones Stoxx 50 352 f.
Dokumentenakkreditiv 131
Duration 187 f.

Edelmetallombard 113
Effekten 301
Effektengiroverkehr 310
Effektenlombard 111, 113
Effektenscheck 297
Effektenverwahrung 310
Effektivverschuldung 473
Effektivverzinsung 123, 145 ff., 155
eigene Aktien 278, 279, 290 f.
Eigenfinanzierung 23
Eigenkapital 17, 23, 253, 281
– bilanziell 253, 281
– bedingtes 393
– effektives 253 f., 281
– haftendes 48, 292
Eigenkapitalkosten 33
Eigenkapitalmarkt 42
Eigenkapitalquote 464
Eigenkapitalrentabilität 25, 34, 477
Eigentümergrundschuld 138 f.
Eigentümerhypothek 138
Eigentumsvorbehalt 66, 83 f., 116, 215
Einheitskurs 305, 312, 313
Einlagen 150, 252, 253
Einnahmen 27, 427, 431
Einrede der Vorausklage 125
Einzugsermächtigung 92
Emission 181 ff.
Emissionsfähigkeit 179
Emissionskonzept 268 f.
Emissionskurs 296 f.
Emissionsrating 180 f.
Erbbaurecht 135
Erfolgsplanung 452
Ergänzungsfinanzierung 172
Ergänzungskapital 48
Ergebniskontrolle 437
Ertragswert 140, 141, 143
Ertragswertkurs 340
ERP-Kredite 39, 169 ff.
– Antragsweg 171
– Entstehung 170
– Programme 171
Erwartungsparameter 434

EURIBOR 120
EUREX Frankfurt 322
Euro-Bonds 201 ff.
Euro-Geldmarkt 117, 121
Euro-Kapitalmarkt 122
Euro-Kredite 117 ff.
Euro-Kreditkette 117 f.
Euro-Notes-Facilities 122
Europäische Investitionsbank 173 f.
Existenzgründung 260
existentielles Risiko 34
Explorationsanteile 284
exponentielle Glättung 439 f.
Exportabhängigkeit 477
externe Finanzierung 23, 24

Factoring 214 ff.
– Delkrederefunktion 217 f.
– Dienstleistungsfunktion 216 f.
– Finanzierungsfunktion 218 f.
FAZ-Index 351
Festdarlehen 144, 147, 162
Festgeld 119
Financial Engineering 50, 238
Finanzanalyse 30, 460 ff.
Finanzbudget 415 f.
Finanzdifferenz 431
Finanzdisposition 30, 410, 455 ff.
finanzielles Gleichgewicht 26
finanzielle Unternehmensführung 17, 30, 407 ff.
Finanzierung 18
– aus Abschreibungsgegenwerten 24, 370, 384 ff.
– aus Kapitalfreisetzung 24, 370, 382 ff.
– aus Rückstellungsgegenwerten 24, 370, 393 ff.
– durch Schuldverschreibungen 179 ff.
Finanzierungsalternativen 21 ff., 24
Finanzierungshilfen
– direkte 239
– für die gewerbliche Wirtschaft 239
– im Wohnungsbau 164 f.
– indirekte 239, 390

Finanzierungsleasing 225 f.
Finanzierungsregeln 460, 466 ff.
Finanzinnovationen 201
Finanzkommunikation 269
Finanzkontrolle 410, 436 ff.
Finanzkredit, gebundener 81
Finanzmanagement 17, 30, 407 ff.
Finanzmarkt 20, 21, 41 ff., 304, 456
Finanzmarktteilnehmer 43 ff.
Finanzorganisation 412 ff.
Finanzplanung 19, 30, 371, 410, 416 ff.
– Arten 418
– Gliederung 423, 427 ff., 452
– integrierte 451 ff.
– kurzfristige 426 ff.
– mittel- bis langfristige 415, 420 ff.
– Prognoseverfahren 425, 438 ff.
Finanzrechte 21, 309
Finanzreserve 19, 88, 434
Finanzterminkontrakt 335 ff.
Finanzvorstand 414
Finanzwirtschaft 17
Finanzwirtschaftlicher Prozeß 408, 410
Floating-Rate-Bonds 204
Floor 76
Fondsnachweisrechnung 476
Forderungslombard 114
Forfaitierung 234 ff.
fortlaufende Notierung = variable Notiz 305, 312
Forward 318
Forward Rate Agreement (FRA) 74 ff.
Frachtstundungsbürgschaften 126
Franchising 81
freihändiger Verkauf 111, 184
Freiverkehr 307, 309
Fremdemission 181 ff.
Fremdfinanzierung 22, 54
– Einteilung 55 f.
– interne 23, 396
– kurzfristige 55, 78 ff.
– langfristige 55, 133 ff.
Fremdkapital 18
Fremdkapitalkosten 33, 34 f.
Fremdkapitalmarkt 42

Stichwortverzeichnis 537

Fristenkongruenz 33, 150, 469 ff.
Fusion 271 ff.
Future 318, 325

Garantie 65, 125 f.
Gegenbeständerechnung 476
Geldfonds 475
Geldleihe (Geldkredite) 56
Geldmarkt 21, 42
Genußscheine 291 f.
Gesamtgrundschuld 138
Gesamtkapazität 388, 392
Gesamtkapitalrentabilität 25, 34, 477
Gewährleistungsgarantie 129
Gewerbeabschlag 139 f., 141
Gewinnpolitik 374
Gewinnschuldverschreibung 199
Gewinnschwelle 328, 331
Gewinnverwendung 377 ff.
Gironetz 90
gleitende Durchschnitte 354 f.
Globalübereignung 116 f.
Globalurkunde 297
Globalzession 96, 215
Going public 266 ff.
goldene Bankregel 467
goldene Finanzierungsregel 467
Gratisaktien 291, 299
Greenshoe 269
Großkredit 48
Gründung 260 ff.
Grundbuch 134 f.
Grundkapital 253, 281
Grundpfandrechte 65, 134
– Grundschuld 66, 137, 138
– Hypothek 66, 138
Grundschuldbestellungsurkunde 135
Güterversicherung 47

Haftungskapital 48, 253
Handelswechsel 101, 102
Hauptleihinstitute 171
Haussier 318
Hebelwirkung
– bei Optionsschuldverschreibungen 196

– Leverage-effect 34 ff.
Hedging 324
Hermesdeckung 175
Herstellerfinanzierung 174
Hypothek 66
Höchstbetragshypothek 138

IBIS 317
Illiquidität 27, 28
Index 347 ff.
Index Call 333
Indexmethode 157
Index Put 333
Indexterminkontrakte 332 ff.
– DAX Future 334
– DAX Optionskontrakt 332 ff.
Individualversicherung 46, 47
Indossament 98
Industriekreditbank 172 f.
Industrieobligation 185 ff.
Inhaberaktien 284
Inhaberscheck 89
In-House-Banking 414
Innenfinanzierung 22, 299, 369 ff.
Innenfinanzierungspolitik 372
Innenfinanzierungspotential 370
Innerer Wert 196, 327, 339
Insiderregeln 304 f.
Insolvenz 28
– Früherkennung 461
– Risiko 29
Integrierte Finanz- und Erfolgsplanung 451 ff.
Interdependenz der Teilpläne 451
Interdependenz von Investition und Finanzierung 18 f., 38 f., 466
Interimsscheine 184
Intermediäre 73
interne Finanzierung 23, 24
Investition 18 f.
– Arten 19
Investitionsdeckung 462
Investitionsfähigkeit 473
Investitionsquote 462
Investitionszulage 240

Investitionszuschuß 240
junge Aktien = neue Aktien 293 ff.
Jungschein 297
Junk Bonds 274

Kapazitätserweiterungseffekt 386 ff.
Kapital 17
Kapitalbedarf 30 f., 422, 423
– bei Umsatzabweichungen 446 f.
– Bestimmungsfaktoren 31 f., 445 f.
– im Anlagevermögen 444
– im Umlaufvermögen 444
Kapitalbedarfsrechnung 444 ff., 449 f.
Kapitalbeschaffung 17
Kapitalbeteiligungsgesellschaften 256, 263 f.
Kapitalbindungsfrist 149, 276, 369, 382 f.
Kapitalbudget 38 ff.
Kapitaldeckung 32 f., 422, 423
– Bestimmungsfaktoren 32 f.
– Optimierung 34 ff.
Kapitaldienst 54, 237
Kapitaldienstgrenze 144
Kapitaldisposition 17, 19, 20
Kapitalerhöhung 292 ff.
– aus Gesellschaftsmitteln 194 f., 299 f.
– bedingte 191, 297 f.
– genehmigte 298 f.
– ordentliche 293 ff.
Kapitalflußrechnung 421, 474 ff.
Kapitalfonds 435
Kapitalfreisetzung 31, 224
Kapitalfreisetzungseffekt 386 ff.
Kapitalgesellschaften 27
Kapitalherabsetzung 276 f.
Kapitalherkunft 452
Kapitalmarkt 21, 42
– unvollkommener 37
Kapitalmarktausschuß 180
Kapitalsammelstellen 207
Kapitalstruktur 34
Kapitaltheorie 40
Kapitalverwässerungsschutzklausel 193 f.

Kapitalverwendung 17, 452
Kapitalwiedergewinnungsfaktor 154
Kassamarkt 41, 311 ff.
Kassenhaltungsquote 464
Kassenobligationen 153, 200
Kassenverein 45, 311
Katasterverzeichnis 135
Kaufoption 319 f., 326, 329 f., 331, 333
Kennzahlen
– zur Bilanzstruktur 466 ff.
– zur dynamischen Liquidität 471 ff.
– zur Kapitalstruktur 464 ff.
– zur Rentabilität 476 ff.
– zur Vermögensstruktur 461 ff.
Kernkapital 48
KfW (Kreditanstalt für Wiederaufbau) 169, 262
KISS 316, 349
Kleinkredite 123
Kommissionsgeschäft 312
Kommunalanleihen 168
Kommunalkredite 167 f.
Kommunalobligationen 168
Konkursgründe 27, 28
Konnossementsgarantie 130
Konsumentenkredite 122 f.
Kontenarten 88
Kontenklassen 430
Kontenmarkt 117
Kontokorrentkredit 87 ff.
Kredit
– eingefrorener 88
– -antrag 61 f.
– -arten im Überblick 55 ff.
– -vertrag 63 f.
Kreditauftrag 128
Kreditfähigkeit 57 f.
Kreditfinanzierung 22, 24
Kreditgarantiegemeinschaften 45 127 f.
Kreditleihe 57, 104, 130
Kreditplan 430
Kreditprovision 93
Kreditrating 59 ff., 172

Kreditrisiken 69 ff.
Kreditsicherheiten 64 ff.
– akzessorische 67, 69, 125
– dingliche 64
– fiduziarische 67 f., 69, 115, 125
– schuldrechtliche 64
Kreditsubstitution 435
Kreditüberwachung 59
Kreditwürdigkeit 58, 420
Kreditwürdigkeitsprüfung 58
kumulative Aktien 289 f.
Kündigungsgeld 119
Kündigungsrecht 54, 63
Kundenziel 463
Kurs
– Aktien- 312 f.
– Einheits- 305, 312 f.
– gespannter 306
– -diagramm 346, 347
– -hinweise 314
– -index 348, 350 f., 358
– -zusätze 314
Kurs-Gewinn-Verhältnis (KGV) 342 ff.
Kursmakler 303, 305
Kurspflege 185
KWG (Kreditwesengesetz) 44, 150, 255
Kuxe 284

Länderrating 70
Länderrisiko 70, 234
Lagerumschlagsdauer 463
Lastschriftverkehr 92
Leasing 220 ff.
– Erscheinungsformen 221
– steuerliche Behandlung 226 ff.
– Vergleichsrechnung 230 ff.
Lebensversicherung 47, 162, 207
Leverage-effect 35, 55, 393
Leverage-Faktor 478
LIBOR 72, 73, 75, 119
Lieferantenkredit 81 f.
– Kostenvergleich 84 ff.
– Sicherstellung 82 ff.
Lieferantenziel 465

Lieferungsgarantie 129
Liquidation 279 ff.
Liquidierbarkeit 28
Liquidität 26 f., 384, 389
– dynamische 26, 471 ff.
– mittelbare 26, 431
– statische 29, 467 f.
– unmittelbare 27, 431
Liquiditätsgrade 29, 467 f., 473
Liquiditätsreserve 19, 28, 104, 434
Liquiditätsrisiko 33, 70
Liquiditätsstatus 418
Löschungsbewilligung 138
Löschungsvormerkung 136
Lombardkredit 110 ff.
Lombardsatz 113

Managementkonzeption 407
Mantel 186
Mantelübereignung 116 f.
Mantelzession 95 f.
Margin 323
Market Maker 323
Matching 323
Materialintensität 477
MBO/MBI 274
Mergers & Acquisitions 270
Mietkauf 223
Millionenkredit 48
Mittelstandsstrukturprogramm 240
Mittelwertverfahren 438
mittlere Laufzeit 147 f.
Mobilisierungswechsel 102
monetäre Indikatoren 345
Mündelsicherheit 151

Nachschußpflicht 253, 284
Namensaktien 284 f.
Negativerklärung 65, 189
Negoziationskredit 108 f.
Nennwertaktien 282
Netting 458
Netzplantechnik 447 ff.
– kritischer Pfad 449
– Scheinaktivität 448

Neuer Markt 307
Nominalkapital 253
Notifikation 99, 103
Null-Kupon-Anleihen 202 f.
Nutzungsrechte 135

Obligation siehe Schuldverschreibung
Optionsbezeichnung 327, 328
Optionshandel 199, 319 ff.
– an der EUREX Frankfurt 322 ff.
– Basispreis 325
– Basiswerte 321
– Kaufoption 319 f., 326
– Klassifizierung 326
– Motive 330
– Sicherheitsleistung 323
– Terminfähigkeit 321
– Verkaufsoption 320, 326
Optionskombinationen 331
Optionspreis 196, 327, 334
Optionspreismodell 334
Optionsschein (Warrent) 196, 198
– gedeckter 198 f.
Optionsscheinkurs 197
Optionsschuldverschreibung 195 ff., 298
Orderpapiere 89, 113, 284
Organkredit 48

Pari = Nennwert 187
Passivswap 73
Passivtausch 19
Patronatserklärung 65
Pensionsrückstellung 394, 396 ff.
Periodenkapazität 388, 392
Personalintensität 477
Personalsicherheiten 64
Personenversicherung 47
Pfandbriefe 151 f.
Pfandrecht 66, 110, 111
Plafond A, C, D, E 178
Planfortschreibung 417, 424, 438
Planrevision 417, 426, 452
Planung 416
– integrierte 451
– rollierende 424, 426

– simultane 454
– sukzessive 454
Planungsablauf 417
Planungseinheit 418, 419
Planungselastizität 424 f.
Planungshorizont 417, 426
Prämie 197
Prämienreservefonds 207
Prämissenkontrolle 438
Präsenzbörse 309
Preisindex siehe Kursindex
Preisrisikoabschlag 140
Present-Value-Theory 340 f.
Price-Earning-Ratio (PER) 342
Primärmarkt 42
Privatdiskonten 108, 110
Prognoseverfahren
– extrapolierende 438 f.
– heuristische 425, 438
– kausale 425, 441 f.
Projektfinanzierung 237 ff.
Projektrentabilität 25
Prospekthaftung 184
Provisionen 63, 92 f.
Prozeßanordnung 31
Prozeßbürgschaften 127
Prozeßgeschwindigkeit 30
Publizität 185
Put siehe Verkaufsoption

Quotenaktien 282 f.

Rangvorbehalt 136
Ratendarlehen 144, 147 f.
Rating 59 ff., 180 f.,
Rationalisierung 32, 382
Rationierung 313
Raumsicherungsvertrag 117
Realkredite 133 ff.
– an den Wohnungsbau 153 ff.
– an die gewerbliche Wirtschaft 133 ff.
– an die Schiffahrt 167
– an Gebietskörperschaften 167 f.
– Refinanzierung 150 ff.
Realsicherheiten 64

Rechtsformen (Unternehmensformen) 257, 258
Rediskontfähigkeit 102
Referenzzinssatz 75, 76, 77, 204
Refinanzierungsrisiko 70
Regelsparbeitrag 160
Regreß 99, 100, 103, 234, 235
Regressionsanalyse 441
Regula Falsi 146
Reinvestition 19
Rembourskredit 106 f.
Rentabilität 25, 477 f.
Repartierung 315
Respekttage 236
Restwertverteilungsfaktor 145 f.
REX 351
Risiko 69
– -arten 69 ff.
Risikolebensversicherung 161
Risikopolitik 69, 238, 322 f., 411 f.
Riskmanagement 69, 238
ROI (Return on Investment) 219, 478
Roll-over-Kredite 122, 204
Rückbürgschaft 128
Rückgriffskapital 253
Rücklagen 253, 281, 372 f., 393
– aus Gewinnverwendung 253, 281, 372
– aus Kapitalerhöhung 253, 281, 372
Rückstellungen 18, 393
– Arten 394
– Finanzierungseffekt 394 ff.
Rückversicherung 46

Sachwert 140, 141
Sale-lease-back 224
Sammelverwahrung 310
Sanierung 275 ff.
Schatzwechsel 200
Scheck 89 f.
Scheingewinne 375, 386
Schiffsgläubigerrechte 167
Schiffskredit 167
Schlußnote 303
Schuldmitübernahme 65

Schuldschein 207
Schuldscheindarlehen 206 ff.
– Vergleich zur Industrieobligation 212 f.
Schuldverschreibung 179 ff.
– am Eurokapitalmarkt 201 ff.
– Gewinn- 199
– Options- 195 ff.
– Staats- 200
– Unternehmens- 185 ff.
– Wandel- 190 ff.
Sekundärmarkt 42, 203
Selbstemission 181
Selbstfinanzierung 23, 372 ff.
– gesetzliche 373
– indirekte 380 f.
– offene 372
– stille 373 f., 385, 391
– temporär akkumulierende 375 f.
Shareholder-Value-Konzept 270
Sicherheitenrisiko 70
Sicherungskontrakt 324, 333, 335
Sicherungsübereignung 66, 114 ff.
Sicherheitswechsel 102
simultane Planung 454
Skonto 84, 85 f.
Solawechsel 97, 235
Sollzinssatz 92, 93
Sonderabschreibungen 390 ff.
Sozialversicherung 46, 47
Spar(kassen)briefe 152
Sperrbetrag 218
Spezialbanken 44, 45
Spezial(kredit)institute 169 ff.
Staatsanleihen 200
Stammaktien 285 f.
Steuerbilanzgewinn 342
Steuerstundung 226, 374, 390
stille Reserven 276, 281, 373
Stimmrecht 285, 290
Straight Bonds 201
Stripped Bonds 203
Stückaktien 283
Stückzinsen 187
Subskription 183

Substanzwert 196, 339
Substantielle Kapitalerhaltung 375
Subventionen 239
Sukzessive Planung 454
Synthetischer Bond 203, 336

Tafelgeschäft 309
Tagesgeld 119
Talon 186
Teilamortisationserlaß 224, 229, 230
Teilzahlungskredit 122
Tenderverfahren 183 f.
Terminbörse 301, 309, 322 ff.
Termingeschäfte 312, 317 ff.
Terminkontrakt 324, 332
Terminmarkt 41
Thesaurierung 378
Tilgungsarten 144
Tilgungsplan 147, 149, 155
Tilgungssatz 155, 156
Tilgungsstreckungsdarlehen 156
Transaktionskosten 328, 331 f.
Trassant 103, 97
Trassat 103, 97
Tratte 97, 108, 109
Trattenankaufskredit 108
Treasurer 413, 414

Überliquidität 26
Übernahmekonsortium 182
Überschuldung 28
Überweisung 90 ff.
Überziehungsprovision 93
Umfinanzierung 276, 435
Umgründung 265, 266
Umkehrwechsel 102
Umlaufintensität 463
Umsatzprovision 93
Umsatzrechnung 475
Umsatzrentabilität 478
Umschlaggeschwindigkeit 462 f.
Umschlagshäufigkeit 462 f.
Umschuldung 435
Umwandlung 255, 265 ff.
Underlying 321

Universalbanken 44, 45
Unterbilanz 276
Unterjährigkeit 86, 186
Unterliquidität 27
Unternehmens-
– -erweiterung 262 ff.
– -gründung 260 ff.
– -kauf 270 ff.
– -liquidation 279 ff.
– -sanierung 275 ff.
– -umwandlung 265, 266
Unternehmensformen 256 ff.
Unternehmenswert 37, 254
Unterwerfungsklausel 135

Venture Capital Funds 261
Verbundfinanzierung 165 ff.
Verfügungsbeschränkung 135
Verkaufsoption 320, 328, 329 f., 333
Verkaufsprospekt 182, 183
Verkehrswert 139
Verrechnungsscheck 89
Verschuldungsfähigkeit 473
Verschuldungsgrad 464 f.
– optimaler 34, 35, 37
Verschuldungsobergrenze 474
– bei gewerblicher Nutzung 139 ff.
– bei wohnungswirtschaftlicher
  Nutzung 157 ff.
Versicherungsaufsichtsgesetz (VAG)
  47, 208
Versicherungsgesellschaften 46
Versicherungskredite
– gewerbliche 206 ff.
– wohnungswirtschaftliche 162 ff.
Versicherungsmarkt 47
Verweilzeitverteilung 442 f.
Volatilität 187 f., 353, 359
Vollamortisationserlaß 224, 227
Vorauszahlungen 78
Vorfinanzierung 161
Vorgabeplan 415
Vorkaufsrecht 135
Vorrangeinräumung 136
Vorratsaktien 291

Vorschauplan 416
Vorzugsaktien 286 ff.

Währungsanleihen 205
Währungsrisiko 70
Währungsswap 71, 72, 74
Wagnisfinanzierung 260 f.
Wandelschuldverschreibung 190 ff.,
 298
Wandlungspreis 192
Wandlungsverhältnis 192
Warenkredite 56, 78 ff.
Warenlombard 112, 113
Warrents 196, 198 f.
Wechsel
– Dato- 98
– Finanz- 100
– gezogener 97
– Handels- 100
– Mobilisierungs- 102
– Nach-Sicht- 98
– Sicherheits- 102
– Sicht- 98
– Sola- 97
– Tag- 98
Wechselakzept 82
Wechselbürgschaft 127
Wechseldiskontkredit 100 ff.
Wechselklage 99 f.
Wechselkredite 96 ff.
Wechsellombard 113
Wechselprotest 99
Wechselsteuer 99
Wertpapiere 301
Wertpapierhandelsgesetz 304
Wertpapiersammelbanken 45, 311
Wohnungsbaufinanzierung 153 ff.
– Bankkredite 153 ff.
– Bausparkassenkredite 159 ff.
– Finanzierungshilfen 164 ff.
– Verbundfinanzierung 165 f.
– Versicherungskredite 162 ff.
Working Capital 468 f.

XETRA 308, 317

Zahlungsdifferenz 431
Zahlungsgarantie 79, 130, 236
Zahlungsplan 430
Zahlungsstrom 17
Zahlungsverkehrsabwicklung 88 ff.
Zahlungsweg 90
Zeitreihen 439
Zeitwert 196, 327, 333
Zero-Bonds 202 f.
Zession 67, 94 ff., 215 f.
– Global- 96
– Mantel- 95
– offene 94 f.
– stille 94 f.
Zessionskredit 215 f.
Ziehung = Auslosung 189, 314
Zielsystem 408, 409
Zinsanpassung, Zinsbindungsfrist
 134, 156
Zinsdivisor 492
Zinskonversion 186
Zinsmethoden 236
Zinsrisiko 71
Zinssatz
– diskontabhängiger 63, 93
– Euro- 120
– geldmarktabhängiger 93
– im Grundbuch 136 f.
– langfristiger 212
– Wechsel- 99
Zinsswap 71, 72 f.
Zinstermine 186
Zinsterminkontrakt 335 f.
Zinszahlen 492
Zollbürgschaften 126
Zusatzaktien 299 f., 379
Zusatzsicherheiten 159
Zuteilung 314, 315
Zuzahlung 193, 273
Zweckerklärung 136
Zwischenfinanzierung 161